本书为中原院士基金资助项目

"河南历史与考古研究"丛书（第二辑）

卫辉与太公文化

主编 张新斌 侯振云

中原出版传媒集团
中原传媒股份公司

大象出版社
·郑州·

图书在版编目(CIP)数据

卫辉与太公文化/张新斌，侯振云主编.—郑州：大象出版社，2021.12
（"河南历史与考古研究"丛书. 第二辑）
ISBN 978-7-5711-1218-9

Ⅰ.①卫… Ⅱ.①张…②侯… Ⅲ.①文化史-卫辉-文集 Ⅳ.①K296.14-53

中国版本图书馆 CIP 数据核字(2021)第 204795 号

"河南历史与考古研究"丛书（第二辑）

卫辉与太公文化
WEIHUI YU TAIGONG WENHUA

张新斌　侯振云　主编

出 版 人	汪林中
责任编辑	王军敏　宋 伟
责任校对	牛志远　万冬辉　安德华
装帧设计	王晶晶

出版发行	大象出版社（郑州市郑东新区祥盛街 27 号　邮政编码 450016）
	发行科 0371-63863551　总编室 0371-65597936
网　　址	www.daxiang.cn
印　　刷	河南瑞之光印刷股份有限公司
经　　销	各地新华书店经销
开　　本	720 mm×1020 mm　1/16
印　　张	34.75
字　　数	494 千字
版　　次	2021 年 12 月第 1 版　2021 年 12 月第 1 次印刷
定　　价	139.00 元

若发现印、装质量问题，影响阅读，请与承印厂联系调换。
印厂地址　武陟县产业集聚区东区（詹店镇）泰安路与昌平路交叉口
邮政编码　454950　　　　电话　0371-63956290

"河南历史与考古研究"丛书（第二辑）编委会

主　任　阮金泉　谷建全
副主任　李同新　张新斌（兼）
主　编　张新斌
副主编　陈建魁　唐金培　李　乔
编　委　田　冰　李　龙　李玲玲　陈习刚　杨世利
　　　　张佐良　张玉霞　夏志峰　徐春燕　魏淑民

《卫辉与太公文化》编委会

顾　问　宋镇豪　宫长为　朱海风　赵保佑
　　　　孟永瑞　王章武
主　编　张新斌　侯振云
副主编　唐金培　师永伟　徐林松　侯学荣

2019 中国·卫辉太公文化高层论坛与会代表合影留念

2019年9月20日—22日 中国卫辉

"中国·卫辉太公文化高层论坛"与会代表合影

"中国·卫辉太公文化高层论坛"会场 　　　　"中国·卫辉太公文化高层论坛"会场

"中国·卫辉太公文化高层论坛"开幕仪式

新乡市人民政府副市长李瑞霞出席"中国·卫辉太公文化高层论坛"

中国社会科学院学部委员、中国先秦史学会名誉会长宋镇豪出席"中国·卫辉太公文化高层论坛"

华北水利水电大学原党委书记、黄河文化研究会会长朱海风出席"中国·卫辉太公文化高层论坛"

河南省社会科学院历史与考古研究所所长、黄河文化研究会副会长兼秘书长张新斌出席"中国·卫辉太公文化高层论坛"

大连大学人文学院教授、中国先秦史学会顾问葛志毅出席"中国·卫辉太公文化高层论坛"

天津师范大学历史文化学院教授、中国先秦史学会副会长杜勇出席"中国·卫辉太公文化高层论坛"

首都师范大学历史学院教授袁广阔出席"中国·卫辉太公文化高层论坛"

河南师范大学历史文化学院教授苏全有出席"中国·卫辉太公文化高层论坛"

河南科技大学人文学院教授薛瑞泽出席"中国·卫辉太公文化高层论坛"

江苏师范大学文学院教授范春义出席"中国·卫辉太公文化高层论坛"

聊城大学历史文化与旅游学院教授李桂民出席"中国·卫辉太公文化高层论坛"

新乡学院人文学院教授聂好春出席"中国·卫辉太公文化高层论坛"

卫辉比干庙 　　　　　　　　　　　　　　卫辉姜太公殿

卫辉姜太公故里 　　　　　　　　　　　　卫辉姜太公祠

与会代表考察比干庙 　　　　　　　　　　与会代表考察比干庙

　　　　　　　　　　　　　　　　　　　与会代表考察姜太公故里

卫辉姜太公钓鱼处　　　　　　　　　　　卫辉姜太公墓

目 录

太公史迹研究

姜尚故里问题综合研究　陈立柱……003
《齐太公吕望表》的价值、流传与复原　程平山……024
吕尚故里散议　杜　勇……041
姜太公故里在卫辉　张新斌……046
试论姜尚登上商周政治舞台的历史背景　郭胜强　于　洁……051
太公望在推翻殷商王朝中的作用　李玉洁……064
古吕国地望及姜子牙籍贯之我见　任崇岳……073
论姜太公事迹的有关学术问题　杨东晨　杨瑾妃……080
姜太公称谓及清华简《耆夜》"吕尚父"问题　周书灿……094
《史记·齐太公世家》中姜太公史事辨析　李桂民……110
也谈姜太公故里问题　程　峰……120
姜太公出生地的考证兼及磻溪垂钓的文化思考　郭树伟……129
解析姜太公姓名字号兼及文武二圣的生年问题　李海龙……139
姜姓族源与太公文化的族属　丁　新……147

《水经注》里的卫辉
　　——《水经注·清水》所涉姜太公故里等考略　杨年生……160
走进太公故里　王胜昆……164

太公思想及谋略研究

怀才莫叹运来晚，八十太公尚鹰扬　朱彦民……177
太公"因其俗"治齐的基础及其治国智慧初探　郭　丽……180
太公望的立国思想及其对齐国的影响　李玉洁　黄有汉……187
姜太公修德谋国的"阴权"考察　徐日辉……195
姜太公《六韬》仁学思想发微　郑先兴……205
姜太公早期人生经历与民本思想的多源性　薛瑞泽……214
太公"大谋不谋"略论　杨海中……221
略论姜太公的安全思想及影响　王连旗……232
论姜尚的人才伦理思想
　　——以《六韬》为中心　师永伟……245
姜太公为政之道及其启示　蒋佃勤……254
试析姜太公思想文化的特征及影响　李　龙……261

黄河文化及太公文化研究

中国古代国家的管水职能　葛志毅……271
黄河下游古河道研究　袁广阔……277
三代河族西迁考　何艳杰……286
黄河滩区的"治水工程"与当代卫辉的"水治文化"　徐　可……298
殷墟妇好墓出土的青铜飞钩　张立东……306

建设河南沿黄生态文化旅游带的若干思考　唐金培……313
魏晋南北朝时期卫辉的三大事件考述　王仁磊……320
从《诗经》看黄河流域早期农业发展　张　磊……331
文化自信推动黄河文化走进新时代　王光霞……338
"三立"典范姜太公文化的逻辑结构及衍创考论　范春义……344
姜太公形象演变探析　聂好春　郭冬霞……358
论先秦秦汉时期姜太公形象的变迁　王元一　袁延胜……370
姜太公主题祝寿匾额试析　张润泽……381
姜太公钓鱼形象的政治示范效应　付开镜……392
文化遗产视野下的姜太公　李慧萍　贺惠陆……400
坚定文化自信　传承太公思想　王丽娟……407
从神话到民俗：姜子牙形象的叙事转向及其文化意蕴　李进宁……414
唐宋之际姜太公在官方祀典中的地位　余全有……429
历史与文化的交锋：姜太公文化形象变迁探析　孔　伟……441
浅析《武王伐纣平话》中的姜太公形象　乔东山……471
《唐太宗李卫公问对》中的黄帝、太公八阵　赵洪春……481
研究姜尚姓氏文化，促进卫辉旅游发展　尚学德……489
姜太公"隐"与"仕"的文化意象
　　——《庄子·田子方》"臧丈人"条的历代诠释及其影响　田　冰……491
姜子牙与延津　张法祥……505
姜太公"致师"述略　乔凤岐……508
歇后语中的姜太公　王　东……513
在"中国·卫辉太公文化高层论坛"上的致辞　李瑞霞……529
在"中国·卫辉太公文化高层论坛"上的讲话　朱海风……532
"中国·卫辉太公文化高层论坛"学术总结　彭邦本……535
"中国·卫辉太公文化高层论坛"闭幕致辞　宋镇豪……539

"中国·卫辉太公文化高层论坛"卫辉宣言 ……542

"中国·卫辉太公文化高层论坛"答谢词 田 贞……545

"中国·卫辉太公文化高层论坛"会议综述 师永伟……547

后记 ……549

太公史迹研究

姜尚故里问题综合研究

陈立柱

商末周初的吕尚,文献又称太公、太公望、师尚父、姜子牙等,司马迁说他"本姓姜氏,从其封姓,故曰吕尚"①,所以一般亦谓之姜尚,为周文王、武王的师傅,是周人灭商成功的关键人物。关于他的故里或"籍贯"问题,东汉以来议论纷纭,不下六七种意见。近些年,随着地方文化建设的发展,有关争议再起,几个地方纷纷召开研讨会,讨论姜尚为本地历史文化名人问题。这个现象促使我们思考如何研究一位没有明确记载之上古历史人物的故里问题。本着"学求其是,非求异于人也"的思考,我们对姜尚故里问题试做一综合研究,欢迎时贤批评指正。

一、姜尚故里研究评议

姜尚故里问题讨论,目前形成了冀州说、许州说、南阳说、日照说、淄博说、卫辉说与临泉说等几种不同意见。其中南阳说、日照说、卫辉说的文献记

---

① 〔汉〕司马迁:《史记·齐太公世家》,中华书局1959年版,第1477页。

载稍多一些,讨论工作做得也更多一些。我们主要分析这几种意见的情况。

卫辉即河内说,开始于东汉的高诱,他在注释《吕氏春秋·首时》太公望"东夷之士"时说:"太公望,河内人也,于周丰镐为东,故曰东夷之士。"高诱的说法明显存在强词夺理之嫌。丰镐以东、中原之地如洛阳平原等,从未有说是东夷之地的,这里是"西邑夏"之所在,是华夏族的中心地区。姜尚曾在河内等地留居过,因而就说他是河内之人、东夷之士,显然是通过曲解"东夷"之地而强为之说的。姜尚河内人的说法以后还见于郦道元《水经注》等著述,则又是魏晋以来传言之叠加了,是以内容也更加丰富。这以后的说法尤其是明清地方志的记载更见其多,兹不详述。

东汉开始,中国各地开始编辑地方性的图经与地志,讲究郡望与名人,因此各地开始罗列各种传闻资料,为名人建设庙碑以为纪念,附会名人故事、故里等。可以姜尚曾经其地的"棘津"为例,清代学者程恩泽指出,历史文献记载棘津凡有七处,全都有说是姜尚曾经之地的传闻。他列举的七地分别为:一在山东诸城,《郡国志》琅邪国西海县下引《东观书》《博物志》等言之;一在卫辉府延津县,《水经注》记之;一在汲县,《元和郡县图志》《太平寰宇记》等述之;一在归德府永城县,南朝刘澄之言之;一在怀庆府孟县,汉末服虔等言之;一在开封府祥符县,《太平寰宇记》言之;一在直隶枣强县,《史记集解》引徐广说、刘昭等主之。七个地方都有太公望在彼卖食或困居的传说。① 而这些说法全都发生在东汉以后。近期出土的郭店楚竹书《穷达以时》也讲:"吕望为藏㯱津,守监门㯱地,行年七十而屠牛于朝歌,兴而为天子师,遇周文也。"㯱、㯱,为一字,地名,但当何处,学者意见不一。多数学人释为"棘",也有的通过文字学考释认为㯱当为"汲地",与文献记载相一致。② 或者释为"莱地",说其地在今山东日照。③ 其实,棘津、棘地无论是在日照还是在河内,对于说明姜尚故里意义并不大,因为所有文献都明确说棘津不过是姜尚曾经之

---

① 参考诸祖耿:《战国策集注汇考》,江苏古籍出版社1985年版,第462~464页。
② 王志平:《郭店简〈穷达以时〉校释》,《简牍学研究》(第三辑),甘肃人民出版社2002年版。
③ 参考刘信方:《孔子所述吕望氏名身世辨析》,《孔子研究》2003年第5期。

地而已。

卫辉说的另一个根据是说古本《竹书纪年》有姜尚为"魏之汲邑人",多位论者的文章都引证这句话,但是都没有标明出处。我们知道汲冢出土的《竹书纪年》后来散佚了,现存最好的辑本是方诗铭等的《古本竹书纪年辑证》①,笔者翻查该书有关部分,未见有这句话。按照《竹书纪年》的体例,似乎也不该如此记说。

姜尚为汲人、河内人(两地相近)的说法东汉以后逐渐盛行起来,该地庙宇、碑刻也很不少,至今遗存丰富。

日照说即汉琅邪郡海曲(西海)县说。根据的主要是《孟子·离娄章句上》篇的"太公辟纣,居东海之滨",《吕氏春秋》说他"东夷之士",以及《史记·齐太公世家》"东海上人"等。但是,《史记》《孟子》所说的"东海"是否就是今天日照东之黄海?这是问题的关键。最早将两者联系在一起的可能是《后汉书·郡国志》"西海"条刘昭的注,其中引《博物记》云:"太公吕望所出,今有东吕乡。又钓于棘津,其浦今存。"《博物记》一般认为即《博物志》,传为西晋张华所作。刘昭是南朝萧梁时期的人,经过他的注释,隋唐以后的地志之书说姜尚为东海之滨东吕乡的人就非常多了。山东学者王献唐在《山东古国考》中说:"太公是山东土著的姜姓,是无可疑的。"②王先生的讨论虽简略,但影响大,日照说者都引他的观点为参照,甚至当作证据。

认为吕尚为商末周初今黄海之滨日照市的人,其实问题很多。首先,这个东吕乡,在莒国之东,一般认为来自莒国,《路史·国名纪》有记载:"太公乃出东吕。吕,莒也。"或者说吕是莒的初文。但吕与莒不同,先在姓氏上就有区别,《世本》说"莒,嬴姓之后",《国语·郑语》云"曹姓邹、莒",《路史·国名纪》载"莒,纪姓",也有综合考证认为莒是己姓的,③都与姜尚姜姓吕氏根本不同。其次,上古山东东部完全是夷人的天下,姜姓的吕尚何以在此避处,不可

---

① 方诗铭、王修龄:《古本竹书纪年辑证》,上海古籍出版社1981年版。
② 王献唐:《山东古国考》,齐鲁书社1983年版,第164页。
③ 杨伯峻:《春秋左传注》,中华书局1990年版,第20页。

解。再次，这地方商至周代未听说有吕国存在，考古资料未发现有相关遗存，秦汉时期也没有遗闻传言，魏晋以后才有说法。姜尚即吕尚，这是大家公认的，得名于吕氏、吕国。这是最关键的。至于说太公所处之"东海"，我们下文考证，实则为当时淮河中游地区的大水泽，也称为"海""淮海"等。

另外，还有学者据《荀子·君道》篇说文王"乃举太公于州人而用之"，认为州国在今山东安丘市东北，与日照不远，"太公里籍大致不出今山东东部滨海一带"①。实则，此"州人"之州乃"舟"之假借，清人俞樾等早已说清楚，是吕尚身为渔父钓于渭滨，故曰"舟人"。《韩诗外传》卷四等记述此事即作"舟人"。

南阳说的根据是西周后期至春秋时期南方有吕国。明确说这里有吕城、吕国的都是东汉及以后的学者。比较早的如王符《潜夫论·志氏姓》云"宛西三十里有吕望"，还没有说是吕国之地。南朝裴骃给《史记·齐太公世家》"虞夏之际封于吕"作《集解》引徐广言"吕在南阳（郡）宛县西"，初次把吕国与南阳联系在一起。再往后就是《水经注·淯水》的记载，并且更具体：

> 淯水又南，梅溪水注之。水出县北紫山，南径百里奚故宅。……梅溪又径宛西吕城东，《史记》曰：吕尚先祖为四岳，佐禹治水有功，虞夏之际，受封于吕，故因氏为吕尚也。徐广《史记音义》曰：吕在宛县[西]。高后四年，封昆弟子吕忿为吕城侯，疑即此也。又按：新蔡县有大吕、小吕亭，而未知所是也。

可以看出南阳有吕城说是从东汉开始的，有吕国的说法更晚。《集解》引徐广说来注《史记》"虞夏之际"显然有问题，虞夏时期吕氏所封在山西霍太山，这在学界是共识。是以郦道元也是疑惑，不知哪一个说法更正确。我们认为姜姓的吕国不在南阳的理由很明白：一者，所谓南阳之吕即南阳之西的董吕村，后名董营，与申国即南阳城相距仅15公里，如此之近而有两个重要的国家，不可解；二者，所谓南阳之西吕国都城一带，经过长期的考古探查发掘，

---

① 韩玉德：《吕尚：西周王朝的缔造者》，《长江·三峡古文化学术研讨会暨中国先秦史学会第九届年会论文集》，重庆出版社2011年版。

未见有任何早期的考古遗迹,尤其是不见姜姓吕国的踪迹;①三者,春秋前期楚国北伐申,未见伐吕,吕为重要国家,西周末"方强",②何以连提都未提到?四者,两周之际周王派兵戍申、戍许、戍甫(吕),见于《诗经·扬之水》,如果吕、申在一起,没有必要分别派兵单独戍守。先秦文献讲吕国在周之南土,但"南土"很大,国家很多,吕国具体方位所在,汉魏以前文献没有说在南阳的,说南阳有吕国的都是东汉以后的文献。因此,要知道吕国的地望所在,就需要结合考古资料重新研究。那么,南阳之西为什么会有吕城之称呢?

南阳之吕,实则得之于西汉吕后的侄子吕忿之封建。其时吕后将其侄子封于南阳之西为"吕成侯",③以加强吕氏势力,其地称"吕成(城)"本于此。所以东汉王符只说有吕城,说明他还知道吕城的由来。再后的学者才将之与姜姓的吕国联系在一起。而之所以联系在一起,与对于《左传·成公七年》记载的一段话的理解有误可能相关。其文云:

> 楚围宋之役,师还,子重请取于申、吕以为赏田,王许之。申公巫臣曰:"不可。此申、吕所以邑也,是以为赋,以御北方。若取之,是无申、吕也。晋、郑必至于汉。"

这里申、吕并言,造成二者可能在一起的印象,加上《诗经》《国语》都说吕在南方,以及东汉以后南阳之申的西边正有一吕城,更加深了这一印象。其实,子重提出申、吕为赏田,是在围困宋国之后,下文我们指出吕在新蔡一带,宋国之南,正在楚国防御东北方向国家的要道上,也是经济重地,与在南阳的申国防御正北方中原国家一样重要。子重要这两个地方为赏田,当然危害国家利益,甚至可能是别有用心,因为占有这样两个要地,意味着拥有楚国最重要的经济基地与军事基地,后来的楚灵王、楚平王就是依靠北方强县的力量成为国君的,申公巫臣为楚王与国家考虑,是以反对。都为楚国重要赋税之县,如果两地在一起,如此临近何以都会成为重要赋税之地?《左传》只是说

---

① 雷全和、尹俊敏:《古吕国历史浅探》,《南都学坛》1995年第2期。
② 徐元诰撰,王树民、沈长云点校:《国语集解·郑语》,中华书局2002年版,第475页。
③ 〔汉〕班固:《汉书·外戚恩泽侯表》,中华书局1964年版,第683页。

申、吕都为楚国北方的重镇,并不是说两者在一起,若在一地,也没有必要并言了之。早在此前十几年,子重为左尹的时候就带兵经过这里侵伐宋国(公元前598年)。① 这次围困宋国,子重提出申、吕为赏田,似也在表明吕地为其新近所知,是以会提出。而新蔡一带正在宋的南面,是去宋国所经之地,而南阳去宋远甚也。

其他说的情况,因为讨论得不充分,资料也少,就不议论了。

总结以往研究的情况可以看出,诸说都是东汉以后提出来的,明显受到东汉开始的重名人、讲郡望风气的影响。还有,讨论者通过对于东汉以后说法的向上回溯而将其与更早期有关吕国、姜尚的说法联系起来,因而证据链条上往往存在不连贯甚至矛盾的情况。如南阳之吕说,没有任何一条有价值的资料可以证明姜姓吕氏曾在此立国。至于卫辉说,与高诱曲解"东夷"之地明显相关。日照说也没有提供早期吕国在此的任何有价值的资料。

在看到以上几说存在问题的情况下,我们重新搜集资料做了研究,感到要深入探讨这个问题,首先要回到西汉以前,努力避免受东汉以后地方社会拉扯名人现象的干扰,即在西汉以前资料的基础上重新研究。这里还存在一个研究上古名人故里的方法问题。

研究上古名人故里的学人,较少注意那时的人都生活在氏族之中,大的宗族不断地分化出小的宗族与族氏,向外迁移与扩散,尤其是随着国家扩张与分封迁徙远地。所以不存在战国后期才有的编户、籍贯问题,家庭始终以宗(氏)族的形态而存在,"直到春秋中期以前,社会上还很少能够找到流离于氏族之外的人,甚至可以说几乎所有的社会成员——从各级贵族到普通劳动者——都生活在氏族之中。人在社会上的活动和影响通常以氏族的面貌出现于社会历史舞台之上"②。是以那时的个人还不存在在编户基础上的"籍贯"问题。直到战国中期以后我们才看到说某人是哪里人氏这样的情况,如孟子为说明古人得志必"行乎中国"而曰:"舜生于诸冯,迁于负夏,卒于鸣条,

---

① 参考杨伯峻:《春秋左传注·宣公十一年》,中华书局1990年版。
② 晁福林:《先秦社会形态研究》,北京师范大学出版社2003年版,第48页。

东夷之人也。文王生于岐周,卒于毕郢,西夷之人也。"

这里说到两个名人的生地、迁地与卒地,算是详细的了,大概也只有舜、周文王这样的"圣人"才会如此,其他人未见有这样具体的。战国晚期才有《荀子》《吕氏春秋》说到孙叔敖"期思之鄙人"的情况。直到司马迁作《史记》,述人之籍贯才明确具体到某县人(个别如老子、孔子说到乡里)。先秦时住在城之东郭的人,人则谓之东郭先生,至于他是否出生在东城之郭,却不一定。"编户齐民"是在战国后期尤其是秦始皇开始在全国实行的,郡县制的普及,籍里问题明确了,古代以氏族为主、不断迁移的情况结束了。我们国家是春秋时开始设县,但是如郑国收税以"丘"为单位,晋国等收税以"州"为单位,即还都是以宗族邑居为基础,邑里居住,郊野生产,氏族为单位,国野制度分明,没有个体家庭的户籍制度。这个问题唐代刘知几已经指出:

> 昔《五经》、诸子,广书人物,虽氏族可验,而邑里难详。逮太史公始革兹体,凡有列传,先述本居。至于国有弛张,乡有并省,随时而载,用明审实。①

因此,讨论吕尚故里问题,如能将其所在的国家地望或本人兴起之地说清楚就不错了。至于传说中其所经历的朝歌为屠夫、子良之逐臣、棘津自卖、齐之出夫②等,与国氏、故里没有直接关联,可以不论。

从名氏上看,姜尚是姜姓吕国出生、以国为氏的,大家对这没有异议,他的儿子叫吕伋(《史记·齐太公世家》),最后一位姜姓齐君康公被田氏取代,司马迁谓之"康公卒,吕氏遂绝其祀",都说明这一点。至于地望,前引《史记》《吕氏春秋》《孟子》都说他的居地与"海""夷族"相关系,并且是比较早的说法,说明当时学者有一个相近的认识,就是他属于靠近海滨和夷族的吕国人。如果我们对这个"东海"所指,以及商周之际的吕国有些比较正确的认识,则姜尚故里问题就有可能获得一个较为可取的意见。初步研究发现,新蔡、临泉一带说的可能性是最值得关注的,这里靠近一个上古称为"海"的大水泽,

---

① 刘知几著,姚松、朱恒夫译注:《史通全译》,贵州人民出版社1997年版,第272~273页。
② 参考诸祖耿:《战国策集注汇考》,江苏古籍出版社1985年版,第458~464页。

早期是夷族与西部夏族文化的交界地带,并且有吕国吕伯墓考古发现和相关传说,而与楚国盟约的"吕王之孙"铭文证明其必在周之"南国",符合姜尚居吕国、与夷族相近、附近有一个称为"海"的所在,尤其是这一带还有商末姜尚在此活动的记载。只是,姜尚是今临泉人过去虽有说,但没有真正有价值的学术讨论。先说"东海之上"。

二、上古所谓"海"及"东海之上"之"东海"在淮河中游

考察"东海"先要明白古人对"海"的认识。《说文解字》云"海,天(大)池也,以纳百川者也",即是说海是容纳百川的大池子。是以,内地很多大河、湖泽早期是以海相称的,如"汝海""江海"等。"海"还是上古对于四方偏远之地的称谓,如《尔雅》"九夷、八狄、七戎、六蛮,谓之四海",《释名》《广雅》说"海,晦也",最近出版的清华简《赤鹄之集汤之屋》中"海"就写作"晦":

乃邵(昭)然四𢁥(荒)之外,亡(无)不见也。小臣受亓(其)余(馀)而尝之,亦邵(昭)然四晦(海)之外,亡(无)不见也。

此一文献证明了《广雅》等说的正确。之所以如此,是蛮夷戎狄僻处中原四周的荒远之地,中原人对此所知不多,所谓晦魅不知也。《山海经》有四"海外"、四"海内"与四"大荒",就是这种观念的产物,其中"大荒"之内还有很多"海"。如《山海经·大荒东经》:"东海之外有大壑,少昊之国。少昊孺帝颛顼于此。弃其琴瑟。有甘山者,甘水出焉,生甘渊。"郭璞注大壑"无底之谷",就是这里的水不增不减,与一般内地的湖海不同,无疑指的是连通太平洋的黄海、东海等。这个大壑与东海之间有少昊之国,有甘山、甘水,大体在今山东曲阜一带,其西之"东海"就该是著名的"大(巨)野"泽了。① 《山海经》还有如"东北海""东南海""南海""西南海"等,都不是指的今日之东海、黄海、南海,而是内陆的湖海。大壑的观念接近于邹衍所谓的"大瀛海",而各种海则接近

---

① 陈立柱:《古帝颛顼新识》,载《颛顼帝喾与华夏文明》,河南人民出版社2009年版。

邹衍说的"裨海"、内海。(《史记·孟子荀卿列传·附邹衍传》)中原地区早时遭遇大洪水,四周茫茫一片,于是借"晦(海)"以表达对于四方民族所在地区的认识。所以遥远的东方就说是"东海(晦)",近于我们今天的"东方",西边就说是"西海(晦)"。宋镇豪先生指出"四海观"可能是夏人的观念,而"四方观"则与商人相联系。① 确实,甲骨文中至今未见有"海"字,虽然传世文献如《商颂》有"海外有截"等。传到春秋初期还有这样的叫法,楚王使人说齐桓公:"君处北海,寡人处南海。"(《左传·僖公四年》)我们知道楚国都城位于长江之滨的荆州纪南城,当时是云梦大泽的近旁,楚王自称"居南海",就是住在遥远南方的意思。战国时,楚怀王与张仪对话,有言曰"楚国僻陋,托东海之上"(《战国策·楚策一》),就是说住在东方。与秦处在西土比较,楚国在其东南,是以楚王有此一说。可以看出所谓东海、西海的问题是相对而言的。汉代,王莽当政设立"西海郡"(《汉书·平帝纪》),也是受这个观念的影响。渐渐地,海就指称大面积的水面了,内陆有洱海、蒲类海、青海等,四"晦"之外的大壑、"大瀛海"也都称为"海"了。这样就形成中国古人的天下——四海(方)观念,《初学记》卷六引《博物志》对此有简明扼要的表述:

> 天地四方皆海水相通,地在其中盖无几也。七戎、六蛮、九夷、八狄,形类不同,总而言之谓之四海,言皆近于海也。四海之外,皆复有海云。②

王子今说"所谓'九州','有裨海环之''有大瀛海环其外'者,是符合地理形势的实际的"③,也是对于这一情况的总结。

对照上面中国古人的四海观,今日照市东的黄海,《山海经》谓之"大壑",在这个大壑以西老远的地方还有"东海""东南海""东北海"等"裨海",它们正是众水所归的大湖泽。

如此,则东海、东南海一般而言是以中原为中心方位的认识。淮河中游地区在中央王朝之东南部,上古正有一个众水所归的"海",战国时孟子还明

---

① 参考宋镇豪:《夏商社会生活史》,中国社会科学出版社1994年版。
② 徐坚:《初学记》,中华书局1962年版,第114页。
③ 王子今:《上古地理意识中的"中原"与"四海"》,《中原文化研究》2014年第1期。

确提道："舜发于畎亩之中,傅说举于版筑之间,胶鬲举于鱼盐之中,管夷吾举于士,孙叔敖举于海,百里奚举于市。"这里的"孙叔敖举于海"是说孙叔敖被举荐于海滨,这个海滨指的就是淮河中游大湖海旁边,靠近春秋时期楚国边地期思县,孙叔敖正是在这附近修造芍陂而被举荐的。关于淮河中游地区上古有一大湖海的问题,笔者已有文讨论,①这里做些综合研究。

淮河在今天洪河口(古汝水)以上为上游地区,上中游地面落差在178米左右(中下游的落差只有20米左右),以下进入中游,也即进入一个低洼的地区,尤其是自洪河口到颍水入淮一带,其间的濛河洼地,至今仍有数百平方公里,连同淮河南岸霍邱城西湖以东到淮南一带,总数当在数千平方公里,今天淮河洪水到来时的主要蓄洪区仍然在这一区域。洪河口以上,尤其是息县以上的淮河河道与其下的河道俨然不同,水行于或远或近之两岗间,与其谓之河床不如说是河滩,淮滨以下才有像样的主河道,舟船通航也是在此以下,淮滨以上只能通木筏(枯水期木筏也不能通)。淮滨以下淮河中上游的众多支流如汝水、颍水、决水(今史灌河)、淠水、肥水、沙水、西肥水、浉水、东肥水等,都是淮河重要的大支流,全都流入中游洼地,较易形成大面积的水面。周代以前气候温热多雨,②所以那时候更容易造成诸水停汇于此形成巨大水面的情况。

今天淮河中游地区的情况,说明其上古的时候一定是个大水泽,相关的记载很多。如《山海经·海内东经》说汝水"入淮极西北。一曰淮在期思北"③。则这个"淮"或"淮极"显然不是一条河,而是一个湖海。另一条大河颍水,《山海经·海内东经》亦云:"入淮西鄢北。""西"与"极"容易读混,且古代经常连读,因此"淮西"当即"淮极"之误。把汝、颍二水所入之淮的两部分资料连起来看,这个"淮极(西)"显然是一个大湖泽。"极",古有大、高、玄

---

① 参考陈立柱、吕壮:《古代淮河多种称谓问题研究》,《史学月刊》2011年第11期。
② 竺可桢:《中国近五千年来气候变迁的初步研究》,《竺可桢全集》第4卷,上海科技教育出版社2004年版。
③ 《太平寰宇记》卷一百二十九寿州"霍邱县"条引作"淮在期思城"。

远等义,言其极大,在期思以北之"淮极",其义无异于"淮海"。其实"淮海"之名也见于后世,李善注枚乘《七发》:"汝水出鲁阳山东,北(东)入淮海。"汝水所入的"淮海"正是淮河中游的大水泽。春秋时期,楚国令尹孙叔敖发迹前就在这一带活动,郭店楚简《穷达以时》所谓"孙叔三射(谢)恒(期)思少司马"①是也。孙叔敖在期思一带组织修筑芍陂、期思陂等。所以《荀子·非相》《吕氏春秋·赞能》篇等都说孙叔敖是"期思之鄙人",即期思县边鄙地方的人,孟子所说"孙叔敖举于海"之"海",指的就是期思旁边的"淮海""淮极"。②古代还有一个名为"汇(匯)"的大水泽,见于《集韵·皆韵》:"汇,泽名。"古代淮河之淮经常写为"汇",③淮字古读亦如"hui",因此"汇泽"很有可能是淮河中游之"淮海"的另一个名称。《玉篇》曰,汇,"回也","聚集也"。《集韵·队韵》:"水回合也。"《广雅·释诂》:"汇,大也。""汇"字正是许多水流汇聚、回旋、旋绕、壅聚,形成巨大的水面之义。淮河上游众多河流的水进入低洼的中游,自然形成众水大汇合的局面,所以今天仍然可以看到它的影子。后世还有"七十二水归正阳"之说,都在淮河中游一带,所以谓之"淮极""淮海""汇泽"等应该说很贴切,符合《说文解字》所说"海,天(大)池也,以纳众川者也"。

淮河中游的大水泽,春秋时期又曰"豫章",又见于《左传》,如鲁定公二年"吴人见舟于豫章,而潜师于巢。冬十月,吴军楚师于豫章,败之"。还有如鲁昭公二十四年"楚子为舟师以略吴疆。……越大夫胥犴劳王于豫章之汭"。石泉先生考证后指出:"今淮南寿县、霍邱之间,犹有大小湖沼如西湖、东湖、瓦埠湖;淮北颍上县境有白马湖、长林湖、阳台湖等,甚多;淮北颍水入淮之处亦低洼,当皆古豫章水泽所在。"又说其地当"今日寿州凤台以西、固始凤阳以

---

① 荆门市博物馆:《郭店楚墓竹简》,文物出版社1998年版,第25~28页。
② 陈立柱:《孙叔敖"籍贯"问题综合研究》,载《楚学论丛》第四辑,湖北人民出版社2015年版。
③ 吴小如:《当代学者自选文库·吴小如卷》,安徽教育出版社1999年版,第287~291页。

东、颍上以南,而六安以北,淮水西岸地也"①。其说不仅与多数学者的意见较接近,也与当时战争形势及吴楚战争大都在淮河流域展开相符合,故最为可取。依其说,则古豫章水泽正是我们说的淮极、汇泽、淮海所在的地方,说明春秋时期,本地原有大水泽,虽然已大部消退,仍然遗留有豫章之类的湖泽水面。豫章,或者说为树名(樟树),②也有说为宽大之义。③ 豫章二字的急读古音近于"鸿",《说文》以为鸿从"江"得声,江是南方人对大水的称谓,豫章、江,很可能是江汉淮一带"大水"之意的古读。"豫章"之名随着楚人来到江淮地区,以后又随着楚人的南迁称名鄱阳湖以南的平原洼地,汉时名豫章郡。

其实,不光是淮河中游,早期中国许多地区都有大的水泽,其名称或因方言或因认识的视角而有不同,但都是大水泽的意思。如今冀南豫北交界一带古有"大陆",今苏南的太湖古称"震泽",今皖赣鄂交界一带的大片湖泽古称"彭蠡",今鲁西菏泽地区古有"巨(大)野",今豫东商丘以北古有"明渚",今关中地区古有"阳陓"等,俱见于《尚书·禹贡》,与《山海经》中众多的"东海""东南海""南海"类相近。这些应该都是"仰韶温暖期"时气候温湿、雨水较多留下的。以后大都如"淮海"一样逐渐减小或消失了。那么,淮河中游的大水泽或者说淮海是不是姜尚的"东海上人"之"东海"呢?

淮河中游的海在中原的东南方,大体方位符合"东海"的情况。再联系以下几种情况,说这里是姜尚曾经居住的"东海之上"之"东海",基本可以相信。

一者,这里是散宜生、吕尚等取"江淮大贝"救赎文王的地方,说明姜尚对这里较熟悉。商末,散宜生等得"江淮大贝,因纣之嬖臣费中献之"(《资治通鉴外纪·夏商纪》),文王因此得以被救赎。散宜生等是在拜会姜尚后,听从姜尚指点而寻得"江淮大贝"的。《史记·齐太公世家》也言:"周西伯拘羑里,

---

① 石泉:《古代荆楚地理新探·续集》,武汉大学出版社 2004 年版,第 303 页。文中"凤阳"似不可解,或为"蓼阳"之笔误。固始东战国时正有一个封君曰蓼阳君,当今固始县东部至霍邱县一带。参考湖北省荆沙铁路考古队:《包山楚简》,文物出版社 1991 年版,第 28 页。
② 参考《战国策·宋卫策》《广韵·阳部》等。
③ 顾栋高:《春秋时楚豫章论》,谭其骧主编:《清人文集地理类汇编》第五册,浙江人民出版社 1988 年版。

散宜生、闳夭素知而招吕尚。吕尚亦曰'吾闻西伯贤,又善养老,盍往焉'。三人者为西伯求美女奇物,献之于纣,以赎西伯。"其中的"奇物"就包括"江淮大贝"。

散宜生、姜尚等所得之"江淮大贝",无疑即海产品贝类之大者。淮夷生活的江淮地区正是海贝通往中原的必经之道,谓之"江淮大贝"当然也。日本学者柿沼阳平对殷周时代重视海贝做过深入研究,他指出,殷周王权经由"(南海→)东南海沿岸→淮夷→中原"这一路收集海贝,以"娟(挂在颈部的海贝的联结)"的形式再分配给附属诸氏族,以维护与他们的关系。① 可见"江淮大贝"即是海贝,其在殷周政治生活中占有重要地位。直到汉代,江淮地区还是东南方、南方物资出产地与输入内地的主要通道,司马迁说:"合肥受南北潮,皮革、鲍、木输会也。"这其中的"鲍",颜师古注《汉书》就指出为"鲍鱼",海产品。② 直到汉代,海潮经常上至江淮地区。东晋干宝《搜神记》卷二十"古巢"条记述古巢城沉入湖底的传说:"一日江水暴涨,寻复故道,港有巨鱼重万斤,三日乃死,合郡皆食之……"干宝所记虽是传闻,但距古巢沉入湖底的时间(西晋)并不太久,其中从长江过来的上万斤的大鱼,显然也是海里的鲨鱼、鲸鱼之类。汉人郑玄注《周礼》也说:"鲍者,于福室中糗干之,出于江淮也。"③司马迁、班固、郑玄都是汉时人,所言与姜尚等所得"江淮大贝"相一致。

二者,临泉县有姜寨镇,传说是姜尚的故里,见于新蔡县的很多旧志书,不备述。姜寨镇原属新蔡县,1949 年前后划归临泉县,距离新蔡县城不过数十里。

三者,临泉姜寨一带是早期西部夏族与东方夷族交往、战争之前哨地带,是中原王朝南下淮南所经之地,地理位置十分重要。商朝末年,"纣克东夷而

---

① 柿沼阳平:《殷周时代的海贝文化的"记忆"》,《长江·三峡古文化学术研讨会暨中国先秦史学会第九届年会论文集》,重庆出版社 2011 年版。
② 过去不少人解释鲍为鞣制的皮革,不妥。我们在《合肥通史》第一卷(安徽人民出版社 2017 年版,第 324~325 页)中有详细讨论,可参看。
③ 〔东汉〕郑玄注,〔唐〕陆德明音义,贾公彦疏:《周礼注疏》,《文渊阁四库全书》本。

陨其身"(《左传·昭公十一年》),即商纣王发兵征伐人方,其具体地点,据多数学者的意见就在包括临泉县在内的皖北一带,①很可能也是为了打开通往江南的通道。曾伯霖簠铭文有"克狄淮夷,印燮繁阳",这个"繁阳"就在新蔡县以北临泉县的南部,古代正是中原通向东南江海地区的重要据点,春秋时楚国有"繁阳"之师在此把守。(《左传·襄公四年》)下文指出周穆王时期毛伯讨伐徐国也是走的这条路线。

因为是通道,所以很多中原人士常常经过这里走向江淮。考古发现很多中原器物在江淮一带出土,如临泉之南阜南县出土的著名的商代龙虎尊。最近在这附近的台家寺还发现商代在这里建立的居地,包括贵族墓地、制铜陶范、生活居住区等,是商代中期控制东南方的重要据点。②更早的还有"桀奔南巢"③,已在考古学上得到了印证。肥西县出土了夏代礼器铜斝、单翼铜铃、陶爵等,说明有夏王室成员来到这里,因为成组的王室礼器被带到这里,仅仅文化传播是做不到的,必是人群迁移即王室贵族深入此地生活才会出现的。④还有稍晚一些的管子之先人,也是从中原到了今颍上县一带居住的。⑤

四者,太公治国方法简易而又善权谋,与道家起源地淮河中游地区文化接近。《史记》载:"太公至国,修政,因其俗,简其礼,通商工之业,便鱼盐之利,而人民多归齐,齐为大国。"类似的记载还见于《韩诗外传》卷十等许多文献,说明姜尚治国,方法简易而有效。这一点也是淮河中游地区文化的显著特征。早期淮河中游地区的文化以道家思想为代表,道家崇尚简易直接,反对繁文缛节,俗尚仁,《说文解字·羊部》所谓"夷俗仁"是也。直到今天,简单

---

① 陈梦家:《殷墟卜辞综述》,中华书局1988年版,第305页;宋镇豪主编,孙亚冰等著:《商代地理与方国》,社会科学出版社2010年版,第394~395页。
② 安徽省文物考古研究所、武汉大学历史学院考古系:《安徽阜南台家寺遗址》,中国文物信息网2017-03-24。
③ 徐元诰撰,王树民、沈长云点校:《国语集解·鲁语》,中华书局2002年版,第172页。
④ 陈立柱、周崇云:《合肥通史》(远古至南北朝卷),安徽人民出版社2017年版,第126页。
⑤ 陈希红、陈立柱:《管仲故里颍上县说综考》,《安徽师范大学学报(人文社会科学版)》2010年第3期。

素朴、率性而为、真性情等依然是这里风俗文化的基本品格。①《汉书·艺文志》道家类凡三十七家、九百九十三篇,其中《太公》二百三十七篇。吕望为周师尚父,本有道者。或有近世又以为太公术者所增加也。《谋》八十一篇,《言》七十一篇,《兵》八十五篇。

冠名太公著述的有二百三十七篇,占总数的四分之一左右,当然不一定是他本人的作品,但是附会于太公,说明是受到了他之思想的影响。而道家思想一般认为起于老子、淮河中游地区,太公的思想与之密切联系由此亦可知也。

由以上几方面说姜尚所居之"东海"为淮河中游地区的大湖海即"淮海",大体可据。以下进一步讨论早期吕国也在这一带。

三、商末至春秋时期的吕国在临泉至信阳一带

《史记·齐太公世家》言,姜尚"其先祖尝为四岳,佐禹平水土甚有功。虞夏之际封于吕,或封于申,姓姜氏。夏商之时,申、吕或封枝庶子孙,或为庶人,尚其后苗裔也"②。就是说吕尚是伯夷的后人。伯夷所封,前文说大家较为一致的意见是在山西霍太山一带,这里是吕氏最初的故乡。那么,商周之际的吕国在哪里?

比较多的学者认为姜姓氏族自霍太山迁出当在西周后期。如杨筠如指出:"吕的初封,或者还是晋国吕锜所食之吕邑,现在山西河东的地方","申、甫(甫就是吕)、许三国之封,大概都为抵御楚人,应当在宣王'荆蛮来威'以后"③。王玉哲说,吕、申、许本在山西霍太山一带,武王平定天下,吕国才"改

---

① 有关情况参考孙以楷主编六卷本《道家与中国哲学》,人民出版社2004年版;陈立柱、洪永平:《淮河文化概念之界说》,《安徽史学》2008年第3期。
② 《国语·周语下》记周灵王太子晋所言,虞夏时"胙四岳国,命为侯伯,赐姓曰姜,氏曰有吕"。
③ 杨筠如:《姜姓的民族和姜太公的故事》,见《古史辨》第2册,上海古籍出版社1982年版,第113页。

封到山东的营丘。吕国的另一支族和申国,则到周宣王时才从山西南迁到河南的南阳一带"①。徐少华也认为:"吕于西周宣王以前一直在其宗族故地——今山西境内活动,至宣王时才与申先后迁于南阳以实南土。"②主流观点之外,如前引徐广说认为吕之封虞夏时期就在南阳,而《新唐书·宰相世系表》卷十五认为在新蔡,春秋时期吕为强国所并,蒙文通说吕、申等姜戎之族,原在周之西北,西周晚期才迁往南土。③ 还有其他一些意见,不具引。学者间意见纷纭的原因,主要是没有确切资料可以说定吕之所在,而考据工作做得也不够细,还有就是受到考古学发展的局限。如今,考古学有了长足的发展,已经可以更综合地加以讨论了。

甲骨文中有关于"吕"的卜辞近十条,属于殷墟一、三两期,学者或以为"应为方国"④。但从内容上看说吕为地名要更可取,因为讲的都是商王在吕打猎、吕地受到攻击与能否夺回吕地、卜问该地年成等,显示吕应是商王的属地。山西之霍太山距离商都殷墟不过200来里地,属于商王的王畿之地。又据《史记·秦本纪》记载,商末,秦之先祖蜚廉受命前往霍太山一带为纣王取石做棺椁,因为武王伐纣,他回来后,纣王已死,遂在霍太山设坛祭纣,后也死葬其地。可见卜辞与传世文献都说明商朝后期,吕氏故乡已是商王的属地,姜姓吕氏不可能在此立国。我们认为商末以后到春秋时期的吕国在中原通往江淮的要道即新蔡、临泉一带,文献与考古资料斑斑可考。先说西周后期至春秋时期的吕国,这一时期吕国在信阳与临泉、新蔡一带证据确凿。

一是20世纪70年代在信阳市发现两座春秋前期的甫伯墓。其一是信阳以北淮河北岸甘岸大队(今甘岸镇)发现的甫伯墓葬,其中出土铜盘、铜匜等,匜上有铭文"隹甫伯亯,自作匜,其万年无疆,子孙永宝用"。其二是1979年3月,信阳县吴家店公社(今信阳市浉河区吴家店镇)社员家院内挖土发现墓

---

① 王玉哲:《中华远古史》,上海人民出版社2000年版,第454~455页。
② 徐少华:《吕国铜器及其历史地理探疑》,《中原文物》1996年第4期。
③ 蒙文通:《周秦少数民族研究》,龙门联合书局1958年版。
④ 宋镇豪主编,孙亚冰、林欢著:《商代地理与方国》,中国社会科学出版社2010年版,第354~355页。

葬,出土有铜鼎、铜匜、铜削、陶盂、磨石、陶罐等,其中铜鼎上有铭文"隹甫哀伯者君自作宝鼎,其万年子孙永宝用之"。铜盘上也有铭文:"隹甫哀伯者君用其吉金,自作旅盘,子孙永宝用之。"①

甫即吕,《吕刑》又作《甫刑》,学者皆知,不赘述,所以甫伯实即吕伯。吕伯的墓在信阳发现不止一处,显然不是偶然现象,说明吕伯居地在此附近。在新蔡与信阳之间的正阳县,有地名闾河店与闾河,闾河即吕河,东南还有吕台,吕河经过息县流入淮水。这些无疑是古吕国留下的痕迹,也把信阳之吕伯和新蔡之"大吕亭"紧密联系在一起。信阳以北去新蔡不远,吕国势力强大时包括这两地是没有问题的。

二是《诗经·扬之水》说周王派兵戍守南方,其中讲到三个地方,即申、甫(吕)、许,上文已指出此吕不可能是南阳之吕,但在南方则没有问题。

三是《国语·郑语》记载史伯对郑桓公说的话:"当成周者,南有荆蛮、申、吕、应、邓、陈、蔡、随、唐……"又说:"申、吕方强。"接下来史伯单说申的时候则联系缯、西戎而言,认为彼此关照,不可以讨伐,没有提及吕。史伯的话告诉我们,西周后期吕国在南方,与申国一样正处在强盛的时候,但和申的关系不近。

四是吕国在这一时期强盛也有出土铭文为证。如传世青铜器一壶一鬲上都有"吕王",《集成》9630壶的铭文作:"吕王麿(造)作内(芮)姬障壶,其永宝用享。"《集成》635鬲的铭文作:"吕王作障鬲,子子孙孙永宝用享。"

关于这个"吕王",李学勤认为卢、吕同音,都在来母鱼部,因此吕王即卢戎之王,在湖北南漳县一带。② 吕与卢古音虽相同,两者是否通假,以及卢戎能否造出有铭文的铜器,这些李先生都没有说,证据似较单薄。我们没有查到吕、卢通假的例子,再结合史伯所言与信阳吕伯墓的情况,说吕王是吕国强盛时期的称呼,显然更在理。

---

① 信阳地区文管会、信阳县文化馆:《信阳发现两批春秋早期吕国铜器》,《河南文博通讯》1979年第4期。
② 李学勤:《试说青铜器铭文的吕王》,《文博》2010年第2期。

五是新蔡一带有"大吕亭"等旧迹,见于《续汉书·郡国志》自注。"大吕亭"犹言故吕国留下的遗迹或标志。前引《水经注》文还说到有"小吕亭"。

六是1978年淅川下寺10号墓出土有铭𫘤编钟,其中的铭文有"吕王之孙":"余吕王之孙,楚成王之盟仆男子之𢤱(杰)。余不贰,甲天之下,余臣儿难得。"①由铭文知,作器者为吕王的子孙,可能是与楚王有盟约者,生活于楚成王、穆王或庄王时期。能与楚王联盟,并且自称"吕王之孙",则这个"吕王"应与早期的吕王有关系。春秋中期还与楚有盟约,这个吕国与楚自相去不远,盟约的时代可能当太子晋所说"申、吕虽衰"(《国语·周语下》)的时候。

综合以上六点,吕国在成周之南,与应、申、陈、蔡等俱属周之南国,西周后期方强,故称王、称伯于南土,吕伯曾埋葬于信阳一带,春秋中期吕氏子孙还记得祖辈称王的荣耀而刻铭,不远处的新蔡有"大吕亭"等旧迹,则这个吕国春秋早期至西周后期在新蔡至信阳一带,证据充分,可以相信。这一带周代没有其他国家。其称王的原因与西周后期王室衰微、诸侯兴起,以及淮河流域称王者较多应该相关,徐国、楚国、吴国等都是不尊周之正朔而自号为"王"的。吕在其间而方强,称王、称伯自不足怪。春秋中期以后,吕国遗民被迁于湖北蕲春,该县南蕲州镇北面七里有吕王山,一名缺齿山,当为吕人迁此而得名。另外湖北大悟也有吕王城、吕王镇,湖北黄州有吕王城,应该都是楚人迁吕一路上留下的。② 而彭城(今徐州)一带有"吕梁",或者也是其迁移的一部分。过去不少学者认为吕在周之西北,③今天看来明显不可取。

那么,西周前期的吕国情形如何呢?

关于西周前期吕国的资料,一是吕侯作刑,见于《尚书·吕刑》。《尚书·吕刑》云:"吕侯见命为天子司寇。"东汉郑玄注认为"吕侯受王命入为三公",并引《书说》曰"周穆王以吕侯为相"。《竹书纪年》曰:"穆王命甫侯(吕伯)于

---

① 参考河南省文物研究所等:《淅川下寺春秋楚墓》,文物出版社1991年版。本段铭文隶写与断句综合了多家的意见。
② 参考何光岳:《吕国的形成和迁徙》,《史学月刊》1984年第3期。
③ 参考任伟:《西周封国考疑》,社会科学文献出版社2004年版,第54页。

丰,作《吕刑》。"

二是传世吕伯簋,有铭文:"吕伯作厥宫室宝障彝簋,大牢,其万年祀厥祖考。"一般认为此簋为穆王时器。

三是著名的班簋铭文上提到追随毛公讨伐东国猾戎即徐国的有吕伯,"王令吴白(伯)曰:以乃师左比毛父;王令吕白(伯)曰:以乃师右比毛父。"

由铭文可知,周王要这个吕伯率领自己的军队作为右师辅助毛伯,和作为毛伯左师的吴伯一起进攻徐国。铭文还讲到毛伯作为最高军事统帅兼管繁、巢、蜀三地,这三个地方所在,过去学者有不同说法,但以说在江淮一带者为最多。繁即上文说的繁阳,在今临泉一带;巢在江淮之间,春秋时期还是重要方国;而蜀,杨宽认为即合肥之蜀山。① 从繁阳到合肥一线,东面正是徐国,是以成为毛伯主力行进的路线。吴即吴国,吴国在左为左师。相应的吕伯为右师,自然就在右方,即讨伐徐国方向的右首,而自信阳到临泉、新蔡一带正在毛伯的右首。这里有"大吕亭""小吕亭"等遗迹,有吕伯墓,正可当吕国之所在。若在千里之外的南阳,中间隔着许多国家,相去就太远了。班簋铭文吕伯,杨树达以为即《尚书·吕刑》作者之吕侯。② 联系《诗经》周王派兵戍守吕地,则前后期吕国为一国之持续存在,应该没有问题。

班簋的年代,郭沫若、唐兰、陈梦家、杨树达、于省吾、黄盛璋、李学勤等都做过研究,说法不一,认为是成、康、昭、穆四代的都有,③总之说为西周前期器大体不误。

四是传世吕仲仆爵,有铭文曰:"吕仲仆作姣子宝阶彝。"据铭文,此爵似乎是吕国一个叫仲仆的人为子姓名姣的人所做。子姓是商人后裔宋之族姓,说明这个子姣应该是嫁到吕国的宋国人。爵是西周早期以后不再流行的酒

---

① 参考杨宽:《西周史》,上海人民出版社2003年版,第560页;徐少华:《荆楚历史地理与考古探研》,商务印书馆2010年版,第138页;陈立柱、周崇云:《合肥通史》第一卷,安徽人民出版社2017年版,第91~94页。

② 杨树达:《积微居金文说》,中华书局1997年版,第103页。

③ 参考李学勤:《班簋续考》,《古文字研究》第13辑,中华书局1986年版;刘翔等:《商周古文字读本》,语文出版社1989年版,第91~95页。

器,所以学者一般认为此爵当为周初成康时代所做。吕与宋婚姻,或者彼此不相远的缘故。

五是吕行壶有铭文:"唯四月,伯懋父北征,唯还,吕行载,爰马,用作宝阶彝。"吕行当是吕国贵族,由铭文可知,似乎是在随着伯懋父北征回来时,用马换取吉金制作宝器。伯懋父是周代前期人,这个吕行壶自然也是这个时候的。

关于商末周初吕氏的情况,新近发布的清华简《封许之命》讲到一些情况:

> 越在天下,故天劝之亡敦,尚纯厥德,膺受大命,骏尹四方。则惟汝吕丁,肇右文王,㦅光厥烈,□司明刑,聱厥猷,祗事上帝。桓桓丕敬,严将天命。亦惟汝吕丁,扞辅武王,干敦殷受,咸成商邑。

这里讲吕丁在文、武二王时,辅助二人有大功,得封于许国。许慎《说文解字·叙》云:"吕叔作藩,俾侯于许。"同书许(鄦)字下云:"炎帝太岳之胤,甫侯所封,在颍川。"甫即吕。《左传·隐公十一年》杜预注:"许,姜姓,与齐同祖,尧四岳伯夷之后也。周武王封其苗裔文叔于许。"文叔,《汉书·地理志》颍川郡"许",本注作"大叔",简文吕丁当即其人。简文提到周文、武王,封许似乎在成王时。又说周文王时吕丁"□司明刑",即是掌管刑法之类的工作,武王时则讨伐商邦。这个吕丁也应该即《逸周书·世俘解》中"吕他命伐越戏方"的吕他,《路史·国名纪》又作"吕它",他、它与丁,古皆舌头音,同音异写的字,而且吕它正是帮助周武王讨伐殷纣王及其附庸的将军,与吕丁帮助武王伐殷商正相同;吕丁文王时还曾做过掌管刑法等的工作,这又与《吕刑》作者职责相同。周代职官多世袭继承,吕丁、《吕刑》作者显然都承续了吕氏掌管刑典的传统。① 吕丁正是商末周初的人,与姜尚同时。学者或以为吕丁是姜尚庶子。由许"与齐同祖""□司明刑"及"大叔"称谓看,此说有道理。还

---

① 钱穆、傅斯年很早即认为"齐国初封在成周东南",以后改封山东,《吕刑》"为南方之典"。(参钱穆:《国史大纲》,商务印书馆 1996 年版,第 39~40 页;傅斯年:《大东小东说》,《中央研究院历史语言研究所集刊》第二本第一分册,1930 年版。)

有说是吕伋之误写的，①不可取。

由以上，在中原通往江淮的古蔡国之南的新蔡、临泉一带，商末周初有一个国族曰吕，称侯、称伯，还曾称过王。这个吕国应该也是姜尚最初的封地，以后东征山东等地，周王廷为镇抚东方，转封吕尚于齐，为齐公，但仍曰吕尚、吕氏。故国吕国何人承续虽然不知，而周穆王时期有吕侯（伯）、吕行等，并且封国一直存在到春秋中期才为楚所灭。所以新蔡、姜寨一带之前不是蔡国的地方，后楚人迁蔡于此，史家谓之"新蔡"。说这个吕国商末以来在中原通向江淮要道的新蔡、临泉一带，不仅传闻甚多，更可以得到考古资料的实证。

吕是伯夷之后，伯夷是"能礼于神以佐尧者也"，上古时期最有知识的人；商末吕丁掌管刑法，与《尚书·吕刑》中叙述"伯夷降典，折民惟刑"，以及吕侯制定刑法可谓一脉传承，所谓吕氏得以专王家之刑典，都体现吕国在周王朝中的特殊地位。古代兵刑不分，征伐行军与刑法治国常常联系在一起，姜太公富有智谋与本族掌握着刑罚制度等应该密切相关。结合临泉东南上古正有一大湖海的情况，则姜尚"东海上人"之说在氏出吕氏与居住海滨两方面都得到印证，其为临泉、新蔡一带吕国人说，显然更可据。姜尚为其他地方人说，没有同时具备这两个基本条件的。

（作者系华南师范大学历史文化学院教授）

---

① 参考黄怀信、张懋镕、田旭东撰，黄怀信修订，李学勤审定：《逸周书汇校集注》（修订本）卷四《世俘解》，上海古籍出版社2007年版，第419页。

《齐太公吕望表》的价值、流传与复原

程平山

《齐太公吕望表》，晋武帝太康十年（289）汲县县令卢无忌所做，以颂扬其祖吕尚的功德。碑文记载了太康二年（281）"汲冢书"的出土情况及书的部分内容，可以证史、补史，故有着很高的学术价值。碑文字体被书家颂扬，在书法史上具有崇高地位。

《齐太公吕望表》自晋立碑以来，广为学者著述所记载。民国以后，碑下落不明，但是碑文拓片被海内外机构、学者所收藏，视为珍宝。我们因研究汲冢与《竹书纪年》而研究《齐太公吕望表》，为其内涵所震撼，遂于2016年花费数月研究此碑，成60万字的著作，又撰《传奇的〈齐太公吕望表〉》刊于《光明日报》。① 2019年恰逢《齐太公吕望表》立碑1730周年，遂选择我们的部分研究成果，以示纪念。

---

① 程平山：《传奇的〈齐太公吕望表〉》，《光明日报》2016年9月2日。

一、《齐太公吕望表》的价值

《齐太公吕望表》的内容包括5个方面:汲冢的地望、"汲冢书"出土之年、吕尚的籍贯、齐太公吕望的年纪、《周志》的性质。这些内容足以证实《齐太公吕望表》的重要价值。

(一)汲冢的地望

《齐太公吕望表》明确记载了汲冢的地望:"太康二年,县之西偏有盗发冢,而得竹策之书。"[①]关于汲冢的地望存在多种说法,[②]这是时代最早、最权威的观点。

(二)汲冢书出土之年

《齐太公吕望表》记载的汲冢书出土之年是太康二年,而《晋书》则有咸宁五年(279)、太康元年(280)、太康二年等不同的记载。[③]汲冢书是由晋武帝命荀勖、和峤主持整理的。荀勖《穆天子传序》曰:"古文《穆天子传》者,太康二年,汲县民不準盗发古冢所得书也。"[④]

《晋书》多讹误,当以荀勖所记及碑刻为正。在汲冢竹书出土前后,荀勖始终任中书监负责校理书籍,所以他记录的太康二年是最权威的资料,并且这个记载不仅在传畅《晋诸公赞》、王隐《晋书》、房玄龄等《晋书》中可以找到同样的记载,而且有晋代碑刻的支持。因此,我们说当以荀勖所记与碑刻为正。所以,晋武帝太康二年,汲郡汲县出汲冢竹书。

(三)吕尚的籍贯

关于吕尚的籍贯,古今学者主要有两种观点。

---

① 卢无忌:《吕望表》,《北京图书馆藏中国历代石刻拓本汇编》第2册,中州古籍出版社1989年版,第53页。
② 程平山:《竹书纪年与出土文献研究之一:竹书纪年考》,中华书局2013年版,第31~38页。
③ 程平山:《竹书纪年与出土文献研究之一:竹书纪年考》,中华书局2013年版,第1~13页。
④ 荀勖:《穆天子传序》,《穆天子传》,景上海涵芬楼藏明天一阁刊本。张元济等编:《四部丛刊》,商务印书馆1929年版,第1页。

1. 河内汲人说

《韩诗外传》卷八第二十四章载:"太公望少为人婿,老而见去,屠牛朝歌,赁于棘津,钓于磻溪,文王举而用之,封于齐。"①《吕氏春秋·孝行览·首时》:"太公望,东夷之士也。"东汉人高诱注:"太公望,河内人也。于周丰、镐为东,故曰'东夷之士'。"②《吕氏春秋·仲春纪·当染》:"武王染于太公望、周公旦。"③高诱注:"太公望,河内汲人也。"《淮南子·氾论训》:"太公之鼓刀,宁戚之商歌,其美有存焉者矣。"高诱注:"太公,河内汲人。有屠、钓之困。"④

《水经注·清水》:"(清水)又东过汲县北。"郦道元注:"县故汲郡治,晋太康中立。城西北有石夹水,飞湍浚急,世人亦谓之磻溪,言太公尝钓于此也。城东门北侧有太公庙,庙前有碑。碑云:太公望者,河内汲人也。县民故会稽太守杜宣白令崔瑗曰:太公本生于汲,旧居犹存,君与高、国同宗太公,载在经传,今临此国,宜正其位,以明尊祖之义。于是国老王喜、廷掾郑笃、功曹邠勤等,咸曰宜之,遂立坛祀,为之位主。城北三十里有太公泉,泉上又有太公庙,庙侧高林秀木,翘楚竞茂,相传云,太公之故居也。晋太康中,范阳卢无忌为汲令,立碑于其上。太公避纣之乱,屠隐市朝,遁钓鱼水,何必渭滨,然后磻溪,苟愜神心,曲渚则可,磻溪之名,斯无嫌矣。"⑤

杨守敬《壬癸金石跋·〈晋太公吕望表〉跋》曰:

> 《孟子》明云:"太公避纣,居东海之滨。"汲县逼近朝歌,故避之东海。若本为东海人,何庸避之?是谓海曲为太公所避之地则可,谓为所出之地则不可。⑥

作为卓越的地理学家,杨守敬的观点无疑甚为重要。今人赞成此说较多。

---

① 〔汉〕韩婴撰,许维遹校释:《韩诗外传集释》,中华书局1980年版,第296页。
② 许维遹撰,梁运华整理:《吕氏春秋集释》卷十四《孝行览·首时》,中华书局2009年版,第322页。
③ 许维遹撰,梁运华整理:《吕氏春秋集释》卷二《仲春纪·当染》,中华书局2009年版,第48页。
④ 刘文典撰,冯逸、乔华点校:《淮南鸿烈集解》卷十三《氾论训》,中华书局1989年版,第450页。
⑤ 〔北魏〕郦道元注,杨守敬、熊会贞疏,段熙仲点校,陈桥驿复校:《水经注疏》卷九《清水》,江苏古籍出版社1989年版,第812~814页。
⑥ 杨守敬:《壬癸金石跋·〈晋太公吕望表〉跋》,谢承仁主编:《杨守敬集》第八册,湖北人民出版社1988年版,第1009页。

2. 东海上人说

《孟子·离娄章句上》曰:"太公辟纣,居东海之滨,闻文王作,兴曰:'盍归乎来!吾闻西伯善养老者。'"① 《史记·齐太公世家》曰:"太公望吕尚者,东海上人。"② 《史记·齐太公世家》据《孟子》,然作"东海上人"不确。

范晔《后汉书·郡国志三》琅邪国西海县,刘昭注:"《博物记》:'太公吕望所出,今有东吕乡。又钓于棘津,其浦今存。'"③ 东吕乡于商周时期属莒国,后灭于鲁,与齐无涉。故所附会太公望事迹,皆无证。

(四)齐太公吕望的年纪

卢无忌《齐太公吕望表》:"其《纪年》曰:'康王六年,齐太公望卒。'参考年数盖寿百一十余岁。"④ 《史记·齐太公世家》:"盖太公之卒百有余年。"⑤ 卢无忌《齐太公吕望表》碑文据此。

学者对吕尚年纪讨论甚多,限于篇幅,另文讨论。

(五)《周志》的性质

卢无忌《齐太公吕望表》:

> 其《周志》曰:"文王梦天帝服玄禳,以立于令狐之津。帝曰:'昌,赐汝望。'文王再拜稽首,太公于后亦再拜稽首。文王梦之之夜,太公梦之亦然。其后文王见太公而訊之曰:'而名为望乎?'答曰:'唯,为望。'文王曰:'吾如有所于见汝。'太公言其年月与其日,且尽道其言,臣此以得见也。文王曰:'有之,有之。'遂与之归,以为卿士。"⑥

众多学者对《周志》所载梦事感兴趣,论其真实,与《史记》比较,论《周

---

① 孙奭:《孟子注疏》卷七下《离娄章句上》,阮元校刻:《十三经注疏》,中华书局1980年影印本,第2721页下栏。
② 〔汉〕司马迁:《史记》卷三十二《齐太公世家》,中华书局1959年版,第1477页。
③ 〔宋〕范晔:《后汉书·郡国志三》,中华书局1973年版,第3460页。
④ 〔晋〕卢无忌:《吕望表》,《北京图书馆藏中国历代石刻拓本汇编》第2册,中州古籍出版社1989年版,第53页。
⑤ 〔汉〕司马迁:《史记》卷三十二《齐太公世家》,中华书局1959年版,第1481页。
⑥ 〔晋〕卢无忌:《吕望表》,《北京图书馆藏中国历代石刻拓本汇编》第2册,中州古籍出版社1989年版,第53页。

志》性质，争议较大。限于篇幅，另文探讨。

总之，《齐太公吕望表》历来受到学者重视，尤其是研究汲冢地望、汲冢书出土之年与吕望籍贯等方面必不可少的珍稀资料，亦成为今人重新探索汲冢、汲冢书与吕望籍贯等所依赖的重要文献依据。

二、《齐太公吕望表》的流传

根据《水经注·清水》的记载，东汉之时，汲令崔瑗已立太公碑，并设置祭祀的坛场。逢东汉末三国之乱，坛场废弃。卢无忌《齐太公吕望表》："殷溪之下，旧有坛场，而今堕废，荒而不治。"晋初，汲令卢无忌自认为吕望之后，因刻碑。卢无忌《齐太公吕望表》：

于是太公之裔孙范阳卢无忌自太子洗马来为汲令。殷溪之下，旧有坛场，而今堕废，荒而不治。乃咨之硕儒，访诸朝吏，佥以为太公功施于民，以劳定国，国之典祀，所宜不替。且其山也，能兴云雨，财用所出，遂修复旧祀。言名计偕，镌石勒表，以章显烈，俾万载之后，有所称述。①

《水经注·清水》曰：

城北三十里有太公泉，泉上又有太公庙，庙侧高林秀木，翘楚竞茂，相传云，太公之故居也。晋太康中，范阳卢无忌为汲令，立碑于其上。②

"齐太公吕望表"碑立于西晋初，历隋、唐、宋、元，直至明代，一直在河南汲县太公庙。

宋人董逌（徽宗时、高宗建炎时人）《广川书跋·太公碑》曰："太公庙碑今在卫州共县。"③

元人王恽（金哀宗正大四年生，元成宗大德八年卒，1227—1304）《秋涧先

---

① 〔晋〕卢无忌：《吕望表》，《北京图书馆藏中国历代石刻拓本汇编》第2册，中州古籍出版社1989年版，第53页。
② 〔北魏〕郦道元注，杨守敬、熊会贞疏，段熙仲点校，陈桥驿复校：《水经注疏》卷九《清水》，江苏古籍出版社1989年版，第813页。
③ 〔宋〕董逌：《广川书跋》卷六《太公碑》，毛晋编：《津逮秘书》，明崇祯毛氏汲古阁刻本，第4页b~5页a。

生大全集·七言绝句·六度寺》：

荒村到寺才一里，古屋悬崖废几间。从此重经题品过，卫人方识有坛山。

山下石田百亩余，子孙眷恋祖来居。向人争说新官好，二税输来杂泛无。

萦纡一水蟠深涧，野叟何知说太公。坛下古碑堪晤语，大书深刻太康中。

太行东麓太公泉，乔木苍烟拥坏垣。千载只应尊有德，不须深泥竹书言。

老鹘哺雏百丈崖，羽毛才觳猎人来。孤怀牢落风埃底，何处呼鹰是故台。

圣泉流润过南村，共说来年雨水匀。山若有灵能假手，六花先压垄头尘。

支撑佛宇老风烟，岁月仍题圣历年。零落乱山终怅望，扪萝应欠入香泉。

先子能声以吏闻，生平游戏见诗文。遗书忽入孤儿眼，泪洒西山日暮云。

鹰扬来自镐齫西，草木荒山壁垒低。卖食解牛真妄说，断碑明指是殷溪。

山中宿麦苦无多，喜见团科际雨坡。纵未庸收终有望，入城容易揭差科。①

按：王恽《秋涧先生大全集》卷二十四《七言绝句·六度寺》记殷溪之山、吕留村、太公泉、太公庙、汲冢书、卢无忌碑之状况。太康中所立太公碑，在坛下，证实当时所立之碑在祭祀吕望之所。其迹宋元时尚存。"断碑明指是殷溪"一语，则宋元之际卢无忌碑已经断为两截，至明万历十二年（1584）时才移

---

① 王恽：《秋涧先生大全集》卷24《七言绝句·六度寺》，景江南图书馆藏明弘治刊本，张元济等编：《四部丛刊》，商务印书馆1929年版，第16页a~17页a。

置府署。

顾炎武《金石文字记》：

> 《太公吕望表》　八分书　太康十年三月
>
> 今在汲县西门太公庙。①

宋元之际横断为二，万历年间移置府治，卧弃府廨。

侯大节《(万历)卫辉府志》：

> 太公旧居。在府城西北二十五里，旧有庙，今废。有晋汲令卢无忌碑，残断卧道傍。
>
> 万历十二年，知府周思宸载置府治宾馆。一碑在府城南关八蜡庙，即汲郡太守穆子容文，今移置于西门太公庙。②

清《(乾隆)汲县志》：

> 太公故居，在城西北二十五里，地名太公泉，上有墓及庙。汉崔瑗、晋卢无忌立碑记之。汉碑未详，晋碑残断卧道旁。明万历十二年，知府周思宸载置府治宾馆。又一碑在南关八蜡庙，即魏汲郡太守穆子容文，十五年移置西门太公庙，乾隆初年又移西盐店无量庵。③

碑断之年代不晚于万历十二年移置于府署之年。至乾隆五十一年(1786)、乾隆五十六年(1791)被重新发现，湮没200余年。明代据断碑而又有拓本，其时代或为置于府署之前后。

明清之交，世局变幻，故学者或言其亡逸，实仍在府署。

黄易《汉魏六朝舆地碑刻考》曰：

> 原在河南汲县太公泉，万历年间移置府治，久失。

清乾隆五十一年，黄易于河南卫辉府署获上段。黄易将上截碑的拓片赠送毕沅、钱大昕、武亿等学者。毕沅《中州金石记》：

---

① 顾炎武：《金石文字记》卷二，华东师范大学古籍研究所整理，黄珅、严佐之、刘永翔主编，徐德明校点：《顾炎武全集》第五册，上海古籍出版社2011年版，第253~254页。
② 侯大节纂修：《(万历)卫辉府志》卷一《古迹》，明万历三十一年刻增修补刻本。中国科学院图书馆选编：《稀见中国地方志汇刊》第34册，中国书店出版社2007年版，第578页。
③ 徐汝瓒修，杜昆纂：《(乾隆)汲县志》卷二《舆地》，清乾隆二十年刻本，第18页a。

《太公吕望表》 太康十年三月立。隶书，隶额，在汲县。董逌《广川书跋》载此碑，今碑仅存半截。隶额云"齐太公吕望表"，文有齐太公吕望者此县人云云，即穆子容碑前所录也。①

乾隆五十六年黄易又得下段。黄易《汉魏六朝舆地碑刻考》曰：

> 原在河南汲县太公泉，万历年间移置府治，久失。乾隆丙午（五十一年），余有中州之役，获上段于卫辉府署，舁入小室中，辛亥秋（五十六年）又得下段，合而为一。

清嘉庆四年（1799），汲县训导李元沪请将碑置之县学（孔庙学宫），并在碑石左下方刻跋两行。同年秋月，有冯敏行者又刻跋于碑石左上。

碑末嘉庆四年李元沪跋文：

> 碑经断裂，卧弃府廨隙地。汲学训导李元沪请置学宫，用备金石家金奘录昔。嘉庆卯年秋月也。　冯敏行镌

李震跋文曰：

> 震按今郡城西北三里余太公祠有魏武定八年碑，列此表于前，兹其初刻也。尤宜宝惜，因从季父移置学署。清嘉庆四年八月朔密邑李震跋。

清嘉庆年以后（一说道光年间），碑石又一次受损，碑石上部题跋处已断裂，十四行至十九行十二字以下损去20厘米大小一三角形，残损20余字。

缪荃孙《艺风堂金石文字目》：

> 齐太公吕望表　分书。额分书。太康十年三月丙寅朔十九日甲申造。在河南汲县学宫。
>
> 碑阴廷掾汲服龙等题名。四列。分书。②

中国国家图书馆收藏缪荃孙旧藏《齐太公吕望表》拓片情况：

> 缪荃孙旧藏之整幅拓片，虽传拓年代晚于上述两种，系嘉庆、道光时所拓。但该本有罕见之碑阴，椎拓亦较精细，并有缪氏题跋两款及"盱眙

---

① 毕沅：《中州金石记》卷一，《经训堂丛书》，清乾隆刻本，第11页a、b。
② 缪荃孙：《艺风堂金石文字目》卷一，光绪三十二年艺风堂汇刻本，第18页a；缪荃孙：《艺风堂金石文字目》卷一，张廷银、朱玉麒主编：《缪荃孙全集·金石一》，凤凰出版社2014年版，第24页。

吴同远公望父审定印记"钤印一方,也较为珍贵。①

碑阴乃当时学者往往失拓者,《艺风堂金石文字目》之记载与中国国家图书馆收藏缪荃孙旧藏《齐太公吕望表》拓片情况符合,证实《艺风堂金石文字目》记载乃是实录,此时"齐太公吕望表"碑仍在汲县学宫。

清末,汲县人李敏修联合附近数县创办经正书舍。民国初,购买文庙为图书馆,存放碑刻古籍。李怡山《汲县经正书舍及其图书馆的概述》:

> 民国6年(1917)北京政府内政部拍卖房产委员来汲县拍卖公产,县文庙在拍卖之列。"经正书舍"董事会为保存古迹,贮藏图书,筹资购买了县文庙,筹办图书馆,选高幼霞为馆长,在书舍舍友帮助下于颓檐断壁荆棘丛中动工修建图书馆,将原崇圣祠、训导宅作藏碑碣之所,收集散失四乡之名贵碑石,如齐太公吕望表,九级浮图碑等多种碑碣。原明伦堂作集会讲演之所,大成殿存善本书,东西两庑藏普通版本书籍,戟门改造为阅览室。②

己未(1919)暮秋,顾燮光《河南古物调查表证误》:

> 晋《太公吕望表》。有阴。有侧。太公庙。太康十年三月。
> 按此碑在县文庙,现为高等小学校。③

民国时碑存城内图书馆。顾燮光《河朔金石目》:

> 齐太公吕望表　分书。额分书。卢无忌撰。太康十年三月。
> 碑阴。廷掾汲服龙等题名。(二)〔四〕列。分书。
> 在城内县前街图书馆。④

民国19年(1930),顾燮光《河朔访古新录》:

> 城内西街县图书馆旧为文庙,建自何时失考。有晋太康十年三月

---

① 北京图书馆金石组:《北京图书馆藏石刻叙录(十一)》,《文献》1983年第4期。
② 李怡山供稿,陈景秋整理:《汲县经正书舍及其图书馆的概述》,政协河南省汲县委员会、文史资料研究委员会:《汲县文史资料》第一辑,1988年版,第35~36页。
③ 顾燮光:《河南古物调查表证误》,内务部编:《民国京鲁晋豫古物调查名录》,北京图书馆出版社2004年版,第989页。
④ 顾燮光:《河朔金石目》卷一,1930年版,上海天华印务馆排印本,第1页a。

《齐太公吕望表》，卢无忌立，此碑晋以来凡四徙，初在太公泉侧太公庙，万历十二年载置府署宾馆。康熙四十六年以前在西门瓮城太公庙（见刘氏《金石续录》）西壁间。至嘉庆四年由郡隙地移置县学明伦堂。现为讲堂。碑阴碑侧均题名，现因用砖嵌砌不能氍椎。①

魏青铻《汲县今志》成书于民国24年（1935）。《汲县今志》曰：

至设于文庙之图书馆，有石刻多种，素负盛名，尤以晋太康十年《齐太公吕望表》，为天壤间琼宝。②

又曰：

卢碑叠次迁移，今在县前街图书馆，即清时之县学明伦堂。③

民国24年，马元材（马非百）《视察日记》曰：

三日（旧二十八日）星期四　晴

晨八时，与全体同仁跻县政府及各机关视察，张县长随行。计上午共视察县政府各科室政警队征收处监狱看守所教育局经正书舍附属图书馆及第一区所等八处，经正书舍者，系本县耆宿李敏修所组成之学术团体，历史已久，向以提倡文化事业为职责，图书馆设县文庙内，有新旧藏书甚多，闻善本不少，惜行色匆匆，未及细观，馆内碑铭数百方，以齐太公碑记为最名贵，潞王所书之唐诗三百首，亦秀丽可喜，皆李所收集者也。文庙房地，原为官产，民国初，政府以五百元之代价售之于经正书舍，故现在已成为私产。④

抗日战争期间，时局恶化，碑刻书籍散失殆尽。李怡山《汲县经正书舍及其图书馆的概述》：

1937年卢沟桥事变，国民党军队纷纷南退，凡过汲者都来图书馆驻扎已成定例，加之日寇南侵，汲县各中学陆续南迁，知识界人士亦多流

---

① 顾燮光：《河朔访古新录》卷一，1930年版，上海天华印务馆排印本，第1页a、b。
② 魏青铻：《汲县今志》第10章，1935年，民国24年汉文正楷印书局排印本，第33页。
③ 魏青铻：《汲县今志》第18章，第73页。
④ 马元材：《视察日记》，河南省政府秘书处：《河南政治月刊》第5卷第12期，1935年版，第18页。

徙,图书馆员工被迫谋散,馆藏图书无力他运,怆惶中将图书分别封在训导室、大成殿和西庑藏书室。汲县沦陷后,日伪横行,书籍散失殆尽,复经多年战乱,经正书舍董事本已星散,主要创建人李敏修、王筱汀两先生,先后作古,经正书舍及其图书馆这一文化事业亦成陈迹。①

薛瑄《卫河咏古》今人注"太师遗表当官路"曰:

> 太师遗表当官路:太师遗表,指《太公吕望表》。该表为太康十年汲令范阳卢无忌立于太公泉上,后几经迁移,"文革"中已被砸毁。现新乡市博物馆仅存其拓片。②

按:"文革"中被砸毁,于是此碑被彻底消灭。此一说也。

《卫辉市志》(1993年版)曰:

> 现下落不明,仅存碑刻拓片。③

《卫辉市志(1989—2000)》曰:

> 《齐太公吕望表》碑为晋太康十年(289)三月十九日造,汲令卢无忌撰。原立于太公泉村太公庙内,明万历十二年(1584)迁府署,清嘉庆四年(1799)移置学宫(汲水镇第一完全小学)。现下落不明。④

按:学宫,民国抗战前为汲县县立第一至第五小学,今为第一完全小学。⑤

李志清《姜太公庙》曰:

> 其拓片尚存,为省级保护文物收藏。⑥

安喜萍《卫辉历代碑刻》曰:

---

① 李怡山供稿,陈景秋整理:《汲县经正书舍及其图书馆的概述》,政协河南省汲县委员会、文史资料研究委员会:《汲县文史资料》第一辑,1988年版,第37页。
② 政协新乡市文史资料委员会编:《新乡文史资料》第六辑《新乡历代名胜诗选》,中国文史出版社1992年版,第141~142页。
③ 卫辉市地方史志编纂委员会编:《卫辉市志》,生活·读书·新知三联书店1993年版,第551页。
④ 卫辉市地方史志编纂委员会编:《卫辉市志(1989~2000)》,中州古籍出版社2008年版,第117页。
⑤ 郑伯铭:《抗日战争前汲县小学教育概况》,中国人民政治协商会议卫辉市委员会学习文史委员会编:《卫辉文史资料》第八辑,2005年版,第95~97页。
⑥ 李志清:《姜太公庙》,中国人民政治协商会议卫辉市委员会学习文史委员会编:《卫辉文史资料》第六辑,2000年版,第28页。

现已失,仅存拓片。①

河南省文物局编《河南文物名胜史迹》曰:

现下落不明,碑文拓片尚存。②

按:"齐太公吕望表"碑清嘉庆四年迁移至孔庙,乃县学学宫所在。入民国改为图书馆,碑仍存放此处。新中国成立以后的资料需查找。

三、《齐太公吕望表》碑文的复原

"齐太公吕望表"碑下落不明,但是存世不仅有传世文献记载,而且有大量拓片传世。记载《齐太公吕望表》的传世文献有《水经注》《金石录》等。拓片主要有明清时代的拓本,保存于中国国家图书馆、中国国家博物馆、北京故宫博物院、上海图书馆等,海外日本等国藏有拓片,另外尚有摹本。宋代以来,金石学家、文物学家与书法艺术学家对《齐太公吕望表》的研究亦有助于碑文的研究。这些资料为我们全面把握《齐太公吕望表》提供了可靠保障。

明清《齐太公吕望表》拓片文字的保存情况以明拓本为最好,随后不断减毁。明代拓片以中国国家图书馆所藏顾千里、丁福保递藏本《齐太公吕望表》明拓本为最好,上海图书馆藏罗振玉、李国松(木公)递藏本近之。

据中国国家图书馆藏顾千里旧藏明拓本,《齐太公吕望表》碑文前文部分为:

齐太公吕望者,此县人也。□□□□,史失其□。□大晋受命,吴□□□,四海一统。太康二年,县之西偏有盗发冢,而得竹策之书。书藏之年,当秦坑儒之前八十六岁。其《周志》曰:"文王梦天帝服玄襀,以立于令狐之津。帝曰:'昌,赐汝望。'文王再拜稽首,太公于后亦再拜稽

---

① 安喜萍:《卫辉历代碑刻》,中州古籍出版社2013年版,第14~16页。
② 河南省文物局编,杨焕成、周到主编:《河南文物名胜史迹》,中原农民出版社1994年版,第397页。

图一 中国国家图书馆藏顾千里、丁福保旧藏《齐太公吕望表》明拓本

首。□王梦之之夜,太公梦之亦然,其后文王见太公而訊之曰:'而名为望乎?'答曰:'□□望。'文王曰:'吾如有所于见汝。'太公言其年月与其日,且尽道其言,臣此以□□也。文王曰:'有之,有之。'遂与之归,以为卿士。"其《纪年》曰:"康王六年,齐太公望□。"□考年数盖寿百一十余岁。

先秦灭学而藏于丘墓,天下平泰而发其潜书,书之所出正在斯邑。岂皇天所以章明先哲,著其名号,光于百代,垂示无穷者□!于是太公之裔孙范阳卢无忌自太子洗马来为汲令。殷溪之下,旧有坛场,而今堕废,荒而不治。乃咨之硕儒,访诸朝吏,佥以为太公功施于民,以劳定国,

|国|之典祀,所宜不替。且其山也,能兴云雨,财用所出,遂修复旧祀。言名计偕,镌|石|勒表,以章显烈,俾万载之后,有所称述。

赵明诚《金石录》曰:

> 右《晋太公碑》,其略云:太公望者,此县人。大晋受命,四海一统。太康二年,县之西偏有盗发冢,而得竹策之书,书藏之年当秦坑儒之前八十六岁。……碑又云:"其《周志》曰:'文王梦天帝服玄禳(禳字字书所无),以立于令狐之津。'帝曰:昌,赐汝望。文王再拜稽首,太公于后亦再拜稽首。文王梦之之夜,太公梦之亦然,其后文王见太公而诇之曰:'而名为望乎?'答曰:'唯,为望。'文王曰:'吾如有所于见汝。'太公言其年月与其日,且尽道其言,臣此以得见也。文王曰:'有之,有之。'遂与之归,以为卿士。'……碑又云:"其《纪年》曰:'康王六年,齐太公望卒。'参考年数盖寿一百一十余岁。"

董逌《广川书跋》曰:

> 太公庙碑今在卫州共县,晋太康十年立,其文可识,曰:太公望者,此县人。太康二年,县之西偏有盗发冢,而得竹策之书,书藏之年当秦坑儒之前八十六岁。其《周志》曰:"文王梦天帝服玄禳,以立于令狐之津。帝曰:'昌,赐汝望。'文王再拜稽首,太公于后再拜稽首。文王梦之夜,太公梦之亦然,其后文王见太公而诇之曰:'而名为望乎?'答曰:'唯。'文王曰:'吾如有所见□。'太公言其日,且述其言,臣以此得见也。文王曰:'有之,有之。'遂与归,以为卿士。"其《纪年》曰:"康王六年,齐太公卒。"盖寿一百一十余岁。①

明拓本字存残毁,我们可以自前代文献与学者研究著述中找出所阙,予以补齐。

穆子容《修太公吕望祠碑》前文录卢无忌《太公吕望表》的前文,而略其颂词。

---

① 董逌:《广川书跋》卷六《太公碑》,毛晋编:《津逮秘书》,明崇祯毛氏汲古阁刻本,第4页b~5页a。

穆子容《修太公吕望祠碑》：

齐太公吕望者，此县人也。遭秦燔书，史失其籍。至大晋受命，吴会既平，四海一统。太康二年，县之西偏有盗发冢，得竹（篆）〔策〕之书。书藏之年，当秦坑儒之前八十六岁。其《周志》曰："文王梦天帝服玄禳，以立于令狐之津。帝曰：'昌，赐汝望。'文王再拜稽首，太公于后亦再拜稽首。文王梦之之夜，太公梦之亦然，其后文王见太公而训之曰：'而名为望乎？'答曰：'唯，为望。'文王曰：'吾如有所于见汝。'太公言其年月与其日，且尽道其言，臣此以得见也。文王曰：'有之，有之。'遂与之归，以为卿士。"其《纪年》曰："康王六年，齐太公望卒。"参考年数盖寿百一十余岁。

先秦灭学而藏于丘墓，天下平泰而发其潜（尽）〔书〕，（尽）〔书〕之所出正在斯邑，岂皇天所以章明先哲，著其名号，光于百代，垂示无穷者乎！于是太公之裔孙范阳卢无忌自太子洗马来为汲令。般溪之下，旧有坛场，而今堕废，荒而不治。乃咨之硕儒，访诸朝吏，佥以为太公功施于民，以劳定国，国之典祀，所宜不替。且其山也，能兴云雨，财用所出，遂修复旧祀。言名计偕，镌石勒表，以章显烈，俾万载之后，有所称述。①

据中国国家图书馆藏沙千里旧藏明拓本②，《齐太公吕望表》碑文颂词为：

其辞曰：于铄我祖，时惟大公。当殷之末，□德玄通。上帝有命，以锡周邦。公及文王，二梦惟同。上帝既命，若时登庸。遂作心膂，寅亮天工。肆伐大商，克咸厥功。建国胙土，俾侯于东。奋乎百世，声烈弥洪。般溪之山，明灵所托。升云降雨，为膏为泽。水旱厉疫，是禳是禜。来方禋祀，莫敢不敬。报以介福，惠我百姓。天地和舒，四气通正。灾害不作，民无夭命。嘉生蕃殖，□□远迸。迄用康年，稼穑茂盛。凡我邦域，永世受庆。春秋匪解，无陨兹令。

---

① 穆子容：《修太公吕望祠碑》，《北京图书馆藏中国历代石刻拓本汇编》第6册，中州古籍出版社1989年版，第170页。
② 〔晋〕卢无忌：《吕望表》，《北京图书馆藏中国历代石刻拓本汇编》第2册，中州古籍出版社1989年版，第53页。

图二　中国国家图书馆藏梁启超旧藏穆子容碑碑阳

按:"□德玄通""□□远进"二处不清楚,而明清的一些学者对此有过研究。

顾炎武《唐韵正》:

> 于铄我祖,时惟太公。当殷之末,一德玄通。上帝有命,以锡周邦。公及文王,二梦惟同。上帝既命,若时登庸。遂作心膂,寅亮天工。肆伐大商,克咸厥功。建国胙土,俾侯于东。奋乎百世,声烈弥洪。①

---

① 顾炎武:《唐韵正·上平声》卷一,华东师范大学古籍研究所整理,黄珅、严佐之、刘永翔主编,徐德明校点:《顾炎武全集》第二册,上海古籍出版社2011年版,第316页。

此乃《齐太公吕望表》之颂词,明拓本或更早拓本尚可见,嘉庆以后残损。顾氏好游历,见闻广博,可见资料尚多。顾氏所引颂词,"一德玄通"之"一"乃传世明拓本不清楚者,可以据补。

罗振玉《雪堂所藏金石文字簿录》曰:

《齐太公吕望表》明拓本

……"蛑□远逝"之逝字,此本完好,近拓将泐尽。……

又明拓本

……"蛑□远逝",《萃编》失录蛑字,蛑下一字,尚见末笔,乃戈之下半,当是贼字……①

据罗振玉《雪堂所藏金石文字簿录》,颂词部分"□□远逝"当作"蛑贼远逝"。

于是,我们得到完整的《齐太公吕望表》颂词:

其辞曰:于铄我祖,时惟大公。当殷之末,一德玄通。上帝有命,以锡周邦。公及文王,二梦惟同。上帝既命,若时登庸。遂作心膂,寅亮天工。肆伐大商,克咸厥功。建国胙土,俾侯于东。奋乎百世,声烈弥洪。殷溪之山,明灵所托。升云降雨,为膏为泽。水旱厉疫,是禳是禁。来方禋祀,莫敢不敬。报以介福,惠我百姓。天地和舒,四气通正。灾害不作,民无夭命。嘉生蕃殖,蛑贼远逝。迄用康年,稼穑茂盛。凡我邦域,永世受庆。春秋匪解,无陨兹令。

(作者系南开大学历史学院教授)

---

① 罗振玉:《雪堂所藏金石文字簿录》,1924 年,东方学会石印本,第 59 页 b~第 60 页 b。

吕尚故里散议

杜 勇

吕尚,俗称姜太公,是商末周初杰出的政治家和军事家,为周人推翻商纣暴虐统治和稳定周初政局做过巨大贡献。但是,吕尚故里何在,却是一个颇有争议的问题。早在司马迁时代,此即成为一个历史之谜。《史记·齐太公世家》说:

> 太公望吕尚者,东海上人。其先祖尝为四岳,佐禹平水土甚有功。虞夏之际封于吕,或封于申,姓姜氏。夏商之时,申、吕或封枝庶子孙,或为庶人,尚其后苗裔也。本姓姜氏,从其封姓,故曰吕尚。

> 吕尚盖尝穷困,年老矣,以渔钓奸周西伯。西伯将出猎,卜之,曰"所获非龙非彲,非虎非罴;所获霸王之辅"。于是周西伯猎,果遇太公于渭之阳,与语大说,曰:"自吾先君太公曰'当有圣人适周,周以兴'。子真是邪?吾太公望子久矣。"故号之曰"太公望",载与俱归,立为师。

> 或曰,太公博闻,尝事纣。纣无道,去之。游说诸侯,无所遇,而卒西归周西伯。或曰,吕尚处士,隐海滨。周西伯拘羑里,散宜生、闳夭素知而招吕尚。吕尚亦曰"吾闻西伯贤,又善养老,盍往焉"。三人者为西伯求美女奇物,献之于纣,以赎西伯。西伯得以出,反国。言吕尚所以事周

虽异,然要之为文武师。

在这里,司马迁对姜太公的身世、里籍同时记录了三种不同的说法:一是东海上人,姜姓后裔;二是事纣之臣,卒归西伯;三是海滨处士,往周赎君。他被周文王发现并重用的过程虽有不同说法,"然要之为文武师",是司马迁认同的基本史实。

对于姜太公的里籍,显然是由于文献材料的限制,司马迁已无法弄清楚了。司马迁与他的父亲都曾担任太史令,尽览皇家图书,在当时很少有人比他们的知识更渊博了。但司马迁写作《史记》耗尽平生心血,对此尚无断案,今天我们如果没有发现像甲骨文、金文之类司马迁不曾见及的资料,要对吕尚故里做出比司马迁更明晰更精确的结论,从逻辑上讲是有困难的。

但在司马迁之后,却有不少文献对吕尚故里做出了明确的回答,以至引发无穷的论辩。目前较有影响的说法主要有以下三种。

一是山东日照说。此说主要依据来自《史记》和《博物志》。《史记·齐太公世家》:"太公望吕尚者,东海上人。"所言"东海"即今之黄海,"东海上"语义不明,或可理解为东海岛上或东海之滨。《战国策·秦策五》云:"太公望,齐之逐夫。"是说姜太公在齐地入赘,被其老妇逐出家门。如此则"东海上"当位于今山东海滨之地。又《后汉书·郡国志三》"西海"注引《博物记》云:"太公吕望所出,今有东吕乡。又钓于棘津,其浦今存。"这里所说的《博物记》,专家以为就是西晋张华所著《博物志》。《元和郡县志》卷十二载:"汉海曲县,在县东一百六十里,属琅邪郡,有盐官。地有东吕乡东吕里,太公望所出也。"《大清一统志》卷一百四十《沂州府》:"东吕乡,在日照县东。"学者据此认为,太公故里当在今山东日照市。[①]

二是河内汲县说。此说由东汉学者高诱提出,北魏郦道元《水经注》则有更具体的说明。《吕氏春秋·当染》:"武王染于太公望、周公旦。"高诱注:"太公望,河内汲人也。"同书《首时》"太公望,东夷之士也",高诱又注云:"太公

---

① 蔡瀛海:《太公望吕尚出生地考》,《管子学刊》1990年第1期。

望,河内人也。于周丰、镐为东,故曰'东夷之士'。"对《淮南子·氾论训》云"太公之鼓刀",高诱亦有同样的注文。然据《水经注》,似乎在高诱之前已有这种说法。《水经注·清水》云:"(汲县)城西北有石夹水,飞湍浚急,世人亦谓之磻溪,言太公尝钓于此也。城东门北侧有太公庙,庙前有碑。碑云:太公望者,河内汲人也。县民故会稽太守杜宣白令崔瑗曰:太公本生于汲,旧居犹存,君与高、国同宗太公,载在经传,今临此国,宜正其位,以明尊祖之义。于是国老王喜、廷掾郑笃、功曹邠勤等,咸曰宜之,遂立坛祀,为之位主。城北三十里有太公泉,泉上又有太公庙,庙侧高林秀木,翘楚竞茂,相传云,太公之故居也。晋太康中,范阳卢无忌为汲令,立碑于其上。"所言崔瑗任汲县令,在东汉顺帝之时,说明在高诱之前已有姜太公为汲人的说法,且汲县还有太公庙、太公碑、太公泉、太公旧居、太公垂钓处等遗迹。故有学者据此认为,太公故里在河内汲县,即今河南卫辉市。①

三是安徽临泉说。司马迁谓姜太公为姜姓封国吕氏之苗裔,其始祖即尧舜时代的伯夷。《史记·陈杞世家》说:"伯夷之后,至周武王复封于齐,曰太公望。"《史记·郑世家》说:"夫齐,姜姓,伯夷之后也,伯夷佐尧典礼。"《尚书·吕刑》亦云:"乃命三后,恤功于民。伯夷降典,折民惟刑。"孔颖达《正义》云:"尧既诛苗民,乃命三君伯夷、禹、稷忧施功于民。"然伯夷封国位于何处?《后汉志·郡国志二》"汝南郡"条:"新蔡有大吕亭。"注引"《地道记》曰故吕侯国"。《元和郡县志》同其说,《新唐书·宰相世系表》则云:"吕氏出自姜姓。炎帝裔孙为诸侯,号共工氏,有地在弘农之间,从孙伯夷,佐尧掌礼,使遍掌四岳,为诸侯伯,号太岳。又佐禹治水,有功,赐氏曰吕,封为吕侯。吕者,膂也,谓能为股肱心膂也。其地蔡州新蔡是也。历夏、商,世有国土,至周穆王,吕侯入为司寇,宣王世改'吕'为'甫',春秋时为强国所并,其地后为蔡平侯所居。吕侯枝庶子孙,当商、周之际,或为庶人。吕尚字子牙,号太公望,封于齐。"之后还有一些文献如《太平寰宇记》《通典》等也都沿袭这一说法。根

---

① 张新斌:《姜太公故里在卫辉》,《寻根》2007年第3期。

据当地传说和《汝宁府志》，新蔡境内的姜寨镇（今属临泉县）即为姜太公故里。据说在1958年，这里还出土过刻有"姜尚故里"的汉代石碑。于是当地学者力主吕尚故里即在今安徽临泉县姜寨镇。①

上述三种说法虽然各有文献依据，但都来自司马迁之后的各类典籍，或对先秦文献的解读，并未提出司马迁不曾见及的证据。因此，要坐实吕尚故里的具体地望，人们不免投以怀疑的目光，何况这些说法还面临着其他方面的窒碍。

其一，这三种说法都有一个共同的前提，那就是以太公望为"东海上人"或"东夷之士"。其中河内汲县不能简单以东夷之地视之，高诱说丰镐以东地区皆可视作东夷，似过牵强。郭店楚简《穷达以时》说到"吕望为臧棘津，战监门来地"，或以为与山东来（莱）地有关。②但《孟子·离娄章句上》云："太公辟纣，居东海之滨。"表明东海之滨只是太公为了躲避商纣暴政的隐居地，似与太公故里无关。

其二，先秦文献另有显示，姜太公可能来自西方。《礼记·檀弓》说："大公封于营丘，比及五世，皆反（返）葬于周。君子曰：'乐，乐其所自生。礼，不忘其本。古之人有言曰："狐死正丘首。"仁也。'"太公裔孙既"乐其所自生"，及至五世"皆反葬于周"，证明太公为西方人，且周原甲骨文中的"渭渔"与此相印证，因而有人提出太公即今宝鸡县磻溪人。③

其三，吕国封地是吕尚故里的重要线索，但各种说法都难以确证其地为虞夏之际伯夷的封地。《左传·庄公二十二年》说："姜，太岳之后也。"太岳即四岳。郑玄《诗谱》谓："太岳在河东故县巍东，名霍太山。"又《诗经·大雅·崧高》云："崧高维岳，骏极于天。维岳降神，生甫（吕）及申。"可知申、吕在西周晚期迁至南阳之前，封地或在今山西霍州市一带。故有学者认为这里即是

---

① 马家敏：《姜尚故里考》，《学术界》2001年第6期。
② 刘信方：《孔子所述吕望氏名身世辨析》，《孔子研究》2003年第5期。
③ 何光岳：《炎黄源流史》，江西教育出版社1992年版，第418页。

吕国最初的封地,亦即姜太公的故里。①

从这些情况来看,司马迁之后各类文献对吕尚故里的具体落实,恐怕一时还难于成为定论。其实,关于先贤故里或名人故里,有很多说法是一种正常现象。这与中华民族敬仰和崇拜往圣先贤的情结和传统有关。历史上对国家对民族有过杰出贡献的人,受到后世的敬仰或崇拜是一种正确的价值取向,有利于激励无数中华儿女为追求国家和民族的进步事业不懈奋斗。在这样的大背景下,形成先贤故里的多种说法就有其必然性。其具体原因大致有以下几种:一是本为先贤故里,始终保留着既往的历史真实;二是本非先贤故里,但其族裔迁徙某地,因崇祀先祖,以至被看作先贤故里;三是由于后世人们对往圣先贤的崇敬,通过立祠祭祀等纪念方式,使本地逐渐演变成为先贤故里。前者为历史现象,后二者只是一种文化现象,不可概以历史事实论之。

就吕尚故里来说,在没有新的出土材料发现之前,各种说法都不妨视为一种文化现象。它所反映的是中华民族崇敬往圣先贤的文化传统,同样值得我们珍视。因此,没有必要非争出个此真彼伪不可,也没必要等把事情弄个水落石出之后,再来开发和利用这一文化资源。这种文化资源的功能和价值是多方面的。无论是进行优秀传统文化的传承和教育,还是对其旅游价值加以利用和开发,都有利于进一步推进地方经济的跨越式发展。

(作者系天津师范大学历史文化学院教授)

---

① 张维慎、王锋:《关于姜太公的几个问题》,霍彦儒主编:《炎帝与民族复兴》,陕西人民出版社2006年版,第287~291页。

姜太公故里在卫辉

张新斌

姜太公是商末周初著名的政治家、军事家与哲学家,是中国历史上最早的谋略与智慧之师。姜太公也是姜姓、吕姓、丘姓、尚姓、卢姓等数十个中华姓氏的始祖。但是,有关太公故里问题,有许多说法,如冀州说、许州说、南阳说、日照说、淄博说、卫辉说等。从目前所见到的文献与考古依据综合研究,我们认为河南卫辉说最具说服力,也最接近历史的真实。

一、文献依据

姜太公故里,文献中略有记载,尤以山东日照说与河南卫辉说依据最足。《史记·齐太公世家》:"太公望吕尚者,东海上人。"所谓"东海上人",无法确指,似与"吕尚处士,隐海滨"相吻合,明清时期才将其具指为"东海郡"的山东日照,并见诸山东的方志。《战国策·秦策五》有所谓"姚贾曰:太公望,齐之逐夫,朝歌之废屠",反映了姜太公与山东、河南有着较深的联系。卫辉,古为汲邑、汲郡、汲县,与商末都城朝歌毗邻。西晋汲郡出土的《竹书纪年》专载姜太公为"魏之汲邑人",这说明姜太公故里在卫辉的观点,最少盛传于东周时期。北魏郦道元《水经注·清水》对卫辉的太公遗存有着详细的记载：

> 又东过汲县北。县故汲郡治，晋太康中立。城西北有石夹水，飞湍浚急，世人亦谓之磻溪，言太公尝钓于此也。城东门北侧有太公庙，庙前有碑。碑云：太公望者，河内汲人也。县民故会稽太守杜宣白令崔瑗曰：太公本生于汲，旧居犹存，君与高、国同宗太公，载在经传，今临此国，宜正其位，以明尊祖之义。于是国老王喜、廷掾郑笃、功曹邠勤等，咸曰宜之，遂立坛祀，为之位主。城北三十里有太公泉，泉上又有太公庙，庙侧高林秀木，翘楚竞茂，相传云，太公之故居也。晋太康中，范阳卢无忌为汲令，立碑于其上。太公避纣之乱，屠隐市朝，遁钓鱼水，何必渭滨，然后磻溪，苟惬神心，曲渚则可，磻溪之名，斯无嫌矣。

上述文献，不仅明确记载太公故里在今卫辉，而且还详细记述了汉晋时期太公故里的文物遗存，类似情况不见于其他诸说。

二、文物遗存

卫辉的太公胜迹，不仅数量多，而且历史悠久。《水经注》所载"太公泉"，至今仍是地名，即卫辉市西北的太公泉镇。

太公碑刻。依文献载太公碑刻有六。一是东汉汲令崔瑗的"创建太公庙碑"，这在《水经注》中有明载。二是晋太康十年（289）的"汲令卢无忌太公碑"。碑文云："齐太公吕望者，此县人也。……于是太公之裔孙范阳卢无忌自太子洗马来为汲令。磻溪之下，旧有坛场，而今堕废，荒而不治……遂修复旧祠，言名计偕，镌石勒表，以彰显烈。"该碑原立于太公泉旁的太公庙内，明万历十二年（1584）移府署，清嘉庆四年（1799）又置于学宫，后下落不明。其碑拓尚存，碑文录入县志及《金石萃编》等书。三是东魏武定八年（550）"汲郡太守穆子容太公碑"。该碑云："太公胤孙……率亲党更营碑祠，以博望之亭形胜之所，西临沧谷，东带濮川，周秦故道，燕赵旧路，构宫镌石。"该碑原立于太公泉，后数次迁移，下落不明，但乾隆《汲县志》保留有碑刻全文。四是明万历时的"齐太公故居"碑,存于太公庙内。五是清康熙二十年(1681)"周姜太公茔葬处碑",现存于太公墓前。六是清乾隆十三年(1748)河南巡抚毕沅的"修太公庙碑",亦保存至今。

太公庙。依文献记载与实地考察,卫辉的太公庙有五处。一是太公泉村太公庙。《水经注》载,其创修于东汉,晋代重修,明代督修正殿五间,清代复修,并以石碑明示这里为"太公故居"。现存建筑坐北朝南,分二进院落,首进有山门与围墙,次进为二门,东西配殿各三间,正殿内有太公塑像。总占地达1.2万平方米,建筑面积315平方米,为中州名儒李敏修于民国初年复修。二是卫辉市区老城熟肉火街北头太公庙,今尚存。三是汲县故县治所所在地,今卫辉市孙杏村镇汲城村东门北侧太公庙,乾隆《汲县志》载其建于汉代。四是卫辉市区老城西门月城内太公庙。五是卫辉市区八里屯村太公庙。后三庙今已无存。

太公殿。在卫辉市的一些庙宇中,专列有太公殿。如市区西北10里太公庙北侧,附设有太公殿,今尚存。另一处为市区老城西关马市街的玄帝庙内建有太公殿,今已无存。

太公祠。位于卫辉市太公泉村,其初创于东汉,原有大殿五间、配殿三间、石坊、山门及古柏等,后毁。现仅复建姜太公祠大殿三间,并供奉太公铜像一尊。

太公墓。位于卫辉市太公泉镇吕村西1公里的黄土岗上。《金石萃编》载:"去汲县治北二十五里,崇岗巉岩,林木丛茂,有泉潏然。其下距泉复二里许,相传吕太公墓在此,故名其泉为'太公泉',土人即其建庙以祀焉。"乾隆《河南通志》载,在卫辉"府城西北太公泉,尚昔避纣居东海之滨,后徙渭滨,封国于齐,归葬于此"。该墓墓前今仍保留有清康熙年间所立"周姜太公茔葬处碑",新立有"姜太公吕尚之墓碑",新修有青石甬道,以及仿汉阙门。

太公钓鱼台。位于卫辉市太公泉镇太公泉村西。《水经注》称其为"石夹水",又名磻溪,传为"太公钓鱼处"。现仍保留有较大水面,并保留有清乾隆时毕沅所立"太公钓鱼处"碑。2002年夏,在池水旁新建有太公钓鱼铜铸塑像,并于同年太公诞辰日举办了首届太公文化节。

三、考古发现

20世纪80年代,在卫辉有两次重要的考古发现,为卫辉的太公故里提供了新的佐证。

一是1983年,在卫辉市太公泉镇吕村出土的东魏武定二年(544)吕俭墓志。墓主吕俭为北魏时人,但其与夫人迁移合葬的时间为东魏,志文中明示,墓主为"朝阳乡太公里"人。这一墓志不仅说明北朝时期,太公族裔仍居留在今吕村,而且当地地名也叫"太公里",反映了自汉至北朝乃至今日,太公地名的历史传承性。

二是1988年,在卫辉市太公泉镇吕村发现的唐乾封二年(667)"卫州汲县故张君之志",墓主张师于贞观八年(634)去世,乾封二年与夫人"同室于博望城东南三里礼也"。从志文可知,其治所在今太公泉村与吕村之西。结合《金石萃编》所载东魏"修太公吕望祠碑"所载"遂率亲党更营碑祠,以博望之亭",可见"博望"早期为"亭",唐代设县,以后为"城"。今太公泉村与吕村相距甚近,尽管有"博望"之纠葛,但以"太公"而名,历史极为悠久。上述墓志,均收藏在卫辉市博物馆。

四、民间传承相互衬映

在卫辉市的民间文化传承中,保留了许多与姜太公有关的信息,不仅反映太公文化在当地形成了较为厚重的文化积淀,而且也是卫辉人民热爱乡贤姜太公的具体体现。

地名。一是太公泉。如《水经注》所言,为"太公钓鱼处",从出土文物可证北朝时为"太公里",自明代至今为太公泉村,并分设为前太公泉村与后太公泉村,今设太公泉镇。二是吕村。该村在太公泉村附近,从出土文物可知,这里早在北朝时便有太公后裔吕氏居住,至今仍以吕为村名。据调查,《吕姓家谱》毁于清末民初,原有数百口的吕氏族人,清末民初亦因白莲教的缘故而远迁他乡,形成了"吕村无吕姓"的现状。三是太公庙街。在老城西关有熟肉火街,街北头因建有太公庙,故称太公庙街。街南端因太公早年在家乡屠宰卖肉,故仍以熟肉火街名之。

神祇。除太公庙、太公殿供奉太公神像外,在清光绪二十八年(1902),中州名儒李敏修及王静波、王锡彤与卫辉知府于沧澜,在城内道西街创建经正书舍,书舍之绍闻堂内供奉卫辉乡贤32人,其中的卫武公、卫灵公与姜太公并列为"一国之君"同祀,并以"卫之冠冕"命名,可见太公作为当地人已深入人心。

方志。明清时期的《河南通志》、民国初年的《河南通志采访稿》、明代万历年间的《卫辉府志》、清康熙年间的《卫辉府志》、清康熙三十六年(1697)的《汲县志》、1935年的《汲县今志》,以及新中国成立后出版的各类志书等,均载姜太公是卫辉人,姜太公在卫辉留下大量遗迹,可供后人凭吊。

民间传说。卫辉市民间保留了大量有关姜太公的传说,民间文化工作者在民间采风,广泛收集,编辑成册共126篇,整理成形76篇,如《姜太公统一度量衡》《太公好农桑》《姜子牙捉鬼》《猴子的屁股为什么是红的》等。这些传说具有浓郁的乡情气息,也表达了家乡人民对太公的崇敬与仰慕之情。

(作者系中国先秦史学会副会长,黄河文化研究会副会长兼秘书长,河南省社会科学院历史与考古研究所所长、研究员)

试论姜尚登上商周政治舞台的历史背景

郭胜强　于　洁

姜尚,商末周初河内郡汲县(今河南省卫辉市)人。中国古代杰出的政治家、军事家、韬略家,周朝开国元勋。字子牙,吕氏姜姓,一名望,被文王尊称为太公望,周武王尊之号为"师尚父",世称"姜太公"。其先祖曾为四岳,帮助大禹治水建立功勋,被封在吕。姜尚出生时家境已经败落,他年轻的时候干过宰牛卖肉的屠夫,也开过酒店卖过酒,却始终勤奋刻苦地学习天文地理、军事谋略,研究治国安邦之道。《史记·齐太公世家》记载:"或曰,太公博闻,尝事纣。纣无道,去之。游说诸侯,无所遇,而卒西归周西伯。"姜尚辅佐周文王、周武王兴周灭商,是西周的开国元勋,周文王、周武王、周成王、周康王父子数代的谋士,又是齐国的缔造者,齐文化的创始人。后世对他推崇备至,历代皇帝和文史典籍尊其为兵家鼻祖、武圣、百家宗师。唐肃宗时期,追封其为武成王,设立武庙祭祀。宋真宗时期,追谥昭烈。

作为一般的平民百姓,姜尚能登上最高政治舞台,除了他本身的素质才能,还有其深刻的历史背景。这里我们试做以简单的分析,以请教同人。

一、周"翦商"既定方针的需要

我国自古就是一个多民族的国家,三代时期先后在黄河流域建立起强大政权的夏部族、商部族和周部族是这一时期最为重要的三个族群。三族并存,齐头共进,在相互竞争中共同发展。当时在华夏大地上还没有占绝对优势的民族,大禹治水发展生产使夏部族首先发展强大建立政权,商、周部族均臣服于夏。及至商灭夏后,周又臣服于商。

商王朝第十四位君主祖乙是一位很有作为的君主,使一度陷入危机的商朝再度复兴。在初步解除东方边境威胁后,祖乙开始对西方发号施令,今本《竹书纪年》载:"(祖乙)十五年,命邠(豳)侯高圉。"高圉乃周族著名的首领古公亶父之高祖,当时他接受了商王祖乙之命,服从商朝的统治,商则封其为"邠侯"。此乃历史文献中商、周最早发生关系的记载。

第二十三位商王武丁雄才大略,励精图治,革新政治,使殷商王朝进入鼎盛阶段。这一时期周人的首领是古公亶父(又称周太王、周大王)。他是周族的杰出领袖,因少数民族戎狄威逼,由豳迁到岐山下的周原(在今陕西境内),推行"务耕织、行地宜"的农业发展政策,革新政体,使周部族逐渐强盛起来。强大起来的周人必然要寻求对外发展,但它的西北方饱受少数民族戎狄侵扰之苦且偏僻荒凉,向南是崇山峻岭(秦岭)难以逾越,只有东进向富饶的中原发展。周灭商的国策早在这时就已经制定了,《诗经·鲁颂·閟宫》载:"后稷之孙,实维大王。居岐之阳,实始翦商。"在这种局势下,商周关系迅速发展,双方交往接触频繁,周对商是时服时叛,商对周则是时抚时战。

甲骨卜辞中"周"写作"囲""用",与商周金文"周"字相同。字像治玉琢文之形,原义为治玉,借作方国名。商王武丁时期直到商王祖庚、祖甲、廪辛、康丁、武乙,甲骨文中都有不少有关商周关系的记载。

周臣服于商,双方保持婚姻关系,往来频繁,友好共处:

(1)贞妇周。(《合集》22264)

(2) 甲子卜,贞妇周不征。(《合集》22265)

(3) 妇周……有……(《合集》2816)

妇周,当是来自周部族之女,为商王室贵妇,说明商周保持婚姻关系。卜辞(2)是卜问妇周会不会延期到来。卜辞(3)残缺,当是卜问妇周是否有疾病。这种婚姻关系也是双向的,古公亶父之子季历就迎娶了商王朝贵族的女儿太任,《诗经·大雅·大明》载:"挚仲氏任,自彼殷商,来嫁于周,曰嫔于京。"挚,商代诸侯国名,故址在今河南汝南一带,任姓。仲,指次女。挚仲,即太任,王季之妻,文王之母。挚国亦为商王朝的诸侯国,将诸侯之女代替王室之女外嫁,故说太任来自"殷商"。

作为宗主国的"大邦",商王可以向周发号施令:

(4) 令周侯今生月于腜,亡祸,比东卫。(《合集》20074)

(5) [令]周取巫于垂。(《合集》8115)

(6) 勿令周往于㱿。(《合集》4883)

(7) 壬戌卜,[贞]令周㐁若。(《合集》4885)

(8) 辛卯卜,贞令周从永止。八月。(《合集》5618)

(9) 甲午卜,送贞,令周乞牛多[子]。(《合集》4884)

(10) 叀镣令。叀㐁令周。叀甹令周。(《合集》32885)

卜辞(4)意为卜问商王命令周侯于腜(从事某事),有无灾祸。卜辞(5)意为命令周向垂侯取巫。"垂"是"垂侯"(《合集》3324)、"垂伯"(《合集》3439)的简称,也是武丁时期商王室的一个外服诸侯。巫,即巫师,《说文》:"巫,祝也。"卜辞(6)大意是不再命令周到㱿办事。卜辞(7)意为命令周安抚某某族人,(事情办得)顺利与否。"㐁",《说文》:"㐁,安也。"《淮南子·览冥训》高注:"㐁,宁。"若,顺利。卜辞(8)意为商王命令周配合永从事某事。"永"为武丁时贞人,常代王从事某事。卜辞(9)"令周乞牛"即商王命令向周征取牛。卜辞(10)意为商王卜问镣、㐁、甹三人,谁来向周宣布命令从事王事。

作为附属国"小邦"的周,不仅要听从商王的命令,还要担负向商王室纳贡的义务：

（11）周入十。（《合集》3138 反甲）

（12）周以。（《合集》9170、9171 反甲）

（13）贞周以巫。（《合集》5654）

卜辞（11）属于"记事刻辞"，记载周向王室进贡占卜所用龟甲，入十即进贡了十付占卜用的龟甲。卜辞（13）"以"也是贡献的意思，是周向商王室进贡巫师。商王朝的贞人、巫师直至大臣，往往来自诸侯国。

对于自己的附属国，商王也有义务对周表示关心，让周参与商王室的重大活动，对周地的天象气候、农业收成、周侯的身体状况都经常占卜，予以关注。

（14）允惟鬼眔周彶。（《合集》1114 反甲）

（15）于周其烄。（《合集》30793）

（16）癸未卜，宁贞，周擒，犬征浿。（《合集》14755）

（17）周……[田]凡[屮]疾。（《合集》13910）

（18）丁卯卜，贞：周其屮田。（《合集》8457）

（19）周方弗其屮田。（《合集》8472 正甲）

（20）乙卜，贞：中周有口，弗死。（《花东》h3：330、2）

（21）甲子卜，贞：妃中周妾不死。（《花东》h3：977、25）

卜辞（14）、（15）是周参加商王室祭祀活动的卜辞，分别是"彶"祭和"烄"祭，这两项都是商王室重要的祭祀。"国之大事，在祀与戎"（《左传》），祭祀乃是商王室的重大活动。卜辞（16）是田猎活动的记载，大意为周与犬延参加田猎，周擒获猎物，犬延用陷阱捕获猎物。"浿"作"𪊨"形，从水从鹿，当与"陷阱"之"陷"含义略同。卜辞（17）是卜问周侯是否有疾病。卜辞（18）、（19）是卜问周是否有灾祸。卜辞（20）是卜问周侯有疾病，会不会死去。卜辞（21）是卜问名叫妃的周妇（妾）有病会不会死去。卜辞（20）、（21）两条是花园庄东地甲骨，值得关注，该类卜辞属于非王卜辞，也就是商王之外的其他贵族卜辞。除商王外，王室贵族也都关心与周的关系，可见当时商周关系之密切。

花园庄东地甲骨发掘者和整理者就指出:"'妃中周妾'说明在武丁时代,周与殷王朝有婚姻关系,这是一条十分珍贵的史料。"①

周的志向并非心甘情愿当商王室的附属国,因此对商并不是俯首帖耳,而是时有反叛。此时,商王室则对周兴师问罪。

(22)癸卯卜,其克戋周。四月。(《合集》20508,𠂤组卜辞)

(23)乙卯卜,允贞:令多子族从犬侯寇周。(《合集》6812 正)

甲骨文中"戋""寇"都是征伐的意思,卜辞(23)是命令多子族跟随犬侯征伐周人。

从商王文丁到商王帝乙、帝辛,相当于从周文王姬昌到武王姬发是商周关系急剧发展的新阶段。这一时期周人进一步强大起来,东进势头日益强劲和显著。近年考古发现和研究表明,大约在商王武乙、文丁时期,位于今陕西省咸阳市西 47 公里处的武功县武功镇漆水河东岸的"郑家坡遗存"陡然崛起,东面将商文化排斥出关中,融合了属于姜戎文化的"刘家村遗存",形成了周文化,很快发展到整个关中地区。②

而商王朝这一时期忙于东方的战争,以解决长期危害边境的东夷之患,迫切需要一个稳定的后方。故在商周关系上出现了大喜大悲的两个重大事件,即帝乙归妹和牧野之战。

商王武乙迫于需要对周人采取友好的安抚政策,今本《竹书纪年》载:"(武乙)三年,……命周公亶父,赐以岐邑。……三十四年,周公季历来朝,王赐地三十里,玉十珏,马十匹。"季历乃古公亶父之子、周文王姬昌之父。后来,武乙到西方巡视,目的在于震慑周人。结果"武乙猎于河渭之间,暴雷,武乙震死"(《史记·殷本纪》)。河渭之间乃周人的势力范围,司马迁虽然记载武乙之死是由于自然灾害,但也不排除被周人所杀害之嫌。

武乙之子文丁时期,周人势力进一步发展,今本《竹书纪年》载:"(文丁)四年,周公季历伐余无之戎,克之,命为牧师。"文丁对季历封官加爵,"命为牧

---

① 中国社会科学院考古研究所:《殷墟花园庄东地甲骨》,云南人民出版社 2003 年版,第 1692 页。
② 参见孙华:《陕西扶风县壹家堡遗址分析》,《考古学研究》(二),北京大学出版社 1999 年版。

师",让他维持西部边境的安全,征讨反叛不臣的西戎部落,同时对周人也高度戒备。季历又乘胜征伐始呼戎、翳徒戎,均获得胜利,声势大振。周人的强大引起商王文丁不安。季历征伐戎狄获胜后,到殷都献俘报捷,文丁予以犒赏,加封季历为"西伯",但当季历准备返周时,文丁又突然下令囚禁季历,不久死于囚禁中。其子姬昌继位,是为周文王,《吕氏春秋·首时》载:"王季历困而死,文王苦之。"商周关系急剧恶化起来。

商王帝乙时期,西伯姬昌为报杀父之仇也更是为了向东方发展,发动了对商王朝的战争。古本《竹书纪年》载:"(帝乙)二年,周人伐商。"结果以失败告终。显然这时,周人的力量还无法与商王朝抗衡,"翦商"时机还未成熟。这一事件也见于周原甲骨记载:

(24)……文武……王其卲帝……天□典册 周方伯……↓正,亡左……王受有佑。(H11:82)

(25)贞王其苯□又大甲,□册周方伯,□田正,不亡,于受佑。(H1184)

帝乙为集中主要兵力对付东方夷人,保持西部边境的和平安宁十分重要,遂对周部族继续采取安抚措施,改善殷周关系,使姬昌"帅殷之叛国以事商"。帝乙对姬昌发动的进攻不仅不加以惩罚,反而采取友好和亲政策,把一个妹妹嫁给他,并封其为"西伯"。姬昌也深感自己的力量还不足,商周交恶对双方来说都没有好处,即接受和亲,为表示诚意亲自率众前往渭水边上迎娶。《诗经·大雅·大明》描述了这场隆重的盛大婚礼:"天监在下,有命既集。文王初载,天作之合。在洽之阳,在渭之涘。文王嘉止,大邦有子。大邦有子,俔天之妹。文定厥祥,亲迎于渭。造舟为梁,不显其光。"[1]"天作之合"遂成为后世美满婚姻的代名词,《周易·泰》之六五爻辞亦曰:"帝乙归妹,以祉,元吉。"[2]"祉"者,福禄也,大吉大利。

周人随着自身实力的逐渐强大,决不甘心向商王长期称臣,时刻在做灭

---

[1] 《十三经注疏》,中华书局1980年版,第507页。
[2] 《十三经注疏》,中华书局1980年版,第28页。

商的准备。中国社会科学院历史研究所研究员罗琨先生曾指出:"武乙之时,周人日渐崛起、强大,占有了关中地区以后,更将向晋南扩展,早在文丁时,就有周王季伐晋南诸戎,后来,更有西伯戡黎之举,占领晋南要道,东出太行,可以直取殷都。因此从商王朝势力被迫一步一步退出关中之时开始,经略晋南、加强掌控,就成为商王朝国防建设之要务。这也是商末动员了'多侯、多田(甸)'的军队,西逾太行出征孟方、四邦方等的历史背景。"①

对此帝乙之子商王帝辛也有清醒的认识,在对周人加强军事防御的同时,找机会囚禁了周人的首领姬昌。《史记·殷本纪》记载:"九侯有好女,入之纣。九侯女不熹淫,纣怒,杀之,而醢九侯。鄂侯争之强,辨之疾,并脯鄂侯。西伯昌闻之,窃叹。崇侯虎知之,以告纣,纣囚西伯羑里。"②这和《史记·周本纪》载"崇侯虎谮西伯于殷纣曰:'西伯积善累德,诸侯皆向之,将不利于帝。'帝纣乃囚西伯于羑里"③有所不同,显然帝辛囚禁姬昌的主要原因还是周已经严重威胁到商。

就在商周关系急剧恶化、西伯姬昌被囚禁的危难关头,姜尚登上了历史舞台。《史记·殷本纪》载:"西伯之臣闳夭之徒,求美女奇物善马以献纣,纣乃赦西伯。"这里记载过于简略。《史记·齐太公世家》载:"周西伯拘羑里,散宜生、闳夭素知而招吕尚。吕尚亦曰'吾闻西伯贤,又善养老,盍往焉'。三人者为西伯求美女奇物,献之于纣,以赎西伯。西伯得以出,反国。"西伯姬昌的谋臣散宜生、闳夭前来殷都营救西伯,他们素知吕尚的智谋才能而找到了吕尚,吕尚也久闻西伯的贤惠,积极参与营救,而使西伯姬昌平安脱险。

西伯姬昌获救西归,后来姜尚西行垂钓渭水,"西伯将出猎,卜之,曰'所获非龙非彲,非虎非罴;所获霸王之辅'。于是周西伯猎,果遇太公于渭之阳,与语大说……载与俱归,立为师"(《史记·齐太公世家》)。实际上这是早已

---

① 宋镇豪主编,罗琨著:《商代史》卷九《商代战争与军制》,中国社会科学出版社2010年版,第333页。
② 〔汉〕司马迁:《史记》,中华书局1959年版,第106页。
③ 〔汉〕司马迁:《史记》,中华书局1959年版,第116页。

谋划好的,为塞人口舌,托为卜卦上天所赐,就像商王武丁得傅说一样。商王武丁即位三年,昏睡不语,梦天赐神人,绘图天下找寻,任用版筑工奴傅说为相。

殷纣王的仁慈宽恕、麻痹轻敌使他在外交上犯了一个致命的错误,就是释放西伯姬昌并"赐弓矢斧钺,使得征伐"(《史记·殷本纪》)。在姜尚的辅佐之下,西周迅速强大起来,"明年,伐犬戎。明年,伐密须。明年,败耆国……明年,伐崇侯虎,而作丰邑,自岐下而徙都丰"[①]。周人加速向东方的推进,并策划发动了长途奔袭战,一举实现了灭商大计。

学术界以前一般都认为牧野之战、西周灭商是一种偶然的侥幸,其实这是对这段历史缺乏深入的了解。周灭商是历史的必然,正如中国社会科学院历史研究院研究员宫长为、徐义华指出:"实际上周人灭商是经过精心准备有计划实施的,周本身虽是小国,但也立国时间较长,经过数代周王的经营,已经具有较强的实力,而其开拓疆域、兼并和交盟周边的势力的行动也从未终止,在周人灭商之前,周人已经建立起成熟的国家制度,拥有强大的武备,联合了广大地域的诸侯,形成'三分天下有其二'的战略形势。周人灭商诚然不是绝对实力对比的结果,但也绝不是一种侥幸。"[②]

西周最高统治集团引进、重用姜尚,也是精心准备灭商的重要举措之一。

二、突破"血族团体"统治的需要

夏、商、周三代奴隶制社会,是奴隶主家族的血族团体统治,最高统治者既是国王又是大家族长,各级政权机构的首领既是政府官员又是各级族长。正如著名历史学家、北京大学教授张岂之所分析的那样:"从社会内部结构来看,商王国是一个宗族国家,以宗族体系为基础。在宗族政治体制下,商王具有多重身份,他既是王国的首领,又是同姓宗族的大族长,亦是异姓宗族的君

---

① 〔汉〕司马迁:《史记》,中华书局1959年版,第118页。
② 宫长为、徐义华:《商代史》卷十一《殷遗与殷鉴》,中国社会科学出版社2001年版,第6页。

主,集王权、族权、政权于一身。"①

商朝最高统治者是商王,之下由多子、多妇、多子族构成了血亲家族的统治集团,这在甲骨文中也有明确反映。甲骨文中的"子某""妇某",拥有自己的封地,有着固定的收入,参与国家各项社会活动,领兵戍守征战,有着很高的政治经济地位。西周代商之后,也承袭了这种统治形式,建立了更加完善的分封制度。

然而这种血族集团的统治在历史发展过程中必然会暴露出种种弊端,正如秦始皇统一天下之后,就分封制和郡县制展开大辩论,廷尉李斯所说:"周文武所封子弟同姓甚众,然后属疏远,相攻击如仇雠,诸侯更相诛伐,周天子弗能禁止。今海内赖陛下神灵一统,皆为郡县,诸子功臣以公赋税重赏赐之,甚足易制。天下无异意,则安宁之术也。置诸侯不便。"②

这种制度在早期的时候就已暴露出它的弊端,商代的"九世之乱",历经仲丁、外壬、河亶甲、祖乙、祖辛、沃甲、祖丁、南庚、阳甲九王,延续近百年,使国家衰落、诸侯莫朝,对商朝造成了极大危害。西周建国之初发生的"三监之乱"更是触目惊心。武王灭商后,采取"以殷治殷"的政策,分封纣王之子武庚于殷,利用他统治殷民,同时派遣武王的兄弟管叔、蔡叔、霍叔在殷都附近建立邶、墉、卫三国以监视武庚,史称"三监"。武王病逝,周公旦摄政,引起管叔、蔡叔及其群弟的疑忌,武庚乘机联合管、蔡和东方诸部族发动叛乱,史称"三监之乱"。"三监之乱"声势浩大,对新生的西周政权产生严重威胁。周公经过三年艰苦斗争,杀武庚、管叔,放逐蔡叔,最后荡平了东方诸国,才平定这场动乱。《诗经·豳风·东山》云:"我徂东山,慆慆不归。我来自东,零雨其蒙。我东曰归,我心西悲。制彼裳衣,勿士行枚。"从一个参加东征普通士兵口中,可以看到这场战争漫长艰苦,人心厌战:自我远征到东山,回家愿望久成空。如今我从东山回,满天小雨雾蒙蒙。才说要从东山归,我心忧伤早西

---

① 张岂之主编:《中国历史·先秦卷》,高等教育出版社2001年版,第61页。
② 〔汉〕司马迁:《史记·秦始皇本纪》,中华书局1959年版,第239页。

飞。家常衣服做一件，不再行军事衔枚。

　　随着人类的进步、社会的发展，这种血族集团必然会被打破。对外敌对势力的斗争，对内统治阶级内部也即家族内部争夺最高权力的斗争日趋激烈，要斗争就需要掌握斗争的艺术，这一方面最高统治者自身要不断地提高充实，另一方面要引进具有斗争艺术的人才。这样，一些地位低贱的具有特殊才能的非血统家族的人就有机会进入统治集团。早在商朝建立之初，商汤就任用陪嫁的奴隶厨师伊尹为相，伊尹辅助商汤灭夏，历事成汤、外丙、仲壬、太甲、沃丁五代君主，辅政五十余年，为商朝富强兴盛立下汗马功劳。商王武丁继位三年不语，梦天赐神人，任用傅说为相，出现了"武丁中兴"的繁盛局面。

　　恩格斯在《家庭、私有制和国家的起源》中指出："以血族团体为基础的旧社会，由于新形成的各社会阶级的冲突而被炸毁；代之而起的是组成为国家的新社会，而国家的基层单位已经不是血族团体，而是地区团体了。"①在我国完成这一取而代之的过程是在春秋战国之际，但它的开始是很早的，商朝时期的伊尹、傅说，西周初期的姜尚，正是打破这种"血族团体"的先驱。

三、姜尚个人政治军事才能的充分发挥

　　姜子牙是中国古代一位影响深远的杰出政治家、军事家与韬略家，在政治上他远见卓识、深谋远虑，在军事上他刚毅果断、骁勇善战，他仙风道骨、足智多谋，被称为韬略家之鼻祖。《说苑·尊贤》载："太公望，……朝歌之屠佐也，棘津迎客之舍人也。"姜尚早期活动的地点朝歌和孟津，都是后来武王伐纣的要地，他长期生活在这里，具有地利、人和的优势，极便于他政治军事活动的开展。

　　西伯姬昌被囚禁后，"散宜生、闳夭素知而招吕尚"，营救姬昌已显示出姜

---

① 恩格斯：《家庭、私有制和国家的起源》，《马克思恩格斯选集》第4卷，人民出版社1995年版，第2页。

尚的政治才能,归周后被任为"帝师",更充分发挥其政治才干。姬昌经常暗中和姜子牙策划如何推行德政,积蓄力量以推翻殷纣,《史记·齐太公世家》载:"周西伯昌之脱羑里归,与吕尚阴谋修德以倾商政,其事多兵权与奇计,故后世之言兵及周之阴权皆宗太公为本谋。"在姜尚的辅佐策划下,"西伯阴行善,诸侯皆来决平。于是虞、芮之人有狱不能决,乃如周。入界,耕者皆让畔,民俗皆让长。虞、芮之人未见西伯,皆惭,相谓曰:'吾所争,周人所耻,何往为?只取辱耳。'遂还,俱让而去"(《史记·周本纪》)。坚持推行东进的既定国策,"明年,伐犬戎。明年,伐密须。明年,败耆国。殷之祖伊闻之,惧,以告帝纣。纣曰:'不有天命乎?是何能为!'明年,伐邘。明年,伐崇侯虎,而作丰邑,自岐下而徙都丰"(《史记·周本纪》)。特别是迁都于丰邑意义重大,表明周向东方推进了一大步,奠定了丰邑为西周265年国都地位的基础。

周初大分封姜尚被首封于齐,建立齐国,都营丘(在今山东省淄博市临淄区北)。姜尚率众长途跋涉直奔营丘,由于疲惫行军速度很慢,他整顿人马,"夜衣而行,黎明至国"(《史记·齐太公世家》),粉碎了莱国(商属国)抢占营丘的阴谋。姜子牙治理齐国有方,《史记·齐太公世家》载:"太公至国,修政,因其俗,简其礼,通商工之业,便鱼盐之利,而人民多归齐,齐为大国。"推行尊贤尚功的政策,选拔有才能的人做官,吸收大批当地土著人加入到齐国统治阶层,稳定了周人在东方的统治。

姬昌死后,姬发继位,姜子牙被尊称为"师尚父",辅佐姬发继续完成姬昌的未竟大业。姬发即位九年后,于孟津会盟,姜子牙左手拄持黄钺,右手握秉白旄誓师:"苍兕苍兕,统领众兵,集结船只,迟者斩首。"鼓舞士气,严肃军纪。周武王与姜子牙共同作《太誓》,又称《泰誓》,"商罪贯盈,天命诛之。予弗顺天,厥罪惟钧。予小子夙夜祗惧,受命文考,类于上帝,宜于冢土,以尔有众,厎天之罚。天矜于民,民之所欲,天必从之。尔尚弼予一人,永清四海。时哉弗可失!"再次谴责殷纣的罪行,声明自己是替天罚恶,要大家齐心协力,不失时机夺取胜利。

牧野之战是中国历史上以少胜多的著名战例,也是姜尚军事生涯中光辉的一页。孟津会盟两年后,"纣愈淫乱不止。微子数谏不听,乃与大师、少师谋,遂去。比干曰:'为人臣者,不得不以死争。'乃强谏纣。纣怒曰:'吾闻圣人心有七窍。'剖比干,观其心。箕子惧,乃详狂为奴,纣又囚之"(《史记·殷本纪》)。商朝最高统治集团严重分裂,灭商条件已经成熟,姜尚及时向周武王姬发建议发兵。出兵之际,"武王将伐纣,卜龟兆,不吉,风雨暴至。群公尽惧,唯太公强之劝武王,武王于是遂行"(《史记·齐太公世家》)。我们可以想象,如果不是姜尚刚毅果断,勇往直前敢于亮剑,中国历史必将改写。

牧野之战一开始,武王使师尚父与百夫致师。《集解》郑玄曰:"致师者,致其必战之志也。古者将战,先使勇力之士犯敌焉。"已是庞眉鹤发的姜尚,身先士卒,冲锋陷阵,极大地鼓舞了士气,保证了战役的胜利。第二天的祭祀仪式,姜子牙负责重要的祭祀供品任务。之后周武王的一些治国善后措施,如散发钱粮、修建比干之墓、释放箕子、迁九鼎、修国政、封国安邦等,"师尚父谋居多"(《史记·齐太公世家》)。

近年有文章重新讨论牧野之战,传统观点认为,殷纣王的军队"前徒倒戈"是奴隶起义或俘虏兵反叛,经综合深入研究后,得出了纣军倒戈是殷商贵族在周人拉拢之下的临阵反叛事件的结论。[①] 此说颇有道理,著名军事家孙武曾指出:"昔殷之兴也,伊挚在夏;周之兴也,吕牙在殷。故惟明君贤将,能以上智为间者,必成大功。此兵之要,三军之所恃而动也。"(《孙子兵法·用间篇》)就是说从前商朝的兴起,是由于重用了在夏为臣的伊尹;周朝的兴起,是由于重用了在殷为官的姜子牙。所以,明智的国君、贤能的将帅,能用极有智谋的人做间谍,一定能成就大的功业。这是用兵作战的重要一招,整个军队都要依靠间谍提供情报而采取行动。

西伯姬昌获释西归之时,参与营救的姜尚之所以没有一同西去,一方面姬昌怕情况有变急于逃命,另一方面就是留下姜尚做间谍进行策反。《史记·殷本纪》载:"百姓怨望而诸侯有畔者,于是纣乃重刑辟,有炮格之法……

---

① 黄同华:《牧野"前徒倒戈"新探》,《历史教学问题》1991年第5期;雒有仓:《关于商末纣军倒戈事件的重新认识》,《淮北煤炭师范学院学报(哲学社会科学版)》2004年第3期。

用费中为政。费中善谀，好利，殷人弗亲。纣又用恶来，恶来善毁谗，诸侯以此益疏。西伯归，乃阴修德行善，诸侯多叛纣而往归西伯。"此时，殷纣集团已经人心涣散，分崩离析，姜尚的策反工作是卓有成效的，文职官员"殷之大师、少师乃持其祭乐器奔周"(《史记·殷本纪》)。领兵武将在战时也就纷纷"前徒倒戈"了。

"三监之乱"爆发后，姜太公辅助周公旦平定叛乱，《史记·齐太公世家》载："及周成王少时，管蔡作乱，淮夷畔周，乃使召康公命太公曰：'东至海，西至河，南至穆陵，北至无棣，五侯九伯，实得征之。'齐由此得征伐，为大国。都营丘。"由此获得了替天子征伐的大权，为后来齐国的强大奠定了基础。

姜太公作为著名的军事家，署名他的军事著作，在《汉书·艺文志》道家类中著录有《太公》237篇，其中《谋》81篇、《言》71篇、《兵》85篇。署名姜太公著述的《六韬》虽非太公自著，但也反映了他的军事思想。姜尚是中国古代第一个军师型的军事家，其军事韬略在中国战争史上占有重要地位，对后世用兵产生了深远的影响。

（作者分别系安阳师范学院历史与文博学院教授，河南电视台法制频道记者、编辑）

太公望在推翻殷商王朝中的作用

李玉洁

太公望原是活动在中原地区的"四岳"之后,以后受到殷商王朝的威逼,迁徙到陕西周原地区的姜姓部族首领。在周原地区,姜姓部族与周部族结盟,并世为婚姻。殷商末年,太公望支持周文王、周武王两代周王,在牧野之战中立下了巨大的功劳,被尊为师尚父。《史记·齐太公世家》记载:"天下三分,其二归周者,太公之谋计居多。"西周王朝取代殷商王朝之后,大封功臣。《史记·周本纪》云:"师尚父为首封。封尚父于营丘,曰齐。"太公望受封于齐,曾得到西周王朝赏赐的镇国宝鼎,是辅助周王室的重要藩国。齐国对东夷地区的反周势力及部族起了镇服的作用,使西周王朝在渤海沿岸和东夷地区有了主动的态势。

一、太公望受殷商王朝的威逼与周部族联合翦商

太公望是姜姓齐国的始封君,是姜姓齐国之祖。太公望辅助周文王、周

---

① *本文系国家社科基金重大项目"大遗址与河洛三代都城文明研究"(13&ZD100)的中期成果。

武王两代国君，推翻了殷商王朝的统治，建立了西周王朝，是西周王朝的开国功臣。

《史记·齐太公世家》记载："太公望吕尚者，东海上人。其先祖尝为四岳，佐禹平水土甚有功。虞夏之际封于吕，或封于申，姓姜氏。夏商之时，申、吕或封枝庶子孙，或为庶人，尚其后苗裔也。本姓姜氏，从其封姓，故曰吕尚。吕尚盖尝穷困，年老矣，以渔钓奸周西伯。西伯将出猎，卜之，曰'所获非龙非彲，非虎非罴；所获霸王之辅'。于是周西伯猎，果遇太公于渭之阳，与语大说，曰：'自吾先君太公曰"当有圣人适周，周以兴"。子真是邪？吾太公望子久矣。'故号之曰'太公望'，载与俱归，立为师。"

姜、羌同声假借，姜姓部族是羌人的一支，这个部族自殷商时期就存在了。姜姓部族最初当活动于殷商王朝附近的汲县一带。如西汉武帝时期的会稽太守杜宣曾对县令崔瑗说"太公本生于汲，旧居犹存"。《水经注》卷九记载：太公望是汲县（今河南省卫辉市）人，"城东门北侧有太公庙，庙前有碑。碑云：太公望者，河内汲人也"。

北魏郦道元《水经注》卷九载："（清水）又东过汲县北。县故汲郡治，晋太康中立。城西北有石夹水，飞湍浚急，世人亦谓之磻溪，言太公尝钓于此也。城东门北侧有太公庙，庙前有碑。碑云：太公望者，河内汲人也。县民故会稽太守杜宣白令崔瑗曰：太公本生于汲，旧居犹存，君与高、国同宗太公，载在经传，今临此国，宜正其位，以明尊祖之义。于是国老王喜、廷掾郑笃、功曹邠勤等，咸曰宜之，遂立坛祀，为之位主。城北三十里有太公泉，泉上又有太公庙，庙侧高林秀木，翘楚竞茂，相传云，太公之故居也。晋太康中，范阳卢无忌为汲令，立碑于其上。太公避纣之乱，屠隐市朝，遁钓鱼水，何必渭滨，然后磻溪苟惬神心，曲渚则可，磻溪之名，斯无嫌矣。清水又东径故石梁下，梁跨水上，桥石崩褫，余基尚存。清水又东，与仓水合。水出西北方山西仓谷，谷有仓玉珉石，故名焉。其水东南流，潜行地下，又东南复出，俗谓之雹水。东南历坶野。自朝歌以南，南暨清水，土地平衍，据皋跨泽，悉坶野矣。《郡国志》曰：朝歌县南有牧野。《竹书纪年》曰：周武王率西夷诸侯伐殷，败之于坶野。《诗》

所谓'坶野洋洋,檀车煌煌'者也。有殷大夫比干冢,前有石铭,题隶云:殷大夫比干之墓。所记惟此,今已中折,不知谁所志也? 太和中,高祖孝文皇帝南巡,亲幸其坟而加吊焉,刊石树碑,列于墓隧矣。鼋水又东南,入于清水。又东南径合城南,故三会亭也,以淇、清合河,故受名焉。清水又屈而南,径凤皇台东北,南注之也。"

《水经注》卷九所记载的碑文,是较为信实可靠的资料。太公望当是今河南省卫辉市人。

唐代李吉甫《元和郡县志》卷二十《河北道》"汲县"条、宋代罗泌《路史》、乐史《太平寰宇记》云:"太公庙在县西北二十五里。太公,即河内汲人也。"

太公望是汲县人,即今河南省卫辉市人,是姜姓部族的首领,活动在殷商王朝的西部,受商王朝的强大威逼。甲骨卜辞中有许多关于商王在祭祀中以"羌"作为人牲的记载。如:

贞御自唐,大甲、大乙、祖乙百羌百牢。(《佚》873,《续》1.10.7)

甲午,贞乙未酒高祖亥(羌)口(牛)口,大乙羌五牛三,祖乙(羌)口(牛)口,小乙羌三牛二,父丁羌五牛三,亡它,兹用。(《南明》477+《安明》2452)

上面的祭祀是用羌奴和牛为"牺牲"去祭祀殷先王大甲、大乙、祖乙、高祖亥、小乙、父丁等。这些羌奴可能是殷商王朝的战俘。殷商时期,羌人是居住在商王朝西部的一个部落,经常与商王朝发生战争,并且失败。羌族受到商王朝的威逼,向西迁徙。太公望对殷商王朝的痛恨是可想而知的。姜姓部族来到周原之后,与周部族合作,是共同推翻殷商王朝的同盟部族。

羌人的一支姜姓部族来到黄土高原上,在周原姜水一带的有邰定居下来。有邰在周原的岐山下,今属陕西省武功县,故姜姓部族又称有邰氏。这里是泾、渭二水的下游,土地肥沃,水源充足,非常适合农业的发展。《诗·大雅·绵》云:"周原膴膴,堇荼如饴。"姜姓部族在这里成为一个以农业生产为主的部族。

姜姓部族居于有邰地区,从事农业生产。后稷是周部族的始祖,是我国古代传说中的农神。徐中舒先生认为，后稷的农业生产知识是从他的母亲姜嫄，也就是姜姓部族那里继承来的。《史记·周本纪》云：帝舜"封弃于邰，号曰后稷，别姓姬氏。后稷之兴，在陶唐、虞、夏之际，皆有令德"。邰，《史记·索隐》云："即《诗·生民》曰'有邰家室'是也。邰即斄。"斄，古同"邰"，古邑名。《史记·正义》引《括地志》云："故斄城一名武功城，在雍州武功县西南二十二里，古邰国，后稷所封也。有后稷及姜嫄祠。"

姜族是周族的姻亲氏族。在周人的创世纪传说中都离不开姜姓部族。周、姜二族共同生活在周原，世代通婚，亲密共处，在周原地区发展起来。周族首领在古公亶父时已经称"公"，势力逐渐发展壮大；王季时期更加强大，成为西部地区各部族的首领。周文王时，殷商王朝又封之为西伯。随着势力的发展强大，周文王暗中积蓄力量，以做剪商的准备。

太公望多计谋，是我国兵学阴谋之祖。《史记·齐太公世家》记载：吕尚与散宜生、闳夭"为西伯求美女奇物，献之于纣，以赎西伯。西伯得以出，反国。言吕尚所以事周虽异，然要之为文武师。周西伯昌之脱羑里归，与吕尚阴谋修德以倾商政，其事多兵权与奇计，故后世之言兵及周之阴权皆宗太公为本谋。周西伯政平，及断虞芮之讼，而诗人称西伯受命曰文王。伐崇、密须、犬夷，大作丰邑。天下三分，其二归周者，太公之谋计居多"。太公望是周族首领周文王最得力的助手和支持者。

二、太公望在推翻殷王朝中的作用

殷商王朝末年，政治腐败，民不聊生。商朝的最后一个国王殷纣王荒淫残暴。他宠爱美女妲己，于是在沙丘修苑台宫室，广收狗马奇物、野兽飞鸟置于其中。纣王在宫中饮酒作乐，"以酒为池，县肉为林，使男女倮相逐其间，为长夜之饮"[①]，淫乱不止。

---

① 〔汉〕司马迁：《史记·殷本纪》，中华书局1959年版，第105页。

殷纣王对所属的诸侯方伯，同样残暴。方伯稍有怠慢怨色，就受到残酷的刑罚。纣王"醢九侯"，《史记·正义》引《括地志》云："相州滏阳县西南五十里有九侯城，亦名鬼侯城，盖殷时九侯城也。"又"脯鄂侯"，《史记·集解》云："野王县有邢城。"①西伯周文王听说纣王如此残忍，偷偷地叹口气，表示不满，殷大臣崇侯虎将西伯的态度告诉纣王。纣王就把西伯囚在羑里，《史记·集解》引《地理志》曰："河内汤阴有羑里城，西伯所拘处。"②根据《史记》的记载，大约在这个时期，姜太公、闳夭、散宜生等人，搜罗美女、奇物、善马以献纣王，纣王乃赦西伯。

西伯返回周以后，"阴行善"，境内大治，"耕者皆让畔，民俗皆让长"③。周的力量大大增强，于是周文王伐大戎、密须、耆国、邢城，伐崇侯虎，而作丰邑，从岐山下的周原迁都丰邑。周文王在做推翻殷王朝的一切准备。

周文王死后，武王继位。古文献记载说，太公望为文、武师。"文、武师"指的是太公望曾任周文王、周武王两代国君之师。西周时期的"师"，与后代的师有不同的含义。这里的"师"，有统帅、将军之意，当然亦有军师、参谋的意思。武王又称之为"师尚父"④。在文王、武王时期，太公望为指挥军队的大将军。所谓"师尚父"，是姜太公对周武王而言，武王年幼，太公为其长辈，故周武王视之若父，尊称"师尚父"。《史记·集解》引刘向《别录》云："师之，尚之，父之，故曰师尚父。"

周武王即位后，开始向东征伐，以看天下诸侯的归向。师尚父云："苍兕苍兕，总尔众庶，与尔舟楫，后至者斩！"⑤天下诸侯不期而会孟津者八百，东征获得巨大的成功。这次东进虽然没有与纣王直接交锋，但对殷纣王构成极大的威胁。

孟津会盟诸侯以后，又经过两年，殷纣王更加荒淫。为了满足穷奢极欲

---

① 〔汉〕司马迁：《史记·殷本纪》，中华书局1959年版，第107页。
② 〔汉〕司马迁：《史记·殷本纪》，中华书局1959年版，第107页。
③ 〔汉〕司马迁：《史记·周本纪》，中华书局1959年版，第117页。
④ 〔汉〕司马迁：《史记·齐太公世家》，中华书局1959年版，第1479页。
⑤ 〔汉〕司马迁：《史记·齐太公世家》，中华书局1959年版，第1479页。

的生活,他残酷地向方伯诸侯搜刮,引起了诸侯方伯强烈的不满和反叛,连殷商王朝统治最牢固的东夷地区也发生叛乱。殷王朝的一些正直的大臣进行劝谏,殷纣王根本不听。微子数谏不听,乃与大师、少师相谋,逃走。比干切谏死争,被纣王剖心。箕子乃佯狂为奴,被囚禁。殷之贤臣四处逃亡。殷王朝内部矛盾重重。"如蜩如螗,如沸如羹,小大近丧,人尚乎由行。"《诗经·大雅·荡》。

周武王与太公望认为伐商的时机已经成熟,于是会合微、庐、彭、濮、庸、蜀、羌、茅(皆为归顺周的西方诸侯方伯),东征殷商王朝。在商郊牧野,周武王军队与殷纣王的军队交锋,双方进行了激烈的战争。清代大学士蒋廷锡撰《尚书地理今释》引《括地志》云:牧野,"今卫州城,即殷牧野之地"。又云:"《水经注》云:'雹水东南历坶野,自朝歌以南,南暨清水,土地平衍。据皋跨泽,悉坶野矣。'按:纣都妹土在朝歌北。隋置卫县于此,唐武德时为卫州治,即今之淇县也。牧野当在今淇县南迤逦以至汲县,故《九域志》谓汲城,亦牧野之地也。"《水经注》所说的"坶野",即商郊牧野。

《尚书·牧誓》记载:周武王左杖黄钺,右把白旄对大家发誓,"今予发惟恭行天之罚。今日之事,不愆于六步、七步,乃止齐焉。夫子勖哉!不愆于四伐、五伐、六伐、七伐,乃止齐焉。勖哉夫子!尚桓桓,如虎如貔,如熊如罴,于商郊"。周武王认为,自己是在替天行道,代天去惩罚殷纣王。他勉励大家像虎、貔、熊、罴一样,与殷纣王的军队作战。

《诗经·大雅·大明》曰:"牧野洋洋,檀车煌煌,驷騵彭彭。维师尚父,时维鹰扬。凉彼武王,肆伐大商,会朝清明。"这段诗描绘了在推翻殷商王朝的牧野之战中太公望的形象。清晨天刚亮,在广大的牧野战场上,用檀木制造的战车非常漂亮,赤毛白腹的马强壮有力,师尚父率领军队威风凛凛,如腾飞的鹰,辅佐周武王与商交战,征伐强大的商王朝。由此可见,周人军队雄壮整齐,太公望威武勇猛。

牧野之战,殷商王朝的军队像树林一样多,"殷商之旅,其会如林。矢于牧野,维予侯兴"(《诗经·大雅·大明》),但"纣师虽众,皆无战之心,心欲武王亟入。纣师皆倒兵以战,以开武王"①。

牧野之战,殷人倒戈,使周武王迅速地进入殷都朝歌(在今河南省淇县境)。《史记·殷本纪》云:"周武王于是遂率诸侯伐纣。纣亦发兵距之牧野。甲子日,纣兵败。纣走入,登鹿台,衣其宝玉衣,赴火而死。周武王遂斩纣头,县之白旗。杀妲己。"纣王逃跑不及,退至鹿台之上,蒙衣怀玉自焚于火而死。

《史记·殷本纪》云:"封纣子武庚、禄父,以续殷祀,令修行盘庚之政。殷民大说。于是周武王为天子。其后世贬帝号,号为王。而封殷后为诸侯,属周。"《史记·集解》引"谯周曰:'殷凡三十一世,六百余年。'《汲冢纪年》曰:'汤灭夏以至于受二十九王,用岁四百九十六年也。'"

《史记·殷本纪》曰:"自成汤以来,采于《书》《诗》。契为子姓,其后分封,以国为姓;有殷氏、来氏、宋氏、空桐氏、稚氏、北殷氏、目夷氏。孔子曰,殷路车为善,而色尚白。"《史记·索隐》按:"《系本》作'髦氏',又有时氏、萧氏、黎氏。然北殷氏盖秦宁公所伐亳王,汤之后也。"殷商王朝被灭。

周族、姜族与其他部族联合,终于推翻了殷商王朝,建立了周王朝,史称西周。太公望在推翻殷王朝的斗争中起了巨大的作用。《史记·齐太公世家》云:"天下三分,其二归周者,太公之谋计居多。"因此,太公望是西周王朝最可靠、最忠实有力的合作者和支持者。

三、周公东征与太公望受封于齐

武王克商以后,因古人有灭国不绝祀的习俗,所以周虽灭商,但封纣王之子武庚于殷商故地,以奉殷祀,商成为周的属国。武王为了防止殷人的叛乱和反抗,又派出"三监",即武王的弟弟管叔、蔡叔、霍叔等驻守在殷都周围,以监视武庚。当时殷王朝的残余势力还非常强大。武王灭商后,还至镐京,站在高处,以望商邑,常常夜不能寐。周公问他为什么,他说:"维天建殷,其登

---

① 〔汉〕司马迁:《史记·周本纪》,中华书局1959年版,第124页。

名民三百六十夫，不显亦不宾灭，以至今。我未定天保，何暇寐！"①武王忧心忡忡，非常不放心广大东方的殷商势力。

武王克商，两年后因劳心过度，得病而死。其子诵继位，是为成王。但成王年幼，无法应付西周王朝初定天下的复杂局面，于是武王的弟弟周公摄政当国。这样就引起了周公群弟如管叔、蔡叔、霍叔等人的怀疑，认为周公有野心，欲取成王而代之。管叔及周公之群弟在国中制造流言曰："周公将不利于成王。"②管叔、蔡叔、霍叔等又勾结武庚发动叛乱。早就怀着复国野心的武庚与"三监"联合，并策动原来臣属于殷商王朝的故地方国，即广大东夷地区的方国一起发难反周，形势非常严峻。

在这种情况下，周公向太公望、召公奭解释了他摄政当国的原因："我之所以弗辟而摄行政者，恐天下畔周，无以告我先王太王、王季、文王。三王之忧劳天下久矣，于今而后成。武王蚤终，成王少，将以成周，我所以为之若此。"③周公从而得到了太公望和召公奭的同情和支持，毅然进行东征武庚的战争。经过三年的努力，杀武庚，诛管叔，放蔡叔，收殷余民，把康叔封于殷商故地，封微子启于宋，以承殷祀。周公又把东征所平服的广大东夷地区分封给周的同姓子弟及异姓姻亲，让他们到这些地区去建立国家，统治那里的人民，即所谓"封建亲戚，以藩屏周"，为周王朝建立起一道屏障，以拱卫西周王朝。《左传·定公四年》云："昔武王克商，成王定之，选建明德，以藩屏周。"《荀子·儒效》云，周公"兼制天下，立七十一国，姬姓独居五十三人焉，周之子孙苟不狂惑者，莫不为天下之显诸侯"。

西周王朝分封出来的诸侯国主要是姬姓国，如卫、鲁、晋、燕、管、蔡、郕、霍等。另外，还有一些先代王朝之后，如夏的后裔杞、商的后裔宋、舜的后裔陈等。异姓姻亲当然是西周王朝的重要力量，特别是姜姓部族，与周族世代通婚。太公望又是武王克商和周公东征时重要的军事将领和谋臣，是西周王

---

① 〔汉〕司马迁：《史记·周本纪》，中华书局1959年版，第129页。
② 〔汉〕司马迁：《史记·鲁周公世家》，中华书局1959年版，第1518页。
③ 〔汉〕司马迁：《史记·鲁周公世家》，中华书局1959年版，第1518页。

朝依赖的栋梁和支柱。故西周王朝分封诸侯时,师尚父被封到海岱之间的薄姑旧地,建立齐国,国都营丘(在今山东省淄博市临淄区北)。这里曾是殷商统治的故地,反周的堡垒,周王朝把太公封于齐,就是为了加强这里的统治。

《史记·周本纪》云:"于是封功臣谋士,而师尚父为首封。封尚父于营丘,曰齐。"晋代杜预《春秋释例》卷九《世族谱》第四十五之下云:"齐国,姜姓太公望之后。其先四岳,佐禹有功,或封于吕,或封于申,故太公曰吕望也。太公股肱周室,成王封之于营丘,今临淄是也。"太公望被封在营丘,以营丘为国都,建立齐国。

太公望在后世曾被追封为王。《新唐书·肃宗本纪》云,上元元年(760)"追封太公望为武成王"。清代秦蕙田《五礼通考》卷一百二十三云:"《唐书·肃宗本纪》上元元年闰四月乙卯追封太公望为武成王。《礼乐志》上元元年尊太公为武成王,祭典与文宣王比。"文宣王就是孔子,即把对太公望的祭典规模与孔子等同。《五礼通考》卷一百一十六云:"周文王都酆,以师鬻熊、太公望配。"在祭祀周文王时,以师鬻熊、太公望配享。师,军事将领。由此可见,太公望在后世地位之高。

太公望受封时,曾得到西周王朝赏赐的镇国宝鼎。《左传·昭公十二年》载,楚灵王说:"昔我先王熊绎,与吕伋、王孙牟、燮父、禽父并事康王,四国皆有分,我独无有。今吾使人于周,求鼎以为分,王其与我乎?"齐与卫、晋、鲁等重要的姬姓诸侯国的待遇是一样的。齐国是辅助周王室的重要藩国。在整个西周、东周时期,齐国不仅与西周王室和其他姬姓诸侯保持重要的姻亲关系,而且对东夷地区的反周势力及部族起了镇服的作用,使西周王朝在渤海沿岸和东夷地区有了主动的态势。

(作者系河南大学历史文化学院教授)

古吕国地望及姜子牙籍贯之我见

任崇岳

一、古吕国在哪里

《史记·齐太公世家》说:"太公望吕尚者,东海上人。其先祖尝为四岳,佐禹平水土甚有功。虞夏之际封于吕,或封于申,姓姜氏。夏商之时,申、吕或封枝庶子孙,或为庶人,尚其后苗裔也。本姓姜氏,从其封姓,故曰吕尚。"《帝王世纪》说:"炎帝神农氏,姜姓也。"姜子牙是炎帝后裔,名字应该叫姜尚,但其先祖封于吕,故称吕尚。那么,古吕国在哪里,是学术界聚讼不决的问题。梳理起来,大致有以下几说。

一是认为伯夷之吕在新蔡,周朝之吕在南阳。

谢石华先生在《吕姓探源》(《寻根》2008年第1期)一文中认为,"伯夷之吕在新蔡不在南阳,新蔡之吕不是南阳之吕灭国之后析出的东吕。因为南阳之吕比伯夷生活的年代晚了1300多年,也即新蔡之吕比南阳之吕早得多"。又说:"南阳之吕应是周王朝为了某种需要,在南阳地域重新设立的新的吕国……也有另一种可能,即南阳之吕是在进入东周以后,周王朝为了对付楚国,在南部边境另行设立的吕国,类似于南阳申国的受封情况。"这两段话表明吕国有二：一个是伯夷时所封的吕国，其地在新蔡；另一个是周王朝时在南阳地区设立的吕国。伯夷封吕是在夏朝，比周朝南阳之吕早了1300多年。立论根据是《竹书纪年》中"吕在新蔡北"这句话。《新唐书·宰相世系表》说得更明白："吕者……其地蔡州新蔡是也。历夏、商，世有国土，至周穆王，吕侯入为司寇，宣王世改'吕'为'甫'，春秋时为强国所并，其地后为蔡平侯所居。"明确指出吕国始于夏朝。谢石华先生考证出"吕都位于现在的新蔡县城古吕镇"。《竹书纪年》成书于战国时期，是比较早的典籍，可以作为信史引用。

二是说吕国原在山西中部，周宣王时改封于南阳。

马世之先生在《中原楚文化研究》（湖北教育出版社1995年版）、《中原中国历史与文化》（大象出版社1998年版）两书中认为，吕人始兴于太岳，"太岳即今山西霍县（霍州市）东之霍山，吕人早期活动地点在以太岳为中心的晋西南地区，今山西中西部有吕梁山，西南部有吕乡、吕城、吕坂等地名，应是吕人留下的痕迹"。到了周宣王时期，"改封吕于南阳盆地"。又说："根据有关历史文献和考古资料，楚文王以后直至春秋晚期，中原地区依然存在一个吕国，这大约是楚人为了北进中原的战略需要，出兵攻占吕城，并将吕人迁至新蔡，仍称吕国。"至于古吕国的地望，马世之先生认为，"南迁之吕，与申邻近，南阳市西15公里有吕城，今名董吕村，当为吕国居地"。马先生依据的文献是《国语》和《诗经》。《国语》是春秋时期左丘明写的，该书云，吕人源于四岳，"昨四岳国，命以侯伯，赐姓曰姜，氏曰有吕"。又说："齐、许、申、吕由大姜。"太姜即周王季之母、大王之妃，可知周初姜姓诸国由于同姬姓通婚，而得到续封。《诗经》是西周初期到春秋中晚期500余年间的诗歌总集，《诗经·大雅·崧高》云："崧高维岳，骏极于天。维岳降神，生甫及申。"甫在古文献中是吕的异写字。马世之先生与谢石华先生的分歧是：谢石华认为新蔡之吕封于夏朝，南阳之吕封于周朝，二者相隔1000余年，两个吕国毫不相干。而马先生则认为吕人早期活动于晋西南地区，周宣王时改封于南阳，吕国被楚灭亡后，吕人迁往新蔡，仍称吕国。从晋西南至南阳，再迁新蔡，这个吕国均是一脉相承，从未改易。

三是周朝以前吕人居住上蔡、新蔡,周兴以后居南阳。

何浩先生在《楚灭国研究》(武汉出版社1989年版)一书中认为,《国语》及《诗经》都说姜姓有吕,始兴于太岳,地在今山西霍州市东,周初由于姬、姜通婚,吕又得到续封。这一点与马世之先生见解一致。何浩先生又引马瑞辰在《毛诗传笺通释》中的一段话:"吕国有二,一为虞、夏时所封之吕。《说文》:郚,汝南上蔡亭;《后汉郡国志》:新蔡古吕亭……周初吕地封蔡仲,所谓吕国,必虞、夏时所封矣。一为周时续封之吕。"结论是:"如果说姜姓之吕始封于晋南,其后南迁,则上蔡、新蔡间当是周兴之前吕人的居处,南阳只是周封以来的吕国所在地。"此说与谢、马两人的说法又有不同之处。何、马两人均认为吕国肇始于晋西南,不同之处是马先生认为,到了周宣王时期,吕被改封于南阳,周宣王是西周中期的天子,何浩先生则认为吕国在周朝兴起之前已迁到了上蔡、新蔡之间,南阳之吕是周朝以后所封的。谢石华先生则认为吕国始于夏朝,封地就在新蔡。又认为南阳之吕封于周朝,这一点又与何浩之说相同。

四是周代吕国在南阳西南16公里的潦河,其势力范围延伸到新蔡,在那里建立了受吕国控制的东吕国。

何光岳在《西周时的吕国》(《河南日报》1983年9月18日)一文中说,吕人在夏代以前已东迁至今陕西大荔县北的上、下吕曲和吕川一带,再东渡黄河,迁到今山西中阳县东南4公里的吕城,后来又迁到今山西霍州市西1.5公里的吕城,因帮助周武王灭商,被封为吕侯。周宣王时吕侯被调入南阳镇守南方,建立了吕城。吕侯在自己的封地内称王,对周王仍称侯。吕国的势力范围还延伸到了新蔡,在新蔡西南的大吕亭、小吕亭一带建立了东吕国,受吕国控制。吕国被楚国灭亡后,遗民被迁于湖北蕲春,县内有吕王山、吕王城,即因吕人迁此而得名。谢石华先生认为此说有误,新蔡之吕早在伯夷时就有,并非周代才有。新蔡距南阳有数百里之遥,吕国的势力不会延伸到新蔡,大吕亭在新蔡东北1.5公里处,小吕亭在吕蔡故城东墙内侧,并非如何氏所说在新蔡西南。

五是古吕国在镇平说。

《中华吕姓》一书引《史记·吕太后本纪》中有封"吕忿为吕城侯"之语，张守节"正义"引《括地志》云："故吕城在邓州南阳县西三十里，吕尚先祖封。"《括地志》是唐代地理名著。唐代南阳县治设在今之南阳市潦河镇，其西15公里即今镇平县境。隋唐之后，南阳县治才移至今南阳市。因此古吕国当在今镇平县境侯集镇宋小庄、鄂营一带。但此说赞成者不多，因为在宋小庄、鄂营的出土文物中，没有一件经考古认定为吕城文化的遗物。

由于吕国年代甚早，资料较少，因而吕国的建立及迁徙是一个"剪不断，理还乱"的学术问题。笔者认为吕姓兴起于晋南是可靠的，因为《国语》《诗经》成书年代早于《战国策》。一般情况下，如一个问题、一个事件、一个地名记载有分歧时，以较早的文献记载为准。比如谢姓是起源于南阳的宛城区还是唐河县，很长时间聚讼不决，因为双方都有史料为证。谭其骧先生认为南阳宛城区所依据的史料早于唐河，因而主张把谢姓的发源地定在南阳县金华乡东谢营附近，如今南阳县已改为宛城区，得到了学术界的认可，笔者觉得吕国的问题也可作如是观。

至于吕国的迁徙，何浩先生认为是周朝之前迁到了上蔡、新蔡一带，此说颇有见地。雷学祺《竹书纪年义证》说："盖甫之国在上蔡、新蔡二县界上，当今汝宁府之正东。"甫国即吕国，这个吕国"去南阳府西之吕城几五百里。《左传》子重请以申、吕为赏，此皆谓在南阳者"。可见吕国有二：一是上蔡、新蔡的吕，一是南阳的吕。陈槃在《春秋大事年表列国爵姓及存灭表撰异·吕》中也认为："上蔡、新蔡相去百六十八里，以土地相接，故或曰上蔡有郙亭，或曰新蔡有吕亭，则吕氏遗址，当二县交界之区矣。"他也认为吕姓遗址是在上蔡、新蔡两县之间，时间也应是在周朝以前，但并非始封于此。

二、姜子牙的籍贯问题

关于姜子牙的里籍有多种说法，归纳起来有冀州说、许州说、南阳说、淄博说、西羌说、日照说、卫辉说等，最近又有新蔡说。我们不妨进行比较研究。

先看新蔡说。谢石华先生在《吕姓探源》一文中认为，"姜子牙故里在新蔡，而不是其他地方"，"至于姜子牙出生的具体地点，在新蔡只有姜寨一说"。根据是《史记·齐太公世家》说吕尚是"东海上人"，"而'东海上'泛指'东夷之土'，即当时'淮夷'生活的黄淮中下游地区，并非专指东海之滨。而新蔡古时多水，到处湖泊相连，正属'东夷之土'"。史书没有记载说姜子牙是新蔡人，当然谢石华先生的推测，也在情理之中。这里的关键问题是对于东夷的解释，如果古代的新蔡在东夷的范围内，把姜子牙的里籍定在这里也是一说。《孟子·离娄章句下》："舜生于诸冯，迁于负夏，卒于鸣条，东夷之人也。"这是把舜定为东夷人了。《后汉书·东夷列传》说夷有九种，"夏后氏太康失德，夷人始畔。自少康已后，世服王化，遂宾于王门，献其乐舞。桀为暴虐，诸夷内侵，殷汤革命，伐而定之。至于仲丁，蓝夷作寇。自是或服或畔，三百余年。武乙（殷纣王的曾祖父）衰敝，东夷浸盛，遂分迁淮、岱，渐居中土"。这是说商朝后期，东夷的势力已到达山东及淮河流域。《尚书》载，"武王崩，三监及淮夷叛"，周公征之，此时的淮夷，当是指包括新蔡在内的淮河中下游地区，因此说新蔡为东夷地区是对的。"东夷率皆土著，熹饮酒歌舞，或是冠弁衣锦，器用俎豆。所谓中国失礼，求之四夷者也。"《后汉书·东夷列传》的这一段话，也可说明被称为淮夷一部分的新蔡人是土著。如此看来，新蔡属于东夷的命题可以成立。如果谢石华先生能找到姜子牙里籍在新蔡的记载，就可断定姜子牙为新蔡人，仅凭推论，似乎难以使人信服，还须继续寻找证据证明姜子牙为新蔡人。

相反，关于姜子牙为汲郡即卫辉的记载甚多，《竹书纪年》说姜太公是"魏之汲邑人"，汉代高诱注《吕氏春秋》也说："太公望，河内人也。"《水经注·清水》："（清水）又东过汲县北。县故汲郡治，晋太康中立。城西北有石夹水，飞湍浚急，世人谓之磻溪，言太公尝钓于此也。城东门北侧有太公庙，庙前有碑。碑云：太公望者，河内汲人也。"把石夹水说成磻溪，又说姜子牙在此垂钓，不确。姜子牙垂钓之处的磻溪在陕西宝鸡东南，一名璜河。但说姜子牙是河内汲人,甚是。此外,《路史》《金石萃编》《太平寰宇记》等书都有类似记载。甚至广东潮州吕氏宗族理事会编纂的《吕氏族谱》也说:"始世祖,子牙公讳尚,号太公望、武成王。妣马氏大夫人,生一子伋,女邑姜为武王后,居汲郡。"

"东海上人"一说见于《孟子·离娄章句上》:"太公辟纣,居东海之滨。"《吕氏春秋》载:"太公望,东夷之士也。"《史记·齐太公世家》载:"太公望吕尚者,东海上人。"类似记载还有不少。但所谓东海之滨、东夷之士、东海上人都是很宽泛而不确定的地理概念,东夷之士、东海上人也只能说姜子牙与东夷、东海有关,姜子牙曾在今日照隐居过,但把他的里籍定在今日照,比较牵强。

至于冀州说、许州说,学者中也没人相信,就不必说了。

依照我的看法,关于姜子牙籍贯的各种说法中,以卫辉说和新蔡说最有道理。新蔡说之所以成立,是因为这里古代是淮夷地区,也即东夷的一部分,这里又有姜姓村落,姜子牙可能是这里人,至少他的子孙中的一支在此活动过。不利之处是没有史料作为支撑,要证明姜子牙是新蔡人,还必须"上穷碧落下黄泉",找出史料根据来。卫辉说不但史料记载多,而且时间也早,如《竹书纪年》就说姜子牙是汲邑人,此外还有一些史籍也说姜子牙是汲邑人,清代乾隆年间的《卫辉府志》说:"太公吕尚,汲人。少穷困而智,老而屠牛朝歌,赁于棘津,避纣居东海之滨。闻文王善养老,迁于渭滨隐渔钓。文王出猎,遇之于渭水之阳……周初封国于齐,都营丘,卒葬于卫。"这一段话是根据《竹书纪年》《吕氏春秋》等古籍概括而成。康熙二十年(1681)卫辉知府立有墓碑,上写"周姜太公茔葬处",即今卫辉市西北的太公泉山上。要否定这些记载也是不容易的。

谢石华对有关姜子牙籍贯的种种说法提出:"新蔡是姜子牙的出生地,日照是姜子牙的隐居地,卫辉是姜子牙的成就地(牧野之战),临淄(封地营丘)是姜子牙的归宿地。而南阳、许昌与姜子牙生平并无特别关系。"把有关姜子牙活动地域的几个地方都提到了。姜子牙在今日的河南、陕西、山东都活动过。《金石萃编·授堂金石跋》说:"而太公既生居是土(指汲邑),迫近朝歌之墟,不堪其困,后避居于东海。则汲固其邑里,海曲乃流寓耳。"这一段话可以当成谢石华先生"日照是姜子牙的隐居地"说法的注脚。卫辉因有牧野之战而使姜子牙名声大噪,说这里是他的成就地很准确。临淄是齐国首都,姜子牙被封于齐,终老于此,因此说这里是他的归宿地也顺理成章。

冀州说、许昌说、南阳说也不为学者认可,剩下的就只有卫辉说与新蔡说了。目前众说纷纭,但赞成卫辉说者居多。新蔡说者当然也不是空穴来风,但证据薄弱,且多是推测,要否定《竹书纪年》《吕氏春秋》等文献记载是不可能的。

(作者系河南省社会科学院研究员)

论姜太公事迹的有关学术问题

杨东晨　杨瑾妃

改革开放后,尤其是新世纪后,作为软实力的文化,越来越被党和国家领导人所重视。尤其是党的十八大以来,传统文化、历史文化的软实力作用更加受到重视,地位也明显提高。仅就历史学科而论,中国社会科学院专门成立了中国历史研究院,研究历史经验和得失,评判历史人物的品德和贡献,这对我们在习近平新时代中国特色社会主义思想指引下,为早日实现中华民族伟大的复兴梦,有着重要的借鉴、启示和鼓舞作用。因我们已发表过《姜太公的丰功伟绩及其后裔文化述论》[①],故就姜太公事迹的有关学术问题,再作一些论述和深入研究。

一、从姜姓炎帝部族至吕姓国后裔的有关问题

自从明代长篇小说《封神演义》(一说是钟山,即南京逸叟许仲琳编辑。一说是明代道士陆西星所著,计一百回)流行于世后,社会人士认为据《武王

---

① 载于卫绍生主编:《中华姜姓源流与太公文化研究》,大象出版社2015年版,第158~168页。

伐纣平话》与传说故事敷衍而成的书较为真实，故而影响久远。《辞海》释：《封神演义》"演述商末政治纷乱和武王伐商的历史故事，颇多仙佛斗法的描写"。又引鲁迅《中国小说史略》曰：《封神演义》盖"封国以报功臣，封神以妥功鬼，而人神之死，则委之于劫数"，"其根柢，则方士之见而已"。实际上，姜姓的历史十分悠久。再从姜姓至吕姓演变史论，姜太公是一个经历曲折、智勇双全、低贱与高贵相伴、从平民至国公的长寿"圣人"。

1. 在炎帝故里多种说法中我们赞同宝鸡说

《国语·晋语四》云："昔少典娶于有蟜氏，生黄帝、炎帝。黄帝以姬水成，炎帝以姜水成。成而异德，故黄帝为姬，炎帝为姜，二帝用师以相济也，异德之故也。"高等学校教材释："依此说，炎帝与黄帝同出于少典氏族。炎帝族所在姜水是渭水的一条支流，在今陕西宝鸡市境内。黄帝族所在的姬水是现今的哪一条河流尚无定论，但应距姜水不很远。"[①]《大明一统志》载："姜氏城在宝鸡县南七里，城南有姜水即此。"明神宗万历五年(1577)《重修凤翔府志·宝鸡县》云："姜水，县南二里，源出煎茶坪，北流径大散关、益门镇、姜氏城，至石家营入渭，俗名清姜河。"即炎帝故里在今宝鸡市渭滨区神农镇。关于炎帝故里在河南新郑、山西高平等，本文从略。

2. 陈仓区吴山是姜四岳的故里

宝鸡炎帝氏族发展为部落后，再发展为族团，成为众多氏族或部落的"盟主"。

《吕氏春秋·慎势》载神农氏"十七世有天下"，《古微书》载炎帝"传八世，合五百二十岁"。文献记载炎帝的子孙甚多，延续年代很长。传到黄帝之孙颛顼即位前，炎帝有子孙"四岳"。《山海经·海内经》云：姜姓炎帝神农氏的后裔"伯夷父生西岳，西岳生先龙，先龙是始生氐羌，氐羌乞姓"。郭璞注："伯夷父，颛顼师，今氐羌其苗裔也。"《吕氏春秋·尊师篇》云："帝颛顼师伯夷父。"可见伯夷父在黄帝晚年已是德高望重的部落机构管理人员，颛顼即位后

---

① 张岂之主编：《中国历史·先秦卷》，高等教育出版社2001年版，第20页。

拜其为师。伯夷父有子曰"西岳",又称泰(太)岳、四岳,均与生地(即氏族部落居地)有关。《周礼》云:"正西曰雍州,其山镇曰岳山。"《尔雅·释山》云:"河西岳。"郭璞注,"吴岳",即《汉书·地理志》的吴山,也即汧山。《史记·封禅书》云"自华以西,名山七,名川四。曰华山,薄山……岳山,岐山,吴岳,鸿冢、渎山"。此说显然是取自《山海经》。山的原名为汧(又写作岍),以汧水(今名千河)发源于此而得名。氏族首领吴权居岍山后,又称吴山,西岳生于此后,又称岳山,二者合称,又曰吴岳。岳山,今名镇山或西镇山,在陕西宝鸡市陈仓区西南,是姜姓炎帝后裔伯夷父部落的世代繁衍之地,为古今学者所认可。因为今日说的"四岳"经古今学者的争论,多认为是一人,即西岳(或太岳)。其子孙皆袭号,又形成数个以四岳(或西岳)为号的部落,皆尊伯夷父之子四岳为祖先。因而文献中关于四岳的记载较多。吴山的得名较晚,岳山之称较早,因炎帝裔支四岳生于这里而得名。即今宝鸡市陈仓区香泉镇与陇县交界处的镇山是四岳的故里。隋代始修建吴岳庙,现存殿宇多为明代所重修。

3. 四岳后裔建立吕国和申国

清代孙诒让《周礼正义》引胡渭语云:"窃谓吴山虽云在县(今陕西宝鸡市陈仓区)西,而冈峦绵亘,延及其南,与岳山只是一山。自周尊岍山曰岳山,俗又谓之吴山,或又合称吴岳,《史记》遂析'岳山与吴岳为二山,而岍山之名遂隐'。按胡说是也。岳山即《禹贡》之岍山,周以为西都之岳。《诗经·大雅·崧高》孔疏引郑志云:'周都丰、镐,故以吴岳为西岳。'"伯夷父之子西岳的子孙又形成几个新的氏族部落。其中有两支向东北迁徙,沿马莲河谷北上,一支居于申山(今陕西甘泉县北),一支居于吕川(今陕西志丹县北杏子河),分别以山名、地名称申、吕氏族或部落。可见姜姓的这两个支裔氏族先民,约在帝尧时就更改姓氏了。他们约在虞夏之际渡过黄河迁入汾水流域的吕梁山(在今山西吕梁市离石区东北),后又迁于太岳山(今山西霍州市霍山)。《尚书》引《地理志》:"河东彘县东有霍太山。"东汉郑康成(即郑玄)《诗谱》云:"太岳在河东故县彘东,名霍太山。"《水经注·汾水》云:"太岳山,《禹贡》所谓岳阳也,即霍太山矣……有岳庙,庙甚灵,鸟雀不栖其林,猛虎常守其庭,又有灵泉以供祭祀。"《元和郡县志》云:霍邑"西南十里有吕乡"。《读史方舆纪要》"霍州吕州"条:"州西三里,故吕乡,晋吕甥邑也,今有吕陂,在州西南十里,亦以吕甥名,隋因置吕州。"《古史辨》第二册上编载杨筠如《姜姓的民族和姜太公的故事》云:"吕的初封,或者还是晋国吕锜所食之吕邑,现在山西河东的地方。"约在帝舜至夏朝建立时,封的吕国(在今河南南阳市西)、申国(在今河南南阳市东南),均以地名或国姓改姜姓为吕、为申姓。《史记·齐太公世家》云:"太公望吕尚者,东海上人。其先祖尝为四岳,佐禹平水土甚有功。虞夏之际封于吕,或封于申,姓姜氏。"可见吕尚的祖先为四岳(亦称西岳)后裔,在舜帝与大禹建立夏朝之际,迁入吕并建立了小国。在此我们要说明的是,"四岳"应是部落长,世代袭号,并非一个人能活那么长久。《史记·齐太公世家》又载:"夏商之时,申、吕或封枝庶子孙,或为庶人,尚其后苗裔也。本姓姜氏,从其封姓,故曰吕尚。"《史记·索引》谯周曰:"姓姜,名牙。炎帝之裔,伯夷之后,掌四岳有功,封之于吕,子孙从其封姓,尚其后也。"按:"后文王得之渭滨,云'吾先君太公望子久矣',故号太公望。盖牙是字,尚是其名,后武王号为师尚父也。"这也就是说,从远祖先姜四岳论,太公望的名字应是"姜尚";从因迁于"吕"而从姓论,太公望的名字则应称为"吕尚"。"太公望"是周文王的先辈渴望见有谋略的吕尚而未果,故文王喜得吕尚后,称其为"太公望"(即"太公"指的是周文王的先辈,"望"是先辈渴望见吕尚之义)。"师尚父",则是吕尚助武王灭殷后,周武王对他的尊称之号。《辞海》释吕尚:"周代齐国始祖。姜姓,吕氏,名望,字尚父,一说字子牙,西周初官太师(武官名),又称'师尚父'。辅佐武王灭商有功,为西周开国大臣。后封于齐,都营丘。有'太公'之称,俗称姜太公。"

二、吕尚故里至太公望辅佐文王迁都丰京等问题

关于吕尚的先辈是一直在吕国为官,还是在以后不知何因离开了吕国,

史书无准确记载。但从其家族在吕国的地位看，或者不知何因而吕尚生于他地析，他不可能因家贫而不入学校受教育。

1. 吕尚故里在今河南卫辉市

关于吕尚的故里，文献记载和说法不一。《史记·齐太公世家》曰："太公望吕尚者，东海上人。"又云："吕尚处士，隐海滨。"应以后说为是，即隐居于今山东。《孟子·离娄章句》亦云："太公辟（避）纣，居东海之滨。"郦道元《水经注·清水》云，汲城西北谓之磻溪，"城东门北侧有太公庙，庙前有碑。碑云：太公望者，河内汲人也。……城北三十里有太公泉，泉上又有太公庙，庙侧高林秀木，翘楚竞茂，相传云，太公之故居也"。《吕氏春秋·首时》高诱注曰："太公望，河内人也。于周丰、镐为东，故曰'东夷之士'。"可见此处的"东夷"指的是今卫辉市，而非山东省沿海地区。尽管学界对此说还有异见，但我们认为这是唯一明确记载太公望故里的，十分珍贵，不可轻易否定。

2. 吕尚应是贵族子弟学校的一员

生于汲（今河南卫辉市）的吕尚，按其家族的地位，入学受教育是无可怀疑的。按其长寿年龄，大致可推定他生于商王武乙（前1147—前1113）年间。《孟子·滕文公上》云："夏曰校，殷曰序，周曰庠，学则三代共之，皆以明人伦也。"三代的学校为王室所设，专为王公贵族子弟所办，平民子弟无受教育的权利。王朝统治下的诸侯国或大国，亦有贵族子弟学校。吕尚虽然生于"汲"，但因其系吕国贵族后裔，自然可以入学受教育。商代学校教育制度不详，以周朝学制分析，可知其概况。一般是7或8岁入小学，主要是学习日、月、时辰、写字、作乐舞；15岁后入大学，主要是学艺、数、乐、射、御、礼，史称"六艺"；20岁后入仕。吕尚的学问和武艺，应是在吕国贵族学校习到的。他娶妻，则是在汲县由父母操办的，家庭应当也是富裕的，不会如民间传说或志怪小说所演绎的吕尚穷困为小商贩，由马员外嫁女予他，后又反目为仇云云。

吕尚成年后，自然是先在吕国公室做小官，学习处理政务。以后，可能是因为他非"吕国公"的直系，当大官无望，才又到陈仓井国同宗处为官。何光岳《炎黄源流史》云:"吕尚原是吕侯支孙,是旁系,不是嫡系,所以不能继承侯位。"①这应是吕尚先祖迁居汲县的一个重要原因,也是吕尚生于汲县和青壮年甚至老年不得志的重要原因。

3. 吕尚历坎坷终被周文王重用

吕尚的经历和生平事迹,说法不尽一致。考察诸说,应当是吕尚曾从井儿村东去朝歌(在今河南淇县),任殷纣王的下级官员。《史记·齐太公世家》载:"或曰,太公博闻,尝事纣。纣无道,去之。游说诸侯,无所遇,而卒西归周西伯。"《吕氏春秋·谨听》高诱注云:"商纣不能礼士,故失太公以灭亡也。"正因为吕尚游说诸侯而无人聘用,才导致年迈而穷困潦倒,不得不以屠宰牲畜卖牛肉等业为生。《天中记》载:太公望"屠牛朝歌,天热肉败"。《尉缭子》载:"太公望年七十,屠牛朝歌,卖食盟津(今属河南)。"《战国策·秦策》载:太公望"朝歌之废屠"。《史记·齐太公世家·索引》谯周云:"吕望尝屠牛于朝歌,卖饮于孟津。"何光岳《炎黄源流史》引《水经注·河水》云:'张甲河右渎,东北径广川县故城西。又东径棘津亭南,徐广曰:棘津在广川。司马彪曰:县北有棘津城,吕尚卖食之困,疑在此也。刘澄之云:谯郡鄼县东北有棘津亭,故邑也,吕尚所困处……'"何光岳释:"棘津在今河南延津县东北故胙城之北,又名南津、石济津,清代时已湮成陆地。""棘津之北即今汲县之汲水城。朝歌则在汲县北之淇县东北。"②他又分析说:"纣王无道,太公便离去游说诸侯,但不得志。""往来于朝歌、孟津、岐山一带,借以屠牛、卖饮、钓鱼为业,有倒商扶周的政治目的。"③《史记·齐太公世家》云:"吕尚盖尝穷困,年老矣,以渔钓奸(音干)周西伯。"吕尚入朝歌说,这是第一次。其返居井儿村说,则是第二次,遇西伯昌也是发生在这一次返回中的事。

《史记·齐太公世家·正义》引《括地志》云:"兹泉水源出岐州岐山县西南凡谷。《吕氏春秋》云'太公钓于兹泉,遇文王'。郦元云'磻磎中有泉,谓之

---

① 何光岳:《炎黄源流史》,江西教育出版社1992年版,第416页。
② 何光岳:《炎黄源流史》,江西教育出版社1992年版,第416页。
③ 何光岳:《炎黄源流史》,江西教育出版社1992年版,第416、418页。

兹泉。泉水潭积，自成渊渚，即太公钓处，今人谓之凡谷。石壁深高，幽篁邃密，林泽秀阻，人迹罕及。东南隅有石室，盖太公所居也。水次有磻石可钓处，即太公垂钓之所。其投竿跪饵，两膝遗迹犹存，是有磻蹊之称也。其水清泠神异，北流十二里注于渭'。《说苑》云'吕望年七十钓于渭渚，三日三夜鱼无食者，望即忿，脱其衣冠。上有农人者，古之异人，谓望曰："子姑复钓，必细其纶，芳其饵，徐徐而投，无令鱼骇。"望如其言，初下得鲋，次得鲤。刺鱼腹得书，书文曰"吕望封于齐"。望知其异'。"《水经注·渭水》云："磻溪……水出南山(今秦岭)兹谷……《吕氏春秋》所谓太公钓兹泉也……盖太公所居也。水次平石钓处，即太公垂钓之所也。"《读史方舆纪要》卷五十五"凤翔府宝鸡县"载：磻溪"在县东南八十里。有磻溪谷，岩谷深邃，磻溪石及石室在焉，太公垂钓处也。北流入岐山县南为璜河，入于渭水"。周原(在今陕西境内)出土的甲骨文中有"渭渔"二字，专家认为就是记载吕尚垂钓遇文王之事的。王宇信《西周甲骨探论》中说，文王将渭滨遇姜尚作为大事记载在甲骨上，也充分证明这一点。不过，在这里应该指出的是，吕尚以钓鱼的方式期盼遇见文王，并非今日说的那么容易，他不仅在磻溪数次静心等待，而且还在渭水流域的其他地方等待。《水经注·渭水》载：郁夷县及霸陵县北的灞水，均有磻溪及滋水，亦是姜太公的钓鱼处。他经历千辛万苦，才遇到了文王。磻溪在今宝鸡东南，发源于终南山，北流经磻溪镇入渭水。在磻溪镇东15公里有地名叫钓渭镇，其地在渭水南岸，传说也为姜太公钓鱼处。磻溪西八十里的宝鸡市南七里有姜水城，今名姜城堡。城南姜水，又叫清姜河，发源于玉皇山，北流到宝鸡市入渭水，相传少典氏之妃有蟜氏曾居于此。这里是姜太公始祖炎帝游历的地方，故太公才能在磻溪闲情钓鱼。唐代人胡曾的《渭滨》诗云："岸草青青渭水流，子牙曾此独垂钓。当时未入非熊兆，几向斜阳叹白头。"曹振中等释云："这是作者咏史诗之一，感慨姜子牙得遇时机，才得施展抱负，否则只能哀叹白头。"又云："非熊兆，《史记》载：周文王占梦，卜者说将有一非熊非罴的宰辅人物来辅佐他。第二天文王到渭阳,果然见到姜子牙,立拜为师。"①唐代人权德舆的《渭水》诗云:"吕叟年八十,皤然持钓钩。意在静天下,岂唯食营丘。师臣有家法,小白犹尊周。日暮驻征策,爰滋清渭流。"前两句诗说明吕尚在渭水滨的磻溪垂钓时,年已80岁(一说70岁)。唐代人李白的《梁甫吟》诗亦云:"君不见,朝歌屠叟辞棘津,八十西来钓渭滨。"《史记·齐太公世家》云:"西伯将出猎,卜之,曰'所获非龙非彨,非虎非罴,所获霸王之辅'。于是周西伯猎,果遇太公于渭之阳,与语大说,曰:'自吾先君太公曰:"当有圣人适周,周以兴。"子真是邪?吾太公望子久矣。'故号之曰'太公望',载与俱归,立为师。"《史记·齐太公世家·索隐》:"谯周曰:'姓姜,名牙。炎帝之裔,伯夷之后,掌四岳有功,封之于吕,子孙从其封姓,尚其后也。'按:后文王得之渭宾,云'吾先君太公望之久矣',故号太公望。盖牙是字,尚是其名,后武王号为师尚父也。"

相传姜太公钓鱼时用的是直钩,很难钓到鱼。见者无不感到惊讶而可笑。久之,传到周文王处,文王知老叟非等闲之辈,才带从人去磻溪访寻,见而喜,同车载归,拜为师。严格说,当时称文王为"西伯昌"较为确切。

4. 太公望等营救周文王

周国日益强盛后,引起商纣王的猜忌,崇诸侯国(在今陕西西安鄠邑区东)君"虎"乘机谗害,纣王便囚西伯昌于羑里(在今河南汤阴北)。周国大臣惧纣王害死国君"昌",便急招隐居于东海之滨的太公望回周原议事。散宜生、南宫适、闳夭都曾"学于吕尚"。《史记·齐太公世家》云:"周西伯拘羑里,散宜生、闳夭素知而招吕尚。"太公望闻西伯昌被纣王囚禁的消息后,"吕尚亦曰'吾闻西伯贤,又善养老,盍往焉'"。立即悄悄返回周原,和大臣们商议营救西伯昌之事。《史记·齐太公世家》载:"三人者为西伯求美女奇物,献之于纣,以赎西伯。西伯得以出,反国。言吕尚所以事周虽异,然要之为文武师。"

有莘氏国美女、骊戎国文马、有熊氏国骏马及奇珍异宝,是怎样通过贿赂

---

① 曹振中、白冠勇编著:《历代诗人咏宝鸡》,三秦出版社1988年版,第41页。

殷纣王宠臣费仲献于纣王的呢？《史记》无载。实际上是由熟悉殷畿内情况并与费仲同朝为官的吕尚先去朝歌活动，打通费仲的关系，并秘密做看守西伯昌吏、卒的工作，然后由散宜生、闳夭等公开入朝歌，再由费仲引荐献美女、骏马、宝物于纣王的。楚国大夫屈原《离骚》云："吕望之鼓刀兮，遭周文而得举。"周拱辰《离骚草木史》云："散宜生、南宫适、闳夭学于太公，太公奇三子之为人，遂酌酒切脯结契焉。其后屠牛朝歌，卖浆棘地。""鼓刀一语，开周家八百年灵运。"屈原的《天问》云："师望在肆，昌何识？鼓刀扬声，后何喜？"王逸注曰："言吕望鼓刀在列肆，文王亲往问之，吕望对曰：下屠屠牛，上屠屠国。文王喜，载与俱归也。"西伯昌遇吕尚是在磻溪钓鱼处，这次在朝歌"列肆"见打扮为屠夫的吕尚，显然是在西伯昌被纣王释放之后。这些记载更证实吕尚确曾当过杀牛的屠夫和把钓的渔父。只有在朝歌、棘津屠牛卖浆，才能就近营救周文王于朝歌之羑里。三次到殷朝歌和王畿地事（首次是做官；二、三次是做秘密工作，即今之间谍）记载甚明："吕尚三入殷朝，三就文王，然后合于文王。"何光岳《炎黄源流史》说："《鬼谷子》是一部专论计谋韬略的书。书中揭露吕尚屠牛和钓鱼的秘密，原来是借屠牛、卖浆和钓鱼作掩护，到商纣王的陪都朝歌去刺探情报，以便向周文王报告商朝的虚实情况，为灭商作准备。故《孙子·用间》说：'周之兴也，吕牙在殷。'真是一语中的，揭破了真实的内幕。钱澄之《庄屈合诂》指明商被灭，'而灭之者吕望也'，不为无理。"①正因为是吕尚暗中做了大量艰苦、细致的疏通工作，所以三位大臣入朝歌献宝后，"纣大说，曰：'此一物（指有莘氏美女）足以释西伯，况其多乎！'乃赦西伯，赐之弓矢斧钺，使西伯得征伐。曰：'谮西伯者，崇侯虎也。'西伯乃献洛西之地，以请纣去炮格之刑。纣许之。"由此足证三位大臣，尤其是太公望的贡献是相当大的。

5. 太公望辅佐周文王蚕食殷土，使天下三分其二归周

太公望、散宜生、南宫适、闳夭等保护西伯昌离朝歌返国后，西伯昌休养

---

① 何光岳：《炎黄源流史》，江西教育出版社1990年版，第419页。

于程(在今陕西咸阳市东),表面上更加尊敬殷纣王,佯装毫无作为,避免纣王疑心而被加害,暗中行仁政,威望更高,西方的诸侯国之间有纷争时,不去求纣王评判而求西伯昌。如,虞国(在今山西平陆北)、芮国(在今陕西大荔朝邑城南)为领土问题发生争执,按理其当时均系殷朝属国,应东去朝歌由纣王决断,但他们却到周国求西伯昌公决。他们行至周诸侯国后,见农民耕种土地,互相均让出地界或道路,民风皆尊老扶幼,惭愧地说:咱们争土地,一定会被周国人耻笑,不必再去请西伯昌评理了,还是返回为好。于是两国的国君主动返回,互相谦让,争讼平息。邻近的诸侯国君闻此事,均向往周诸侯国,称赞西伯昌必为明君。周国大臣们为了团结更多的邻国,便上书请求西伯昌称王,采纳。次年,周王昌便以"奉纣王旨"的名义率军讨伐犬戎(在今甘肃庆阳以西),取得胜利。次年,周王昌率军攻密须国(在今甘肃灵台一带),密须国君败而归服于周。次年,周王昌军又东北讨伐耆国,取胜。次年,周王的军队击败邘国(在今河南沁阳市西北邘邰镇)。次年,周军又击灭崇侯虎国,在其地营修都城,由周原(在今陕西境内)迁都于丰京。这些丰功伟绩的取得,是周王国军民奋斗的结果,也是君臣一心的结果。其中以太公望的功劳最大。《史记·齐太公世家》云:"周西伯昌之脱羑里归,与吕尚阴谋修德以倾商政,其事多兵权与奇计,故后世之言兵及周之阴权皆宗太公为本谋。周西伯政平,及断虞芮之讼,而诗人称西伯受命曰文王。伐崇、密须、犬夷,大作丰邑。天下三分,其二归周者,太公之谋计居多。"古代的军事家"言兵"多奉太公望为鼻祖,并以太公名义著兵书《六韬》。

三、师尚父功高封为齐国公的有关问题

《史记·周本纪》云:"西伯盖即位五十年。其囚羑里,盖益《易》之八卦为六十四卦。诗人道西伯,盖受命之年称王而断虞芮之讼。后十年而崩,谥为文王。改法度,制正朔矣。追尊古公为太王,公季为王季:盖王瑞自太王兴。"国家大事均是周文王与太公望等大臣商议而定。武王即位后,拜太公

望为师,尊为"师尚父",拜周公旦为辅,召公、毕公为重臣,继承和发扬文王的事业。

1. 师尚父助周武王东观兵于盟津

《史记·周本纪》载,武王九年,兴兵东进,观察殷纣王的影响和诸侯国的倾向,以决定是否来灭殷朝。大军东行前,师尚父任统帅,左手持黄钺,右手持白旄向众将士做誓师动员,号令曰:军行,主舟楫官总领水师,同进,后退者斩首!将士斗志昂扬,疾进至盟津(在今河南孟津东孟州市西南),参加会盟者有800个诸侯国。各国的国君均向武王说:可以灭商纣王。武王认为伐纣的时机还不成熟,决定返师,与太公作《泰誓》以诰。《史记·齐太公世家》载:"文王崩,武王即位。九年(前1048),欲修文王业,东伐以观诸侯集否。师行,师尚父(《史记·集解》引刘向《别录》曰:"师之,尚之,父之,故曰师尚父。父亦男子之美号也。")左杖黄钺(玉斧),右把白旄(旗)以誓,曰:'苍兕(主舟楫之官)苍兕,总尔众庶(众将士),与尔舟楫,后至者斩!'遂至盟津。诸侯不期而会者八百诸侯。诸侯皆曰:'纣可伐也。'武王曰:'未可。'还师,与太公作此《太誓》。"太,亦写泰,早佚,东晋《古文尚书》存有。从其内容看,非作于"东伐以观诸侯"之时,而是作于武王十一年伐纣之路途中。武王返回丰京后,太公望又助武王营筑新都城镐京(故址在今陕西西安市长安区西北),以适应逐渐强大的周王国之需要。过了两年,殷纣王更加孤立,诸侯多叛,灭殷的时机成熟。《六韬逸文》记载:"周武王将伐纣,问太公曰:'今引兵深入其地,与敌行阵相守,被敌绝我粮道,又越我前后。吾欲与战则不敢,以守则不固,而为之奈何?'太公曰:'夫入敌地,必案地形势胜便处之,必依山陵险阻水草为固,谨守关梁隘塞。敌若卒去不远,未定而复反,彼用其士卒若太疾,则后不至,后不至,则行乱而未及阵,急击之,以少克众。'"《说苑》又载,武王又问太公:"吾欲不战而知胜,不卜而知吉,使非其人,为之有道乎?"太公对曰:"有道,王得众人之心,以图不道,则不战而知胜矣;以贤伐不肖,则不卜而知吉矣。彼害之,我利之,虽非吾民,可得而使也。"武王听后,更加坚定了灭纣王的决心。

2. 师尚父助周武王灭殷建立周朝

《史记·周本纪》对武王灭纣的事迹已述。《史记·周本纪》载："居二年（十一年，前1046），闻纣昏乱暴虐滋甚，杀王子比干，囚箕子。太师疵、少师强抱其乐器而奔周。于是武王遍告诸侯曰：'殷有重罪，不可以不毕伐。'"《尚书今古文全璧·周书·泰誓上第一》记载了大军至盟津后，武王誓师动员的情况。武王动员说，商王"不敬上天，以致上天降灾于民。他好酒贪色，肆行暴虐。一人有罪，罚及亲族；任官只看出身。一味追求宫室、台榭、陂池的壮观和服饰的华丽，大肆挥霍民财，残害你们万姓之人。他还用酷刑烧烙忠良之臣，穷凶极恶地剖开孕妇的肚子。所以皇天震怒，命我文考（文王）奉行天罚，可惜大功未成，他就升天去了。……有罪就得执行天罚，我何敢违背天意？……现在就是要跟你们一道去执行天罚。"①《泰誓中第二》记载，大军渡过黄河后，武王在师尚父、周公、召公、毕公陪同下，向众将士又作了一次誓师动员，勉励将士"一心一德"，在灭商的"战争中立定功劳"。②《泰誓下第三》亦然。《牧誓第四》，则是在牧野与纣王大军决战前，武王在文臣武将拥戴下所作的最后一次动员，号召将士"在这商郊牧野（在今河南淇县西南）的战场上"，要"勇猛杀敌"，退缩者，"定将受到诛戮"！③ 两军交战，纣王军阵前倒戈，武王军一举取得胜利，进入朝歌，次日宣布西周建立。《史记·齐太公世家》载："十一年正月甲子，誓于牧野，伐商纣。纣师败绩。纣反（返）走，登鹿台，遂追斩纣。明日，武王立于社，群公奉明水，卫康叔封布采席，师尚父牵牲，史佚策祝，以告神讨纣之罪。散鹿台之钱，发钜桥之粟，以振（赈）贫民。封比干墓，释箕子囚。迁九鼎，修周政，与天下更始。师尚父谋居多。"

灭殷朝后，太公望奉武王令又率军东征殷亲族同盟军淮夷、徐夷、莱夷及奄、齐、郯、薄姑等17国，各国均归服。其进军的前哨阵地已达吕城（今江苏徐州）、吕梁洪（今江苏徐州铜山东南50里处）。《逸周书·世俘解》云："太公

---

① 郭仁成：《尚书今古文全璧》，岳麓书社2006年版，第147~148页。
② 郭仁成：《尚书今古文全璧》，岳麓书社2006年版，第152页。
③ 郭仁成：《尚书今古文全璧》，岳麓书社2006年版，第156~157页。

望命御方来;丁卯,望至,告以馘俘。"注云:"太公受命追御纣党方来。"从而证明周武王在灭纣王后,是立即分两路向东夷地区进攻的,东夷殷的同盟国在周王军队打击下,均表示归服,成为周的属国。

3. 周王封师尚父于营丘而开创齐国

《史记·周本纪》载,周武王"封功臣谋士,而师尚父为首封。封尚父于营丘,曰齐"。《史记·集解》引《尔雅》曰:"水出其前而左曰营丘。"郭璞曰:"今齐之营丘,淄水过其南及东。"《史记·正义》引《水经注》曰:"今临菑城中有丘云。青州临淄县古营丘之地(在今山东省淄博市临淄区北),吕望所封齐之都也。营丘在县北百步外城中。《舆地志》云秦立为县,城临淄水,故曰临淄也。"师尚父之所以被周武王封于营丘:一是太公望吕尚在文王时曾避纣王疑杀隐居于东海之滨,对东夷地区情况熟悉;二是吕尚谋略高,军事能力强,灭纣王后在征服东夷诸国中又树立了威望;三是吕尚善于行施"恩威并重"策略,能团结夷人稳定营丘地区的形势,维护刚刚建立的周政权。封周公旦于鲁(今山东曲阜)的用意也是如此。《史记·齐太公世家》记载,周"武王已平商而王天下,封师尚父于齐营丘"。当时未就国,至成王初周公东征灭奄后,师尚父才就国。又云:"周成王少时,管蔡作乱,淮夷畔周,乃使召康公命太公曰:'东至海,西至河,南至穆陵(今山东临朐东南),北至无棣,五侯九伯,实得征之。'齐由此得征伐,为大国。都营丘。"

(1)齐太公创立齐国。《史记·货殖列传》记载,营丘"地潟卤,人民寡"。《汉书·食货志》亦载:"舄卤之田不生五谷也。"《盐铁论·轻重篇》亦载:"昔太公封于营丘,辟草莱而居焉。地薄人少。"太公望依据当地实际情况,没有强行用武力镇压,而是善待华夷各族人民,大力发展渔业、盐业、商业,弥补土地不生五谷之缺,改善和提高人民生活水平,受到人民群众欢迎和爱戴。《史记·齐太公世家》云:"太公至国,修政,因其俗,简其礼,通商工之业,便渔盐之利,而人民多归齐,齐为大国。"齐太公吕尚后来以周王的名义率军征伐叛乱的东夷国,扩土至今山东莒县以东。《路史·国名纪》载:"而太公乃出东吕。吕,莒也。"罗苹注引《博物志》云:"曲海城有东吕乡东吕里,太公望所出也。《寰宇记》:密之莒县东百六十汊曲海城。"东吕乡、东吕里非太公望故里，前已述。曲海城在今山东日照东吕乡。齐太公留军队及部分吕人驻守于"东吕乡"，自己率军返回国都营丘。这样一来，便有文献记载说吕尚为东海之滨东吕乡（实为其征战时停留的地方）人，实误。

（2）齐太公后裔继续经营齐国。齐太公吕尚长寿，享年121岁，长子丁公吕伋继位。丁公去世，子继位，称乙公。乙公去世后，子慈母继位，称癸公。癸公去世后，子不辰继位，称哀公。由于吕尚对西周的建立和巩固有大功，又德高望重，故从周成王至周夷王，均特许齐国相继执政的五位国君（即齐太公至哀公）去世后，均归葬于镐京附近的周文王墓地内，以示尊荣。《史记·齐太公世家·集解》引《礼记》曰："太公封于营丘，比及五世，皆反葬于周。"郑玄曰："太公受封，留为太师，死葬于周。五世之后乃葬齐。"《皇览》曰："吕尚冢在临菑县城南，去县十里。"由此载知，吕尚在营丘建立齐国后，称齐太公，兼任王室太师职，他和儿子、孙子、曾孙、玄孙（吕山）五代人，均归葬于今西安长安区郭杜镇至韦曲一线之北武王等的墓葬区。今河南卫辉市世代祭祀的"吕尚冢"、山东淄博市城南的"吕尚冢"，以及后人修建的"衣冠冢"，均是两地人民怀念、敬祀、崇拜齐太公吕尚的象征。

综上所述，姜太公（吕尚）是炎帝的后裔，始祖为姜四岳。历经几世，迁居于吕，后形成吕国。久之，又以国名为吕姓。因其非王室直系，故至商王后期，吕氏家族不知何因迁居于后来称的汲地（今河南卫辉市）。约在商王武乙时，吕家生了男孩，取名吕尚。这也就是说，卫辉市是吕望的故里和立功之地。历经磨难，终被周文王重用。他又助周武王灭殷建周，功劳卓著，被封为齐国之君，巩固了周王朝对齐国地区的统治。可谓姜太公出身名门而不傲，刻苦读书而不辍，仕途不顺而不馁，明主重用而不骄，灭殷建周立奇功，治理齐国留美名。他的品德和奋斗精神，对我们在习近平新时代中国特色社会主义思想指引下，坚持"一带一路"全面开放政策，加快小康社会建设，实现中华民族的伟大复兴梦，仍具有现实作用和积极意义。

（作者分别系陕西历史博物馆研究馆员、澳门科技大学研究生）

姜太公称谓及清华简《耆夜》"吕尚父"问题

周书灿

清华简《耆夜》共十四支,简文讲述周武王八年伐黎大胜之后,在文王太室举行饮至典礼,武王君臣饮酒作歌之事。简2~3有"邵(吕)上(尚)甫(父)命为司正,监歓(饮)酉(酒)"之记载。① 编著者对简文中"吕尚父"进行简要注释:"吕尚父,《史记·齐太公世家》称'吕尚'或'师尚父',云:'本姓姜氏,从其封姓,故曰吕尚。'上博简《武王践阼》作'师上父'。"② 由于"吕尚父"之称谓,于先秦两汉传世文献及周代青铜器铭文中极其罕见,故不断令学者产生疑问,并进而影响到对《耆夜》简文真伪的判断。③

如房德邻先生即曾指出:"'吕尚父'是'吕尚'的习用名之一,始见于唐代文献,如崔儒《严先生钓台记》:'则吕尚父不应饵鱼。'五代诗人孟宾于《蟠溪

---

① 清华大学出土文献研究与保护中心编,李学勤主编:《清华大学藏战国竹简》(壹),中西书局2010年版,第149~150页。
② 清华大学出土文献研究与保护中心编,李学勤主编:《清华大学藏战国竹简》(壹),中西书局2010年版,第152页。
③ 姜广辉先生等认为,清华简《耆夜》是"现代人的拟古之作",参见姜广辉、付赞、邱梦燕:《清华简〈耆夜〉为伪作考》,《故宫博物院院刊》2013年第4期;房德邻:《决不能把伪简当作"中华文明的根脉"》,《湖南大学学报(社会科学版)》2014年第3期。

怀古》：'良哉吕尚父，深隐始归周。'以后'吕尚父'这个名字就流行开来。"①此后，房氏继续重申"吕尚父"之称谓"首见于唐代文献"说，并补充了唐代杨遂《唐故朔方节度十将游击将军左内率府率臧府君(晔)墓志铭并序》"公有二子，长曰昌裔，晓张留侯之三略，兼吕尚父之六韬"一条重要证据。② 房氏继续提出一系列疑问：

> 既然唐代文献中已经出现"吕尚父"，整理者就应当注出来。整理者之所以避而不注，是因为一旦注出，就会引起读者的疑问："清华简"号称战国简，为什么不用周人所用"师尚父""吕尚"等称呼，而用唐代才出现的"吕尚父"？因为简文作者看到古代文献中的吕尚有多种称呼，选用了"吕尚父"，以为"尚父"是字，以字行表示尊重，但是他没搞清楚"吕尚父"晚出，从而露出作伪的马脚。③

笔者赞同学术界"'清华简'鉴定可能要经历一个长期过程"④的论断，仅仅根据目前研究简单断言清华简的真伪，尚为时过早。然值得注意的是，迄今为止尚未见到有学者对房氏的观点提出疑问，进行答辩，仅仅以"讲真伪问题的人都是外行"⑤来敷衍塞责学术讨论中遇到的种种疑问，显然有违百家争鸣和学术民主的原则，很容易将复杂问题简单化，并不利于问题之彻底解决。因此，很有必要对这一琐细问题继续进行一番深入细致的考察，以期推动相关专题的研究不断走向深化。

---

① 房德邻：《决不能把伪简当作"中华文明的根脉"》，《湖南大学学报(社会科学版)》2014年第3期。
② 房德邻：《清华简注释之商榷》，《中国高校社会科学》2014年第2期。
③ 房德邻：《清华简注释之商榷》，《中国高校社会科学》2014年第2期。
④ 姜广辉：《"清华简"鉴定可能要经历一个长期过程——再谈对〈保训〉篇的疑问》，《光明日报》2009年6月8日。
⑤ 刘钊：《当前出土文献与文学研究的几点思考》，《济南大学学报(社会科学版)》2019年第4期。刘先生在文中提出了一个"核心学术圈子"的概念，但不知"核心学术圈子"内外区分的标准和依据是什么。

一、先秦文献所见姜太公之称谓

目前先秦文献中有关姜太公的称谓主要有师尚父、太公、太公望、吕尚、吕望、吕牙等。

1. 师尚父

"师尚父"之称较早见于《诗经·大雅·大明》:"维师尚父,时维鹰扬。"①《逸周书·克殷解》记载:"武王使尚父与伯夫致师。"②《史记·齐太公世家》记载此事作"师尚父左杖黄钺,右把白旄以誓"③。《诗经》为西周春秋时期的先秦文献,《逸周书》成书时代虽然还有争议,但学者普遍认为,保存于《逸周书》的《克殷解》"是可信的记载"④。由此可知,"师尚父"之称谓出现较早,但在先秦文献中使用频率并不高。

2. 太公

"大(太)公"之称,于先秦时期史料价值较高的《左传》《国语》等文献中最为常见。如《左传·僖公四年》:"昔召康公命我先君大公曰:'五侯九伯,女实征之。'"⑤《左传·僖公二十六年》:"昔周公、大公股肱周室,夹辅成王。"⑥《左传·襄公十四年》:"昔伯舅大公,右我先王,股肱周室,师保万民,世胙大师,以表东海。"⑦《左传·襄公二十八年》:"尝于大公之庙。"⑧《左传·襄公二

---

① 〔清〕阮元校刻:《毛诗正义》卷十六,《十三经注疏》附校勘记上册,中华书局1980年版,第508页。
② 黄怀信、张懋镕、田旭东撰,黄怀信修订,李学勤审定:《逸周书汇校集注》(修订本)卷四《克殷解》,上海古籍出版社2007年版,第341页。
③ 〔汉〕司马迁:《史记·齐太公世家》,中华书局1959年版,第1479页。
④ 杨宽:《西周史》,上海人民出版社1999年版,第863页。
⑤ 〔清〕阮元校刻:《春秋左传正义》卷十二,《十三经注疏》附校勘记下册,中华书局1980年版,第1792页。
⑥ 〔清〕阮元校刻:《春秋左传正义》卷十六,《十三经注疏》附校勘记下册,中华书局1980年版,第1821页。
⑦ 〔清〕阮元校刻:《春秋左传正义》卷三十二,《十三经注疏》附校勘记下册,中华书局1980年版,第1958页。
⑧ 〔清〕阮元校刻:《春秋左传正义》卷三十八,《十三经注疏》附校勘记下册,中华书局1980年版,第2000页。

十九年》："表东海者，其大公乎！"①杜注："大公封齐，为东海之表式。"②《左传·昭公三年》："徼福于大公、丁公。"③《左传·昭公二十年》："蒲姑氏因之，而后大公因之。"④显而易见，以上《左传》记载中的"大公"即西周初年齐国始封之君"齐太公"无疑。"太公"之称在《国语》中也屡屡出现。如《国语·鲁语上》有"夫齐弃太公之法而观民于社"⑤，"大惧乏周公、太公之命祀"⑥，"其周公、太公及百辟神祇永飨而赖之"⑦，"昔者成王命我先君周公及齐先君太公"等记载。韦昭注："太公，齐始祖太公望也。"⑧显然，《国语·鲁语上》中几处"太公"亦均为"齐太公"。

此外，"太公"称谓亦屡见于先秦诸子书。如《墨子·所染》："武王染于太公、周公。"⑨《孟子·离娄章句上》："太公辟纣，居东海之滨。"⑩《孟子·告子下》："太公之封于齐也，亦为方百里也。"⑪《荀子·臣道》："殷之伊尹，周之太公，可谓圣臣矣。"⑫《荀子·性恶》："大公之阙，文王之录。"⑬《荀子·宥坐》：

---

① 〔清〕阮元校刻：《春秋左传正义》卷三十九，《十三经注疏》附校勘记下册，中华书局1980年版，第2006页。
② 〔清〕阮元校刻：《春秋左传正义》卷三十九，《十三经注疏》附校勘记下册，中华书局1980年版，第2006页。
③ 〔清〕阮元校刻：《春秋左传正义》卷四十二，《十三经注疏》附校勘记下册，中华书局1980年版，第2030页。
④ 〔清〕阮元校刻：《春秋左传正义》卷四十九，《十三经注疏》附校勘记下册，中华书局1980年版，第2094页。"蒲姑氏因之，而后大公因之"一语另见于《晏子春秋》。张纯一：《晏子春秋校注》卷七《外篇重而异者·景公问古而无死其乐若何晏子谏》，《诸子集成》第四册，中华书局1954年版，第180页。
⑤ 上海师范大学古籍整理研究所点校：《国语》卷四《鲁语上》，上海古籍出版社1998年版，第153页。
⑥ 上海师范大学古籍整理研究所点校：《国语》卷四《鲁语上》，上海古籍出版社1998年版，第158页。
⑦ 上海师范大学古籍整理研究所点校：《国语》卷四《鲁语上》，上海古籍出版社1998年版，第158页。
⑧ 上海师范大学古籍整理研究所点校：《国语》卷四《鲁语上》，上海古籍出版社1998年版，第154页。
⑨ 〔清〕孙诒让：《墨子闲诂》卷一《所染》，中华书局2001年版，第12页。
⑩ 〔清〕焦循：《孟子正义》卷七《离娄章句上》，《诸子集成》第一册，中华书局1954年版，第301页。"太公辟纣，居东海之滨"一语并见于《孟子·尽心上》。焦循：《孟子正义》卷十三《尽心上》，《诸子集成》第一册，中华书局1954年版，第537页。
⑪ 〔清〕焦循：《孟子正义》卷十二《告子下》，《诸子集成》第一册，中华书局1954年版，第502页。
⑫ 〔清〕王先谦：《荀子集解》卷九《臣道》，《诸子集成》第二册，中华书局1954年版，第165页。
⑬ 〔清〕王先谦：《荀子集解》卷十七《性恶》，《诸子集成》第二册，中华书局1954年版，第299页。

"太公诛华仕。"①《韩非子·南面》:"伊尹毋变殷,太公毋变周,则汤、武不王矣。"②《韩非子·喻老》:"文王举太公于渭滨者,贵之也。"③《吕氏春秋·谨听》:"太公钓于滋泉。"④《吕氏春秋·贵因》:"武王……遽告太公,太公对曰……"⑤《吕氏春秋·具备》:"太公尝隐于钓鱼矣。"⑥《鹖冠子·世兵》:"伊尹酒保,太公屠牛。"⑦《鹖冠子·备知》:"昔汤用伊尹,周用太公。"⑧"不知伊尹、太公之故也。"⑨《鹖冠子·世贤》:"太公医周武王。"⑩《晏子春秋·景公登牛山悲去国而死晏子谏》:"使贤者常守之,则太公、桓公将常守之矣。"⑪《晏子春秋·景公游公阜一日有三过言晏子谏》:"若使古而无死,太公、丁公将有齐国。"⑫《晏子春秋·景公以晏子衣食弊薄使田无宇致封邑晏子辞》:"昔吾先君太公受之营丘,为地五百里,为世国长。自太公至于公之身,有数十公矣。"⑬《晏子春秋·景公置酒泰山四望而泣晏子谏》:"自昔先君太公,至今尚

---

① 〔清〕王先谦:《荀子集解》卷二十《宥坐》,《诸子集成》第二册,中华书局1954年版,第342页。"太公诛华仕"之传说另见于《尹文子·大道下》,"仕"作"士"。钱熙祚校:《尹文子·大道下》,《诸子集成》第六册,中华书局1954年版,第9页。
② 〔清〕王先慎:《韩非子集解》卷五《南面》,《诸子集成》第五册,中华书局1954年版,第87页。
③ 〔清〕王先慎:《韩非子集解》卷七《喻老》,《诸子集成》第五册,中华书局1954年版,第125页。
④ 〔汉〕高诱注:《吕氏春秋》卷十三《有始览·谨听》,《诸子集成》第六册,中华书局1954年版,第133页。"太公钓于滋泉"并见于《吕氏春秋》卷十六《先识览·观世》,《诸子集成》第六册,中华书局1954年版,第182页。
⑤ 〔汉〕高诱注:《吕氏春秋》卷十五《慎大览·贵因》,《诸子集成》第六册,中华书局1954年版,第175页。
⑥ 〔汉〕高诱注:《吕氏春秋》卷十八《审应览·具备》,《诸子集成》第六册,中华书局1954年版,第234页。
⑦ 黄怀信:《鹖冠子汇校集注》卷下《世兵》,中华书局2004年版,第274页。
⑧ 黄怀信:《鹖冠子汇校集注》卷下《备知》,中华书局2004年版,第309页。
⑨ 黄怀信:《鹖冠子汇校集注》卷下《备知》,中华书局2004年版,第312页。
⑩ 黄怀信:《鹖冠子汇校集注》卷下《世贤》,中华书局2004年版,第334页。
⑪ 张纯一:《晏子春秋校注》卷一《内篇谏上·景公登牛山悲去国而死晏子谏》,《诸子集成》第四册,中华书局1954年版,第24页。
⑫ 张纯一:《晏子春秋校注》卷一《内篇谏上·景公游公阜一日有三过言晏子谏》,《诸子集成》第四册,中华书局1954年版,第25页。
⑬ 张纯一:《晏子春秋校注》卷六《内篇杂下·景公以晏子衣食弊薄使田无宇致封邑晏子辞》,《诸子集成》第四册,中华书局1954年版,第168页。

在,而君亦安得此国而哀之?"①综上可知,在各种先秦文献中,以"太公"指称姜太公,极其普遍。

3. 太公望

"太公望"之称,在文献中使用也颇为频繁。如《逸周书·世俘解》:"太公望命御方来。"②《逸周书·谥法解》:"维周公旦、太公望开嗣王业。"③《逸周书·王会解》:"唐叔、荀叔、周公在左,太公望在右。"④《孟子·尽心下》:"若太公望、散宜生,则见而知之。"⑤《韩非子·外储说左下》:"文王伐崇……太公望曰……"⑥《韩非子·外储说右上》:"太公望杀狂矞。"⑦《韩非子·外储说右上》:"太公望东封于齐"⑧,"太公望诛之"⑨。《韩非子·说疑》:"若夫后稷、皋陶、伊尹、周公旦、太公望……此十五人者为其臣也……"⑩《吕氏春秋·当染》:"武王染于太公望、周公旦。"⑪《吕氏春秋·首时》:"太公望,东夷之上

---

① 张纯一:《晏子春秋校注》卷七《外篇重而异者·景公置酒泰山四望而泣晏子谏》,《诸子集成》第四册,中华书局1954年版,第179页。
② 黄怀信、张懋镕、田旭东撰,黄怀信修订,李学勤审定:《逸周书汇校集注》(修订本)卷四《世俘解》,上海古籍出版社2007年版,第416页。
③ 黄怀信、张懋镕、田旭东撰,黄怀信修订,李学勤审定:《逸周书汇校集注》(修订本)卷六《谥法解》,上海古籍出版社2007年版,第623页。
④ 黄怀信、张懋镕、田旭东撰,黄怀信修订,李学勤审定:《逸周书汇校集注》(修订本)卷七《王会解》,上海古籍出版社2007年版,第800页。
⑤ 〔清〕焦循:《孟子正义》卷十四《尽心下》,《诸子集成》第一册,中华书局1954年版,第609页。
⑥ 〔清〕王先慎:《韩非子集解》卷十二《外储说左下》,《诸子集成》第五册,中华书局1954年版,第222页。
⑦ 〔清〕王先慎:《韩非子集解》卷十三《外储说右上》,《诸子集成》第五册,中华书局1954年版,第231页。
⑧ 〔清〕王先慎:《韩非子集解》卷十三《外储说右上》,《诸子集成》第五册,中华书局1954年版,第236页。
⑨ 〔清〕王先慎:《韩非子集解》卷十三《外储说右上》,《诸子集成》第五册,中华书局1954年版,第237页。
⑩ 〔清〕王先慎:《韩非子集解》卷十七《说疑》,《诸子集成》第五册,中华书局1954年版,第308~309页。
⑪ 〔汉〕高诱注:《吕氏春秋》卷二《仲春纪·当染》,《诸子集成》第六册,中华书局1954年版,第18~19页。

也。"①《吕氏春秋·长利》:"臣而今而后知吾先君周公之不若太公望封之知也。"②"昔者太公望封于营丘之渚。"③《尸子·治天下》:"故文王之见太公望也,一日五反。"④《尉缭子·武议》:"太公望年七十,屠牛朝歌,卖食盟津。"⑤《尉缭子·兵教下》:"武王问太公望曰……"⑥综上可知,"太公望"之称谓大体上始于战国时期,主要见于《逸周书》和先秦诸子书。

4. 吕尚

先秦文献中,"吕尚"之称谓,屡见于《荀子》《列子》《吕氏春秋》《鬼谷子》等书。如《荀子·王霸》:"文王用吕尚,武王用召公,成王用周公旦。"⑦《荀子·成相》:"吕尚招麾殷民怀。"⑧《列子·说符》:"博如孔丘,术如吕尚。"⑨《吕氏春秋·知度》:"伊尹、吕尚、管夷吾、百里奚,此霸王者之船骥也。"⑩《吕氏春秋·知度》:"故小臣、吕尚听,而天下知殷、周之王也。"⑪《鬼谷子·忤合》:"吕尚三就文王,三入殷,而不能有所明。"⑫

5. 吕望

先秦文献中也有"吕望""吕太公望"之称。如《荀子·解蔽》:"文王……

---

① 〔汉〕高诱注:《吕氏春秋》卷十四《孝行览·首时》,《诸子集成》第六册,中华书局1954年版,第143页。
② 〔汉〕高诱注:《吕氏春秋》卷二十《恃君览·长利》,《诸子集成》第六册,中华书局1954年版,第258页。
③ 〔汉〕高诱注:《吕氏春秋》卷二十《恃君览·长利》,《诸子集成》第六册,中华书局1954年版,第258页。
④ 〔周〕尸佼撰,〔清〕汪继培辑:《尸子》卷上《治天下》,《二十二子》,上海古籍出版社1986年版,第371页。
⑤ 〔战国〕尉缭:《尉缭子》卷二《武议》,中华书局1991年版,第21页。
⑥ 〔战国〕尉缭:《尉缭子》卷五《兵教下》,中华书局1991年版,第47页。
⑦ 〔清〕王先谦:《荀子集解》卷七《王霸》,《诸子集成》第二册,中华书局1954年版,第145页。
⑧ 〔清〕王先谦:《荀子集解》卷十八《成相》,《诸子集成》第二册,中华书局1954年版,第305页。
⑨ 〔晋〕张湛注:《列子注》卷八《说符》,《诸子集成》第三册,中华书局1954年版,第92页。
⑩ 〔汉〕高诱注:《吕氏春秋》卷十七《审分览·知度》,《诸子集成》第六册,中华书局1954年版,第210页。
⑪ 〔汉〕高诱注:《吕氏春秋》卷十七《审分览·知度》,《诸子集成》第六册,中华书局1954年版,第210页。
⑫ 许富宏:《鬼谷子·集校集注》,中华书局2008年版,第95页。

是以能长用吕望而身不失道。"①《荀子·解蔽》:"召公、吕望仁知且不蔽。"②《吕氏春秋·尊师》:"文王、武王师吕望、周公旦。"③《吕氏春秋·长见》:"吕太公望封于齐。"④《吕氏春秋·赞能》:"文王得吕望而服殷商。"⑤较之于前举"太公""太公望"之称谓,"吕望"之称使用频率并不高,且仅仅出现于《荀子》《吕氏春秋》等诸子书。

6. 吕牙

"吕牙"之称,于先秦文献中仅见于《孙子·用间》:"昔殷之兴也,伊挚在夏;周之兴也,吕牙在殷。"⑥由此可知,"吕牙"作为姜太公的称谓,于先秦文献中使用,颇为罕见。

综上可知,先秦文献中姜太公的称谓,并不统一,且称谓繁多。然遍览先秦典籍,迄今尚未见到一例"吕尚父"之称。

二、姜太公的姓氏名号问题

司马迁综合其能看到的各种先秦文献和流传于不同时期不同地域的古老传说,在《史记·齐太公世家》开篇,简要地记录了姜太公的身世及姓氏名号问题:

> 太公望吕尚者,东海上人。其先祖尝为四岳,佐禹平水土甚有功,虞夏之际封于吕,或封于申,姓姜氏。夏商之时,申、吕或封枝庶子孙,或为

---

① 〔清〕王先谦:《荀子集解》卷十五《解蔽》,《诸子集成》第二册,中华书局1954年版,第260页。
② 〔清〕王先谦:《荀子集解》卷十五《解蔽》,《诸子集成》第二册,中华书局1954年版,第261页。
③ 〔汉〕高诱注:《吕氏春秋》卷四《孟夏纪·尊师》,《诸子集成》第六册,中华书局1954年版,第38页。
④ 〔汉〕高诱注:《吕氏春秋》卷十一《仲冬纪·长见》,《诸子集成》第六册,中华书局1954年版,第112页。
⑤ 〔汉〕高诱注:《吕氏春秋》卷二十四《不苟论·赞能》,《诸子集成》第六册,中华书局1954年版,第309页。
⑥ 〔春秋〕孙武著,〔东汉〕曹操等注:《孙子十家注》卷十三《用间篇》,《诸子集成》第六册,中华书局1954年版,第238页。

庶人,尚其后苗裔也。本姓姜氏,从其封姓,故曰吕尚。①

由于受历史观念的局限,以上一段文字中提到的虞夏之际,太公先祖"封于吕""或封于申",显然是司马迁误用西周、汉代的政体推想虞夏之际史事,并不符合虞夏之际的历史实际,但总的来看,该段简要的文字还是为我们提供了一些有价值的历史信息。清代以来,经过中外学者的不断辨析,姜太公的姓氏名号问题逐渐形成若干共识,同时仍有若干问题尚存在一些分歧,故颇有必要继续逐一加以讨论。

1. 关于师尚父

"师尚父"之称谓,古代文献有诸多解释。《毛传》:"师,大师也。尚父,可尚、可父。"《郑笺》:"尚父,吕望也,尊称焉。"②《史记·齐太公世家》"师尚父左杖黄钺,右把白旄以誓"一语下,《集解》引刘向《别录》曰:"师之,尚之,父之,故曰师尚父。父亦男子之美号也。"③在我们今天看来,以上对"师尚父"的解释,多系望文生义,而与历史实际多不一致。此外,司马贞《索隐》"尚是其名,后武王号为师尚父也"④也不大符合历史实际。学术界普遍认定,"望"为太公之名(下文有详细的讨论),以"尚"为太公之名,缺乏有说服力的证据。崔述以"尚父"为太公的字。⑤马瑞辰亦说:"尚父,其字也,犹山甫、孔父之属。连师称之,犹大师皇父之属。《宣和博古图》载周淮父卣铭曰'穆从师淮父',又曰'对扬师淮父',正与师尚父之称相同。《传》云'可尚可父',《正义》(按:当为《集解》)引刘向《别录》曰'师之,尚之,父之,故曰师尚父',《笺》以师尚父为尊称,并失之。"⑥俞樾说:"《诗》云'维师尚父'与程伯休父同,尚父乃其

---

① 〔汉〕司马迁:《史记》卷三十二《齐太公世家》,中华书局1959年版,第1477页。
② 〔清〕阮元校刻:《毛诗正义》卷十六,《十三经注疏》附校勘记上册,中华书局1980年版,第508页。
③ 〔汉〕司马迁:《史记》卷三十二《齐太公世家》,中华书局1959年版,第1479页。
④ 〔汉〕司马迁:《史记》卷三十二《齐太公世家》,中华书局1959年版,第1477页。
⑤ 〔清〕崔述:《丰镐考信录》卷八《齐太公》,〔清〕崔述撰著,顾颉刚编订:《崔东壁遗书》上册,上海古籍出版社2013年版,第252页。
⑥ 马瑞辰撰,陈金生点校:《毛诗传笺通释》(下册)卷二十四《大雅·大明》,中华书局1989年版,第810页。

字也。"①梁玉绳则以为《大明》之诗"维师尚父"之"尚"是对太公的尊称。②在我们今天看来,清代学者对"师尚父"称谓的解释,有同有异。然崔述释曰"师,其官也"③,马瑞辰"父与甫同,甫为男子美称"④,似无疑义,均可成为定论。又如多数学者以为,"尚"是太公之字,约略可备一说,而以"尚""尚父"为尊称,则显得证据极不充分。

2. 关于太公

太公在先秦文献中,出现颇为普遍。崔述解释说:"太公,齐人之追号之也。是时诸侯尚未有谥(周之大臣有谥自周公始),而太公为齐始封君,故号之曰'太公',犹亶父之号为太王也。"⑤俞樾有较为相近的解释:"其曰太公者,始封之君之尊称,犹周之太王、吴之太伯、晋之太叔也。其后田齐之有国,始封田和而谓之太公和。以后证前,知太公望犹太公和矣。"⑥梁玉绳亦讲道:"太公乃长老之称,当时以其年高德劭,故以太公号之。"⑦迄今为止,谥号起源时间问题,学术界尚未达成共识,但"太公"称号并不符合"谥者,行之迹也"⑧的基本精神,"太公"非谥号,毫无疑问是正确的。2008年10月至2010年2月,山东省文物考古研究所在对高青陈庄遗址发掘的过程中,铜器铭文中的"齐公"字样为金文资料中首次发现。⑨铭文中的"齐公",学者普遍认为即齐

---

① 〔清〕俞樾:《群经平议》卷十一《毛诗四》,〔清〕阮元、王先谦编:《清经解 清经解续编》第拾叁册,《清经解续编》卷一百九十二上,凤凰出版社2005年版,第6865页。
② 〔清〕梁玉绳:《史记志疑》卷十七《齐太公世家》,中华书局1981年版,第846页。
③ 〔清〕崔述:《丰镐考信录》卷八《齐太公》,〔清〕崔述撰著,顾颉刚编订:《崔东壁遗书》上册,上海古籍出版社2013年版,第252页。
④ 马瑞辰撰,陈金生点校:《毛诗传笺通释》(下册)卷二十四《大雅·大明》,中华书局1989年版,第810页。
⑤ 〔清〕崔述:《丰镐考信录》卷八《齐太公》,〔清〕崔述撰著,顾颉刚编订:《崔东壁遗书》上册,上海古籍出版社2013年版,第252页。
⑥ 〔清〕俞樾:《群经平议》卷十一《毛诗四》,〔清〕阮元、王先谦编:《清经解 清经解续编》第拾叁册,《清经解续编》卷一百九十二上,凤凰出版社2005年版,第6865页。
⑦ 〔清〕梁玉绳:《史记志疑》卷十七《齐太公世家》,中华书局1981年版,第848页。
⑧ 黄怀信、张懋镕、田旭东撰,黄怀信修订,李学勤审定:《逸周书汇校集注》(修订本)卷六《谥法解》,上海古籍出版社2007年版,第625页。
⑨ 山东省文物考古研究所:《山东高青县陈庄西周遗址》,《考古》2010年第8期。

国始封之君姜太公。李学勤先生认为,"公"为爵号①,李伯谦②、王恩田③、张俊成④以为,"公"为尊称。事实上,西周初年尚未形成颇为严格的五等爵制,傅斯年⑤、郭沫若⑥、徐中舒⑦等先生早已有精密的论述,大体已成学界定论。所以,太公为尊称较为符合西周时期的历史实际。

3. 关于太公望

太公望得名,《史记·齐太公世家》中载有西伯"'……吾太公望子久矣。'故号之曰'太公望'"⑧的故事。司马贞即曾不加分析地信从传说,其在《索隐》中照录旧说:"后文王得之渭滨,云'吾先君太公望子久矣',故号太公望。"⑨此后崔述即曾反驳道:"《孟子》《春秋传》皆称为'太公',果如《史记》之说,则太公乃王季,岂可去'望'而以太公称之!"⑩显然,崔述的反驳颇有道理,指明了"太公望子"传说的破绽。梁玉绳亦曾对旧说提出诸多疑问:"太公组绀,安得预知吕尚而望之?《通志·三王纪》以为诞语,盖因吕尚佐周克商,而《诗》又有'太王翦商'之语,遂谬为斯论耳。"⑪由于《史记》所记"太公望子"的传说极不合事理,此后,俞樾亦指斥《史记》'太公望子'之说与《毛传》'可尚可父'之说,皆齐东妄语,不足征也"⑫。崔述、俞樾、梁玉绳等学者均释"望"为

---

① 李学勤:《论高青陈庄器铭"文祖甲齐公"》,《东岳论丛》2010年第10期。早在清代,崔述亦认为,姜太公之"公","其爵也"。〔清〕崔述:《丰镐考信录》卷八《齐太公》,〔清〕崔述撰著,顾颉刚编订:《崔东壁遗书》上册,上海古籍出版社2013年版,第252页。
② 李学勤等:《山东高青县陈庄西周遗址笔谈》,《考古》2011年第2期。
③ 王恩田:《高青陈庄重大考古发现补证与答疑》,《管子学刊》2015年第3期。
④ 张俊成:《高青陈庄"齐公"诸器铭文及相关问题》,山东省中华文化促进会、日照市中华文化促进会编:《太公新论——姜太公学术研讨会论文集》,山东友谊出版社2016年版,第272页。
⑤ 傅斯年:《论所谓五等爵》,《中央研究院历史语言研究所集刊》第二本第一分,1930年版。
⑥ 郭沫若:《金文丛考》,人民出版社1954年版,第50~53页。
⑦ 徐中舒:《井田制度探原》,《中国文化研究汇刊》第四卷上,1944年版,第129~130页。
⑧ 〔汉〕司马迁:《史记》卷三十二《齐太公世家》,中华书局1959年版,第1478页。
⑨ 〔汉〕司马迁:《史记》卷三十二《齐太公世家》,中华书局1959年版,第1477页。
⑩ 〔清〕崔述:《丰镐考信录》卷八《齐太公》,〔清〕崔述撰著,顾颉刚编订:《崔东壁遗书》上册,上海古籍出版社2013年版,第252页。
⑪ 〔清〕梁玉绳:《史记志疑》卷十七《齐太公世家》,中华书局1981年版,第848页。
⑫ 〔清〕俞樾:《群经平议》卷十一《毛诗四》,〔清〕阮元、王先谦编:《清经解 清经解续编》第拾叁册,《清经解续编》卷一百九十二上,凤凰出版社2005年版,第6865页。

太公之名,如崔述说:"'太公望'者,连号与名而称之者也,犹所谓周公旦、召公奭也。"①俞樾亦讲道:"太公盖名望而字尚父,古人名字相配,尚者上也,上则为人所望,故名望字尚也。"②梁玉绳说:"《孟子》曰太公望,则其名望审矣。"③总之,以"望"为太公之名,学术界则大致无疑义,约略可成定说。

4. 关于吕尚、吕望

吕尚、吕望屡见于战国时期诸子书。司马迁在《史记·齐太公世家》中说,太公"本姓姜氏,从其封姓,故曰吕尚"④。司马迁所理解的"封",似乎就是西周时期才存在的分封制,虞、夏、商时期既然不存在分封制,自然"吕"也未必就是太公的"封姓"。而《史记·齐太公世家》既言太公"本姓姜氏",却未见先秦文献称太公为姜尚、姜望之例。《左传·昭公十二年》记载楚灵王的话:"昔我先王熊绎,与吕级(亦作伋)、王孙牟、燮父、禽父并事康王。"⑤此"吕伋"即《史记·齐太公世家》所记太公之子丁公。⑥《逸周书·世俘解》提道:"吕他命伐越戏方。"⑦陈逢衡以为,"此吕他盖吕伋之误"⑧。此吕,正如崔述所说:"其氏也。"⑨《左传·隐公八年》说:"天子建德,因生以赐姓,胙之土而命之氏。"⑩西周时期,姓、氏有严格的区别。宋代学者郑樵在其《通志·氏族略》中较早明确论及:"三代之前,姓氏分而为二,男子称氏,妇人称姓。氏所

---

① 〔清〕崔述:《丰镐考信录》卷八《齐太公》,〔清〕崔述撰著,顾颉刚编订:《崔东壁遗书》上册,上海古籍出版社2013年版,第252页。
② 〔清〕俞樾:《群经平议》卷十一《毛诗四》,〔清〕阮元、王先谦编:《清经解 清经解续编》第拾叁册,《清经解续编》卷一百九十二下,凤凰出版社2005年版,第6865页。
③ 〔清〕梁玉绳:《史记志疑》卷十七《齐太公世家》,中华书局1981年版,第846页。
④ 〔汉〕司马迁:《史记》卷三十二《齐太公世家》,中华书局1959年版,第1477页。
⑤ 〔清〕阮元校刻:《春秋左传正义》卷四十五,《十三经注疏》附校勘记下册,中华书局1980年版,第2064页。
⑥ 〔汉〕司马迁:《史记》卷三十二《齐太公世家》,中华书局1959年版,第1481页。
⑦ 黄怀信、张懋镕、田旭东撰,黄怀信修订,李学勤审定:《逸周书汇校集注》(修订本)卷四《世俘解》,上海古籍出版社2007年版,第418页。
⑧ 〔清〕陈逢衡:《逸周书补注》第四册卷十《世俘解》,中国书店1986年据道光乙酉年梅山馆藏版影印,第6页。
⑨ 〔清〕崔述:《丰镐考信录》卷八《齐太公》,〔清〕崔述撰著,顾颉刚编订:《崔东壁遗书》上册,上海古籍出版社2013年版,第252页。
⑩ 〔清〕阮元校刻:《春秋左传正义》卷四,《十三经注疏》附校勘记下册,中华书局1980年版,第1733页。

以别贵贱……姓所以别婚姻。"①以后顾炎武也指出："男子称氏，女子称姓。……自秦以后之人以氏为姓，以姓称男。"②既然如此，西周时期，太公、丁公自然不得称姜尚、姜伋。综上可知，崔述所说"'吕尚'者，连氏与字称之而省文者也，犹子游之称为言游，子华之称为公西华也"③是正确的。同样，"吕望"则是太公之氏名连称。战国秦汉以后，随着姓、氏混而为一，"以氏为姓，以姓称男"，吕尚、吕望之称谓，和今人姓名相连的称谓，已基本一致了。

5. 关于吕牙

"吕牙"作为太公称谓，先秦文献仅《孙子·用间》一见。《史记·齐太公世家》开篇"太公望吕尚者，东海上人"一语，司马贞《索隐》引谯周语："姓姜，名牙。"④然其自己则以为，"盖牙是字，尚是其名"⑤。崔述批评道："'牙'之名，'尚父'之官，皆不见于经传，盖由不知望之即名，尚父之即尚，而妄为之说者也。"⑥梁玉绳亦论及："其(太公)字曰子牙，或单呼牙，《诗》疏、《索隐》、《唐宰相表》载之，以为名牙者妄矣。"⑦根据前人的研究，姜太公名"望"，已无可疑，然梁玉绳所举《诗》疏、《索隐》、《唐宰相表》均为晚出文献，"子牙"或"牙"究竟是不是太公的字，则似乎仍缺乏更为可靠的文献证据。

三、关于清华简《耆夜》"吕尚父"称谓的思考

迄今为止，能够检索到的与"吕尚父"有关的记载主要有以下几条：

---

① 郑樵:《通志》第十五册卷二十五《氏族略·氏族序》，北京图书馆出版社2006年据中华再造善本影印，第1页。
② 〔清〕顾炎武:《亭林文集》卷一《原姓》，《顾亭林诗文集》，中华书局1959年版，第11~12页。
③ 〔清〕崔述:《丰镐考信录》卷八《齐太公》，〔清〕崔述撰著，顾颉刚编订:《崔东壁遗书》上册，上海古籍出版社2013年版，第252页。
④ 〔汉〕司马迁:《史记》卷三十二《齐太公世家》，中华书局1959年版，第1477页。
⑤ 〔汉〕司马迁:《史记》卷三十二《齐太公世家》，中华书局1959年版，第1477页。
⑥ 〔清〕崔述:《丰镐考信录》卷八《齐太公》，〔清〕崔述撰著，顾颉刚编订:《崔东壁遗书》上册，上海古籍出版社2013年版，第252页。
⑦ 〔清〕梁玉绳:《史记志疑》卷十七《齐太公世家》，中华书局1981年版，第846页。

1. 唐代崔儒《严先生钓台记》："则吕尚父不应饵鱼，任公子未必钓鳌，世人名之耳，钓台之名。"①

2. 南唐杨遂《唐故朔方节度十将游击将军左内率府率臧府君墓志铭并序》："公有二子……皆英明而达，长曰昌裔，晓张留侯之《三略》，兼吕尚父之《六韬》。"②

3. 后晋孟宾于《蟠溪怀古》："良哉吕尚父，深隐始归周。"③

4. 元代杨维桢《营丘山房记》："营丘在虚危分野，为今济南地，太公吕尚父之食邑也。"④

较之于上举师尚父、太公、太公望、吕望、吕尚、吕牙等称谓，"吕尚父"之称，在传世文献中出现的时间颇晚，而且出现次数极少。就目前所掌握的材料看，"吕尚父"之称仅出现于唐代及以后文人诗歌、杂记，没有一处出自史学著作，因而其在古代文献中流传并不广泛。既然如此，清华简《耆夜》中的"吕尚父"称谓，就颇为值得仔细甄别和深入研究。

古代文献中，"父""甫"相通。《诗经·大雅·绵》："古公亶父，陶复陶穴。"⑤《诗经·大雅·韩奕》："显父饯之。"⑥以上两处文字下，《郑笺》均释曰："父音甫，本亦作甫。"《左传·昭公二十三年》："吴败顿、胡、沈、蔡、陈、许之师于鸡父。"⑦《穀梁传·昭公二十三年》作："吴败顿、胡、沈、蔡、陈、许之师于鸡甫。"⑧"父""甫"为古代男子的美称，文献屡有记载。诸如《穀梁传·隐公元

---

① 〔唐〕崔儒：《严先生钓台记》，周绍良主编：《全唐文新编》第三部第一册卷四百七十八，吉林文史出版社2000年版，第5603页。
② 〔南唐〕杨遂：《唐故朔方节度十将游击将军左内率府率臧府君墓志铭并序》，周绍良主编：《全唐文新编》第三部第一册卷四百七十九，吉林文史出版社2000年版，第5640页。
③ 〔后晋〕孟宾于：《蟠溪怀古》，《全唐诗》，上海古籍出版社1986年版，第1848页。
④ 〔元〕杨维桢：《东维子集》卷十五《营丘山房记》，《四库全书》第1221册《集部160·别集类》，上海古籍出版社1987年版，第523页。
⑤ 〔清〕阮元校刻：《毛诗正义》卷十六，《十三经注疏》附校勘记上册，中华书局1980年版，第509页。
⑥ 〔清〕阮元校刻：《毛诗正义》卷十八，《十三经注疏》附校勘记上册，中华书局1980年版，第571页。
⑦ 〔清〕阮元校刻：《春秋左传正义》卷五十，《十三经注疏》附校勘记下册，中华书局1980年版，第2101页。
⑧ 〔清〕阮元校刻：《春秋穀梁传注疏》卷十八，《十三经注疏》附校勘记下册，中华书局1980年版，第2439页。

年》:"三月,公及邾仪父盟于眛。……仪字也,父犹傅也,男子之美称也。"①《仪礼·士冠礼》:"曰伯某甫,仲、叔、季,唯其所当。"②郑玄注:"甫是丈夫之美称,孔子为尼甫,周大夫有嘉甫,宋大夫有孔甫,是其类,甫字或作父。"③许慎《说文解字》释"甫":"男子之美偁也。"④综上可知,"父与甫同,甫为男子美称"⑤的说法,大体成为学术界的共识。

王国维先生曾综合先秦时期的传世文献和彝器铭文论及:"经典男子之字多作某父,彝器则皆作父,无作甫者,知父为本字也。……汉人以某甫之甫为且字,《颜氏家训》并讥北人读某父之父与父母之父无别。"⑥先秦文献和周代金文中作某父的人名颇多,如《诗经·小雅·十月之交》有"皇父"⑦,《诗经·大雅·常武》有"程伯休父"⑧,《诗经·大雅·韩奕》有"蹶父"⑨,《国语·周语上》有"祭公谋父"⑩、"樊仲山父"⑪、"虢石父"⑫、"子仪父"⑬、"正考父"⑭、"伯阳父"⑮,《逸周书·作雒解》有"中旄父"⑯。金文中有伯懋父(《殷周金文集成》2809、4201、4238、4239、5416、6004、9689)、师汤父(《殷周金文集成》

---

① 〔清〕阮元校刻:《春秋穀梁传注疏》卷一,《十三经注疏》附校勘记下册,中华书局1980年版,第2365页。
② 〔清〕阮元校刻:《仪礼注疏》卷三,《十三经注疏》附校勘记上册,中华书局1980年版,第957页。
③ 〔清〕阮元校刻:《仪礼注疏》卷三,《十三经注疏》附校勘记上册,中华书局1980年版,第957~958页。
④ 〔汉〕许慎撰,〔清〕段玉裁注:《说文解字注》,上海古籍出版社1988年版,第128页。
⑤ 马瑞辰撰,陈金生点校:《毛诗传笺通释》(下册)卷二十四《大雅·大明》,中华书局1989年版,第810页。
⑥ 王国维:《观堂集林》第一册卷三《艺林三·女字说》,中华书局1959年版,第165页。
⑦ 〔清〕阮元校刻:《毛诗正义》卷十二,《十三经注疏》附校勘记上册,中华书局1980年版,第446页。
⑧ 〔清〕阮元校刻:《毛诗正义》卷十八,《十三经注疏》附校勘记上册,中华书局1980年版,第576页。
⑨ 〔清〕阮元校刻:《毛诗正义》卷十八,《十三经注疏》附校勘记上册,中华书局1980年版,第572页。
⑩ 上海师范大学古籍整理研究所点校:《国语》卷一《周语上》,上海古籍出版社1998年版,第1页。
⑪ 上海师范大学古籍整理研究所点校:《国语》卷一《周语上》,上海古籍出版社1998年版,第22页。
⑫ 上海师范大学古籍整理研究所点校:《国语》卷十六《郑语》,上海古籍出版社1998年版,第518页。
⑬ 上海师范大学古籍整理研究所点校:《国语》卷十七《楚语上》,上海古籍出版社1998年版,第537页。
⑭ 上海师范大学古籍整理研究所点校:《国语》卷五《鲁语下》,上海古籍出版社1998年版,第216页。
⑮ 上海师范大学古籍整理研究所点校:《国语》卷一《周语上》,上海古籍出版社1998年版,第26页。
⑯ 黄怀信、张懋镕、田旭东撰,黄怀信修订,李学勤审定:《逸周书汇校集注》(修订本)卷五《作雒解》,上海古籍出版社2007年版,第520页。

746~752）、叔皇父〔《殷周金文集成》（修订增补本）00588〕、伯庸父〔《殷周金文集成》（修订增补本）00616~00623〕、鲁伯愈父〔《殷周金文集成》（修订增补本）00690~00695〕、伯先父〔《殷周金文集成》（修订增补本）00640~00658〕、仲生父〔《殷周金文集成》（修订增补本）00729〕、郑伯筍父〔《殷周金文集成》（修订增补本）00730〕、孟辛父〔《殷周金文集成》（修订增补本）00738~00740〕、伯蔡父〔《殷周金文集成》（修订增补本）03678〕、伯嘉父〔《殷周金文集成》（修订增补本）03679、03780〕、叔向父〔《殷周金文集成》（修订增补本）03849~03855〕、辛叔皇父〔《殷周金文集成》（修订增补本）03859〕等，人名中的"父"均不作"甫"。既然如此，清华简《耆夜》简2~3简文作"邵上甫"，编著者将其隶定为"吕尚父"，从文字使用上，就显得颇为费解。上博简《武王践阼》第1、2、3简，简文中多次出现"帀上父"①，第11、12则屡屡记为"太公望"②，显然，编著者隶"帀上父"为"师尚父"③，无疑是正确的。被鉴定为时代大体一致的楚国竹书的上博简《武王践阼》和清华简《耆夜》用字如此悬殊，同样让人难以理解。

最后，我们再考察一下清华简《耆夜》中其他人名的称谓。《耆夜》中提到的周初人名还有绎（毕）公高、邵（召）公保睪（奭）、周公叔旦、辛公詷甲等。以上人名称谓大体为：地（邑）+公+（官职，如保；排行，如叔）+名，而唯太公在文中称作"邵上甫"，用字颇不工对，自然亦不免令人产生疑问。《耆夜》的其他疑问还有，诸如简文开篇，"武王八年"的纪年，极不符合周初纪年的史实。诸如此类问题还有很多，以后拟陆续另作专门研究。

（作者系苏州大学社会学院教授）

---

① 马承源主编：《上海博物馆藏战国楚竹书》（七），上海古籍出版社2008年版，第151~154页。
② 马承源主编：《上海博物馆藏战国楚竹书》（七），上海古籍出版社2008年版，第162页。
③ 马承源主编：《上海博物馆藏战国楚竹书》（七），上海古籍出版社2008年版，第151页。

《史记·齐太公世家》中姜太公史事辨析

李桂民

姜太公是西周开国功臣之一,因功劳卓著而被封在东夷之邦的齐国。姜姓是中国早期姓氏之一,姜太公其先祖在虞夏之际就被封国,姜姓和姬姓长期联姻,其历史可以追溯到距今五千年左右的炎黄时代。

尽管姜太公是历史上真实存在的人物,但文献中关于他的记载多是点状的,当我们试图把这些点连缀起来时,却发现有诸多歧异之处。尽管姜太公其人事迹在流传过程中有许多增饰,但姜太公研究有必要把严肃的历史记载和小说家言区分开,而在姜太公史实的探讨上,更应该重视先秦早期文献的记载。

《史记·齐太公世家》虽然是西汉文献,却是记载姜太公最为详实的早期著作。尽管司马迁生活的时代,可以看到较多的早期文献,但他对姜太公的记载依然有多说并存处,由于传说不一,连司马迁都感到无法取舍,只好存而不论。鉴于姜太公研究的实际,本文拟以《史记·齐太公世家》记载为基础,主要结合先秦秦汉资料和出土文献,对姜太公有关事实进行探讨,不当之处,敬请指正。

一、"东海上人"与齐在海上

清人梁绍壬在《两般秋雨盦随笔》中曾根据《孟子》《史记》《路史》等书,说姜太公有望、尚、牙、渭、涓等五名,"一人五名,将何适之从?以臆断之,望是其名,子牙是其字,尚是其官名,所谓师尚父是。渭,则以得太公于渭阳,因以名渭附会。涓,则又渭字之讹也"[①]。姜太公的名号不止于此,郭超曾列举了20多个。[②] 对于姜太公的不同称谓有不同的解读,不过,综合各家分析,笔者倾向认为姜太公名为牙,《孙子兵法》称吕牙就是氏和名的结合,姜尚中的尚则是其字,原因在于师尚父这种称呼,师是官职,尚是字,父是男子字的统一用字,称呼时可以省略,太公望、姜太公则属于尊称。

关于姜太公的里籍,司马迁并没有过多交代,《史记·齐太公世家》:"太公望吕尚者,东海上人。其先祖尝为四岳,佐禹平水土甚有功。虞夏之际封于吕,或封于申,姓姜氏。夏商之际,申、吕或封枝庶子孙,或为庶人,尚其后苗裔也。本姓姜氏,从其封姓,故曰吕尚。吕尚盖尝穷困,年老矣,以渔钓奸周西伯。"鉴于对姜太公被周王重用前的身份并不十分了解,因此,司马迁对姜太公的里籍说得比较含糊,只说他是"东海上人"。对于"东海上人",学界有不同的理解,"东海"可以理解成自然的海和族群的海,"上人"亦可以理解成上面的人和长者,尽管各说都有一定道理,但由于缺乏实质性证据,长期以来没有定论。

梳理相关文献可以发现,较早的文献倾向于姜太公是东方人,这应是因为齐在东方的影响。如《吕氏春秋·首时》就说:"太公望,东夷之士也,欲定一世而无其主,闻文王贤,故钓于渭以观之。"就把姜太公直接说成是东夷人。《孟子》没有说姜太公是东夷人,只是说姜太公曾经在海滨避纣隐居。《孟子·离娄章句上》:"太公辟纣,居东海之滨。"《战国策》也谈到姜太公有在东

[①] 〔清〕梁绍壬撰,庄葳校点:《两般秋雨盦随笔》,上海古籍出版社2012年版,第321页。
[②] 郭超:《姜太公故里古吕国地望考辨》,《江汉论坛》2017年第7期。

方活动的经历:"太公望,齐之逐夫,朝歌之废屠,子良之逐臣,棘津之雠不庸。"①姜姓是炎帝后裔,其先祖四岳曾被封到吕国,其后以吕为氏,因此,姜太公不可能属于东夷人,但不排除其有在东方活动的经历。

　　司马迁所谓的"东海上"究竟该作何理解？相关文献中是有此类用法的。《史记·秦始皇本纪》秦始皇三十五年有"于是立石东海上朐界中,以为秦东门",《说苑·反质》亦有"立石阙东海上朐山界中,以为秦东门"之语。这里的"东海上"与东海郡相合,王子今认为东海郡位置的重要在于其是汉王朝控制的海岸线的中点。② 不过,尚不能证明文献中提及的"东海上"与东海郡可以等同,《列女传·齐女徐吾》曰:"齐女徐吾者,齐东海上贫妇人也。"《吴越春秋·阖闾内传》载:"椒丘诉者,东海上人也,为齐王使于吴。"可见东海上属于齐国地域。另外,新莽末年的吕母起义,吕母本是琅邪海曲人,却被习称东海吕母,是因为其势力曾达海滨地区。《左传·襄公十四年》载:"王使刘定公赐齐侯命,曰:'昔伯舅大公,右我先王,股肱周室,师保万民,世胙大师,以表东海。王室之不坏,繄伯舅是赖。今余命女环! 兹率舅氏之典,纂乃祖考,无忝乃旧。敬之哉,无废朕命!'"可见,在秦朝设立东海郡以前,"东海上"实指靠近海滨的地区。周成王曾在三监之乱后,使召康公命姜太公在"东至海,西至河,南至穆陵,北至无棣"的范围内,享有征伐大权,先秦东海主要指今黄海,因齐的地理位置,可谓齐在海上,姜太公"东海上人",就是说姜太公是齐国人,这也是司马迁把姜太公称为齐太公的原因。在《史记·齐太公世家》中,司马迁并没有对姜太公故里太费笔墨进行考察,由于姜太公被封在齐国,是齐国第一任国君,于是就直接称其为"东海上人",并且交代其祖上曾被封于申或吕,既然这里特别交代其祖上位于申或吕,显然申、吕所在的河南是不包括在东海范围之内的。

---

① 〔西汉〕刘向编集,贺伟、侯仰军点校:《战国策》卷七《四国为一》,齐鲁书社2000年版,第87页。
② 王子今:《西汉上郡武库与秦始皇直道交通》,《秦汉研究》2016年第00期。

二、"师望在肆"与吕牙"为间"

在《史记》中,司马迁对姜太公在灭商前的身份并不清楚,其重点介绍了姜太公得到周文王重用及其因功封齐之事。姜太公除了处士这种身份,其他两种说法则并不完全和身份相关,司马迁依据传说记载姜太公曾在朝歌卖过肉和在河边钓过鱼。钓鱼可以和身份无关,只是姜太公接近周文王的手段,肆中卖肉则不属于上智之人的营生了。司马迁说姜太公在得到文王重用前曾经生活非常贫困,也是一种不太确定的说法。姜姓来源于炎帝,姜太公先祖虞夏之际受封,即便夏商之时除了继承王位的直系一脉,有的早已成为庶人,那姜太公族支为何离开其先祖的封国,仅仅是为了谋生而从事卖肉的行业?战国时期的一些文献津津乐道于姜太公遇周文王前的贫贱,这种出于游说之士的说法未必符合历史的实际。

关于姜太公的贫贱身份的记载,要数《战国策》记载得最为典型。《战国策》云:"太公望,齐之逐夫,朝歌之废屠,子良之逐臣,棘津之雠不庸,文王用之而王。"①这种说法出自战国姚贾之口。为了反驳韩非对自己的攻击之辞,面对秦王的询问,他以太公望和管仲为例,不隐晦自己是监门之子、赵国逐臣的身份,说姜太公同样出身不好,也曾被子良斥逐,最终说服秦王诛杀韩非。郭店简《穷达以时》:"吕望为臧棘津,守监门棘地,行年七十而屠牛于朝歌,兴而为天子师,遇周文也。"②汉代刘向《说苑·尊贤》篇:"太公望,故老妇之出夫也,朝歌之屠佐也,棘津迎客之舍人也,年七十而相周,九十而封齐。"《尉缭子·武议》:"太公望年七十,屠牛朝歌,卖食盟津。过七年余而主不听,人人谓之狂夫也。及遇文王,则提三万之众,一战而天下定,非武议,安得此合也?故曰,良马有策,远道可致;贤士有合,大道可明。"《淮南子·汜论训》中也说:"太公之鼓刀。"这些说法突出了姜太公曾经低贱的身份,其鼓刀扬声引

---

① 〔西汉〕刘向编集,贺伟、侯仰军点校:《战国策》卷七《四国为一》,齐鲁书社2000年版,第87页。
② 刘钊:《郭店楚简校释》,福建人民出版社2003年版,第170~171页。

起文王注意,这和春秋时期的宁戚颇为相似,宁戚因为贫困没有能力去都城,只好给商人赶货车,正好遇到齐桓公出城,宁戚击牛角而商歌,因而自荐求官成功。

除了屠牛说,还有负贩、舟人、舍人等说法。《韩诗外传》说姜太公做过舟人:"夫文王非无便辟亲比己者,超然乃举太公于舟人而用之。"①《荀子》作"州人"②。这种说法应是从姜太公钓鱼以待周文王演变而来。负贩依然属于小商人,舍人则是为人雇佣,可以说,这些说法基本上是一致的,都是说姜太公经济上贫困,其中尤以《战国策》的说法最为突出,姜太公不仅穷困潦倒,还可以说一事无成,做官、做生意、为人夫无一成功,就是这样的一个人竟然有一天遇到了文王,平步青云,这样的一个人对于不得志的士人来讲,具有极大的励志效用,你再穷困、再倒霉,还能超过姜太公吗?可以说姜太公形象具有重要的示范意义。

不过,对于这种记载并不可一概视为人物形象的人为塑造,我们应该区分先秦的文献记载和后世小说家言,这种传说我们不宜一概否定或肯定,其中既有历史的真实,也有不尽真实之处。因为姜太公遇周文王之前,决不会像《战国策》描写的那样落魄,如果姜太公真的那样落魄,不可能具有经世之才干。而且同书说他为子良之逐臣、齐国之逐夫,显然有意夸大了姜太公的落魄程度。因为一个具有经国之才的人,不至于穷困落魄到这种程度,何况姜太公又以谋略见长。

姜太公先祖曾经被封国,其身上流淌着贵族的血液,即便他曾经生活贫困,依然不会把自己等同于庶人。种种迹象表明,姜太公遇到周文王以前,不会简单是一个负贩屠夫的身份,《盐铁论·讼贤》中记载的姜太公则是一个蓬头垢面的小商贩形象:"太公之穷困,负贩于朝歌也,蓬头相聚而笑之。"《说苑·尊贤》篇中又说姜太公是一个在门口迎客的门人,即"棘津迎客之舍人

---

① 〔汉〕韩婴撰,许维遹校释:《韩诗外传集释》,中华书局1980年版,第146页。
② 《荀子·君道》:"夫文王非无贵戚也,非无子弟也,非无便嬖也,倜然乃举太公于州人而用之,岂私之也哉!"王先谦:《荀子集解》,中华书局1988年版,第242~243页。

也"。对此屈原在《天问》中就提出了自己的疑问："师望在肆,昌何识?鼓刀扬声,后何喜?"①这种疑问很有道理,姜太公在市场卖肉,又是如何与众不同引起周文王注意的?后世注者还把其解释成周文王专门拜访的,那就是周文王先知其贤后去拜见。如其然,这是讲姜太公遇文王之前,是隐居在闹市的。

姜太公遇周文王,另外一种影响很大的说法就是《史记》所说的"以渔钓奸周西伯"。这种说法还见于诸多文献,《吕氏春秋·孝行览·首时》:"太公望,东夷之士也,欲定一世而无其主,闻文王贤,故钓于渭以观之。"《汉书·东方朔传》:"太公钓于渭之阳以见文王。"就是说为了获得重用,姜太公采用垂钓方式等候周文王,姜太公为舟人的传说应由其钓鱼遇文王的说法演化而来。《史记》等书说姜太公遇周文王前,周文王预先占卜得吉兆,后果得贤人,在突出了姜太公非同寻常的同时,并没有用太多篇幅写其穷困落魄。

司马迁记载的另一种说法,说姜太公曾经隐居在东海之滨。司马迁《史记·齐太公世家》:"或曰,太公博闻,尝事纣。纣无道,去之。游说诸侯,无所遇,而卒西归周西伯。或曰,吕尚处士,隐海滨。"这种说法主要依据《孟子》,《孟子·离娄章句上》:"太公辟纣,居东海之滨,闻文王作,兴曰:'盍归乎来!吾闻西伯善养老者。'"姜太公隐居不属于荀子所讲的真隐士,而正如后世道家一样属于待机而动者,其隐居是因为"欲定一世而无其主",这种说法实际是说姜太公隐居是为了躲避商纣无道,后听到周文王尊老而欣然归附。这种说法只是说姜太公没有遇到明主,甚至一度主动隐居,同样没有提到其生活贫困和种种倒霉经历。

如果姜太公是一个小事都干不成的人,那么说其具有经国的才能,是完全不可能的,因为能够治国,见识和智慧显然高于常人,一般不会出现《说苑》所说的"太公田不足以偿种,渔不足以偿网,治天下有余智"②的情况,不至于连基本的谋生手段都不具备。而且在商代,商人主要有两种:一种是官商,另一种为私商。姜太公既然有自由身份,其经商活动就不太可能属于大官商控

---

① 程嘉哲注释:《天问新注》,四川人民出版社1984年版,第190页。
② 〔汉〕刘向撰,向宗鲁校证:《说苑校证》,中华书局1987年版,第414页。

制下的经商,私商除了自产自销的人,还包括具有自由身份的专门从事经商的人,如果姜太公做过负贩屠夫的话,也应该是具有一定经济能力的,不应像有的文献说的那么落魄,而姜太公即便从事过这种工作也应该是遇到文王之后的事。也就是说,如果姜太公在朝歌混迹于市井,其实就是为了随时了解商朝虚实等情况,正如《孙子兵法》所说,姜太公发挥着"为间"的作用,这种说法出现较早,在春秋晚期就已经出现,值得重视。

三、乱臣十人与太公封齐

姜太公对西周立有大功,这是众所周知的。《左传·昭公二十四年》苌弘曰:"何害？同德度义。《大誓》曰:'纣有亿兆夷人,亦有离德。余有乱臣十人,同心同德。'此周所以兴也。"清华简《良臣》篇也把师尚父即姜太公列为周文王的重要辅佐。① 那么,姜太公对于西周,其功绩具体表现在哪些方面,值得进一步考察分析。

首先,姜太公的功绩表现在"为间"和积极营救周文王脱羑里之困。《孙子兵法·用间》篇:"周之兴也,吕牙在殷。故惟明君贤将,能以上智为间者,必成大功。"《吕氏春秋·贵因》曾谈到周武王曾派人在殷侦察虚实,这也是战争当中的常用手段。在为间期间,姜太公需要身份进行掩护,这也许是其从事贫贱职业传说的由来。姜太公与西周其他谋臣一起,成功营救出周文王。《史记·齐太公世家》记载:"周西伯拘羑里,散宜生、闳夭素知而招吕尚。吕尚亦曰'吾闻西伯贤,又善养老,盍往焉'。三人者为西伯求美女奇物,献之于纣,以赎西伯。西伯得以出,反国。言吕尚所以事周虽异,然要之为文武师。"姜太公与散宜生、闳夭关系较好,结识也较早,两人知道姜太公的才能而招他一起事周。散宜生、闳夭皆是西周开国功臣,三人再加上南宫适,四人被称为"文王四友"。散宜氏历史悠久,《大戴礼记·帝系》:"帝尧娶于散宜氏之子,

---

① 李学勤主编:《清华大学藏战国竹简(叁)》,中西书局2012年版,第156~162页。

谓之女皇氏。"不过,金文资料表明,西周时期的散宜氏为姬姓。闳夭所属何族,难知其详,《墨子·尚贤上》:"文王举闳夭、泰颠于罝罔之中,授之政,西土服。故当是时,虽在于厚禄尊位之臣,莫不敬惧而施,虽在农与工肆之人,莫不竞劝而尚意。"《墨子·非攻下》:"赤鸟衔珪,降周之岐社,曰:'天命周文王伐殷有国。'泰颠来宾,河出绿图,地出乘黄。"在这几个人当中,尤以姜太公的经历最具传奇性,也要数姜太公的功劳为最高,不然也不会被封为东方的重要诸侯国国君。姜太公、散宜生和闳夭通过送给商纣王"美女奇物"成功把西伯昌救出,这应该是归顺西周之后的事,因为这些财物都是要依靠西周才能完成。如果姜太公连基本谋生都困难的话,也很难与散宜生、闳夭交好。

其次,在周人伐商过程中,姜太公发挥了重要作用。姜太公在伐商中的作用,主要是出谋划策,也就是充任了文武师的角色。在有的文献记载中,夸大了姜太公的武功,姜太公在伐商战争中主要是充当谋臣,身先士卒则有点不太可信,因为姜太公年龄太大。《史记·齐太公世家》中所载文王"与吕尚阴谋修德以倾商政,其事多兵权与奇计,故后世之言兵及周之阴权皆宗太公为本谋",文王"伐崇、密须、犬夷,大作丰邑。天下三分,其二归周者,太公之谋计居多",这种说法较为公允,而《史记·齐太公世家》又说:"文王崩,武王即位。九年,欲修文王业,东伐以观诸侯集否。师行,师尚父左杖黄钺,右把白旄以誓,曰:'苍兕苍兕,总尔众庶,与尔舟楫,后至者斩!'遂至盟津。诸侯不期而会者八百诸侯。诸侯皆曰:'纣可伐也。'武王曰:'未可。'还师,与太公作此《太誓》。"其中谈到"师尚父左杖黄钺,右把白旄以誓",则未必可信,因为盟津之誓和牧野之誓一样,周武王都是在场的,牧野之誓左手拿黄钺右手持白旄指挥的是周武王,盟津之誓说是姜太公未必与历史相符。比较而言,《诗经》中的说法相对客观,《诗经·大雅·大明》说:"牧野洋洋,檀车煌煌,驷䯄彭彭。维师尚父,时维鹰扬。凉彼武王,肆伐大商,会朝清明。"即光亮的战车、健壮的骏马,还有像雄鹰的姜太公辅佐着周武王,也就是《尉缭子·武议》说姜太公"提三万之众,一战而天下定",他实际上是周武王的辅臣。关于周武王伐殷即位,《逸周书》记载较为详细:"叔振奏拜假,又陈常车;周公把大钺、召公把小钺以夹王。泰颠、闳夭,皆执轻吕以奏王。王入,即位于社太卒之左。群臣毕从。毛叔郑奉明水,卫叔傅礼,召公奭赞采,师尚父牵牲。"①在周武王天子位典礼上,姜太公虽有出场,但角色并不特别重要,在伐商过程中,周公、召公不仅参与,而且在即位典礼上站在周武王左右。太公之谋还表现在他不相信天命和卜筮结果,把龟占草筮视为枯草朽骨安知天命,商朝内混乱,商纣王众叛亲离,百姓不敢诽怨,正是伐商大好时机。姜太公不为龟兆不吉、风甚雷疾、旗折鼓毁等不吉天象所动,毅然坚持伐商,最后周武王听从了他的建议。

再次,姜太公作为异姓功臣的代表被封于齐,既有表彰姜太公的目的,还起到了巩固姬姜联盟的作用。周人与姜姓有着长期的通婚史,其渊源可以追溯到后稷之母姜嫄,周太王古公亶父迁岐之时,就是和太姜一起率领族人南迁的,其后姬姜两姓长期联姻,姜姓不仅有申、吕、许等国,在西方还有姜姓之戎,因此,姜太公封齐既是对姜太公功绩的一种肯定,同时也是周开拓、巩固东部边境地区的重要手段,虽名义上是分封,实际上地盘还得自己去占,周天子仅仅给了一个名分而已。

《史记·齐太公世家》曾对姜太公就封和日后疆土扩张有较详细记载:"于是武王已平商而王天下,封师尚父于齐营丘。东就国,道宿行迟。逆旅之人曰:'吾闻时难得而易失。客寝甚安,殆非就国者也。'太公闻之,夜衣而行,黎明至国。莱侯来伐,与之争营丘。营丘边莱。莱人,夷也,会纣之乱而周初定,未能集远方,是以与太公争国。太公至国,修政,因其俗,简其礼,通商工之业,便鱼盐之利,而人民多归齐,齐为大国。及周成王少时,管蔡作乱,淮夷畔周,乃使召康公命太公曰:'东至海,西至河,南至穆陵,北至无棣,五侯九伯,实得征之。'齐由此得征伐,为大国。都营丘。"姜太公封齐,和周公、召公不同,周公和召公虽然被封到鲁国和燕国,但两人并没有亲自就封,而是由嫡长子前去,周公和召公继续留在朝内辅政,而姜太公远赴齐

---

① 黄怀信、张懋镕、田旭东撰,李学勤审定:《逸周书汇校集注》卷四《克殷解》,上海古籍出版社1995年版,第369~373页。

国,则远离了周政治权力中心。在周武王去世后,主导西周政局的是周公旦,西周宗法制度使得异姓无法真正走到权力中心,而分封结盟倒成了不错的结局。

综合分析,虽然史书中关于姜太公的许多记载来源于民间传说,除了早期文献的部分可靠记载,有些文献记载不完全可靠,但这些说法有其产生的背景,与主观编造有着显著差异。姜太公出身于历史悠久的大族,曾长期活动于商都附近,西周代商后被封在东海上的齐国,司马迁对姜太公里籍并没有深究。从《史记》还可以看出,司马迁对姜太公封齐前的活动并不十分了解,除了有可靠文献记载的,早期文献没有记载的往往采集不同的说法并存。不过,从姜太公作为上智之人考察,他不太可能混得过于落魄,而且寿龄明显偏高,在尚贤还未成为制度时,姜太公的形象当被游说之士塑造过。由于在灭商前后的战功和谋略,姜太公被封在东方的齐国。姜太公的被封是姬姜联盟中的一件大事,姬姜联盟也是西周政权稳固的重要保证。

(作者系聊城大学历史文化与旅游学院教授)

也谈姜太公故里问题

程　峰

关于姜太公故里,历来众说纷纭,有山东日照说(即东海上说)、卫辉汲县说(即河内汲县说)以及淄博说、冀州说、许州说、南阳说等诸多说法。影响较大的观点主要有山东日照说、卫辉汲县说,在此仅对这两种观点进行研究综述,继而就此问题再进行讨论。我们认为姜太公故里卫辉汲县说应当更加接近于历史事实。

一、研究综述

(一)山东日照说,即东海上说

姜太公故里的"东海上说"缘于司马迁《史记·齐太公世家》"太公望吕尚者,东海上人"的记载。晋代张华所著《博物志》又曰:"海曲城有东吕乡东吕里,太公望所出也。"

就此,学者们进行了较为深入的探讨。王献唐先生在《山东古国考》中说:"《史记·齐太公世家》,说太公是'东海上人',吕氏春秋也说是'东夷之士',……《路史·国名纪》因说:'而太公乃出东吕,吕,莒也。'……太公是山东土著的姜姓,是无可疑的。"①蔡瀛海先生在《太公望吕尚出生地考》一文中首先列举了学界关于太公望的出生地点的比较有影响的四种说法,即冀州说、东海上说、河内汲县说、许州说,然后指出,孟子的"太公辟纣,居东海之滨,闻文王作,兴曰:'盍归乎来!吾闻西伯善养老者'"与《吕氏春秋·首时》"太公望,东夷之士也"的说法,均与《史记》"太公望吕尚者,东海上人"之说法相近或相合,都肯定了太公望的出生地在山东东境靠近海滨的地方。晋代张华《博物志》又载:"太公望出于东吕乡东吕里,又钓于棘津,其浦犹存。"东吕乡和棘津,位于黄海之滨,在今山东省日照东约10公里,棘津距黄海里许。《路史·国名纪》又载:"太公乃出东吕。吕,莒也。"东吕,西汉时属海曲县,东汉时属东海郡西海县,唐、宋属莒县,金置日照县属莒州,元、明因之,民国属胶东道,今属日照。故而,蔡瀛海先生"根据史料分析,太公望吕尚出生山东日照东吕乡之说法,是可信的",从而把姜太公出生地确定在山东日照东吕乡。②继而,宣兆琦在《姜太公族源及迁徙路线考》一文中首先讨论了姜太公的族源,继而列举出姜太公出生地的较大影响的四说,即冀州说、东海上说、河内汲县说、渭水流域说,最终认为东海上说比较可信。并对蔡瀛海先生把姜太公出生地确定在山东日照东吕乡的看法,表示"大致可信"③。

  景以恩通过考证,认为姜太公出生于山东东部地区是无可置疑的。除《史记》言为"东海上人"外,《吕氏春秋·首时》亦云"太公望,东夷之士也"。《路史·国名纪》亦云:"太公乃出东吕。吕,莒也。"就是说,包括日照西邻今莒县在内为古"吕"地是有可能的。《博物志》亦云:"海曲城有东吕乡东吕里,太公望所出也。"《沂州府志》载:(日照)城东二十里,去东海里许有棘津,旧址尚存。直至汉代,在海曲县尚发生过吕母起义。可见,日照吕地为太公故地无疑。④

  关于姜太公的里籍问题,仝晰纲先生通过《姜太公的里籍及其归周前后

---

① 王献唐:《山东古国考》,齐鲁书社1983年版,第164页。
② 蔡瀛海:《太公望吕尚出生地考》,《管子学刊》1990年第1期。
③ 宣兆琦:《姜太公族源及迁徙路线考》,《管子学刊》1990年第4期。
④ 转引自景以恩:《齐祖姜太公考》,《管子学刊》1992年第4期。

的活动》进行了辨析。仝晰纲先生依次讨论了姜太公里籍的渭水流域说(即姜太公是渭水上游的羌族部落长)、河南汲县说(即姜太公应是河南汲人),以及姜太公是"东海上人"说(里籍应在今山东)。而且,明确表示:"关于姜太公的里籍,我们倾向于山东说。"而且通过辨析炎帝和黄帝的关系以及山东境内的姜姓国家,指出:"莒地应靠近东海,齐地之莒可能就是姜太公的原籍。由于齐国不行郡县制,对齐人的里籍往往不能确指。但称姜太公的里籍在齐地是不会错的。"①

刘信方通过解读郭店简《穷达以时》有关吕望(姜太公)的记载,以为其具有三方面的重大意义,"其三可以证明吕望入周之前生活、活动之地,或曰'籍贯'。……武王封吕望于营丘,其实是以吕望的祖籍之地作为封地。……司马迁谓吕望为'东海上人',应是可信的记载"②。

杨树茂在讨论姜太公史迹时指出,姜太公本人就是出生在"东吕"。晋《博物志》记载"东吕"曰:"海曲城东吕乡东吕里,太公望所出也。""海曲县"为西汉建置,即现今的山东日照,而所谓的"东吕乡"即现今日照的石臼、秦楼一带,"东吕里"即今秦楼附近的冯家沟。③从而把姜太公故里确定为山东日照的冯家沟。

冯敏的硕士论文《姜太公研究》经过"综合考证分析后,可以确凿地说:姜太公的出生地在当今山东省东部黄海之滨的日照、莒县一带",而且认为,"河北冀州说""河内汲县说"这两种说法不可取,一是因为这两个史料记载年代比较《孟子》《吕氏春秋》和《史记》距商周更遥远,二是史料的真实性和可信度不及《孟子》等三书。④

周书灿在《也论姜太公的身世、里籍与年寿问题——兼论古史研究的模糊性》一文中讨论了姜太公的身世、里籍与年寿问题,并指出:

---

① 仝晰纲:《姜太公的里籍及其归周前后的活动》,《山东师范大学学报(社会科学版)》2000年第4期。
② 刘信方:《孔子所述吕望氏名身世辨析》,《孔子研究》2003年第5期。
③ 杨树茂:《姜太公史迹考略》,《泰山学院学报》2014年第5期。
④ 冯敏:《姜太公研究》,山东师范大学2018年硕士学位论文。

长期以来,学术界普遍认为,《史记·齐太公世家》有关姜太公身世和里籍等记载,史料来源极其复杂,真伪难辨,疑点颇多。但总的来看,司马迁著述《史记·齐太公世家》,对于战国以来广泛流传于民间的种种传说,还是进行了"合理"的取舍和选择,尽可能为后人提供一些有价值的历史信息和重要的乃至自相矛盾的线索,供后人实事求是地进行科学的分析和研究,因此,不加分析地盲目信从《齐太公世家》中的记载,显然并不妥当。①

由此看来,东海上说,即山东日照说似占优势。

(二)卫辉汲县说,即河内汲县说

姜太公为河内汲县人,此说缘于东汉高诱。高诱在《吕氏春秋》"东夷之士"注中曾指出姜太公为河内人,而在《淮南鸿烈》"太公之鼓刀"注中则明言"太公,河内汲人",直接点明了姜太公是河内汲人。北魏郦道元的《水经注》则有详尽的记载:

> 又东过汲县北。县故汲郡治,晋太康中立。城西北有石夹水,飞湍浚急,世人亦谓之磻溪,言太公尝钓于此也。城东门北侧有太公庙,庙前有碑。碑云:太公望者,河内汲人也。县民故会稽太守杜宣白令崔瑗曰:太公本生于汲,旧居犹存,君与高、国同宗太公,载在经传,今临此国,宜正其位,以明尊祖之义。于是国老王喜、廷掾郑笃、功曹邠勤等,咸曰宜之,遂立坛祀,为之位主。城北三十里有太公泉,泉上又有太公庙,庙侧高林秀木,翘楚竞茂,相传云,太公之故居也。晋太康中,范阳卢无忌为汲令,立碑于其上。太公避纣之乱,屠隐市朝,遁钓鱼水,何必渭滨,然后磻溪,苟惬神心,曲渚则可,磻溪之名,斯无嫌矣。②

由北魏郦道元《水经注》记载可知,至迟在东汉顺帝时,姜太公为河内汲

---

① 周书灿:《也论姜太公的身世、里籍与年寿问题——兼论古史研究的模糊性》,《齐鲁学刊》2016年第2期。
② 〔北魏〕郦道元注,杨守敬、熊会贞疏,段熙仲点校,陈桥驿复校:《水经注》卷九《清水》,江苏古籍出版社1989年版,第812~814页。

县人之说已经广为流行。近年来,学界就太公故里"河内汲县说"同样进行了深入的讨论。

孔德贤、李志清等先生早在 1993 年就著文对司马迁《史记·齐太公世家》关于姜太公籍贯的记载提出了"探疑",明确指出:姜太公故里在卫辉太公泉。司马迁《史记·齐太公世家》曰:

> 太公望吕尚者,东海上人。其先祖尝为四岳,佐禹平水土甚有功。虞夏之际封于吕,或封于申,姓姜氏。夏商之时,申、吕或封枝庶子孙,或为庶人,尚其后苗裔也。本姓姜氏,从其封姓,故曰吕尚。
>
> 吕尚盖尝穷困,年老矣,以渔钓奸周西伯。西伯将出猎,卜之,曰"所获非龙非彲,非虎非罴;所获霸王之辅"。于是周西伯猎,果遇太公于渭之阳,与语大说,曰:"自吾先君太公曰'当有圣人适周,周以兴'。子真是邪?吾太公望子久矣。"故号之曰"太公望",载与俱归,立为师。
>
> 或曰,太公博闻,尝事纣。纣无道,去之。游说诸侯,无所遇,而卒西归周西伯。或曰,吕尚处士,隐海滨。周西伯拘羑里,散宜生、闳夭素知而招吕尚。吕尚亦曰"吾闻西伯贤,又善养老,盍往焉"。

在这里,司马迁在记述"太公望吕尚者,东海上人"以及姜太公的"姜氏""吕氏"的演变之后,连续写了两个"或曰":"或曰,太公博闻,尝事纣。纣无道,去之。游说诸侯,无所遇,而卒西归周西伯";"或曰,吕尚处士,隐海滨。周西伯拘羑里,散宜生、闳夭素知而招吕尚。吕尚亦曰'吾闻西伯贤,又善养老,盍往焉'"。

孔德贤、李志清首先对司马迁的记述质疑:"以上所述,司马迁还是没弄清姜太公的身世,并且从这几段史料上来看,有些事实未免不经,难以置信。"继而,论证卫辉太公泉很早就有姜姓居住。并引用《尚书大传》的记载进行讨论:

> 《尚书大传》把姜太公和伯夷并举,称为"天下大虎"。并说:"伯夷避纣居北海之滨。"姜太公因避纣之乱,"而退居东海,流寓于海曲"。清代经学大师武亿在《金石三跋》中,对太公的桑梓故里也断言:"则汲固

其邑里，海曲乃流寓耳。"司马迁所谓的"东海上人"，显然是混淆了太公的故里和游寓。看来，当年姜太公是为了避纣而迁居，流寓东海上了。

经过充分论证，指出：当年姜太公为躲避纣的暴虐，寄居于东海，那里根本不是姜太公的籍贯和出生地。姜太公是卫辉太公泉人，最先提出来的是汉代会稽太守和河内郡汲县令崔瑗。最终断言，姜太公故里在河南卫辉市太公泉村。①

杨宝顺、王玉慧等人对卫辉太公镇有关姜子牙的史迹和民间传说进行了考察，并取得了可喜的收获。该考察是在"姜子牙故里，位于河南省卫辉市城西北太公泉乡"②的前提下进行的，其观点甚为明确，即姜子牙是卫辉人，其故里是在卫辉太公镇。

河南省社科院的张新斌先生在《寻根》杂志上发表《姜太公故里在卫辉》，对姜太公的故里进行了"寻根"。"从目前所见到的文献与考古依据综合研究，我们认为河南卫辉说最具说服力，也最接近历史的真实。"张新斌先生首先对比了山东日照说与河南卫辉说两者的文献依据，指出《史记·齐太公世家》的"太公望吕尚者，东海上人"，并无法确指，似与"吕尚处士，隐海滨"相吻合，只是到明清时期才将其具指为"东海郡"的山东日照，并见诸山东的方志；同时亦指出，西晋汲郡出土的《竹书纪年》明载姜太公为"魏之汲邑人"，这说明"姜太公故里在卫辉的观点，最少盛传于东周时期"。北魏郦道元《水经注·清水》对卫辉的太公遗存又有着详细的记载。所以，《竹书纪年》及《水经注·清水》不仅明确记载太公故里在今卫辉，而且还详细记述了汉晋时期太公故里的文物遗存，类似情况不见于其他诸说。继而，张新斌先生又从"文物遗存""考古发现"以及"民间传承相互衬映"论证了"姜太公故里在卫辉"的观点。③

河南省社科院的卫绍生也撰文讨论了姜太公与汲县的关系。关于姜太公的故里，卫绍生先生首先指出"自战国以来，就有不同说法。概括起来，主

---

① 孔德贤、李志清：《姜太公故里在卫辉太公泉——司马迁〈史记·齐太公世家〉探疑》，《河南师范大学学报（哲学社会科学版）》1993年第4期。
② 杨宝顺、王玉慧：《姜子牙故里史迹考察》，《中原文物》1999年第4期。
③ 张新斌：《姜太公故里在卫辉》，《寻根》2007年第3期。

要有东夷之士说、东海上人说、琅(邪)海曲说和河内汲人说",并对此四种说法进行了逐一的辨析。对于"河内汲人说",卫绍生先生不仅利用文献,而且还结合文物进行了较为详尽的论述,指出:

> 姜太公是汲人说,在后世广有影响。宋人罗泌《路史》采《水经注》之说,称"太公望,河内汲人也"。他综采前人之说,指出:"其为人也,博闻而内智。盖亦尝事纣矣,纣之不道,去而游于诸侯,退居东海之滨。闻文王作兴,翻然起曰:'吾道信矣。'或曰僚七十余主而不遇,人皆曰狂丈夫也。文王猎而得之。嗟夫!风云之会,不约而合,岂俗所窥哉?"明人凌迪知《万姓统谱》于姜姓姜子牙下明言"汲人"。清代著名学人顾炎武也主张姜太公为汲县人,他说:"太公,汲人也。闻文王作,然后归周。"从后世影响来看,姜太公是汲人说,是最具影响力也最为可信的一种说法。①

总体而言,关于姜太公故里的问题,就学界研究而言,似乎山东日照说,即东海上说略占优势,不过,河内汲县说,即卫辉汲县说,不仅有文献支撑,更重要的是有大量的文物古迹以及考古资料的佐证,从此角度而论,河内汲县说更胜一筹。

二、问题讨论

就姜太公故里问题而言,有多种说法,在此,仅就东海上说与河内汲县说进行讨论。

要讨论姜太公故里"东海上说"的依据都要提及司马迁《史记·齐太公世家》的"太公望吕尚者,东海上人"以及《吕氏春秋·首时》的"太公望,东夷之士也"说法,但这两种表述并未具体指明为何地。"东海上人"可解释为东海海滨或海岛上的人。实际上,就姜太公与"东海"的关系,孟子在《孟子·离娄章句上》曾曰"太公辟纣,居东海之滨,闻文王作,兴曰:'盍归乎来!'吾闻

---

① 卫绍生:《姜太公与汲县》,《中国地名》2017年第4期。

西伯善养老者",由此可知,姜太公是为逃避纣王才"居东海之滨"的,这与故里没有直接的联系。这只能说明姜太公在东海之滨居住过,而不能说明姜太公是东海人。况且,《尚书大传》载"伯夷避纣居北海之滨",姜太公因避纣之乱,"而退居东海,流寓于海曲"。清代武亿对太公的桑梓故里也断言:"则汲固其邑里,海曲乃流寓耳。""东海上说"显然是将故里与"流寓"混淆在一起了。至于将姜太公故里具体确定为海曲东吕,卫绍生先生考证指出:乃是文献记载的失误所致。

姜太公故里为"河内汲县"的文献则言之凿凿。西晋汲郡出土的《竹书纪年》专载姜太公为"魏之汲邑人",这说明姜太公故里在卫辉的观点,至少盛传于东周时期。北魏郦道元《水经注·清水》也对卫辉的太公遗存有着详细的记载。此外,明清时期的《河南通志》《卫辉府志》《汲县志》、民国年间的《汲县今志》以及新中国成立后出版的各类志书等,均载姜太公是卫辉人。如清乾隆年间《卫辉府志》记载:"太公吕尚,汲人。少穷困而智,老而屠牛朝歌,赁于棘津,避纣居东海之滨。闻文王善养老,迁于渭滨隐渔钓。文王出猎,遇之于渭水之阳……周初封国于齐,都营丘,卒葬于卫。"

不仅如此,关于姜太公故里的文物支撑方面,"河内汲县"的文物支撑似乎更为充分。杨树茂在《姜太公史迹考略》曾指出,所谓"东吕乡"即今山东日照的石臼、秦楼一带,"东吕里"即今秦楼附近的冯家沟。冯家沟东南曾有"姜公台、姜公祠"等遗址,并且,至今仍流传着一些与姜太公有关的故事。[①] 此外,山东临淄尚有姜太公的衣冠冢。[②] 魏人王象、缪袭等所撰《皇览》曰:"吕尚冢在临菑县城南,去县十里。"《齐记补遗》云:"太公葬于周,齐人思其德,葬衣冠于此。"1920年《临淄县志》亦载:"太公衣冠冢,在城南山王庄北。"总体而言,在山东,具体到日照一带,关于姜太公的历史文物相对较少。相反,卫辉确有大量的关于姜太公的历史文物。

张新斌先生从文献记载梳理了卫辉的姜太公故里文物:一是东汉汲令崔

---

① 杨树茂:《姜太公史迹考略》,《泰山学院学报》2014年第5期。
② 张龙海:《姜太公墓之谜》,《管子研究》1994年第1期。

瑗的创建太公庙碑,线索来源于《水经注》的记载;二是晋太康十年(289)"汲令卢无忌太公碑",尚存碑拓,碑文录入县志及《金石萃编》等书;三是东魏武定八年(550)的"汲郡太守穆子容太公碑",清乾隆《汲县志》保留有碑刻全文;四是明万历时的"齐太公故居碑",存于太公庙内;五是清康熙二十年(1681)"姜太公茔葬处碑",现存于太公墓前;六是清乾隆十三年(1748)河南巡抚毕沅的"修太公庙碑",亦保存至今。

历史上,为纪念、祭祀姜太公,卫辉曾建有太公庙五处:一是卫辉太公泉村太公庙,相传创修于东汉,此后历代均有修缮;二是卫辉老城太公庙;三是汲县故县治所的太公庙;四是卫辉老城西门月城内太公庙;五是卫辉八里屯村太公庙。卫辉尚有太公殿二处:一是卫辉西北5公里太公庙北侧,附设有太公殿(尚存);二是卫辉老城西关马市街的玄帝庙内建有太公殿(今已无存)。此外,卫辉还有太公祠、太公墓、太公钓鱼台等遗存。① 如吕尚墓,《河南通志》载:"吕尚墓在府城西北太公泉,尚因避纣,居东海之滨,后徙渭滨,封国于齐,还葬于此。"今卫辉太公泉村西南有姜太公墓,现封土仅有1至2米高,占地约200平方米。墓前立有清康熙二十年"周姜太公茔葬处"石碑一方。

杨宝顺、王玉慧也曾对姜子牙故里的史迹进行了考察,发现河南卫辉市现今还保留许多有关姜子牙的史迹,其中较著名的有姜太公泉、太公台、姜太公墓、姜太公庙及牧野古战场等。②

此外,卫辉尚有大量的民间传说保留了诸多与姜太公有关的信息,不仅反映太公文化在卫辉拥有较为厚重的文化积淀,而且也是卫辉热爱乡贤姜太公的具体体现。这也从另一角度佐证了卫辉为姜太公故里的论点。

综上所述,就姜太公的故里问题而言,在比较山东日照说和卫辉汲县说之后,我们更倾向于卫辉汲县说的观点,这种观点应当更加接近于历史事实。

(作者系焦作师范高等专科学校覃怀文化研究所所长)

---

① 张新斌:《姜太公故里在卫辉》,《寻根》2007年第3期。
② 杨宝顺、王玉慧:《姜子牙故里史迹考察》,《中原文物》1999年第4期。

姜太公出生地的考证兼及磻溪垂钓的文化思考

郭树伟

姜子牙,名尚,一名望,字子牙,俗称姜太公。西周初年,被周文王封为"太师",被尊为"师尚父",辅佐文王,与谋"翦商"。后辅佐周武王灭商,因功封于齐,成为周代齐国的始祖。他是中国历史上杰出的政治家、军事家和谋略家。关于姜太公的出生地的认定有宝鸡说、汲县说、东海说、新蔡说等,各说皆有一定的文献资料依据和田野考察证据。笔者认为认定姜太公的出生地还应该从本人的职业经历和文化选择方面做一些思考,试析之。

一、姜太公的出生地认定研究的困惑

关于姜太公的出生地,文献记载不一,主要是河内说和东海说,另外尚有河南新蔡说、陕西宝鸡说。首先是河内说。《吕氏春秋·首时》篇说:"太公望,东夷之士也。"[1]历史上第一个给太公故里定位的是东汉史学家高诱在注释《吕氏春秋·首时》和《淮南子·氾论训》时,两度把姜太公注释为"河内汲

---

[1] 许维遹撰,梁运华整理:《吕氏春秋集释·孝行览·首时》,中华书局2009年版,第322页。

人"。西晋汲郡出土的《竹书纪年》专载姜太公为"魏之汲邑人"（卫辉市太公镇吕村）。《水经注》载："（汲县）城西北有石夹水，飞湍浚急，世人亦谓之磻溪，言太公尝钓于此也。城东门北侧有太公庙，庙前有碑。碑云：太公望者，河内汲人也。"①

其次是东海说。《史记·齐太公世家》："太公望吕尚者，东海上人。"②《孟子·离娄章句上》说："伯夷辟纣，居北海之滨……太公辟纣，居东海之滨……二老者，天下之大老也。"③《吕氏春秋·首时》篇说："太公望，东夷之士也。"④《后汉书·郡国志三》注引《博物记》云："太公吕望所出，今有东吕乡。又钓于棘津，其浦今存。"⑤《水经注·汶水》云："（汶水）又北过淳于县西，又东北入于潍，故夏后氏之斟灌国也。周武王以封淳于公，号曰淳于国。"《齐乘》云："莒州东百六十里地有东吕乡，太公望所出。"据史籍和当代有关专家的考辨，东吕乡当为姜太公出生地。古代吕、莒本为一字，莒为周代国名，即为现在山东省莒县。东吕乡、东吕里在莒城东面，今属山东省日照市。晋张华《博物志》明确指出："海曲城有东吕乡东吕里，太公望所出也。"西汉的"海曲"即为现在的日照。阎若璩《四书释地续》云："后汉琅邪国海曲县，刘昭引《博物记》注云：太公吕望所出，今有东吕乡。又钓于棘津，其浦今存。又于清河国广川县棘津城，辩其当在琅邪海曲，此城殊非。余谓海曲故城，《通典》称在莒县东，则当日太公辟纣居东海之滨即是其家。"就是说，姜太公的出生地当在今山东省东部黄海之滨的日照、莒县一带，亦正是司马迁所说的"东海上人"之义。

再次是宝鸡说。陕西学者杨建国等著文《论姜子牙家族的事迹及其历史贡献——兼论渭水流域古陈仓与姜子牙家族的关系》认为：姜子牙生于吕川

---

① 〔北魏〕郦道元注，杨守敬、熊会贞疏，段熙仲点校，陈桥驿复校：《水经注》卷九《清水》，江苏古籍出版社1989年版，第812~813页。
② 〔汉〕司马迁：《史记·齐太公世家》，中华书局1959年版，第1477页。
③ 杨伯峻：《孟子译注·离娄章句上》，中华书局1960年版，第174页。
④ 许维遹撰，梁运华整理：《吕氏春秋集释·孝行览·首时》，中华书局2009年版，第322页。
⑤ 范晔：《后汉书·郡国志三》，中华书局1965年版，第3460页。

(今山西霍州),迁居于古陈仓(今陕西宝鸡井儿村)。《吕思勉读史札记》认为吕尚确为西方人。① 《水经注·渭水》云:"磻溪……水出南山(今秦岭)兹谷……《吕氏春秋》所谓太公钓兹泉也……盖太公所居也。水次平石钓处,即太公垂钓之所也。"《读史方舆纪要》卷五十五载,磻溪"在县东南八十里。有磻溪谷,岩谷深邃,磻溪石及石室在焉,太公垂钓处也。北流入岐山县南为璜河,入于渭水"②。周原(在今陕西境内)出土的甲骨文中有"渭渔"二字,专家认为就是记载吕尚垂钓遇文王之事的。王宇信《西周甲骨探论》曰:"文王将渭滨遇姜尚作为大事记载在甲骨上,也充分证明这一点。"③

最后尚有河南新蔡说。谢石华的《姜子牙——千古人龙出(临泉)姜寨》一文认为,宋朝欧阳修所修《新唐书·宰相世系表》云:"吕者,膂也,谓能为股肱心膂也。其地蔡州新蔡是也。历夏、商,世有国土,至周穆王,吕侯入为司寇,宣王世改'吕'为'甫',春秋时为强国所并,其地后为蔡平侯所居。"④郑樵《通志》亦载:"吕氏,姜姓侯爵,炎帝之后也。虞夏之际受封为诸侯,或言伯益佐禹有功封于吕,今蔡州新蔡即其地也,历夏商不坠。至周穆王吕侯入为司寇,或言宣王时改吕为甫。然吕、甫声相近,未必改也,故又有甫氏出焉。吕望相武王,吕姜为卫庄公妃,其时吕国犹存故也。吕望封齐之后,本国微弱,为宋所并,故宋有吕封人乐惧、吕封人华豹。"《后汉书·郡国志》:"新蔡有大吕亭。"晋《诸山记》曰:故吕侯国。《水经注》:"青陂东对大吕亭……西南有小吕亭,故此称大也。"清《新蔡县志》:"唐尧时,伯益佐禹治水有功,封吕国侯,即《书经》所谓伯益降典者也。至周穆王作《吕刑》者乃其后人。宣王以后,改称甫侯。"由此可见,吕首先是伯益的荣誉称号,然后才作为他封地的国号。即禹对伯益先封为吕侯,然后才将其地封为吕国,不是先置吕国,后封吕侯。因而,伯益是吕国、吕氏的肇创者。在伯益受封前,既没有吕侯,也没有

---

① 吕思勉:《吕思勉读史札记》,上海古籍出版社2005年版,第133~135页。
② 〔清〕顾祖禹:《读史方舆纪要》,中华书局2005年版,第2645页。
③ 王宇信:《西周甲骨探论》,中国社会科学出版社1984年版,第264页。
④ 欧阳修、宋祁:《新唐书·宰相世系表》,中华书局1975年版,第3370页。

吕国。而伯益之吕国南北约 100 里,东西约 120 里,合于古代诸侯五爵三级分封制之"公侯方百里,伯七十里,子男五十里"的规定。今安徽省临泉县杨桥、滑集一线以西的鲷城、姜寨、瓦店、吕寨、艾亭、土坡等乡镇,当时均属吕侯国界。至于姜子牙在新蔡(古吕国)出生地的具体位置,《河南通志》记载:"姜子牙为吕侯后,故有姜寨,今属颍州,半属新蔡。"

二、姜太公故里的两种可能性

姜太公是中国文化史上的名人。毫无疑问,许多地方为争夺这种名人资源而颇费笔墨,古今同理。今天的文献考据和田野考察都难有充分的证据说服对方。那么我们能不能换一种思路对姜太公的故里进行一些解释呢?现在虽不能具体确定哪个地方是姜太公的出生地,但是姜太公的一生在陕西一带、河内汲县、东海一带生活过工作过则是可以肯定的。如果古人对东夷和东海区分不是很严格的话,河南新蔡作为"东夷之地"也不能被排除掉。太公一生据说活得寿命足够长,有人说长达 139 岁,这固然不足取信,但是他年纪很大才遇见文王,后来又辅佐武王相当长一段日子,大致有 90 岁的生命期限还是可以肯定的。《诗经·大雅·大明》记载:"牧野洋洋,檀车煌煌。驷騵彭彭,维师尚父,时维鹰扬。"[①]从这样的场景描写来说,一个 70 岁的老人能这样"鹰扬"在牧野战场,身体状况还不错则是可以肯定的,估计预期寿命到 90 岁也是有可能的。太公的生命活动大致可分为三期。第一期在东海、东夷、宝鸡、汲县,不能确定;但是太公第二期长期居住在河内汲县一带则大体是肯定的;第三期住在西岐或者去往封国齐国也是不需做太多的考证,这就使得三地都可能留下很多太公的生活遗存,故而争夺太公故里的冠名权都不能很快否定。胡适之先生有过"大胆假设,小心求证"的说法,笔者在此对姜太公的出生地提出两种可能性。

---

① 周振甫译注:《诗经译注》,中华书局 2002 年版,第 401 页。

第一种可能性,姜太公是今陕西宝鸡人,自幼和文王交好,文王派他作为"密使一号"去殷商的政治核心地带朝歌刺探政治、经济和军事情报,这个工作长达30~50年,终于在太公暮年,西周统治者在完成覆亡殷商的各方面准备工作,武王伐纣前夕,通过"磻溪垂钓"的方式给太公的间谍身份进行洗白归队,然后派太公作为军事统帅伐商。《诗经·大雅·大明》记载了这一史实:"牧野洋洋,檀车煌煌。驷𫘧彭彭,维师尚父,时维鹰扬。"姜太公终于走向了自己人生的巅峰。这里需要交代的是,在中国古代,一个东夷外来的客臣很顺利地掌控西周军事力量是不太现实的,看一看刘备、诸葛亮军事集团入蜀之后的种种波折,就可以知道其中的困难。姜太公能够顺利走向军事斗争的前台,一方面固然是取得西周统治者的充分信任和支持,另一方面姜太公能顺利接手指挥权则说明他本身对这支武装力量很熟悉,或者说他自己就是这支武装力量的缔造者之一。如果不是周朝统治者对姜太公的充分信任,姜太公就得不到剪商的军事指挥权。试想,后来刘备带领小部南阳士人入川,诸葛亮尚且颇费周折协调本地氏族和外来士人之间的关系,姜太公能够顺利取得军事指挥权,最有可能的解释就是姜太公本身就是西岐之人。从这个角度来说,姜子牙出生地为陕西宝鸡是有某种可能性的。

第二种可能性,姜太公是今河南新蔡人,即"东夷之人"。帝辛时期,统治者对西周采取的政治策略是通婚与和亲,纣王把国家的军事力量全部集中在对东夷地区的征服上,这显然不是一时的权宜之计,而是相当长时期的一个国策。姜太公的故乡便承受着殷商外来的征服和掠夺。作为一个胸怀大志的军事家、政治家,姜太公去争取西周统治者的合作无疑是一个正确的战略选择,事实上他也这样做了。但是西周统治者文王、武王也是当时杰出的政治家,他们会对这个远方的客臣充分信任吗?他们当然愿意信任他,因为这可以为他们灭商增加一支战略性的东夷力量,这无疑是巨大的利好,即便是失败,也值得去赌一次。但是,把这件关系部落兴衰的大事交由一个远来的客臣,显然也不是很明智的办法,他们采取了一种很巧妙的措施,派姜太公去最危险的地带——殷商的政治核心地区朝歌为西周做政治、军事、经济情报工作。当然,统治者拿出一点经费支持也是必需的,在这样的局面下,姜子牙就长期地在河内汲县一带生活下来。在此工作期间,姜太公过着一种很穷苦的生活,各种经营不顺、生活不顺,这些事情只能是太公为他间谍生涯做的掩护而已。以姜太公的聪明和智慧居然大半生落拓无成,在前半生中居然一事无成,难道文王和武王会相信这样一个超级"庸人"吗?还把灭商大计寄希望于一个"庸人"的逆袭?显然不可能,那么这就更说明姜子牙动心忍性的间谍生涯的真实性。这里还需要说明一件事情,太公和散宜生、闳夭曾经"为西伯求美女奇物,献之于纣,以赎西伯。西伯得以出,反国"。也就是说,帝辛翦伐东夷之际,对西方的诸侯国,尤其是西周是不放心的,于是才有"拘羑里"的重要政治事件的发生,这件事情最后居然以这种方式得到解决,这与太公前一时期的情报工作是密不可分的。纣王帝辛之所以愿意放走文王,还在于他愿意对西方采取交好的政治策略,他当时的工作重心在东夷之地,我们万不可理解成他为了一个女子就愿意放走一个重要的政治人物。他不至于那么昏聩,毕竟他统治一个国家20多年了,各方面的政治经验还是很成熟的。帝辛统一东南以后,把中原先进的生产技术和文化向东南传播,推动了社会进步和经济发展,促进了民族融合。《封神演义》把他描述成一个荒淫误国的君王是不符合历史事实的,纯粹的小说家之言而已。太公的谍报生涯结束之后,武王伐纣前夕,通过"磻溪垂钓"的方式给太公的间谍身份进行洗白,太公彻底获得西周统治者的信任,走向了军事斗争的前台,牧野之战,十几万东夷俘虏倒戈相向,也不排除姜太公作为东夷之人的策反成功。武王和太公选择一个绝佳的战机,完成覆亡殷商的历史任务。帝辛的军队滞留在东夷之地,于是又有后来的周公东征。这完全可能成为一种最为合理的历史解释。

关于太公是东海人之说,《史记·齐太公世家》云:"太公望吕尚者,东海上人。""或曰,吕尚处士,隐海滨。"[1]《集解》引《吕氏春秋》云:"东夷之士。"[2]

---

[1] 〔汉〕司马迁:《史记·齐太公世家》,中华书局1959年版,第1478页。
[2] 〔汉〕司马迁:《史记·齐太公世家》,中华书局1959年版,第1477页。

《孟子·离娄章句》云:"太公辟纣,居东海之滨。"①何光岳先生释曰:"姜太公辟居东海之滨,是为逃避商纣王之迫害。"②因姜太公伪装屠夫、卖浆者,来往于商纣王都城朝歌及邻近的汲、棘津等地,侦察商朝的活动,后来商朝怀疑,不得不又逃往东海之滨逢伯陵的故国。关于太公居东海的缘起可能是太公中间逃到东海一段时期,也可能是后来姜太公封国在此引起后人歧解,这都是可以理解的事情。一个外来人处置西周军政大权不太现实。如果太公真是东海人,这样分封出去是要惹出麻烦的,这无疑是放虎归山。太公不是东海人明矣!当然还要切断姜太公和"东夷"地区的联系,免得其枝蔓遗患,于是把对周室最忠心的周公封于鲁地,不但起到对殷商之宋监管作用,也顺便把太公和东夷的联系阻断开来,起到"囚亮于山"的历史妙用。

最后,太公最不可能是河南汲县人,这里仅是他长期谍报生涯的工作之地,他的人生最长、最困难的一段时期都是在河内汲县度过的,这里是姜子牙生命中最为重要的一个驿站。

三、姜太公磻溪垂钓的文化思考

承认姜子牙的间谍身份并不是故作惊人之语,关于对姜子牙间谍生涯的认定史料记载前人已多有论述。《鬼谷子·忤合》对吕尚三次到朝歌和王畿地事记载甚明:"吕尚三就文王,三入殷……然后合于文王。"③何光岳先生释:"《鬼谷子》是一部专论计谋韬略的书。书中揭露吕尚屠牛和钓鱼的秘密,原来是借屠牛、卖奖(浆)和钓鱼作掩护,到商纣王的陪都朝歌去刺探情报,以便向周文王报告商朝的虚实情况,为灭商作准备。故《孙子·用间》说:'周之兴也,吕牙在殷。'真是一语中的,揭破了真实的内幕。钱澄之《庄屈合诂》指明

---

① 杨伯峻:《孟子译注》,中华书局1960年版,第174页。
② 何光岳:《炎黄源流史》,江西教育出版社1990年版,第417页。
③ 许富宏:《鬼谷子集校集注》,中华书局2008年版,第95页。

商被灭,'而灭之者吕望也'①,不为无理。"正因为是吕尚暗中做了大量艰苦、细致的疏通工作,所以三位大臣入朝歌献宝后,"纣大说,曰:'此一物(指有莘氏美女)足以释西伯,况其多乎!'乃赦西伯,赐之弓矢斧钺,使西伯得征伐。曰:'谮西伯者,崇侯虎也。'西伯乃献洛西(今陕西北洛水以东至河南省的交界地区)之地,以请纣去炮格之刑。纣许之"②。由此可见,姜子牙的朝歌生涯确实背负着特殊的政治任务,至于说由于任务的危险性,曾经避居东海,这些都是可以理解的。当然,特殊的间谍身份也带来生活的磨难。《史记》记载:"吕尚盖尝穷困,年老矣,以渔钓奸周西伯。"③一句"尝穷困",其间曲折,备极心酸,《封神演义》甚至杜撰姜子牙为维持生计,在商都朝歌宰牛卖肉,又到孟津做卖酒生意。他当过小贩,卖扇子时遇到了连绵阴雨,卖面粉时遇到了大风,命运施给他的是连番的失败。因而农村至今还有"姜子牙卖面粉,出门就遇到风"的说法,来形容命运不好。这些都不是无源之水,多多少少都有些真实的根据。

　　武王革命前夕,西周统治者翦除殷商的各项准备工作业已就绪,这也意味着太公间谍生涯的结束,如何使得这位重要的合作者归队,如何说服西周的上层官僚系统,文王和武王颇费心思。《史记》记载:"西伯将出猎,卜之,曰'所获非龙非彲,非虎非罴;所获霸王之辅'。于是周西伯猎,果遇太公于渭之阳,与语大说,曰:'自吾先君太公曰"当有圣人适周,周以兴。"子真是邪?吾太公望子久矣。'故号之曰'太公望',载与俱归,立为师。"④当然,为迎接姜太公的归队,磻溪垂钓是姜太公政治角色的舞台转换和政治身份的洗白,"果遇太公于渭之阳",一个"果"字,表明司马迁对这个政治演出的看法,"周西伯昌之脱羑里归,与吕尚阴谋修德以倾商政,其事多兵权与奇计,故后世之言兵及周之阴权皆宗太公为本谋","吾适齐,自泰山属之琅邪,北被于海,膏壤二千

---

① 钱澄之:《庄屈合诂》,黄山书社1990年版。
② 〔汉〕司马迁:《史记·周本纪》,中华书局1959年版,第116~117页。
③ 〔汉〕司马迁:《史记·齐太公世家》,中华书局1959年版,第1477页。
④ 〔汉〕司马迁:《史记·齐太公世家》,中华书局1959年版,第1477~1478页。

里,其民阔达多匿知,其天性也"。① 这表明司马迁对姜太公在河内汲县的这段生活的内容是很清楚的。

姜太公的间谍身份并不难于考证,那么为什么后人刻意泯灭这一段故事经历呢?历史上,由于姜子牙的卓越贡献和高尚的道德情操,历代帝王贤哲都对他崇拜有加,以至历史上曾先后出现过四次对姜子牙的"封圣"运动。一是周文王初遇姜子牙于渭水时曾说:"自吾先君太公曰'当有圣人适周,周以兴'。子真是邪?吾太公望子久矣。"②二是战国时孟子在论述圣人事业的继承上曾说:"若文王,则闻而知之。由文王至于孔子,五百有余岁,若太公望、散宜生,则见而知之;若孔子,则闻而知之。由孔子而来至于今,百有余岁,去圣人之世若此其未远也……然而无有乎尔。"③孟子之说,把姜子牙的圣人地位大大推进了一步。三是司马迁在《史记·齐太公世家》中说:"以太公之圣,建国本,桓公之盛,修善政,以为诸侯会盟,称伯,不宜宜乎?"④至盛唐时期,历代李姓帝王更是对姜子牙推崇备至,乃至通令全国建太公庙,"以张良配享,选古名将,以备十哲;以二、八月上戊致祭,如孔子礼"⑤。因而,姜圣人的祭庙遍布全国,姜子牙的出生地等各种传说也在九州大地广为流传。四是至明代,小说家许仲琳集民间传说之大成,撰成著名神话小说《封神榜》,把姜子牙塑造成无所不能、法力无边的封神之神、众神之首,使姜子牙成为妇孺皆知的文学形象,以至有"姜太公在此——诸神退位"等歇后语。笔者认为:磨灭姜子牙的间谍身份,有三个考虑。首先是满足了士人"老而愈奋"的功业期望。如骆宾王描写姜子牙的诗句:"穷经不沾用,弹铗欲谁申。天子未驱策,岁月几沉沦。轻生长慷慨,效死独殷勤。徒歌易水客,空老渭川人。"⑥李白的《赠钱徵君少阳》:"白玉一杯酒,绿杨三月时。春风余几日,两鬓各成丝。秉烛唯

---

① 〔汉〕司马迁:《史记·齐太公世家》,中华书局1959年版,第1478~1479、1513页。
② 〔汉〕司马迁:《史记·齐太公世家》,中华书局1959年版,第1478页。
③ 杨伯峻:《孟子译注》,中华书局1960年版,第344页。
④ 〔汉〕司马迁:《史记·齐太公世家》,中华书局1959年版,第1513页。
⑤ 〔宋〕司马光:《资治通鉴·唐纪二十九》,中华书局1956年版,第6795页。
⑥ 彭定求:《全唐诗》,中华书局1960年版,第832页。

须饮,投竿也未迟。如逢渭川猎,犹可帝王师。"①其次是普通民众"拔地而起,坐致青云"的传奇心理,以及期望帝王不拘一格选拔人才的渴望,如屈原有"说操筑于傅岩兮,武丁用而不疑。吕望之鼓刀兮,遭周文而得举。宁戚之讴歌兮,齐桓闻以该辅""吕望屠于朝歌兮,宁戚歌而饭牛。不逢汤武与桓缪兮,世孰云而知之"的诗句。最后是姜子牙这么伟大的一个历史人物,做过这种不光明正大的职业,也有为尊者讳的考虑。

四、结语

姜太公的出生地不仅要从文献考察和田野考察入手,也要结合当时的殷商、西周、东夷诸侯国及部落之间实力的消长。此外,姜子牙的职业经历、人生理想和文化选择等方面也是我们验证其出生地的一个重要方面。姜太公最有可能是东夷——河南新蔡人,其次可能是陕西宝鸡人,还可能是东海人,但可能性已极小,而其中最不可能的是河内汲县人。如果是河内汲县人,千方百计联络一个西方诸侯来破灭自己故土,其人格恐怕很难站得住脚。姜太公作为西周统治者的联盟力量被派遣到殷商都邑做间谍,其前期落拓无成的人生经历恰是其间谍生涯的掩护,而他之所以选择西周统治者作为自己的政治合作伙伴,既有拯救东夷沦陷的乡关之思,更有认同西周统治者以德治国的文化选择在里面。武王革命前夕,姜尚的间谍生涯业已完成任务,磻溪垂钓是其政治角色的舞台转换和政治身份的洗白,而后人刻意磨灭这个并不难以认定的事实后面则隐含了后来士人"老而愈奋"的功业期望及普通民众"坐致青云"的传奇心理。

(作者系河南省社会科学院文学研究所副研究员)

---

① 彭定求:《全唐诗》,中华书局1960年版,第1763页。

解析姜太公姓名字号兼及文武二圣的生年问题

李海龙

姜太公的姓、名、字、号,由于年代久远,史料贫乏,也就缺少相应的证据说明,有人做过一点研究,但有的内容并不符合姓名文化学史的变迁,所列举的证据往往不具有必然性,可靠度大大降低。历史与逻辑往往相统一,本文试图从姓、氏、名、字、号的文化史角度,用逻辑推理的方式探讨姜太公姓、名、字、号,无疑也是一种尝试。

在传统生活中,遇到要交往的陌生人会问人家"姓字名谁(白话:你姓什么?你字是什么?你名叫什么?你是谁家的人?)",这是标准问法。如果问人家"尊姓大名"就不是标准问法,只问了姓名,少问了字号。在中国文化史上,从先秦到远古时期,"姓"是血缘的标志,姜姓随炎帝,姬姓随黄帝,无论姜太公还是周文王姬昌、周武王姬发,都是炎黄子孙。现在所掌握的史料认为姜姓和姬姓都是因水得姓。但我怀疑不是因为水得姓,反而应该是因姓而得水系的名。很多地名,因某些姓的人居住而得名,水名应该也是。这是后话,需要再研究。如果真因水得名,就是因"氏"得"姓"了。

"氏"是地理标志,如古封地名称、山名、水名、其他地名等,标准问法:"汝何方人氏?(白话:您是哪里人啊?)"但是,汉代以来,姓、氏混淆使用了,司马迁的《史记》中就有非常明显的混淆——"本姓姜氏,从其封姓,故曰吕尚",这姜和吕,到底是姓还是氏?这里既是姓,又是氏了。再后来的发展,"姓"被叫作"氏","姓"用到地名上去当"氏"了,如张庄、王庄、孙村、金家屯等。著名戏曲《对花枪》白发老旦唱词:"你三人回山告知罗艺,就说南阳姜氏桂芝,单叫罗艺下山交战。"交战后,老罗艺唱道:"姜氏妻问得我无言对,坐马上汗湿锦战衣。……素知姜氏你明理你带领举家返回到姜家集。"这里就把"姜姓"称为"姜氏"了,"姓"代替了地名的"氏"。反之,氏也变成姓了,因国名得姓,因地名得姓,都是不少姓的来源。

一

《史记·齐太公世家》记载:

> 太公望吕尚者,东海上人。其先祖尝为四岳,佐禹平水土甚有功。虞夏之际封于吕,或封于申,姓姜氏。夏商之时,申、吕或封枝庶子孙,或为庶人,尚其后苗裔也。本姓姜氏,从其封姓,故曰吕尚。
>
> 吕尚盖尝穷困,年老矣,以渔钓奸周西伯。西伯将出猎,卜之,曰"所获非龙非彲,非虎非罴;所获霸王之辅"。于是周西伯猎,果遇太公于渭之阳,与语大说,曰:"自吾先君太公曰'当有圣人适周,周以兴'。子真是邪?吾太公望子久矣。"故号之曰"太公望",载与俱归,立为师。

这段史料关于姜太公的姓、名、字、号有太公望、吕尚、姜姓、吕姓,没有表字。司马迁在后文继续用"吕尚""太公",没有用姜尚、吕望等名号。在周西伯去世后,武王称姜太公为"师尚父",就又多了一个名号。

我们通常看到姜太公的资料,民间多叫姜子牙。查"姜子牙"关键词,解释多为:姜子牙,姜姓,吕氏,名望,字子牙,号飞熊,也称吕尚或姜尚。这不同于《史记》的文字,多出了"字""名""号"——字子牙,名望,号飞熊。沿着这些线索上溯有限的历史资料会发现一些问题,姜太公形象有点类似"层累造史"被造出来了。当然,我们也不能否定口述历史的某些真实。

姜太公，名望，名望现在已经是个名词了，就是名气很大，有声望。作为姜太公的名应该不正确，这个名还是"太公望"三个字的误读，后人以为太公是尊称，"望"就是他的名了。太公望，按照《史记》所载"吾太公望子久矣"，意思是：您是我的太公盼望已久的那个人啊。姜太公因为周西伯的感叹，得了"太公望"这个称号。从有了"太公望"这个称号，就延伸出了另外两个称号："太公"和"望"。这三个称号都不是名和字，只能是号。不仅"望"不是姜太公的名，也由于被叫了"太公"这个号，他的形象不得不演化为一个老头，白发白须，于是不得不活约140岁（一说114岁）。于是，姜太公就越来越神奇了。《史记·齐太公世家》"盖太公之卒百有余年，子丁公吕伋立"。这个百有余年的语气和这个"余"字，怎么都觉得翻译为姜太公一百零几岁去世更合理。

由此推断，不管叫他姜望还是吕望，叫太公还是姜太公（很少叫吕太公），都是称号，而不是名字。俗说他"姓姜，名望"或者"吕氏，名望"都很不严谨。

关于"飞熊"这个号，更是晚出。按照目前掌握的史料发现，中国古代兽类和人类被装上翅膀都是汉代以后的事情了。出土的先秦兽类和人类没有发现被装上翅膀，于是有了西来说，尤其是受亚述文明影响等。有文章说"飞熊"是《史记》所载，也有说是《六韬·文师》篇所载，其实《六韬》和《史记》只有"西伯将出猎，卜之，曰'所获非龙非彲，非虎非罴；所获霸王之辅'"。古人引述文字，不严谨，但这两处文字惊人一致就必然有特殊的瓜葛。这里的文字没有提到飞熊，倒是有个"非虎非罴"，会不会是听音者就理解为"飞虎飞罴"了呢？罴是一种熊，于是就有了"飞虎飞熊"。这样，明代的《封神榜》（有《封神演义》《商周列国全传》《封神传》等名称，学界对作者是否许仲琳有争议）写到：周文王做了一个虎生双翼的梦，散宜生给他解梦说："昔商高宗曾有飞熊入梦，得傅说于版筑之间，今主公梦虎生双翼者，乃熊也……"于是见到了号飞熊的姜子牙。虎生双翼应该叫飞虎才符合逻辑，怎么散宜生就给解释为熊了？这是解梦者努力让周西伯的梦向"商高宗"的梦上靠，以讨得主公欢心和增加主公信心。问题是，商高宗的飞熊梦也应该是后人杜撰的成果。

比较早的"梦飞熊"出处，笔者手头看到的资料是《全相平话武王伐纣书》（又名《武王伐纣平话》《吕望兴周》《全相武王伐纣平话》《新刊全相平话武王伐纣书》等），这是宋元时期的作品，是评话人不断修改补充的成果，也算是集体不断的层累创作。"飞熊"这个号传播开后，元代郑光祖的《王粲登楼》第一折就有"有一日梦飞熊得志扶炎汉"的唱词。飞熊，这是后人加给姜太公的又一个绰号或者叫尊号。

二

姜太公的名字不是"望"，是不是"尚"呢？字是不是"子牙"呢？

首先要知道古人是怎么取名和字的。古人取名时，比较注重名的内涵或者是抓住某点生理特征等，体现了对这个婴儿的期望、祝福而配合的"字"基本都是对名的内涵的诠释。如此分为三种：一是名、字意思相同。孔子，名丘，字仲尼；屈原，名平，字原，广平曰原；孟子，名轲，字子舆；李白，字太白。二是名、字意思相近、关联或互补。冉耕，字伯牛；郑樵，字渔仲；陆机，字士衡，机、衡都是北斗中的星名；赵云，字子龙，《周易·系词》说"云从龙，风从虎"；张飞，字翼德；诸葛亮，字孔明。三是名、字意思相反。曾点，字子皙，点为黑色污点，皙为白色；朱熹，字元晦，熹是天亮，晦是黑夜。那么，姜太公，名尚，字子牙。这个名与字搭配就不符合起名取字的规则，不相同，不相反，不关联，不互补。

"姜牙佐周武，世业永巍巍"（唐代孟郊《感怀》诗），"姜牙兆寄熊罴内，陶侃文成掌握间"（五代徐夤《贺清源太保王延彬》诗），从这些诗句中，我们读到的是姜牙，而不是子牙，当然姜子牙三个字就不押韵了。并且这里提到熊罴梦兆，可见"飞熊"这个号应该还没有诞生。如果是姜牙，字子牙，就符合名字的关联性。翻看《论语》，子路（仲由/季路）、子贡（端木赐）、子渊（颜回/颜渊）、子舆（曾参）、子华（公西华）、子我（宰予/宰我）、子张（颛孙师）、子夏（卜商）、子游（言游、叔氏）、子有/子若（有若）、子骞（闵损）、子思（孔伋）……孔门弟子的字不少是用"子"字作为第一个字,既然有"季路,字子路",那么,"姜牙,字子牙"就非常合理了。不管是从周代文化出发,还是受齐鲁大地上姜太公的影响,或者卫国太公老家人的传承(子夏和子贡等),名字前加一个敬称"子"就有"字"了,就完成了成人礼仪,最为简单。

如果我们说"子牙"的"子"字,等同于"子墨子"前边的"子"字,这个"子"字,冠诸姓氏之前,是明示"墨子"为"师",因为《墨子》一书就是其弟子所记。而第二个"子"就是和老子、孔子、韩非子中的"子"一样,是对人的尊称。那么,"子牙"又可以解释为"师牙",但"师尚父"会同意吗?

由这两段的推论,姜太公,名牙,合理。姜太公字子牙,很可能,因为不能排除是"师牙"的意思。

三

回过头来,我们继续讨论"名尚,字子牙"或者"名尚,字牙"矛盾中关于"名尚"的问题。《史记》载:"载与俱归,立为师。"师尚父,师是周西伯把姜太公请回家,就立为师。尚父,如果"尚"是名字,"父"是尊称,这有点大不敬了。孟子说"讳名不讳姓,姓所同也,名所独也"(《孟子·尽心下》),意思是按照礼仪习惯避讳长辈的名,但不用避讳"姓","姓"为家族共有,而"名"是个人独有。周西伯那么尊重姜太公,"尚"如果是名,当然应该避讳,不会直呼其名,或者即便是直呼其名,但他的儿子不可以直呼其名,毕竟是老前辈了。

这个"尚父",让我们想到《尚书》,"尚"通上,"尚父"是不是"上父"呢?如果有"上父",就应该有"下父",居于上下之间的,就是"中父"。查阅资料,没有"下父"有"叔父",没有"中父"有"仲父"。东汉刘熙《释名·释亲属》:"父之弟曰仲父……仲父之弟曰叔父。"历史上有很多仲父(亚父、相父):伊尹、管夷吾、孔子、吕不韦、范曾、诸葛亮、多尔衮(皇叔父)等。研究发现,这些人基本上在父亲的弟弟这个伦序上。姜太公比周西伯年长,在周武王伯父这个伦序位置上,被尊为"上父",意思等同于亲伯父了。查历史书籍,《三国志·魏书·董卓传》:"卓至西京,为太师,号曰尚父。"《新唐书·宦者传下·李辅国传》:"帝矍然欲翦除,而惮其握兵,因尊为尚父。"《新唐书·郭子仪传》:"德宗嗣位,诏还朝,摄冢宰,充山陵使,赐号'尚父'。"一下子这么多"尚父",他们都是比皇帝父亲年龄大的权臣,而没有叫"伯父"这个统称,可以知道这个用意不是对贵族和百姓的,而是针对王或者皇帝的年长权臣。于是,"师尚父"应该翻译为"太师亲大伯父",尚,就是上,在父亲的年龄之上了。于是,"尚"就不是姜太公的名字了。这样吕尚和姜尚都不是名字了,只能作为特指的称呼或者称号。当然,万一姜太公这个"尚父"是双关意呢?正巧名也是"尚",伦序也是"尚"呢?如果后来的大臣模仿姜太公借用了"尚父"这个尊称呢?我们知道"讳名"这个传统,就无须担心了,后人借用"尚父"可能性其实不大,毕竟自己不是"尚"这个名字,岂不是名不正,言不顺了。可见,尚父,就是年龄大于父亲的"父(权臣)"。我们再查字典、词典关于"尚"的动词和名词的几十种解释,更会对比出少量几个解释符合逻辑,尚父,就是尊崇的长辈之意。

四

《史记》关于姜太公传记,称"齐太公世家",而没有称姜太公或者吕太公,通篇行文又只称"太公"。这个齐太公比较好理解,姜太公封在齐国。姜太公这个称呼怕是和道教兴起以后,民间用得多了有关,这才盖过齐太公这个号。

现在的传本《尚书·泰誓》应为后世的伪文,被认为是周武王第一次观兵盟津发的文告。但是按照《史记》:

> 文王崩,武王即位。九年,欲修文王业,东伐以观诸侯集否。师行,师尚父左杖黄钺,右把白旄以誓,曰:"苍兕苍兕,总尔众庶,与尔舟楫,后至者斩!"遂至盟津。诸侯不期而会者八百诸侯。诸侯皆曰:"纣可伐也。"武王曰:"未可。"还师,与太公作此《太誓》。

这一段文字,起誓的是姜太公,不是周武王,虽然最后一句"与太公作此

《太誓》"可以理解为和太公一起创作,但"与",解释为"让""给""要求"更合适,那么《太誓》应该是姜太公所做。"还师"后边不应该是逗号,应该是句号。已经撤军了,还需要《太誓》吗?如果是句号,后边就是对整段话的补充,意思是这次行动还发了一篇誓词。这样,《太誓》篇就要有"苍兕苍兕,总尔众庶,与尔舟楫,后至者斩"这段姜太公的话,否则,难以为信。虽然很多时候"泰"和"太"通用,但"太公"几乎不写为"泰公",当《太誓》变成《泰誓》后,整个文本就只能舛讹了。

《史记》又载:

> 居二年,纣杀王子比干,囚箕子。武王将伐纣,卜龟兆,不吉,风雨暴至。群公尽惧,唯太公强之劝武王,武王于是遂行。十一年正月甲子,誓于牧野,伐商纣。纣师败绩。纣反走,登鹿台,遂追斩纣。明日,武王立于社,群公奉明水,卫康叔封布采席,师尚父牵牲,史佚策祝,以告神讨纣之罪。散鹿台之钱,发钜桥之粟,以振贫民。封比干墓,释箕子囚。迁九鼎,修周政,与天下更始。师尚父谋居多。

这里"誓于牧野"的"誓文"应该是指《尚书·牧誓》。这篇的作者传统认为是周武王,但《史记》语焉不详。

齐太公不只是一个传说,2003 年,在山东省淄博市高青县花沟镇陈庄村,考古队发现一处西周城址,即高青陈庄遗址,后于 2008 年至 2010 年深入发掘,在一座贵族墓葬里发现了七件铸有铭文的青铜器。

青铜器上的七条铭文如下:

1. 丰作厥祖齐公尊彝
2. 丰启作厥祖甲宝尊彝
3. 丰启作祖甲宝尊彝
4. 丰启作文祖齐公尊彝
5. 丰启作文祖齐公尊彝
6. 丰启作厥祖甲齐公宝尊彝
7. 祖甲

有研究者认为,这很可能就是关于祭祀齐太公的铭文,那么齐公就是他的后人对他的尊称。

对上文总结一下,姜太公,姓姜,吕氏,名牙,字子牙,号太公、太公望、望、师尚父、尚父、齐太公、姜太公、齐公、齐姜公、齐姜太公。加上后世演绎的"飞熊",姜太公有十一个称号。

五

一个小问题,就是周文王的年寿。按照百度等词条解说,姬昌(约前1152—约前1056),姬姓,名昌,岐周(今陕西岐山县)人。在位42年后,正式称王,史称周文王。享年97岁。当然,这最初的资料是《礼记》提供的。同样《大戴礼记》载:文王十三生伯邑考,十五而生武王。那么,文王死的时候武王都82岁了,后来武王又当了15年(一说19年)的王,武王死以后,武王的嫡长子成王年幼,武王的四弟周公旦辅政。大家都知道"周公吐哺,天下归心",这样一看,97岁或者101岁去世的人,儿子还没有成年真说不过去。

周武王是在公元前1043年去世的,按照在位19年,这样就是公元前1061年或者公元前1062年即位。而周文王已去世10到15年了(前1051年或前1056年),不应该空缺10年没有王统治西岐。如果说周武王在位15年,同样不能空缺王位5年。按照另一种说法,周武王去世时年45岁(一作54岁),那周武王生于前1088年或前1096年。周文王15岁生周武王,我们可以算出周文王的出生,就是前1103年或前1112年。周文王应死于前1062年或前1058年,就是活了42岁或49岁。这四个寿命比较符合当时的老人寿命了。而享年97岁的说法,则是后儒为了证明"仁者寿"杜撰的。

(作者系郑州航空工业管理学院中国文化与市场经济研究所所长、教授)

姜姓族源与太公文化的族属

丁 新

一、姜姓的族源考

姜姓的族源最早应来自四岳之一。《史记·齐太公世家》云:"太公望吕尚者,东海上人。其先祖尝为四岳,佐禹平水土甚有功。"在甲骨文中,"姜"与"岳"的确是非常相似,甚至可以通用。例如"岳"可见为 、 。而"姜"则为" "," 姜"在甲骨文中与"羌"常常是通用的,而"羌"又可以写为 ,则与"岳"非常相似。甲骨文中,很常见的 ,被解读为"羔",笔者认为更接近"岳"或者"羌"。无论"岳"与"羌"是否同一个字,两者之间存在着紧密的联系,这是毋庸置疑的。则可见,"羌"与"岳"在族群上存在密切联系,笔者认为,这正是文献中姜姓先祖为四岳的直接证明。

笔者通过长期研究发现,一个标准的甲骨文字,常常包括三个组成部分。以"羌"为例,其一是其生产方式,常见头部,农业则以禾苗标识,牧业则以羊角或者牛角标识;其二,常常处于中间的部分为族徽;其三是身份,一般在底部,主要是跪坐和直腿,跪坐为邑人,是商人认为的文明人,直腿则是野人,是商人认为的野蛮人。"岳"的底部为山,则是"山人",居住在山上。"姜"与"羌"的区别,最主要的就是前者是跪坐的,是臣服或者归化商文化的岳人后代,而后者"羌"则是没有归化商人的族群。这也正是甲骨文中反映的武丁以前,商王朝致力于对外战争的主要对象。这些人远祖是四岳,经历夏代,到了夏亡以后,当然就是夏的遗民。而臣服了商人的"姜"姓,则像诸多归顺了商的部族一样,被任命为"戎",郭大顺、张忠培、邹衡等学者认为戎就是商设置在北方和西方的武装部族。周宣王时"败绩于姜氏之戎",就是说一直到西周,乃至春秋时期,姜姓依旧有以戎的形式存在的部族。

《后汉书·西羌传》云:"西羌之本,出自三苗,姜姓之别也。其国近南岳。及舜流四凶,徙之三危,河关之西南羌地是也。滨于赐支,至乎河首,绵地千里。赐支者,《禹贡》所谓析支者也。南接蜀、汉徼外蛮夷,西北接鄯善、车师诸国。所居无常,依随水草。地少五谷,以产牧为业。其俗氏族无定,或以父名母姓为种号。十二世后,相与婚姻,父没则妻后母,兄亡则纳釐嫂,故国无鳏寡,种类繁炽。不立君臣,无相长一,强则分种为酋豪,弱则为人附落,更相抄暴,以力为雄。"《后汉书·西羌传》的记述也肯定了"姜"与"羌"的关系。"其国近南岳",应该是姜人沿着丹水和汉水南下之后的事情,在西周以后。而"岳"则是姜姬之盟的体现和延续。姜姬在晋南的时候就已经结盟,互为通婚之族,故稷母曰姜原。姜姬同盟随着两个民族的迁徙而不断延续,"岳"文化也随之延续,故晋南有太岳,岐山附近有吴岳,齐鲁之间有泰岳。因此,南岳应该也与姜姬同盟有关。西羌的分布在秦以前非常广阔,是商文化以西以北广泛存在的夏的遗民统称,因此"禹兴于西羌"是汉代学者根据当时羌的分布而得出的定论。羌与匈奴存在很多相似之处:其一为没有文字,口耳相传;其二为父死,妻其后母;其三不立君长,匈奴立君长应是秦以后的事情;其四,则是上述共同点的根源,即二者同为夏的后裔。

二、先周文化与姜炎文化

姜姓与姬姓之间的姻亲和同盟关系首先为一系列历史文献所记载。《史记·周本纪》："周后稷，名弃。其母有邰氏女，曰姜原。"《尔雅·释地》曰：广平曰原，又曰：可食者曰原。姜原乃有邰氏之女，古人多择背山临水之台地居住，姜姓的部族应该是居住在高而平的台地上，从事农业种植的部族。姜原生弃的传说，充满了原始农业的文学色彩。"弃"本身就是播种的一种说法。见巨人迹，践之，然后怀孕生子，正是农业生产中，在松软的耕地上一步一个脚印耕种然后有所收获的隐喻。而后弃之隘巷，徙置山林，弃渠中冰上则是农民劳作时常见的行为，即劳作的时候常把孩子置于一边。总之，姜姓的起源应该是以农业为主，至于后来甲骨文中羊角的形象，应该是迁徙以后环境变化而导致生产方式的变化，商人根据当时姜姓的主要生产方式而创立了甲骨文中的"羌"或者"姜"字。

姜姓与姬姓在太康失国前后，姬姓自窜戎狄之间，而姜姓则西迁，在考古学上大致对应陕西龙山文化客省庄二期自东向西发展为齐家文化，齐家文化又演变为寺洼文化和辛店文化。这个过程持续到了晚商时期，寺洼文化开始与先周文化进行融合。《诗经·大雅·绵》："古公亶父，来朝走马。率西水浒，至于岐下。爰及姜女，聿来胥宇。"

《周易》坤卦对姜姬同盟做了同样的记述。坤卦整体以马喻之，开篇"坤，元亨，利牝马之贞"。《诗经》《尚书》里以马喻姜人的描述很多。周人以天自喻，而《周易》中与天相匹配的就是坤。天为父，坤为母。姜姬作为联姻部落，周历代王族娶姜姓为妻的最多，因此，以坤喻母非常恰当，而坤则代表姜人。坤卦开头讲道："先迷后得主利。"意指姜人起初独自西迁入陕甘，常常为商人所征伐，后来与周人相遇则变得有利。据李峰先生观察，殷墟有关伐羌的卜辞多在廪辛、康丁以前，至武乙、文丁之后则很少见伐羌的卜辞，李峰先生推测认为"主要原因是周人来到关中，占据了商、羌两个军事集团的中间地带，从此商周之间的矛盾成为关中地区最主要的政治矛盾了"①。这一观点恰恰为坤卦的这段卜辞所证实。接下来坤卦说:"西南得朋,东北丧朋。"周人从东北方来,姜人位于周人的西南方。而周人与姜人最初在东北方的太岳山一带分开,所以说"西南得朋,东北丧朋"恰恰符合姜姬两姓之间分分合合的过程。同样,若理解为周人在东北一带丧失了盟友,而来到西南方向却得到了盟友,一样是通的。初爻和二爻写得都非常简略,六三曰:含章可贞。或从王事,无成有终。"王"在《周易》里一般指周王,而商王则称为帝。"或从王事",即与周王一起共事。上六:龙战于野,其血玄黄。在甲骨文卜辞中记载的商羌之战往往都非常惨烈。另,乾卦之用九亦指坤卦,因为用九即意味着六爻皆动而变成阴爻,则乾卦变为坤卦。用九:见群龙无首,吉。用九意味着六爻皆动,皆就六爻总的情况来看,那就是群龙无首,《后汉书·西羌传》"戎本无君长",此处戎指羌,即姜姓。这种情况有利于周人在岐山一带发展。最后,坤,从土从申,申国之土是为坤,申国正是姜姓大国,而位置位于岐山之西南。

周人到了岐山之后,一方面逐渐与姜人融合,另一方面开始"贬戎狄之俗"。《史记·周本纪》中说,古公亶父迁岐以后,贬戎狄之俗,这种戎狄之俗的内涵是什么?与之相对应的又该是以何称谓命名之文化?我们不妨借用一下周人经常标榜的有夏身份而称其为"有夏文化"。戎狄之俗与有夏文化的差别大概在三个方面:其一是诸多学者所称的联裆鬲和分裆鬲之别,②但是很少有学者具体指出其差别的内涵;其二是复兴礼器,这点反映在迁岐后的先周文化遗存中礼器的逐渐增多;其三是做邑人,与商文化对接。我们可以沿着这三个方面的线索对碾子坡到沣西之间的先周文化各段的性质特点做出概括。

首先,贬戎狄之俗,可以联裆鬲和分裆鬲的区别论之。"公刘虽在戎狄之间,复修后稷之业",这就说明从公刘开始周人重新开始从事农业生产活动。

---

① 李峰:《先周文化的内涵及其渊源探讨》,《考古学报》1991 年第 3 期。
② 最早对这一问题进行系统研究的是苏秉琦。见苏秉琦:《陕西省宝鸡县斗鸡台发掘所得瓦鬲的研究》,《苏秉琦考古学论述选集》,文物出版社 1984 年版。

公刘子庆节国于豳,即今天的碾子坡遗址。碾子坡遗址联裆鬲和分裆鬲是同出的,这正是庆节的豳复兴后稷之业的明证。为什么这么说呢？因为分裆鬲即袋足鬲,乳房状,足常为乳头,从形态上来说似羊乳,其功用也应与羊乳大有关联。无论古人还是今人,都习用器形来标识功用。从实用来说,袋足鬲比平底锅更适合煮奶,平底锅容易沸腾溢出,袋足鬲容积主要在足部,这样便于保温。这是袋足鬲在游牧文化中流行的重要原因。而袋足鬲不适宜煮固态物,即便是粥之类的流质也因为其袋足而容易沉淀到锅底而产生锅巴,且不便清洗。最后袋足鬲底部空间较大,可以直接用柴火加热,但袋足鬲同样不适用于土灶,因为其高足使火焰不便于集中锅底。因此联裆鬲在碾子坡遗址中的出现,并且在郑家坡中繁盛,正符合了从公刘复兴后稷之业到古公贬斥戎狄之俗的生产方式的变迁。"这时所创造出的各种瘪裆鬲,经过应用、选择,到西周早期形态基本统一。"[1]同样,被认定为姜戎文化的刘家文化则完全不出联裆鬲。因此,联裆鬲和分裆鬲正是农业文明与游牧文明的分野,我们可以根据这一特征来判定先周文化不同地区的族属、性质和年代。

然后,复兴礼器。周人以有夏后裔自居,后稷部落世代为尧、舜、禹的农官。因此,周人在走上复兴之路的过程中非常重视礼乐制度的重建。高炜认为陶寺文化中鼍鼓和磬的发现即证明了"礼乐制度形成于公元前三千年的龙山时代"[2]。除了礼器和乐器,神器即占卜和祭祀的器物也包含在大的礼器范畴。这些在周人迁岐之后都可以频繁发现。《诗经·大雅·绵》记载了古公亶父率周人抵达岐之后大兴土木的情景:"周原膴膴,堇荼如饴。爰始爰谋,爰契我龟。曰止曰时,筑室于兹。乃慰乃止,乃左乃右,乃疆乃理,乃宣乃亩。自西徂东,周爰执事。乃召司空,乃召司徒,俾立室家。……百堵皆兴,鼛鼓弗胜。"《诗经·大雅·灵台》则表现了周人大兴礼乐的场景:"于论鼓钟,于乐辟雍。鼍鼓逢逢,矇瞍奏公。"如此例子,不胜枚举。

最后,重做邑人。礼制的产生与邑紧密相连,《左传·庄公二十八年》:

---

[1] 李峰:《先周文化的内涵及其渊源探讨》,《考古学报》1991年第3期。
[2] 白云翔、顾智界:《中国文明起源座谈纪要》,《考古》1989年第12期。

"凡邑有宗庙先君之主曰都,无曰邑。"《孟子·梁惠王下》:"去邠,逾梁山,邑于岐山之下居焉。"言下之意,来岐山就是来做邑人,定居城市。龙山时代的一大特征就是各种规模城址在龙山文化分布的各个地区被广泛发现。[①] 恩格斯在《家庭、私有制和国家的起源》中指出:"文明时代是社会发展的这样一个阶段,在这个阶段上,分工、由分工而产生的个人之间的交换,以及把这两者结合起来的商品生产,得到了充分的发展,完全改变了先前的整个社会。"[②]交换意味着社会分工的出现,意味着最基本共同价值观的遵守,也意味着交换场所即城邑的出现。城邑的出现是文明起源的标志性特征,这个论断是有一定意义的。龙山文化出现的广泛的城邑,在商文化那里得到了继承和发扬光大。商人建立了邑人的概念,这在殷墟甲骨文中大量带有邑偏旁的方国出现可以证明。最初,在龙山文化时代与邑人概念相对应的是岳人,不仅指住在山里的人,相对于邑人,岳人有野人的含义,田野中的人,凡不住在邑中的人皆可称之为岳人。周人在迁岐之后首先与姜人结盟,其后一个重大的战略决策就是与商人合作,获得了邑人的身份。姜在甲骨文中为䍧,区别于羌䍧,就是姜的女部其实就是一个跪坐的姿态,也是邑的形态。说明这部分姜人,是臣服了商的羌人。再如两种相似但不同形态的鬼:䰝、䰟。同样姬姓这个姬在甲骨文中有至少三种书写方式都是具有邑人标志的。其中有一个带有周的古字,即类似田,意味着周人的农业特征;另有一种书写方式带有羌人的羊头,说明姜姬之间有很密切的渊源关系。周人重做邑人的直接目的就是与商人合作,通过与商人合作获得时间和空间,以在西北地区发展壮大自己,同时吸收中原先进的商文化,紧跟中原政治发展态势,为取代商的统治地位打下基础。

姜姬同盟关系也逐渐被先周文化与姜炎文化的考古学发现所证实。

---

① 孙广清、杨育彬:《从龙山文化城址谈起——试论中国古代文明的起源》,《华夏考古》1994年第2期。
② 中共中央马克思恩格斯列宁斯大林著作编译局编译:《马克思恩格斯选集》(第四卷),人民出版社2012年版,第190~191页。

史料记载的姜人的考古学文化可能是寺洼文化、辛店文化和刘家文化，这点已经为考古学前辈们所详细论述。① 邹衡先生认为在陕西极其常见的🈚族徽是"文献上所说的姜姓族，也可能就是所谓炎帝族……姜族《左传》上屡称之为'姜戎'"②。而辛店、刘家文化来源于齐家文化，齐家文化则受陕西龙山文化影响。齐家文化更接近陶寺文化早期，在陶寺文化早期的大墓以及中型墓中，盛行双耳罐、漆器、绿松石与玉同出。这些因素都被后来的齐家文化和刘家文化所继承。齐家文化墓葬里的双耳罐与陶寺文化墓葬出土的双耳罐基本相同。尤其是陶寺早期墓葬中屡见将玉璧覆盖于陶器口部的习俗，③而这在齐家文化和刘家文化中也是极为常见的，只不过刘家文化通常都是用石头盖住器物的口部。"刘家墓地中不论成人还是小孩全都随葬河卵石，并且用石块压盖陶器的口部。"④大概到了刘家文化，玉已经非常稀少了，但以玉石覆口的习俗却广泛流传了。根据陶寺文化的玉琮、玉璇玑可以看出一脉相承的从陶寺到刘家的文化脉络，也可以看到它们与良渚文化有着非常大的相似点。

三、《周易》与商周之际的历史地理

《周易》顾名思义是周人之易，以此区别于先天八卦，事实上区别于以安阳为中心的商人的八卦。创立不同于商人的神学系统，为周克商奠定重要的基础，这是文王被困羑里演周易的最根本的原因。因为古人打仗先要占卜，所以必须有自己的占卜系统。后天八卦是周文王演绎的新的八卦。它与先天八卦的基本不同就在于它的八个卦象所处的方位不同，因为八个基本卦象是一致的。我们认为先天八卦与后天八卦方位的不同体现了它们的创造者

---

① 邹衡：《夏商周考古学论文集·论先周文化》，文物出版社1980年版，第297~356页。
② 邹衡：《夏商周考古学论文集·论先周文化》，文物出版社1980年版，第351页。
③ 王晓毅、严志斌：《陶寺中期墓地被盗墓葬抢救性发掘纪要》，《中原文物》2006年第5期。
④ 李峰：《先周文化的内涵及其渊源探讨》，《考古学报》1991年第3期。

的立足点不同。我们首先来看艮卦。

《连山》以艮卦起,这也反映了大禹治水首要是开山。艮卦指山。而夏代和周代的神山,都是太岳山。第一,陶寺遗址的发现证明了尧、舜、禹三代的统治中心在太岳山南麓的临汾盆地。太岳山的太字即是天,而天是周人的族徽,也是后来周代崇拜的最高神。而岳是四岳之岳,岳在甲骨文中可以与羌通。姜炎族为四岳之后,《左传·庄公二十二年》云:"姜,大岳之后也。"今人也是多有论证的。① 所以,太岳山即意味是周人和姜人祖居的神山。第二,《史记》的《秦本纪》《赵世家》和《晋世家》中,多次提到的霍太山即是太岳山,例如《史记·赵世家》载:"晋献公之十六年伐霍、魏、耿,而赵夙为将伐霍。霍公求奔齐。晋大旱,卜之,曰'霍太山为祟'。使赵夙召霍君于齐,复之,以奉霍太山之祀,晋复穰。"太岳山的神圣地位在三晋文化中可见一斑。《史记·秦本纪》中也曾提到霍太山。因此,在赵、嬴两个先商氏族中,太岳山的地位也是非常神圣的。第三,既然尧、舜、禹三代的统治中心都在太岳山下,霍太山的崇拜又延续到春秋战国时期,那么从大禹时代延续到商代的神山就一定只能是太岳山。因此艮卦在先天八卦中位于西北,正是以安阳等商文化中心为核心的相对地理位置。

而在后天八卦里,艮卦在东北。姬姓与姜姓在陆续迁往岐山之后,他们心目中的神山仍然是太岳山。武王伐纣之后说:"我南望三涂,北望岳鄙。"据《史记·索隐》,杜预云"岳,盖河北太行山",此说谬矣。太行山自古未有岳称。《史记·正义》一说为太行、恒山西北之岳,一说晋州霍山一名太岳。显然应取后者,霍山又名太岳山。此处的岳只能指太岳山,北岳恒山的五岳之说要到秦汉以后了。太岳山无疑在岐山的东北方,因此,后天八卦是以岐山为中心设置的方位体系。艮卦在先天八卦的西北,而在后天八卦的东北,我们从艮卦方位的变化就能看出,两套八卦中心点或者说立足点的不同。

再来看兑卦,先天八卦中兑在东南。兑指沼泽,先天八卦中兑指的沼泽

---

① 刘毓庆:《炎帝族的播迁与四方岳山的出现》,《民族文学研究》2009年第3期。

是位于东南方的云梦泽,而后天八卦中的兑则在正西方。《尔雅·释地》云:"秦有杨陓。"郭璞注:"今在扶风汧县西。"汧县,地在岐山以西,则汧县之西更在岐山之西。当然,更远的川北甘南一带,即红军所过之松潘草地,亦在岐山的正西,彼时是不是一大片沼泽地,也未可知。

《后汉书·东夷列传》载,东夷"天性柔顺,易以道御"。在剽悍的西土之人看来,东方的殷人是比较柔顺的,所以,后天八卦中,以柔顺为特征的巽卦在东南方。而在先天八卦中,巽在西南。商时期最为平静的方位就是西南方,不仅东北、西北是商的两个主战场,东方的夷人也经常叛乱。

离为火,先天八卦中离卦位于东方,是描述太阳升于东方。而黄河西来,故坎卦位于西。东北方曾经发生地震,所以,震处东北。《竹书纪年》"(帝发)七年陟,泰山震",这是记载舜的时候发生的一次地震。舜的时候发生的这次大地震大约影响广大,当时先商文化的人们就住在那里,故而记住了这个地震的事件。在商代排定先天八卦次序时,将其置于东北方。根据《竹书纪年》成书的年代,这里的泰山应该是今天山东的泰山,所以地处商中心位置的东北方。

在后天八卦中,震位于正东。后天八卦记载的这次地震应该是离周人较近的一次地震。《竹书纪年》称:"(帝癸)十年,五星错行,夜中星陨如雨,地震,伊、洛竭。"《国语·周语上》:"昔伊洛竭而夏亡,河竭而商亡。"这是发生在夏桀时的一次地震,史书中对此有较多的叙述。《史记·孙子吴起列传》云:"夏桀之居,左河济,右泰华,伊阙在其南,羊肠在其北。"地点恰好为夏文化分布的区域,在岐周之东,故后天八卦记之以正东。

先天八卦创造者地处中原,土地平坦开阔,王者居处多面南背北。南面能看到开阔的天空,所以乾位于正南。而背靠太行山,越往北地势越高,故而认为地处北方,故坤卦在北。后天八卦中,周人以天自居,以乾卦喻之。周人认为自己处于西北方。

文王以岐山为核心演绎后天八卦,但显然文王的志向并非永远定居西北,相反他制作八卦的用意就是重建一套周人自己掌握的神权卜筮系统,作为与商人争夺天下的前提条件之一。《周易》中乾卦的卦辞基本上记录了周人在西北努力开拓的事迹。初九:潜龙勿用。言周人初到岐山,韬光养晦,休养生息。九二:见龙在田,利见大人。田,周之别称,亦是周人劳作之处,"见龙在田"指周人外出劳作。九三:君子终日乾乾,夕惕若,厉无咎。乾意味自强不息的君子之道,白天辛苦劳作,夜晚警惕防范,反映了周人初到岐山的处境。九四:或跃在渊,无咎。《周易本义》曰:"改革之际,进退未定之时也,故其象如此。其占能随时进退,则无咎。"①九五:飞龙在天,利见大人。讲周人得位以后。上九:亢龙有悔。《朱子语类》云:"若占得此爻,必须以亢满为戒。"②诚如《彖》所言:大哉乾元,万物资始,乃统天。周人由豳迁岐,一切处于百废待兴的起步阶段。笔者曾亲赴周原遗址进行实地考察,发现无论周原遗址还是周公庙遗址都坐落在山坡上,既不处于山脚下肥沃的平原,也不处于山顶。这大概就是五爻所处的位置,这种位置居高临下,可以防止洪水侵袭,也有利于据险防守。

周人不仅重新根据自己的方位创造了后天八卦,还参照夏的九州模式和殷的方国结构重新设置了自己的方国。既然商治理天下是有一个非常完善严密的结构的,那么周人希望取而代之势必就也要有一个类似的结构。因此我们分析,根据岐周的位置,结合天干地支方位,同样可以看出岐周也有一个按照天干地支方位设置的方国结构。

首先,羌从羊,羌方当是未方,位于岐周中心西南角。董作宾先生根据甲骨文判断,羌方的邻国有雀国,雀国有可能就是周人的酉方。③ 西方位于正西,而宝鸡即位于岐山的正西,即酉方。在宝鸡斗鸡台发现的先周遗址为先周文化与姜炎文化相互融合的典范,这个区域应该是姜姬族人混合居住的地方。雀与羌之间就是申国,申国也在宝鸡斗鸡台附近。因为斗鸡台出土的高领袋足鬲已经被认为是姜戎的特征,而斗鸡台的高领袋足鬲一直从先周时代保持到西周中期。克商以后,姜姓部落的大国多数东迁进入中原,留在原地

---

① 萧汉明:《〈周易本义〉导读》,齐鲁书社2003年版,第81页。
② 转引自〔清〕李光地等:《御纂周易折中》,上海古籍出版社1990年版,第48页。
③ 董作宾:《殷代的羌与蜀》,《说文月刊》1942年第7期,第105页。

直至西周中期的大国就属申国。因此，紧挨着雀的应该就是申，它们都在羌的北方。宝鸡的北面是豳，豳即亥方，从山从豕，应该是由于远方迁徙而来的周人在那里设栏养猪，又外来者曰宾，即称为豳方。豳与雀之间正好隔着犬戎，即戌方。董作宾先生认为羌方可以分为北羌和马羌。① 因为先周文化基本上就坐落于羌人范围中，周围的部落免不了多为羌人不同的部落。既然有北羌，则马羌一定在北羌南，而午方即在南方，所以马羌可能就是周的午方。另外，蜀在周的正南，蜀也可能是午。周的北面有多子族，可能是子方，东边有宣方，宣可能为寅，挚国位于周的正东，卯方也恰是正东方。

这就是跟随武王伐纣的祝融八国的由来。据说，盟津会盟的时候有八百诸侯，但跟随武王到牧野的却只有庸、蜀、羌、髳、微、卢、彭、濮八国或者八个部落。与周人联盟的实际上主要是姜人，史书上为什么会有这八国的记载呢？我们从庸这个名称想到了九州之一的雍州，而八国加上周，恰好也是九个部分。禹的九州结构是呈九宫格的，即八个州在外围，中间一个豫州。我们认为豫同禹，是夏人为了将大禹置于中心位置而以豫称之。当然豫的字形与大象有关。周人很可能设置了自己的天下九州。具体的方位在事实上也未必就能完全对应得上八个方位，但周人很可能就是用其九州之意。

四、齐楚文化的族属内涵

有了上面的论述，我们结合西周史可以更好地理解齐楚文化的族属内涵。从文化属性上做的族群区分，在周初大致存在这样几支重要的力量。

其一，是姜姬同盟中的姬姓，即周人的本族，西周代商以后的两次分封也主要以分封姬姓子弟为主。西周初年的第一次分封以分化和监视商族力量为主，故而在商的畿内牧野之地分封了邶、鄘、卫三国，卫辉即是由此而来。第二次分封在三监之乱以后，主要目的是以洛邑为中心重构西周整体的分封

---

① 董作宾：《殷代的羌与蜀》，《说文月刊》1942年第7期，第115页。

体系,由此形成五服和朝贡体制。有"揆文教"的卫、晋,也有"奋武卫"的燕,还有屏卫南方楚力量的汉阳诸姬、东方的鲁国、东南的吴国。这些都是重要的姬姓国家。其二,是与周人一起打天下的姜姓,从大的范畴说,他们都应该属于姜姓或者羌人,但从内部来分,应该还是有亲疏之别。姜姓国家,有封疆大吏镇守渤海到东海的齐国,也有留守姜姓故地的申国、井国,还有沿着丹水、汉水南下的楚国。楚人姓芈,昆吾之后,这些都说明楚人是南下的姜人,或者是与姜关系比较密切的部族。周原卜辞中有伐楚的记载,这说明楚人原是住在商洛一带的姜姓,后沿丹水、汉水,从今湖北一带入荆州,逐渐向东。和楚人关系密切的越人,当也是姜姓大家庭的成员。其三,则是商人后裔宋人。其四,则是从淮水一带迁徙到西北的东夷秦人。周人吸收消化了商代的礼制之后,创立了周礼。姬姓国家逐渐与商文化融合成为诸夏,而秦楚渐渐见外于"中国",齐国则为诸夏中的另类。到了战国初期,形成了秦的法家文化、楚的殊俗文化和诸夏的周礼文化。

从这里,我们就可以理解太公封地所在的齐国文化的属性和渊源。齐、楚都有道教文化渊源所在,即黄老之术,本质上是姜姓文化与当地本土文化结合的产物。姜、姬原本是克商的同盟,却在代商以后逐渐分崩离析,以至"周昭王南征不复",周夷王"烹齐哀公"。所以齐文化最初与鲁文化是截然不同的,齐国立国之初即"因其俗,简其礼",而鲁国则是"变其俗,革其礼"。而楚国则完全以蛮夷自居,见外于诸夏。

五、太公文化——华夏文明的另类记述

根据上文分析,姜姓族人当为四岳之后,考证其文化似为河南龙山文化周边的龙山文化。夏以后西迁,定居泾水、渭水一带。今天卫辉的姜太公故里,有两种可能。一是最远古的姜原传说,姜姓与姬姓互为通婚部族,则周人为三里桥的河南龙山文化,而姜人为卫辉的河北龙山文化。这一说的问题是卫辉作为姜人最远的故乡可以理解,但明确记为姜太公的故里,则显得有些

牵强。二是虽然太公封地在齐,但太公生前一直在京畿辅政。《礼记》:"大公封于营丘,比及五世,皆反葬于周。"卫辉在商为畿内,后为汲郡,而继承太公爵位的第四子丁公伋的名字也正是同音,丁公伋的名很可能来源于其封地即"畿",但"畿"毕竟是前朝故地,所以用别字代之。卫辉有非常系统的姜太公的地名和史迹,最大的可能就是这里集中居住了太公的后裔,并且最初是有祭祀地位的嫡系。

太公文化在这里代指西周代商以后与姬姓文化、商夷文化并立的姜姓文化,代表就是齐楚文化。华夏民族的形成是一个多元融合的过程,大的方面在史前时期就可以分为夏、商两个传统。但是因为夏没有文字,而商有甲骨文,故而三代的历史商要远详细于夏,关键是叙述者为一家之言。周代商以后,把先前很多口耳相传的历史、诗歌等转化为文字记载的文献。这就有了《尚书》《周易》《诗经》等早期文献。周平王东迁以后,天子式微,孔子认为天下的正统应当转到鲁国了,于是孔子作《春秋》。《春秋》也是姬姓国写的历史,于是吕不韦写《吕氏春秋》。《吕氏春秋》的创立就是吕不韦看到了在当时诸姬把持话语权的大环境里,在姜姓文化中有着非常宝贵但没有形成文字的知识。吕不韦把书命名为《吕氏春秋》意思也是直言不讳,就是要写一部与《春秋》不同的书。

因此,我们就能够深切体会到太公文化对于华夏文明的重大意义。文明贵在多元,太公文化在华夏文明走向一元的同时,保留了许多重要的思想、知识、历史和民俗。这一点在今天考古学发展起来以后更加显著,因为我们做很多历史、地理或者文物、方志的考证时,常常需要从诸如《吕氏春秋》这类书里找到不同的记载。关于九州的记载,《吕氏春秋》就与《尚书》有一些不同。卫辉发现的汲冢书,即《竹书纪年》,是佐证历史的非常重要的史料。与《吕氏春秋》类似的还有这样一些文献,与主流易学并立的《皇极经世》,还有《风俗通》《淮南子》以及另类的历史地理书《山海经》等。

(作者系西华师范大学历史文化学院讲师)

《水经注》里的卫辉

——《水经注·清水》所涉姜太公故里等考略

杨年生

(清水)又东过汲县北。县故汲郡治,晋太康中立。城西北有石夹水,飞湍浚急,世人亦谓之磻溪,言太公尝钓于此也。城东门北侧有太公庙,庙前有碑。碑云:太公望者,河内汲人也。县民故会稽太守杜宣白令崔瑗曰:太公本生于汲,旧居犹存,君与高、国同宗太公,载在经传,今临此国,宜正其位,以明尊祖之义。于是国老王喜、廷掾郑笃、功曹邠勤等,咸曰宜之,遂立坛祀,为之位主。城北三十里有太公泉,泉上又有太公庙,庙侧高林秀木,翘楚竞茂,相传云,太公之故居也。晋太康中,范阳卢无忌为汲令,立碑于其上。太公避纣之乱,屠隐市朝,遁钓鱼水,何必渭滨,然后磻溪,苟惬神心,曲渚则可,磻溪之名,斯无嫌矣。

清水上游即今河南卫辉市以上卫河,汉、魏以前在今河南淇县南入黄河,晋以后改道,东会淇水入白沟,隋以后自今新乡市以下成为永济渠的一部分,清水之名渐废。

汲县,西汉置,属河内郡,治所在今河南卫辉市西南20里汲城。三国魏属朝歌郡。西晋为汲郡治。西晋末废。北魏太和十二年(488)复置,属汲郡。北齐废。①

姜太公,名尚,又叫太公望、齐太公、吕尚、吕牙、子牙等,是西周著名政治家、军事家。西周的强大与兴盛与姜太公的辅佐密不可分。有人认为太公是汲县人。魏国史书"汲冢书"载有太公为"魏之汲邑人"的说法。战国时,汲县属魏国汲邑。"汲冢书"在地下埋藏了五六百年,于西晋太康二年(281)出土,其著书年代比《史记》早近200年。此外,据《水经注》记载,在汲城东门北侧有太公庙,庙前有碑。这也是太公为汲县人的佐证。后世学者多赞同此说。

卢无忌碑,碑额高19厘米,宽10厘米;碑身高128厘米,宽74厘米,碑文《齐太公吕望表》见于碑额、碑阳、碑阴、碑侧,为晋太康十年(289)三月十九日刻。东魏武定八年(550)汲郡太守穆子容立"修太公吕望祠碑",是《齐太公吕望表》续作,录《齐太公吕望表》的前文,而略其颂词。《齐太公吕望表》碑文为当时隶书艺术中之极品,原立于太公泉。顺治至乾隆五十年(1785)的百余年间,《齐太公吕望表》不得见,学者以为亡佚。清乾隆五十一年(1786),黄易(小松)于河南卫辉府署获上段。原来因碑断裂,明末知府周思宸载置府治宾馆。乾隆五十六年(1791)黄易又寻得下段。黄易将拓片赠送毕沅、钱大昕、武亿等金石名家。嘉庆四年(1799)秋,汲县训导李元沪请将碑置于县学(孔庙学宫),并在碑石左上方隶书刻跋两行,李震在碑石左下方楷书刻跋两行。民国以后,《齐太公吕望表》归县图书馆收藏。抗日战争爆发后,县图书馆遭到日本军队的严重破坏。此后,缺乏详细记录,《齐太公吕望表》又一次下落不明,遂成谜团,有待访求。《齐太公吕望表》碑文记载吕望是汲县人,与《吕氏春秋·首时》所载吻合。清代以来,一些学者据此认为汲县是吕望出生地,东海之滨是吕望躲避商纣之乱的地点。② 碑文曰:

> 齐太公吕望者,此县人也。遭秦燔书,史失其籍。至大晋受命,吴会既平,四海一统。太康二年,县之西偏有盗发冢,得竹策之书。书藏之

---

① 史为乐:《中国历史地名大辞典》,中国社会科学出版社2005年版,第1087页。
② 程平山:《传奇的〈齐太公吕望表〉》,《光明日报》2016年9月2日。

年,当秦坑儒之前八十六岁……其《纪年》曰:"康王六年,齐太公望卒。"参考年数,盖寿百一十余岁。

先秦灭学而藏于丘墓,天下平泰而发其潜书,书之所出正在斯邑……于是太公之裔孙范阳卢无忌自太子洗马来为汲令。殷溪之下,旧有坛场,而今堕废,荒而不治,乃咨之硕儒,访诸朝吏,佥以为太公功施于民,以劳定国,国之典祀,所宜不替,且其山也,能兴云雨,财用所出,遂修复旧祠,言名计偕,镌石勒表,以彰显烈,俾万载之后,有所称述。

故按郦注结合卢无忌碑所载,本文亦从清儒等所论即齐太公吕望故里约今卫辉市西北太公镇姜太公故里。

清水又东径故石梁下,梁跨水上,桥石崩褫,余基尚存。清水又东,与仓水合。水出西北方山西仓谷,谷有仓玉珉石,故名焉。其水东南流,潜行地下,又东南复出,俗谓之曶水。东南历姆野。自朝歌以南,南暨清水,土地平衍,据皋跨泽,悉姆野矣。《郡国志》曰:朝歌县南有牧野。《竹书纪年》曰:周武王率西夷诸侯伐殷,败之于姆野。《诗》所谓"姆野洋洋,檀车煌煌"者也。有殷大夫比干冢,前有石铭,题隶云:殷大夫比干之墓。所记惟此,今已中折,不知谁所志也。太和中,高祖孝文皇帝南巡,亲幸其坟而加吊焉,刊石树碑,列于墓隧矣。曶水又东南,入于清水。又东南径合城南,故三会亭也,以淇、清合河,故受名焉。清水又屈而南,径凤皇台东北,南注之也。

姆野,一作牧野。一说在今河南淇县西南。周武王所率诸侯之师大败殷军于此。《尚书·牧誓》:"武王戎车三百两,虎贲三百人,与受战于牧野。"《说文解字》"牧"作"姆"。新乡当地学者梁振亚老先生在《牧野浅析》一文中认为:朝歌以南,南至清水(今卫河),其所指之地,应是今卫辉市沿卫河以北的城郊乡(含今汲水镇)与安都乡的一部分和顿坊店乡的全部地区,包括仓水(即今沧河)潜入地下又复出地面的东南,即顿坊店乡的前、后稻香村,上、下马营等村,及上乐村镇闳夭村以北(闳夭是周武王的大将,相传武王伐纣时闳夭曾率周军驻此)地区,都是牧野地。谭其骧先生《中国历史地图集》明显地标注了牧野地所在的位置,与《水经注校》中所讲牧野所在地的位置,是完全一致的。对照卫辉古今地名的变更,如:古陈城、清水(今卫河)及《水经注疏》所述仓河潜入地下又复出地面东南之地域与牧野等情况,梁振亚先生认为今卫辉市城区现东北至上乐村的闵夭村一线沿卫河以北,北至今淇县南郊,这个东西狭长的地带,即古之牧野地。

朝歌,古代都城名。在今河南省淇县。商代时为别都。周武王时封康叔为卫侯和后来项羽封司马邛为殷王都定都于此。秦时在此置县,治所在今河南省淇县。

比干冢,商末名臣比干的墓地。在河南卫辉市(旧称汲县)城北。据县志载,墓为周武王所封,北魏太和十八年(494)因墓立庙,现存比干庙为明弘治七年(1494)重建,有门楼三道、拜殿、大殿、厢房等,庙宇宏伟,古朴壮观。

北魏孝文帝"皇帝吊殷比干文碑",注文"太和中,高祖孝文皇帝南巡,亲幸其坟而加吊焉,刊石树碑,列于墓隧矣"。该碑刻于北魏太和十八年十一月。清代王昶《金石萃编》载:"碑高七尺七寸,广四尺一寸,二十八行,行四十六字,正书。"原碑毁于北宋,元祐五年(1090)又依照原碑拓本重新立石摹刻,碑现存河南卫辉。此碑文为北魏孝文皇帝亲自撰写,他以悼念殷代大臣比干的忠贞,而抒发自己的感慨。此碑无书丹人姓名,清朝中叶传为北魏著名书家崔浩所书。但崔浩的生卒年代,与立碑时间不符。崔浩(381—450),字伯渊,一作伯源,崔宏之子。官至司徒总百揆,工书。崔浩书迹对当时的书风产生过一定的影响,后世多宝其迹,以作楷模。故推测此碑的书丹人与崔浩有直接或间接亲友关系。

(作者系三晋文化研究会理事)

走进太公故里

王胜昆

一、千古人龙出汲县

姜太公是我国历史上一位伟大的政治家、军事家、谋略家。他文韬武略，智勇双全，是商周之际的传奇式人物，其丰功伟业为历代史家所称颂，并被民间演绎成足智多谋、通神役鬼的神话人物。他所著《六韬》，是我国最早的一部军事理论著作，包含有丰富的谋略思想，受后世推崇备至。他也被历代皇帝和文史典籍尊为兵家鼻祖、武圣、百家宗师。到唐肃宗时期又被追封为武成王，设立武庙祭祀。宋真宗时期，又被追谥为昭烈。在我国民间，尤其在卫辉，有许多关于姜尚的离奇传说，这些传说又经明末神话小说《封神演义》的汇总渲染，更使姜子牙成为叱咤风云、经代不朽至今仍旧妇孺皆知的神奇人物。

对于这位千古人龙，先秦许多的古籍中都有记载，但大多扑朔迷离，使人难辨是非。譬如，太公究竟是哪里人就有多种说法。《吕氏春秋》说他是"东夷之士"，《战国策》说他是"齐之逐夫"，真是越说越糊涂。孰是孰非，为求证较为真实合理的结论,作者于书海采审,经年累月,愈加坚信卫辉即为姜太公的家乡之唯一结论,太公故里就在太公镇吕村。

我国历史上所有的名人几乎都曾有"故里之争",而作为中国兵家之祖的姜太公一生坎坷多磨又轰轰烈烈,确为奇人、奇事、奇男子,千百年来关于他的故里之争从未间断。概略梳理一下太公故里的各种说法,少说有十多处。汇集众家所说,大致有"汲县说""新蔡说""日照说"等三种主要说法,今就以竹笋剥皮之法逐一予以辨析筛解。

"日照说":历史上第一个说太公是今日照人的是亚圣孟轲,他在《孟子·离娄章句上》中记述:"太公辟(避)纣,居东海之滨。""东夷之士"的姜尚,家住"东海之滨"。先秦时期还没有黄海之名,因位于东方,便称黄海为东海。日照在山东省黄海之滨,《元和郡县志》载:"汉海曲县……有东吕乡东吕里,太公望所出也。"东吕乡,汉代属于海曲县。姜太公为了躲避杀身之祸,于是弃商来到东海之滨隐居。若以《古代汉语词典》所释"居"的意义套用于"居东海之滨"其中,会有多种结论。首先可理解为"东海之滨是太公躲避殷纣之害的住处、住所""是太公躲避殷纣之害的居住之地""是太公躲避殷纣之害暂时停留之地",其次也可理解为"是太公躲避殷纣之害后的占据之地"等。若硬要向"故里""家乡"这一面拉,似乎就有些牵强。

"新蔡说":有学者认为太公是今河南新蔡人,认为其出生在新蔡姜寨(现姜寨划归安徽省临泉县)。有学者考证姜子牙的先祖辅佐大禹治水有功,被封吕国,新蔡姜寨为古吕国的属地,因吕侯之后姜子牙生于此地得名。姜寨旧名"强寨",相传是因汉光武帝刘秀讨贼至此,遭遇顽强抵抗,故将此地命名为"强寨"。"强寨"何时因何被叫作了"姜寨",已无从考证。豫皖交界地带有一项世代相传的民俗节目"姜公背姜母"即源于此。这项民俗是否与太公有关联,无考。

"汲县说":据目前所知,最先提出姜太公是汲县人之说的是汉代会稽太守杜宣和河内郡汲县令崔瑗。其实,在晋武帝时期出土的汲冢书中就有姜太公是汲邑人之说。

《竹书纪年》是我国目前发现最古老的编年体著作,其中记述内容的珍贵与可靠,对于考订先秦的历史有着重要的价值。"汲冢书"也是中国上古史与中国文字渊源的宝贵资料,是中华历史文化的根源之书。因为有了它的发现,中国历史找到了依据,所以,史学界把它与汉武帝时期从孔子旧宅发现的古文《尚书》《论语》等(学界称为"孔壁藏书")、安阳殷墟发现的"甲骨文字"、敦煌藏经阁发现的藏书,合称为中国文字史上的四大发现。"汲冢鲁壁"如今依旧备受学界青睐。"汲冢书"是系列丛书,它在史实上的权威性被历代史学家所认可,这在各部史书对其的引用上可以看出来。在很多史实的记载上,"汲冢书"与较早的甲骨文、金文的记载是一致的。国家"九五"重点科技攻关项目"夏商周断代工程",将夏朝的统治时间定位在公元前2070年至公元前1600年,就是将《竹书纪年》作为重要的历史典籍佐证确定下来的。

晋武帝太康十年(289),汲县令卢无忌在太公泉村太公庙刻立了一块"齐太公吕望表碑",其碑文起首即说:"齐太公吕望者,此县人也。遭秦燔书,史失其籍……"这是知县根据《竹书纪年》确认后的结论。这块历时1000多年的珍贵碑刻在明万历年间被移迁至卫辉府府衙内,到清嘉庆年间又被移置到县学宫院内,其后竟下落不明没有被保存下来。但碑文拓片有存,清代金石学名著《金石萃编》卷三十二载有此碑文。史学家翦伯赞先生主编的《中外历史年表》中关于姜太公的卒年,就曾引用过此碑的碑文。

明万历《卫辉府志》载:"太公望吕尚,汲人,少穷困,敏而智,老而屠牛朝歌,赁于棘津,避纣居于东海之滨,闻文王善养老,迁于渭滨,隐鱼钓,文王出猎,遇于渭水之阳……周初,封于齐,都营丘,卒葬于卫。"《河南通志》载:"吕尚墓在府城(卫辉府)西北太公泉,尚因避纣,居东海之滨,后徙渭滨,封国于齐,还葬于此。"清乾隆《汲县志》、民国时期的《汲县今志》和1993年版《卫辉市志》都记载有姜太公是汲县人的明确条目。

《汲县今志》在第十八章"人物"篇,对此有一段明晰的解释:"汲县人物,自以太公吕望为冠冕。太公为何地人,载籍无明文。《史记》称为东海上人。郦道元《水经注》称汲县城西北,有石夹水,飞湍浚急,人亦谓之磻溪。言太公尝钓于此也。城东门北侧有太公庙,庙前有碑。云太公望者,河内汲人也。……太公本生于汲,旧居犹存。……城北三十里,有太公泉。泉上有太公庙。庙侧高林秀木,翘楚竟茂。相传云太公之故居也,云云。晋太康十年,范阳卢无忌为汲令,立碑于其上。东魏武定八年,汲郡太守穆子容,又有修庙碑。宋罗泌太公舟人说,亦以太公为汲县人。元初县人王恽,始疑为附会。清时经朴学大师武亿考定为汲县人,而流寓于海曲。语见金石三跋。乾隆时,巡抚毕沅,亦在县西太公庙,立太公故里碑。故太公为汲县人,已无可疑。"

《二十四史人物类考》、《河南通志》、朱熹所著《吕氏世系谱序》、台湾后裔珍存的《吕氏族谱》、第三届全国吕尚学术研究会暨吕氏宗亲会编辑出版的《吕氏族谱》家乘资料,现代研究论文《吕尚新考》、《姜太公故里及其后裔探讨》、获得中央文明办优秀奖的《姜太公故里在汲县》、陕西人民出版社出版的《百家姓书库·吕》和多位专家学者撰写的大量考证论述资料,都用较为充足的论据,论证确定姜太公是河南省汲县人的这一结论。

被《封神演义》作者许仲琳作诗赞"亘古军师为第一,声名直并泰山隆"的姜太公吕尚,出生在太公镇吕村。此村就因姜太公是本村人,故名。乾隆《汲县志》载,太公先祖"佐禹平水有功,封于吕。本姓姜,从其封曰吕"。

吕地在何处?向前追溯,姜太公乃是炎帝后裔,先祖是从羌人中分离出来的以炎帝神农氏为始祖得姜姓的氏族部落。太公先祖伯夷,是大禹旗下的四岳长,他协助大禹治水建立功业,受封于吕地,为吕侯。吕地在今河南省南阳市西附近,春秋初年被楚所灭。太公因而又称作吕尚。姜姓氏族部落经过长期的发展和迁徙,在今天的河南、山东一带地区建立了一系列的姜姓邦国。吕尚一族先人就由今南阳一带向北,迁居到汲郡吕村一带。

1980年9月,日本东京小学馆《写东》摄影杂志三人采访组,依据日本作家幸田露伴20世纪30年代初写的《太公望随笔集》,专程来汲县姜太公故里太公泉采访,卫辉著名地方文史学者耿玉儒先生在上级安排下陪同进行讲解,日本友人很认真地听讲、录音和拍照,留下了深刻印象。

事有巧合，1981年6月，吕村一座古墓塌陷，出土了一块东魏武定二年(544)的墓志《魏故诏假河东太守吕君墓志》，墓主人是卫郡汲人吕贶。此墓志342个字，耿玉儒先生解析道：汲人吕贶"于北魏孝明帝时被诏假河东太守，已经77岁，正光二年(521)五月离世，享年83岁，大约当了6年的官。家人本应扶柩南运安葬原籍，因社会动乱，只好寄厝外乡。直至又过了23年，时局安定后，才于武定二年十一月，移柩'改窆汲郡朝阳乡太公里'。说明墓主人是吕尚(姜太公)后裔，所葬之处距汲县姜太公墓约30米，是以太公命名的太公故里。可知1500年前东魏时的太公故里，就是今日的吕村。也证明了太公故里方位的考古佐证"。

1986年5月，日本东京映画公司受日本渔业协会委托来汲县考察、拍摄太公故里电影纪录片《太公望钓鱼之谜》，耿玉儒先生再次应邀作讲解。日本拍摄此片的最大兴趣就是要解开太公钓鱼所用的直钩之谜。岛国日本受钓鱼文化熏陶浓烈，将吕尚尊为"钓仙"和"钓鱼之父"，告别时日本友人表示："中国太公泉之行，收获太大了！使我们真正解开了太公望钓鱼之谜。"

太公故里吕村，距离市区十几公里，现有居民500余户2000多口人，嵇、季是村中两大姓，还有景、徐、朱等其他姓氏。其名为吕村，现在村中并没有一户吕姓，也没有一户姜姓。我国当代著名教育家、史学家、思想家、哲学家，郑州大学首任校长嵇文甫先生就是本村人。据季姓后人讲，家谱记载季姓是在明朝初年因做官举家迁移落户于此的。当今"吕村无吕"的局面，据说，是因清乾隆中后期剿灭"白莲教"，殃及了吕村吕姓族人，吕姓几百口人被杀，有一部分隐名埋姓逃到了外乡，全村被烧光杀光。

二、中华百姓敬太公

我国民间尊姜太公为武祖、天齐至尊、光明之神、神上神、众神之神、神祖。旧时的过年除夕日，家家要贴灶王神和对联，还要贴门神、"福"字、红钱等以祛邪纳福，还要在屏门、客厅、堂屋的门楣上贴上"姜太公在此，百无禁忌"的横条。经营的店家最喜欢将此语张贴在店堂或出入处醒目的上方。老百姓建造房子时也都要在正房梁上写上此句,用以镇宅避邪。相关同义的文字还有"姜太公在此,诸神回避",后来又改为"姜太公在此,诸神退位",其本意都是相通的。

亿万中华百姓尊奉千古谋圣、兵家之祖,定国安邦的姜太公的各支各系后裔更为虔诚备至。姜太公身后经3000余年,其后裔繁衍播迁已遍布四海,与其相关的后裔姓氏族系更是数不胜数。据有关人士统计,与太公直接有关的姓氏大致有姜、吕、齐、尚、望、邱(丘)、丁、高、崔、郑、骆、申、穆、柴、卢、灌、檀、丁若等。具体有多少姓氏与太公有关系,确实也很难查明。有资料说达到了190个,其中有单姓也有复姓。其实,这些姓氏的血缘并非都出自太公望,仅是与太公有着某种亲缘相连的关系罢了。

《史记·齐太公世家》载:"太公望吕尚者……本姓姜氏,从其封姓,故曰吕尚。"其子孙世袭齐国国君,至齐康公,于公元前391年被田和废黜放逐海上,"田氏代齐",齐国成为田齐政权,齐太公吕尚的后代因而四处分散逃匿,或姓吕,或姓姜。太公原姓姜,姜姓始出炎帝,是我国最古老的姓氏之一,依此说来,太公是姜氏后裔,仅是姜氏族系一支的开基祖,而非姜姓得姓始祖。

吕姓出自姜姓。虞、夏之际,炎帝的裔孙伯夷因为辅佐大禹治水有功被封于吕,建立了吕国,其后裔就以封地为姓。姜子牙的先祖就是在这一时期"从其封姓"为吕姓的。姜太公是吕侯的子孙,也是最早见于文献的吕姓人物,但不是吕姓的得姓始祖。

姜、吕两姓是姜子牙的祖姓,对于太公后人来说,姜子牙是继承家族香火的前辈,亦是姜、吕两姓的先祖之一。

齐姓,源于山东,以国名为氏,这和太公有着直接的关系,据《元和姓纂》记载,太公望被封于营丘,建立了齐国(故城在今山东省淄博市临淄区),子孙以国为氏。《通志·氏族略》也有记载:太公望封于齐,子孙以国为氏。由此,齐氏族人大多尊奉姜太公为得姓始祖。

尚姓出自太公之后,唐宋以来的《姓苑》《元和姓纂》《太公后裔四十八姓碑》《姓解》《通志·氏族略》《古今姓氏书辨证》《姓觿》等典籍均有记述。

在百家姓中排第 15 位的中华高姓，有以食邑为氏和以祖字为氏的几种说法。《新唐书·宰相世系表》云："高氏出自姜姓，齐太公六世孙文公赤，生公子高，孙傒，为齐上卿，与管仲合诸侯有功，桓公命傒以王父字为氏，食采于卢，谥曰敬仲，世为上卿。"以此说，姜太公是这一支高姓的世祖，也非始祖。

卢姓，形成于春秋时期的齐国，是以采邑得来的姓，与高氏同宗。姜太公是卢姓的世祖，并非始祖。

崔姓，同样出自齐国，曾长期是山东望族和全国著姓。吕尚的儿子丁公伋，是齐国的第二代国君，他的嫡子叫季子，他本该继承君位。但季子性格生性宽厚，不愿兄弟之间为争权夺利而相互残杀，于是让位于弟弟吕得，而自己则住到食采地崔邑（今山东济南章丘区西北），过着与世无争的田园生活。他的子孙便在崔邑延续下来，后裔就以邑的名称"崔"作了姓氏，就是崔姓。依此排列，姜太公应是崔姓的太始祖。

郑姓为我国常见姓，在百家大姓中排在第 21 位，姓源主要有 3 个，其中姜姓郑氏为太公之后。

邱、丘二字同音，作为姓氏在古代通用，"丘"与"邱"本是一家。现在虽然两姓并存，但是相互区别不是很明显，因此说到邱姓必然涉及丘姓。丘姓源于地名为氏，其最主要的一支出自姜姓。姜子牙被封于齐地，在营丘建都，后来其子孙中的一支就取国都中的一个"丘"字为姓氏。在很长时间里，丘姓家族一直以"丘"为姓氏。至清代雍正一朝，为了避讳孔子的名号，"丘"姓全部改为"邱"姓。

丁姓源出公侯。据史书记载，姜子牙被封于齐，其子伋为周成王重臣，又是周康王的顾命大臣，身后赠谥为齐丁公。齐丁公的第四个儿子叔庚承封济阳，就以父亲谥号为姓。《元和姓纂》《广韵》《通志·氏族略》，以及唐朝卢若虚《太公后裔四十八姓碑》均有记述。

姜太公是创建齐国的始祖，因而，凡是出自春秋时期太公后裔的齐国姓氏，都可以说是出自姜太公，姜太公是这些姓氏的始祖。

灌檀复姓,姜太公曾被周文王封为灌檀令,其后裔中的一支以邑为姓,姓灌檀。

丁若复姓,姜太公的长子的儿子懿伯食采丁若,他就以"丁若"为氏,懿伯就是"丁若"姓氏的始祖。

中华姓氏文化是一种超越时空、贯通古今的文化现象。"寻根问祖"是人的天性,每个人、每个姓氏都可以与中华历史文化联系起来。太公后裔3000年来,兰桂丛发,枝别派分,繁衍几遍天下。无论身在何处,不忘祖根,心向祖源,寻根寻祖初心不变。卫辉作为太公故里,自然成为太公后裔谒祖朝拜向往的圣地。

三、独占鳌头牧野地

卫辉地处豫北腹地,北依太行,南临黄水,物阜民丰,人杰地灵,自牧野大战"列阵建城"以来,居"南通十省,北拱神京"通衢要位,勤劳睿智的卫辉人民熏陶于谋圣太公、谏圣比干"二圣"文化,在3000多年间创拥国内"挖不尽,用不竭"的独特历史文化资源,成就了史不绝书的辉煌。

商周时期产生了"谋圣"姜太公和"谏圣"比干,发生了武王伐纣的以少胜多、先发制人的"牧野大战",为西周时期礼乐文明的全面兴盛开辟了道路;卫辉狮豹头乡龙卧长林,成为中华林姓之起源地。

春秋战国时期孔圣适卫,城南击磬,剑刻"殷比干墓"碑,提出"富而后教"主张。

有"杜母"之誉的东汉南阳太守、水力学家、发明家汲县人杜诗,在约2000年前创制出的水力机械比欧洲类似的机械装置要早1200多年,这在世界科技史上都占有重要的位置。

晋武帝太康二年(281),今孙杏村镇娘娘庙村出土"汲冢书",因为有了它的发现中国先秦历史找到了依据。

北魏太和十八年(494),魏高祖孝文帝拓跋宏下诏敕建我国最早祭人的被誉为"天下第一庙"的比干庙,刻立下与洛阳龙门二十品齐名的《皇帝吊殷比干文》,在我国书法史上熠熠生辉。

北齐天保七年(556),印度高僧在今太公泉镇西北的霖落山中创办被我国医学史研究专家称为"中国历史上第一座麻风病院",开中国佛教慈善、医疗之先河,素有"豫北第一古刹"的香泉寺。

盛唐时期,产生了一篇凄美动人、被称为我国"六大民间传说"之一的爱情故事《柳毅传书》,其主人公创作原型的故里就在庞寨乡的柳卫村。

北宋时期,威武豪气的卫州人贺铸"词妙天下",又有"贺梅子"的雅称,在词家中是性格殊异、不同时俗的奇士。

金熙宗天眷年间,卫州人萧抱珍创立太一教,以符箓济世,德泽惠人,太一教经金、元几代皇帝提倡,跻身于全国五大道派之林。

元朝著名学者、翰林学士王恽,号秋涧,年少时在家乡今太公泉镇古子涧村勤奋读书,留下了被誉为汲县八景之一的"秋涧书声"。

明朝时期,朱祐椁(汝王)、朱翊镠(潞王)封藩卫辉府,万历四十六年(1618)小潞王朱常淓承袭爵位,于崇祯十九年(1646)去世。三位王爷先后驻藩卫辉百余年,使古城形成独有的一墙之内王府、府衙、县衙并存,全城设有十字街,明末时期又拥有三座城池(县府城、北盐店城、西盐店城),在我国极为罕见的古城格局。留存至今名冠华夏的王府建筑——崇本书楼(望京楼),是全国重点文物保护单位,得到了很好的保护,已成为人民群众休闲健身、登高观光的美妙境地。

光绪九年(1883),汲县成立读书社,中州耆儒李敏修引进新学,开创河南现代教育先河。《河南省志》第五十九卷记载:"光绪三十二年(1906)汲县官立、公立、私立各学堂共21所,教员和学生齐集校场会操,其项目由柔软体操、兵式体操。此为河南最早见于文字记载的学堂会操。"

四、文物激活卫辉兴

文物,是历代遗留下来的在文化发展史上有价值的东西,包罗万象,如建筑、碑刻、工具、生活用品和各种艺术品等。

近年来,伴随日渐民富国强的大潮,在习总书记"绿水青山就是金山银山"的召唤下,历史名城大地发生了巨大变化。卫辉比干祭典被列为河南省第一批省级非物质文化遗产项目,比干庙景区焕然一新,镇国塔、望京楼、清代民居小店河村、顺城关公园等得到了修葺。新开凿的大禹湖、杜诗生态湿地公园日新月异,越来越美,社会各界好评如潮。

卫辉拥有的珍贵文物,以比干庙为例,在20世纪90年代之前还破败不堪,自1989年注册成立"中国卫辉市比干学术研究会暨林姓宗亲会"以来,由市政协牵头筹备组织召开1993年首届比干诞辰纪念会,自此卫辉比干庙名扬天下,吸引全世界各地比干后裔前来寻根问祖。在社会各界的鼎力支持下,市政府对整个景区进行了几次南扩续建,面积扩大了很多,更加壮美阔达,使之一跃成为国家4A级景区,成为国家级姓氏文化寻根景点、闻名天下的民间祭奠拜谒文财神的圣地、中国华侨国际文化交流基地和大中小学生德育基地等。

文物不仅是一种不可复制、不可多得的文化资源,亦是潜力无限的促进经济发展的动力资源,即所说的"软实力"。文物若仅作为摆设,仅供学术研究所用,那就显露不出其蕴含的社会价值。文物只有在被激活之后,才会显现其独有的社会效益、经济效益。这种效益不仅巨大,而且取之不竭,长久不衰。

太公思想文化具有知古鉴今的先进性,我们虽无法窥见太公著作的全貌,但通过记载和历史评述可知太公思想兼容了后来不同学派的思想倾向,是一种综合性的文化思想,亦是我国民间深入百姓骨髓的一种文化信仰。

耿玉儒先生早些年就讲:"姜太公,是一个很响亮、很神奇、很博大精深的名字。可以说,他是中国文化源头的一位大贤。开发姜太公品牌,其旅游价值、文化价值、经济价值、军事价值、管理价值、寻根价值等,都是无法估量的。在中国,在周边邻国,甚至在世界上,姜太公均可以称得上是人们永远崇敬的偶像,他既是中国的,也是世界的。他是中华民族的骄傲。他伴随中华5000年的文明,走进了千家万户和每一个人的心里。他是一位传奇人物,传奇得很神奇、很超群,传奇得妇孺皆知、家喻户晓,传奇得举世闻名、可亲可敬。……他成为中华民族继往开来的一座历史丰碑,也是我们民族开掘不尽的一座人文矿藏。"

这样一位独特的、无有其后的传奇、真实的人物,诞生在我们卫辉,安息在我们卫辉,使我们卫辉拥有了一座中华民族独一无二、永恒不衰、开凿不尽的文化资源。怎样使这文化资源转化成物质财富和精神财富造福我们这一方沃土是一个需要政府决策、提倡、引导、施行的问题。

为激活这座文化宝藏,笔者建议将打造姜太公文化品牌列入卫辉市发展规划,作为文化部门的一项重要工作职责。有效地利用社会力量开启每年的太公祭典活动,建立文化联谊平台,立足卫辉,面向海内外联络广大太公后裔,借弘扬中华传统文化之风,弘扬卫辉(汲县)之名,吸引世界瞩目,使包括怀抱"修身治国平天下"的年轻人群等在内的天下有识之士前来卫辉朝拜"神上神"之兵家之祖、千古谋圣姜太公。

卫辉是姜太公的出生地、茔葬地,目前依然枕山栖谷,处于"养在深闺人未识"的一种境地,很是希望我这点粗浅建议能够得到卫辉各级领导的重视,起到一点作用。

(作者系卫辉市原政协委员、新乡市原政协委员)

太公思想及谋略研究

怀才莫叹运来晚,八十太公尚鹰扬

朱彦民

大凡有些文化的中国人,对商末周初的姜太公(姜尚,又称吕尚、吕望、太公望、师尚父、齐太公等)其人,都应该是熟悉的,真可谓是家喻户晓,无人不知。之所以能够如此,我想可能是与后世小说《封神演义》、表现封神榜故事的传统戏剧以及近年与此相关的影视文学作品都有莫大关系。民间常用的歇后语"姜太公钓鱼——愿者上钩""姜太公在此——诸神归位"等,都在说他,同时也都说明了老百姓对他熟悉的程度。

在《封神演义》中,姜太公简直就是一个无所不能的神仙中人。他作为西周联军的最高指挥官,既能呼风唤雨,又能撒豆成兵,可以指挥世间万物、妖魔鬼怪为其冲锋陷阵,所以他能够打败殷纣王的军队,取得胜利,功德圆满,并将所有将领封为神仙,而他自己被列为仙班之首,不可谓不神通广大。

然而历史上真正的姜太公是个什么样的人呢?这还得离开富于神话色彩的历史演义,回到历史记录的本身。

《史记·齐太公世家》:"吕尚盖尝穷困,年老矣,以渔钓奸周西伯。……周西伯猎,果遇太公于渭之阳,与语大说……载与俱归,立为师。……周西伯昌之脱羑里归,与吕尚阴谋修德以倾商政,其事多兵权与奇计,故后世之言兵及周之阴权皆宗太公为本谋。……天下三分,其二归周者,太公之谋计居多。"此后周文王去世,太公又辅佐周武王伐纣,率领西部联军,戎车三百辆,虎贲三千人,军士四万五千人,牧野一战,克商灭纣,从此建立了周王朝。在灭商建周过程中,"师尚父谋居多"。《诗经·大雅·大明》:"牧野洋洋,檀车煌煌。驷骤彭彭,维师尚父,时维鹰扬。凉彼武王,肆伐大商,会朝清明。"正是对姜太公统率大军、指挥若定场面的歌颂、赞扬。

正因为姜太公是辅周灭商的开国元勋,功勋卓著,所以被西周分封到营丘建立齐国。"太公至国,修政,因其俗,简其礼,通商工之业,便鱼盐之利,而人民多归齐,齐为大国。"齐"以太公之圣,建国本",姜太公作为齐国的第一代国君,为这个东方大国的建立与发展打下了坚实的基础。

2008年南水北调工程中,考古工作者在山东省淄博市高青县陈庄发现西周时期齐国故城营丘遗址,在已发掘9座墓葬中出土了数十件青铜器,发现6件铜器上有铭文。内容为"丰般作文祖齐公尊彝"的铭文发现,引起学界重视,学者普遍认为,此"齐公"就是齐国开国国君姜太公。由此可见,文献记载的关于姜太公的事迹,虽然有些简略和相互抵牾,但基本上是可靠的。

由以上史料来看,我们大家都熟悉的姜太公,就是一个大器晚成的逆袭成功的励志典型人物。他给我们带来的启示是,如果一个人真的有才能,有水平,就不怕没人重视,是金子总会发光的。

正因为自己怀才多年终被器用,所以姜太公在长期的用人实践中,逐渐形成了自己的人才观。比如在其军事著作《六韬·龙韬·论将》中,姜太公就认为,"勇、智、仁、信、忠"五材是将帅必须具备的才能,缺一不可;并且提出应当把将领放在一定的环境中,有针对性地进行考察,考察鉴定方法就是"八征":"知之有八征:一曰问之以言,以观其辞。二曰穷之以辞,以观其变。三曰与之间谍,以观其诚。四曰明白显问,以观其德。五曰使之以财,以观其廉。六曰试之以色,以观其贞。七曰告之以难,以观其勇。八曰醉之以酒,以观其态。八征皆备,则贤、不肖别矣。"据《六韬·龙韬·王翼》记载,姜太公认为仅将帅一人具备"德、法、术"等才能还不够,还需要人才辅佐,发挥群策群力的作用,具体做法就是组成七十二人的军事领导、参谋等机构,从战争的各个方面为将帅出谋划策,排忧解难。为此,姜太公成立了作战筹划、地理位置测绘、粮草军备供应、情报侦察等十七类职能部门。

姜太公建立齐国以后,在政治上推行尊贤尚功的政策。就是选拔有才能的人做官,吸收大批当地东夷土著中的人才加入到齐国统治阶层,让他们在国家建设中发挥应有的作用。对通过考核符合选贤标准的人,不分亲疏,均用其所长,最大限度地发挥他们的积极性和创造性。这一用人路线,打破了西周以血缘关系为基础的"尊尊亲亲"的正统思想束缚,举贤任能,唯才是举。姜太公把用人提升到事关国家兴亡的高度,还提出了"六守""八征""六不用"的人才理论。所谓"六守",指的是仁、义、忠、信、勇、谋六个方面,这是姜太公选拔人才的标准;所谓"八征",就是姜太公考察人才的八种方法,即通过交谈问话、辩论、财物诱惑、女色诱惑、处理危难艰险、喝酒饮宴等全面了解人才的品德、能力;所谓"六不用",就是姜太公认为有六种人不可任用:奸佞之徒、诈取名誉者、假公济私者、互相拆台者、结党营私者、嫉贤妒能者。

姜太公注重人才使用的客观规律,发挥人才的能动优势,提出了"五材""八征"的用人原则,开创了"尊贤尚功"的人才使用之先河。可以说,这些人才观念与思想作为齐文化的精髓之一,为齐文化的形成、发展与强盛铺平了道路,也为后来齐国称霸称雄,位于诸国之上奠定了基础。

(作者系南开大学历史学院教授)

太公"因其俗"治齐的基础及其治国智慧初探

郭 丽

姜太公治理齐国,沿袭了齐地原有的风俗,简化了宗周礼乐文明制度,重视工商之业,重视渔业、煮盐业,通过与其他诸侯国的商业贸易,齐国迅速富裕,成为东方大国。与周公封鲁,用礼乐文明治理国家的方法不同,[①]太公因袭齐地原有的风俗,与齐地居民原有的个性特征、信仰、文化、自然环境密切相关,也与姜太公个人的背景相关,更显示出太公作为政治家,开创性地设立制度,治理齐国的智慧。

一

古代齐地的东夷人以渔猎为生,战斗性极强。朱骏声《说文通训定声》中说:"夷,东方之人也。"东方夷人好战,好猎,故字从大持弓会意,大,人也。齐文化中的尚武之风,齐人的勇猛善战,与传统东夷文化密切相关。传说中的太昊、少昊都是古东夷族的著名首领。《山海经》记载:"少皞生般,般是始为

---

① 逄振镐:《关于齐、鲁文化"融合"问题》,《管子学刊》1999 年第 1 期。

弓矢。"少皞即少昊。《说文解字·矢部》云："古者夷牟初作矢。"夷牟即牟夷，是东夷族的一支。

夏与东夷之间发生过权力斗争，东夷首领伯益曾干夏启之位，后羿又曾短暂代行夏政，少康亦赖东夷有鬲氏协助而得复国。此中涉及多个夏代齐地古国，斟灌与斟鄩为夏同姓方国，寒、过与有鬲同属东夷，斟灌、斟鄩与寒国在今山东潍坊市一带，过在今莱州市一带，有鬲则在今德州市南。斟灌与斟鄩支持仲康，而被寒浞所灭；过为寒浞之子封国，后为少康所灭；有鬲虽为夷族，却成为少康反攻的根据地，概因其地处鲁西北而易受夏文化浸润之故。

商汤灭夏，东夷多宣其力，伊尹为佐命功臣而起于空桑，正是东夷之贤者。故商以东方为战略后方，其军事扩张主要针对西北方的鬼方、羌方、土方等，对于东夷，除《竹书纪年》所载仲丁征兰夷及商末征人方外，很少有关于战争的记载。有商一代，基本视东夷为友邦，故齐地摆脱姒姓集团的束缚后几变为东夷土著方国之天下，山东中部有逢、薄姑、齐、谭等古国，东部有纪、莱、莒、夷等古国，其中以姜姓居多，亦有嬴姓、妘姓；另有东部遗存之禹后姒姓杞国，西南部之舜后妫姓遂国及东南部黄帝之后任姓薛国。此即商代齐地古国分布的大致态势。商末帝乙以来，与东夷兵戎相见，卜辞中可见征伐人方、尸方的记录，商纣用兵于东夷，祸国殃民，自残羽翼，周人乘虚伐之，乃有牧野之捷。

太康失国以及"纣克东夷而陨其身"（《左传·昭公十一年》）的事实说明，东夷族人与夏人、商人之间有着利益的冲突。齐地是殷商故地，在太公封齐之前，已成为一个多民族聚居的场所。齐地为东夷居住地之中心，此种尚武文化基因为齐文化所继承，齐国日后的称霸称雄皆以此作为依托。

齐地的人为多神崇拜。若从姜太公封齐往上追溯，齐地首领先后经过了爽鸠氏、逢伯陵、蒲姑氏、姜太公，朝代则经过了夏、商、周。长期以来，齐地人一直有祭神风俗，主要祭"八神"：一曰天主，二曰地主，三曰兵主，四曰阴主，五曰阳主，六曰月主，七曰日主，八曰四时主。按《史记·封禅书》的说法："八神将自古而有之，或曰太公以来作之。"说明了八神将的来源。"自古而有之",乃由历史流传而来,证明齐地祭祀八神的风俗习惯由来已久;"太公以来作之",不是太公凭空杜撰而生,是姜太公了解当地人的人文祭祀风俗,尊重其文化背景而产生的。两方面印证一个共同问题,齐地人祭祀风俗源远流长,对人的精神世界影响很大。齐人认为,天有天神,地有地主,山有山神,庙有庙主,各负其责。或祭祀山水,或祈祷庙神,都是企盼将精神的东西转化为物质的东西。齐人祭天神,当时表现为祭天齐渊,《史记·封禅书》说:"齐所以为齐,以天齐也。"齐是天地的中央,与上天等同而至高无上。齐人祭山神,《礼记·礼器》载:"齐人将有事于泰山,必先有事于配林。"孔颖达认为,齐人"有事于泰山,谓祭泰山也"。齐人祭水神,设水池祭济水,后人在井边祭井神,都属这一范畴。齐人祭日月星辰,《礼记·祭法》说:"幽宗,祭星也。"齐人祭祖先,《礼记·祭统》云:"凡天之所生,地之所长,苟可以荐者,莫不咸在,示尽物也。外则尽物,内则尽志,此祭之心也。"可以看出,齐地原有的文化,需要祭祀之物非常之多。

齐地风尚,巫术迷信色彩浓厚,海神的传说盛行,且自太公立国后,又大行"行礼祠名山大川及八神"而"依于鬼神"之事,这显然更似商人的习惯,与周人习俗不同。商人喜以日为名,历代商王多以天干入名,而齐国早期国君之称号亦如此,如丁公、乙公、癸公,应是继承商人习俗。另外,从齐地考古发掘中,发现较多的殉人、殉马墓葬。如1972年在郎家庄发现一座有26名殉葬人的大墓,又如临淄的殉葬600余匹战马的大型殉马坑,都带有明显的商文化的印记。商文化对齐文化的巨大影响于此可见一斑。

二

大量的考古资料表明,不管是齐地土生土长的人,还是后来涌入齐地的其他人,他们在齐地生存或是进入齐地的时候都创造着或是带来了他们各自的文化特点。商汤灭夏以后,因为商人原本就是东夷族的一支,在文化上与东夷文化有同源的关系,则东夷文化与商文化又进一步融合。虽然东夷文化在夏、商文化的冲击下并未丧失自己独立发展的地位,但也吸收了夏、商文化的许多东西。如殷商文化是一种尊神重巫的强烈的神本文化,后世齐地的风习,巫风仙气浓重,海仙崇拜盛行,这与"殷人尊神,率民以事神"(《礼记·表记》)的传统不无关系。

齐地原有的工商业文明发达,文化水平较高。《后汉书·东夷列传》云:"东夷率皆土著,憙饮酒歌舞。"其中的造酒乃是手工业的范围,盛酒的器具当是手工业产品。1966年在山东青州苏埠屯的晚商大墓里发现的玉蚕、出土的青铜器,可以说明商代的手工业在齐地已经初具规模。

三

自然地理环境是人类活动的场所,为人类提供了生产、生活资料,是人类赖以生存的根基。自然环境的差异对人类文化打下深深的烙印,进一步影响着以后的发展。齐地,东为半岛,环之以渤海、黄海、西面、北面有黄河天然屏障,南依泰沂山脉,是一种相对独立的自然地理环境。齐在初封之时是一个方圆百里的国家,多盐碱地,多山地、丘陵,只有少量的平原。《汉书·地理志下》说:"齐地负海舄卤,少五谷而人民寡。"虽然中间经过一系列的攻伐战争,齐国的疆域逐渐扩大,地理条件有了极大的改观,但环境的复杂性并未改变,平原所占比重仍不大。这样的地理条件,决定了单纯靠发展农业生产难以满足自身生存的需要。种植业、捕渔业、煮盐业、采矿业、纺织业成为齐人的谋生手段。齐人在自然地理环境下求生存,地理环境也影响了齐人的性格。尤其是齐人向海洋求生存的实践,在齐人性格方面打上了滨海民族性格的烙印。梁启超说:"海也者,能发人进取之雄心者也……彼航海者,其所求固自利也,然求之之始,却不可不先置利害于度外,以性命财产为孤注,冒万险于一掷也。固久于海上者,能使其精神,日益勇猛,日益高尚,此古来濒海之民,所以比于陆居者,活气较胜,进取较锐,虽同一种族而能忽成独立之国民也。"(《饮冰室文集》)齐人的性格豁达多智,在观念上崇尚以大为美,这也都与大海的博大辽阔及滨海平原的广阔有关。

西周王朝建立之前,临淄地区多是东夷人居住的地方。在商朝时,齐地应是交通比较发达的地区,至少应有几条比较畅通的干道。否则交通不便,姜太公"通商工之业,便鱼盐之利"的商旅政策的提出,将毫无条件所依。西周时齐地疆域有了扩大,交通也进一步向前发展。在齐故城的南面有山险凭借,在其西面有长白山屏障,在其西部和西北部有几条河流形成广阔的水阻,在其东面,有淄河水南北穿行。

四

关于姜太公的背景,《孟子·离娄章句上》说:"太公辟纣,居东海之滨。"说姜太公为避商纣的暴政,到东海居住,而《吕氏春秋·首时》则认为太公是东夷人:"太公望,东夷之士也。"这种说法为司马迁所继承,《史记·齐太公世家》载:"太公望吕尚者,东海上人。"《元和郡县图志》说,密州下属的莒县,有"汉海曲县,在县东一百六十里,属琅琊郡,有盐官。地有东吕乡东吕里,太公望所出也"。认为太公是今莒县东吕人。杨伯峻根据阎若璩的《四书释地续》,对姜太公里籍做出具体的考辨,认为姜太公的出生地,当在今山东省东部黄海之滨的日照莒县一带,这正是司马迁所说的"东海上人"的意思。艾兰教授认为,太公应姓吕(《尚书·顾命》)。吕姓,如司马迁所示,是姜部落的统治家族,可以上溯其祖先到为尧帝服务的四岳。周朝建立时,姜人居于中国的中部和东部,渭水和黄河合流的地方。这与司马迁所说"太公望吕尚者,东海上人",亦即他是一个中国东海岸人一说相矛盾。司马迁也许要说明太公与位于山东半岛中心的齐国的密切关系,毕竟他是齐国声名卓著的开创者和德高望重的祖先。在这一点上,《左传》说他"世胙大师,以表东海"。太公被尊奉为其家族之先祖,这就意味着这个地方是他和他的后代子孙的居住地了。①

姜太公封齐,实际上可能有周武王考虑到他的军事才能,想让他制服东夷人的因素在。在地理位置上,齐国可以凭借淄河的天然屏障,东拒平度莱人,而莱人进攻齐国却因淄河相隔造成困难,同时割断平度莱人与淄博博山区莱人的联系,形成鲁国和齐国对莱人的夹击之势。东夷人蒲姑氏,主要活动在齐地,姜太公封齐三年后,蒲姑串通武庚禄父及三监作乱,周公平定武庚、管、蔡之后,又率兵东征,讨伐蒲姑,将其灭掉,加封于齐国。王献唐认为,周武王用以夷制夷的政策,把姜太公封到齐国,在山东中部大体建立了一条面对东方的防夷战线。

姜太公初封齐,其疆域为方百里。除齐地之外,周天子赋予太公"五侯九伯,女实征之"的权力。征伐的范围是:东至于大海,西至于黄河,南至于穆陵,北至于无棣,以辅助周天子。这里的黄河,指的是古黄河,流经今河北及河南;穆陵,在今山东中南部;无棣,在今山东北、河北一带。可见,姜太公封齐,在军事方面,是为了构筑东方的防御体系,既可消灭此处的商人残余势力,又可威慑夷人,同时将鲁、齐两地周公和姜太公连成南北一线,形成掎角之势。

五

姜太公在齐国,"修政,因其俗,简其礼"。"修政",即修明政治环境。"因其俗",就是尊重当地人的风俗习惯、人文环境。"简其礼",把周朝的礼仪内容简约化,让当地民众易于接受,开创了一个宽松的政治环境、文化氛围。

经济上,姜太公根据齐地历史背景,"通商工之业,便鱼盐之利"。姜太公的这一经济政策,开创了齐国工商立国、富国的传统,也成为继任者一以贯之的政策,使齐国由原来地薄人少的穷国,发展为百业兴旺、人才济济的富强之

---

① [美]艾兰:《周汉文献中所见的太公望》,《世袭与禅让——古代中国的王朝更替传说》,商务印书馆2010年版,第143~186页。

国,齐国出现了"冠带衣履天下,海岱之间敛袂而往朝焉"(《史记·货殖列传》)的盛况。齐国工商业风尚,影响了齐人性格的形成。

太公立国,因袭齐地原有东夷人的文化习俗,加以改造和发展。齐文化中的东夷文化习俗的存在,太公起了关键性的作用。太公保留了齐地的本土文化,促成了东夷文化、姜炎文化与周文化的融合,齐文化在形成的时候,表现出了极大的开放性和兼容性。这就使得齐地境内的不同性格、不同信仰、不同风俗习惯、不同文化背景的百姓,和谐相处,最终走向融合,"人民多归齐,齐为大国"(《史记·齐太公世家》)。

工商业的持续繁荣也给齐国的风俗、观念和文化带来了显著影响。商业的发展使齐人积聚了相当的财富,使齐国成为富裕的诸侯国,"齐地方二千里……粟如丘山","财畜货殖,世为强国"(《盐铁论·轻重》)。财富的增加让人们有能力追求更高的物质享受,致使尚奢之风盛行。尚奢成为齐俗的一大特色,"临淄甚富而实……家敦而富,志高而扬"(《战国策·齐策一》)。作为一个工商业国度,商品贸易的发展要求人们走出去,又允许外人走进来,这种交流开阔了人们的眼界和胸怀,带来观念的转变和人才的交流。在齐地,天下商贾归齐若流水的同时,其他职业的人也涌入,使齐"具五民"。不同文化背景的人杂处在一起,增强了齐人对外来文化、外来事物的适应和接受能力,齐人因此有开放豁达、与时俱进的性格特征。

(作者系山东理工大学齐文化研究院教授、文献研究所所长)

太公望的立国思想及其对齐国的影响

李玉洁　黄有汉

西周初年太公望因功劳而封于齐国。《左传·僖公四年》云:"昔召康公命我先君大公曰:'五侯九伯,女实征之,以夹辅周室。'赐我先君履,东至于海,西至于河,南至于穆陵,北至于无棣。"西周时期,太公望封在齐国,国都营丘,是齐国的始封君,并且得到了征伐之大权,齐国迅速发展起来。太公望虽然是西周王朝的股肱亲信之臣,但是封于齐国之后就有了明确的、与西周王朝有别的立国思想。太公望治理齐国,主要采取"以工商立国""因俗简礼""尊贤上功"的立国方针。这些治国之策对姜姓齐国甚至以后的田姓齐国都产生了深远的影响。

一、太公望"以工商立国"对齐国的影响

太公望封于齐国,采取以工商业立国,发展工商业的治国方针,对齐国的发展有重要的作用。《史记·货殖列传》云:"太公望封于营丘,地潟卤,人民寡,于是太公劝其女功,极技巧,通鱼盐,则人物归之,襁至而辐凑。故齐冠带衣履天下,海岱之间敛袂而往朝焉。"《汉书·地理志》记载:"太公以齐地负海

舄卤,少五谷而人民寡,乃劝以女工之业,通鱼盐之利,而人物辐凑……号为冠带衣履天下。"太公望的建国理念,与齐国的地理环境相结合,对齐国的发展产生了重大影响,在此基础上形成了辉煌的独具特色的齐文化。齐自立国以来,就把"商工之业"视为国家的根本。太公望采取"通商工之业,便鱼盐之利"的措施,使齐国迅速发展壮大,成为一个强大的诸侯国。

春秋之后,齐国继续采取工商立国的国策。《史记·货殖列传》云:"其后齐中衰,管子修之,设轻重九府,则桓公以霸,九合诸侯,一匡天下;而管氏亦有三归,位在陪臣,富于列国之君。是以齐富强至于威、宣也。"这段记载说明齐自太公望时,就以工商业而富,使"海岱之间敛袂而往朝焉"。春秋时期,管仲治齐,设轻重九府,使齐国富强,直至战国时期的齐威王、齐宣王时期。《史记·正义》云:"管子云'轻重'谓钱也。夫治民有轻重之法,周有大府、玉府、内府、外府、泉府、天府、职内、职金、职币,皆掌财币之官,故云九府也。"司马迁在《史记·货殖列传》中认为,齐国发展商业,是其霸业形成的重要原因。

管仲认为,国家要对工商业进行控制。《国语·齐语》记载,管仲提出:"昔圣王之处士也,使就闲燕;处工,就官府;处商,就市井;处农,就田野。""四民者,勿使杂处。杂处则其言哤,其事易。"三国吴韦昭注:"哤,乱貌;易,变易也。"管仲让"士之子恒为士""工之子恒为工""商之子恒为商""农之子恒为农"。管仲认为,这四种民互不干扰,各司其事,各从其业,政府就容易管理。

管仲主张,把农民固着在土地上,使他们安土重迁,从事农功,不见异物而迁。管仲说:"令夫农,群萃而州处,察其四时,权节其用,耒、耜、枷、芟,及寒,击菒除田,以待时耕;及耕,深耕而疾耰之,以待时雨;时雨既至,挟其枪、刈、耨、镈,以旦暮从事于田野。……少而习焉,其心安焉,不见异物而迁焉。是故其父兄之教不肃而成,其子弟之学不劳而能。夫是,故农之子恒为农,野处而不昵。"[①]

管仲还提出在农业方面"相地而衰征,则民不移;政不旅旧,则民不偷;山

---

① 上海师范大学古籍整理组校点:《国语·齐语》,上海古籍出版社1978年版,第228页。

泽各致其时,则民不苟;陆、阜、陵、墐、井、田、畴均,则民不憾;无夺民时,则百姓富;牺牲不略,则牛羊遂"。在这里,管仲提出了一整套关于农业的思想。他从农器、农时,以至耕作、饲养牲畜都提出具体的方案,要农民旦暮从事田野,至死不迁。管仲还提出"相地而衰征"的田赋制度,按照田地的肥硗而收取地税,从而以实物地租代替了西周以来的劳役地租。

对待手工业者,管仲提出也要他们居住在一处,不准迁业。管仲说:使手工业者"旦暮从事,施于四方,以饬其子弟,相语以事,相示以巧,相陈以功"。对待商人,管仲要求他们也要住在一起,"察其四时,而监其乡之资,以知其市之贾,负、任、担、荷,服牛、轺马,以周四方,以其所有,易其所无,市贱鬻贵,旦暮从事于此,以饬其子弟,相语以利,相示以赖,相陈以知贾"。[①]

管仲提出的这一整套的商贾政策和思想,是工商食官的思想。他要商人们审时度势,了解市场情况,然后"负、任、担、荷,服牛、轺马",到各地去经营,"以其所有,易其所无,市贱鬻贵",以营其利。还要这些商人教给自己的子弟从事工商业的技巧等,使"商之子恒为商"。

《国语·齐语》还记载了管仲治齐,"制国以为二十一乡:工商之乡六;士乡十五"。把工商者集中起来居住,以便于管理。《左传·昭公二十年》记载,齐国"山林之木,衡鹿守之。泽之萑蒲,舟鲛守之。薮之薪蒸,虞候守之。海之盐蜃,祈望守之"。齐国商业贸易全都在官府的控制之下进行。

《史记·平准书》云:"齐桓公用管仲之谋,通轻重之权,徼山海之业,以朝诸侯,用区区之齐显成霸名。"《史记·货殖列传》云:管仲"设轻重九府"。这些记载说明管仲治齐时期,设轻重九府以管理经营工商业者所得的利润和钱财。这是自西周即太公望之后,对工商业采取的措施,管仲进一步发展了这一政策。管仲治齐,修轻重之法。工商立国的思想成为春秋时期齐国的国策。

管仲根据齐国的具体情况,提出"通齐国之鱼盐于东莱"[②],从而繁荣了齐国的经济。管仲没有"重农抑商"的思想,他主张工商食官制,即由政府控制

---

① 上海师范大学古籍整理组校点:《国语·齐语》,上海古籍出版社1978年版,第227页。
② 上海师范大学古籍整理组校点:《国语·齐语》,上海古籍出版社1978年版,第247页。

工商业;主张士、农、工、商,不准迁业。然而他亦具有农末俱利的思想观点。

二、太公望"因俗简礼"国策对齐国的影响

《史记·鲁周公世家》云:"鲁公伯禽之初受封之鲁,三年而后报政周公。周公曰:'何迟也?'伯禽曰:'变其俗,革其礼,丧三年然后除之,故迟。'太公亦封于齐,五月而报政周公。周公曰:'何疾也?'曰:'吾简其君臣礼,从其俗为也。'及后闻伯禽报政迟,乃叹曰:'呜呼,鲁后世其北面事齐矣!夫政不简不易,民不有近;平易近民,民必归之。"《索隐》云:"言为政简易者,民必附近之。近谓亲近也。"

太公望受封以后,入乡随俗,采取了因俗简礼的政策,迅速地与齐地的土著居民融合,使这些土著之民很快地归附。太公望对土著民的贤能之士又破例重用,这对齐国政治的发展有重大意义。

春秋时期,周王室及其所属的姬姓诸侯国已经排除了原始社会遗留下来同姓为婚的婚姻风俗,他们认识到"男女同姓,其生不蕃"。《左传·宣公三年》云:"吾闻姬、姞耦,其子孙必蕃。"因此,周代实行异姓婚姻。先秦时期,以周王室为代表的姬姓贵族基本摆脱了同姓婚姻的桎梏,推行异姓婚姻,故《礼记·大传》曰:"虽百世而婚姻不通者,周道然也。"

齐国亦属华夏诸国的系统,又是周王室的姻亲,但齐受封于东夷地区,太公望受封后,"简其君臣礼,从其俗",故春秋时期,齐国保持着许多原始部族的遗风。同姓为婚,甚至兄妹婚的婚姻形式在齐国被认为是很平常的事。

齐国贵族之间同姓为婚的现象也层出不穷。如齐釐公之女文姜与其兄长齐襄公有长期的私通关系。《史记·齐太公世家》云:"四年,鲁桓公与夫人如齐。齐襄公故尝私通鲁夫人。鲁夫人者,襄公女弟也,自釐公时嫁为鲁桓公妇,及桓公来而襄公复通焉。"《左传·襄公二十五年》载,齐国崔武子聘娶东郭偃之姊。东郭偃说:"男女辨姓,今君出自丁,臣出自桓,不可。"并经卜筮,不吉。但因东郭偃之姊貌美,崔武子终娶之。《左传·襄公二十八年》还

记载了齐庆封娶同姓卢蒲癸氏之女的事情。

齐国虽然保留着许多原始婚姻的遗风,但是齐国妇女较少受到礼法的约束。春秋时期,齐国女性在婚姻方面比较自由。《汉书·地理志》云,齐国"于是令国中民家长女不得嫁,名曰'巫儿',为家主祠,嫁者不利其家,民至今以为俗"。在这种环境下生活的齐国女性就没有太多的束缚,她们的聪明才智得到较充分的发展,为社会做出了较大的贡献。其实在春秋时期,齐国就出现了许多优秀的女性。春秋齐国之相管仲有一个小妾名婧,聪明过人。她破解了当时卫国的寒士宁戚对齐桓公所说"浩浩乎白水"的隐喻,使齐国得到一个治国的贤能之士。管仲之妾婧是一个有学问的女性。又春秋齐景公时期,齐伤槐女之父因酒醉,碰伤了槐树而当死。伤槐女找到国相晏子,指出"犯槐者刑,伤槐者死"是"爱树而贱人",此令不当。齐因此而"罢守槐之役,拔置悬之木,废伤槐之法"。①伤槐女也是一个勇敢而聪明的女性。

齐宣王有一个丑女王后,名曰钟离春。钟离春由于长得丑,年届40尚未嫁出,因此自请见齐宣王。齐宣王经过对她的问询,发现此人在政治上很有见解,属于一个贤能之士,于是立钟离春为王后。钟离春为齐宣王时期的盛世做出了重要的贡献。刘向《列女传》卷六《辩通传》记载:

> 钟离春者,齐无盐邑之女,宣王之正后也。其为人极丑无双,白头、深目、长指、大节、印鼻、结喉、肥顶、少发、折腰出胸、皮肤若漆,行年四十,无所容入,衒嫁不售,流弃莫执;于是乃拂拭短褐,自诣宣王,谓谒者曰:"妾,齐之不售女也。闻君王之圣德,愿备后宫之扫除,顿首司马门外,唯王幸许之。"
>
> ……
>
> (钟离春对齐宣王)曰:"今大王之君,国也。西有衡秦之患,南有强楚之仇,外有二国之难,内聚奸臣,众人不附。春秋四十,壮男不立不务,众子而务众妇,尊所好,忽所恃。一旦山陵崩弛,社稷不定,此一殆也。

---

① 〔汉〕刘向:《列女传》卷六《辩通传》,四库全书版。

渐台五重,黄金、白玉、琅玕、笼疏、翡翠、珠玑、幕络、连饰,万民罢极,此二殆也。贤者匿于山林,谄谀强于左右,邪伪立于本朝,谏者不得通入,此三殆也。饮酒沈湎,以夜继昼,女乐俳优,纵横大笑,外不修诸侯之礼,内不秉国家之治,此四殆也。故曰:殆哉!殆哉!"

于是宣王喟然而叹曰:"痛乎!无盐君之言,乃今一闻。"于是拆渐台,罢女乐,退谄谀,去雕琢,选兵马,实府库;四辟公门,招进直言,延及侧陋,卜择吉日,立太子,进慈母,拜无盐君为后。而齐国大安者,丑女之力也。君子谓钟离春正而有辞。《诗》云:"既见君子,我心则喜。"此之谓也。颂曰:无盐之女干说齐宣,分别四殆,称国乱烦,宣王从之,四辟公门,遂立太子,拜无盐君。①

齐宣王认为钟离春语出惊人,是一个不平凡的女子;任用钟离春,对国家的富强,以及消除国家的弊病都是非常有好处的。清陈厚耀《春秋战国异辞》卷三十九云:齐宣王"拜无盐君为王后,而国大安"。

相传齐湣王有一个王后是宿瘤女,因脖子上有一个大瘤,故称为宿瘤女。长宿瘤,当是古代人缺碘的缘故。宿瘤女为齐湣王整顿内宫,崇尚节俭,使齐国大治。齐湣王灭宋国,称帝号,泗上诸侯皆朝齐国。齐国在齐湣王时达到鼎盛时期。宿瘤女死后,齐湣王遭到燕国的侵袭,几乎亡国,齐湣王被杀。当然,齐国的鼎盛之世,以及齐湣王被杀,都是多种原因造成的,后人认为,如果齐湣王的王后宿瘤女在,齐湣王当不会死得如此之惨。

此外,春秋战国时期,齐国还有许多杰出的女性。如齐威王虞姬娟之、齐相之妻孤逐女、拒绝苟得之利的田稷母等皆是聪明有为的女性,她们为齐国的政治发展、国家富强做出了重要的贡献。

汉代刘向《列女传》卷六《辩通传》共写十四名女性,齐国占七名。这些女性,多是有见识、有能力而为国家做出贡献的女子。这与齐国的社会背景有密切的关系。

---

① 〔汉〕刘向:《列女传》卷六《辩通传》,四库全书版。

三、太公望"尊贤上功"国策对齐国的影响

西周王朝自建国以后,特别是周公之后,采取宗法制度,这是典型的"亲亲尊尊"的治国方针。也就是说,周王室对于国家官吏的任用是采取亲亲尊尊制,即以亲情远近为标准和基础的。贵族们和王室的血缘关系越近,就越会被委以重任,其地位就越尊贵、显赫。《左传·隐公十一年》曰:"周之宗盟,异姓为后。"周人的宗法与会盟,也是以同姓为大。而太公望却采取了与周王室不同的"尊贤上功"的方针。《吕氏春秋·长见》云:"吕太公望封于齐,周公旦封于鲁,二君者甚相善也,相谓曰:'何以治国?'太公望曰:'尊贤上功。'周公旦曰:'亲亲上恩。'"《汉书·地理志》亦云:"初太公治齐,修道术,尊贤智,赏有功,故至今其土多好经术,矜功名,舒缓阔达而足智。"

在太公望"尊贤上功"国策的影响之下,齐桓公不记带钩之仇,任管仲为相,就是齐国任用贤能之士的典型范例。春秋初年,即位之前的齐桓公即公子小白与公子纠争夺国君之位。管仲是公子纠之谋臣,为了让公子纠即位,管仲埋伏在小白从莒国回齐国的路上,一箭射中小白,欲把小白射死。但这支箭刚好射在小白的带钩上,小白佯死,瞒过了管仲。后来小白回国即位为齐君,知管仲贤能,就不记带钩之仇,任管仲为相进行改革,使齐国大治。

管仲改革又采取书伐制和三选制,为下层贤能之士的升迁提供了机会,敞开了大门。齐桓公虚心求贤,不避寒微,从民间选拔贤才,以辅齐国。

《吕氏春秋·举难》还记载了齐桓公任用卫国寒士甯戚的故事。甯戚穷困无以自进,于是为商旅将赶车至齐,暮宿于郭门之外。甯戚饭牛居车下,击牛角疾歌。桓公闻之曰:"异哉!之歌者,非常人也。"于是命车将歌者带进宫中,经过谈话,问以治国之策。"桓公大说,将任之。"群臣争之曰:"客,卫人也。卫之去齐不远,君不若使人问之,而固贤者也,用之未晚也。"桓公曰:"不然。问之,患其有小恶,以人之小恶,亡人之大美,此人主之所以失天下之士也已。"甯戚其后在齐国受到重用。

关于齐桓公访贤的故事很多,如齐桓公与管仲谋伐莒,谋未发而伐莒之事已在国中传遍。齐桓公追查其事,结果追查到一个正在服役抬土的人,名叫东郭牙。东郭牙对管仲说,我看您的脸上有兵革之色,而且"臣窃以虑诸侯之不服者,其惟莒乎,故臣言之"。齐桓公认为东郭牙亦是一贤能之士,就破格任用东郭牙。

齐桓公任人唯贤,拔贤能之士于贫贱卑劣之中,广选贤能,使齐国政治出现一片生机勃勃的局面。齐桓公时期,国势日益增强。齐国的东南部有莱、莒、徐夷、吴、越等国,齐桓公首先对这些国家进行征伐,"一战帅服三十一国"[1],从而稳定了齐国的后方。齐桓公兴灭国,继绝祀,攘夷狄,尊王室,成为中原诸夏的保护者,赢得了诸夏国家的信任和支持。孔子说:"管仲相桓公,霸诸侯,一匡天下,民到于今受其赐。微管仲,吾其被发左衽矣。"[2]齐桓公已经成为天下的盟主。

齐国的"尊贤上功"国策,为贤能之士提供了上升的条件和机会,当然也为以后的"田氏代齐"打下了基础。

(作者分别系河南大学黄河文明与可持续发展研究中心教授、河南大学历史文化学院教授)

---

[1] 上海师范大学古籍整理组校点:《国语·齐语》,上海古籍出版社1978年版,第242页。
[2] 杨伯峻:《论语译注·宪问》,中华书局2006年版,第170页。

姜太公修德谋国的"阴权"考察

徐日辉

一、历史的轮回与再续

中国自夏王朝建立以来到清王朝结束,在近4000年的岁月中,能够改变历史进程的人物不足百人,而兴周灭纣的姜太公是当之无愧的一位。姜太公吕尚,姓姜氏吕,名望,又名子牙,所以后人称其为姜尚、姜子牙。姜太公是中国历史上杰出的政治家、谋略家和军事家,被称为"兵学之祖"。

姜子牙生活在商末周初,距今已有3000多年的历史。远去的时光使姜太公在民间被演绎为具有离奇莫测的半仙之体,有关他的故事传说在民间文学、小说和戏曲中表现得更是神乎其神、引人入胜,这大半与姜太公出身低微、长期坎坷却老年荣耀的传奇经历相关。《史记·齐太公世家》称:"吕尚盖尝穷困,年老矣,以渔钓奸周西伯。"表明姜太公至少在60岁之前很不得志,实在没有办法,只好在古稀之年来到周人统治之地。

对此,出土文献郭店楚简《穷达以时》称:"吕望为臧棘津,战监门来地,行年七十而屠牛于朝歌,兴而为天子师,遇周文也。"《尉缭子·武议》:"太公望年七十,屠牛朝歌,卖食盟津。过七年余而主不听,人人谓之狂夫也。"《说苑·杂言》:"吕望行年五十,卖食于棘津,行年七十,屠牛朝歌,行年九十,为天子师,则其遇文王也。"《盐铁论·颂贤》:"太公之穷困,负贩于朝歌也,蓬头相聚而笑之。当此之时,非无远筋骏才也,非文王、伯乐莫知之贾也。"不过,考察姜太公的家世,绕不开司马迁在《史记·齐太公世家》中的记载。司马迁称:

> 太公望吕尚者,东海上人。其先祖尝为四岳,佐禹平水土甚有功。虞夏之际封于吕,或封于申,姓姜氏。夏商之时,申、吕或封枝庶子孙,或为庶人,尚其后苗裔也。本姓姜氏,从其封姓,故曰吕尚。①

作为珍贵的历史记载,我们从司马迁的笔下得知姜太公虽然穷困潦倒,却有着深厚的家族文化根基和传承。如若不然,姜太公凭什么能够成为帝师并指挥周兵与商纣交战于牧野?如同楚汉之际集军事理论与军事指挥于一身的大军事家韩信。② 姜太公不但有着深厚的家庭文化背景,而且有着足够的知识储备,只不过未有机遇而已。

对于姜太公具体是何方人氏,历来有各种说法,司马迁称之为"东海上人",即今江苏、山东沿海一带。不过,在今河南卫辉市曾经出土了一通石碑,其碑文为《齐太公吕望表》,为晋武帝太康十年(289)汲县县令卢无忌所作,以颂扬其祖吕望的功德。其中碑文记载姜太公是汲县即今卫辉市人。由于碑文记载与负责整理汲冢书的荀勖在《穆天子传序》中的记载一致,因此有不少专家认定姜太公为此处人氏。后来姜太公因生活所迫四处漂泊,包括在商朝国都朝歌及其周边一带活动。最后,年老体迈混不下去了,只好回到祖先发迹的西部,等待机遇。

姜太公的先祖是帝尧时期的四岳之一。四岳,为四人,是当时最具权威的四方部落首领,与大禹治水相关。《尚书·尧典》记载:

> 帝曰:"咨!四岳。汤汤洪水方割,荡荡怀山襄陵,浩浩滔天。下民

---

① 〔汉〕司马迁:《史记·齐太公世家》,中华书局1959年版,第1477页。
② 张大可、徐日辉:《张良萧何韩信评传》,南京大学出版社2002年版,第200页。

其咨,有能俾乂?"佥曰:"于!鲧哉。"帝曰:"吁!咈哉,方命圮族。"岳曰:"异哉!试可乃已。"帝曰:"往,钦哉!"九载,绩用弗成。

帝尧时期洪水泛滥,成为影响国家兴盛和民族发展的头等大事,尧感到责任重大,于是咨询四岳。四岳推荐了治水专家鲧,尧不大放心,也不能驳四岳的面子,只好让鲧试试看。结果鲧用了9年时间未能治理好水患,后来让鲧的儿子大禹继承父亲的工作,又用了13年,终于大获成功。对此,《史记·夏本纪》记载比较详细:"当帝尧之时,鸿水滔天,浩浩怀山襄陵,下民其忧。尧求能治水者,群臣四岳皆曰鲧可。尧曰:'鲧为人负命毁族,不可。'四岳曰:'等之未有贤于鲧者,愿帝试之。'于是尧听四岳,用鲧治水。九年而水不息,功用不成。于是帝尧乃求人,更得舜。舜登用,摄行天子之政,巡狩。行视鲧之治水无状,乃殛鲧于羽山以死。天下皆以舜之诛为是。于是舜举鲧子禹,而使续鲧之业。"就起用何人治水而言,尽管尧有不同看法,但四方部落首领都认为鲧是最佳选择,尧也只好答应。可见四岳在当时的地位举足轻重。

正因为如此,或者说因推荐鲧禹有功,即"佐禹平水土甚有功",所以四岳被封于吕、申。姜太公在吕,所以以吕为氏,但姓姜。姜太公既然姓姜,为什么又称其为吕尚呢?这源于中国传统的姓氏制度。

姓氏是中国人身份的标志,是中华文明中最具特色的传统文化之一,堪称源远流长,考古发现最早出现在商代,在出土的甲骨文中已经得到证实。但实际上姓是非常少的,中国最初只有姬、姜、妫、姒、嬴、姞、姚、妊八大姓。宋儒郑樵在《通志总序》中说:"生民之本,在于姓氏。帝王之制,各有区分,男子称氏,所以别贵贱;女子称姓,所以别婚姻,不相紊滥。"所以要想获得"姓"确实不易,例如,黄帝有二十五子,得姓者十四人,为姬、酉、祁、己、滕、箴、任、荀、僖、姞、儇、依等十二姓,其中荀姓无可考,酉、滕、箴、儇、依也没有多少材料,有四人分属二姓,可见古代中国对姓的认同是相当地严格。

郑樵《通志·氏族略》又说:"三代之前,姓氏分而为二,男子称氏,妇人称姓。氏所以别贵贱,贵者有氏,贱者有名无氏。今南方诸蛮,此道犹存。古之诸侯,诅辞多曰'坠命亡氏,蹐其国家',以明亡氏则与夺爵失国同,可知其为贱也。故姓可呼为氏，氏不可呼为姓。姓所以别婚姻，故有同姓、异姓、庶姓之别。氏同姓不同者，婚姻可通。姓同氏不同者，婚姻不可通。"由于姓氏与血缘相联系，所以姓氏的另一大特点就是区别婚姻，这在以宗法制为单位、以血缘为纽带的古代中国尤为重要。

姓氏制度发展到了周代，见于记载者开始多了起来。到春秋时，可考的有姬、姒、子、风、嬴、己、任、祁、芊、曹、妘、董、姜、偃、归、曼、熊、隗、漆、允等姓。

不过，在古代中国姓与氏是有区别的，姓是姓，氏是氏。姓是血缘标志，氏为身份象征。天子赐姓命氏，最早发生在夏代，《国语·周语下》称："帅象禹之功，度之于轨仪，莫非嘉绩，克厌帝心。皇天嘉之，祚以天下，赐姓曰姒，氏曰有夏，谓其能以嘉祉殷富生物也。胙四岳国，命以侯伯，赐姓曰姜，氏曰有吕，谓其能为禹股肱心膂，以养物丰民人也。"是故有禹被赐姓"姒"，氏曰"有夏"之说。禹能被赐"姒"姓，氏曰"有夏"，是因为禹被舜推荐去承父业继续领导治水，经过13年的努力终于大获成功，受到天下人的称赞。于是得到了帝舜的赐姓命氏。禹称帝后"国号曰夏后，姓姒氏"，据说是中国姓氏的开始。

现在人们已经分不清什么是姓，什么是氏。将姓与氏合称，是在礼崩乐坏的战国时期，而真正合为一称者则是从司马迁写《史记》开始，自此姓氏不分、合二为一，并且沿袭至今。①

姜姓，中国最古老的姓之一，始于炎帝，据记载炎帝生于姜水（在今天的陕西宝鸡市的姜城堡附近），以水命名为姜。姜与姬都源于西北地区的渭水流域。《国语·晋语》记载："昔少典娶于有蟜氏，生黄帝、炎帝。黄帝以姬水成，炎帝以姜水成。成而异德，故黄帝为姬，炎帝为姜。"这是季子劝重耳的一段话。季子与重耳都是姬姓，是黄帝的后裔，他们对自己的历史应该是清楚的，所以这段有关炎、黄出生地的最早记载，为历代史家所重视。

《帝王世纪》也称："炎帝神农氏，姜姓也。母曰任己，有蟜氏之女，名曰女

---

① 徐日辉：《姓氏文化说略》，载《河洛文化与姓氏文化》，河南人民出版社2009年版，第72~77页。

登,为少典正妃。游华山之阳,有神农首感女登于尚羊,生炎帝,人身牛首,长于姜水,有圣德。黄帝有熊氏,少典之子,姬姓也。母曰附宝……见大电光绕北斗枢星,照于郊野,感附宝,孕二十四月而生黄帝于寿丘。长于姬水,龙颜有圣德……受国于有熊,居轩辕之丘,故因以为号。"姜、姬二族世世通婚共同发展,才形成了影响深远的炎黄文化。[1] 因此姜与姬有着传统的友好关系,其中四岳是由姜姓的羌族发展而来的,在和姬姓部落结成联盟之后,联手打败了殷纣王,灭掉了商朝,建立了周朝。

周人姬姓,姜太公姓姜。姜太公转了一大圈,正如《楚辞·九辩》所言:"太公九十乃显荣兮……"最终还是回到了老祖先发迹的地方。作为历史的轮回,姜太公与姬发父子在原点再续前缘,重新携起手来推翻殷商王朝。

二、以德谋国的成功实践

考察古代中国军事理论的发展,作为中国兵学之祖,姜太公是我国古代军事史上首次出现之名将,为后世兵家所敬仰。事实上姜太公最大的贡献就在于谋国,即司马迁所说的"阴权",这才是军事宝藏的核心所在。司马迁称:

> 周西伯昌之脱羑里归,与吕尚阴谋修德以倾商政,其事多兵权与奇计,故后世之言兵及周之阴权皆宗太公为本谋。[2]

司马迁是中国最杰出的历史学家,他究天人之际,通古今之变,尤其是他本身也是一位具有极高军事素养的专家,因此考察他对姜太公的评论,意义非常深刻。作为关键词的"本谋",所指正是以国家为基础的大谋略,是以大一统为目标的大战略。

中国的历史,准确地讲是中国一统的政权史,其中不乏数以千计的战争。

---

[1] 徐日辉:《记叙与研究神农氏的煌煌巨著——〈炎帝志〉》,载《厥功甚伟 其德至大——〈陕西省志·炎帝志〉汇评》,西安出版社2011年版。
[2] 〔汉〕司马迁:《史记·齐太公世家》,中华书局1959年版,第1478~1479页。

从夏朝开始延续不断,并且被今天的考古资料所证实。① 正因为中国文明的发展历来与战争相关,战争成为军事家的摇篮,催生了军事理论的发展,其中最早的代表人物便是大名鼎鼎的姜太公。②

世人常言姜太公足智多谋,善于用兵,汉初三杰之一的张良之所以决胜千里之外,学习的正是《太公兵法》。《史记·留侯世家》记载,张良圯桥三进履之后,得到黄石老人的一部书:"旦日视其书,乃《太公兵法》也。良因异之,常习诵读之。……良数以《太公兵法》说沛公,沛公善之,常用其策。"后帮助刘邦统一了天下。

不过,这只是一个方面。军事斗争与国家和集团利益密不可分,作为政治斗争的一部分,战争虽然说是实现政治目的的手段,但是,如何实现战争之既定目标?穷兵黩武与修德谋国结果会大相径庭,尤其是民心民意的取向。出土文献《六韬》称:

> (天)下非一人之天下也,天下之天下也;国非一人国也……仁之所在,天下归之。□□……义之所在,天下归之。凡民者,乐生而亚(恶)死,亚(恶)危而归利。
>
> 毋取民者取民,毋取国者取国,毋取天下者取天下,取民者,民利之;取□者,□利之;取天下者,天下利之。道在不可见,□□□可闻,胜在不可知。

天下非一人之天下,有德者居之,无德者失之,是传统的理念。孔子说:"为政以德,譬如北辰居其所而众星共之"(《论语·为政篇》),孟子亦称"德之流行,速于置邮而传命"(《孟子·公孙丑》)。《太平御览》卷八十四引《周书》与此相同,曰:"文王昌曰:'吾闻之无变古,无易常,无阴谋,无擅制,无更创,为此则不祥。'太公曰:'夫天下,非常一人之天下也;天下之国,非常一人之国也。莫常有之,惟有道者取之。古之王者,未使民民化,未赏民民劝,不

---

① 徐日辉:《〈史记·五帝本纪〉之黄帝考疏》,载《逐鹿中原》,陕西人民教育出版社2006年版,第135~148页。
② 徐日辉:《略论管子与齐军事思想的发展》,载《管子学刊》2011年第2期。

知怒,不知喜,愉愉然其如赤子。此古善为政也。'"

殷纣灭亡,完全是咎由自取。《史记·殷本纪》记载,殷纣王极为残暴,"百姓怨望而诸侯有畔者,于是纣乃重刑辟,有炮格之法"。同时堵塞言路,"王子比干谏,弗听。商容贤者,百姓爱之,纣废之"。而且奢靡无度,其"好酒淫乐,嬖于妇人","以酒为池,县肉为林,使男女倮相逐其间,为长夜之饮"。在纣王"惟荒腆于酒"的影响下,全社会是"诞惟民怨,庶群自酒,腥闻在上",终于导致了亡国。正如董仲舒对汉武帝所言:"至于殷纣,逆天暴物,杀戮贤知,残贼百姓。伯夷、太公皆当世贤者,隐处而不为臣。守职之人皆奔走逃亡,入于河海。天下秏乱,万民不安,故天下去殷而从周。""天下去殷而从周",正是周文王与姜太公针对殷纣制定的战略方针和具体实施方案的结果,不能不说棋高一着。

《周书》曰:"文王独坐,屏去左右,深念远虑,召太公望曰:'帝王猛暴无文,强梁好武,侵凌诸侯,苦劳天下,百姓之怨心生矣。其教予奚行而得免于无道乎?'太公曰:'因其所为,且兴其化,上知天道,中知人事,下知地理,乃可以有国焉。'"[①]周文王"敬老,慈少。礼下贤者,日中不暇食以待士,士以此多归之。伯夷、叔齐在孤竹,闻西伯善养老,盍往归之。太颠、闳夭、散宜生、鬻子、辛甲大夫之徒皆往归之。……西伯阴行善,诸侯皆来决平。于是虞、芮之人有狱不能决,乃如周。入界,耕者皆让畔,民俗皆让长"[②],于是"西伯归,乃阴修德行善,诸侯多叛纣而往归西伯。西伯滋大,纣由是稍失权重"[③]。历史的天平开始向西伯倾斜,其中姜太公的谋略居功至伟。《史记·齐太公世家》称:"西伯昌之脱羑里归,与吕尚阴谋修德以倾商政,其事多兵权与奇计,故后世之言兵及周之阴权皆宗太公为本谋。周西伯政平,及断虞芮之讼,而诗人称西伯受命曰文王。伐崇、密须、犬夷,大作丰邑。天下三分,其二归周者,太公之谋计居多。"

---

① 〔宋〕李昉等:《太平御览》卷八十四引《周书》,四库全书版。
② 〔汉〕司马迁:《史记·周本纪》,中华书局1963年版,第116~117页。
③ 〔汉〕司马迁:《史记·殷本纪》,中华书局1963年版,第107页。

对于姜太公修德谋国的"阴权",后人多有评论。如《列子·说符》:"投隙抵时,应事无方,属乎智。智苟不足,使若博如孔丘,术如吕尚,焉往而不穷哉?"《楚辞·七谏·沉江》:"纣暴虐以失位兮,周得佐乎吕望。"当西伯在姜太公的辅佐下完成谋国的部署之后,战争就成为最后的手段,而牧野之战则成为姜太公军事指挥的绝唱。

发生在公元前1046年的武王灭纣,姜太公以最高军事长官"太师"的身份在战场指挥。《逸周书·克殷解》记载:"周车三百五十乘陈于牧野,帝辛从。武王使尚父与伯夫致师。王既以虎贲戎车驰商师,商师大败。"

据《史记·周本纪》记载,牧野之战中,纣王集结了70万大军反击周军,"武王使师尚父(吕尚)与百夫致师,以大卒(主力)驰帝纣师"。军事专家认为"当时周军由姜尚指挥虎贲勇士,先向敌人挑战和冲击"[①],主力大军紧接着展开攻击,并且是大获全胜。《诗经·大雅·大明》歌颂曰:"牧野洋洋,檀车煌煌。驷騵彭彭,维师尚父,时维鹰扬。凉彼武王,肆伐大商,会朝清明。"事实上,战斗进行得极为惨烈,一说是血流成河,以至于木杵可以在上边漂流。

作为军事斗争的总结,姜太公为世人留下了著名的《六韬》,这是我国军事著作系统中的开山之作。当然了,《六韬》未必就是吕尚亲手所著,但由于长期担任西周最高军事长官,他的军事活动与军事思想在当时被总结,为后人所学习是没有问题的。结合周初情况及吕尚事迹分析,《六韬》确有部分内容与吕尚的军事思想一致,《六韬》一书,很可能最早是记载吕尚军事思想的语录,后来不断被人们增饰,到战国时,逐渐形成了现在的《六韬》。仔细考察可知,《六韬》主要体现的是姜太公政治思想与军事思想的结合,与司马迁所说"后世之言兵及周之阴权皆宗太公为本谋"的观点完全吻合。

正因为姜太公的以德谋国之"阴权"是大谋略,与西伯昌一拍即合,所以姜太公的地位一直是最高的,排在周公旦的前边。从西伯昌在渭水旁遇见姜子牙立其为师以来,父子两代尊其为文武之师。《史记·周本纪》记载:"武王

---

① 慕中岳、武国卿:《中国战争史》,金城出版社1992年版,第17~18页。

即位,太公望为师,周公旦为辅,召公、毕公之徒左右王,师修文王绪业。"

牧野之战的第二天,"明日,武王立于社,群公奉明水,卫康叔封布采席,师尚父牵牲,史佚策祝,以告神讨纣之罪。散鹿台之钱,发钜桥之粟,以振贫民。封比干墓,释箕子囚。迁九鼎,修周政,与天下更始。师尚父谋居多"①。周武王一统天下,照例是论功行赏,姜太公首屈一指,为首封之臣。

>武王追思先圣王,乃襃封神农之后于焦,黄帝之后于祝,帝尧之后于蓟,帝舜之后于陈,大禹之后于杞。于是封功臣谋士,而师尚父为首封。封尚父于营丘,曰齐。封弟周公旦于曲阜,曰鲁。封召公奭于燕。封弟叔鲜于管,弟叔度于蔡。余各以次受封。②

2008年10月至2010年1月在淄博市高青县花沟镇东南的陈庄遗址中,就出土有带"齐公"铭文的青铜器,印证了史籍的记载。尽管周武王夺取了天下,但依然离不开姜太公的指导,继续问政于姜太公,上博楚简《武王践阼》称:

>王问于师尚父曰:"不知黄帝、颛顼、尧、舜之道存乎?意几亡不可得而睹乎?"师尚父曰:"丹书。王如欲观之,盍斋乎?将以书见。"武王斋三日,端服冕,降堂阶,南面而立。师尚父:"夫先王之书,不与北面。"武王西面而行,矩□折而南,东面而立。师尚父奉书,道书之言曰:"怠胜敬则亡,敬胜怠则长;义胜欲则从,欲胜义则凶。仁以得之,仁以守之,其运百;不仁以得之,仁以守之,其运十世;不仁以得之,不仁以守之,及于身。"

此虽为《大戴礼记》中的一篇,但给我们的记忆却是明确的。因为我们看到,在周武王灭纣第八年的一次宴会上,姜太公就处在司正的位置。清华简《耆夜》记载:

>武王八年,征伐耆,大戡之。还,乃饮至于文大室。毕公高为客,召公保奭为介,周公叔旦为主,辛公䜋甲为位。作册逸为东堂之客,吕尚父

---

① 〔汉〕司马迁:《史记·齐太公世家》,中华书局1959年版,第1480页。
② 〔汉〕司马迁:《史记·周本纪》,中华书局1959年版,第127页。

命为司正,监饮酒。

《淮南子·缪称训》:"太公望、周公旦,天非为武王造之也;崇侯、恶来,天非为纣生之也。有其世,有其人也。"刘安讲虽然是时势造英雄,但在人物排序的问题上,姜太公是公认的第一位。正如司马迁在《太史公自序》中所说:"申、吕肖矣,尚父侧微,卒归西伯,文武是师;功冠群公,缪权于幽;番番黄发,爰飨营丘。"诚如是,姜太公封于齐,是齐文化之祖,延续绵长,熠熠生辉。

(作者系浙江工商大学人文与传播学院教授)

姜太公《六韬》仁学思想发微

郑先兴

仁学是儒家学说的重要范畴。考察仁学的发展,孔子之前已经产生了仁学的概念,孔子只是对仁学予以损益,提出了自己的学说。在这里,以《六韬》为依据,考察殷末周初著名政治家、军事家姜太公的仁学思想,从而揭示儒家仁学的特征。不当之处,敬请专家同人雅正。

一、姜太公其人及其研究状况

姜太公,名姜尚、吕尚,字子牙,号飞熊,约公元前1156年至约公元前1017年在世。殷末周初著名的军事家、政治家。周朝的奠基者与开创者,也是古代兵学的奠基人。

姜太公的始祖为炎帝之后四岳,因功被封为吕(在今河南南阳西),夏商时逐渐衰微成为庶人。姜尚前半生贫困潦倒,后垂钓渭水,被西伯侯聘用,委以重任。《史记·齐太公世家》载:"周西伯猎,果遇太公于渭之阳,与语大说,曰:'自吾先君太公曰"当有圣人适周,周以兴"。子真是邪?吾太公望子久矣。'故号之曰'太公望',载与俱归,立为师。""周西伯昌之脱羑里归,与吕尚阴谋修德以倾商政,其事多兵权与奇计,故后世之言兵及周之阴权皆宗太公为本谋。"在姜太公的辅佐下,周文王、武王灭商建周。"封师尚父于齐营丘","太公至国,修政,因其俗,简其礼,通商工之业,便鱼盐之利,而人民多归齐,齐为大国"。

姜尚的历史贡献,除了事功的兴周灭纣、开创齐国,还有立言的传世兵学典籍《六韬》。《庄子·徐无鬼》:"女商曰:'先生独何以说吾君乎?吾所以说吾君者,横说之则以《诗》《书》《礼》《乐》,从说之则以《金板》《六弢》,奉事而大有功者不可为数,而吾君未尝启齿。"王先谦注:"司马、崔云:'《金版》《六弢》,皆《周书》篇名。'或曰秘谶也。本又作《六韬》,谓太公《六韬》,文、武、虎、豹、龙、犬也。"1972年,山东临沂银雀山的一座西汉古墓出土的竹简中,发现《六韬》残片共五十多枚。1973年,河北定州八角廊汉墓中,也出土《六韬》的竹简残本。这些证明《庄子》所说的《六韬》当属先秦文献,是姜尚所作。

对姜太公与《六韬》的研究,在社会各界的重视下,主要从两个方面展开:一是姜太公的故里、形象及其文化价值的研究。如,仝晰纲:《姜太公的里籍及其归周前后的活动》,《山东师范大学学报(社会科学版)》2000年第4期;《关于姜太公故里"日照"说之解读》,《中国地名》2011年第4期。郭超:《姜太公故里古吕国地望考辨》,《江汉论坛》2017年第7期。孔德贤、李志清:《姜太公故里在卫辉太公泉——司马迁〈史记·齐太公世家〉探疑》,《河南师范大学学报》1993年第4期。冯敏:《姜太公研究》,山东师范大学2018年硕士学位论文。卜祥伟:《论姜太公思想文化软实力及当代价值》,《管子学刊》2018年第4期。二是《六韬》的成书及其思想研究。如,徐树梓:《姜太公法治思想及其对后世的影响浅说》,《管子学刊》1996年第3期。陈青荣:《〈六韬〉书名辨析》,《齐鲁学刊》1998年第3期。骆真:《姜太公民本思想浅探》,《兰台世界》2013年第18期。王一剑:《〈六韬〉的政治哲学思想研究》,曲阜师范大学2015年硕士学位论文。刘爱敏:《从〈汉书·艺文志〉看姜太公在道家思想史上的地位》,《管子学刊》2018年第4期。

二、姜太公仁学的意趣及本质

《六韬》中,姜尚谈论仁学的地方虽然不多,但是却有着精意深旨。

(一)仁是国家治理的方式与目标之一,其义是与民众共享财富。

《六韬·文韬·文师》:

文王曰:"树敛若何,而天下归之?"

太公曰:"天下非一人之天下,乃天下之天下也。同天下之利者,则得天下;擅天下之利者,则失天下。天有时,地有财,能与人共之者,仁也;仁之所在,天下归之。免人之死,解人之难,救人之患,济人之急者,德也;德之所在,天下归之。与人同忧同乐,同好同恶者,义也;义之所在,天下赴之。凡人恶死而乐生,好德而归利,能生利者,道也;道之所在,天下归之。"

文王问:用什么办法能立国敛税,又能赢得民众归附?姜太公说,办法就是一个,只要抱着天下为公的理念,与天下民众共享财富,即可获得民众的归附支持;如果专擅财富,就会失去天下民众的支持。因为财富的涌现和获得是受到自然的季节所限制的,只有与民众共享财富,才是仁;做到了仁的要求,民众就会归附。免除人的死罪,解除人的困难,拯救人的祸患,救济人的困难,这就是德;做到了德的要求,民众就会归附。能够与民众共享忧愁、欢乐,有着共同的爱好、憎恶,这就是义;做到了义的要求,民众就会听命。人的本性都是厌恶死亡而欢喜生存,喜好济厄扶困并能赢得利益,能够给民众谋得生存和利益的,就是道;做到了道的要求,民众就会归附。

姜太公认为,获得政权的基础就是赢得民众的支持,而赢得民众的支持,必须达到仁、德、义、道四个条件。仁就是与民众共享财富,德是能济厄扶困,义是与民众共享精神,道是为民众谋取生存福利。可见,政治家与民众的关系是给予与享有。政治家的职责就是给予,民众的权益就是享有,而给予与享有的义项,就是仁所蕴含的布财、德所蕴含的救难、义所蕴含的慰藉与道所蕴含的济生。可见,仁、德、义、道四个义项,分别是指财富、困厄、精神与福祈等四个人生状况,它们既相互关联,又互不相同。

由此,仁的含义,就是指君主能够与民众共享财富、带领民众创造财富,或者直接施赠民众财富。所以,《六韬·文韬·守土》:"是故,人君必从事于富。不富无以为仁,不施无以合亲。"人君必须从事财富的创造,没有财富就不能做到财富的共享,不能施赠财富聚合民众。可见,仁的意义就是以财富聚合民众,收拢民心,从而赢得民众的支持。

(二)仁是选人用人的标准之一,其义是指那些富裕而不违纪与不忍使唤人的人。

《六韬·文韬·六守》记载,文王请教国家治理的办法,姜太公强调关键在于选人用人。

  文王曰:"六守者何也?"

  太公曰:"一曰仁,二曰义,三曰忠,四曰信,五曰勇,六曰谋,是谓六守。"

  文王曰:"慎择六守者何?"

  太公曰:"富之而观其无犯;贵之而观其无骄;付之而观其无转;使之而观其无隐;危之而观其无恐;事之而观其无穷。富之而不犯者,仁也;贵之而不骄者,义也;付之而不转者,忠也;使之而不隐者,信也;危之而不恐者,勇也;事之而不穷者,谋也。"

姜太公说,选人用人的标准有仁、义、忠、信、勇、谋等六种,同时也有六个观察标准,这就是使他富裕看其是否违法乱纪,使他尊贵看其是否骄慢强横,使他传话看其是否能按原话传达,使他调查看其是否隐瞒不报,使他危难看其是否恐惧退缩,使他做事看其是否成功完满。富裕又不违纪的,就是有仁者之心的人;尊贵而不骄横的,就是有道义的人;传话而不私改的,就是忠心的人;调查而不隐瞒的,就是有诚信的人;危难而不恐惧的,就是勇敢的人;做事而不半途而废的,就是有智谋的人。

在姜太公看来,仁是富裕而不犯纪,义是高贵而不骄横,忠是照办而不私改,信是求实而不作伪,勇是临危而不惧,谋是随事而应变。选人用人,当从这六种人中来挑选。

据《六韬·龙韬·论将》记载,武王请教将帅的特征,姜太公说,将帅有五种美德与十种致命的过错,即"五材""十过"。

"所谓五材者:勇、智、仁、信、忠也。勇则不可犯,智则不可乱,仁则爱人,信则不欺,忠则无二心。"五种美德就是勇敢、明智、仁慈、诚信、忠实。勇敢就不可侵犯,明智就不会遭遇扰乱,仁慈就会爱人,诚信就会表里如一,忠实就不会背叛。

"所谓十过者:有勇而轻死者,有急而心速者,有贪而好利者,有仁而不忍人者,有智而心怯者,有信而喜信人者,有廉洁而不爱人者,有智而心缓者,有刚毅而自用者,有懦而喜任人者。勇而轻死者,可暴也。急而心速者,可久也。贪而好利者,可遗也。仁而不忍人者,可劳也。智而心怯者,可窘也。信而喜信人者,可诳也。廉洁而不爱人者,可侮也。智而心缓者,可袭也。刚毅而自用者,可事也。懦而喜任人者,可欺也。"

有致命的过错的十种人包括,勇敢而冒险的,暴躁而急于求成的,贪婪好利的,仁慈而不使唤人的,明智而胆小的,诚信而轻信的,廉洁而刻薄的,多谋而犹豫的,刚愎自用的,懦弱而依赖的。勇敢而冒险的,可以被激怒丧智。暴躁而急于求成的,可以被持久拖垮。贪婪好利的,可以贿赂他。仁慈而不使唤人的,可以使他劳累疲惫。明智而胆小的,可以胁迫他。诚信而轻信的,可以欺骗他。廉洁而刻薄的,可以使他被辱蒙羞。多谋而犹豫的,可以偷袭他。刚愎自用的,可以阿谀纵容他。懦弱而依赖的,可以哄骗他。由此,在姜太公看来,将帅的十种过错,即是己方选择将帅所应该注意的,也是攻击敌方的突破口。

(三)仁是非军事谋略的方法之一,其义是用经济、政治、文化手段达到军事攻伐的目的。《六韬·武韬·文伐》载:

文王问太公曰:"文伐之法奈何?"

太公曰:"凡文伐有十二节:

"一曰：因其所喜，以顺其志。彼将生骄，必有奸事。苟能因之，必能去之。

"二曰：亲其所爱，以分其威。一人两心，其中必衰；廷无忠臣，社稷必危。

"三曰：阴赂左右，得情甚深。身内情外，国将生害。

"四曰：辅其淫乐，以广其志，厚赂珠玉，娱以美人；卑辞委听，顺命而合，彼将不争，奸节乃定。

"五曰：严其忠臣，而薄其赂，稽留其使，勿听其事。亟为置代，遗以诚事，亲而信之，其君将复合之。苟能严之，国乃可谋。

"六曰：收其内，间其外。才臣外相，敌国内侵，国鲜不亡。

"七曰：欲锢其心，必厚赂之。收其左右忠爱，阴示以利，令之轻业，而蓄积空虚。

"八曰：赂以重宝，因与之谋。谋而利之，利之必信，是谓重亲。重亲之积，必为我用。有国而外，其地大败。

"九曰：尊之以名，无难其身，示以大势，从之必信，致其大尊，先为之荣，微饰圣人，国乃大偷。

"十曰：下之必信，以得其情。承意应事，如与同生。既以得之，乃微收之。时及将至，若天丧之。

"十一曰：塞之以道；人臣无不重贵与富，恶死与咎。阴示大尊，而微输重宝，收其豪杰。内积甚厚，而外为乏。阴纳智士，使图其计；纳勇士，使高其气。富贵甚足，而常有繁滋。徒党已具，是谓塞之。有国而塞，安能有国。

"十二曰：养其乱臣以迷之，进美女淫声以惑之，遗良犬马以劳之，时与大势以诱之，上察而与天下图之。

"十二节备，乃成武事。所谓上察天，下察地，征已见，乃伐之。"

姜太公为武王谋取政权提出了十二条办法：第一，投其所好，养其所骄，将出现违法乱纪的事情，如能顺势而为，即能颠覆其政权。第二，亲近所爱，离间其属。人有二心，家族必衰败；廷无忠臣，社稷就危险。第三，暗地里贿赂其身边的人，并建立深厚感情；身在曹营心在汉，国家生起祸患。第四，助长其淫乐之心，以扩大其欲望；多贿赂其珠宝、美女。言听计从，迎合其兴趣，使其松懈斗志，即可达到自己的意愿。第五，严肃对待其忠臣，少行贿，拖延其来访，不听其言事；这样敌国国君肯定会找人替代他，这时候再诚心诚意与他交好，以合两国之好。敌国国君定然会怀疑他，不再信任他。那么，这个国家即可被颠覆了。第六，收买其内臣，离间其外臣。有才能的臣属帮助外敌，敌人却在内部侵扰，国家必然会灭亡。第七，想使对手忠心于己，必须多贿赂他，收买其信任的下属，暗地里允诺其利益，使其渎职，导致其国库空虚。第八，贿赂重宝，并与之谋取更多的财富；他得到财富就会更信任亲近我们，那么就会为我所用。国内臣属都心向外敌，国家必然败亡。第九，给予其尊贵的名分，不让其身陷困境，使其心悦诚服，让其享有尊贵位置；首先让其有荣誉，再让其有圣人名号，其国逐渐被削弱。第十，委身获得信任，进而获取感情，顺心诚意为其做事，亲如兄弟。进而，稍稍控制，等待时机，一旦时机成熟，即可取而代之，好像天要灭之。第十一，蔽塞其消息。人性贪图富贵，厌恶死亡祸患。暗暗地给予其尊贵，并赠送其瑰宝，拉拢其豪杰。内地里蓄积大量财富，表面上却显得困乏。暗地里吸纳有智之士，请其出谋划策；吸纳勇猛之士，鼓舞其斗志。财富与显贵充足，又不断增加。自己的党羽丰满了，就是禁锢了对方的发展。对方难以发展，其国家还怎能生存？第十二，培养众多的乱臣来迷惑他，进贡美女淫声来迷乱他，赠送良犬骏马来慰劳他，用时势发展前景来诱惑他，看准时机与民众共同灭之。

  姜太公的"十二节""文伐"，看起来繁茂芜杂，但是若用之前立国敛税赢得民众归附的仁、德、义、道来审视，即可发现：属于仁的，有第三、四、五、七、八、十一；属于德的，有第九；属于义的，有第一、二、十；属于道的，有第六、十二。在这里，属于仁的有六种，占整个"文伐"的一半。可见，姜太公的"文伐"主要是依靠经济(贿赂)手段瓦解敌人，使其放弃自己的国家，忠于自己的。换句话说，"文伐"就是依靠施舍赠财的方式赢得敌方的民心。由此，作为非军事攻击的战略形式,仁就是用经济手段攻破敌方。

综上所述,姜太公认为,仁学是国家治理的方式,即用经济共享来赢得民众;仁学是选官用人的标准,就是看人富裕后还能否遵纪守法;仁学是克敌制胜的非军事化战略,就是用经济手段使得敌方的民众倒戈支持自己。总之,仁学的本质就是利用经济赢得民心,就是亲民爱民。

据《六韬·文韬·守土》载,文王曰:"何谓仁义?"太公曰:"敬其众,合其亲。敬其众则和,合其亲则喜,是谓仁义之纪。"

姜太公认为,君主要尊敬民众,团结宗亲。民众受尊敬相互之间就和顺,宗亲团结相互之间就高兴。这就是仁义实施的社会目标,也是国家治理的基本境界。可见,仁的本质就是亲民爱民。

三、姜太公仁学的贡献及特征

姜太公的仁学论述,尤其是将仁学看作君主以财富聚拢民心的手段的观点,在仁学思想史上有着重要的历史贡献与鲜明的特征。

将散财于民看作仁学的要义,是姜太公对之前远古到3000多年前的历史总结。据《礼记·礼运·大同篇》记载,远古以来的社会发展,经历了"天下为公"的大同社会。其首领为传说中的黄帝、颛顼、帝喾、少暤、尧、舜、禹等。史书没有记载这些君王怎样为民众所拥戴,但是大量记载了这些君王最初通过施舍钱财团结起民众从而成为首领的事例。《大戴礼记·五帝德》,帝喾"博施利物,不于其身……取地之财而节用之,抚教万民而利诲之"。《尹文子》:"尧德化布于四海,仁惠被于苍生。"《尸子·君治》:"舜兼爱百姓,务利天下。其田历山也,荷彼耒耜,耕彼南亩,与四海俱有其利;其渔雷泽也,旱则为耕者凿渎,俭则为猎者表虎。故有光若日月,天下归之若父母。"可见,古代君王都是以为民众谋福利而赢得民众的支持爱戴的。姜太公将这一优良传统总结为仁学,可以说这是非常精辟准确的。而将仁学升华为选官用人的标准,正是对仁学以财富聚拢民心的君王德行的推广与运用,是将爱戴君王的标准灵活运用到社会管理上了。至于将仁学进一步作为"文伐"战略以谋取对敌对人士的策反,更是姜太公的活学活用。

与儒家创始者孔子相比,姜太公的仁学思想有着鲜明的特征。姜太公的仁学是与物质财富密切相关的,是专讲人们的经济关系的,当属于今天的政治经济学范畴。孔子的仁学不讲物质财富,只讲人的孝亲。《论语·学而》:"有子曰:'……孝弟也者,其为仁之本与!'"可以说,孔子的仁学当属于政治伦理学范畴。

尽管如此,准确地把握姜太公的仁学思想,则能更好地理解孔子的思想。如果没有对姜太公仁学思想的正确认知,孔子的仁学话语就很难理解。如《论语·里仁》:"子曰:'里仁为美。择不处仁,焉得知?'子曰:'不仁者不可以久处约,不可以长处乐。仁者安仁,知者利仁。'"又曰:"唯仁者,能好人,能恶人。"在这里,如果明白了姜太公仁学中的物质财富意义,那么孔子所谓的"知者利仁"就可以理解了,即聪明的人会发挥仁的功效来实现自己的愿望。同样地,明白了姜太公的仁学战略意义,就可以理解"唯仁者,能好人,能恶人"的意蕴了,即仁者能让人学好,也能让人变坏。《论语·雍也》:"己欲立而立人,己欲达而达人。"则是从姜太公共享财富的角度出发,升华为共享精神了。

(作者系南阳师范学院汉文化研究中心教授)

姜太公早期人生经历与民本思想的多源性

薛瑞泽

关于姜太公在中国历史上的贡献,学术界多有论述,对其思想内容的探讨亦有不少研究。但是,对于其思想的形成过程,即姜太公早期的人生经历对其思想的影响则涉及不多。关于姜太公早期经历,史书仅有其出生地和早年"屠牛朝歌,卖食盟津"寥寥数句,本文兹从这两方面入手,探索其思想形成过程,以期有助于对姜太公的深入研究。

一、姜太公出生地的讨论

关于姜太公的出生地即籍贯问题,传统史书记载有不同的说法,大约有十种之多。[①] 学术界关于姜太公出生地讨论的论文也有多篇,显示出学术研究的活跃局面。兹选取具有代表性的观点加以剖析,以明姜太公的出生地对其民本思想产生的影响。关于姜太公出生地不同说法出现的时间前后有差异,为了论述的方便将相关材料胪列如次。

---

① 郭超:《姜太公故里古吕国地望考辨》,《江汉论坛》2017年第7期。

其一，姜太公为东海人。《史记》卷三十二《齐太公世家》云："太公望吕尚者，东海上人。其先祖尝为四岳，佐禹平水土甚有功。虞夏之际封于吕，或封于申，姓姜氏。夏商之时，申、吕或封枝庶子孙，或为庶人，尚其后苗裔也。"《史记·集解》引《吕氏春秋》曰："东夷之土。"《史记·索隐》："谯周曰：'姓姜，名牙。炎帝之裔，伯夷之后，掌四岳有功，封之于吕，子孙从其封姓，尚其后也。'按：后文王得之渭滨，云'吾先君太公望子久矣'，故号太公望。盖牙是字，尚是其名，后武王号为师尚父也。"从《史记》及《集解》《索隐》的记述可以看出，姜尚为东海人，此其一说。另有先祖封于吕、申等地，这两个地点均在今南阳境内。姜太公先祖从吕或申到达东海，其间如何迁移史书没有记载。司马迁所记载的地名"东海"不可能是个方位词，这里所指应为东海郡，《汉书》卷二十八上《地理志上》云："东海郡，高帝置。莽曰沂平。属徐州。"东海郡在汉高祖时期已经设立，司马迁在《史记》中所说的"东海"应是指东海郡无疑。其地包括今鲁南和苏北的部分地区。这里又有"东夷"与"东海"的矛盾问题，我们说"东海"是指东海郡，那么"东夷"显然不是汉代的政区观念，《吕氏春秋》称姜太公为东夷人，汉代高诱注："太公望，河内人也。于周丰、镐为东，故曰东夷之士。"毕沅亦认为高诱"此云河内，不知何本"。陈其猷指出："河内非夷地，以河内在周之东而称东夷，未闻。东海在齐，即《有始》'齐之海隅'，古东夷之地，故曰东夷之士。"①如此而论，东夷与东海非一地，东海应当包括在东夷之内。但其实在史书中，东夷是山东地区一些少数民族或邦国的通称，如此而论，河内在太行山以东，称其为东夷或是本此。

其二，姜太公为莒县人。《后汉书·郡国志三》记载，琅邪国下辖西海县，刘昭注补引《博物记》："太公吕望所出，今有东吕乡。又钓于棘津，其浦今存。"②刘昭为南朝梁人，其补注所引的《博物记》应当就是晋张华所著的《博物志》，证明晋代已经有了姜太公为莒县人这种说法。《元和郡县图志》卷十二《河南道七·密州》"莒县"云："汉海曲县，在县东一百六十里，属琅邪郡，有盐

---

① 陈其猷校释：《吕氏春秋校释》，学林出版社1984年版，第771页。
② 〔宋〕范晔：《后汉书·郡国志三》，中华书局1973年版，第3460页。

官。地有东吕乡东吕里,太公望所出也。"《汉书》卷二十八上《地理志上》记载,东海郡下辖海曲县。上述两种说法都可以看作姜太公为东海人的史料依据。

其三,姜太公为汲县人。《淮南子》卷十三《氾论训》曰:"太公之鼓刀。"高诱注云:"太公,河内汲人。有屠、钓之困,卒为文王佐,翼武王伐纣也。"①《全晋文》卷八十六汲令卢无忌《齐太公吕望表》云:"齐太公吕望者,此县人也。遭秦燔书,史失其籍。"此碑为"太康十年(289)三月丙寅朔十九日甲申造"。这里明确提出了姜太公为汲县人。《全北齐文》卷六穆子容《太公吕望表》亦有相似记载。卢无忌太康中为太子洗马,出为汲令,其所记载或有所本。《水经注》卷九《清水》云:"(汲县)城东门北侧有太公庙,庙前有碑。碑云:太公望者,河内汲人也。县民故会稽太守杜宣白令崔瑗曰:太公本生于汲,旧居犹存……城北三十里有太公泉,泉上又有太公庙,庙侧高林秀木,翘楚竞茂,相传云,太公之故居也。晋太康中,范阳卢无忌为汲令,立碑于其上。"以此而论,姜太公出生于汲县,在汲县还留存有以他命名的太公泉、太公庙。言之凿凿,似乎已无异论。

上述哪一种说法合理,我们有必要作一辨识。汲县与东海郡乃至莒县均相距甚远,三者必然有其一是准确的。孟子曰:"太公辟纣,居东海之滨,闻文王作,兴曰:'盍归乎来!吾闻西伯善养老者。'"汉代赵岐注:"太公,吕望也,亦辟纣世,隐居东海,曰闻西伯养老。二人皆老矣,往归文王也。"由此可见,东海仅仅是姜太公躲避殷纣王迫害的隐居之地。之所以有姜太公为东海郡人的说法,是因为东海为姜太公的封地。

弄清姜太公的出生地对于我们认识其早年的生活经历具有重要的学术价值。姜太公人生观形成的重要时期应当说是在故乡时,这时正处于商朝末年,社会矛盾尖锐,其所生活的故乡,临近商都朝歌,深切感受到民众在商末所遭受的残酷压榨,故而产生了民本思想。

---

① 何宁:《淮南子集释》,中华书局1998年版,第967页。

二、姜太公的早年经历

姜太公吕望早年的人生经历，对其思想的形成具有重要的影响。姜太公流传至今的资料显示其曾"屠牛朝歌，卖食盟津"，应当说都是社会下层为谋生而从事的职业，从职业可以看出其艰难的生存方式。

关于姜太公早年"屠牛朝歌，卖食盟津"的经历，从先秦到明清的历代典籍中多有记述，显现出姜太公早期的人生磨难对其最终成为周王朝的重臣有着密切的关系。先秦时期，有多部典籍曾提到姜太公经商的经历。《尉缭子》卷二《武议》云："太公望年七十，屠牛朝歌，卖食盟津。过七年余而主不听，人人谓之狂夫也。"《鹖冠子》卷下《世兵》曰："太公屠牛。"陆佃曰："《传》曰：'太公少贫，卖浆，值天凉；屠牛卖肉，值天热而肉败。'"① 这两部典籍的记载表明，姜太公在早年曾有在朝歌、盟津等地经商的经历，但这种经商并不顺利，"卖浆"遭遇"天凉"。何谓"浆"，《说文》云："浆，酢浆也。"即一种微酸的饮料，估计应当是解渴或消暑的饮料。杀牛卖肉遭到"天热而肉败"，可见姜太公靠做小买卖生活的艰难。这一小工商业者的形象及买卖不顺的遭际，其实是为了彰显姜太公艰苦砥砺意志，而最终遇到周文王并走向发达的奇特道路。

到了汉代，更多的史籍中出现了借先人之口描述姜太公经商的情况。韩婴《韩诗外传》卷七第六章云："吕望行年五十，卖食棘津，年七十屠于朝歌，九十乃为天子师，则遇文王也。"同书卷八第二十四章载冉有答鲁哀公云："太公望少为人婿，老而见去，屠牛朝歌，赁于棘津，钓于磻溪，文王举而用之，封于齐。"② 这里提到了姜太公年轻时为他人女婿，年老之后被赶走。除朝歌为商都之外，棘津（在今河南省延津县东北）、磻溪（在今陕西省宝鸡市东南）都在黄河中下游地区，姜太公为了生存在各地经商显示了从故乡到关中地区经商的便利。刘向《列女传》卷六《辩通传·齐管妾婧》中载管仲妾婧曾经说："昔

---

① 黄怀信：《鹖冠子汇校集注》，中华书局2004年版，第275页。
② 〔汉〕韩婴撰，许维遹校释：《韩诗外传集释》，中华书局1980年版，第244页，第296页。

者太公望年七十,屠牛于朝歌市,八十为天子师,九十而封于齐。"①管仲姜婧通过描述姜太公坎坷的人生经历,展现了他最终为太子师并得以分封的人生历程。刘向《说苑》卷八《尊贤》邹子说梁王云:"太公望,故老妇之出夫也,朝歌之屠佐也,棘津迎客之舍人也。"卷十七《杂言》云:"吕望行年五十,卖食于棘津,行年七十,屠牛朝歌。"《史记·齐太公世家》司马贞《索隐》引蜀汉士人谯周曰:"吕望尝屠牛于朝歌,卖饮于孟津。"这些记述都反映了姜太公早年的商贩经历,与早期的记述有相同的作用。姜太公由经商到为天子师,再到封地于齐,看似没有任何联系,但他辗转不同地区以求生存、求知遇的经历,则显现了社会动荡年代知识阶层的不懈追求。

汉代之后,关于姜太公早年经商的经历仍然为历代人们津津乐道。李白《梁甫吟》:"君不见,朝歌屠叟辞棘津,八十西来钓渭滨。"秦观《司马迁论》:"吕尚困于棘津。"明代彭汝让《木几冗谈》曰:"太公少贫,卖浆,值天凉。屠牛卖肉,值天热,而肉败。士之未遇如此。"②姜太公虽然是一颗明珠但未遇明君,只能经商求生,事事不顺。清代阮葵生《茶余客话》卷十八《覆水难收》录《鹖冠子》注:"太公少婿马氏,老而见去。卖浆孟津不售,改图贩面,值大风。屠牛朝歌,天热肉败。"这些记述使姜太公经商的形象更加丰满,体现了后人对姜太公身处逆境而坚持不懈地追求报效社会的人生境界的肯定,同时也为周文王慧眼识才,发现并任用他做了铺垫。

姜太公早年坎坷的人生经历对其思想的形成有重要的影响,如果汲县作为其故乡的说法能够成立,从故乡到朝歌或孟津、棘津都不算太远,所经营的物品或是家庭饲养业所提供的牛,或是就地取材的"浆",艰难的谋生过程,使其对民众的生存困境有了深刻的了解,故而对其民本思想的产生奠定了社会基础。

---

① 〔汉〕刘向编撰,张涛译注:《列女传译注》,山东大学出版社1990年版,第203页。
② 〔明〕彭汝让:《木几冗谈》,中华书局1985年版,第7页。

三、姜太公民本思想的多源性

作为商末周初的人物,姜太公民本思想的产生与其早年坎坷的人生经历有着密切的关系,同时,姜太公归附周文王、周武王之后,周人重视农业的传统也影响到了姜太公,使其重视农业发展,关注农夫的生存,同时在自己的封国之内大力发展经济,使社会各个阶层都得到了适度的发展空间。

前文我们考证了姜太公出生地问题,得出了其人生观是在故乡形成的,受故乡所处环境的影响。我们知道,汲县与朝歌距离很近,商人善于经商的习俗对姜太公也有影响,故而有"屠牛朝歌,卖食盟津"的举动。然而,作为社会下层人民,他所经营的物品都是极为普通的,他所接触的购买者也多属于社会下层劳动者,所以姜太公在西周建立之后,特别是被分封到齐地之后,对社会各阶层都非常重视,史书留下了"太公至国,修政,因其俗,简其礼,通商工之业,便鱼盐之利,而人民多归齐,齐为大国"[①]的论断。这就是通过发展经济使社会各阶层均受益,从而使民众摆脱商末以来的困窘状态。

周武王即位之后,史称"武王即位,太公望为师,周公旦为辅,召公、毕公之徒左右王,师修文王绪业"[②]。我们知道,周人是以农业起家的,作为农业民族从先祖后稷开始就是以农业显世的,中间所经历的公刘、古公亶父均因发展农业而在后世产生巨大影响。到周文王时,周人的农业依靠渭水流域得天独厚的条件而成为立国的根本,所以在周武王即位后,"师修文王绪业"显然也包括发展农业,在发展农业过程中,对于农夫的重视,则成为保证农业发展的重要因素,因此可以说姜太公民本思想的形成受到周人原有的民本思想的影响。

总而言之,姜太公民本思想的产生有着复杂的历史背景,既有其故乡环境的影响,也有其因早年的经历而对民间疾苦有着深刻了解的因素,而归附

---

① 〔汉〕司马迁:《史记》卷三十二《齐太公世家》,中华书局1959年版,第1480页。
② 〔汉〕司马迁:《史记》卷四《周本纪》,中华书局1959年版,第120页。

周人之后,周人重视农业、农夫的传统也对姜太公产生了深刻的影响,故而姜太公民本思想落实在国家治理方面就是对民众生存方式的深入关切。

(作者系河南科技大学人文学院院长、教授)

太公"大谋不谋"略论

杨海中

"大谋不谋"之语出于太公《六韬》。①

《六韬》卷二《武韬·发启》记载,一次,文王问姜尚:纣王如此暴虐,如何是好?太公回答说,要取得天下,必须把握好时机,同时要注意隐蔽自己的策略,做到"大智不智,大谋不谋,大勇不勇,大利不利"。

鉴于太公善谋略,故今人所编古代"八大"或"十大"谋略家、谋士之类书籍时,无一不将其列为首位,②并以"韬略鼻祖""兵家之宗"誉之。

据《史记·齐太公世家》载,姜尚(约前1156—约前1017),因其先祖上古时有功,虞夏之际被封于吕,故称吕尚。周文王访得吕尚,甚喜,称周太公时就对这样的有德之士十分企盼,如大旱之望云霓,故号之曰"太公望"。武王即位后对吕尚更加尊重:"武王即位,太公望为师。"周朝建立,封建屏周,"封功臣谋士,而师尚父为首封。封尚父于营丘,曰齐"(《史记·周本纪》)。因而后人又称其为齐太公或姜太公。

---

① 曹胜高、安娜译注:《六韬·鬼谷子》,中华书局2007年版,第52页。以下引文只注篇名。
② 桑榆等:《中国十大谋略家》,三秦出版社1996年版。李凤飞、江培英主编:《血鉴奇谋——中华十大谋略家全传》,光明日报出版社2002年版。

一、太公的历史定位

吕尚作为先秦时期的重要历史人物,史籍上对其记载还是比较全面的,除《史记》中的《周本纪》《齐太公世家》外,其他典籍如《吕氏春秋》《诗经》《韩非子》《韩诗外传》《荀子》《尉缭子》《说苑》《淮南子》《汉书》等,均录存了一些有价值的资料。

由于姜尚早于孔子500多年,且留下了影响深远的《六韬》《太公阴谋》和《太公金匮》等,因而深受后人推崇,誉其为"百圣之师"。

"百圣之师"表达的只是后人对姜尚的尊崇,并非为对姜尚准确的历史定位。人的历史定位基点是业绩与成就。在我国传统文化中,十分强调一个人对历史、对社会的贡献,其极致被称为"三不朽"——"太上有立德,其次有立功,其次有立言,虽久不废,此之谓不朽"。姜尚既有德于民,有功于社会,又有巨著传世,是名副其实的"三不朽"。应该给他一个怎样的历史定位即什么样的名份或头衔呢?

最早给名人定位和予以头衔的应是汉代的班固。继司马迁之后,班固在正史撰著上首创志书体例。在《汉书·艺文志》中,他根据著述的不同内容、不同性质,将作者区分为三十八类,其中最重要的有十家,即儒家、道家、阴阳家、法家、名家、墨家、纵横家、杂家、农家和小说家,并分别给各家下了定义。此外,还有诗赋家、兵家、天文家、五行家、蓍龟家、杂占家、数术家、医经家、神仙家、方技家等。其中又将兵家分为权谋、形势、阴阳、技巧等项。

有趣的是,班固虽然著录了《太公》二百三十七篇,却没有将其列为兵家,而列入了道家行列。他说:"吕望为周师尚父,本有道者。"他给道家下的定义是:"道家者流,盖出于史官,历记成败存亡祸福古今之道,然后知秉要执本,清虚以自守,卑弱以自持,此君人南面之术也。合于尧之克攘,《易》之嗛嗛,一谦而四益,此其所长也。及放者为之,则欲绝去礼学,兼弃仁义,曰独任清虚可以为治。"(《汉书·艺文志》)从"南面之术"可知,班固视道家的主张为治国之道,为帝王之学,即统御天下之术。他认为这种主张与唐尧的谦让精神是一致的,也符合《易经》所讲的隐忍。不言而喻,太公之术就是治国之术。

班固的这种认识,言之有根,有深厚的社会基础。一是道家思想源于西周,与殷商文化关系密切,春秋末年,《老子》的问世,标志着道家思想的成熟与成型。道家主张在政治上无为而治,至战国时期,道家已成三派,其中黄老学派最为盛行。汉朝初年,为医治战乱疮痍,统治者崇尚黄老治国思想,行无为之治,并曾一度出现过"文景"盛世。实践证明,道学可用于治世。二是太公是文王、武王权力圈中的核心人物,是营救姬昌、倾纣兴周的决策者与指挥者,有着丰富的政治经验与治国能力。三是太公在治国方面不仅重视政治,也很重视经济。一次,文王问太公:在治理国家时,统治者有时也会有过失,什么是最大之失?太公回答说:作为一国一地之主,最大之失莫过于"六守三宝"。何谓"六守"?仁、义、忠、信、勇、谋也。何谓"三宝"?太公答说"大农、大工、大商,谓之三宝",之后解说道:"农一其乡,则谷足;工一其乡,则器足;商一其乡,则货足。"接着又说,政治、经济是国之两翼,缺一不可。"三宝各安其处,民乃不虑。无乱其乡,无乱其族。臣无富于君,都无大于国。六守长,则君昌。三宝全,则国安。"(《六韬·文韬·六守》)太公被封于齐地之后,以道家之术治国,仍然是政治、经济两手抓,"太公至国,修政,因其俗,简其礼,通商工之业,便鱼盐之利,而人民多归齐,齐为大国"(《史记·齐太公世家》)。齐国经济快速发展,很快实现了兵强民富,遂成霸业。道家主张再一次被证明不仅可治国,而且还可以强国。

由此可知,最早为太公进行历史定位的是班固。班固从哲学的视野、政治的角度评价太公,不仅定位准,而且站位高。从这一认识出发,用今天的话语为太公定位,太公应是一位杰出的政治家、思想家和军事家。太公具有丰富的政治、军事及处世经验,高度重视并善于运用谋略,如上所述,今人多称其为"谋略家"。称其为"谋略家"未尝不可,但若以此名之,未免评价趋于低下。和历史上有杰出谋略的名人如伊尹、张良、诸葛亮、刘基等人相比,他们虽然都有超过常人的智慧,丰富的经验,处世深谋远虑,但他们都只是属于谋士阶层,而太公除在文王、武王幕下为臣外,因封于齐,可谓名副其实的一国之君。如他治理齐国,以"因其俗,简其礼,通商工之业,便鱼盐之利"为国策,绝不仅仅出于谋略,而完全是出于政治家治国安邦之远见卓识。

我国历史上的谋略家可以说如过江之鲫。如汉代,尤其是东汉末年,杰出者不可胜数。谋除董卓的王允,可谓虑事周密,组织严谨,智谋高超;助孙权傲踞江东,一心灭蜀的周瑜可谓雄才大略;被后人称为"曹魏五谋臣"的荀彧、荀攸、贾诩、程昱、郭嘉,"可谓天下之菁英。帷幄之至妙,中权合变,因败为功,爰自秦汉,讫于周隋"。然而在唐代政治家、史论家朱敬则看来,他们只是"善辅"而已,距圣哲尚远。①

在中国历史发展长河中,作为西周的开国元勋与最高军事统帅、齐国的立国之君,太公的思想影响百代。关于太公的历史定位,首先应是政治家、军事家和思想家。太公的谋略思想体现在其政治斗争与军事斗争中的各个方面,同时也可称其为谋略家,至于其他名衔,则可有可无。

二、"大谋不谋"的哲学意蕴

太公《六韬》今存六卷,分别论述了治国、治军六个方面的韬略:文韬——论治国用人,武韬——论治军用兵,龙韬——论军事组织,虎韬——论战争环境、武器与布阵,豹韬——论具体战术,犬韬——论指挥训练。

《六韬》的可贵之处就在于它不是简单地就政治论政治,就军事论军事,

---

① 唐代武后时正谏大夫兼修国史的朱敬则(后为凤阁鸾台平章事,即宰相)在《隋高祖论》中曾专门谈及汉代及其后的谋士。他说,君子曰:"神人无功,达人无迹。张子房元机孤映,清识独流。践若发机,应同急箭;优游澹泊,神交太虚,非诸人所及也。至若陈平、荀彧、贾翊、荀攸、刘煜、郭嘉、田丰、沮授、崔浩、张宾等,可谓天下之菁英。帷幄之至妙,中权合变,因败为功,爰自秦汉,讫于周隋。兰菊相薰,惟有此矣。如萧何之镇静关中,寇恂之安辑河内,葛亮相蜀,张昭辅吴,茂宏之经理瑯邪,景略之弼谐永固,刘穆之众务必举,扬遵彦百度惟贞,苏绰共济艰难,高颎同经草昧,虽功有大小,运或长短,咸推股肱之林,悉为忠烈之士。若乃威以静国,谋以动邻。提鼓出师,三军贾勇;置兵境上,千里无尘。内外兼材,惟孔明景略也。故崔浩云:'王猛是苻坚之管仲,刘裕是德宗之曹瞒。'孙盛云:'孔明善辅小国,子产之流也。'斯言中矣。"见〔清〕董诰等:《全唐文》卷一百七十一,中华书局1983年版,第1746页。)

而是以政治家的襟怀、哲学家的睿智、军事家的目光,将政治与军事、政治与国家、治国与治军等密切、有机地融合在一起,并以多视角讨论,这就使得其韬略具有全面性、哲理性和深刻性。正是因为《六韬》内涵具有这种无比的丰富性,故而受到政治家、军事家、思想家、教育家等的推崇与重视。

《六韬》不仅讲了很多具体的治国治军谋略及方式方法,更重要的是从学理上阐发了治国、治军、治世的原理与规律。如讲到国家,提出了"天下非一人之天下,乃天下之天下"的论断;以用兵而言,不只讲了如何排兵布阵、地形地势之运用,还第一次明确提出了"不战而胜"而"屈人之兵"的观念。这些都具有很强的哲理性与人文精神之意蕴。

"大谋不谋",是文王咨询如何代纣而谋取天下时,姜尚没有就事论事,而是作的高屋建瓴式的回答。为了全面了解其内涵,不妨看一下原文。

文王在丰,召太公曰:"呜呼!商王虐极,罪杀不辜,公尚助予忧民,如何?"

太公曰:"王其修德,以下贤惠民,以观天道。天道无殃,不可先倡;人道无灾,不可先谋。必见天殃,又见人灾,乃可以谋。必见其阳,又见其阴,乃知其心。必见其外,又见其内,乃知其意。必见其疏,又见其亲,乃知其情。

"行其道,道可致也;从其门,门可入也;立其礼,礼可成也;争其强,强可胜也。全胜不斗,大兵无创,与鬼神通,微哉!微哉!与人同病相救,同情相成,同恶相助,同好相趋,故无甲兵而胜,无冲机而攻,无沟堑而守。

"大智不智,大谋不谋,大勇不勇,大利不利。利天下者,天下启之;害天下者,天下闭之。天下者,非一人之天下,乃天下之天下也。取天下者,若逐野鹿,而天下皆有分肉之心;若同舟而济,济则皆同其利,败则皆同其害。然则皆有以启之,无有闭之也。无取于民者,取民者也;无取于国者,取国者也;无取于天下者,取天下者也。无取民者,民利之;无取国者,国利之;无取天下者,天下利之。故道在不可见,事在不可闻,胜在不可知,微哉! 微哉! 鸷鸟将击,卑飞敛翼;猛兽将搏,弭耳俯伏;圣人将动,必有愚色。

"今彼有商,众口相惑,纷纷渺渺,好色无极。此亡国之征也。吾观其野,草菅胜谷;吾观其众,邪曲胜直;吾观其吏,暴虐残贼。败法乱刑,上下不觉。此亡国之时也。大明发而万物皆照,大义发而万物皆利,大兵发而万物皆服。大哉! 圣人之德,独闻独见。乐哉!"(《六韬·武韬·发启》)

从中可以看出,太公所谓的"大智不智,大谋不谋,大勇不勇,大利不利",站位很高,其意是说,真正的智慧不显现出智慧,真正的谋略不显现出谋略,真正的勇敢不显现出勇敢,真正的利益不显现出利益。要想取得天下,必须明白"天下者,非一人之天下,乃天下之天下"之理,并且能够做到见微知著,洞察天道、人道之情势,用人得当,部署周密,上下一致、同舟共济,而最高明的做法是"全胜不斗,大兵无创",最终达到"无甲兵而胜"的目的。

"大谋不谋"之卓识表现在哲学方面,其独创之见,有两点最为突出。

其一,认为人心向背是能否取得天下的决定因素。太公认为,要得天下,"修德""惠民"是其基础。他说,纣王暴虐,不修德业,"好色无极",致使天道有殃,人道有灾,"败法乱刑",众叛亲离,此"亡国之征也"。周应从中汲取教训,"王其修德,以下贤惠民",收罗人心,以待其"亡国之时也"。他还说:"天下者,非一人之天下,惟有道者处之。"(《六韬·武韬·顺启》)

民本思想源于夏商:"民惟邦本,本固邦宁。"(《尚书·五子之歌》)太公认为:"天下者,非一人之天下,乃天下之天下也。""天下"在这里有两义:一指家国社稷,一指民众。太公民本思想的可贵之处就在于,认为民众不仅是被统治者,也是"天下"的主人;他们可以开门迎接有德的统治者,也有权利关闭大门不予接纳——"利天下者,天下启之;害天下者,天下闭之"。他认为这个道理很深刻,也很微妙:"故道在不可见,事在不可闻,胜在不可知,微哉! 微哉!"太公关于治国、征战要把得民心放在重要地位的思想,对后世有极大的影响,孟子关于天时、地利、人和的提法,便与此大有关系。

其二，指出了用兵的理想境界为"全胜不斗，大兵无创"。战争是残酷的，但战争又是政治的继续，难以避免。太公说："故圣王号兵为凶器，不得已而用之。"(《六韬·文韬·兵道》)这一点对后人影响也很大，老子就重复过："兵者，不祥之器……不得已而用之。"(《老子》)因此，太公提出，胜战在征战之外，在于具有超人的谋略。争取"全胜"的策略才是用兵最理想的策略。"全胜不斗，大兵无创"——要争取在没有残酷的厮杀，军队没有遭到损失的情况下，以最小的代价取得最辉煌的胜利。全胜的境界是最美好的："与鬼神通，微哉！微哉！"太公的这一军事哲学思想对后世影响更大，孙子"百战百胜，非善之善者也；不战而屈人之兵，善之善者也"(《孙子兵法·谋攻》)，即源于此。

为了达到"全胜不斗"之目的，姜太公十分强调"知己知彼"，全面掌握各种信息。作为军队的统帅，"将必上知天道，下知地利，中知人事"，这就是"知己"；"知彼"指全面了解敌情，在"知其心""知其意""知其情"(《六韬·武韬·发启》)的基础上，加以综合考量，作出周密之部署，施之有效的方案，才可速战而胜。

三、"大谋不谋"旨在"全胜"

太公作为一位杰出的政治家和军事家，其政治、军事思想涉及面极广，但贯穿其中的主线，则是务实尚用，通权达变；"大谋不谋"就其军事策略而言，其要旨在"全胜"，其特点在智胜。

1. "大谋"之善在隐而不显

太公的军事思想，核心是武攻文伐，以智取胜，而且要施奇谋，以奇胜。他说："善战者，不待张军……善胜敌者，胜于无形。上战无与战。"(《六韬·龙韬·军势》)善于取胜的人，取胜于无形之中，最好的作战是不战而屈人之兵。

这里所说的"无形"，就是谋略。为了战胜敌人，除保守军事机密之外，最重要的就是"动莫神于不意,谋莫善于不识"。谋略不但要高超,如神机妙算,更重要的还在于"隐"——不被人识破。只有这样,才能出其不意地顺利实施。"夫先胜者,先见弱于敌而后战者也,故事半而功倍焉",由于对方不觉或造成错觉,便会麻痹大意,失去警惕,为我方一战而全胜创造条件,从而达到事半功倍的奇效。

2. "大谋"之基在情报精准

对战争的指挥者来说,准确的情报、精细的信息分析与正确的判断,是谋划的基础,是"知己知彼,百战不殆"的先决条件。太公认为,优秀的指挥员必须具有很高的素质,尤其要高度重视信息和情报工作。"将必上知天道,下知地利,中知人事"(《六韬·虎韬·垒虚》);对敌方,必须做到"知其心""知其意""知其情"。特别是在域外作战时,要尽早派出"斥候"进行侦察,"凡帅师之法,常先发远候"(《六韬·虎韬·绝道》),全方位地了解敌情的各种信息,如兵种、兵器、天气、环境等。尤其地形地貌,是否有山、水、林、壑可供利用。"凡深入敌人之地,必察地之形势,务求便利。依山林险阻,水泉林木,而为之固。"(《六韬·虎韬·绝道》)这是因为"三军"作战的特点不同:"步贵知变动,车贵知地形,骑贵知别径奇道。"(《六韬·犬韬·战车》)步兵胜战贵在懂得情势变化,战车胜战贵在熟悉地形,骑兵胜战贵在能知道捷径可走。由此可知,没有精准的情报,是不可能制定出全胜之策的。故此,"常先发远候,去敌二百里,神知敌人所在"(《六韬·虎韬·绝道》),"凡事预则立"。在古代交通极不便利的条件下,太公就要求侦察员在两军相距200里时就要送回情报,准确报告敌军所处位置及地形地势,以便早作处置。情报及信息工作的重要性在太公心中的地位可想而知。

3. "大谋"之妙在出奇制胜

战争是敌我双方实力的较量,只有消灭对方才能保存自己,为此,双方往往有意制造各种假象以迷惑对方。在"兵者诡道"的情势下,如何抓住战机歼灭对方有生力量,太公认为最紧要的是兵贵神速,善于运用机动灵活的战术,敢于使用精锐力量,"击其不意,攻其无备"(《六韬·虎韬·临境》),如此,方能全胜。他还进一步指出,关键时刻的犹豫不决,是用兵之大忌。"用兵之害,犹豫最大;三军之灾,莫过狐疑。"(《六韬·龙韬·军势》)犹豫不决往往贻误战机,并陷我方于被动。能否恰当把握时机,当断即断,取决于指挥员是否明智。"故智者,从之而不释;巧者,一决而不犹豫。是以疾雷不及掩耳,迅电不及瞑目。赴之若惊,用之若狂;当之者破,近之者亡。孰能御之?"优秀的指挥员善于捕捉战机,坚毅果敢地作出判断,使军队行动迅速如惊马之驰,战斗进行如狂风骤雨,以迅雷不及掩耳之势打得对方晕头晕脑,不知所措。这样的军队必无往而不胜。

"击其不意,攻其无备",是太公最重要的战术思想。"兵胜之术,密察敌人之机而速乘其利,复疾击其不意。"(《六韬·文韬·兵道》)这一思想直接影响了后世的兵学,《孙子兵法·虚实篇》中的"出其所不趋,趋其所不意",即源于此。

4. "大谋"之要在确保优势

在军事斗争中,双方的优劣之势不是一成不变的。如何使我方确保优势,如何巧妙利用客观条件或通过主观努力,化劣为优,始终是摆在指挥员面前的一个严峻问题。太公在总结前人的基础上,结合牧野之战的实际,就这一问题提出了若干原则。

一曰以"势"为优。太公认为,用兵之道,大要在知兵由势。"古之善战者,非能战于天上,非能战于地下;其成与败,皆由神势:得之者易,失之者亡。"(《六韬·龙韬·奇兵》)所谓"神势",就是用神秘莫测的计谋所造成的有利于我军胜战的态势。太公列举了优秀指挥员必须善于利用或创造的二十六种"神势",如利用天时以及山、林、沟、泽之势,诈攻、强攻、猛攻、快攻等置敌于死地。结论是:将兵必须有杰出的指挥员,才能灵活机动利用或创造各种优势取胜;"得贤将者,兵强国昌;不得贤将者,兵弱国亡"。

二曰以"勇"为优。太公认为,用兵布阵,善抓战机十分重要。他说,必须痛击敌人的十四种有利战机万万不可丧失。这就是:"敌人新集,可击。人马未食,可击。天时不顺,可击。地形未得,可击。奔走,可击。不戒,可击。疲劳,可击。将离士卒,可击。涉长路,可击。济水,可击。不暇,可击。阻难狭路,可击。乱行,可击。心怖,可击。"(《六韬·犬韬·武锋》)上述情况,敌方往往处于劣势,一般来说,进击必胜。但情况并非经常如此。在决定生死存亡的紧要关头,且我处于劣势,如在敌占区,遭敌人围困,只有与敌人决一生死才能突围时,我方士气是否高昂,是否勇敢,就成了决定因素。在这种情势下,要胜战,必须既要斗智,更要斗勇,以武取胜才是上策。为此,要充分利用将士勇敢这一优势,方可出奇制敌。故此太公指出"必出之道,器械为宝,勇斗为首",在装备条件相当的情况下,将士勇敢就成了首要因素。在做好各种部署后,指挥员要"明告吏士:勇斗则生,不勇则死","如此,则吾三军皆精锐勇斗,莫我能止"。(《六韬·虎韬·必出》)

三曰以"变"为优。古代兵家皆认为,水无常形,兵无常势。这是因为,每一场具体的战斗,都会因为时间、地点、对象等的不同而战法也不同。作战虽有规律可循,但规律性、必然性都是通过无数的偶然性和个案体现出来的。因此,善于达权识变应成为用兵之常态。太公与武王谈及将帅素质时,就十分强调"通达"和"变化"。他说:"凡举兵师师,以将为命。命在通达,不守一术。因能受职,各取所长,随时变化,以为纲纪。"(《六韬·龙韬·王翼》)太公还通过《六韬》中《林战》《突战》《敌强》《敌武》《乌云山兵》《乌云泽兵》《少众》《分险》等不同篇章,论及了不同的作战方法,目的在于告诉人们,要因时、因地、因人而知"变",从而做到"因时用兵",达到"因敌制胜"之目的。太公这一思想,对孙武也极有影响。《孙子兵法·九地篇》就有"易其事,革其谋,使人无识"的说法,意为要经常改变战法,更新计谋,使人无法识破,只有这样做,才是真正优秀的军事家。

高明的政治家、智勇的军事家、务实的经济学家对国家兴旺发达、战争取得胜利十分重要,作为明君,在关键时期要敢于对贤将委以重任,使其充分发挥才智。深受太公思想影响的孙武,对太公受到文王、武王的重视从而能大展其才评价很高,也十分赞赏:"昔殷之兴也,伊挚在夏;周之兴也,吕牙在殷。故惟明君贤将,能以上智为间者,必成大功。此兵之要,三军之所恃而动也。"(《孙子兵法·用间》)由于伊尹对夏的情况十分了解,故能助汤灭桀。由于太公对殷商政治、军事、经济等情况十分了解,故能"阴谋修德以倾商政,其事多兵权与奇计"(《史记·齐太公世家》),助周灭纣兴国取得成功,对历史做出了重大贡献。

(作者系河南省社会科学院研究员)

略论姜太公的安全思想及影响

王连旗

一、姜太公简介和安全概念的阐释

1. 姜太公简介

姜太公,姓姜名尚,在有的书中又被称为师尚父、太公、吕尚、吕望、姜尚、姜子牙、吕子牙、吕太公、太公望等。姜太公是我国古代一位颇具传奇色彩的人物,在殷周历史巨变中发挥了重要作用。"他(太公望)辅助周文王、周武王两代国君,推翻了殷商王朝的统治,建立了西周王朝。太公望是周天子分封的姜姓齐国的第一代诸侯国君,是姜姓齐国之祖。"[①]他作为周初的开国元勋和齐国的第一任封君,无论对周王朝近 800 年基业的奠定,还是对齐国灿烂文化的创建和开拓,都起到了十分重大的作用。姜太公辅佐武王,举兵伐商;辅助周公,民富国强;分封于齐,振国安邦;修明政事,重农兴商。姜太公在长期的治国理政、固藩兴邦的历史实践中,形成了独具特色兼有时代性与开创性

---

① 李玉洁:《齐国史》,新华出版社 2007 年版,第 64 页。

的思想体系。其政治安全思想、军事安全思想等,对中国安全思想的发展和完善,产生了深远影响。

2. 安全概念的阐释

"中国古代历来有'风调雨顺,国泰民安'的说法,反映了人民群众最基本、最普遍的愿望。"[①]这是我国劳动人民对安全的渴望,安全是人类生存的最基本需要,也是每个国家追求的基本价值目标。中华民族历来重视国家安全这一极端重要的课题,在上下五千年的漫长岁月里,有无数政治家、军事家为维护国家安全出谋划策,大批将士和广大民众为国捐躯,在维护国家安全的奋斗中,形成了"居安思危""寓兵于民""富国强兵"等朴素的古代国家安全思想。

人们尤其是学界对安全内涵以及安全理论的系统认知,形成了不同的安全认知和不同的安全观。中国古代先贤对安全的认知存于零散的典籍和语录,如《易经·系辞下传》曰:"危者,安其位者也。亡者,保其存者也。乱者,有其治者也。是故君子安而不忘危,存而不忘亡,治而不忘乱,是以身安而国家可保也。"[②]这里的"安"是与"危"相对的,"无危则安,无缺则全"。《汉语大词典》解释,"安"即安全、平安之义,与"危"相对应。《辞源》也将"安"解释为安全、稳定的意思。而"全"根据《辞源》则有保全、完整之义。《现代汉语词典》对安全的解释是"没有危险;平安"。其中和安全有关的成语比较多,安居乐业、安邦定国、居安思危、安不忘危等。本文对安全的理解采用学者余潇枫的说法:安全就是客观上不存在威胁、主观上不存在恐惧、主体间不存在冲突。[③] 安全主要包括政治安全、国土安全、军事安全、经济安全、文化安全、社会安全、科技安全、信息安全、生态安全、资源安全、核安全等。当今时代,我们既要重视传统安全(主权国家如何抵御外来军事干涉和入侵,防止核战争

---

① 方世南:《习近平生态文明思想的生态安全观研究》,《河南师范大学学报(哲学社会科学版)》2019年第4期。
② 周振甫译注:《周易译注·系辞下传》,中华书局1991年版,第264页。
③ 余潇枫等:《非传统安全概论》,浙江人民出版社2006年版,第10页。

以及维护民族独立、领土完整方面的问题），①又要重视非传统安全（指非国家行为体采用非军事手段对主权国家的生存、发展和国民人身安全、社会稳定形成的威胁），②积极构建新时代的总体国家安全观。

二、姜太公军事安全思想

姜太公是中国历史上一位伟大的政治家、军事家、谋略家，姜太公不仅救出了文王，而且倾心辅佐武王伐纣灭商，出谋划策，建立周室。他不仅是谋士、军师、巫师，更是举足轻重的开国功臣。在周朝建立的过程中，从战前准备，到牧野决战，再到战争的善后处理和周朝建立后政策的制定，都离不开太公的决策和指挥。"周之始兴，则太公实缮其法。"③司马迁在《史记》中说："周西伯昌之脱羑里归，与吕尚阴谋修德以倾商政，其事多兵权与奇计，故后世之言兵及周之阴权皆宗太公为本谋。"④姜太公充分利用了人们信奉鬼神的心理，制造舆论，从心理上瓦解敌人的战斗力。《论衡·恢国》中记载："传书或称武王伐纣，太公阴谋，食小儿以丹，令身纯赤，长大，教言殷亡。殷民见儿身赤，以为天神，及言殷亡，皆谓商灭。"⑤

姜太公军事才能的卓越体现要数在助周灭商的牧野之战，"居二年，纣杀王子比干，囚箕子。武王将伐纣，卜龟兆，不吉，风雨暴至。群公尽惧，唯太公强之劝武王，武王于是遂行。十一年正月甲子，誓于牧野，伐商纣。纣师败绩。纣反走，登鹿台，遂追斩纣。明日，武王立于社，群公奉明水，卫康叔封布采席，师尚父牵牲，史佚策祝，以告神讨纣之罪。散鹿台之钱，发钜桥之粟，以振贫民。封比干墓，释箕子囚。迁九鼎，修周政，与天下更始。师尚父谋居

---

① 李东燕：《联合国的安全观与非传统安全》，《世界经济与政治》2004年第8期。
② 傅勇：《非传统安全研究与中国》，复旦大学2005年博士学位论文，第1页。
③ 宛华主编：《四库全书精华》（珍藏本），汕头大学出版社2016年版，第186页。
④ 〔汉〕司马迁：《史记·齐太公世家》，中华书局1959年版，第1478~1479页。
⑤ 黄晖：《论衡校释》，中华书局1990年版，第826~827页。

多"①。

姜太公是周初著名的政治家和军事家,在殷周历史巨变中发挥了重要作用。他是我国古代一位颇具传奇色彩的人物,既被公认是先秦兵家的始祖,又被赞誉为智慧谋略的化身,在军事思想史上占有十分重要的地位。姜太公善于用兵,取得了战役的胜利,司马迁对他的评价是"师尚父谋居多"。

作为军师,姜太公高瞻远瞩,运筹帷幄,定国安邦,征夷平叛,并撰军事理论专著《六韬》流传后世。牧野之战前姜太公帮助周武王制定精密的作战方略,牧野之战中姜太公发挥了高超的指挥才能,牧野之战后姜太公帮助周武王妥善处理战后工作。②这些反映出姜太公作为军事家卓越的指挥才能。

在军事管理思想方面,姜太公主张谋取战役的主动权,战斗中身先士卒,发挥战车的突击性能。姜太公指出,将帅统兵打仗,必须察知天、地、人的各种情况,并加以综合考量,再决定战与不战,如何战而取胜。同时要登高望远,观察敌人营垒的虚实。更要透过"敌诈"的伪装假像,审知敌人的真实意图。在全知、审知、深知、真知的基础上,采取相应的对策,急速出击,以少击众,必然胜利。

姜太公明确地认识到,只有通过"察之",才能"知之",只有"知之",才能"战之",如此"战之",方能"胜之"。因为"用兵之道",其"大要"在于"知兵""由势"。所以说:"古之善战者,非能战于天上,非能战于地下;其成与败,皆由神势:得之者易,失之者亡。""不知战攻之策,不可以语敌;不能分移,不可以语奇;不通治乱,不可能语变。"③我知敌之情,不使敌知我之情,就能"守则固""战则胜",这便是知之胜、全知全胜的道理。

姜太公指出,与敌人交战,必须全面了解敌人的各种情况,"知其心""知其意""知其情"。尤其是要将天、地、人的全部情况加以审知,在这个基础上,定下决策,周密谋划,抓住战机,迅速出击,方能取胜。

---

① 〔汉〕司马迁:《史记·齐太公世家》,中华书局 1959 年版,第 1479~1480 页。
② 于孔宝:《姜太公的政治思想与政治谋略》,《河北学刊》1995 年第 1 期。
③ 姜正成主编:《帝王之师——姜尚》,海潮出版社 2014 年版,第 67~68 页。

由于对商纣王的黑暗统治和百姓的苦难有切身的体会,姜太公在处理天人关系时则表现为更重视人事尤其是百姓的作用。正因为如此,姜尚面对众人的疑惑、武王的犹豫,深知大军缓行或退兵的严重后果:周军为诸侯伐纣联军的中坚力量,其举动会对诸侯联军产生重大影响,若周军缓行或退兵,诸侯将各自退缩,造成全线失利。这是关系到大局胜负的行动,绝不能轻率决定。他以民心为本,明确断言龟壳、蓍草乃凭空臆说,态度坚定地对众臣说:"殷纣剖比干的心,囚禁文王,以飞廉、圣仲当政,伐他有什么不可?这些枯草、朽骨怎么知道吉凶?"①他说着当众踩碎龟壳,折断蓍草,率众渡过汇水。可见姜太公面对不利的卦兆、天时,能够以顺民心为本,否定了迷信卦兆、天时的术士及群臣的惑言,坚定周武王伐纣的决心,这些行为本身就是其军事安全思想的体现。

据说《六韬》就是姜太公政治和军事思想的集大成之作,"《太公兵法》又被称为《太公六韬》《素书》等,是先秦时期的军事思想巨著,被誉为兵家权谋类的始祖,相传为姜尚所著……书中的内容主要体现了姜尚在军事方面的一些思想以及各种的军事活动,书中均为姜尚与周文王和周武王的对话,在《汉书·艺文志》道家类中著录有《太公》237篇,其中《谋》81篇、《言》71篇、《兵》85篇"②。

姜太公在齐国采用富国强兵的军事政策,"举贤尚功"又选拔了军事人才,调动了将领的积极性,齐国成为军事强国,因此取得了军事上的征伐权。《史记·齐太公世家》中说:"及周成王少时,管蔡作乱,淮夷畔周,乃使召康公命太公曰:'东至海,西至河,南至穆陵,北至无棣,五侯九伯,实得征之。'"③

姜太公深知战争攻伐之道、之理,并作了精辟的论述。他说:"善战者,不待张军;善除患者,理于未生;善胜敌者,胜于无形。上战无与战,故争胜于白刃之前者,非良将也;设备于已失之后者,非上圣也。智与众同,非国师也;技

---

① 曹张:《金戈铁马赴红尘——历代将帅往事》,云南人民出版社2011年版,第39页。
② 李乡状主编,张杨编著:《韬略智慧》,吉林出版集团有限责任公司2014年版,第131页。
③ 〔汉〕司马迁:《史记·齐太公世家》,中华书局1959年版,第1480~1481页。

与众同,非国工也。事莫大于必克,用莫大于玄默,动莫神于不意,谋莫善于不识。夫先胜者,先见弱于敌而后战者也,故事半而功倍焉。……善战者,居之不挠,见胜则起,不胜则止。故曰:无恐惧,无犹豫。用兵之害,犹豫最大;三军之灾,莫过狐疑。善战者,见利不失,遇时不疑。失利后时,反受其殃。故智者,从之而不释;巧者,一决而不犹豫。是以疾雷不及掩耳,迅电不及瞑目。赴之若惊,用之若狂;当之者破,近之者亡。孰能御之?"[1]这是说,善于用兵作战的人,不用展开军队就能取得胜利,能够在不知不觉的无形之中取得胜利。最高明的智者不用战斗就能使敌人屈服。经过与敌人白刃相杀殊死搏斗而取得胜利的不是良将,战败之后而补救过失的不是智者。军事行动最重要的是攻必克,用兵作战最重要的是保守机密,攻击敌人最重要的是出其不意,谋敌制胜最重要的是计谋无失误。这样就可以未战而先胜,收到事半功倍之利。姜太公进一步指出,善于用兵作战的人,还要能够做到,按兵不动,等待战机,不受干扰,伺机而动。姜太公指出,敌我双方交战之前,就要先知敌人之强弱,预见胜负之征,而"胜负之征,精神先见",就是说,通过观察、研究敌人的精神活动和行动上的表现,来审知、分析敌人的强弱、胜负的征兆,针对敌人的征兆,采取相应的战术,做好强弱的转化工作,便能以弱胜强,以少胜多。

姜太公军事安全思想内涵是丰富的,不仅包括用兵之道、计谋策略,还有军法军令、军事人才选拔、军事训练、军事管理等内容。姜太公作为周朝军师、齐国始祖、武圣之首,其军事韬略、战争谋略、战法战术、军队建设、战争准备等军事安全思想的高明、精辟、可贵之处,就在于其全面性、创造性、开拓性、奠基性。他不是单纯地就军事论军事,就军事谋略论军事谋略,而是从哲人智慧的高度,以聪明政治家的眼光,将政治与军事、治国方略与军事安全紧密地联系起来,这就使他的军事安全思想颇具整体性、深刻性、精辟性、合理性,因而为历代的哲学家、政治家、军事家所推崇并从中吸取思想智谋,所以

---

[1] 曹胜高、安娜译注:《六韬·鬼谷子》,中华书局2007年版,第106~109页。

产生了巨大的影响。齐国后来出现了一批杰出的军事家，如管仲、晏婴、司马穰苴、孙武、孙膑、田单等，也有不少军事著作流传于世，如《司马法》《孙子兵法》《孙膑兵法》等。

姜太公的军事政治观左右着后世兵学的发展，决定了中国兵学理论的主导倾向；他的谋胜观成为中国兵学宝库的一颗明珠，形成贵谋贱战的用兵特色；牧野之战以少胜多，提供了中国兵学发展的历史参照；足智多谋、文武兼备的个人素质，为后世兵家提供了典范。这些军事安全思想对当今的军事安全仍有重要的借鉴意义。

宋真宗时候又追封姜太公为昭烈武成王，宋神宗则要求各带兵将领必读《太公兵法》。之后各朝代都不断地为他建神庙，金元时期，姜子牙"战神"地位比较高，明代之后姜子牙成为民间信仰的众神之一。

三、姜太公的政治安全思想

姜太公在长期的治国理政、固藩兴邦的历史实践中，形成了独具特色的融时代性与开创性为一体的政治安全思想体系。

《史记·齐太公世家》记载："吕尚盖尝穷困，年老矣，以渔钓奸周西伯。西伯将出猎，卜之，曰'所获非龙非彲，非虎非罴；所获霸王之辅'。于是周西伯猎，果遇太公于渭之阳，与语大说，曰：'自吾先君太公曰"当有圣人适周，周以兴"。子真是邪？吾太公望子久矣。'故号之曰'太公望'，载与俱归，立为师。"[①]

在佐周灭商时，太公的政治安全思想主要表现为：姜太公主张统治者应具备"道""仁""德"等政治安全思想，尤其是施惠百姓的安全实践行为，而且在殷周历史巨变中，全力辅佐周文王、周武王两代君王，对内修德以富国强兵，对外修德施惠商王朝的臣民。

---

① 〔汉〕司马迁：《史记·齐太公世家》，中华书局1959年版，第1477~1478页。

面对当时商强周弱的客观形势,姜太公认为要想灭纣,建议周文王假意忠心于商纣王,对商纣王采取卑辞委听的恭顺态度,以麻痹纣王,使其放松警惕。姜太公献计以美女、奇物、珍宝等献纣王,使之赦免文王,并纵纣王之欲,使其罪行暴露,纣王果然中计而赦免了文王。周文王回国后,即与姜太公商讨修德以倾商政。这运用的就是非传统安全思想,就是广选美女、珍玩进献给纣王,并买通商朝大臣费仲助其为虐;纣王为财色所迷,终日在宠姬妲己的缠绵中,沉溺于奇珍异宝,无心亲理朝政,使文王获释而归。同时,姜太公出奇计助周文王修德强国,取得诸侯拥护,并通过伐犬戎等反周诸侯,从而形成"三分天下,其二归周"的良好政治态势,为牧野决战的胜利打下坚实的基础。①

针对商王的家天下思想,姜太公提出了天下为公的政治安全思想,《六韬·文韬·文师》记载太公的话说:"天下非一人之天下,乃天下之天下也。同天下之利者,则得天下;擅天下之利者,则失天下。天有时,地有财,能与人共之者,仁也;仁之所在,天下归之。免人之死,解人之难,救人之患,济人之急者,德也;德之所在,天下归之。与人同忧同乐,同好同恶者,义也;义之所在,天下赴之。凡人恶死而乐生,好德而归利,能生利者,道也;道之所在,天下归之。"②在这一思想基础上提出了"同天下之利者,则得天下;擅天下之利者,则失天下"的政治观点。"同天下之利"为"仁","济人之急"为"德",与百姓同甘共苦为"义","能生利"为"道"。姜太公所说的"道""德""仁""义"都是统治者应具备的好的政行,都有施惠百姓的含义。姜太公认为,国君要得天下、王天下,就必须收归民心,使天下万民归服;要使天下万民归服,不能只靠武力征服、威吓,首先应当以仁、义、道、德收服民心,使万民心悦诚服。因此,要从政治、道德入手,教化万民,使万民与在上位者心同意合,共同协力,这是靠武力征服、压服所不可能达到的。因为天下是天下人之天下,非王者一人之天下;国家是国中人民之国家,非王者一家之国家。人的本性是"恶死而乐生,好德而归利",能给人以生利的是道,能行仁、义、道、德者,则能使天

---

① 刘建华:《中国民间传说人物 太公姜子牙》,东北师范大学出版社2013年版,第145页。
② 曹胜高、安娜译注:《六韬·鬼谷子》,中华书局2007年版,第7页。

下人归服。因此,国君应当以天下万民之利害为利害,与万民同忧乐,以生利于万民为务。只有以仁、义、道、德为天下兴利除害,求生免死,得乐去苦,才能使天下人与之共生死、共忧患、共苦乐。如此便可以收揽民心、团结民心,使万民归心、天下欢心。否则,万民便会萌生叛逆之心,发生叛逆之事和凶险之乱。

姜太公进一步指出,收揽民心、团结民心,使万民归心、天下欢心,其要在于仁民、爱民。爱民之要、之务,在于省刑罚,薄赋敛,轻徭役,宽民力,不违农时,不夺民力,发展生产,丰衣足食。这里虽然讲的是治国之道、之要、之务,实则包括文攻、文伐、文胜之道、之要、之策,这都是姜太公高超智慧的具体表现。爱民之道,就是仁义之道,修德惠民,使民和服。姜太公说:"敬其众,合其亲。敬其众则和,合其亲则喜,是谓仁义之纪。无使人夺汝威,因其明,顺其常。顺者,任之以德;逆者,绝之以力。敬之勿疑,天下和服。"[①]这是说,尊重民意,敬爱民众,聚合宗亲,行仁举义,则会受到民众的拥护爱戴,这样使天下和服,就可以守土固国而王天下。如此说来,战胜敌人、威服天下者,不必专事武力,不可横暴百姓,而要以仁义为本,修德禁暴,威服敌人。这就是姜太公重文韬而不轻武略,把治国与治军作为整体而论的高明之处。姜太公的这些思想,对后世的治国、治军者产生了重大的影响,他们都从姜太公的军国之论中,寻找、吸取思想智慧。

姜太公明确指出,"天下非一人之天下,乃天下之天下",这句话被历代赞为至公、至平思想的最佳表达。而"大道之行也,天下为公",公而不自私、不自利而利人等口号也成了历代的理想和号召。到了中国近代时期,"天下为公"成为中国民主革命的先驱孙中山先生的道德信念与精神境界。并且,姜太公提出的"天下为公"思想也影响到当代社会,那就是中国共产党人提出的"立党为公""执政为民"的治国理念。

姜太公的仁政爱民的安全思想也进一步运用到他的治国理念之中。其

---

① 曹胜高、安娜译注:《六韬·鬼谷子》,中华书局2007年版,第29页。

惠民爱民、以民为本的政治安全思想在《说苑·政理》中有记载:"文王问于吕望曰:'为天下若何?'对曰:'王国富民,霸国富士,仅存之国富大夫,亡道之国富仓府,是谓上溢而下漏。'文王曰:'善。'对曰:'宿善不祥。'是日也,发其仓府,以振鳏寡孤独。"①由姜太公与周文王的对话及文王采取的措施来看,周文王显然采取了"王国富民"的政策。周文王减赋轻税,藏富于民,不但使本国百姓富庶,民风朴实,相互谦让,而且对邻国也产生了积极影响,周文王也因此声名远播,被当时诸侯称为"受命之君",即代替商纣王接受天命的国君。姜太公把重民、爱民、惠民、利民,养民看成国家兴盛的根本。"凡人恶死而乐生,好德而归利,能生利者,道也;道之所在,天下归之。"②只有执政为民,以政利民,才能维护社会安定,促进社会的和谐发展。

"民失其所务,则害之也;农失其时,则败之也;有罪者重其罚,则杀之也;重赋敛者,则夺之也;多徭役以罢民力,则苦之也;劳而扰之,则怒之也。故善为国者,遇民如父母之爱子,兄之爱弟,闻其饥寒为之哀,见其劳苦为之悲。"③姜太公的富民、利民、成民、与民、乐民、喜民措施正是"德"中爱民、施惠于民含义的具体表现。

姜太公文韬武略,才能优异,深知人才的重要性。④ 有关史料中记载,姜太公封在齐地,周公旦封在鲁地,二人关系不错,就互相讨论"何以治国"。太公说:"尊贤上功。"周公旦说:"亲亲上恩。"太公听了周公的治国策略后说,鲁国从今以后会变弱。周公旦则回应说,鲁虽然变弱,但是以后齐国一定不是吕氏的了。果然,"齐日以大,至于霸,二十四世而田成子有齐国。鲁日以削,至于觐存,三十四世而亡"⑤。

姜太公封到齐地之后,制定了"因其俗,简其礼"的方针,有主客观原因。从客观上看,姜太公所面临的敌对政治力量东夷人,是一个有着悠久历史、发

---

① 〔汉〕刘向撰,向宗鲁校证:《说苑校证》,中华书局1987年版,第150页。
② 曹胜高、安娜译注:《六韬·鬼谷子》,中华书局2007年版,第7页。
③ 〔汉〕刘向撰,向宗鲁校证:《说苑校证》,中华书局1987年版,第151页。
④ 宫芳:《先秦齐国的国家管理思想与实践》,东北财经大学2010年博士学位论文,第24页。
⑤ 张双棣等译注:《吕氏春秋译注》,吉林文史出版社1987年版,第309页。

达文化、保有强大实力且不易屈服的民族。从主观上看,姜太公是成熟的政治家,对东夷人的情况非常熟悉,所以推行以夷制夷的方针。所谓"因其俗",就是对东夷人的生活方式、风俗习惯,因袭照旧。"简其礼",就是对东夷人的现存制度,不采取暴风雨式的革除,而采取比较隐蔽性的渐进性的方式,进行和平改造,使新建立的姜齐国家与东夷土著人之间,不会产生大的矛盾和动乱。姜太公这一政策得到了东夷下层人们的拥护,也赢得了东夷上层的支持,所以很快控制了齐国政局,使得齐国的社会迅速稳定并得到了快速发展。

姜太公治国方略的重要举措就是因俗简政的因地制宜、实事求是的政策,当然此政策的实施与齐国当时的国情是相适应的。《汉书·地理志下》记载:"初太公治齐,修道术,尊贤智,赏有功,故至今其土多好经术,矜功名,舒缓阔达而足智。"太公经过审慎权衡、考虑,没有全面照搬周礼典章制度,而是采取了因地制宜的方针,顺应东夷的生活习惯及社会风俗,简化商夷礼仪制度,适当加以引导,去除他们的敌视态度,很快收到了效果。在其"修政,因其俗,简其礼"的德治工程中,"因其俗,简其礼"是手段,用以缓解统治阶级与民众的矛盾,调动人的主观能动性,发展生产,抢占良机。"修政"是目的,用以树立齐国政权形象,达到长治久安。[1] 姜太公的民本思想被齐国后人继承下来,管仲更是提出以人为本的思想:"夫霸王之所始也,以人为本。"[2]姜太公为齐国的发展奠定了经济、政治、军事、思想文化的基础,使齐国在以后700余年的发展中,独领春秋五霸之首的风骚,跻身于战国七雄之列,岿然屹立于东方。

姜太公尚法思想影响是广泛的,尤其是"尊贤上功"观念为历代所沿用,创造了中国法治思想的新思维,意义深远。

姜太公论政、治国,重礼治,亦重法治,主张奖罚分明,令行禁止,利国利民:"贵法令必行。法令行则治道通,治道通则民大利。民大利则君德彰矣。"[3]姜太公赏罚分明的做法对当今的社会治理有一定的启示。

---

[1] 宫源海:《姜太公封齐的历史背景及治国方略的提出》,《管子学刊》2004年第1期。
[2] 黎翔凤撰,梁运华整理:《管子校注》,中华书局2004年版,第472页。
[3] 刘斌主编:《姜太公志》,山东人民出版社2009年版,第175页。

《吕刑》是吕国国君兼周王朝的司寇吕侯奉周穆王之命重新以"明德慎罚"为立法原则所作的一部重要法典,这部法典既是周王朝的重要法典,也与齐国有密切联系,它主要体现了姜太公的法治思想。由此我们可以推论《吕刑》虽然不一定是姜太公的著作,但他的刑法思想必定体现于《吕刑》中当是无疑问的。①《吕刑》中反映的姜太公的法治思想主要表现在刑法的内容、量刑的依据及对士师(即法官)的严格要求等方面,这对于维护社会稳定和提高民众的法制意识起了重要的保障作用。

　　《吕刑》中包含的刑法主要包括五刑、五罚等方面的内容。其中五刑论述得较为详细,包括墨刑、宫刑、大辟等。《吕刑》中还体现了疑刑从轻、详细察实、比照刑律等量刑依据。先看疑刑从轻的量刑原则。《吕刑》规定,根据五刑定罪有怀疑的可以从轻处治,一定要详细察实,审理案件也要有共同办案的人。没有核实不能治罪。并且规定:刑律上没有明文规定的罪,上下比照刑律来定罪,不要采取已经废除的法律,应当明察,应当依法,要核实。而疑刑从轻和比照刑律量刑的原则当中都贯穿着详细察实罪行的原则。

　　姜太公的法治思想在助周灭商、治理齐国的实践中形成、发展与成熟。他治国重"仁"贵"法",讲究先德后刑、德主刑辅;其法治思想还具有贵民精神。姜太公的法治思想对于齐国后世兵家、名君贤相乃至战国各诸侯国都有重要影响。② 太公庙不仅供奉、祭祀姜太公,还有很多不断增加的历朝历代有名的将领配享,以表达人们对历朝历代名将们的崇敬,同时,太公庙祭祀也有祈祷天下太平、社会安定、祈求出征戍边的将士平安凯旋的意思。统治者们通过祭祀引导人们崇尚武功、保家卫国的同时,也自比尧舜、商汤、文王等盖世明主,渴求得到像姜太公那样定国安邦的忠臣良将,开创千秋伟业,彪炳史册。例如《抱朴子外篇·贵贤》曰:"世有隐逸之民,而无独立之主者,士可以嘉遁而无忧,君不可以无臣而致治。是以傅说、吕尚不汲汲于闻达者,道德备

---

① 宣兆琦:《齐国政治史》,齐鲁书社1997年版,第33页。
② 徐树梓:《姜太公法治思想及其对后世的影响浅说》,《管子学刊》1996年第3期。

则轻王公也。而殷高、周文乃梦想乎得贤者,建洪勋必须良佐也。"①

姜太公的安全思想在一定程度上适应了周初及齐国历史的发展状况,是社会实践的产物,具有时代开创性与示范先导性。姜太公的安全思想作为一种文化软实力,对当代社会发展仍具有一定的指导意义与社会价值。姜太公的安全思想为早期齐国政权的缔造与强盛奠定了坚实的理论与实践基础,开创了一个德法并举、政治鲜明的时代。姜太公的安全思想也为齐国后继者所继承,是我们宝贵的精神财富。我们要以姜太公的安全思想为借鉴,既要重视国土安全,又要重视国民安全,要坚持以民为本、以人为本,真正夯实国家安全的群众基础,把人民对美好生活的向往作为我们的奋斗目标;我们要构建集政治安全、国土安全、军事安全、经济安全、文化安全、社会安全、生态安全、资源安全等于一体的安全体系;我们既要重视发展问题,又要重视安全问题,发展是安全的基础,安全是发展的条件。当今时代日新月异,我们国家正处在社会改革的攻坚阶段,我们应该以史为鉴,大力弘扬太公文化,传承优秀文化因子,继往开来,为实现新时代中华民族伟大复兴的中国梦奠定更加坚实的基础。

(作者系新乡学院历史与社会发展学院教授)

---

① 〔晋〕葛洪著,庞月光译注:《抱朴子外篇全译》,贵州人民出版社1990年版,第253页。

论姜尚的人才伦理思想

——以《六韬》为中心

师永伟

人才伦理学的产生是当今社会不断加强对人才需要的必然结果。21世纪最大的竞争资源就是人才资源,人才的获得与否决定成败,这是每个人深谙的道理。而人才的角色是一种社会定位,具有历史性,不同时期、不同人对人才的定位各有不同。人才资源的管理遵循着一定的人才资源理路和内在要求,其中的核心内容就是人才伦理。大道化简,人才伦理即是"人才之所以成为人才的各种伦理要素的总和"[①]。不论是人才培养、人才选拔、人才使用,还是人才评价标准,无处不闪烁着人才伦理学的光芒。由其内涵就可以看出人才伦理的核心范畴,即德与才的关系。最理想的人才是德才兼备,其次是德、才缺其一,如若德、才全无,就不能谓其为人才。

《六韬》以记录文王、武王与姜太公之间的问答为主要内容,涉及国家治理的方方面面。虽在《隋书·经籍志》中著录有《太公六韬》,且注曰"周文王

---

① 黎池:《人才伦理学刍议》,《伦理学研究》2007年第1期。

师姜望撰",但观其内容,就会发现这并不可靠,其真正作者并非姜尚本人,《六韬》大致应成书于先秦战国之际,这方面学界已达成共识。《六韬》虽非姜太公亲著,但仍可以将其作为研究太公思想的重要文本,就如《论语》虽非孔子所作,但我们仍把它作为研究孔子思想的文本。

姜尚,名望,吕氏,字子牙,或单呼牙,也称吕尚、太公望,俗称姜太公。姜太公是商周时期周朝军师、齐国始祖、武圣之首,可谓是足智多谋,"多兵权与奇计,故后世之言兵及周之阴权皆宗太公为本谋"[1]。姜太公作为灭商大业的指挥者,在历史上占有重要地位,学界已对其进行了大量研究,也产生了丰硕成果。[2] 正是姜太公在历史上发挥的巨大作用,决定着他必须建立一套完整的人才伦理机制,以此团结一切可以团结的人才,也只有如此才能够完成历史赋予他的重任,由此也就产生了对姜太公人才理论的研究空间与依据。加强对此层面的探赜,对全面深入了解姜太公思想大有裨益。

一、"德""谋"——人才培养伦理的核心

人才不是天生的,亦不是一蹴而就的,需要经过后天耳濡目染式的培养。修己正人,从内而外地提高自身素养,以自身高尚的道德感染人,方才是实现人才伦理的核心要求与培养人才的正确途径,姜太公在培养人才时,时刻把"德"与"谋"放在核心位置,以此作为人才必备的素养。

在辅周灭商的过程中,姜太公的"德"与"谋"在政治上的主要表现是他认为统治者应具备"仁"德,只有具备"仁"德,才能收归民心,使天下有才者竞相出现与流动,进而聚集在一起。"天下非一人之天下,乃天下之天下也。同天下之利者,则得天下,擅天下之利者,则失天下。天有时,地有财,能与人共之者,仁也;仁之所在,天下归之。免人之死,解人之难,救人之患,济人之急者,德也;德之所在,天下归之。与人同忧同乐,同好同恶者,义也;义之所在,天

---

[1] 〔汉〕司马迁:《史记·齐太公世家》,中华书局1959年版,第1478~1479页。
[2] 参阅蒋波:《三十年来的姜太公研究》,《管子学刊》2012年第4期。

下赴之。凡人恶死而乐生,好德而归利,能生利者,道也;道之所在,天下归之。"①这也就是要统治者做到仁、德、义、道四点,并把它融入到人才培养的过程中,这样培养出来的人才才是堪当大用的。另外,在政治军事上的表现主要包括"以美女奇物献商纣,救文王脱羑里"以及牧野决战,"师尚父谋居多"。《六韬·武韬·文伐》中将姜太公的政治和军事谋略归结为12种,如"一曰:因其所喜,以顺其志,彼将生骄,必有奸事;苟能因之,必能去之。二曰:亲其所爱,以分其威。一人两心,其中必衰;廷无忠臣,社稷必危。三曰:阴赂左右,得情甚深。身内情外,国将生害。……"从谋略的对象来看,"大体可分为两种类型:一是麻痹、腐蚀敌国君主,二是收买、离间敌国之臣将"②。姜太公也是以此做事的,他首先以珠宝、美女进献纣王,使西伯侯姬昌得以返回西岐;进而是尽力辅佐武王伐纣,在牧野大战中大获全胜,为推翻商朝统治发挥关键作用。姜太公自身具备的"德"与"谋"是他培养人才的思想源头。

姜太公还意识到人才培养是一个循序渐进的过程,不可操之过急,同时这也是一项基础性工程,势在必为。武王曾问太公:"合三军之众,欲令士卒服习教战之道,奈何?"太公指明在教练军官士兵之时,要"使一人学战,教成,合之十人;十人学战,教成,合之百人;百人学战,教成,合之千人;千人学战,教成,合之万人;万人学战,教成,合之三军之众;大战之法,教成,合之百万之众"③。这也就是说,在教练兵士时,先教会一个人,使之成才,然后再教会十个人,以此循环,最终可以使三军全部都掌握作战的基本要领。

最后,姜太公提出培养出的军事将领必须具备"上知天道,下知地利,中知人事。登高下望,以观敌之变动。望其垒,则知其虚实;望其士卒,则知其去来"④的素养,也就是我们常说的上知天文、下知地理,也只有这样的军事人才才能率领军队在战争中取得胜利。另外,将领还需要具有很强的预见性,

---

① 曹胜高、安娜译注:《六韬·文韬·文师》,中华书局2007年版,第7页。
② 于孔宝:《姜太公辅周治齐及其谋略智慧》,《齐鲁学刊》1994年第5期。
③ 曹胜高、安娜译注:《六韬·犬韬·教战》,中华书局2007年版,第215页。
④ 曹胜高、安娜译注:《六韬·虎韬·垒虚》,中华书局2007年版,第176页。

如果出现"凡帅师将众:虑不先设,器械不备;教不素信,士卒不习"的现象,是很难成为"王者之兵"①的。

二、"六守"——人才选拔伦理的标准

在谨慎选拔人才时,太公言要坚持"六守"的标准,"六守"即一曰仁,二曰义,三曰忠,四曰信,五曰勇,六曰谋。如何选择具备这六种选拔标准的保境安民的可用之才呢?太公又说到了几种方法,如使他富裕,看他是否安守本分;给他地位,看他是否不骄傲自大;交给他任务,看他是否不变调走样;使用他,看他是否不欺骗隐瞒;让他面临危险,看他是否处变不惊;让他应对事变,看他是否不束手无策。②太公把"仁"放在了人才选拔标准的第一位,之后才是体现才能的"谋",可见他十分看重德行的重要性。

太公还认为选拔人才之道在于"将相分职,而各以官名举人。按名督实,选才考能,令实当其能,名当其实,则得举贤之道也"③。也就是说,要把将相职务分开,根据官名选用人才,根据官职察看实际,选拔贤才与考核能力时,真正做到名副其实,这就是举贤之道了。

另外,对人才的选拔也要因人而异,主要是根据各自禀赋而为,各取所长,把不同类型的人选拔出来,从而聚集在一起,发挥更大的功效,如"有大勇、敢死、乐伤者,聚为一卒""有锐气、壮勇、强暴者,聚为一卒""有奇表长剑,接武齐列者,聚为一卒""有拔距伸钩、强梁多力、溃破金鼓、绝灭旌旗者,聚为一卒"④等。

姜太公针对特定人才的选拔,又作出了相应的规定,如在选拔车士时,具体的标准是:"取年四十以下,长七尺五寸以上,走能逐奔马,及驰而乘之,前

---

① 曹胜高、安娜译注:《六韬·虎韬·军略》,中华书局2007年版,第152页。
② 曹胜高、安娜译注:《六韬·文韬·六守》,中华书局2007年版,第24~25页。
③ 曹胜高、安娜译注:《六韬·文韬·举贤》,中华书局2007年版,第42页。
④ 曹胜高、安娜译注:《六韬·犬韬·练士》,中华书局2007年版,第212页。

后左右,上下周旋,能束缚旌旗;力能彀八石弩,射前后左右。"①对待这种人才,要"不可不厚"。又如,在选拔骑士时的标准是:"取年四十以下,长七尺五寸以上,壮健捷疾,超绝伦等;能驰骑彀射,前后左右,周旋进退;越沟堑,登丘陵,冒险阻,绝大泽;驰强敌,乱大众者。"②对待这类人才,也需"不可不厚"。

同时,在选拔人才时还要认真识别和抵制"六贼七害",也就是六种坏事和七种坏人,努力克服这些负面的东西,以此寻求能辅助统治者的治世能臣。

三、"八征"——人才评价的依据

将帅是掌握战争形势的关键人物,他们对国家存亡极具重要性,"存亡之道,命在于将",所以在任命将领时必须审慎对其才能进行客观而全面的评价。武王曾问太公评价将帅这类人才的原则是什么,太公回答说是"五才""十过"。所谓"五才",即是"勇""智""仁""信""忠",勇敢了敌人就不敢来犯,明智了就不会被扰乱,仁慈就爱人,诚信就不欺骗,忠诚就无二心,这是为将为帅需具备的素质。所谓"十过",就是十种缺点,即"有勇而轻死者,有急而心速者,有贪而好利者,有仁而不忍人者,有智而心怯者,有信而喜信人者,有廉洁而不爱人者,有智而心缓者,有刚毅而自用者,有懦而喜任人者"③。有这些缺点的人则不能为将为帅。

在选拔人才的过程中,常常会遇到表里不一之人,大体来说有十五种情况:一是外表严谨,实际上无德无才的;二是外表温和善良,实际上行盗贼行径的;三是外表恭敬有加,实际上不诚恳的;四是外表廉洁谨慎,实际上并不真诚的;五是外表细致入微,实际上并不踏实的;六是外表忠厚,实际上并不诚恳的;七是喜爱谋划,实际上却犹豫不决的;八是外表果敢,实际上却无能的;九是外表诚信,实际上却无信用的;十是外表看似不可捉摸,实际上却忠

---

① 曹胜高、安娜译注:《六韬·犬韬·武车士》,中华书局2007年版,第223页。
② 曹胜高、安娜译注:《六韬·犬韬·武骑士》,中华书局2007年版,第225页。
③ 曹胜高、安娜译注:《六韬·龙韬·论将》,中华书局2007年版,第82~83页。

厚老实的;十一是言辞激烈,实际上却言行不一致的;十二是外表勇敢,实际上怯懦的;十三是外表严肃,实际上却和蔼可亲的;十四是外表冷酷,实际上却平和谨敬的;十五是外表虚弱鄙劣,外出为使者却无所不至、无所不能的。针对上述在用人过程中出现的情况,太公认为对人才的评价可以采取"八征"的方法,这样就可以正确地了解人才的实际状况。所谓"八征",即:"一曰问之以言,以观其辞。二曰穷之以辞,以观其变。三曰与之间谍,以观其诚。四曰明白显问,以观其德。五曰使之以财,以观其廉。六曰试之以色,以观其贞。七曰告之以难,以观其勇。八曰醉之以酒,以观其态。"[1]也就是说可以用以下八种方法去评价所选择的军事人才:一是用话问他,看他的言辞;二是追问到底,看他的应变能力;三是让间谍与他在一起,看他的忠诚度;四是明知故问,看他有无隐瞒,以观察他的品德;五是派他管理财务,看他的廉洁程度;六是用女色试验他,看他的操守;七是告诉他有大难,看他是否勇敢;八是使他醉酒,看他的仪态。可以看出,这八种评价人才的方法中,既有对能力的测试,也有对德行的考验,十分全面,可以说是姜太公人才评价伦理的重要体现。

四、"尊贤"——人才任用伦理的指导

只有坚持正确的用人原则,善于从实践中识才、选才、用才,优秀人才才能脱颖而出,成为国家治理中的股肱之臣。选拔人才的目的是用才,"举贤而不用贤,是有举贤之名,而无用贤之实也",就会出现"世乱愈甚,以致危亡者"的窘境,而这更深一层的原因是统治者把世俗称赞的人当作贤人,把世俗诽谤的人当作不贤之人,这就造成朋党多的人被任用,朋党少的人被排斥,一旦这样,朝政就被朋党把持,政治清明就无从谈起,也就会出现上述之困境。

《吕氏春秋·长见》中记载:"吕太公望封于齐,周公旦封于鲁,二君者甚相善也,相谓曰:'何以治国?'太公望曰:'尊贤上功。'周公旦曰:'亲亲上

---

[1] 曹胜高、安娜译注:《六韬·龙韬·选将》,中华书局2007年版,第87页。

恩.'""尊贤"顾名思义即是尊重贤能之士,"上功"就是崇尚有功劳之人。由此可见,姜太公在人才任用时以"尊贤"作为指导,并在齐国付诸实践,使之成为齐国的国策。虽然早在姜太公之前,人们就已开始认识到人才在治国安邦中的重大作用,如尧、舜、禹、汤、文王等,但以"尊贤"为国策却属姜太公的创意,这反映了他的远见卓识。这一思想在《汉书·地理志下》中也可以得到印证,其文曰:"初太公治齐,修道术,尊贤智,赏有功。"

但我们也应该认识到尊贤与用能本是不可分割的两个部分,二者一旦分离就会产生负面影响,这在齐国治理过程中表现得较为典型。姜太公把二者作为国策,使齐国强盛起来,但后来田齐政权时的稷下学宫对招揽的各路人才却是尊而不用,这与其创建学宫的本意大相径庭,对齐国的衰亡产生了重要影响。

在任用人才时,要因材授职,不能千篇一律。"凡举兵帅师,以将为命。命在通达,不守一术。因能受职,各取所长,随时变化,以为纲纪。"①最终形成将帅的得力辅助,一共有七十二人,包括腹心一人、谋士五人、天文三人、地利三人、兵法九人、通粮四人、奋威四人、伏旗鼓三人、股肱四人、通材三人、权士三人、耳目七人、爪牙五人、羽翼四人、游士八人、术士二人、方士二人、法算二人。此外,任用的人才要通晓寓兵于农之道,在和平时期仍要居安思危,也即是太公所言:"善为国者,取于人事,故必使遂其六畜,辟其田野,安其处所。丈夫治田有亩数,妇人织纴有尺度,是富国强兵之道也。"②另外,善于作战的人才还要有敏锐的观察力,准确把握战场上瞬息万变的态势,及时把握这种态势就可以取得胜利,反之则会失败,也就是"得之者昌,失之者亡"。如在两阵之间陈列甲兵,士兵变乱行列,是为了变化阵形;选择草木茂盛的地方,是为了便于逃遁,选择溪谷险阻之地,是为了阻止敌人的战车,抵御敌人的骑兵;等等。最后,对人才的任用还要做到赏罚分明,且"凡用赏者贵信,用罚者贵必。赏信罚必于耳目之所闻见,则所不闻见者,莫不阴化矣。夫诚,畅于天

---

① 曹胜高、安娜译注:《六韬·龙韬·王翼》,中华书局2007年版,第76页。
② 曹胜高、安娜译注:《六韬·龙韬·农器》,中华书局2007年版,第130页。

地,通于神明,而况乎人乎!"太公主张坚持一个"诚"字,做到了这一点,才能达到"赏一以劝百,罚一以惩众"①的效果。

任用的人才还要以身作则,率先垂范,以自己的德行使士兵信服,也即是太公所说的:"将冬不服裘,夏不操扇,雨不张盖,名曰礼将;将不身服礼,无以知士卒之寒暑。出隘塞,犯泥涂,将必先下步,名曰力将;将不身服力,无以知士卒之劳苦。军皆定次,将乃就舍;炊者皆熟,将乃就食;军不举火,将亦不举,名曰止欲将;将不身服止欲,无以知士卒之饥饱。"②唯如此,士兵们才会在攻城中争先恐后,服从将领的号令。如,公元前531年,晋、燕两国联军入侵齐国,齐景公派田穰苴率军队御敌。在进军过程中,田穰苴亲自过问士卒的食宿情况,慰问伤病士兵,对士卒十分关心,并且他把自己的给养份额拿出来与士卒共享。三天之后,双方开始作战,带病士卒对田穰苴十分感恩,纷纷要求参战。晋军得知齐军士气旺盛,斗志昂扬,吓得立即撤军回国;燕军得知齐国军队严阵以待,也慌忙渡济水返国。田穰苴率齐军追击,士卒如猛虎下山,很快收复了齐国的疆土。

五、余论

姜太公的人才伦理思想是十分丰富的,并在具体的实践中得到检验,对今天的人才观的形成仍具有十分重要的借鉴意义。其一,人才培养注重德育和致用两方面。姜太公人才培养伦理首先注重的是修己,修己而后方可正人,以身作则的培养方式是令人折服的;培养的过程中亦需注重德育的重要性,毕竟"德胜才谓之君子,才胜德谓之小人",没有道德使命感的人才是危险品,对社会必然会造成破坏;培养人才的目的是"委于政事",即是所谓的"致用"。其二,人才选拔与任用要坚持量才授职、因地制宜的原则。人才的才与能有大小、高低之分,根据人才的特长授予相应的官职,最大限度发挥人才的

---

① 曹胜高、安娜译注:《六韬·文韬·赏罚》,中华书局2007年版,第44页。
② 曹胜高、安娜译注:《六韬·龙韬·励军》,中华书局2007年版,第98页。

作用;任何不顾实际的做法都是注定要失败的,选拔与任用人才亦是如此。其三,人才伦理要契合时代需要。时代需要是人才产生的动力,英雄有用武之地才是最理想的社会状态,根据社会需要培养、选拔、任用人才才是明智的选择与做法。

(作者系河南省社会科学院历史与考古研究所助理研究员)

姜太公为政之道及其启示

蒋佃勤

姜太公,又称吕尚,是西周著名的政治家和军事家。他作为周初的开国元勋和齐国的第一任国君,无论对周王朝近800年基业的奠定,还是对齐国灿烂文化的创建和开拓,都起到了十分重大的作用。而作为一位伟大的政治家和军事家,他的为政之道充满奇计与韬略,富含仁德与智慧,成为中国古代谋略智慧之大宗,集中体现了中国传统文化的实用理性精神。

一、姜太公从政历程

1. 际遇不济,韬光养晦

姜太公是炎帝之裔、伯夷之后,年轻时对商纣王抱有幻想,试图事纣以施展自己的才华。但商纣王荒淫无度,众叛亲离。在这种情况下,姜太公离开商纣,隐居离商都较远、统治比较薄弱的"渤海之滨"。在此隐居大约30年后,姜太公开始到中原闯荡,干的都是一些低级劳作,如"卖食"或"求售与人为庸",甚至做"迎客之舍人"。后来,姜太公又来到了殷都朝歌。《史记·齐太公世家·索隐》:"(太公)尝屠牛于朝歌,卖饮于孟津。"由此可知,他屠过牛、做过小贩、干过佣作。大家最熟悉的莫过于璠溪垂钓,璠溪属周地,姜太公短竿长绳,喜欢直钩垂钓,愿者上钩,这可能是姜太公有意接近周政权,在此等待和寻找合适的机会。

2. 辅助文王,以倾商政

姜太公归周后,被周文王尊为师,为周族的兴起立下了汗马功劳。其主要功绩,要者有三。其一,阴谋修德以倾商政。即暗中积蓄力量为灭商作充分的准备。其二,辅文王修德勤政。姜太公以尧、舜、禹、汤之道教文王,修德积善,尊贤举能,发展生产,富民以教,使周境内政治清明,经济发展,民风淳朴。其三,武力征讨殷商与国。文王自羑里归周后,在姜太公的佐助下,力量逐渐增强,开始了由近及远地翦除商羽翼的活动,由事商转为公开与商朝抗衡,最终推翻商政权,建立周朝。司马迁在《史记·齐太公世家》中明确写道:"周西伯昌之脱羑里归,与吕尚阴谋修德以倾商政,其事多兵权与奇计,故后世之言兵及周之阴权皆宗太公为本谋。"又说:"天下三分,其二归周者,太公之谋计居多。"太史公言及姜太公事迹,皆与其谋略智慧相联系。姜太公亲自策划和参加指挥的牧野之战是其最重要的军事活动。

3. 治理一方,国富兵强

商灭周兴,天下更始。为屏藩周室,武王以及后来辅佐成王的周公大搞分封,在宗周王室直接控制地区的周围建立起许多大大小小的诸侯国。其中,因为姜太公在创建周王朝的过程中功勋卓著,所以,他在被封的功臣谋士中居于特殊地位,"而师尚父为首封。封尚父于营丘,曰齐"①。姜太公封齐前后除遇到国内外政治上、经济上巨大的压力外,还面临着十分严峻的军事形势:其一,莱夷的武力侵犯;其二,管叔、蔡叔勾结武庚作乱;其三,南方的淮夷等也乘机叛周,策应武庚。这样,不但齐国的存在经受着严重考验,连周王朝的统治也面临"艰大、民不静"②的巨大威胁。姜太公清醒地认识到,在各项军务中,解除莱夷的武力威胁,稳定齐国的局势是当务之急,他决定尽快就国,

---

① 〔汉〕司马迁:《史记·周本纪》,中华书局1963年版,第127页。
② 郑一钧等著:《齐国史》,山东人民出版社1992年版。

整顿好齐国的国队,加强防务力量。武庚叛乱,齐国奉命派军队配合周公东征,姜太公不顾年迈,毅然率兵出征平叛,取得了胜利,不仅稳定了周王朝的统治,而且进一步提高了齐国地位。在齐国,他从实际出发,根据当地旧有的民风习俗,采取了"因其俗,简其礼"和"修道术,尊贤智,赏有功"的政治措施。

二、姜太公为政之道

《汉书·地理志》记载:"初太公治齐,修道术,尊贤智,赏有功,故至今其土多好经术,矜功名,舒缓阔达而足智。"综观太公一生的建树,其在军事、政治、经济思想等方面,都有卓越贡献,具体表现在以下几个方面。

1. 军事思想

决定商周两朝历史走势的牧野之战最能体现姜太公的军事管理思想。《史记·周本纪》记载,武王一方面遍告诸侯说"殷有重罪,不可以不毕伐",联合诸侯,共同讨伐;另一方面,迅速做好征战的准备。战前工作准备完善后,武王"遂率戎车三百乘,虎贲三千人,甲士四万五千人,以东伐纣"。商闻周师来伐,亦发兵七十万人来会周师,"武王使师尚父与百夫致师,以大卒驰帝纣师",战之于牧野。"纣师虽众,皆无战之心,心欲武王亟入。纣师皆倒兵以战,以开武王。武王驰之,纣兵皆崩畔纣。"结果,商七十万大军一败涂地。商纣见大势已去,绝望中"蒙衣其殊玉,自燔于火而死"。

2. 政治思想

政治上,姜太公注重团结人心,巩固齐国政权。姜太公在齐国因地俗不同而采取不同的治理措施。《史记·齐太公世家》记载,姜太公推出了"修政,因其俗,简其礼"的德治方案。"修政",即修明政治环境,给人宽松的生活环境,达到周天子治国统一的意愿。"因其俗",就是尊重当地人的风俗习惯。"简其礼",指在坚持周天子基本治国精神不变的情况下,在齐地改造周朝的礼仪内容,把周朝的礼仪内容简约化,让当地民众易于接受。这一办法减轻了礼仪对人们思想的束缚,使人民安居乐业,齐心协力发展生产力,改变了齐国的落后面貌。

"因其俗,简其礼",从德治的角度,开创了一个宽松的政治背景、文化氛围,减轻了人们的精神压力,分散了商朝残余反周力量的注意力,从而使齐地各民族尽快达到融合。应该说,在其"修政,因其俗,简其礼"的德治工程中,"因其俗,简其礼"是手段,用以缓解统治阶级与民众的矛盾,调动人的主观能动性,发展生产,抢占良机,"修政"是目的,用以树立齐国政权形象,达到长治久安的目的。

3. 经济思想

姜太公的经济管理思想,主要是指《史记·齐太公世家》记载的姜太公制定的"通商工之业,便鱼盐之利"的经济政策。姜太公之所以制定以工商业立国的方针政策,首要的依据是具体国情。一是齐地地薄人少,不适宜以农业立国。《汉书·地理志》说:"齐地负海舄卤,少五谷而人民寡。"《盐铁论·轻重篇》记载,"昔太公封于营丘,辟草莱而居焉。地薄人少"。姜齐立国之初,由于农业生产落后,粮食等农产品不能自给,这就迫使姜太公不能采取闭关锁国的政策,只有发展商品经济,通过商品生产和商品交换,积极发展对外贸易,才能满足本国人民生产和生活的需要。姜太公把"通商工之业"作为重要国策,对商业活动给予了高度重视。他对内大力支持渔盐业和手工业的发展,以保证商品交换的充足货源。对外则鼓励邦际贸易和外商入境经商,互通有无,大大促进了渔盐业和手工业的发展,繁荣了经济。

4. 人才思想

商何以亡,周何以兴,这是周初的一些政治家、思想家不能不认真思考的一个重大问题。商纣晚年苛政残民,重用奸佞,残害忠直,致使民为仇敌,贤能远避,最终导致亡国灭家。周文王力行仁政,宽以待民,礼贤下士,广求善才。周武王吊民伐罪,招才纳士,选贤任能,最后以"小邦周"战胜了"大邑商"。姜太公正是风云际会的人物,总结了这段历史的经验教训,清醒地认识到民心的向背和人才的得失决定着天下的治乱安危。他从商周大变局中,深切体会到人才在治国安邦中的重大作用。所以,当周公问其"何以治齐"时,

《吕氏春秋·长见》记载,姜太公明确地回答"尊贤上功"[1]。注重事功实绩,有功者给予奖励、重用,无功、害功者则予以处罚,这种用人标准和人才思想,打破了一贯以血缘关系为基础的亲亲尊尊原则,较之周公在鲁国实行的"亲亲上恩"的宗法原则,更具有进取性、开放性和务实性。

姜太公的民本思想对齐国以及整个中国后世的治国方针、观念、态度、人文精神等方面都有非常重要的影响。它在理论上,为后来管仲的人本思想奠定了基础,使得齐国后来能够称霸诸侯;为晏婴的廉政建设提供了思想依据,其"倡省刑,薄赋敛""尚俭倡廉"正是姜太公民本思想的继承和发展;是孟子"民贵君轻"思想的源头。姜太公的治国方略,为历代政治家、思想家所重视、效法,在当今依然有其重要的思想价值和实践意义。

三、姜太公为政之道的启示

1. 为政之道,谋略当先

姜太公既是周文王与周武王两代帝王的首席谋士、武王伐纣的最高军事统帅与西周的开国元勋,又是齐国的缔造者、齐文化的创始人,也是我国古代一位杰出的影响久远的军事家、政治家。历代典籍都公认他的历史地位,儒、道、法、兵、纵横诸家皆追他为本家人物,被尊为"百家宗师",他由一个历史人物被人们演绎出各种形象身份:他是世俗化、人性化的神,掌管封神大任;他是道士化的巫师、军师,辅佐文王翦灭殷商,承接天命;他是儒士化的忠臣,帮助建立周政权,稳定统治。《汉书·艺文志》中著录有《太公》二百三十七篇,其中《谋》八十一篇。《隋书·经籍志》中则记有《太公六韬》五卷(梁六卷)、《太公阴谋》一卷(梁六卷)、《太公阴符钤录》一卷、《太公金匮》二卷、《太公兵法》二卷(梁三卷)等。[2] 这些演绎传说和作品成果虽然大多都是后人依托而

---

[1] 李学勤:《传世藏书——集库》1册,海南国际新闻出版中心2002年版。
[2] 徐勇:《兵家始祖 谋略化身——试论姜太公的军事思想和指挥才能》,《社会科学辑刊》1997年第3期。

作,但这种现象恰恰说明姜太公谋略智慧得到后人广泛认可,谋略也是为政者必须掌握的一门技能,为政之道,当以谋略为先。

2. 成功之道,知赢缩为宝

谋国与谋身,历朝历代都是摆在各级官员面前的一道难题。谋国易,谋身难。一部中国古代史,文死谏,武死战,不论是忠臣廉吏,还是奸臣贪官,总难逃出兔死狗烹、鸟尽弓藏的结局。能做到像战国时期范蠡那样,功成名就,激流勇进,携西子泛游西湖,成为巨富陶朱公者,毕竟是凤毛麟角。而更多的是像越王勾践的另一位谋臣文种一样,不知进退,落得可悲的结局,令世人扼腕叹息。谋国靠的是才能,谋身靠的是智慧。纣王无道,太公由"事纣"到"避纣",选择隐居东海之滨。际遇不济,可贩夫走卒应付生存,可隐居垂钓怡然自得,30年韬光养晦,等待时机。当他发现文王贤明,有治理才干,便设法营救,积极进取,在倾覆殷商政权和建设西周王朝中立下汗马功劳。其成功之道,就在于能够洞察时机,懂得进退。

3. 治理之道,通权达变

姜太公的为政之道核心理念是通权达变。他能够因时因地制宜,结合自身特点与弱点制定出一系列利国利民的政策,采取灵活的立国策略,终于在东部边陲站稳了脚跟,使齐发展成泱泱大国,为齐桓公的春秋霸业奠定了政治基础和物质基础,并为后世的发展创造了良好的条件,这些都给为政者提供了宝贵的借鉴经验。现在我国改革已进入攻坚期和深水区,需要改的多是重大问题和敏感问题,不少触及深层次社会矛盾。同时,国内外环境也发生了深刻变化,许多矛盾相互交织,各种诉求相互碰撞。我们必须以强烈的历史使命感和责任感,以壮士断腕的决心和勇气,坚定不移地推进改革。对不合理的既得利益,该调整的要坚决调整,该破除的要坚决破除,不能畏首畏尾。要讲究策略和方法,审时度势、通权达变、相机而动,牢牢把握主动权,打好改革攻坚战。

4. 得人之道,以民为本

姜太公强调治国之道,务在爱民,"欲使主尊人安……爱民而已",提出了

"利而勿害,成而勿败,生而勿杀,与而勿夺,乐而勿苦,喜而勿怒"的主张。文王姬昌访太公于渭水之滨时,太公向文王建议,"天下非一人之天下,乃天下之天下也"。为政者要以仁得国、以仁守国,顺应民心,因为"同天下之利者则得天下,擅天下之利者则失天下"[①]。得民心者得天下,古今中外历史规律皆然。中国共产党的初心也是为中国人民谋幸福,为中华民族谋复兴。回望初心,是为了更好地前进,人民对美好生活的向往就是我们的奋斗目标,得到人民的拥护和支持,当以人民为本。

(作者系中共阜阳市委党校讲师)

---

① 张晋藩:《中国法制史》,中国政法大学出版社2007年版。

试析姜太公思想文化的特征及影响

李 龙

姜太公长期活动于中原,其思想文化源于中原。武王灭商而王天下,姜太公被封于齐地,史称姜太公为齐国的创始者。姜太公佐周治齐,制定并实行了一系列政治、经济、文化方面的措施,取得了丰硕的成果。其功业和思想涵盖儒、道、法、兵、纵横、杂家等,被尊为"百家宗师"。姜太公思想文化具有鲜明的个性与特征,对中华传统文化产生了较大的影响。

一、姜太公思想文化的民本性

姜太公的民本思想,可能与他早年的坎坷经历有关。姜太公深知民间疾苦和百姓的需求,认为天下的纷乱不应归咎于天命,而与君主的贤明与否有关。君主应该做像帝尧那样贤明的君主,不追求奢华淫侈的生活,应以老百姓的富足安乐为宗旨,这样才能得到老百姓的拥戴与亲近。

姜太公倡导实行仁政,在《六韬·文韬》中,文王向他询问治国的根本方法的时候,他对文王提出了王道的思想:"天下非一人之天下,乃天下之天下也",所以统治者要想"天下归之",必须做到仁、德、义、道,为百姓谋利益,体察民情,才能得民心,继而得天下。治国最根本的就是爱民,就是要做到"利而勿害,成而勿败,生而勿杀,与而勿夺,乐而勿苦,喜而勿怒"。让老百姓不失去职业,不耽误老百姓的农忙时间,减轻刑罚,少征赋税,不大兴土木,吏政廉明,对待百姓就像父母爱护子女、兄长爱护弟妹一样。"驭民如父母之爱子,如兄之爱弟,见其饥寒则为之忧,见其劳苦则为之悲。"①

姜太公初封齐地,面对一个贫穷且时有东夷叛乱的小国,其执政理念在政治策略上以安民为主,政顺民心。"太上因之,其次化之",尊重民意,"无怠其众""敬其众",因民俗,顺民情,沿袭东夷人的文化传统,平易近民,民众从而归之。经济上则注重民生,鉴于齐国人少地薄、人们多无居的现实情况,姜太公首先解决百姓吃住问题,发展手工业和渔盐业,使人们安居乐业,然后采取"三宝并重"、减赋役等一系列富民惠民的策略,藏富于民,"利天下者,天下启之",富民才能国强,才能称王于天下。刘向在《说苑》中记载了姜太公的这一民本思想:"王国富民,霸国富士,仅存之国富大夫,亡道之国富仓府。"②在军事上,姜太公不主张发动战争,"故圣王号兵为凶器,不得已而用之"③。兵是凶器,危害百姓生命财产,除非不得已才为之,这种观念也体现了其爱民的思想。

二、姜太公思想文化的务实性

姜太公的思想文化,源于其治军治国的实践,所以,就必然带有鲜明的务实性。

在政治策略上,姜太公重视贤才的任用和对有功者的奖励,重视法纪和赏罚。

他主张唯才是举。《汉书·地理志》载:"昔太公始封,周公问:'何以治

---

① 叁壹编著:《六韬·孙膑兵法》,太白文艺出版社2010年版,第2~9页。
② 〔汉〕刘向撰,向宗鲁校证:《说苑校证》,中华书局1987年版,第150页。
③ 叁壹编著:《六韬·孙膑兵法》,太白文艺出版社2010年版,第23页。

齐?'太公曰:'举贤而上功。'"①同时又提出了对人才进行选拔任用的实用性原则,《六韬》中说,举贤之后要任用,否则就空有举贤之名而无用贤之实,还不能以世俗的毁誉来选贤,否则"多党者进,少党者退。若是则群邪比周而蔽贤,忠臣死于无罪,奸臣以虚誉取爵位",这样就会导致社会动乱、国家危亡。对人才要按职位所需,选贤考能,名副其实。"令实当其能,名当其实,则得举贤之道也。"②这样就打破了人才选拔的壁垒,不分出身、部族、年龄、门第,唯才是用,不仅招揽了大量人才,而且充分调动了人才的积极性,具有开放性和务实性。《汉书·地理志》载:"初太公治齐,修道术,尊贤智,赏有功,故至今其土多好经术,矜功名,舒缓阔达而足智。"③结果吸引了各国人才,不同文化、风俗的"五方之民"都聚集到齐国,在齐国宽松的文化环境下,人们思想活跃,各种文化得以碰撞、交流和发展,形成兼容并蓄的齐文化。也正是因为这种不拘一格选拔人才的制度,才有了后来对齐国有重要影响的以低贱的身份被重用的管仲、淳于髡等贤臣良相。同时在人才的管理上,坚持致人之用的实用性原则。在《尉缭子·兵教下》中,武王问姜太公用人的要领,姜太公说:"赏如山,罚如溪。"即重赏的同时也采取重罚的策略,例如诛杀了惑乱百姓、阳奉阴违的司寇营汤,诛杀了不食君禄、不为国用的狂矞、华士二隐士。一切以对社会和国家的实用性为出发点,不作为、不合作的属于逆民,即使是有名声在外的贤才,不为国所用,姜太公也雷厉风行,果断严惩。

经济上,实事求是,因地制宜。初到齐地的姜太公所面临的是百业凋零的局面。《史记·货殖列传》记载:"太公望封于营丘,地潟卤,人民寡。"④《汉书·地理志》也说:"太公以齐地负海,舄卤,少五谷而人民寡。"⑤《盐铁论·轻重》:"昔太公封于营丘,辟草莱而居焉。地薄人少……"⑥《六韬·文韬·六

---

① 〔汉〕班固:《汉书·地理志》,中华书局2000年版,第1324页。
② 叁壹编著:《六韬·孙膑兵法》,太白文艺出版社2010年版,第21页。
③ 〔汉〕班固:《汉书·地理志》,中华书局2000年版,第1324页。
④ 〔汉〕司马迁:《史记·货殖列传》,中华书局1999年版,第2462页。
⑤ 〔汉〕班固:《汉书·地理志》,中华书局2000年版,第1323页。
⑥ 王利器校注:《新编诸子集成·盐铁论校注》,中华书局1992年版,第178页。

守》载:"大农、大工、大商,谓之三宝。……三宝全,则国安。"面对着齐国靠海,有大片的盐碱地,人烟稀少又穷困,缺粮少食的国情,姜太公没有固守成规只强调发展农业,而是采取因地制宜的措施,同时发展工商业,让人们依据自己的技能和优势资源获取利益,农、工、商"三宝"齐发展。很快齐国粮食、器具、货物充足,人民安居乐业,社会稳定,封国逐渐强盛起来,成为诸侯中的大国。

三、姜太公思想文化的创新性

姜太公思想文化具有创新性,无论是治国还是用兵上都能与时俱进,讲求权变,不墨守成规。

政治上,治理齐地之初,社会动荡,文化风俗与周迥异,姜太公不拘泥于传统,大胆变革,在维护等级制度的基础上,改掉周礼烦琐的程序,使之符合东夷文化的地域特点,从齐地的民风民俗出发,寻找周礼与东夷土著文化的契合点,消除对抗和隔阂,"变则通,通则久",既维护了周礼的权威,又保持了政局的稳定,获得了民心的拥护和齐地的长治久安。

经济上,改革传统的以农为本、重农抑商的观念,利用人们的生产技术和优势资源发展工商业和渔业,同时打破地域的壁垒,改变传统的地域观念,与周边诸侯国互通有无,贸易往来,并给予优惠的保护政策,以此来快速地达到民富国强的效果。姜太公思想中这种变革创新的观念直接影响着齐国以后的发展,在他之后,齐国又有两次大的变革运动:春秋齐桓公时的管仲变革和战国齐威王时的邹忌变革。管仲更是提出了"不慕古,不留今,与时变,与俗化"的观点。

军事上,善于分析形势,制定军事策略和战略、战术,善用谋略。《史记·周本纪》云"其事多兵权与奇计"。姜太公被誉为兵家始祖,如在牧野之战中,太公注重军事联合,采用军事合纵之策,"诸侯不期而会盟津者八百诸侯",借助其他诸侯的军事力量来达到灭纣的目的。在具体战争中,姜太公善于运用军事计谋,实现军事胜利。《论衡·恢国篇》记载:"传书或称武王伐纣,太公阴谋,食小儿以丹,令身纯赤,长大,教言殷亡。殷民见儿身赤,以为天神,及言殷亡,皆谓商灭。兵至牧野,晨举脂烛。奸谋惑民,权掩不备,周之所讳也,世谓之虚。"据说,《六韬》就是他政治和军事思想创新变革的集大成之作,《汉书·艺文志》列太公遗著237篇,其中,《谋》81篇、《言》71篇、《兵》85篇。姜太公在齐国采用国富兵强的军事政策,不拘一格选拔军事人才,调动了将领的积极性。齐国成为军事强国,取得了军事上的主动地位。《史记·齐太公世家》中说:"及周成王少时,管蔡作乱,淮夷畔周,乃使召康公命太公曰:'东至海,西至河,南至穆陵,北至无棣,五侯九伯,实得征之。'"①实力决定话语权,齐靠军事上的征伐,成为诸侯中的大国。

四、姜太公思想文化的开放性

姜太公故里在中原,曾长期生活、活动于中原,其思想、行为受中原文化包容性、开放性影响,施政治国也体现出这一特性。

《史记·齐太公世家》说:"太公至国,修政,因其俗,简其礼。"②姜太公到封地后,并没有采取激进的措施,完全否定东夷土著文化,而是采取"因其俗,简其礼"的政治方针,尊重齐地原有的历史文化传统和风俗习惯,因循渐变,博采各种文化之长,兼收并蓄,创造出具有包容性和活力的新型的齐文化。这样温和的改革方式,顺应了民俗民意,所以姜太公迅速巩固了统治,同时稳定的社会秩序促进了齐人与东夷人的交往、融合,促进了双方的文化交流。东夷人发达的农业和手工业技术也为齐人所吸收,齐国的农业和手工业得以快速发展。文化上,采取尊贤重士、唯才是用的政策,自由开放的学术氛围,促进了思想和文化的发展交流,这种超越时代的先进思想、政治策略被历代的齐国统治者沿袭,形成了开放的、宽容的文化传统,所以后来才有了战国时

---

① 〔汉〕司马迁:《史记·齐太公世家》,中华书局1999年版,第1245页。
② 〔汉〕司马迁:《史记·齐太公世家》,中华书局1999年版,第1245页。

齐国稷下学宫的百家争鸣。

经济上,姜太公因地制宜,发展工商业、手工业,充分利用靠海的优势,发展资源丰富的渔盐业。《史记·货殖列传》记载:"……于是太公劝其女功,极技巧,通鱼盐,则人物归之,繦至而辐凑。故齐冠带衣履天下,海岱之间敛袂而往朝焉。其后齐中衰,管子修之,设轻重九府,则桓公以霸,九合诸侯,一匡天下。"①这种充分依靠地域资源、因地制宜的做法,刺激了农工商不同的经济业态共同发展,不仅使工商业迅速发展起来,加强了齐国与周边国家的经济交流与发展,形成一种开放性的经济,同时商业流通带来了人员的流动,人员的流动促进了各种文化及思想的交流,因此形成了开放性的博大精深的齐国文化,这种开放性的政策后来被管仲沿袭以辅助齐桓公,使齐国称霸诸侯。

五、姜太公思想文化的尚法性

姜太公思想的另一重要组成部分是尚法思想,这一思想带有家族传承性。其先祖伯夷在尧在位时主管刑法事宜。《尚书·周书·吕刑》记载:"伯夷降典,折民惟刑。"太公家族具有尚法的传统,至太公时对法仍存敬畏之心,并忠贞地予以传承。

姜太公重视法治,赏罚分明,令行禁止。《文韬》中,文王问太公治理国家最重要的是什么,太公说:"贵法令之必行,必行则治道通,通则民大利,大利则君德彰。"②即依法治国,这种法治的精神在当时极具超前性和先进性。又如《文韬》中,"调和阴阳,以安万乘之主,正群臣,定名实,明赏罚",又"乐万民,可怒而不怒,奸臣乃作;可杀而不杀,大贼乃发",这些语句强调要明赏罚、实行法治,依法治国才能剔除奸臣、贼人,社会才能清明。从《六韬》姜太公与周文王的对话中可以看出,太公重视赏罚,故有"文王问太公曰:'赏所以存劝,罚所以示惩,吾欲赏一以劝百,罚一以惩众,为之奈何?'太公曰:'凡用赏

---

① 〔汉〕司马迁:《史记·货殖列传》,中华书局1999年版,第2462页。
② 吕效祖、赵保玉编:《群书治要考译》(第三册)卷三十一《六韬治要》,团结出版社2011年版,第143页。

者贵信,用罚者贵必。赏信罚必于耳目之所闻见,则所不闻见者莫不阴化矣。夫诚,畅于天地,通于神明,而况于人乎!'"①的记载。姜太公尚法的另一个表现就是"尊贤上功"。《吕氏春秋》记载:"吕太公望封于齐,周公旦封于鲁,二君者甚相善也,相谓曰:'何以治国?'太公望曰:'尊贤上功。'周公旦曰:'亲亲上恩。'太公望曰:'鲁自此削矣。'周公旦曰:'鲁虽削,有齐者亦必非吕氏也。'其后,齐日以大,至于霸,二十四世而田成子有齐国;鲁日以削,至于觐存,三十四世而亡。"②"尊贤上功"思想是对周代所践行的"尊尊亲亲"等级与世袭观念的极大挑战,可以看出太公治国思想的魅力。《汉书·地理志下》记载:"初太公治齐,修道术,尊贤智,赏有功,故至今其土多好经术,矜功名,舒缓阔达而足智。"

六、姜太公思想文化对后世的影响

姜太公思想文化博大精深,对后世影响深远,为中华优秀传统文化的形成和发展做出了重要贡献。

姜太公的民本思想被后人继承弘扬下来,管仲更是提出以人为本的思想:"夫霸王之所始也,以人为本。"③先秦及其后的儒家更是将民本思想发扬光大。孔子把老百姓的"富"作为治政的要务来考虑。《论语·颜渊》载:"百姓足,君孰与不足;百姓不足,君孰与足?"这是孔子富民思想的集中表现。孟子在《孟子·梁惠王上》中认为,人民能有田可耕,能衣帛食肉不饥不寒,这是"王天下"的根本。《荀子·富国》载:"足国之道,节用裕民而善藏其余,节用以礼,裕民以政。彼裕民,故多余。裕民则民富,民富则田肥以易,田肥以易则出实百倍。"姜太公"唯才是举""三宝"的治国思想,为管仲等后来的政治家

---

① 吕效祖、赵保玉编:《群书治要考译》(第三册)卷三十一《六韬治要》,团结出版社 2011 年版,第 223 页。
② 张双棣、张万彬、殷国光等:《吕氏春秋译注》,北京大学出版社 2000 年版,第 273 页。
③ 黎翔凤撰,梁运华整理:《管子校注》,中华书局 2004 年版,第 472 页。

继承并进一步阐发。管仲提出"仓廪实而知礼节,衣食足而知荣辱"①,在齐国实行改革,发展农业、工商业,在齐国形成了从实际出发,重实效、实利,重视发展实业的齐文化传统,使得齐国成为东周时期的强国,并对中华传统文化产生了深远的影响。姜太公的军事思想的创新,对齐国后世产生了深远的影响,齐国后来出现了一批杰出的军事家,如管仲、晏婴、司马穰苴、孙武、孙膑、田单等,也有不少军事著作流传于世,如《司马法》《孙子兵法》《孙膑兵法》等。姜太公尚法思想影响广泛。后世兵家孙武、司马穰苴等受其影响而以法治军。"赏信罚必",做到了严于法纪,"罚不避大,赏及牛竖、马洗、厩养之徒"。《史记》所载孙武用宫女演阵令斩吴王宠姬二人以明军纪、司马穰苴依军令斩齐景公宠臣庄贾而全军肃然的军法案例,都反映出他们深受姜太公法治思想的影响。战国时期的法家代表人物韩非提出的"二柄者,刑德也""明法者强,慢法者弱"的观点,也是对姜太公尚法必明赏罚思想的继承、发展。

总之,姜太公的思想文化是我国优秀传统文化中的一笔重要的财富,其主要内容与基本精神至今仍不乏借鉴意义。若能认真发掘,取其精华,古为今用,将会对今天的社会主义文化建设做出积极的贡献。

(作者系河南省社会科学院历史与考古研究所副研究员)

---

① 〔汉〕司马迁:《史记》,中华书局1999年版,第2172页。

黄河文化及太公文化研究

中国古代国家的管水职能

葛志毅

管水制度是古代农业社会关乎国计民生的大事,它与中国古代以农业立国的社会经济形态相关。只要对中国古代的水利事业稍加关注,便会发现它主要是围绕农业生产发展需要而发展的。中国古代农业生产真正进入发展时期应自春秋战国始,而水利灌溉事业的兴起也恰在此时。为阐述此问题,首先应从春秋战国时代有关水的认识观念谈起。

《管子》中把水作为万物的本原加以肯定,其《水地》曰:"地者,万物之本原,诸生之根菀也,美恶、贤不肖、愚俊之所生也。水者,地之血气,如筋脉之通流者也。故曰:水,具材也。"这里把地与水分言,认为地是万物及生命的本原,而水则是地上流动的血气筋脉,是构成万物的原生性材质。后文又有曰:"水者何也?万物之本原也,诸生之宗室也,美恶、贤不肖、愚俊之所产也。"这显然又以水直接代替地而作为万物生命的本原。所以可以看出,《水地》的作者视水、地为一体并将其认作万物生命的本原。这种认识在《管子》的《度地》中也可得到某种证实。《度地》中首揭"度地形而为国"的宗旨,余下的中心内容却着重论述水在国家治乱安危方面非比寻常的意义,所以从《度地》篇名及其内容论述上,在某种意义上可见其与《水地》同样视水、地为一体的思想理念。按水地犹言水土,水土乃民生根本,如《国语·周语上》:"夫水土演而民用也。水土无所演,民乏财用。"《管子·禁藏》:"夫民之所生,衣与食也;食之所生,水与土也。"都明确肯定水土乃民生用度的根本所系。水土在古人眼中被视为一体,如《书·舜典》中舜表彰禹治水之功而曰"汝平水土",《书·吕刑》亦曰"禹平水土"。所以借助水土一词,可见视水、地为一体的理念自有其根据。此外,《度地》又充分论证了水在国家社会生活中的重大影响和意义,其中提出"善为国者,必先除其五害","五害"指水、旱、风雾雹霜、厉及虫五种自然灾害,其中以水害威胁最大,所谓"五害之属,水最为大",因此着重论述了防止水害的办法,主要即设置水官,从制度上加以管理,如其中说,除水害,"以水为始。请为置水官,令习水者为吏。大夫、大夫佐各一人,率部校长、官佐各财足。乃取水官左右各一人,使为都匠水工。令之行水道、城郭、堤川、沟池、官府、寺舍及州中,当缮治者,给卒财足。"这里指出水官的员额及其职责,其职责主要是对城邑防水设施的巡视及维护,以保证官府寺舍等建筑免受水害。察《度地》所述乃"度地形而为国"之道,其中对城邑选址的条件要求之一是近水,即要求城邑"纟川左右,经水若泽,内为落渠之写,因大川而注焉"。这样,为保证城邑及其所属建筑的防水安全就必须设定制度,故《度地》所述水官基本是城邑防水制度化的代表。借助它我们可以看到水官制度的一个层面,而其另一个层面,也更为重要的一个层面是农业水利制度。当时人们已经认识到水在农业生产中的作用。前文引述《水地》认为水、地为一体,尤其是在水为"万物之本原也,诸生之宗室也"的认识中,显然包含在农业生产实践中对作物生长状况的观察经验,因此深知水是作物生长必不可少的要素。如《水地》又说,水"集于草木,根得其度,华得其数,实得其量。鸟兽得之,形体肥大,羽毛丰茂,文理明著。万物莫不尽其几,反其常者,水之内度适也"。出自农业生产上的需要,相关的水利制度必然要以调配控制用水技术的形式纳入到水官制度中。

提到水利事业,必须言及禹。禹治水有两个值得关注的业绩,即一治理黄河,二开掘沟洫。《史记·河渠书》曰"河灾衍溢,害中国也尤甚,唯是为务,故道河自积石,历龙门",以下详述禹治河的水道行经。后至春秋战国时代因列国割据,治河事业受到不利影响,《孟子·告子下》曾批评当世的治水者曰:"禹之治水,水之道也,是故禹以四海为壑,今吾子以邻国为壑。"割据的形势不仅无法对黄河进行统一治理,又人为地增加了水害。尤其沿河而居的各国,纷纷筑堤拦水,使水为患于邻国,《汉书·沟洫志》曰:"盖堤防之作,近起战国,壅防百川,各以自利。"最明显的是地势高的赵、魏两国,两国各筑堤,迫使河水泄向地势卑下的齐国。随着秦汉一统国家的出现,统一筹措治河也成为历代王朝的要务。关于沟洫制度,如前文所言,乃禹治水的遗制,由其递广递深的形制决定其排水防涝的功能。但农业水利事业的最重要功能是开渠引水溉田,以保证农作物的生长和丰产。水利灌渠事业开始发展大约在春秋战国时代,其直接原因是农业生产空前发展所带来的刺激。《史记·河渠书》在叙述禹治河功绩之后曰:"诸夏艾安,功施于三代。自是之后,荥阳下引河东南为鸿沟,以通宋、郑、陈、蔡、曹、卫,与济、汝、淮、泗会。于楚,西方则通渠汉水、云梦之野,东方则通鸿沟、江淮之间。于吴,则通渠三江五湖。于齐,则通淄济之间。于蜀,蜀守冰凿离碓,辟沫水之害,穿二江成都之中。此渠皆可行舟,有余则用溉浸,百乡飨其利。至于所过,往往引其水益用溉田畴之渠,以万亿计。"可见农田灌渠的兴修大盛于春秋战国之世,明显是受此时农业生产发展提高的促进。此后在秦汉之世,水利灌渠的兴修盛极一时,基本上奠定此后历史上水利灌渠的地理分布格局。水利灌渠也成为古代农业,尤其是北方农业生产持续发展的基础。在《史记·河渠书》中,司马迁对夏禹至汉武帝时期的治河、开渠历史进行了总结,并且慨叹曰:"甚哉,水之为利害也!"即他感到水在国计民生中的作用之巨。《汉书·沟洫志》在自述写作宗旨时也说因水关乎"国之利害,故备论其事",也对水的社会经济意义有足够的认识。关于《史记·河渠书》的内容,泷川资言《考证》引冯班曰:"水患莫大于河,故最详,国用莫急于漕,而民间所急在水利,三事错综成文。"其实《史记·河渠书》的内容可概括为治河、开渠、通漕三件事,其中开渠与通漕是相关的,即漕渠之水同样可被引用于溉田,《史记·河渠书》载郑当时奏请引渭穿漕渠,便得漕运、溉田两利。所以秦汉以下的水利事业大端可概括为治河与开渠,司马迁作书曰"河渠"是经过深思熟虑的。汉代贾让上治河三策,上策乃疏导黄河以除水患,中策即在冀州地区河段多引河水开渠,以分杀水势,实际即在治河同时开渠,可见开渠在古代水利事业上的地位。班固承《史记·河渠书》而作《汉书·沟洫志》,虽因史志名目有变而似自创新题,但实在昧于古制而难有变化。泷川资言于《史记·河渠书》所附《考证》中引沈家本曰:"《汉书》改为《沟洫志》,以示异于史公。而沟洫之制,自阡陌既开,而后久已废,而不可复,非有遂人、匠人之经纬也。谓之沟洫,非其实矣。"按"河渠"与"沟洫"两概念之异,其实涉及古代水利制度的改变,班固虽立《沟洫志》之名,然其中丝毫未涉及沟洫制之实,所述仍本于《河渠书》治河开渠诸内容。司马迁在《河渠书》中亦未涉及沟洫制度。沈家本说"沟洫之制,自阡陌既开,而后久已废",此言很重要,即因井田制结束,沟洫制亦被阡陌制所取代。[①] 沟洫制被保存于《周官·地官·遂人》及《考工记·匠人》之中,乃是由农田、道路及沟洫三者配合的整齐规划系统,是井田制下的田制规划形式。前文讲过,沟洫制是禹治水的遗制,加之其递广递深的形制,决定沟洫的功能主要是排水,在这点上其与春秋战国时代兴起的灌渠性质不同。沟洫制的施行是在水涝威胁大的地区,而且农田规模相对有限,邑落居址占地有限,如此才会营造起农田、道路、沟洫三者相配合的规整体系。春秋战国时代社会进步,人口日增,加之铁器、牛耕及施肥等农业生产技术上的促进因素,使生产力空前提高,农业生产规模迅速扩大,不仅原来那种有限的沟洫规划形式已难以适应新的农业经营体制,而且用水量的增大也使农业生产面临新的问题,这是农业灌溉技术的发展和灌渠大量兴建的前提条件。在此情况下,农业经营体制已远远超出沟洫制所能容纳的生产规模,就是说,沟洫制已被完全超越了。总之,沟洫制与灌渠制度代表着两个不同的农业生产时代,这是一个十分重要的问题,可是

---

① 《史记·商君列传》谓商鞅"为田开阡陌封疆",即商鞅设阡陌制取代井田制沟洫与农田相维的田制形式,沟洫制至战国时已被废弃。参拙作《周代分封建城考》,《周代分封制度研究》附录,黑龙江人民出版社1992年版,第40页。

从班固作《沟洫志》来看，汉人对此已不甚清楚。

农业生产的发展，不仅促使灌溉技术提高，灌渠大量兴建，而且由于用水量激增，也从制度上提出如何合理调控分配水资源的问题。从记载上看，至少在战国时代已反映出此问题，《战国策》卷一《东周策》载："东周欲为稻，西周不下水。"这虽然是两个政权在利用水资源进行的政治斗争，并非纯粹因水资源短缺引起的纷争，但已经涉及水资源的所有权、使用权乃至如何分配的问题。至汉代，人们已开始用制度立法的形式解决水资源的分配问题，这是管水制度的一大进步。《汉书·兒宽传》记载，兒宽上表"奏开六辅渠，定水令，以广溉田"。颜注："为用水之次具立法，令皆得其所也。""水令"即关于渠水使用分配的规定。《汉书·循吏传》载召信臣"行视郡中水泉，开通沟渎，起水门提阏凡数十处，以广溉灌……信臣为民作均水约束，刻石立于田畔，以防分争"。据颜注，"均水约束"与"水令"相似，亦是有关渠水使用分配的规定，并被公示出来，以息争端。此以制度立法手段使水资源的使用分配合理有序，是管水制度相当成熟的反映。通过前文对春秋战国以来管水制度的追溯，可见因水资源关乎国计民生，对水资源的管理已成为国家承担的社会职能。自秦汉时代起，国家所承担的大规模管水职能可概括为治河、开渠两大端。其一因为国家一统，可以而且必须由国家统一规划黄河的治理；其二为保证农业生产的发展，必须继续开凿、维修灌渠的事业。汉代出现以立法的形式保证水资源的使用分配合理有序，是管水制度法制化的一大成就。秦汉时代常见的水官是都水长丞，《汉书·百官表》颜注引如淳曰："律，都水治渠、堤、水门。"西汉时代如太常、大司农、少府、水衡都尉及京兆尹、左冯翊、右扶风三辅等的属官皆有都水长丞。东汉时代朝廷中央不设都水官，地方则在与水利渔业有关的郡县设都水官。与水官设置的这种变化有关，秦及西汉时代大型的灌渠兴建多是在朝廷的主持下进行；东汉时代则不然，对灌渠的兴建维修基本上成为地方政府的职责，和帝、安帝皆曾下诏地方修理灌渠。这时水利灌渠事业已与地方农业生产密切相关，因而已成为地方政府职能的反映。汉代很重视治河事务，皇帝屡诏问治河之事，汉武帝还曾亲临河决之处，

"令群臣从官自将军以下皆负薪置决河"。除设河堤都尉、河堤使者等主持治河工程外,还在"滨河郡国置河堤员吏"。自汉代起,治河作为一项制度确定下来。

总之,在尧舜时代前后,水利事业如治水与沟洫系统的开掘,就已经由社会公共职能或国家承担起来。后来随着农业的进一步发展和国家统一,秦汉帝国则承担起以治河与开渠为首要标志的国家管水职能。为什么管水职能在国家体制中占有如此地位?究其原因,在于中国古代文明的中心地区是在濒临大河的黄土地带较早发展起来的,这一点决定其农业文明的性质。农业文明的性质使国家管水职能凸显出来,亦即要求统治者必须在管水职能上展现自己的聪明才智,以证明其足以胜任与国计民生利害相关的管水事业,从而向臣民证明自己是一个合格的统治者。

(作者系大连大学中国古代文化研究中心教授)

黄河下游古河道研究

袁广阔

黄河以内蒙古自治区托克托河口镇和河南荥阳桃花峪为界,分为上、中、下游。上游以山地为主,占全流域面积的一半以上,水流湍急,河水清冽;中游流经沟壑纵横的黄土高原区,由此挟带大量泥沙,使黄河成为世界上含沙量最多的河流;下游以平原为主,地势平坦,起伏和缓,中游河段泥沙在此大量沉积,使该段黄河形成举世罕见的地上悬河。受自然与人为因素影响,有史以来,黄河下游河道频繁迁徙,范围北至太行山以东的华北平原,南至颍河以西的淮北平原,对生活于此的人民产生巨大影响,黄河也成为历代统治者的主要治理对象。关于黄河变迁及治理的历史文献浩如烟海,以往治黄河史者也多以文献为重,关于黄河下游河道的文献记载抵牾之处颇多,学界争议不断。本文结合考古学、地质学等最新研究成果对这一问题的研究进行系统梳理和总结。

一、黄河下游河道的考古学研究

王青先生以考古发现为基础,根据渤海湾西海岸的4道贝壳堤、苏北滨岸5道贝壳堤以及今渤海湾海底-25米深处古黄河河道边缘的沼泽相泥炭层,认为这是黄河下游河道在华北平原和淮北平原往返改道的实证,并指出黄河河道在先秦不同阶段的变化:距今6500年前的新石器时代早期,黄河从河北平原入海;距今6500—4600年,黄河流向不变;距今4600—4000年,黄河改道从苏北平原入海;距今4000年前后,又改道从河北平原入海。同时,王青先生梳理了仰韶时代、龙山时代、夏商周等不同时期河北平原和淮北平原古遗址的分布规律,进一步印证了这一认识。在此基础上,他将华夏和东夷两大集团的交融史分为萌芽期、发展期、低谷期、繁荣期、二次低谷期、融合期等阶段,认为黄河下游的往复改道深刻影响了两大集团的交融:在萌芽期、发展期、繁荣期与融合期,二者的文化交往都是在黄河下游改道后形成的特定地理环境中进行的,而两次低谷期也是黄河改道所造成的重要后果。① 其另外一篇文章《试论史前黄河下游的改道与古文化的发展》也阐述了类似观点。②

程有为先生利用考古学研究成果,认为《尚书·禹贡》河道形成于夏商周时期。理由是自郑州东北向,扫过河南新乡和山东东明,掠过河南安阳和山东阳谷,直至京津和渤海,在略呈扇形状展开的广阔空间内极少发现新石器时代的文化遗址。商周阶段,这种扇形分布不断收缩,商人则随着黄河河道的摆动不断迁徙。黄河具体流向为:过今河南巩义的洛汭后流向荥阳西北氾水的大伾山,然后折向北,穿过豫北冀南的漳水(降水),汇入河北境内的大陆泽后分为数条支流(九河),迎着扑面而来的海潮(逆河)流向渤海。③

韩嘉谷先生认为洪水是造成河北平原两侧新石器文化关系变化的关键

---

① 王青:《试论华夏与东夷集团文化交流及融合的地理背景》,《中国史研究》1996年第2期。
② 王青:《试论史前黄河下游的改道与古文化的发展》,《中原文物》1993年第4期。
③ 程有为:《黄河中下游地区水利史》,河南人民出版社2007年版,第35~47页。

因素。距今8000—7000年间,河北平原两侧新石器文化之间的联系十分密切,至距今6000年前一度中断,距今5000年后又逐渐复苏。其中距今6000年前文化联系的空白期,应与距今6500年前开始出现的洪水密切相关。这场洪水前后整整延续了约2500年,洪水区域成了当时难以逾越的隔离带,而黄河下游河道正处于这条洪水隔离带之中。①

二、关于古黄河的考古工作

针对黄河下游河道的考古工作主要在豫北濮阳和鲁西菏泽两个地区开展,该区域恰为禹贡九州中的兖州,古代遗址众多,分布密集,具有极高的历史研究价值。近年来,河南、山东两省的考古研究单位以及首都师范大学历史学院考古学与博物馆学系等学术研究机构对该地区的一些重要遗址进行了系统的考古调查、钻探、发掘,取得了丰硕的成果。

豫北濮阳地区的考古工作主要有以下几次:

2005年春,河南省文物考古研究所联合濮阳市、县两级文物保管所对高城遗址展开调查、发掘。高城为春秋时期卫国都城帝丘,战国时期又称濮阳,秦代和西汉为东郡郡所,此次发掘发现了当地自仰韶、龙山、二里头、殷墟及至东周时代的丰富文化遗存。②

2012—2015年间,首都师范大学历史学院考古学与博物馆学系和濮阳市文物保管所合作,先后对濮阳铁丘、戚城、马呼屯、金桥、杨韩村等遗址进行考古发掘。戚城遗址发现了春秋时期古城墙,分内城和郭城,内城平面略呈长方形,四角为圆形,城内面积14.4万平方米。城址内不仅发现了龙山文化遗存,还清理出春秋古城墙下叠压着的龙山城墙。③ 杨韩村遗址发现了保存较

---

① 韩嘉谷:《河北平原两侧新石器文化关系变化和传说中的洪水》,《考古》2000年第5期。
② 河南省文物考古研究所、首都师范大学历史学院、濮阳市文物保护管理所:《河南濮阳县高城遗址发掘简报》,《考古》2008年第3期。
③ 戚城文物景区管理处:《濮阳戚城遗址龙山文化灰坑清理简报》,《中原文物》2007年第5期;马学泽:《河南濮阳戚城遗址文物调查取得重要收获》,《中国文物报》2008年4月9日。

为完好的唐代佛教寺院及汉代遗存,该遗址位于古代黄河迁徙改道泛滥区域内深厚的黄砂淤积下。①

2016—2017年,为配合河南、河北引黄入冀补淀工程,首都师范大学历史学院考古学与博物馆学系和濮阳市文物保护管理所对濮阳境内沿线10处地点进行了文物勘探。② 该项目途经濮阳市濮阳县、华龙区、清丰县等县市区,全长80.86公里。

2017年11月至2018年8月,为配合山东省菏泽市定陶区基本建设,首都师范大学历史学院考古学与博物馆学系与定陶区文物局联合对何楼遗址进行调查、钻探以及试掘工作,发现该遗址包含有大汶口至汉代的人类活动遗存,文化内涵丰富。③

三、《禹贡》河与《汉志》河当指同一河道

我们通过梳理文献,并结合新的考古发现,认为《汉志》河其实就是《禹贡》河。主要原因如下:

其一,黄河自宿胥口走《汉志》河道流向东北,符合地理形势。

近年来,首都师范大学历史学院考古学与博物馆学系和濮阳市文物保护管理所合作,对豫北濮阳县、滑县等地进行了较大规模的考古调查,发现了不少含有裴李岗、仰韶、龙山、二里头、殷墟以及东周时期的文化遗存。它们一般呈圆形土包状矗立在平原之上,当地居民多称之为"丘""堌堆""陵""岗"等。濮阳和滑县境内发现的40多处龙山文化丘类遗址基本上连成一片,分布密集;部分遗址暴露在今天的地表上,另一部分则埋藏在地表以下1—5米不等。考古发掘表明,该地区是黄河泛滥淤积最为严重的地区,汉代以前的地

---

① 濮阳市文物保护管理所发掘资料。
② 濮阳市文物保护管理所发掘资料。
③ 王涛、朱光华、高明奎、刘伯威、袁广阔:《山东定陶何楼遗址发现新石器及汉代金元遗存》,《中国文物报》2019年5月5日。

面一般在今地表10多米以下,如汉代东郡城距今地表深约13米。因此,濮阳和滑县境内这片古代遗址密集区在汉代以前应为一片高地,而这片高地向东北一直延伸至清丰、南乐等县,阻挡了西来的黄河,使它不能继续东流,转而北流。同时,在内黄中东部,古黄河的西岸,也发现一些新石器时代遗址、商代及汉代遗址和墓地。由此可见,内黄东—安阳—河北一线汉代以前也是一片延绵不断的高地。

2017年,首都师范大学历史学院考古学与博物馆学系和濮阳市文物考古研究所对引黄入冀补淀工程濮阳段渠道底部进行了考古勘探。渠底距地表深约5—8米,我们每1公里打探孔1眼,探孔深8—13米。渠道所经过的古黄河河道处都没有勘探到生土。引黄入冀补淀工程的区域位于滑县至内黄东部和濮阳至清丰西部的地块之间,这一区域早期应该存在一道谷地。而地质钻探表明,这一谷地的深度至少距今天地表40—50米左右。

河流自高向低流动是自然规律。通过前文考证可见,汉代以前豫北地区存在着两高一低的高地与谷底组合:内黄西—汤阴—安阳西线高地、滑县东—濮阳西—清丰西东线高地以及内黄东部和濮阳西部之间谷地。这一自然地貌决定了古黄河过宿胥口后,绝不会北折流向内黄西—汤阴—安阳一带,即所谓的《禹贡》河道,而应向东北折转,走内黄东部和濮阳西部之间地势最低的谷地,即《汉志》河道。考古发掘所见的聚落与城迹,均位于这一河道的东西两岸,如文献中提到的濮阳西部的戚城就位于黄河东岸,而内黄东部的三杨庄遗址近些年也发掘出了黄河西岸遗迹。

其二,地质勘探显示,与濮阳北部黄河故道相连接的河北大名、馆陶,山东临清、德州,河北沧州一线有一条宽阔的古河道带。

20世纪60—80年代,河北省科学院地理研究所等单位对华北平原的古河道进行过系统的调查、勘探和研究。地质勘探显示,黄河古道带从内黄、濮阳入河南、河北交界处后又分为三支河道带:第一支为黄、清、漳河古河道带,河道一般宽5—20公里,最宽30公里,深度约40—54米,长度475公里。该支主要为清、漳河古河道,从郦道元《水经注》的记述可知,这是黄河过大名后的分支屯氏河向北流,注入清、漳河后留下的河道迹象。第二支由馆陶南分出,经冠县、临清、故城、德州、东光、沧州至青县,该支与文献记载中的《汉志》河道一致。第三支向东经濮阳入山东界,在范县附近分成南北两支,当为《汉志》中的漯水。[①]

其三,《汉志》河道早已存在,并非周定王五年(前602)由黄河在浚县宿胥口决口改道才形成的。

长时间以来,很多学者都认为《汉志》所记黄河河道是周定王五年黄河在浚县宿胥口首次决口改道后形成的。然而考证历史文献,我们发现《汉志》河在公元前602年以前就已存在。《左传》记僖公四年(前656)管仲言曰:"昔召康公……赐我先君履,东至于海,西至于河,南至于穆陵,北至于无棣。"

考古发现如濮阳迎宾馆唐墓区、北部西湖区,东汉、唐代淤沙下还有40余米厚的河道淤沙,说明年代之久远。

既然周定王五年以前《汉志》河已经存在,那么,《禹贡》河又作何解释?其实考证文献便知,禹河就是汉河。汉武帝元光三年(前132),河决于瓠子(今河南濮阳西南),河患历20余年;元封二年(前109),武帝亲至瓠子,命从官督卒数万人筑塞决口,使其"复禹之故迹"(《史记·封禅书》),或"复禹旧迹"(《史记·河渠书》)。《汉书·沟洫志》也有同样的记载,汉武帝元封二年"卒塞瓠子,筑宫其上,名曰宣房宫。而道河北行二渠,复禹旧迹"。从上述记载可知,黄河瓠子决口堵住以后,大河又重新回到了原来的禹河河道。这样看来,司马迁和班固都认为《汉志》河就是《禹贡》河。实际上谭其骧先生在《汉志》河的问题上是十分慎重的,在否定《汉志》河不是"禹之旧迹"时,却卓有见地地指出:"有可能先有《汉志》河,某年从宿胥口北决而形成《禹贡》《山经》河。"

[①] 吴忱:《华北平原古河道研究》,中国科学技术出版社1991年版,第57~115页。

四、黄河下游河北平原古黄河两侧新石器遗址的分布与文化的特征差异

河北平原又称海河平原,是华北平原黄河以北的部分,北至燕山,西临太行山,南至黄河,东濒渤海,主要由三部分构成,即冀中平原(冀中南地区)、鲁西北平原(鲁西北地区)和豫北平原(豫北地区)。古黄河从河北平原经过,将其分割为两个部分,西侧为冀中南和豫北地区,东侧为鲁西北地区。从地理地貌来看,古黄河两岸浑然一体,没有差异,但是从文化面貌看,至少从新石器时代起,两地就各自出现了不同发展脉络与谱系的考古学文化。

新石器中期偏早阶段,古黄河西侧为磁山—北福地文化,古黄河东侧为后李文化。磁山—北福地文化以盂和支脚为核心陶器组合,基本为夹砂褐陶,次为夹砂红陶,纹饰极少,偶见绳纹、编织席纹、篦纹、剔刺纹、附加堆纹等。[①] 后李文化陶器基本为夹砂红陶和红褐陶,器表多素面,纹饰有绳纹、花边纹、附加堆纹、指甲纹、戳印纹、压印纹和刻画纹等。器型以釜、碗、盆、罐、钵、支脚等为主,釜的比例极高,式样也很丰富。[②] 整体而言,磁山文化为平底器系统(北福地一期遗存圜底釜占有相当比例,但盂和支脚仍为重要组合),直腹盂、平底罐、小口壶等数量较多且特征明显,后李文化为圜底器系统,釜、小口壶、钵等多为圜底,平底器极少。

新石器中期偏晚阶段,古黄河两侧分别出现了镇江营文化和北辛文化。镇江营文化以圜底釜、支脚、鼎、红顶钵、小口壶等为核心陶器组合,北辛文化以折腹鼎、直口釜、钵、罐等为核心陶器组合。从器物组合看,镇江营文化与北辛文化近同,部分陶器特征与北辛文化同类器也十分相似,有学者据此认为这类遗存可归入北辛文化之中。[③] 但如果深入分析,会发现它们并不相同,

---

① 河北省文物管理处、邯郸市文物保管所:《河北武安磁山遗址》,《考古学报》1981年第3期。
② 济青公路文物工作队:《山东临淄后李遗址第三、四次发掘简报》,《考古》1994年第2期。
③ 张忠培、乔梁:《后冈一期文化研究》,《考古学报》1992年第3期。

并且存在极为本质的差异。

铜石并用时代早期,古黄河西侧在后冈一期文化之后,经过一段时间的沉寂,出现了大司空类型,古黄河东侧开始进入大汶口文化晚期阶段。大司空类型陶器以灰陶为主,红陶较少,器表以篮纹为主,也有一定比例的绳纹、方格纹等。彩陶较多,以红褐色为主,少见黑色,纹饰有弧线三角纹、曲线纹、波纹和平行线纹,有的中间还加绘圆圈纹、蝶须纹等。器型的敛口钵、平底碗、折沿罐和高领罐最为常见,另有较少釜、灶和鼎等。[1]

大汶口文化在古黄河西侧的鲁西北地区主要是尚庄类型,[2]以茌平尚庄遗址为代表。尚庄陶器以泥质灰陶最多,陶器火候较高,质地坚硬。纹饰有弦纹、篮纹、附加堆纹、锥刺纹和镂孔等,镂孔多施于豆及器座的圈足上,大都为圆形镂孔。器型主要有鼎、鬶、觚形杯、壶、罐和豆等。[3] 铜石并用时代早期,古黄河两侧的文化面貌与新石器晚期相比,差异极为明显。从大的时空范围来看,大司空类型属于仰韶晚期考古学文化,是中原系统,大汶口文化则是海岱系统,两者在各自文化系统中,虽然存在交融,但其个性愈发凸显。

铜石并用时代晚期,古黄河西侧出现了后冈二期文化,古黄河东侧向下发展为典型龙山文化。后冈二期文化在该地区以沧县陈圩遗址为代表。[4] 陶器以泥质灰陶为主,纹饰多见绳纹,另有篮纹和方格纹等,器型主要有甗、鬲、罐、盆、甑、瓮、器盖、圈足盘、豆、网坠及陶环等。陈圩遗址与任丘哑叭庄龙山文化遗存相似,[5]二者的甗、绳纹深腹罐、圈足盘、高领瓮、子母口壶、器盖、豆等器物组合和特征非常一致。

典型龙山文化在该地区以德州禹城邢寨汪遗址为代表。陶器以黑陶为主,灰陶次之,褐陶、红陶、白陶极少。普遍采用快轮制陶,陶质细腻,质地坚

---

[1] 中国社会科学院考古研究所:《中国考古学·新石器时代卷》,中国社会科学出版社2010年版。
[2] 栾丰实:《大汶口文化的分期和类型》,《海岱地区考古研究》,山东大学出版社1997年版。
[3] 山东省文物考古研究所:《茌平尚庄新石器时代遗址》,《考古学报》1985年第4期。
[4] 河北省文物研究所:《河北沧县陈圩遗址发掘简报》,《河北省考古文集》,东方出版社1998年版。
[5] 河北省文物研究所、沧州地区文物管理所:《河北省任丘市哑叭庄遗址发掘报告》,《文物春秋》1992年增刊。

硬，器型规整。器表以素面为主，纹饰流行弦纹、竹节纹和镂孔。器型以三足器和圈足器为主，平底器次之。器身上常有盖，并有流、耳、鼻、把手等附件。典型器型有"鬼脸式"足的曲腹盆形鼎、三角形足的罐形鼎、三环足盘、高圈足豆、蛋壳黑陶高杯、斜流袋足鬶、甗、盉、曲腹盆、双耳带盖罍等。

龙山时代晚期的冀中平原是古黄河流经地区，千百年来古黄河的泥沙沉积将沧州、衡水、保定东南部一带的古遗址深深埋于地下，这应该就是这一带地区龙山遗址发现较少的原因之一。古黄河是孕育文明的摇篮，我们有理由相信，没有古黄河的滋养就没有以哑叭庄为代表的冀中南地区的灿烂文化。根据《尚书·禹贡》的记载，古黄河路线应当是《汉志》河，后冈一期和后冈二期文化的先民都是沿着这条古黄河的流向发展的。

综上所述，从新石器时代早期到铜石并用时代晚期，河北平原以古黄河沿线为界，西侧主要属于中原文化系统，东侧主要属于海岱文化系统。近年来的考古发现表明，新石器至商周时期黄河下游并没有发生大规模的泛滥、改道和迁徙，始终走《汉书·沟洫志》《汉书·地理志》《水经注·河水》记载的《汉志》河道，谭其骧先生考证的《禹贡》河道与《汉志》河道实为同一条河道。通过对黄河下游地区文献记载、地势形态和考古发现的综合考量，笔者认为公元前2000年前后黄河下游并未泛滥，大禹治"水"与黄河下游河道的变徙关系不大。黄河下游的大规模改道是从汉代开始的，经过多次泛滥、改道、迁徙，包括冀南、豫北、鲁西及部分豫东地区在内的黄河下游形成了厚达6—15米的黄沙淤积层，从而彻底改变了汉代以前丘陵、河湖相间的自然景观，使历史上有名的雷泽、巨野泽、菏泽、历山等在今天不见踪迹。可以说，今天华北平原一马平川的自然景象就是汉代以后黄河多次泛滥淤积形成的。

（作者系首都师范大学历史学院教授）

三代河族西迁考

何艳杰

自古以来,黄河流域就是人类生居繁衍之所。三代之时,人们依赖、崇拜黄河,并祭祀黄河。约自颛顼"绝地天通"之时,有部族垄断了与河神沟通之事,专门主祭黄河,并为河神代言,此族即被称为"河"族。"河伯"本是河族首领的称号,后世也成为河族的代称,春秋战国之时神化为水神的代称。

关于河族的居地,学界并无统一认识。有学者认为河宗氏居于"汾河上游和黄河河套一带……河宗氏部族的后裔沿黄河南徙,其中一支跋涉至渭水下游及黄河河曲一带,号称'河伯无夷'"[②]。然而,综观传世文献、出土文献和卜辞所载,河族的居地之间应该并非自北向南地发展,而是呈现出从黄河下游"九河"之地向黄河中游、上游发展的态势。下文试从夏、商、西周、东周四个时代的资料略作分析。

---

① *本文为2016年国家社会科学基金一般项目"中华民族认同视野下先秦白狄东迁研究"(16BZS107)阶段性成果。
② 李立:《试论夏部族河宗氏后裔的南徙与河伯、冰夷神话的重组》,《松辽学刊(社会科学版)》1999年第2期。

一、夏代河族始居于九河

（一）夏代河族与夷羿

《楚辞·天问》载："帝降夷羿，革孽夏民，胡射夫河伯，而妻彼洛嫔？"此事亦见于《淮南子》注。《淮南子·氾论训》："羿除天下之害，死而为宗布。"高诱注云："河伯溺杀人，羿射其左目。"

《楚辞·天问》是战国屈原所写。屈原所述事件来自战国楚国宗庙所绘上古事件之壁画，因夏代与战国年代相隔绝远，虽然博学如屈原，仍然不能明了画中之义，因而发问。但其所述之事应该为史实无疑。羿本是东方之人，曾经在夏初"因夏民以代夏政"，夺取了夏人的统治权，但因沉迷于游猎，不久被寒浞杀害，失去了政权。就羿的生平而论，他应该一直处于中原，黄河流域的下游。夏人之地，也大致位于黄河下游的山西、河南、山东一带。羿所射河伯，应该是夏代已经存在的"河"族首领。洛嫔，羿之妻。洛，在三代一直是指黄河的主要支流洛水，位于今河南省。羿的两大伟绩"射河伯"之后紧接着是"妻洛嫔"，应该反映了羿先后征服了河伯族和洛伯族。

（二）夏代河伯与洛伯

夏代晚期河伯曾与洛伯发生战争，反映了河伯的居地必然近于洛水流域。许多传世文献记载了夏代晚期的一次战争。

《归藏》："昔者河伯筮与洛战而枚卜，昆吾占之，不吉……"①

今本《竹书纪年》："（帝芬十六年）洛伯用与河伯冯夷斗。"

《水经注》："《竹书纪年》：'洛伯用与河伯冯夷斗，盖洛水之神。其

---

① 〔清〕徐文靖：《竹书纪年统笺》，二十二子（影印本），上海古籍出版社1986年版，第1058页。亦见于雷学淇《竹书纪年义证》卷九："河、洛二国名，即西河有洛之类，《周礼》所谓泽国也。'用'与'冯夷'二君名。斗者，《说文》曰'遇也'，《玉篇》曰'争也'，谓相遇而争，初非有心于战也，犹《孟子》言邹与鲁哄矣。《归藏易》曰：'昔者，河伯筮与洛伯战而枚占，昆吾占曰：不吉。'（《路史》《玉海》并引之）即此事。盖主兵者，洛伯也。《水经·洛水注》据《太公金匮》《河图》《乐录》以二伯为河洛之神，非是。"

说非矣。'"

今本《竹书纪年》的记载,也见于《归藏》、《水经注》引《竹书纪年》等文献,证明此条记载应该是可信的。雷学淇《竹书纪年辑证》卷九曰:"河、洛二国名,即西河有洛之类,《周礼》所谓泽国也。"雷氏所谓"西河有洛"应是指陕北的北洛水,然考诸先秦文献,"洛"一般均指今河南洛水流域,因此雷氏所言不可信。洛伯应该是洛水流域的方国首领。夏代晚期河伯能与洛伯发生战争,反映了河伯居地应与洛水流域相近。

(三)夏代河伯与商、有易氏

夏末河伯与商、有易氏的关系,也证明河伯应居于黄河中下游。夏末,商族首领王亥曾仆牛于有易氏被害,王亥之子上甲微借兵于河伯打败有易氏。这一事件见于众多文献中。

> 古本《竹书纪年》:"(帝泄)十六年,殷侯微以河伯之师伐有易,杀其君绵臣。"(郭璞注《山海经·大荒东经》引《竹书纪年》云:"殷王子亥宾于有易而淫焉,有易之君绵臣杀而放之。是故殷上甲微假师于河伯以伐有易,灭之,遂杀其君绵臣。")

> 《山海经·大荒东经》:"有人曰王亥,两手操鸟,方食其头。王亥托于有易、河伯仆牛。有易杀王亥,取仆牛。河念有易,有易潜出,为国于兽,方食之,名曰摇民。帝舜生戏,戏生摇民。"

> 清华简《保训》:"昔微假中于河,以复有易,有易服厥罪。微无害,乃归中于河。微志弗忘,传贻子孙,至于成汤,祗服不解,用受大命。"①

以上众多文献所载的上甲微、河伯、有易氏之间的关联事件应该是可信的。上甲微为先商之人,居于以今冀南豫北为中心的黄河下游地区。有易氏一般认为应居住于今河北保定地区的易水流域,也属于黄河下游的九河之地。鉴于三者之间关系复杂而密切,且河伯曾派遣大军帮助商人灭有易氏,那么河(河伯)族所居之地应该也与黄河下游相距不远。

---

① 清华大学出土文献研究与保护中心编:《清华大学藏战国竹简》(壹),中西书局2012年版,第143页。

此外,《楚辞·九歌·河伯》载:"(河伯)与女游兮九河,冲风起兮水扬波。"《河伯》篇是战国屈原所作,用来祭祀河伯的乐歌。此句中的"九河"正是战国时期对黄河下游九条支流的称呼。《尚书·禹贡》载:"九河既道。"就是记载了战国时期黄河在河南北部孟津县附近,向东北方向散开为九条河,"九河"成为黄河下游的代称。《尔雅·释水》:"徒骇、太史、马颊、覆鬴、胡苏、简、絜、钩盘、鬲津,九河。"战国时六国都存在对河伯的祭祀,唯独楚国例外,自春秋时期起,楚国国祀中不祀河,事见《左传》哀公六年:"初,昭王有疾。卜曰:'河为祟。'王弗祭。大夫请祭诸郊,王曰:'三代命祀,祭不越望。江、汉、睢、漳,楚之望也。祸福之至,不是过也。不谷虽不德,河非所获罪也。'遂弗祭。"那么屈原的《河伯》之祭歌是为何而作?据清华简《楚居》所载,楚人之先祖亦来自黄河流域,因此春秋战国楚国的民间应该依然保持着对河伯的祭祀。《九歌》应是屈原为民间祭祀河伯所作的乐歌,并非为国家级的祭祀所作。屈原本为楚人,却将楚人心目中的河伯置于楚地之外的黄河下游"九河"之地,这正是屈原对楚地民间对河伯所居之地的共识的记载,代表了远古时代楚人居于黄河流域时的观念:河伯应该居于黄河下游。

总之,虽然关于夏代河伯的记载零星纷乱,但综合分析以上三件比较可信的事件——夷羿射河伯、河伯与洛伯斗、河伯借兵给商人以伐有易氏,大致可以得出以下结论:夏初河伯已经存在,并一直存在至夏代晚期。夏代河伯的居地与洛(今洛水流域)相近,应位于黄河下游"九河"之地。

二、商代卜辞中河族的居地

"河"字在卜辞中非常多,沈建华《殷周时期的河宗》[①]归纳其含义大概有三:一为配祭的祖先神,经常与王亥、上甲微一同受到商人的祭祀;一为自然河流之神,是商人心目中水源主宰,能确保和影响丰年收成和降雨及四方安

---

① 沈建华:《殷周时期的河宗》,《出土文献》(第1辑),中西书局2010年版,第91~96页。

宁;一为地名。作为地名的"河"还可细分为两种含义:其一指黄河河道,如"癸巳卜,古贞,令师般涉于河东"(《合集》5566);其二指河族所居之地,卜辞中有两条记载非常重要,指示了商代"河"族的位置所在。

壬戌卜行贞,今夕亡囚? 在河。

□□卜行【贞,今夕】亡【祸】。【在】雇。(《合集》24420)

壴伐河。(《屯南》4587)

第1条"在河"与"在雇"同版,可以知道雇地距河地不远。"河"地因为是掌管黄河之神的祭祀的河族所居,其地一定居于黄河河道附近。"雇"地在征人方的卜辞中多见,其地望有二。其一,在今山东鄄城东北,"雇"与"顾"同音,郭沫若认为"雇"应该就是《诗经·商颂·长发》中的"韦顾既伐,昆吾夏桀"中的顾国,是夏的与国。《左传》哀公廿一年"公及齐侯、邾子盟于顾",此顾地,杜预注:齐地。《元和郡县志》卷十一载:"故顾城在(范)县东二十八里,夏之顾国。"唐代的范县在今山东鄄城东北。因此,雇应该在山东鄄城,今属于山东菏泽市,位于山东省西南部,今西面、北面跨黄河与河南省毗邻。其西北的濮阳正是古黄河河道所在之地。因此,此条卜辞中的"河"地应该是指鄄城西北的古黄河河道附近。其二,在今河南新乡市原阳县原武镇西北。韦心滢①认为,"雇"即为扈,音形皆近,即夏初著名的有扈氏居地。《左传》庄公廿三年"盟扈"之"扈",故地在今河南新乡的原阳县原武镇西北。新乡原阳本为春秋战国到汉代的黄河河道流经之地,若原阳为"雇",也与"河"地邻近。此亦可备一说。要之,无论是山东鄄城还是河南原阳,二地都邻近古黄河下游河道,都在商都殷墟的东南方向,与"雇"邻近的"河"地必然也在黄河下游无疑。

第2条的"壴",丁山释"即'鼓'"。② 彭邦炯认为商代武丁时期已经有"鼓"之地名,该地居民即称鼓氏,其地在今河北石家庄市晋州市。③ 今晋州地区正处于古黄河下游所谓"九河"之地。鼓所伐之"河",应该是确指河族所在

---

① 韦心滢:《殷代商王国政治地理结构研究》,上海古籍出版社2013年版,第285~286页。
② 于省吾:《甲骨文字诂林》(3·2772—2773),中华书局1996年版。
③ 彭邦炯:《从鼓字论及相关地名和国族》,《殷都学刊》1994年第3期。

地,而非黄河河道,因此,可以推测商代的"河"其地也应该在晋州附近,至少在黄河下游地区。"鼓"本为商王畿附近的一个小部族,势力弱小,必然没有能力远距离作战。鼓族竟然敢征伐"河"族,这一方面暗示了河族的衰落,另一方面也说明鼓族与河族的居地应该相距不远。

综合分析这两条卜辞,商代"河"族之地与"雇""壴"两地有关,"雇"在今山东鄄城之北和西北,"壴"在今河北石家庄市晋州市之南,以此为据,可以大致确定商代的"河"地应该在两地附近的黄河下游地区。

另外,商代卜辞中所有与黄河有关之事均称为"河",并没有"河伯"一词,"河宗"一词虽然出现,比如"鼎(贞):于南方㚔河宗,十月。"(《合集》13532)"……河宗……"(《屯南》1276),但其义应该是指供奉河的宗庙,而并非指河族后裔的姓氏。

三、周代河族之后河宗氏的分布

西周时期"河"族势力衰弱,少见于文献和金文中。综观西周时期的资料,基本不见比较可信的有关"河"的资料。杨宽《西周史》中总结了周代的比较重要的祭祀对象,其中也没有"河"。仅有《穆天子传》中有关于周穆王祭祀黄河的记载。《穆天子传》为战国时期游记性质之文献,其中所言应为战国魏国史官追记,学者多质疑其可信性。然而杨宽《西周史》中视《穆天子传》中所记是比较可信的西周穆王时期史料,加之后世出土的若干金文与《穆天子传》中所载人名相符,因此《穆天子传》的可信性还是比较大的。西周金文中虽有"河"字,但均不可视作"河族"或"河神"之意。

西周缺乏祭"河"之史料,究其原因大致有以下几点:第一,河神地位的降低。周人提出"敬天保民"思想,主要祭祀对象为"天"和祖先神,"河""岳"等自然神处于次要地位,是百神的组成部分,周人"怀柔"之对象。见于《诗经·周颂·时迈》:"(周人)怀柔百神,及河乔岳。"第二,祭祀黄河之权力的转移和限制。周礼规定,周代对山川等自然神则按等级分层祭之,周天子祭四渎:

江、河、淮、济。诸侯国的国祀中只能祭祀封疆之内的次一级的山川。因此，周代祭河之权力转移到周天子手中，河族已经丧失了祭河、与河神沟通之垄断权力，只剩下对河族祖先的祭祀权。第三，河族的衰微。商代河族势力已经衰弱。作为商人的近亲同盟，周灭商后河族必然也受到了周人的排斥打压，观周初迁商人、迁秦人的举措，可能河族也从处于中原的九河之地被迁往边疆地区。总之，鉴于西周时期河神地位的下降、祭河权力垄断于周天子之手、河族与商人一起势力衰弱等原因，西周的文献和金文中关于河的资料非常稀少。

如果说《穆天子传》中尚且留下了周初河族的某些踪迹，那么就是"河宗氏"的出现。上文谈到商代卜辞中有"河宗"之词，义为河族的宗庙。周初的"河宗"却变成了一个北方弱小氏族之名。《世本》："河宗氏，主河者因以为氏。""河宗"一词意义转化的原因应该与商末周初的部族大迁徙有关。推测商末周初，面临巨变的河族可能四分五裂，各族支散居于各地，而河族的大宗可能被周人迁往了黄河之源的阳纡之山，正如秦人被强迫从山东迁往朱圉之山（今甘肃天水甘谷县）的情况相似。西迁后的河族大宗为了标榜自己的大宗主祭地位，以与其他河族分支相区别，遂自称为"河宗氏"，义为拥有河族宗庙之氏，该氏族之长因此可以通过祭祀与河神进行沟通，传递上帝旨意。

阳纡之山的位置至今学术界依然未有定论。战国文献《穆天子传》《山海经》和汉代《淮南子》三书中均有关于阳纡之山的记载。

《穆天子传》："天子西征，至阳纡之山，河伯冯夷之所都居，是惟河宗氏，天子乃沉珪璧礼焉。"

《山海经·海内北经》："阳汙之山，河出其中；凌门之山，河出其中。"郭璞注曰："皆河之枝源所出之处也。"

《淮南子·地形训》："何谓九薮？曰：越之具区，楚之云梦，秦之阳纡，……燕之昭余。"高诱注云："阳纡盖在冯翊池阳，一名具圃。"

《淮南子·修务训》："是故禹之为水，以身解于阳盱之河。"高诱云："为治水解祷，以身为质。阳盱河盖在秦地。"

《周礼·职方氏》记载："河内曰冀州，其山镇曰霍山，其泽薮曰杨纡，其川漳，其浸汾潞。"郑玄注："霍山在彘阳，杨纡所未闻，漳出长子，汾出汾阳，潞出归德。"此处的"杨纡"之泽与阳纡之山音同而字异，是晋国境内亦有一杨纡之泽。《逸周书·职方解》载冀州"其泽薮曰杨纡"。与《周礼》所载相似。

北魏郦道元在《水经注·河水》中分析了《穆天子传》《山海经》《淮南子》三处文献中的记载，认为"阳纡之山"应该位于河源昆仑山一带，东汉高诱"以为阳纡（为）秦薮，非也"。可见，由于记载"阳纡"之地名的文献均属战国、汉代等时期的后人之作，且并非正史，文中所述均属后世追记前世之事，年代久远，且事涉神话传说，难免错讹不清。因此，自战国以来，历东汉、北魏直至有清一代，阳纡之位置已经无法确认。主要观点有三：郦道元的"河源昆仑山说"、高诱的"秦地说"、《周礼》和《逸周书》中的"冀州说"。

目前，学界关于"阳纡之山"的认识主要有三种观点。

第一，阳纡之山即今河套之北的内蒙古阴山山脉，简称为"内蒙河套说"。此观点支持者甚众，主要代表人有小川琢治、顾实、顾颉刚、赵俪生、任乃宏、王贻梁等。[①] 其中又有细微的分歧：小川琢治、顾实认为阳纡之山为今内蒙古阴山山脉，顾实提出色尔腾山南支为"阳纡之山"的假说；顾颉刚、赵俪生具体指出阴山山脉中的大青山才是阳纡之山；任乃宏认为"阳纡之山"应即今狼山、色尔腾山以及乌拉山的合称[②]。

第二，阳纡之山在今山西河曲一带，简称为"山西河曲说"。主要代表人物为李炳海。[③]

第三，或有学者综合两种观点，认为"汾河上中游及黄河河套一带"应是河宗氏生活之地。[④]

---

① 王贻梁、陈建敏：《穆天子传汇校集释》，华东师范大学出版社1994年版，第36页。
② 任乃宏：《"阳纡之山"新考》，《宁夏社会科学》2017年第5期。
③ 李炳海：《〈穆天子传〉的阳纡之山位于晋西北河曲考》，《山西大学学报（哲学社会科学版）》2019年第4期。
④ 李立：《试论夏部族河宗氏后裔的南徙与河伯、冰夷神话的重组》，《松辽学刊（社会科学版）》1999年第2期。

笔者以为"内蒙河套说"比较正确,并且又找到几条证据。证之如下:

《穆天子传》中的"阳纡之山"与"燕然之山"一起出现,燕然山应属于阳纡之山的一部分,都是河宗氏的活动地域。如果能确定"燕然之山"的地望,那么河宗氏居地也就可以确定。目前,随着考古成果的不断涌现,东汉燕然山的位置已经确定。东汉班固写燕然刻石《封燕然山》,以纪念窦宪率军征服匈奴之功绩。此燕然刻石必然位于燕然山上。2017年中蒙考古学者已经在蒙古杭爱山上找到此燕然石刻。

惟永元元年秋七月,有汉元舅曰车骑将军窦宪,寅亮圣明,登翼王室,纳于大麓,惟清缉熙。乃与执金吾耿秉,述职巡御,理兵于朔方。鹰扬之校,螭虎之士,爰该六师,既南单于、东乌桓、西戎氏羌侯王君长之群,骁骑三万。元戎轻武,长毂四分,云辎蔽路,万有三千余乘。勒以八阵,莅以威神,玄甲耀日,朱旗绛天。遂陵高阙,下鸡鹿,经碛卤,绝大漠,斩温禺以衅鼓,血尸逐以染锷。然后四校横徂,星流彗扫,萧条万里,野无遗寇。于是域灭区殚,反斾而旋,考传验图,穷览其山川。遂逾涿邪,跨安侯,乘燕然,蹑冒顿之区落,焚老上之龙庭。上以摅高、文之宿愤,光祖宗之玄灵;下以安固后嗣,恢拓境宇,振大汉之天声。兹所谓一劳而久逸,暂费而永宁者也。乃遂封山刊石,昭铭圣德。其辞曰:铄王师兮征荒裔,剿凶虐兮截海外,夐其邈兮亘地界,封神丘兮建隆嵑,熙帝载兮振万世。

燕然山既已经确定即蒙古杭爱山,在北匈奴的龙城附近,自然远离黄河。《穆天子传》中所记载的燕然山之名应该与汉代的燕然山并非同一座山。两山异地而同名,应该是北逃的北匈奴将原居地的燕然山之名带到了蒙古国。那么北匈奴的原居地应该就在燕然山附近。据《史记》等文献所载,战国晚期匈奴初现之时原来居于河套以北,秦赵燕三国长城之外,河套以南为林胡、楼烦之地,后匈奴征服二族,河套南北遂皆属匈奴。以此而论,《穆天子传》中的燕然山应该就位于河套以北,即今阴山山脉。周初河宗氏之居地应该就是在河套一带。并且从周初到战国,河宗氏一直居于河套地区。战国时期,河宗氏依然存在,并在战国晚期属于赵国辖地。《史记·赵世家》曰:神仙曾预言赵人将"奄有河宗,至于休溷诸貉"。其后赵武灵王时期果然在河套地区设立五原郡。张守节正义:"(河宗)盖在龙门河之上流,岚、胜二州之地也。"唐代岚、胜二州在今山西、内蒙古交界和河套地区。

此外,还有一地"温谷乐都"也可作为河宗氏在河套地区居住的证据。《穆天子传》载:"乙丑天子西济于河,□爰有温谷乐都,河宗氏之所游居。"此"温谷乐都"历代皆无人解得是在何地。原因是"温谷乐都"应是一支错简,其实应该是"温都乐谷",即今河套地区的"昆都仑沟"之音译。"温都乐"与"昆都仑"谐音。而且,"昆都仑沟"自古以来即是非常重要的通往漠北的交通要道,当时称"谷道",是周穆王西游的必经之路。高银麦《中国大青山》对此山谷作了重要介绍:"昆都仑沟位于大青山西端,是大青山与乌拉山的分界沟。昆都仑沟古称'石门障',其上游称'北齐沟'。昆都仑系蒙古语,意为'横'。……昆都仑沟全长143公里,有较大支沟23条。该沟深而坦荡,可行车马,是穿越大青山的重要交通要道。早在先秦时期,由于交通和军事上的需要,就已开辟成'谷道'。这条'谷道'在历史上因处于通往漠北三条道路的中间位置,故称'中道'。汉代至北魏时期又称作'稒阳道'。……1960年在谷口修建起昆都仑水库。"[①]昆都仑沟交通位置重要,且沟深而平坦,显然是河宗氏游牧的极佳选择。再者,河宗氏柏夭能够成为穆王西游的向导和前驱,最后受封为"河宗正",是与他通晓多种戎狄之语的语言通译能力分不开的。河宗氏游居之地必然是重要的交通要道,各族杂居于此谷地,因此河宗氏有机会学习各种戎狄之语。

四、商末周初河宗氏曾经西迁的假说

本文提出"商末周初河宗氏曾经西迁的假说",根据不仅限于"河宗"一词最早出现于商代卜辞中;河族在夏商时期的踪迹一直存在于黄河下游"九河"

---

① 高银麦:《中国大青山》,内蒙古人民出版社1999年版,第20~21页。

之地,到周初突然出现于河套地区;而且从《穆天子传》的记载中,找到了河宗氏遗留的商俗和中原语言。

> 戊寅,天子西征,鹜行至于阳纡之山,河伯无夷之所都居,是惟河宗氏……天子授河宗璧。河宗柏夭受璧,西向沉璧于河,……祝沉牛马豕羊,……河伯号之:"帝曰:'穆满,女当永致用时事'。"(《穆天子传》卷一)

首先,祭祀河神时,河宗氏的祭法与商代祭河神的方式很相似,以牛、马、豕、羊和玉璧为祭品。但《周礼》等文献记载周人最高祭礼用牲为太牢,即只用三牲牛、羊、猪,以及玉器。因此河宗氏祭河的祭品明显超规格,与《周礼》不符,而近于卜辞中所载祭河的用牲。其次,神示的来源是帝而非天。河宗氏传递的预言来自"帝"。众所周知,周人崇天,商人祭帝,"天"崇拜普遍流行于西北各民族之中,河宗氏居于河套地区,如果为原住民,那必然也应该属于"天"崇拜的信仰圈;但河宗氏显然是延续了商人"崇帝"的信仰习俗,因为河神是帝身边的次一等级的神,所以祭祀的对象虽然是河神,但通过祭河与河伯沟通,才能以河伯为中介,得到来自"帝"的神示预言和赐福。此"河伯"明显是配祭于帝身边之神,也符合商代祭祀的排列次序。再次,河宗氏之族长柏夭既熟悉商周的礼制,又会中原之语,还精通西北各族的语言,是一个出色的翻译和向导。河宗氏弱小而偏处于河套地区,若非河宗氏原居中原,有深厚的中原文化积淀,很难想象西北土著少数民族的首领能如此精通中原之礼俗和语言。穆王西征途中所遇西北土著部族首领众多,但只有河宗氏柏夭可以担当翻译、向导之重任,这本身就折射了河宗氏深受中原文化影响的文化背景。

河宗氏与殷人后裔"膜昼"族关系密切,这从侧面反映了河宗氏与商人的关系非浅。河族有一分支名为"膜昼",柏夭请周天子将其封于黄河的北岸,"以为殷人主"。此事见于《穆天子传》卷二:"□柏夭曰:□封膜昼于河水之阳,以为殷人主。"据目前的研究所知,殷人的势力从未到达过河套之黄河以北地区,所以膜昼不可能是此地的土著居民。周初殷人势力溃败分散,膜昼可能是从黄河下游的中原地区迁徙到此处,并一直保持着祭祀自己的殷人先祖的习俗。从河宗氏首领柏夭主动为此族请封之举,可以认为河宗氏与殷人后裔膜昼关系密切。因此,商末周初河宗氏和部分商人后裔可能是一起从黄河下游迁到黄河上游的。

河宗氏的后裔分支䣙人居于黄河中游地区,也显示了河宗氏西迁的路线。《穆天子传》卷一中的一条史料特别重要。

　　辛丑,天子西征,至于䣙人。河宗之子䣙柏絮,且逆天子于智之□。先豹皮十,良马二六,天子使井利受之。

此条史料中的"䣙人",据冯时、李零、蔡运章等众多学者考证,即是现在山西绛县横水发现的倗伯墓地①所代表的倗国。《世本》载:"䣙氏,出自伯絮,国在虞、芮之间。""䣙"与"倗"音同形近,且两者所处地理位置相同。山西绛县横水倗伯墓地的年代从西周初年延续到西周中晚期,年代也与《穆天子传》中的"䣙人"相符。因此,基本可以确定"䣙人"即是倗国墓地的主人。学界根据倗伯墓地出土青铜器铭文的记载——倗伯为媿姓,认为倗人应该是晋国初封时的"怀姓九宗"的一支。那么基本可以确定,倗人是在商末周初随着晋国的分封而定居于今山西绛县的,原先商代的倗人并不居于此地。这正好证明"河宗之子孙"䣙人也是在商末周初从他地迁徙至此的。令人惊讶的是,"怀姓九宗"正好与"九河"相对应,不知是偶然还是河宗氏的分支就是按九河设立的。

综合考虑上述三代河族和河宗氏的居地,"河宗之子孙"䣙人与商人后裔膜昼的居地和关系,以及《穆天子传》中祭祀河伯仪式中的种种商代习俗和中原语言,我们认为商末周初可能存在着河宗氏从黄河下游九河之地,西迁到黄河中游乃至河套地区的大规模迁徙活动。

(作者系河北师范大学历史文化学院副教授)

---

① 山西省考古研究所、运城市文物工作站、绛县文化局:《山西绛县衡水西周墓地》,《考古》2006年第7期;冯时:《倗国考》,《中国社会科学院古代文明研究通讯》第15期,第39~41页。

黄河滩区的"治水工程"与当代卫辉的"水治文化"

徐 可

"水德文明"在卫辉的关联与渊源

众所周知,卫辉市位于黄河北部的太行东麓、卫水之滨,是姜太公的故里,也是中国"水德文明"的发祥地。姜太公"愿者上钩"的传说历经千年不衰,本身就反映了姜太公从善如流、"以水治国"、遵从民意的德政文明,从而被广泛认可与传播。卫辉是宜居城镇,也是全国科普示范市、中国最佳文化生态旅游城市、全国计划生育优质服务市、全国农田水利基本建设先进市、中国优秀民族建筑文化传承保护示范城市、河南省历史文化名城。集如此多的荣誉于一身,说明远古的"水德文明"仍然生生不息,历久弥新。

卫辉处在卫水之滨,也是《诗经》的诞生地。卫水不仅催生了灿烂的诗歌,也孕育了特殊的"水治文化"。"水治文化"是东方"水利—农耕"社会的特殊类型的"水德文明"的表现形态,具有漫长的演化历史。例如魏特夫在其《东方专制主义》中从"治水社会"出发系统论述了东方基于农业生产和组织的专制制度。黄仁宇曾说:"我一向提倡的大历史,也无非将其中的因果关系拉长拉大,使之超过人身经验。"他主张放宽历史眼界,在纵向和横向的对比之中,把具体事件置于历史脉络之上来审视"德治"与"水治"的关系。

在当前急剧变革的华北大地,当代史也是一部浓缩的大历史。我们聚焦于黄河故道近20年来的开发与治理,在短短的历史窗口期中也能够窥测其中国土资源的价值增殖背后所隐含的法治进程与文化演进。

一、早期开发：黄河滩区的法治进步

近代以来黄河主河道称为废黄河也即黄河故道,在新乡长垣等地成为黄河滩区。黄河故道滩区面积辽阔,但黄河频繁改道致使这些地方远离城镇,人口稀少,珍贵的国土资源长期得不到充分利用。

1998年以来为了应对亚洲金融危机,我国首次实施积极的财政政策,中央财政对公共基础设施加大投资力度,开始对黄河故道滩区进行开发治理。而首要解决的是交通不便的问题,交通建设在当时处于核心位置。

应对危机的政府投资项目旨在以投资拉动内需,因此表现为一系列的应急措施,由中央财政紧急筹措资金并迅速拨付项目单位,同时要求"及时拨款""当年开工",因此资金管理、项目实施、事后审计监督都以"特事特办"的态度迅速推行,体现了"集中力量办大事"的治理优势。

这些项目是当代围绕水资源的综合治理工程,不仅抵御了经济下行的危机,也开启了"治水"的法治化进步。地方政府投资规模不断加大,规范性要求也不断提高。围绕招投标的实际工作,一些地方性"土办法"的内容也在实践中不断完善,例如对"编制标底"和"最低价格"是否中标的有关争议的最终处理和解决,在实际上都推动了《招投标法实施细则》的出台。随着政府投资规模的持续扩张,2015年实施的新修订《预算法》对预算程序进行了规范并体现了更大的立法进步。新《预算法》旨在"将全部政府支出关进制度的笼子",强调"预算透明",对地方债务、国库管理、法定支出、人大预算审查与监督等事项都做了明确的规定。而当前的《政府投资管理条例》更是做了严谨的规范,扎牢了制度的笼子。

这种法治的渐进性连续性进步,犹如治水工程中不断堵塞漏洞、分流疏导,是一项宏大的文明工程,同时也不断彰显了"水治文化"的内涵。当然,围绕当代治水需要,架构了庞大的行政治理体系,从水利部黄河水利委员会直到地方河务局,再到每一个村镇,都需要规范与协调。如何在公益性项目中规范多元化利益表达机制和投融资机制,完成新时期的治水任务依旧任重道远。

二、扶贫工程:黄河滩区的政府治理

随着时间推移,国土资源日益稀缺导致黄河故道开发建设标准也在不断提高,规划的重点也由早期交通建设迅速转向了防洪泄洪与综合治理。新乡于2012年9月启动了黄河滩区综合治理工程,省政府也将其列入重点工程进行推进。在"综合治理"的理念下,新乡市政府强调了规划要坚持"五位一体"的综合规划。综合治理往往意味着"大推进",但在项目规划与实施中必须找到合适的推手,以克服以下困难。

一是诱致性变迁。迄今为止只有1997年的《国家扶贫资金管理办法》、2011年修订的《财政专项扶贫资金管理办法》以及2017年的《中央财政专项扶贫资金管理办法》三部行政文件。但是"资金管理"只是扶贫工作的冰山的水上部分,当前的"精准扶贫"不能靠政策行事,或者继续以"对口支援""结对子"的方式实施,而应避免政绩驱动的人为主观因素,构建公众舆论监督,持续解决地区不均衡和"相对贫困"等问题,这都需要从"运动性治理"转向"制度性治理";如同治水工程中由"阻塞"转向"疏导"那样,从外部政策的"强制性制度变迁"转向内部激励的"诱致性制度变迁"。

二是政策性协调。当前的扶贫模式多种多样,例如"金融扶贫""开发扶贫""教育扶贫""搬迁扶贫"等等,这就难免产生"各扫门前雪"的问题。为此，国务院着力解决贫困地区涉农资金的整合问题，于 2017 年下发了《关于探索建立涉农资金统筹整合长效机制的意见》，其中规定"针对当前涉农资金多头管理、交叉重复、使用分散等问题"，"支持连片特困地区县和国家扶贫开发工作重点县把专项扶贫资金、相关涉农资金和社会帮扶资金捆绑集中使用"。这在执行过程中就强化以统筹方式促进了政策协调，尽量避免了多部门之间财权与事权的冲突。

三是"村级议事"。面对农村基础设施建设中的公共品选择，"自下而上"比"自上而下"的决策更有效率，更为"精准"。早在 1988 年《村民委员会组织法》就将"村委会"和"村民会议"列入乡村权力结构，2010 年 10 月在修订中进一步明确了"村委会"在"办理本村的公共事务和公益事业"方面的权力与职责。众所周知，以往的村民自治的边界模糊导致政府权力与自治权力难以明确区分，加之村干部、致富能人、家族势力的影响无处不在，导致"村级议事"流于形式。而水利设施建设项目可谓是周边百姓非常关注的关乎切身利益的重大事件，因此容易引起"公共话题"，推动当前农村公共事务的"村级议事"真正地开展起来，对于一些"空心村"更是如此。

在传统农区，"治水"虽是个古老话题但愈久弥新。黄河沿岸很多区域被称为"黄泛区"，新乡很多村庄被冠以楼、坝、台，保存着当年的治水的遗痕。这些滩区远离中心城市，不少属于贫困地区，甚至归为沿黄连片贫困县。当前，新乡黄河滩区的脱贫攻坚成绩有目共睹，封丘县和原阳县已经如期实现脱贫摘帽，累计脱贫 7.46 万户 26.57 万人，贫困村累计退出 511 个。因贫困问题研究而获得 2015 年诺贝尔经济学奖的迪顿曾说："减贫离不开可靠的政府治理、法治、税收制度、产权保护、公众信心。"中国式扶贫可谓提供了经典样板，有效实现了"政府治理"与"公众信心"之间的贯通。当然，在脱贫攻坚与乡村振兴的有效衔接过程中，仍然迫切需要以"水德文明"和"法治文化"的方式推进"协商民主"与"村级议事"，以"全过程民主"解决农村公共品供给决策中的投票问题，继续提高公共品的财政供给效率。

三、特色小镇：运河古道的文化内涵

卫辉还是大运河卫河段的中心城镇，卫河桥码头已经被列入"大运河文化遗产"。今天的运河古镇已经失去了往日的交通运输集散功能，但是其旅游休闲功能得以凸显，前往黄河故道滩区湿地和运河沿线旅游人数近年来开始激增，卫河码头颇具地方特色而成为旅游热点。

"特色小镇"从浙江诞生以来得到住建部的肯定与推广，目前全国各地已经涌现了403个国家级示范点，绝大部分都有"旅游开发"的内容。尤其是国家旅游局2017年推出了《区域旅游示范区创建工作导则》在一定程度上刺激了"景点开发热"，并与"特色小镇热"形成了热点叠加。

卫辉作为运河古镇呈现了一部浓缩的"治水文明史"，也为当前的"特色小镇"建设提供了样板。2017年底国家发改委、国土资源部、环保部、住建部四部委联合发文《关于规范推进特色小镇和特色小城镇建设的若干意见》指出，"近年来在推进过程中出现了概念不清、定位不准、急于求成、盲目发展以及市场化不足等问题，有些地区甚至存在政府债务风险加剧和房地产化的苗头"。为了强化综合治理，2018年"特色小镇"的审批权由住建部移交到国家发改委，这也意味着"规划管理"成为"特色小镇"的主要治理手段。

卫辉古镇的水乡特色启示我们：当前的村镇规划编制应避免"千篇一律"。规划文件往往强调"整体性""综合性""全面性"，这种"面面俱到"的模式反而导致不少旅游景区规划方案高度雷同，成为旅游景区"审美疲劳"的制度性根源。卫辉古镇的建设实践还启示我们：规划编制不能一步到位，还要留有余地。如果规划过于详细则必然造成后期的频繁调整与变更，建设规划与土地规划不一致也往往产生冲突。当前规划管理背后的政府层级与权限"统得过死"，"上级部门"规划往往没有给项目实施单位的"下级部门"留有足够的调整余地以及必要的"试错"机会。

毋庸讳言，一些特色小镇建设中的最大问题就是"没有特色"。城镇"特

色"应该在社会经济发展过程中通过自发演化凝聚而成,而非一哄而上地依靠"园区规划与开发"的模式人为建造。这背后还折射出深层次的投资体制问题,长期以来城建扩张既是地方经济发展的内在动力又是其外在标志,城建扩张更多地体现了地方政府的"理性自负"但却缺乏法治约束,这是当前房地产调控、城市基础设施建设过热、地方债务规模过大的根本原因。我们所熟知的"文化搭台,经济唱戏",其实是一种本末倒置。因为文化的本能就是"唱戏",经济的本能就是"搭台"。因此,借助运河古镇和"大运河文化带"建设项目,彰显卫辉运河文化的水治内涵,对当前"园区开发"中的种种偏颇能够起到自发纠偏的作用。尤其是在当前黄河流域生态保护与高质量发展的背景下,在集约利用水资源的经济价值的基础上,还应充分挖掘水资源的人文价值。当地悠久的"水德文明"赋予大运河文化带新乡段丰富的文化内涵,为此应着力协调和摆正文化建设项目中"软件""硬件"的关系,以满足人们不断提升的文化和审美的需求规模与层次。

四、环境保护:中心城市的生态涵养

随着郑州国家中心城市的扩展和都市圈建设进程的提速,环境与生态的承载压力逐步加大。黄河故道与运河沿岸的生态涵养价值开始显现,与生态涵养、环境保护相关的法治进程明显加快。

2017年国务院依据《环境保护法》第29条"国家在重点生态功能区、生态环境敏感区和脆弱区等区域划定生态保护红线,实行严格保护"之规定,出台了《关于划定并严守生态保护红线的若干规定》,将"森林、草原、湿地"等重要生态空间用一条统一的红线来管控。这用"底线思维"的方式来贯彻国土规划中的环保理念,与大运河有关的"水源涵养""人文遗迹""古树名木"都将有可能划为"生态红线"。水是生命之源也是生存底线,水资源的保护因此也需要划定红线。在当前"以水定城、以水定产"的底线思维方式下,都市圈建设也应"倒逼规划""倒排工期",也就是在水资源的硬约束下来测算人口容量与环境承载力,在此条件下进行项目规划与建设。

当前,新乡已经成为中原城市群的区域性中心城市和"郑洛新"国家创新区的组成部分,卫辉作为其周边沿岸城镇也肩负有"守护生态"的屏障功能。尤其是在新冠肺炎疫情联防联控措施常态化的背景下,都市周边村镇的"周边游""村镇游""农家乐""田园体"不仅是旅游经济的消费热点,而且成为缓解都市密集人口社会情绪和心理压力的必要渠道。另外,这种城乡互动也有利于缩小城乡差距,减缓发展过程中不均衡、不充分的各种矛盾。

由此可见,当前的"生态文明"不仅需要"青山绿水",而且更强调"融合共处",这是古代"天人合一"思想的回归,也是"水治文化"中包容性、可塑性、绵延性的升华和体现。尤其是当前城市规划中"海绵城市"的理念正在推广普及,这也是建立在"水循环"基础上的新型"治水工程",不仅形成城郊的自然湿地景观,而且构建了城市的"动态循环"的自然生态系统。

五、水德文明:发展转型的难题破解

沿黄两岸的厚重历史与人文资源亟待发掘,形成"黄河文化"的古都文化带。通过水治文化资源的整合必然能够提升"卫河—运河"沿岸城市群的文化认同感与向心力。当前我省经济发展处在模式转型、动能转换的关键时期,人们在物质生活满足以后,文化需求增长与审美层次提升,为黄河故道与运河沿岸的经济发展转型注入新的动能。

大运河如同黄河、长江一样,同是珍贵的国家名片,需要在全国总体规划的统筹协调下突出地方特色。当前我省要在"文化遗存保护、文化价值弘扬、生态保护修复、沿线环境建设"四个方面发挥功能,这其中离不开传统的"水德文明"的滋润与培育。"水德文明"可谓是"水治文化"中的"德政教化"的集中体现。在治水过程中,大禹治水时期由自然力量主宰的"水治"缓慢过渡到封建时期由伦理力量主宰的"人治",经历了漫长的演化过程。然而在当代治水过程中,法律构建行为规范的"法制"与依法治理的"法治"却面临着快速

的转型。

"法制"的内涵是"法律制度",而"法治"的内涵是"依法治理","法治"更强调治理的合法性与程序的正当性。治水主题的不断更新背后呈现出文明的进程。"水德文明"的话题在黄河故道近20年来的规划变迁当中有着集中的体现:一是法律制度逐步齐备,二是政策、制度与法律相互协调并逐步纳入法治的轨道运行,三是社会公众文化审美意识的觉醒与提高。"上善若水""善治如水""从善如流",这些"水德文明"的内涵里边也包含着丰富的社会治理思想,"愿者上钩"只是其中的通俗表达。在"依法治国"的推进过程中显然法治文化是"法治中国"的社会基础,构成社会经济发展的软环境,这就更需要将"水德文明"浸润到"法治文化"当中作为其无形而有力的社会基础。

"法治文化"是"水治文化"在法律领域的具体表现,这需要社会公众的普遍认可接受从而成为社会行为规则,需要自觉自主的意识,这恰恰就是"愿者上钩"的核心内涵。这不仅需要强制更需要引导,如此,政府才能够发挥高效率的资源动员功能。因此,地方政府在区域治理中应该充分调动基层活力,尊重个体意识,在社会经济发展规划上进行战略与方向的掌控,在工程建设与扶贫工作等公共事务中激发当地群众的自主意识,在生态涵养与环境保护中采取严格的无例外的禁止性规定,从而在"最大公约数"和罗尔斯"重叠共识"基础上实现"愿者上钩"。

在"水德文明"视域下,"法治文化"是人们在相互依存条件下通过竞争冲突、协调妥协、相互承认最终形成的合作规则,也是"强制性制度变迁"向"诱致性制度变迁"转换的社会基础,也是"愿者上钩"之"愿"与"不愿"的分岔点。因此当前各级政府应该利用"水德文明"潜移默化的作用,使政府的"看得见的拳头"、市场的"看不见的手"与社会自发治理之间相互协同配合,在"上善若水"的境界层次上引领当地社会经济的转型与可持续发展。

(作者系商丘师范学院豫鲁苏皖接合区社会经济发展研究中心研究员)

殷墟妇好墓出土的青铜飞钩

张立东

殷墟妇好墓的发掘距今已经四十多年,可是出土物中仍有不少未解之谜。

2016年3月8日至6月26日,中国社会科学院考古研究所、河南博物院等单位曾在首都博物馆举办"王后母亲女将——纪念殷墟妇好墓考古发掘四十周年特展"。在展览图录的第164页,有一件"多钩形铜器"[①]。图录是这样描述该器的:"形似船锚,从中间立柱分出六枝挂钩,有的挂钩还有倒刺,似有固定、防脱落的作用。推测是某种生活、生产用器,使用时将立柱末端的大孔穿绳悬吊起来,挂钩、倒刺可牢固地挂物"。(图一、二)

早在国家博物馆举办的"商邑翼翼四方之极——殷墟文物里的晚商盛世"特展(2013年4月27日至4月28日)中,此器也曾经展出。有人看过展览后在博客里发表照片时评论说:"这件多钩形青铜器十分特殊,从造型上看有7个青铜钩可以悬挂东西,也可能是攻城时攀爬的工具。"尽管博主的评论并非严肃的学术探讨,观察或记述中还把"6"个钩错成"7"个钩,但她的感觉

---

① 中国社会科学院考古研究所、首都博物馆、河南博物院:《王后母亲女将——纪念殷墟妇好墓考古发掘四十周年》,科学出版社2015年版。该器在图录中编号为1976AXTM5:846,在正式发掘报告(中国社会科学院考古研究所:《殷墟妇好墓》,文物出版社1980年)中则是329号。

图一　殷墟妇好墓出土铜钩

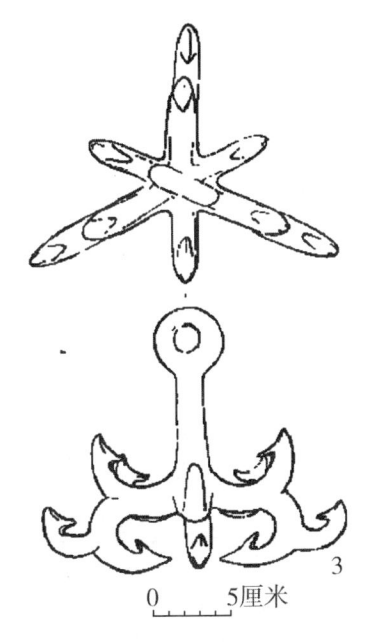

图二　殷墟妇好墓出土铜钩

(中国社会科学院考古研究所:《殷墟妇好墓》,
文物出版社1980年版,第102页,图六四:3)

却是非常敏锐的。在安阳博物馆举办的"凤归大邑商——殷墟妇好文物安阳故里展"(2018年5月18日至10月20日)里,此器也赫然在列。通过在两次参观中的反复多角度观察,笔者认为此器很可能就是攻城时所用的"飞钩"。

以"钩"攻城之法明确见于先秦文献。《诗经·大雅·皇矣》:"以尔钩援,与尔临冲,以伐崇墉。"《墨子·备城门》载:"子墨子曰:'何攻之守?'禽滑釐对曰:'今之世常所以攻者,临、钩、冲、梯、堙、水、穴、突、空洞、蚁傅、轒辒、轩车,敢问守此十二者奈何?'""钩"在上两处引文所列攻城器械中处于第一或第二的位置,显然是最古老的攻城器械之一。至于"钩"之具体所指,《皇矣》毛传:"钩,钩梯也,所以钩引上城者。"孔颖达疏:"钩援一物,正谓梯也。以梯倚城,相钩引而上,援即引也。《墨子》称公输般作云梯以攻宋,盖此之谓。"这是将"钩"解读为钩梯。现代学者甚至直接释读为:"大概类似后代的绳梯、飞梯、云梯等等。"①

然而在《备城门》的攻城十二法中,钩与梯是分列的,因此二者应该不是一回事,正如清代马端辰所论:"(《墨子·备城门》)分钩与梯为二,则钩非即云梯明矣。"②孙诒让曰:"钩盖即《鲁问》篇所谓钩距之钩。《备穴》篇又有铁钩距,谓施长钩,缘之以攻城。"③现代学者理解为"一根顶端装有金属钩的长木杆或竹竿。商周时期的城墙,都是夯土筑成,墙外侧的倾斜度较大,用杆顶的钩子钩住城堞,就可以攀援而上"④。安装在长杆上的金属钩见于明代的《三才图会》,叫做"酋矛"或"夷矛"(图三)。

大家熟悉的带钩之枪矛还有明末女将秦良玉的"白杆枪"。白杆枪是用结实的白腊树做成长杆,上配带刃的钩,下配坚硬的铁环。攀山之时若有必要,数十杆长枪钩环相接,便可作为越山攀墙的工具,悬崖峭壁瞬间可攀,非常适宜于山地作战(图四)。《六韬·军用》:"飞钩长八寸,钩芒长四寸,柄长

---

① 陈温菊:《诗经器物考释》,文津出版社2001年版,第272页。
② 〔清〕马端辰:《毛诗传笺通释》,中华书局1989年版,第854页。
③ 〔清〕孙诒让:《墨子闲诂》,中华书局2001年版,第491页。
④ 《中国军事史》编写组:《中国历代军事装备》,解放军出版社2007年版,第97页。

图三 酋矛与夷矛

（〔明〕王圻、王思义:《三才图会》，
上海古籍出版社1988年版，第1178页）

六尺以上，千二百枚，以投其众。"①这种钩是用来"投"的，显然是一种带钩的投枪，或者说用来投掷的小号"钩镰枪"。

青铜兵器中未见专门的带柲长钩。夏商时期的铜戈大多援部下勾，是名副其实的"勾兵"，完全可以当成钩来使用。将铜戈剁入夯土城墙，即可爬城。周代铜戈的援部多上翘，所以有些戈、戟另外加装了钩。此一时期大都是将内部做成钩状，也有在戈援的上下（绝大多数在下）另加一两个"距"的(图五)。

图四 明末女将秦良玉

---

① 中国兵书集成编委会：《中国兵书集成》第一册，解放军出版社、辽沈书社1987年版，第469页。

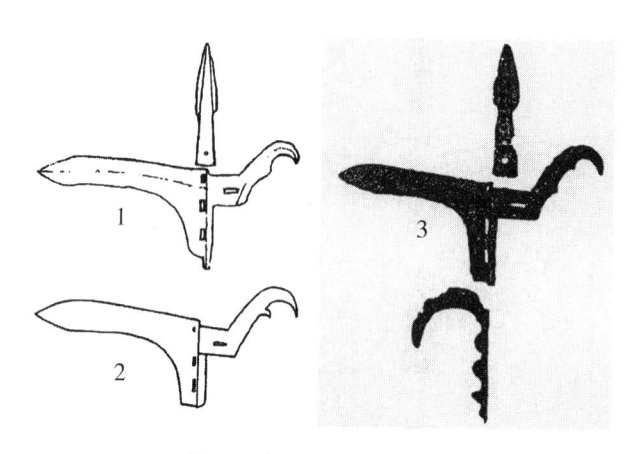

图五　东周时期带钩铜戟

1.2. Ⅰ式（辉县琉璃阁甲墓:Z 甲-31、邢台南大汪 M1）

3. Ⅱ式［洛阳中州路 M2717:145+146+154（距）］

（井中伟:《先秦时期青铜戈·戟研究》,吉林大学 2006 年博士论文,第 325 页）

高亨在注释《诗经·皇矣》时说:"钩,古兵器名,似剑而曲。援,古兵器戈上的横刃,此似指戈。"[1]将"援"读作"戈",颇有见地。然而将"钩"释作短兵却是不合适的。作为短兵器的"钩"多成双使用,与双刀、双剑的长短差不多,难以用来攻城(图六)。

图六　武术器械之双钩

---

[1] 高亨:《诗经今注》,上海古籍出版社 1980 年版,第 392 页。

早期攻城之"钩"很可能就是现代影视作品中常见的飞贼、忍者、特种兵、登山者使用的"夜行飞钩"或"飞虎爪"等,即拴有长绳的铁钩(图七)。太平军二破武汉时,陈玉成曾亲率敢死队用飞钩夜间偷袭得手,近代的战例更是不胜枚举。利用飞钩攻城时不用正面对敌,因此多用于夜

图七 野外救生三向飞虎爪

袭。就构词法而言,《皇矣》"钩援"与"临冲"同为并列词组,指两种功能、形状相近的物件。钩与援都是一端有钩的攻城器具,"钩"是在钩下拴系软绳,以利于抛射;而"援"则是在钩下加装木柄,与当时的铜戈相似。

妇好墓铜钩与现代的飞钩形制相似,大小相近。妇好墓铜钩虽有六个分枝,但三大三小,主要起作用的应是三个大而复杂的枝。可以推想,妇好墓的这件飞钩很可能是当时的豪华版,当时的舒适版可能只有三枝。现代市场中热卖的飞钩大都是三枝,只有少数是四枝。

妇好墓铜钩总长16.5厘米,正与市场热卖的飞钩大小相当。五金机电网的一种飞钩有总长15厘米、20厘米两种规格(图八)。苏宁易购热卖的一款也有总长15厘米、18.6厘米两种规格。另有一些短至13.5厘米和长至23厘米的。

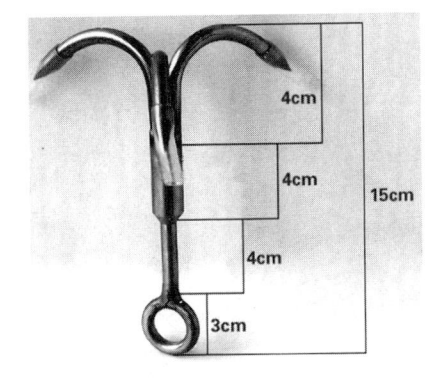

图八 现代飞钩飞虎爪

综观之，无论从古代文献的释读，还是与现代飞钩的类比，都支持我们关于妇好墓铜钩可能是攻城飞钩的认定。当然，目前只是孤证，与现代飞钩的对比更是缺乏中间环节，还有大量的工作留待我们去做。将飞钩记在心里，时刻留意有关的考古与文献材料，将会使我们的论证更加完美。

(作者系河南大学历史文化学院教授)

建设河南沿黄生态文化旅游带的若干思考

唐金培

加强线性文化旅游带建设,不仅可以起到串联沿途城市和村镇、整合散落的文化资源和旅游资源的作用,而且有助于再现历史上不同文化交流交融的场景。以黄河为线、以黄河沿岸城市为节点的沿黄地区,既是一条贯穿我国东部、中部和西部地区的经济带,也是一条纵贯古今的文化带。以郑州、洛阳、开封、新乡、三门峡、濮阳等城市为节点的河南沿黄地区,更是河南省的最重要的经济带、文化带、生态带和旅游带。

虽然河南黄河沿线的经济地位和生态地位都非常重要,文化资源和旅游资源都非常丰富,但优势资源整合还不够充分,整体竞争力还没有形成。为此,要以政府为主导,做好发展规划;以政府牵头,搞好遗址展示;以政府投资为主体,建设一批研学基地;以政府规划为引领,打造综合文化旅游体验区,将河南沿黄地区打造成华夏历史文明传承核心区、全国重要的文化与旅游融合发展示范区、国际知名的"老家河南"文化旅游目的地。

一、河南沿黄地区文化资源盘点

悠久的历史积淀了深厚的河南段黄河文化资源。这些历史文化资源既有精神方面的也有物质方面的,既有物质文化遗产也有非物质文化遗产。具体包括以下几个方面。

精神文化方面,主要有黄河精神、愚公移山精神、红旗渠精神、焦裕禄精神和新时期的河南精神。众所周知,黄河河南段在中华人民共和国成立以前几乎十年九决。顽强不屈的河南人民面对滔滔洪水,筑坝修堤,抢险抗洪,大堤溃了修,修了溃,溃了再修,上演了一幕幕与大自然抗争的历史活剧,铸就了不断抗争、不断奋进、不断发展的自强自立、顽强拼搏的黄河精神。

物质文化遗产方面,既有洛阳龙门石窟、安阳殷墟、登封"天地之中"历史建筑群、中国大运河河南段、丝绸之路河南段等世界物质文化遗产,也有三门峡庙底沟考古遗址、三门峡仰韶村考古遗址、偃师二里头考古遗址、郑州大河村考古遗址、郑州商城遗址、隋唐洛阳城遗址、汉魏洛阳故城、内黄三杨庄遗址等一大批历史文化遗址遗迹,既有郑州、洛阳、开封、卫辉、浚县等古都古城,也有涉及黄河本身的武陟嘉应观、御坝碑、林公堤、铜瓦厢决口改道处、蒋介石扒口处和刘邓大军渡河处等历史遗址遗迹。

非物质文化遗产方面,既有各种神话传说、剪纸、年画、武术、杂技,也有清丰柳子戏、南乐目连戏、范县四平调、范县罗卷戏、濮阳县大弦戏等民间戏曲。

名人方面,主要有黄帝、颛顼、帝喾、共工、大禹、王景、王安石、司马光、于谦、潘季驯、靳辅、林则徐等,河南段黄河大堤上几乎都留下过他们的身影。汉武帝、汉明帝、康熙、雍正、乾隆等国君也都曾经亲自主抓过治理河南段黄河的事情。

此外,中华龙文化、中国河洛文化、中华姓氏文化、农耕文化、水文化、礼制文化、道教文化、佛教文化、饮食文化等都应属于广义上的黄河文化的范畴,在此不再赘述。

二、河南沿黄地区文化旅游资源开发利用现状

早在2008年9月,通过专家评审的《郑州沿黄文化旅游生态产业带战略规划》,曾大胆提出以"一轴三区"旅游布局为核心内容的规划目标。"一轴"为黄河文化复兴轴,即以黄河文化为核心,变文化资源为文化产业,带动旅游、生态、经济产业全面发展,达到弘扬中华文明和黄河文化,实现文化复兴的目的。"三区"分别为中部创新都市文化区、西部邙山历史文化区、东部黄河滩地生态文化区。据当年预计,到2020年估算总投入资金876亿元,将郑州沿黄地区打造成中部首选、全国著名、世界知名的旅游目的地和世界河域生态产业示范研究中心。按照这个规划,惠济区、金水区将建设成为现代生态示范农业基地,食品加工、生态及高新技术产业基地,大型游乐、会议会展、文化创意产业基地;巩义市和荥阳市将建设成为现代种植业生产基地,木材加工及新材料产业基地,文化休闲、体育娱乐产业基地;中牟县将建设成为生态畜牧业生产基地,以现代食品加工业为主的农副产品加工业基地,生态休闲、会议服务业基地。与此同时,根据黄河作为母亲河的生态文化特点,策划建设黄河历史文化艺术度假村群、黄河民俗风情餐饮主题街区、黄河历史文化创意娱乐主题街区、黄河华夏民族风情购物街等主题乐园项目。规划设计了黄河风光、河洛风光、伊洛河畔、沿黄东部、沿黄西部、古迹探秘等一日游系列以及黄河探秘、河洛文化二日游系列。此外,还设计了黄河大观文化巡游、黄河之乡休闲之旅、大河之路农家乐游、古战风云探秘之旅、河洛文化八卦巡游、黄河健儿运动之旅、象棋之乡、诗圣故里修学之旅等沿黄地区精品旅游线路。

为打造黄河文化品牌,郑州市在2009年就着手规划建设"沿黄文化产业带",试图将郑州市境内的黄河历史文化资源整体开发与黄河南岸的自然景观、观光农业、生态防护林、休闲度假结合起来,打造沿黄河南岸集文化、生

态、旅游、休闲于一体的文化发展新区域。接着,同济大学等单位于2011年为郑州市设计了《郑州·沿黄文化旅游生态产业带》方案。

最近,郑州正在谋划一项以郑州为核心、以河南沿黄城市为主体的沿黄生态文化带发展规划,提出全面整合城市、生态、文化、景观、土地等资源,打造黄河超级大堤和风景道,实现郑州跨河发展。

作为国家级文化产业示范园区,七朝古都开封累计投资20多亿元用于宋都古城风貌保护与重现,北宋都城"一池宋韵半城水"的水城特色已经彰显,来自世界各地的游客不仅可以品尝古都的风味小吃,而且亲身体验着"一朝步入画卷,一日梦回千年"的神奇。

新郑黄帝故里拜祖大典、洛阳牡丹花会、开封菊花花会等节会吸引着越来越多的海内外华人顶礼膜拜和热情参与。

通过深入挖掘传统文化内涵,河南先后创作推出了《程婴救孤》《风中少林》《清风亭上》《老子》《常香玉》等一批叫好又叫座的精品剧目。

到目前为止,河南段黄河已经开发的景区主要有炎黄二帝广场在内的黄河风景游览区、三门峡大坝风景区、黄河小浪底水利风景区、三门峡黄河库区湿地自然保护区、孟津黄河湿地、黄河花园口风景区、开封柳园口黄河水利风景区、濮阳黄河水利风景区、范县黄河水利风景游览区、孟州黄河开仪水利风景区等。这些景区以特有的人文景观、黄河文化,向人们展示了多年来的治黄成就,为世人深入了解黄河起到一定的宣传作用。

河南虽然制定了《华夏历史文明传承创新区建设方案》《河南省黄河生态文化旅游产业带总体规划》《河南黄河国家生态文化带建设规划》等一些文化和旅游方面的发展规划,但这些规划大多是就文化讲文化,或就旅游做旅游,没有很好地将文化与旅游融合发展落到实处。《华夏历史文明传承创新区建设方案》虽然提出要实施全球华人根亲文化圣地建设工程、中国文化遗产保护传承示范基地建设工程、全国重要的文化产业基地建设工程、现代文化创新发展新高地建设工程、中华文化"走出去"重要基地建设工程五大工程,但都没有真正落地。《河南省"十三五"旅游产业发展规划》虽然提出构建"一核两带四区"("一核"即郑汴洛核心区,"两带"即沿黄旅游带、南水北调中线旅游带,"四区"即南太行旅游区、伏牛山旅游区、桐柏—大别山旅游区、豫东平原旅游区)旅游产业发展格局,但也仍然停留在规划上。况且,至今还没有一个河南沿黄文化与旅游融合发展的整体规划。

河南沿黄河段虽然历史文化资源和旅游资源非常丰富,但文化资源保护开发利用的整体水平和旅游品质都不高。为此,要以黄河为主线将沿黄地区的传统文化串起来,在研究性学习、文化演艺、文化创意、节庆活动、生态保护及日常生活中将其活化并传承下来,将黄河生态文化旅游产业带打造成一个世界级的传统文化创造性转化和创新性发展示范带。

三、打造河南沿黄文化生态旅游带的几点建议

一是重塑华夏历史文明起源核心区。黄河流域是华夏文明的发祥地,是中华民族文化的摇篮。早在数十万年前,黄河流域就已经有了人类活动的足迹。作为中华民族的重要发祥地,河南沿黄地区既是中华龙文化、姓氏文化、农耕文化和汉字文化的发源地,也是都城文化、礼制文化、道教文化和佛教文化的起源地与发展地。重塑华夏历史文明起源核心区,实现中华优秀传统文化的创造性转化和创新性发展,让海内外华人找到回家的路。

二是打造中华文明发祥地保护展示区。要将河南沿黄地区三门峡庙底沟考古遗址公园、三门峡仰韶村国家考古遗址公园、汉魏洛阳故城考古遗址公园、隋唐洛阳城国家考古遗址公园、偃师二里头国家考古遗址公园、郑州商城国家考古遗址公园、大河村国家考古遗址公园、新郑郑韩故城国家考古遗址公园、登封市大周封祀坛考古遗址公园等串起来,将遗址博物馆和遗址公园建设结合起来,探索创新考古遗址公园运营模式。与此同时,还要投入巨资打造诸如《共工治水》《大禹治水》《王景治河》《河官》《黄河改道》《大河人家》《花园口决堤》等一批高质量的影视作品或实景演出。在加强保护和研究的同时集中展示河南悠久的治河历史和厚重的黄河文化,让人们在这里触摸

到华夏文明和黄河文化的经脉。

三是建设世界级及国家级文化遗产保护传承区。要将沿黄地区的洛阳龙门石窟、登封天地之中历史建筑群、隋唐大运河(河南段)、古丝绸之路(河南段)等世界物质文化遗产,以及洛阳白马寺、登封观星台、巩义宋陵、武陟嘉应观、辉县百泉、兰考焦裕禄墓等全国重点文物保护单位串联起来。同时,将陕州地坑院、灵宝剪纸、洛阳唐三彩、河洛大鼓、洛阳水席、登封少林功夫、荥阳苌家拳、开封汴绣、朱仙镇木版年画、濮阳杂技等国家级非物质文化遗产贯穿其中。将河南沿黄地区打造成世界级和国家级文化遗产保护传承区,充分展示河南沿黄地区独特的历史记忆和文化魅力。

四是建设国家级农耕文明保护体验区。在工业化、城镇化快速发展,大批传统村落逐步消失的今天,要大力加强河南沿黄地区传统村落的整体活态保护。将传统村落保护与传统农耕技术传承、传统农业生产工具、传统农业水利工程展示等有机结合起来,发展农业观光游、农业体验游,将河南沿黄这一中国农耕文明的重要发祥地打造成全国乃至世界闻名的传统农耕文明保护区和体验区。

五是建设世界知名的传统文化研学区。要学习借鉴贵阳等地打造"孔学堂"弘扬中华民族优秀传统文化的做法,依托登封嵩阳书院,商丘应天书院,洛阳龙门书院、丽正书院、伊川书院,开封敦复书院,三门峡陕州书院等书院或书院旧址打造"河洛文化研学基地""老子学堂""庄子学堂""韩非子学堂""列子学堂""韩愈学堂""杜甫学堂""白居易学堂""二程学堂"等一批研学基地。继续开展国际河洛文化学术研讨会、《道德经》诵读等一些有影响力的文化活动,并通过官方、民间、网络等渠道进行推广宣传,将河南沿黄地区打造成国内乃至国际知名的传统文化研学区。

六是加强与沿黄其他省区的交流与合作。发起成立"沿黄九省区文化与旅游融合发展联盟",加强沿黄九省区黄河文化的交流与合作,共同打造沿黄生态文化旅游产业带,促进沿黄各省区全面、协调、可持续发展,为沿黄经济发展注入新动力,构建国家新的经济增长极和跨越式发展示范区。具体到河南省境内,要以黄河南北两条沿黄公路为中心,并以水路交通、通用航空为辅助,将三门峡到濮阳的山区、库区、滩区、湿地、生态带和历史遗迹、文博馆院、红色旧址等贯通起来。同时,对沿线景区进行升级改造,打造一批 5A 级景区,建设一批特色小镇,培育一批拓展教育基地。

(作者为河南省社会科学院历史与考古研究所副所长、副研究员)

魏晋南北朝时期卫辉的三大事件考述

王仁磊

魏晋南北朝时期,卫辉由于靠近当时的政治中心洛阳、邺城等地,受到了来自都城的重要影响。该时期卫辉发生了三大事件,在历史上影响深远。其一,西晋时期汲冢竹书的出土,被誉为中国文化史上的四大发现之一。其二,北魏迁都洛阳前后,孝文帝及宣武帝先后四次祭吊比干,对其政治目的的实现产生了重要影响。其三,十六国北朝时期,地处邺洛之间的南太行地区,成为宗教活动的重要场所,佛教得到了迅速发展,辉县白鹿山宗教建筑群的形成和卫辉霖落山香泉寺的创建是其重要表现。下面对这三大事件分别略作考述。

一、汲冢竹书的发现

鲁壁藏书、汲冢竹书、殷墟甲骨、敦煌文书的发现,被称为中国文化史上的四大发现。其中汲冢竹书就是在西晋时期出土于汲郡(治汲县,今卫辉市西南孙杏村镇汲城村)。

(一)汲冢竹书的出土与整理

西晋泰始二年(266)设立了汲郡,隶属于司州。西晋太康二年(281),在成立不久的汲郡发生了一起轰动全国的重大事件,汲县一个名叫不準的盗墓贼,挖开了一座古墓,这座古墓出土了战国时期的大批竹简。由于这座古墓位于汲郡,所以被称为汲冢,其中所出土的竹简被称为汲冢竹书。

当年,汲冢的盗掘者不準由盗洞进入古墓后,没有发现他所期待的金银珠宝等宝物,摆在他面前的是一大堆杂乱无章的竹简。他就地取材,点燃了顺手抓来的这些竹简,为他进一步寻找宝物照明。他进入棺椁之间,发现并盗走了青铜鼎,而留下了钟磬、玉律、竹简等物品。可见,他盗走的物品非常有限。据学者分析,该古墓应为战国时期魏国贵族流行的积石积碳墓,不易被盗掘,对墓葬起到了较好的保护作用。

很快,不準盗墓的行为被发现,官府组织人力对之进行了进一步的收集整理,汲冢出土的遗物有青铜编钟、铜剑、编磬、玉律、竹简等数十车,悉数被运往京师洛阳。晋武帝下旨整理这批用漆书写的蝌蚪文竹简,任务交给中书监荀勖和他的助手中书令和峤负责。这一项艰苦庞杂、费时耗力的文化工程断断续续,其间经历了西晋统治者内部争权夺利的"八王之乱",前后历时二十年,一直到西晋即将覆灭之时才结束。

经过整理得到的汲冢竹书共有75篇,其中68篇都有名题,其余7篇折简杂碎而无法名题。当代学者程平山将竹书分为史书类、《周易》类、丛书类和其他类。史书类33篇,分别是《纪年》12篇、《国语》3篇、《琐语》11篇、《穆天子传》5篇、《生封》1篇、《梁丘藏》1篇。《周易》类8篇,分别为《易经》(《周易》)2篇、《易繇阴阳卦》2篇、《卦下易经》1篇、《公孙段》2篇、《师春》1篇。丛书类有《杂书》19篇,包括《周食田法》1篇(或稍多)、《周书》数篇、《论楚事》1篇、《周穆王美人盛姬死事》1篇及其他。其他类8篇,包括属于礼书或辞典的《名》3篇,属于历法类的《大历》2篇,属于技艺类的《缴书》2篇,属于诗文类的《图诗》1篇。

(二)关于汲冢竹书的几点争议

汲冢竹书的发现在当时就引起了轰动,但是,1700多年来,关于汲冢竹书的出土时间、出土地点、汲冢的墓主人身份等问题,一直存在争议,下面就分别做以叙述。

关于汲冢竹书的出土时间,计有咸宁五年(279)、咸宁中、太康元年(280)、太康二年、太康六年(285)、太康八年(287)和太康中7种说法。

被列为二十四史之一的唐代房玄龄等人所修的《晋书》,对汲冢竹书的出土时间就有多种记载。其中,房玄龄等《晋书·武帝纪》将此事系于咸宁五年之下。其他诸如唐代张怀瓘《书断》、张守节《史记正义》等书,应是本于此说。除此以外,没有更早的记载为咸宁五年的史料。从史料学角度看,《晋书·武帝纪》的记载属于孤证。而宋代郭忠恕《汗简·略叙目录》笼统地将其记为咸宁中。

西晋杜预在《春秋左传集解后序》中,将汲冢竹书的出土时间记在太康元年西晋平定东吴之后。但这种说法也不能确定为太康元年,解释为太康二年也能说得通。此外,唐代房玄龄等《晋书·卫恒传》所载卫恒《四体书势》、东晋王隐《晋书·束皙传》、房玄龄等《晋书·律历志》和《隋书·经籍志》等书也记于太康元年。

西晋荀勖《穆天子传序》载:"古文《穆天子传》者,太康二年,汲县民不準盗发古冢所得书也。"荀勖在汲冢竹书出土前后,担任中书监一职,负责校理书籍,直接经历了对汲冢竹书的收书与整理,属于当事人,他的记载应该比较可信。西晋太康十年(289)汲县令卢无忌所刻立的《吕望表》拓片亦载,"太康二年,县之西偏有盗发冢,得竹策之书"。此碑的刻立距汲冢竹书的发现仅有不到十年时间,所记应当比较可靠。此外,西晋傅畅《晋诸公赞》、东晋王隐《晋书·束皙传》、唐代房玄龄等《晋书·束皙传》、南宋赵明诚《金石录》等书也记载为太康二年。

宋元之际史学家马端临在《文献通考》中记作"太康六年",当是"太康二年"传抄讹误所致。此外,太康八年之说仅见于《尚书·咸有一德》孔颖达疏,也当是"太康元年"传抄讹误为"太康八年"。而唐代史学家刘知幾《史通·申左》、南宋章如愚《群书考索》引陈骙《中兴馆阁书目》、高似孙《纬略》等记为"太康中",这些皆是较晚的史料,应为太康元年等说之略称。

以上7种说法,值得辨析的主要有咸宁五年、太康元年和太康二年3种。也有一些学者试图调和这几种说法:或言不准盗墓在咸宁五年,官府收书在太康元年,而荀勖等人整理汲冢竹书开始于太康二年;或言太康元年不准盗掘汲冢,太康二年上缴官府。我们认为,作为当事人的中书监荀勖所记和当时汲县令卢无忌所刻立的《吕望表》应该最为可靠,所以我们的结论是:晋武帝太康二年,汲郡汲县出土汲冢竹书。

关于汲冢竹书的出土地,即汲冢的地望,学术界也有一些不同的看法。主要有6种观点:汲县西偏、汲城故城附近、汲城村东娘娘庙前街村"娘娘冢"、辉县市占城镇大梁冢、汲城村西南、卫辉府城西二十里。而尤以汲县西偏、娘娘庙前街村、辉县市大梁冢三者为争议热点。

据西晋卢无忌《吕望表》,汲冢位于"县之西偏"。西晋的汲县县城在今卫辉市孙杏村镇汲城村,所以,"县之西偏"也只能理解为汲城的西偏。"娘娘冢"说在近代以来颇为流行,《中国文物地图集·河南分册》《卫辉市志》和《卫辉文史资料》等书均持此观点,卫辉市人民政府于2011年还在此地竖立了"新乡市文物保护单位——汲冢书遗址"文物保护标志碑。但娘娘庙前街村"娘娘冢"位于汲城以东,与《吕望表》所载的"县之西偏"明显相左。而且重要的是,根据出土器物判断,"娘娘冢"属于汉代墓葬,因而不可能是作为战国魏墓的汲冢。辉县大梁冢的说法最早也仅见于民国24年《获嘉县志》(因为大梁冢当时属于获嘉县管辖),但此地原名为大粮冢,以讹传讹才成了汲冢。

我们现在考证汲冢的地望,应当结合碑刻文献和考古发现两项因素。程平山认为,汲冢不会是独立存在的墓葬,尤其是这样一座高规格墓葬,应当有一同埋葬的墓葬,即墓葬群的存在。所以,汲冢的地望还应当考虑战国墓葬群的分布情况。分析卫辉市战国墓葬的分布,临近汉晋汲城故城西北的山彪镇墓地最值得重视。汲冢应是与山彪镇墓地相关联的墓葬,即汲冢在山彪镇墓地一带是可信的。因此,今卫辉市唐庄镇山彪镇战国墓地应当是今后研究汲冢地望的重点。

关于汲冢的墓主人，也存在争议。学术界以往主要有8种观点：魏襄王冢、魏安釐王冢、魏王冢、魏好学者冢、魏私修史者藏书冢、魏国大臣冢、梁丘藏、魏国封君冢。而尤以魏襄王冢、魏安釐王冢二说最为流行。

西晋荀勖《穆天子传序》推测汲冢为魏襄王冢，此后卫恒《四体书势》，唐代所修的《晋书》、《隋书》及张守节《史记正义》均从此说。东晋王隐《晋书·束皙传》所记的魏安釐王冢之说，被唐代孔颖达等《春秋左传集解后序·正义》所引用。

程平山认为，汲冢规模大、级别高，出土有编钟、编磬、铜剑、玉律等物品，应属于卿大夫冢，又因为出土史书众多，推测为战国时期魏国掌管图书与档案的太史之墓，即主张魏太史墓这一说法。①

二、北魏皇帝四次祭吊比干墓

北魏孝文帝元宏是中国古代一位著名的帝王，在他的倡导下，北魏从平城(今山西大同市东北)迁都洛阳，加速了拓跋鲜卑的封建化进程，为民族融合做出了突出的贡献。在迁都洛阳前后，为了达到迁都目的，加快封建化进程，孝文帝曾三次祭吊比干墓。孝文帝之后的宣武帝，也曾派遣使者吊比干墓。也就是说，北魏有两位皇帝先后四次祭吊比干墓。

(一)北魏孝文帝祭吊比干墓

北魏是鲜卑拓跋部建立的政权，早期的都城在盛乐(今内蒙古和林格尔)，后迁都平城，至孝文帝时再次向南迁都洛阳。

为了缓和阶级矛盾，限制地方豪强势力，冯太后、孝文帝先后进行了大范围的改革，诸如实行俸禄制、均田制、三长制、迁都、汉化政策等，极大地促进了北魏经济社会的发展，促进了民族大融合，也为隋唐统一全国创造了条件。

太和十四年(490)，冯太后去世后孝文帝开始亲政，他亲政后的第一件大

---

① 本节内容的写作，参考了程平山：《竹书纪年与出土文献研究之一：竹书纪年考》上册，中华书局2013年版，第1~103页。

事,就是把都城从平城迁到洛阳。为了更好地实行统治,当时的北魏统治者迫切要求消除民族界限,实行汉化政策。但在鲜卑贵族集中的旧都平城,推行封建化政策阻力很大。孝文帝实行的一些改制遭到了部分保守拓跋贵族的反对,他们不仅在改制前进行抵制,在改制中和改制后也不断反抗。太和十七年(493),孝文帝冲破各种阻力,毅然迁都洛阳。在这种历史背景下,孝文帝多次祭吊忠臣比干也就不难理解了。

比干是殷商王室的重臣,是殷商末代帝王帝辛(纣王)的叔叔,因而也被称为王叔比干。先后辅佐帝乙、帝辛两代帝王,忠君爱国,为民请命,主张鼓励发展农牧业生产,提倡冶炼铸造,富国强兵,以改善朝政。比干敢于直言劝谏纣王,被称为"亘古忠臣"。相传比干因进谏被纣王剖心而死,葬于朝歌(在今淇县)西南,也就是今天卫辉市东北的比干庙。

《魏书·高祖纪》中有三则史料记载了孝文帝与比干有关的史事。

一则是在太和十八年(494),史载:"正月丁未朔,朝群臣于邺宫澄鸾殿。……癸亥,车驾南巡。……戊辰,经殷比干之墓,祭以太牢。乙亥,幸洛阳西宫。二月乙丑,行幸河阴,规建方泽之所。……甲辰,诏天下,喻以迁都之意。"

同年又载:"十有一月……丁丑,车驾幸邺。甲申,经比干之墓,伤其忠而获戾,亲为吊文,树碑而刊之。己丑,车驾至洛阳。"此事在《魏书·刘芳传》亦有记载:"高祖迁洛,路由朝歌,见殷比干墓,怆然悼怀,为文以吊之。芳为注解,表上之。"

第三则是在太和十九年(495),史载:"九月庚午,六宫及文武尽迁洛阳。丙戌,行幸邺。丁亥,诏曰:'诸有旧墓,铭记见存,昭然为时人所知者,三公及位从公者去墓三十步,尚书令仆、九列十五步,黄门、五校十步,各不听垦殖。'壬辰,遣黄门郎以太牢祭比干之墓。乙未,车驾还宫。"

此外,又有《魏书·元澄传》载:"高祖至北邙,遂幸洪池,命澄侍升龙舟,因赋诗以序怀。高祖曰:'朕昨夜梦一老公,头鬓皓白,正理冠服,拜立路左。朕怪而问之,自云晋侍中嵇绍,故此奉迎。神爽卑惧,似有求焉。'澄对曰:'晋世之乱,嵇绍以身卫主,殒命御侧,亦是晋之忠臣;比干遭纣凶虐,忠谏剖心,可谓殷之良士。二人俱死于王事,坟茔并在于道周。然陛下徙御瀍、洛,经殷墟而吊比干,至洛阳而遗嵇绍,当是希恩而感梦。'高祖曰:'朕何德,能幽感达士也!然实思追礼先贤,标扬忠懿,比干、嵇绍皆是古之诚烈,而朕务浓于比干,礼略于嵇绍,情有愧然。既有此梦,或如任城所言。'于是求其兆域,遣使吊祭焉。"

北魏孝文帝祭比干墓、亲为吊比干文的目的,一是表明自己向往汉文化,因为尊崇比干等儒家文化中的圣贤与君子就是向往汉文化的重要表现;二是褒扬比干的忠心,借以感化大臣忠于自己,支持自己迁都洛阳及推行封建化改革。

孝文帝之后的宣武帝也曾派遣使者吊比干墓。《魏书·世宗纪》载:"(景明三年,502年)九月丁巳,车驾行幸邺。丁卯,诏使者吊殷比干墓。戊寅,阅武于邺南。"

可见,在北魏迁都洛阳前后,孝文帝与宣武帝两位皇帝在不到十年的时间里曾先后四次祭吊比干墓,特别是孝文帝曾三次亲临比干墓进行祭吊,并竖立"皇帝吊殷比干文"碑,不仅是比干庙历史上的重大事件,也在北魏历史上乃至中国文化史上留下了浓墨重彩的一笔。

(二)北魏孝文帝"皇帝吊殷比干文"碑的刻立

北魏孝文帝《皇帝吊殷比干文》是魏碑书法中的名品,堪与洛阳龙门二十品齐名,《金石录》《金石萃编》等历代金石文献多有著录。由于该碑刻立于北魏太和年间,故俗称"太和碑"。北魏刻立的原碑早已不存,现在我们在卫辉比干庙碑廊看到的是北宋元祐五年(1090)九月重刻之碑。该碑高2.56米,宽1.36米,篆额"皇帝吊殷比干文"7字,碑文为孝文帝元宏所撰。无书丹者姓名,相传为北魏著名政治家、军事谋略家、书法家崔浩所书,这是不正确的,因为崔浩早在北魏太武帝太平真君十一年(450)就因"国史之狱"而被诛。

关于孝文帝"皇帝吊殷比干文"碑的刻立时间,史书没有明确的记载,当代有学者对此进行了考证。如,谭翠认为,结合《魏书》和《皇帝吊殷比干文》

碑文的相关记载进行分析,《皇帝吊殷比干文》碑文撰写时间在太和十八年(494)十一月甲申,立碑时间应在陆琇担任司州大中正任上,不会晚于太和十九年定姓族之时,更不会晚于太和二十年正月诏令改汉姓。《魏书·高祖纪下》记载太和十九年九月壬辰孝文帝专门派遣黄门郎以太牢祭比干墓,此时该碑应已经立好。"皇帝吊殷比干碑"应在太和十九年九月壬辰业已竖立。①

纵观比干庙(墓)3000多年的发展史,在早期,有商周之际比干去世、周武王封比干墓和春秋时期孔子周游列国来到卫国时凭吊比干墓等重大事件。而在此后的近千年时间里,比干墓没有重大事件的记载。直到北魏太和十八年,孝文帝祭比干墓,才使得比干墓在此后的历史记载中又频频出现,受到了更多的重视。因而,北魏后期两位皇帝四次祭吊比干墓,是北魏迁洛前后的重要历史事件,对迁都洛阳及封建化改革产生了积极影响,在比干庙发展史上,更是具有重要的历史意义。

三、香泉寺的创建与疠人坊的设立

曹魏、西晋时期佛教中心在京师洛阳地区,南太行地区(包括今辉县市白鹿山、卫辉市霖落山等地)临近洛阳,也受到了其辐射与影响。河北地区自十六国后赵时期即成为北方的佛教中心,而邺城又一直是河北的佛教中心。临近邺城的南太行地区的佛教寺院,是邺城佛教文化的重要组成部分。

(一)霖落泉寺的创建与香泉寺石窟的开凿

在今卫辉市西北约20千米的太公镇霖落山山坳中,有一座历史悠久的寺庙香泉寺。据当地传说,这里最早为战国时期魏王的离宫雪宫,魏王经常从都城大梁来到这里避暑。这里有新乡地区少有的石窟建筑香泉寺石窟。香泉寺石窟最早开凿于北齐,此后的唐、宋、金、元、清历朝均有石刻、雕像,2013年入选第七批全国重点文物保护单位。

---

① 谭翠:《北魏孝文帝〈吊比干碑〉立碑时间考辨》,《湖南省博物馆馆刊》2012年第8辑。

卫辉霖落山香泉寺,早期记载称为霖落泉寺,北朝以来即见于僧史记载,为南太行地区的一座重要佛教寺院。香泉寺占地面积较大,依山谷分为东西两寺,现存有北齐石窟及刻经、唐代石塔、明代线刻观音像、清代千佛碑等多处遗迹。香泉寺石窟是邺城附近的重要石窟之一,规模不大,仅有一个洞窟。洞窟平面正方形、平顶,窟内左壁雕一弥勒菩萨、右壁一佛二菩萨像,正壁原造像已毁,后代改雕一佛二弟子。窟外左侧崖面有北齐镌刻的《大方广佛华严经·佛不思议法品》。该窟门外石砌券洞,窟内没有发现纪年题记。但佛和菩萨像与邯郸南响堂山石窟、水浴寺石窟北齐造像完全一致,且僧稠弟子昙询曾在此活动,故石窟与刻经开凿于北齐时期是没有问题的。①

有学者认为,香泉寺石窟很可能与北齐高僧稠禅师有关。僧稠是中国早期禅法一大家,曾在少林寺师事佛陀禅师,被佛陀禅师称赞为"葱岭以东,禅学之最"。后来僧稠先后在嵩山、怀州、邺城等地广弘佛法,与达摩禅师所传禅法据典不同,分庭抗礼。据《续高僧传·释僧稠传》记载,北魏孝明帝曾前后三召僧稠,而其不出。孝武帝永熙元年(532),在尚书谷中为之别立禅室。到了北齐,僧稠更是为文宣帝高洋所知遇。天保三年(552),文宣帝下敕在邺城西南40公里的龙山之阳为僧稠建构精舍,名云门寺,"请以居之,兼为石窟大寺主。两任纲位,练众将千。供事繁委,充诸山谷。并敕国内诸州,别置禅肆,令达解念慧者,就而教授"。继十六国后赵时期以来,北齐时期,与河北地区的佛教一起,新乡南太行地区的佛教迎来了又一次的发展高峰。

据碑志记载,香泉寺石窟为稠禅师所建,现存唐代密檐式石塔壁上有北宋崇宁四年(1105)游人题记,云来此"仰稠师塔",可见至迟在北宋时就有香泉寺与稠禅师相关联的说法,可惜没能找到更早的文献记载。僧稠最得意的弟子昙询曾在霖落山香泉寺活动,这是有唐代文献记载的。据《续高僧传·释昙询传》记载,昙询22岁时,游至"白鹿山北霖落泉寺",从昙准禅师出家,后又"承僧稠据于苍谷,遂往问津"。

---

① 李裕群:《北朝晚期石窟寺研究》,文物出版社2003年版,第213页。

香泉寺石窟中北齐造像与刻经的做法与河南安阳另一处与稠禅师相关的善应镇小南海石窟做法相近。小南海石窟原名灵山寺，现存北齐洞窟三所，中窟窟门门额刻《方法师镂石板经记》。窟门右隅镂刻《华严经偈赞》和《大般涅槃经·圣行品》，北壁下部线刻一立僧像，榜题"比丘僧稠供养"，这是国内仅存的僧稠像，为稠禅师开凿小南海石窟的明证。香泉寺石窟与小南海石窟有诸多相似之处，应当说明它们之间存在某些内在联系。①

在佛教的大发展时期，各地广泛建立寺院，而到了统治者实行灭佛政策时，建立在山林之中的寺院，往往又成为僧人避难的场所。据《续高僧传·慧远传》记载，建德六年（577），北周攻占北齐邺都后，宣布废除佛教，北齐名僧慧远与周武帝辩论无果后，为避免受到迫害，"遂潜于汲郡西山，勤道无倦"。在此的三年间，他"诵《法华》《维摩》等各一千遍，用通遗法。既而山栖谷饮，禅诵无歇，理窟更深，浮囊不舍"。我们认为，慧远避难的"汲郡西山"，应该是指霖落山一带，很有可能就是香泉寺。② 在此的三年禅诵时光，为他在大象二年（580）恢复佛教后讲经少林寺以及在隋初成为洛州"沙门都"积蓄了力量。

（二）香泉寺疠人坊的设立

说起霖落山香泉寺，值得特别指出的是，北齐时期曾经在这里开设了中国有明确记载的最早设立在佛教寺院的男女分治的麻风病院——疠人坊。

麻风病是一种烈性传染的皮肤病，曾被视为绝症，古时被称为"天刑"。据《续高僧传·那连耶舍传》记载，北齐时期，北天竺僧人那连提黎耶舍"于汲郡西山建立三寺，依泉傍谷，制极山美。又收养厉疾，男女别坊，四事供承，务令周给"。那连提黎耶舍收养麻风病人，集中在香泉寺进行治疗，利用天然滴

---

① 参陈平：《近年来河南石窟调查中的重要收获》，载河南省古代建筑保护研究所：《古建筑石刻文集》，中国大百科全书出版社1999年版，第229页。
② 有学者认为，"现代许多学者不加辨析地将此解释为今河南省汲县（1988年改为卫辉市）。其实，'汲郡西山'就是指安阳市的林虑山"，慧远"避难的地方是相州外的西山"。见杨维中：《中国唯识宗通史》上册，凤凰出版社2008年版，第101~102页。我们不赞同其看法，在太行山东麓平原地区，均有以西山指称其地以西太行山者，《续高僧传·慧远传》中的"汲郡西山"不应混同于"相州西山"。无独有偶，在《续高僧传·那连耶舍传》中也有"汲郡西山"的提法，可见当时的惯称，而《续高僧传·那连耶舍传》中的"汲郡西山"已被证实确指霖落山。

水洞穴"洗身洞"(后称"洗心洞"),研究治疗疠疾(麻风病),并获成功。有学者认为,在6世纪我国南北朝时代特定的社会条件下,收养麻风病人的机构疠人坊的创立,是一件具有革新与进步意义的事件。从北齐开始,寺院设治疗麻风病的病坊这一慈善救济设施延续了三百年,到会昌五年(845)唐武宗下令由地方政府接管,病坊才成为官办的救济设施。[1]

当代学者李帮儒认为,卫辉香泉寺是中国第一个佛教慈善场所,专门收治麻风病的"疠人坊",开中国佛教慈善、医疗之先河。[2] 在这里,男女分坊收治麻风病人,解黎民之厄、百姓之苦,在中国佛教史、中华医学史上留下了浓墨重彩的一笔。

相传,那连提黎耶舍在辞世前,将百余种中药经验方剂刻石十块传世,立于洗心洞旁,史称"疠疾百解碑"。1939年,日本侵略者入山进犯设在香泉寺的国民党汲县县政府,香泉寺住持为防此碑落入日寇之手,请国民党汲县县政府抗日常备队派员将此碑秘密埋藏,至今下落不明,成为一个谜团。[3]

(作者系河南师范大学历史文化学院副教授)

---

[1] 梁章池、赵文明:《关于中国"疠人坊"起源的考证及其遗址现场的考察》,载《中国麻风杂志》1985年创刊号,第77页。
[2] 《宗教文化:以独特方式诠释中原文化的厚重》,载《河南日报》2007年4月4日,第10版。
[3] 参中共新乡市委宣传部、中共新乡市委政策研究室:《新乡五千年(增订本)》,华夏出版社2004年版,第98页。

从《诗经》看黄河流域早期农业发展

张 磊

中国是一个农业大国,自古以来就有以农治国的传统。《国语·周语》云:"夫民之大事在农。"[①]可见早在西周时期,先民就已经认识到农业的重要性。周代黄河流域农业生产已占有重要地位,农业已经成为周人主要的生产方式和社会生活内容,除了日常的农事活动,许多政治、经济、宗教活动也都围绕农事活动而展开。《诗经》中的农事诗充分反映了当时农业的状况,可谓是全面、系统地反映了黄河流域早期基本的农耕生活。这些农事诗主要有:《国风》中的《豳风·七月》,《小雅》中的《楚茨》《大田》《信南山》《甫田》,《周颂》中的《思文》《臣工》《噫嘻》《丰年》《良耜》《载芟》,《大雅》中的《生民》,等等。

一、重农劝农

生活在黄河流域的周代先民们已经认识到顺应自然节律、把握生产生活

---

① 徐元诰撰,王树民、沈长云点校:《国语集解》,中华书局2002年版,第15页。

节奏的重要性,因而特别重视农业生产,能够依据农时从事生产活动,确保丰产丰收,开创了我国的重农传统,从此中国经历了长达两千多年的"以农为本"的农业社会。

《豳风·七月》是《诗经·国风》中最长的一首农事诗,在诗中不仅概括性地描述了古代受压迫者的悲惨生活,而且也详尽叙述了一年中每个月的农事活动。该诗描绘了周人种植当地适宜的农作物,还养殖适宜的动物、采集盛产的植物。反映了周人一年四季的劳动生活,涉及衣食住行的各个方面,在农事活动中体现出了强烈的农时观念。按农事活动的顺序,逐月展开,诗中载:"一之日觱发","二之日栗烈","三之日纳于凌阴","四之日献羔祭韭","蚕月条桑","四月秀葽","五月斯螽动股","六月莎鸡振羽","七月流火","八月剥枣","九月肃霜","十月陨萚"。按照时令,农夫每个月要从事不同的农事活动:"一之日于貉","二之日其同,载缵武功","三之日于耜","四之日举趾","蚕月条桑","四月秀葽","六月食郁及薁","七月亨葵及菽","八月其获"及"萑苇""载绩","九月筑场圃"及"叔苴","十月获稻""纳禾稼"及"涤场"。

马瑞辰在诗的首章说九月里妇女"丝麻之事已毕,始可为衣"。十一月后天气转凉,进入到朔风凛冽的冬天,可农夫们连粗布衣衫都没有一件,怎么才能度过这个年关呢,故而发出"何以卒岁"的哀叹。可是春天一到,他们又整理农具到田里耕作,老婆孩子则到田头送饭,田官见他们劳动很卖力,不由得面露喜色。该诗以粗线条勾勒了一个框架,当时社会生活的整体风貌已呈现在读者面前。其后各章分别就各个侧面、各个局部进行较为细致的刻画。

诗中的物象纷繁流转,通过周人一年四季的辛苦劳作将其贯穿下来。春耕、夏耘、秋收、冬藏,在这种周而复始循环往复的过程中,周人因时制宜从事生产活动。诗中除了描绘周人的农事活动,还展现了其他相关活动,如修理锄犁、上山打猎、治鼠修屋、纺织补衣等等。这么多的活动,周人能够根据时令繁而有序、纷而不乱地依次进行,表明了周人对自然规律的认识和利用已经具备了很强的主观能动性。

《诗经》中一些农事诗的内容多与农业礼仪制度有关,其中最重要的农业礼仪是籍田礼。《诗经》中有大量反映西周春秋时期"籍田礼"的诗歌。周代举行"籍田礼"的一个重要目的就是通过祭祀神灵以祈求风调雨顺,祈求神灵赐予农业生产的丰收。《周颂·噫嘻》载:"噫嘻成王,既昭假尔。率时农夫,播厥百谷。骏发尔私,终三十里。亦服尔耕,十千维耦。"此诗虽短,却生动地描述了早春时节周成王举行籍田亲耕之礼的场景:周王祭上帝及先公先王后,亲率官、农播种百谷,并通过训示田官来勉励农夫努力耕田、共同劳作的情景。

《周颂·臣工》也是《诗经》农事诗中比较重要的篇目,主要围绕周王所关心的农事活动展开,体现了周王对农业的重视。文中载:"嗟嗟臣工,敬尔在公。王厘尔成,来咨来茹。嗟嗟保介,维莫之春。亦又何求?如何新畲?於皇来牟,将受厥明。明昭上帝,迄用康年。命我众人:庤乃钱镈,奄观铚艾。"诗中周王首先训诫臣工,令臣工勤谨工作,其次训示保介,让其勿违农时,急治新畲(耕种二年的田叫新,耕种三年的田叫畲),以有效地利用地力,提高农作物的产量,最后周王视察秋收,感谢上帝赐予丰年,并令农夫们备好锄铲农具,尽观收割的情景。为了有效地管理农业,西周还专门设有司农之官,诗中提及的保介就是当时负责管理农业的官员。通过周王对农官的训示,来彰显君王对农业的重视。诗篇虽短小精悍,但脉络清晰,把周王对农业的重视阐发得明白无误。除了《周颂·臣工》《周颂·噫嘻》,在《豳风·七月》《小雅·甫田》《小雅·大田》中都有农官参与农业生产管理的记录。

除了重视农时,生活在黄河流域的先民们在农忙时节往往集体耕作,共同劳动,如《载芟》篇开端载:"载芟载柞,其耕泽泽。千耦其耘,徂隰徂畛。侯主侯伯,侯亚侯旅,侯强侯以。有嗿其馌,思媚其妇。"这是说先民们除去草木,将土地耕得散软。上千对的人一齐耘田,高田低田都有人耕作着。父、子、兄、弟,一个个身强力壮,劲头儿很足。送饭的闹闹嚷嚷地来了,都是些漂亮的妇女。该诗描绘了大规模集体劳动的场面,以简短的文字描绘出复杂的动态,正是中国古代诗歌的特色。反映了在农忙时节,农夫全家不分男女老少,不分年龄大小、体力强弱,都一齐出动,抢收抢种,紧张得顾不上休息,连饭也是农妇送到田边来吃的。

《诗经》中也记载了西周大田上农民集体耕作的诗歌,例如《小雅·甫田》:"曾孙之稼,如茨如梁。曾孙之庾,如坻如京。乃求千斯仓,乃求万斯箱。"《周颂·噫嘻》:"噫嘻成王,既昭假尔。率时农夫,播厥百谷。骏发尔私,终三十里。亦服尔耕,十千维耦。"《载芟》:"载芟载柞,其耕泽泽。千耦其耘,徂隰徂畛。"《良耜》:"获之挃挃,积之栗栗。其崇如墉,其比如栉。以开百室,百室盈止。"

又如《周颂·良耜》篇写收获的场面:"获之挃挃,积之栗栗。其崇如墉,其比如栉。以开百室,百室盈止,妇子宁止。"大意是说:刷刷地收割,多多地堆积。堆得像墙一般高,梳篦一般密。上百的谷仓装满了,女人孩子都得到了休息。这里也是以寥寥几句展示了巨幅图景,给人深刻的印象。《周颂·丰年》描绘了丰收后的景象:"丰年多黍多稌,亦有高廪,万亿及秭。为酒为醴,烝畀祖妣。"诗中表达了丰收后的喜悦之情,先民们要把稻黍酿成美酒献给祖先品尝。该诗表达了对耕者一年辛勤劳动的敬意,说明了劳动成果的得来不易。

对于农事的重视也反映在祭祀活动中。"思文后稷,克配彼天。立我烝民,莫匪尔极。贻我来牟,帝命率育。无此疆尔界,陈常于时夏。"这是《周颂·思文》里祭祀周族祖先后稷以配天的乐歌。后稷开创农事、养育万民的功德得到人们的颂扬。《周颂·丰年》:"以洽百礼,降福孔皆。"意为收获的稻黍酿成清酒和甜酒,很适合用在祭典场合,以祈祷上天普降福禄多吉祥。

二、重视农业生产技术

《诗经》是一部反映黄河流域周人生活的文化典籍,其中涉及周代社会生活的方方面面。农业生产作为社会生活的一个重要组成部分,在《诗经》中广有记载和涉及,主要表现在生产工具的应用、耕作方式、除草技术、排涝与灌溉等方面。

周代的生产工具种类繁多,在《诗经》里记录的就有耜、钱、镈、铚、艾等,它们在被镶上了金属锋刀后,根据需要被应用于不同的生产环节,极大地提高了生产效率。

周代的耕具以耜为主,《诗经》中对此多有记载,如《七月》"三之日于耜",《载芟》"有略其耜",《大田》"以我覃耜",《良耜》"畟畟良耜",等等。《周礼·考工记·匠人》又载:"匠人为沟洫,耜广五寸,二耜为耦。一耦之伐,广尺深尺,谓之畎。田首倍之,广二尺,深二尺,谓之遂。九夫为井,井间广四尺,深四尺,谓之沟。方十里为成,成间广八尺,深八尺,谓之洫。"这里的"伐"是将土发掘起来的意思,"畎"则是田垄间的小沟。可见,耜就是一种起土开沟的工具,因为它有五寸宽的平刃,一伐能翻起方五寸的土,两耜并伐就能翻起"广二尺,深二尺"的土,故能用于深耕。

《周礼·秋官》"薙氏"条说:"薙氏掌杀草,春始生而萌之,夏日至而夷之,秋绳而芟之,冬日至而耜之。"郑玄谓:"萌之者,以兹其斫其生者。夷之,以钩镰迫地芟之也。"这里所讲的是除草的方法,所谓"萌之"就是除掉草的萌芽,"夷之"则是将草清除,"芟之"就是把草薙除,"耜之"就是用平刃的耜来划土除草。

周代以前的原始农业是刀耕火种,这种撂荒式的耕作方式不仅生产效率低,而且严重破坏环境,易造成水土流失。生活在黄河流域的周人已经认识到保护地力的必要性与重要性,改变了原始刀耕火种的耕作方式,采取了休耕轮作的办法,并取得了显著成效。《诗经》中有畬田的记载。《尔雅·释地》:"田,一岁曰菑,二岁曰新田,三岁曰畬。"这句话反映出一个三年的短期轮耕制,表明以三年为一周期的休耕制度已经出现,这是农业技术进步的一个标志。

周人平整土地以耕,客观上达到了减少水土流失的效果,而且平整后的土地,更加便于耕种,减轻了劳动强度,提高了劳动效率。《小雅·信南山》载:"信彼南山,维禹甸之。畇畇原隰,曾孙田之。我疆我理,南东其亩。"这里的"畇"乃为平整田地的意思,"畇畇",就是形容土地经垦辟后的平展整齐貌。从对高原洼地的平整我们可看出周人对土地资源本身的重视,正是这种对土地资源的改造和利用体现了周人农业生产技术上的进步。此外,《大雅·生民》中还有"有相之道"的记载,说明周人不仅要对土地资源进行观察,对作物生长的态势及相关的水土自然情况都要做到了然于胸,以便安排相关的农事活动,这也是在长期的生产实践中习得的经验。

垄作的出现,解决了排涝和灌溉的问题,是当时农业生产的一个重大进步。垄,时称"亩",《诗经》中载有:"乃疆乃理,乃宣乃亩。"意为平整土地,划定疆界,开沟起垄,宣泄雨水。北方地区的夏季作物生长高峰时期集中降雨的话可能导致洪涝,垄作就解决了排涝和灌溉的问题。而"自西徂东""南东其亩",也表明在进行排涝或灌溉时,周人非常注意地势高低和水流走向。《小雅·白华》中又有"滮池北流,浸彼稻田",这是关于稻田引水灌溉的最早记录。但当时还是以取水灌溉为主,即《大雅·泂酌》中所载:"挹彼注兹,可以灌溉。"

分行栽培的出现为除草和培土提供了便利的条件。《诗经·大雅·生民》中载有"禾役穟穟","禾役"指禾苗的行列,表明了分行栽培技术的出现。

除草技术关乎农业产量,《诗经·小雅·甫田》载:"今适南亩,或耘或耔,黍稷薿薿。"表明了周人已认识到,作物在经过中耕、除草、培土后,可以生长茂盛。耘,在这里即是中耕除草;耔,即培土。《诗经·周颂·载芟》:"厌厌其苗,绵绵其麃。"《说文》:"穮,耕禾间也。从禾,麃声。"这里指的也是中耕除草,看来周人在农事活动中,已经掌握了除草中耕的技术。《诗经》中有"维莠骄骄""维莠桀桀"的描述,莠,即谷莠子,也被称作狗尾巴草,是一种谷田里的伴生杂草。

在作物种植中,周人不仅注重除草,而且还会利用杂草增强土壤的肥力,以促进作物生长。一般分为以下步骤:"言抽其棘","载芟载柞,其耕泽泽","萧厥丰草,种之黄茂",在播种前进行除草砍树,避免杂草与农作物争夺养分,然后将杂草烧成灰用以肥田,"瑟彼柞棫,民所燎矣"。除用农具除草外,周人还会以用冰冷的泉水冻死杂草根部这样的方式来达到除草增收的效果。

除草的同时,《诗经》中还有周人治虫的记载。《诗经·小雅·大田》:"去其螟螣,及其蟊贼,无害我田稚。田祖有神,秉畀炎火。"

此外,《诗经·小雅·正月》还载有周人开发山地丘陵、增辟农田的记载,"瞻彼阪田,有菀其特","阪田"指的是在山坡上开垦的田地,周人通过这种方式,将山坡土地开垦为阪田,尽可能地增加可耕地的面积。

周人还创造了一种相互配合,便于提高劳动效率的劳动方式——耦耕。中耕、施肥、分行栽培、选种与病害防治等生产技术被广泛地应用到实际生产活动中去,这些都为周代农业的稳步发展创造了条件。

我国素有农业文明古国之称,在漫漫数千年的人类发展史上,中国农业有过世人瞩目的辉煌业绩。《诗经》所诞生的周代社会,是以农业为根基建立起来的,周人的远祖后稷,就是因谷物的种植而得名。周人将自己的始祖与发明农业联系在一起,可见农业在周人社会和经济生活中的地位。《诗经》诗篇三分之二为咏唱3000年前关中地区的社会生活和农业生产活动,所以,研究《诗经》中丰富而古老的农业文化意义重大。

(作者系新乡学院副教授)

文化自信推动黄河文化走进新时代

王光霞

文化自信何以是最根本的自信？文化自信是道路自信、理论自信、制度自信的根与源。习近平总书记对以爱国主义为核心的民族精神和以改革创新为核心的时代精神作出系统的理论阐述，如何学习和掌握其中的各种思想精华，进一步发挥传统文化的现实价值，关键取决于我们如何从现实出发来诠释和理解它们，并结合时代精神有鉴别地加以对待，有扬弃地予以继承。随着创造性转化和创新性发展（即"两创"）实践活动的展开，"主旋律更加响亮，正能量更加强劲，文化自信得到彰显，国家文化软实力和中华文化影响力大幅提升，全党全社会思想上的团结统一更加巩固"。可以说，文化自信也造就黄河文化创造性的新时代，"没有文明的继承和发展，没有文化的弘扬和繁荣，就没有中国梦的实现"。黄河文化同各国人民创造的多彩文化一道为人类提供正确的精神指引。

一、弘扬黄河文化，传播中国精神

人文精神的坚守是主流媒体的一种责任和义务，文化的形成需要一个相当长的过程。如黄河文化大体在公元前4000年至公元前2000年之间形成,前后经历了两千年之久。近年来,已开展二十四届的黄河文化旅游节使中华文化弘扬、中国精神传承走进了千家万户,为黄河文化的繁荣发展揭开了新的篇章。

黄河文化,广义是指人类在历史发展进程中,在黄河流域创造的一切物质文明与精神文明的总和。世界上任何一种文化,总是和它产生的地域相结合。从历史上来看,文明总是从有水的地方产生。中华文明绵延数千年,有其独特的价值体系。比如,荆楚大地的清明节,原本不完全是举行祭祖、扫墓等活动。清明要踏青,踏青过程中人们要玩各种各样的游戏,如放风筝、荡秋千、打球、蹴鞠、拔河、斗鸡、斗草等等。这也是民众借以表达自己的自然观、宇宙观和生死观的途径和方式。而黄河流域的文化与其地质、地貌以及自然地理的特点密切相关。今天主流媒体以现代化的传播方式,加之借助专家从不同角度讲述的文化解读与现实分析,使得黄河文化传统也就有了更多表现自己的机会,也能借以更完整地展示自己。

黄河文化,狭义往往是指有关黄河的精神文明或观念文化。在《世界六十六个文化圣地》中这样介绍:"黄河是中华民族的母亲河,亿万年来,滔滔黄河水哺育了亿万华夏儿女,因为有了黄河水的色素沉淀在我们的肌肤上,因为有了黄河魂的精神渗透进我们的灵魂中,无论去到世界任何地方,都能一眼认出我们黄皮肤色的中国人。"从这里可以看出中国人对黄河的特殊的感情。2013年12月30日,习近平总书记在中共中央政治局第十二次集体学习时的讲话中指出,在"对中国人民和中华民族的优秀文化和光荣历史,要加大正面宣传力度,通过学校教育、理论研究、历史研究、影视作品、文学作品等多种方式",实际上有相互"感染"的倾向。可见,黄河文化使我们思接千载,古今融通,又能引发对当下人生境界、生活趣味的思考,并得到良好的文化陶冶与精神洗礼。

二、继承黄河文化，传承革命精神

2019年是《黄河大合唱》诞生80周年。代表着中华民族"风在吼，马在叫，黄河在咆哮，黄河在咆哮……"的黄河文化，积淀着中华民族最深层的精神追求，成为中国人独特的精神标识。可见，在中国人民所走过的反帝反封建的历程中，党和人民伟大斗争中孕育着具备了强大生命力的革命文化，才谈得上实现自己的宏伟志向。

在革命斗争时期，中共领导人很早就认识到了文化运动的力量。1916年12月，毛泽东在写给老师兼朋友黎锦熙的信中就倡导了德智体应全面发展。全面抗战爆发后，已经回国的冼星海积极创作了《救国军歌》《到敌人后方去》《在太行山上》等大量歌曲。在延安昏暗的窑洞里，年轻的诗人光未然用低沉的声音朗诵了《黄河船夫曲》《黄河颂》《黄河之水天上来》《黄水谣》等作品，给了冼星海创作灵感。1939年5月11日，在庆祝鲁艺成立一周年的音乐晚会上，冼星海亲自指挥演唱《黄河大合唱》的合唱团。刚一唱完，毛泽东就连声称赞："好！好！好！"后来周恩来为冼星海题词："为抗战发出怒吼，为大众谱出心声！"从此，《黄河大合唱》从延安传遍全世界，成为振奋中华儿女获得民族解放战争胜利的精神力作，一直传唱到今天。

20世纪50年代以前，黄河常发生泛滥以至改道的严重灾害，有记载的两千多年历史中，黄河下游发生决口泛滥1500多次。为推动黄河文化踏上新征程，1952年10月毛泽东视察黄河，发出"要把黄河的事情办好"的倡议，在1955年全国人大通过了《关于根治黄河水害和开发黄河水利的综合规划的报告》，同时，号召各级政府依托各地地理、历史和人文资源，继承和发扬传统文化精粹。随后，1957年在《关于正确处理人民内部矛盾的问题》中毛泽东同志明确提出："我们的教育方针，应该使受教育者在德育、智育、体育几方面都得到发展，成为有社会主义觉悟的有文化的劳动者。"引导广大人民树立和坚持正确的历史观、民族观、国家观、文化观，增强黄河两岸人民的骨气和底气。

综上所述,在近代,黄河文化一直向社会传递正能量。可见,黄河文化是以人为本、全面发展的中国文化经典,也是中华文化宝库里永远绽放的奇葩,把黄河文化普及到广大群众中去,延续和保证了新时期黄河文化正确的前进方向。

三、发展黄河文化,塑造时代精神

社会主义先进文化与中华优秀传统文化和黄河文化根脉相连,广大文艺工作者在继承先进文化、传承优秀传统文化的基础上,在发展黄河文化方面也做出了优异的成绩,为实现中华民族伟大复兴中国梦的宏伟目标,黄河文化在中国革命与建设不断取得胜利的进程中发挥了重要作用,也做出了巨大的成就。

塑造时代精神必须切实把握社会主义黄河文化的正确方向。培养文化自信,深入研究黄河文化的独特创造、价值理念、鲜明特色。2019 中国宁夏(沙坡头)·第十届丝绸之路大漠黄河国际旅游节于 7 月 18 日至 7 月 23 日在中卫市举行,有 7 项主题活动,分别在沙坡头旅游景区、腾格里金沙岛旅游度假区、寺口风景旅游区、腾格里金沙海景区、沙坡头旅游新镇等地呈现。当地政府发起组织各种文化活动,开启全域旅游发展新局面,全方位展现以大漠、黄河、湿地为代表的特色旅游资源魅力,节目内容丰富多彩,考虑各年龄段人群的文化需求。充分展示中卫"沙漠之魅、大河之舞、丝路之魂、党项之根、生态之秀、城市之美",向世界展示了独具特色的当代中国黄河文化,创造了诸多收视亮点,更好地让游客朋友去触及绚丽黄河的脉动。

聆听黄河健儿故事,领略中华儿女拼搏精神。我们要面向世界,"登高而招见者远",让无数年轻人找到实现梦想的自信与勇气,让人们看到当代中国人的智慧、坚韧与丰采。比如,通过营养专家为我们解析营养与生命的关系,健身精英与我们分享有节奏、有规律的运动,使更多怀有梦想的人能加以借鉴,通过学习健康节律运动系列,帮助我们打造优质生活,实现以大带小,以强扶弱、共同成长,以此延续民族文化血脉。黄河文化重礼节、求持中、重自身完善、求个人身心平衡的品格形式,表现了人的内在品质和言行相一致的东方色彩。而西方文化则表现出过度竞争、激进冒险的风格。切合当下流行文化当中"工匠精神"这一热点,呼应今天国家意识形态对于"工匠精神"的提倡,弘扬黄河文化及其创造的自信,进一步凸显黄河文化的时代价值。

总体上看,广大文艺工作者要继承黄河文化、发展社会主义先进文化的创造活力,推动新时代文化强国建设与文化组织发展。比如,黄河民俗文化之一的摔跤是世代传承的民俗文化,激起了人们探讨新时代中国特色社会主义体育思想、体育治理现代化、体育社会组织建设与产业发展中的系列理论与实践问题的思考。

四、黄河文化对世界文化的多元影响

黄河文化是关于黄河流域的物质文化、制度文化、精神文化的总和。随着中国走向世界的脚步越来越自信,而世界认识和了解中国的愿望也日益急切,在这样的条件下,黄河文化迎来了走向世界的最佳时机,已经引起世界各国人民前所未有的关注。

黄河的发展受生产工具、生产力发展水平的影响和制约,与社会经济的发展密切相关。东方,特别是中国黄河文化,在儒家文化的长期影响下形成了追求"统一"的倾向。以体育文化为例,隋唐因京杭大运河带来的经济繁荣促进了洛阳体育娱乐活动的勃兴,河洛地区的体育文化因唐风盛行而传到周边朝鲜、日本、东罗马等许多国家。《唐音癸籖》载:"凡陈诸戏毕,左右车槌大鼓,引壮士裸袒相搏,较力,以分胜负。"文字表明,当时的角抵开场要擂大鼓,比赛中角抵双方需裸露一部分身体进行角力。这从巴黎东方博物院藏敦煌藏经洞的唐代佛幡绢画上也可看出,今天日本的相扑与隋唐时的角抵相似。在此之前,楚文化以江汉平原为中心向四周传播,楚国的体育文化与楚国军事力量所及范围相当,甚至更远,被其他文化圈所接纳。

白居易《在家出家》云："中宵入定跏趺坐,女唤妻呼多不应。"生动描述了他练习瑜伽时的情景。"跏趺"指两腿左右交叉,相盘而坐,是一种坐禅方法,这种坐禅实际上源于古代印度的瑜伽。黄河文化又总是和一个地域或民族的社会文明、物质文明以及自身的发展产生具有互动发展的关系。例如,南方人由于灵巧而善于技巧性运动,而北方人由于体力充沛而善于摔跤、马术;南方人由于身体单薄而需要比北方人更多的相互协作,因此在体育运动中表现出擅长集体项目的倾向,北方人由于个高力大及性格上的特征,表现出擅长个性化项目的属性等。随着经济硬实力和文化软实力的不断增强,中国国际政治地位日益提高。可见中华文化攀登进取、改革在途,并将继续以开放心态拥抱世界。

为响应国家推出的"一带一路"发展倡议,自2011年3月19日,首列中欧班列(重庆—杜伊斯堡)成功开行以来,成都、郑州、武汉、苏州、广州等城市也陆续开行了去往欧洲的集装箱班列。随着东西方文化的交往,中国黄河文化这种整体协调和内在和谐之美,正在和现代科学相结合,形成新的独特风格而走向市场。这也促进了黄河文化资源与新型文化业态的发展,为国外民众立体感知中华黄河文化的历史和其背后的生活仪式、生存伦理等精神文化内涵敞开了大门。

黄河文化和其他文化一样,反映了一个时代、一个国家或民族的特征,并规范着人们的思想行为,也影响着人们的价值观念。文化自信振奋民族精神,随着时间的推移,逐渐形成了今天如此灿烂夺目的黄河文化。在全面深化改革和全面对外开放的新时代,要积极引导当代国人理性看待文化使命、弘扬黄河文化,坚定广大民众对黄河文化生命力及其发展前景的信心信念,促进黄河文化"活起来""火起来",推动新时代黄河文化更加繁荣昌盛。

(作者系长江大学马克思主义学院思想政治理论课部讲师)

"三立"典范姜太公文化的逻辑结构及衍创考论

范春义

姜太公,本名姜尚,字子牙,曾被封于吕地,故又称吕尚,被文王姬昌称为"太公望"。据《竹书纪年》记载和夏商周断代工程成果推断,他大约卒于公元前1015年,生年不详。他是中国历史上享有盛名的政治家、军事家和谋略家。以姜太公著述《六韬》和其自身社会实践及相关文字记载为基础,衍生出一系列相关文化事象,它们共同构成了姜太公文化。与单一的同类历史人物不同,姜太公集经典著述、政治实践、道德典范为一身,由此决定了姜太公文化独特的生成与衍创路径。考察其衍创路径,对于深化姜太公文化研究,阐释本土文化现象,认识中国文化本身具有重要意义。本文以对后世影响最大的文武圣人为潜在比较对象,来阐述姜太公文化的逻辑结构及衍创机理。在此抛砖引玉,欢迎批评。

一、"三立"典范姜太公

追求建功立业,富国安民,是古人的普遍理想。古人为此设定了很高的目标,那就是实现立德、立功、立言,以追求人生的永恒不朽。司马迁在《与挚峻书》中说:"迁闻君子所贵乎道者三,太上立德,其次立功,其次立言。"对死后不朽之名的追求,可以激励个体生命释放出无比巨大的能量,拼搏奋进,建功立业。"三立"或谓"三不朽",出自《左传·襄公二十四年》,穆叔曰:"太上有立德,其次有立功,其次有立言。"当时鲁国的叔孙豹与晋国的范宣子曾就何为"死而不朽"展开讨论。范宣子以从虞、夏以来世代贵族、家世显赫为"不朽"。叔孙豹谓之"世禄",在他看来,真正的不朽乃是首要有立德,其次有立功,再次有立言。这三项内容"虽久不废,此之谓不朽",并以鲁卿臧文仲为例来说明何为"立言"不朽。① 到唐代孔颖达对"三立"的标准作了进一步界定,他说:"立德谓创制垂法,博施济众","立功谓拯危除难,功济于时","立言谓言得其要,理足可传"。三项标准当中,立功、立言标准后人观点一致,对于立德,后人通常认为属于践履者自身道德而言,而从孔颖达注释来看并非如此,立德当指创仁政之法,行王道之意。

"三立"是标准很高的人生追求,也成为自古仁人志士矢志不渝终生追求的人生目标。但是由于受主观能力和社会外在客观条件所限,很少有人能够将三项条件完全实现。古人曾经根据标准进行过评选,例如东汉服虔认为下述人物达到某一标准:立德方面有伏羲、神农,立功方面有禹、后稷,立言方面有史佚、周任、臧文仲。东晋杜预承袭服说,略有变通:立德人物有黄帝、尧、舜,立功人物有禹、后稷,立言人物有史佚、周任、臧文仲。孔颖达根据自己的标准,将相关人物作了较大数量的补充,立德人物包括六位:禹、成汤、周文王、周武王、周公、孔子;立言人物包括十六位,他们分别是:老子、庄子、荀子、孟子、管仲、晏婴、杨朱、墨子、孙武、吴起、屈原、宋玉、贾逵、扬雄、司马迁、班固。曾国藩也曾经评论达到"三立"很难,达到一项就已不易:"古人称立德、立功、立言为三不朽。立德最难,自周汉以后,罕见德传者。立功如萧、曹、房、杜、郭、李、韩、岳,立言如马、班、韩、欧、李、杜、苏、黄,古今曾有几人?"

但是,在上述诸人的视野中,并未出现姜太公的名字。事实上姜太公确

---

① 他说:"鲁有先大夫曰臧文仲,既没,其言立,其是之谓乎!"《国语·晋语八》对此亦有记载:"鲁先大夫臧文仲,其身殁矣,其言立于后世,此之谓死而不朽。"

实达到了"三立"标准,是一个"三立"皆备的杰出人物。首先看最低标准"立言"。他著书立说,撰有《六韬》,作为兵书在先秦时期传播较广,曾被广泛引用。《六韬》对后世有重大影响,汉代张良、刘备、诸葛亮、孙权都阅读《六韬》,从中汲取智慧,重要兵书《李卫公问对》中多次引用其内容。《通典》后,唐人著书论兵也多引用它,《六韬》是宋代颁定的《武经七书》之一。《六韬》在国外颇受重视。日本战国时代的足利学校(培养军事顾问的学校)就曾把《六韬》与《三略》定为该校的主要教科书。据有关书目记载,日本研究、译解《六韬》的著作也有三十多种。西方第一次翻译的中国兵书共四种,合称《中国军事艺术》,于1772年在法国巴黎出版,《六韬》就是其中一种。此外朝鲜、越南等邻国也相继翻译和出版了《六韬》。《六韬》曾被译成西夏文,在少数民族中流传。它不仅文武齐备,在政治和军事理论方面往往发前人所未发,而且保存了丰富的古代军事史料,如编制、兵器和通信方式等。历史上对《六韬》进行注释、集释、汇解的不乏其人。据不完全统计,这类著述自唐以后约有近百种,仅明代就达四十多种。可见其流传之广,影响之大。

在立功方面,姜子牙辅佐文王姬昌、武王姬发治理国家,发展经济,使得国力大增。牧野大战之时,运筹帷幄,关键时刻身先士卒,冲锋在前,"维师尚父,时维鹰扬",建立周朝,被称为"八百年兴周姜子牙"。作为齐国开国君主,他因地制宜,兴鱼盐之利,促进贸易交通,富商兴齐,使得齐国国势强盛,临淄成为当时举袂如云、挥汗如雨、摩肩接踵的世界级大都市,为齐国成为"春秋五霸"之首奠定了良好基础。

在立德方面,按照孔颖达的标准,他反抗商纣暴政,发布命令,实施德政,敬天养民,宽刑安民,在诸侯之间拥有良好的声誉。因此,姜太公毫无疑问是为数不多的"三立"典范。

二、姜太公文化的逻辑结构

姜太公文化从文化类型上看属于名人文化。名人文化的文化结构一般包含原生文化层、衍生文化层以及现代衍生文化层。依据名人类型不同而有差异，如就原生文化层而言，立言、立德者，其著述和相关记载就成为文化的核心；立功者，其立功事迹就成为文化的核心；对于纯粹的立言者，其著述就成为文化结构的核心。在中国传统文化中，一方面，基于名人崇拜，往往衍生出与其相关的祭祀文化，或为官方主导，或为民间自发，一示尊崇，二求庇佑。另一方面，一旦成为名人，往往会成为后人吟咏、歌颂或是嘲笑揶揄的对象，通过各种文化艺术形式表现出来。在当今文化背景下，还衍生出名人研究组织、文化节、艺术节等表现形式。名人类型不同，决定了各自文化内部不同的文化结构。

姜太公核心文化层就包含两类内容：首先是其本人著述《六韬》，其次是对姜太公事迹的记载。先看《六韬》。旧题周初太公望（即吕尚、姜子牙）所著，一般认为此书成于战国时代。部分内容虽有驳杂，但整体上能够反映姜太公思想。全书以太公与文王、武王对话的方式编成。西汉国家藏书目录《汉书·艺文志》道家类曾有著录曰："《太公》二百三十七篇。《谋》八十一篇，《言》七十一篇，《兵》八十五篇。"班固自注："吕望为周师尚父，本有道者。"清代沈钦韩说：《谋》者即太公之《阴谋》，《言》者即太公之《金匮》，《兵》者即《太公兵法》。1972年4月，在山东临沂银雀山汉墓中出土《太公》竹简五十多枚。《六韬》版本众多，多有变化，流传版本大体上有三个系统。[1]

再看相关事迹记载。作为重要历史人物，姜太公事迹散见于《竹书纪年》《尚书》《左传》《国语》《战国策》《吕氏春秋》《楚辞》《水经注》《说苑》《列仙传》等传世文献。相关出土文献主要有《天亡簋》铭文，上博简《武王践阼》，郭店简《穷达以时》以及清华简《耆夜》等篇。最重要的文献是《史记·齐太公世家》，该传详细介绍了姜太公的履历及辅佐文、武王兴周灭商，封齐后带领齐国走向繁盛的具体过程，是姜太公核心文化层研究的重要依托，谓之坐标亦无不可。《史记》版本[2]、注本繁多，相关的版本注释部分都能提供线索信息，

---

[1] 解文超：《〈六韬〉的文献著录与版本流传》，《图书与情报》2005年第1期。
[2] 史记版本研究可以参看张玉春：《〈史记〉版本研究》，商务印书馆2001年版。

是研究姜太公必备的参考资料。《史记》在魏晋时期以传抄形式广为流传,但各本文字多不相同。南朝宋时,裴骃著《史记集解》。至唐代,司马贞作《史记索隐》,张守节作《史记正义》。这便是现存最早最有影响的《史记》三家注。据《中国古籍总目》,史记类衍生文献尚有200余种。《六韬》文本与事迹记载构成因果关系,互相具有阐发印证功能。核心层文献后代借助印刷出版传播,被社会精英阶层所阅读和阐释。

第二层次是衍生文化层,包含两个方面。一是为祭祀姜太公设立祠堂,提供了祭祀空间和拜谒对象,成为姜太公文化再生产的重要文化空间,祠庙就是其物质载体,相关雕塑、绘画、碑刻以及后人题咏进一步传播、丰富姜太公文化。先秦时期,祭祀极为重要,"国之大事,在祀与戎"。后代虽有削弱,但无论是公共层面还是私人生活层面祭祀仍发挥着重要作用。《周官》礼制对此做了明确而详细的规定。祭祀对象除了山川河流、日月星辰,还有祖先以及历代英雄人物。在唐代时期,姜太公祭祀达到顶峰。唐肃宗上元初,封姜太公为武成王。上元间比照文庙祭祀体系,始置亚圣十哲配祀。宋代开始转型,明朝洪武年间,废武庙,以姜太公从祀帝王庙。官方祭祀虽然剥夺了其全民信仰的地位,但民间对其祭祀并未完全断绝。直到今天民间仍有一定数量的姜太公祠庙存在,这些祠庙有的历史悠久,有的是根据多种需要重新创建。而其变体,则是各地存在的姜太公文化园、主题广场、纪念馆、博物馆等纪念性建筑。

二是文学艺术再加工,实现了姜太公文化尤其是姜太公形象的再建构,主要包括四种类型:

(一)诗词歌赋对姜太公文化的再加工以及儿童蒙书的采录。姜太公作为历史人物,在高龄之年,辅佐文、武王兴周灭商。无论从渴望建功立业还是从感慨命运弄人的角度,以及其钓鱼奇谈都引起了后人的浓烈兴趣,有关姜太公的典故经常出现在诗词歌赋当中,进一步强化了姜太公的人文价值。[1]

---

[1] 例如元代查德卿《蟾宫曲·怀古》:"问从来谁是英雄?一个农夫,一个渔翁。晦迹南阳,栖身东海,一举成功。八阵图名成卧龙,六韬书功在飞熊。霸业成空,遗恨无穷。蜀道寒云,渭水秋风。"

蒙书《千字文》收录姜太公钓鱼典故——磻溪伊尹,佐时阿衡。《千字文》是南朝梁武帝在位时期(502—549)编成的,其编者是南朝梁散骑侍郎、给事中周兴嗣。《千字文》是中国早期的蒙学课本,涵盖了天文、地理、自然、社会、历史等多方面的知识,是启蒙和教育儿童的优秀读物,影响极为广泛,扩大了姜太公的民间影响。类似的还有《三字经》,虽未直接讲到姜太公,但是历代阐释都会涉及姜太公辅佐文王、武王的故事。

(二)评话、民间故事以及话本文本的定型与出版。姜太公建立了丰功伟绩,其经历具有传奇色彩,而原始资料匮乏则为文学想象提供了操作空间。所以,姜太公成为古代小说以及民间故事格外关注的对象。如在《说苑》当中,就有渔人指导姜太公钓鱼的故事,可以看作对正史姜太公钓鱼记载的反驳。晋人苻朗所撰《苻子》也记载了一个情节大致近似的故事:"太公涓钓隐溪,五十六年矣,不得一鱼。季连往见之,太公涓跽石隐崖,不饵而钓,仰咏俯吟,暮则释竿……果得大鲤,有兵钤在腹中。"宋代讲唱文学发达之时,讲史是重要一门,发迹变泰是重要主题,所以有了《武王伐纣平话》作品。其本为说书而写,定型后又成为阅读的对象。后来又有《春秋五霸七雄通俗演义列国志传》,而其集大成者则为《封神演义》。与这类印刷文本并行,姜太公故事还以口传形式在民间传播,偶有被采录进入地方志,姜太公形象被进行地域化塑造,以增加地方文化之知名度。现存方志最早者为常璩撰写的《华阳国志》,绝大多数方志为明清时期作品,从文献证明效力来说,其对姜子牙历史文化研究效力有限,但其采录内容,对于认识编纂时人们对姜太公的认识和重新建构具有重要价值。

(三)戏曲文本与影视改编。中国戏曲晚熟,小说为戏曲提供了基本素材,与今天影视编剧多以小说为蓝本相同。姜太公系列小说在戏曲中几乎全部得到演绎。如在民间祭祀戏剧山西吉家营地戏中,就有十余种封神剧目。贵州安顺地戏剧目只有武戏,如《三国》《隋唐演义》《封神榜》《杨家将》之类。在饰演中又加进了许多青面獠牙的人物,以加强驱邪逐祟的气氛。在民间日常演出中,既有连台本,也有单折戏。全本戏如《封神榜》曾被改编为多个版本,其中最为人乐道的当数20世纪20年代由"麒派"创始人周信芳创排并演出的十六本连台本戏。单折戏也有多种剧目,影响最大的有《反五关》和《渭水河》。《反五关》是京剧传统剧目,亦称《黄飞虎》《汜水关》,取材于《封神演义》第三十回至第三十四回,由黄派创始人武生黄月山编演。20世纪50年代,南派武生王少楼曾改编为本戏《黄飞虎反五关》。《渭水河》影响尤为广泛。该剧又称《渭河访贤》《文王访贤》《八百八年》,如单演唱弹腔,如演连台本戏则唱高腔。人物有姜子牙、文王、武吉、大皇儿、二皇儿、散宜生。见《武王伐纣平话》及《封神演义》第二十四回。同州梆子、晋剧、河北梆子、豫剧、川剧、徽剧、汉剧、京剧均有此剧目。《渭水河》剧目既用于民间祭祀场合,也用于家庭堂会演出。据周明泰《道咸以来梨园系年小录》记载:"十一月二十五日耿宅堂会戏目如下:富贵长春 福寿堂 封王 福寿堂 渭水河 福寿堂 百寿图 福胜 来顺 龙虎斗 沈三 立堂 借赵 … 余庄 贾洪林 赵大鼻 陆华云 △第二日 玉成部 渭水河 假金牌 丑表功 余庆 刘七 回荆州 十三红 杨娃子 。"《渭水河》还被印成年画,在不同地区销售传播,日本早稻田大学图书馆也有收藏。姜子牙戏曲最引人注目的除了民间演出,还有专门的清宫大戏《封神天榜》[①]。清乾隆以后,为满足宫廷演出的需要,清朝统治者组织御用文人,大量编写供内廷演出的整本大戏。其编剧手法多是借鉴甚至抄袭民间戏本,变俗为雅,改简为繁,扩大取材范围,以敷衍成连台本戏。宫廷大戏通常每部戏10本,每本24出,共240出。《封神天榜》,清佚名撰,10本240出(佚第2本24出)。原书页心高199毫米,宽134毫米。《封神天榜》取材于《封神演义》,规制庞大,情节复杂,角色繁多,切末新奇,堪称恢宏壮观、宏伟巨大之作。《封神天榜》中戏剧人物众多,仅姜子牙所封正神就有365位。更有风雨雷电、身形变化、水遁、土遁等法术及风火轮、火尖枪、打神鞭、阴阳镜、乾坤网等切末,间有天上祥云、地下火彩出现,场面十分火爆、神奇,令人目不暇接。目前传统的封神戏仍有演出,并被导演青睐,因此封神影视剧不断推出。互联网是姜子

[①] 古本戏曲丛刊编辑委员会:《古本戏曲丛刊九集》,中华书局1964年版。

牙形象传播的重要阵地。与历史事实相比,小说《封神演义》及各种文学艺术再加工后的版本,虽有歪曲不实,但在传播姜太公形象、培养观众兴趣方面功不可没。

（四）壁画雕像与文人图画。壁画多见于姜太公祠墓等纪念性场所,亦有年画印刷出版,多择其经典瞬间进行演绎。在文人画中,《渭水访贤》最为普及,影响最广。此外,重要的民间形式有太公辟邪图、太公辟邪石刻,以及太公卦辞。姜太公辅佐周文王,关于他的神奇故事广为流传,他被百姓看作有奇异能力的神灵,请为护宅。① 因为封神之功,姜太公成为众神之神,被认为具有"神上之神"的力量。所以民间经常将"姜太公在此,百无禁忌"或"姜太公在此,诸神退位"等贴在门窗或墙壁上,来禳除一切禁忌。如广东各地建房习俗。在"起首""升梁"前都要用红纸写上"姜太公在此"贴在屋地四周,意在吉祥如意、邪魔莫侵。神话小说《封神榜》认为诸天大小各神都是姜太公主持封赠的,姜太公在此,一切凶神恶煞理应退避。这反映旧时代缺乏科学头脑的人,在心理上祈求神力保佑建屋成功。② 山雷颐卦被称为渭水访贤之卦,古代解释:颐者养也,口食物以自养,故有渭水访贤之象。夫渭水访贤者,乃是姜太公不得志时,在渭水河边钓鱼,文王闻之亲来访请,上车载而归,加号为尚父,占此卦者,否极泰来之兆。象曰:太公独钓渭水河,手执丝竿忧愁多,时来又遇文王访,自此永不受折磨。昔日诸葛亮隐居卧龙岗温习经文,闲占此卦,果然桃园刘关张兄弟三人叩茅屋请去拜军师,应了渭水访贤之卦。诗曰:文王访贤在渭滨,谋望求财皆随心,交易出行方如意,疾病口舌皆离身。断曰:渭水访贤,大吉大利,占着此卦,好了运气。③ 此外,还有自然取譬之喻,黄山有"文王拉车"之峰。

第三层次为现代衍生文化层,主要有两种形式:一是姜太公研究会及其学术活动;二是姜太公文化节。全国各地的"姜太公研究会"不少于10个：

---

① 居阅时:《中国建筑与园林文化》,上海人民出版社2014年版,第181页。
② 叶春生、施爱东主编:《广东民俗大典》第2版,广东高等教育出版社2010年版,第73页。
③ 黎光、万瀠生主编:《易经实用指南·民俗禁忌大全》,中国物资出版社2009年版,第131页。

1.山东"日照市姜太公研究会";2.山东"中国·高青姜太公文化研究会";3.山东"潍坊姜太公文化研究会";4.山东"乳山姜太公文化研究会";5.山东临淄"齐文化研究社";6.福建泉州"石狮市姜太公学术研究会";7.安徽"临泉县姜子牙文化研究会";8.山西"石楼姜子牙研究会";9.河南"南阳姜子牙研究会";10.河南"卫辉市姜太公文化研究会"。姜氏后裔在其所在地也会设立祠堂,成立姜太公文化研究组织。文化节成系列的以淄博市姜子牙文化节最为典型,已经举行过十七届,无论文化效益还是经济效益、社会效益都有可圈可点之处。现代衍生文化层是在前两层次基础上对姜太公形象的深化与普及,对姜太公文化的内涵提升以及外延拓展发挥着重要作用。

三、姜太公文化的衍创动力及其生产机制

姜太公文化具有明显的三个层次,内容既有联系,又有差别,也由此决定了各自不同的生产动力和运作机制。总体而言,重史传统影响了核心层的书写、传播及阐释;制度性安排以及普遍的神灵信仰决定了姜太公祭祀的展开方式,娱乐需求与艺人艺术生产是文艺生产的重要动力;地方文化开发则是新时期衍生的动力,取得成绩的同时也有不容忽视的问题。

重史传统对核心层的影响体现在两个方面:史官文化决定了核心文化层的早期文本书写,重史、用史决定了核心文化层的后期加工以及流传。首先来看史官文化以及姜太公文化早期文本的形成。范文澜先生认为:"'史官文化'是指由封建史官所记载、推广联系上下历史的文化。"史官文化在中国传统文化中一直占有统治地位和主导地位,对中国古代文明、中华民族文化、中国历史产生了巨大而深远的影响。《周礼·春官宗伯第三》中就有大史、小史、内史、外史、御史的明确分工。东汉史学家班固说:"古之王者世有史官,君举必书,所以慎言行,昭法式也。左史记言,右史记事,事为《春秋》,言为《尚书》,帝王靡不同之。"在我国,最迟自商代开始,已有了史官的设置,甲骨文中所见之"贞人",就是当时的史官。史官在王的左右,掌管祭祀和记事等。

西周、东周亦皆置史官,"动则左史书之,言则右史书之"。周代的史官制度已经较为完备。除周王室之外,东周时的各诸侯国也多设有史官,记载的鲁国史称《春秋》,晋国史称《乘》,楚国史称《梼杌》。巫史分家以后,史家地位得到提升,"一切有关文化的记载,都归史官掌握,子孙世代传习,供少数贵族咨询与使用"。这些史官世代相承,具有高度的职业自觉,他们秉笔直书,以为后鉴,董狐直笔就是典型例证。姜子牙作为周之重臣,齐之开国君主,自然会有史官将其言行记录下来,这些记录就成为姜子牙《六韬》以及履历、行事记载的来源。

司马迁作为古代最杰出的史官,创作了皇皇巨著《史记》。他具备家传的文化背景,高度的文化自觉。他在《史记·太史公自序》中说:"先人有言:'自周公卒五百岁而有孔子。孔子卒后至于今五百岁,有能绍明世,正《易传》,继《春秋》,本《诗》《书》《礼》《乐》之际?'意在斯乎!意在斯乎!小子何敢让焉。"他既注重传统文献的整理,又注重田野考察资料的有效利用。《史记·太史公自序》云:"以拾遗补蓺,成一家之言,厥协六经异传,整齐百家杂语。"《报任安书》云:"仆窃不逊,近自托于无能之辞,网罗天下放失旧闻,略考其事,综其终始,稽其成败兴坏之纪,上计轩辕,下至于兹,为十表,本纪十二,书八章,世家三十,列传七十,凡百三十篇。亦欲以究天人之际,通古今之变,成一家之言。……仆诚以著此书,藏之名山,传之其人、通邑大都。"对于实地考察,宋代苏辙《上枢密韩太尉书》评论说:"太史公行天下,周览四海名山大川,与燕、赵间豪俊交游,故其文疏荡,颇有奇气。"王国维在《太史公行年考》一文中说:"是史公足迹殆遍宇内,所未至者,朝鲜、河西、岭南诸初郡耳。"太史公终于实现了不朽。关于姜太公,先秦虽然留下了散见材料,但是极为零散。司马迁所据原始材料今已不存,所赖《史记·齐太公世家》而得以窥其全豹,成为拼接先秦姜太公史料的资料底版,同时奠定了姜太公历史文化研究的另一根基。以上为核心层原始文本生成情形。

史部是中国典籍大宗,在传统文化中起着扶翼经部的重要作用,"以史为鉴"成为治国理政的重要方针。李世民曾云:"以铜为鉴,可以正衣冠,以人为鉴,可以知得失,以史为鉴,可以知兴替。""殷鉴不远,在夏后之世",出自《诗·大雅·荡》,后来被作为论证史学价值的重要例证。《孟子·离娄上》:"暴其民,甚则身弑国亡……《诗》云:'殷鉴不远,在夏后之世。'此之谓也。"赵岐注:"《诗·大雅·荡》之篇也。殷之所鉴视,近在夏后之世耳。以前代善恶为明镜也。欲使周亦鉴于殷之所以亡也。""以史为鉴"是重史的终极目的,而记载保存则是借鉴的前提。就姜太公核心文化层而言,《六韬》的整理就是重史的产物。《汉书·艺文志》云:"汉兴,改秦之败,大收篇籍,广开献书之路。迄孝武世,书缺简脱,礼坏乐崩,圣上喟然而称曰:'朕甚闵焉!'于是建藏书之策,置写书之官,下及诸子传说,皆充秘府。至成帝时,以书颇散亡,使谒者陈农求遗书于天下。诏光禄大夫刘向校经传、诸子、诗赋,步兵校尉任宏校兵书,太史令尹咸校数术,侍医李柱国校方技。每一书已,向辄条其篇目,撮其指意,录而奏之。"在此背景下,《六韬》得到整理。否则,考察姜太公文化将失掉很多资料。所以,在重史背景下,核心文化层文献不断得到整理,印刷出版。目前存世的《六韬》版本很多,其中比较重要的有宋元丰年间何去非校定的《武经七书》本,朱服校刊的《武经七书》本,涵芬楼《续古逸丛书》影印宋刊《武经七书》本,明嘉靖十年施德刊《校定武经七书》本,清乾隆间《四库全书》抄本,商务印书馆《四部丛刊》影印宋抄本,扫叶山房石印《百子全书》本,等等。《史记》版本更为繁富,共同构成我们目前所见的核心层资料集群,构成了姜太公文化的基础和核心价值层。姜太公业绩、经验与"立言"之书具有很高价值,富有魅力。社会需要成为推动出版的动力,公私出版机构成为传播的主要力量。

相对历史上的文、武圣人孔子和关公,姜太公核心文化层体现出明显的特点:孔子思想契合传统社会经济和政治结构,因而处于主流地位。孔氏家族占有大宗地位,并与时俱进,支持新政权,所以儒家学说是社会的显学,姜太公文化在文献整理、保存研究方面不能与其相提并论。关公作为战将,罕有著述流传,所以只能赞其武功忠义,而其"立言"一节只能阙如。

祭祀来自于民众的信仰以及官方的推扬或是抑制,后者起着重要作用,目的是满足社会民众心理需要和实现国家仪式功能。《礼记·祭法》云："夫圣王之制祭祀也,法施于民则祀之,以死勤事则祀之,以劳定国则祀之,能御大灾则祀之,能捍大患则祀之。是故厉山氏之有天下也,其子曰农,能殖百谷;夏之衰也,周弃继之,故祀以为稷。共工氏之霸九州也,其子曰后土,能平九州,故祀以为社。帝喾能序星辰以著众,尧能赏均刑法以义终,舜勤众事而野死。鲧鄣鸿水而殛死,禹能修鲧之功,黄帝正名百物以明民共财,颛顼能修之。契为司徒而民成,冥勤其官而水死。汤以宽治民而除其虐,文王以文治,武王以武功去民之灾,此皆有功烈于民者也。及夫日月星辰,民所瞻仰也;山林川谷丘陵,民所取材用也。非此族也,不在祀典。"而对民间信仰而言,主要目的在于满足祈福驱邪庇佑的心理功能。但是,作为政治人物,姜太公的地位升降与时变化,表现在其官方祭祀地位被关公所取代,在恒久性上与孔子祭祀形成对比,在后代影响力上与关羽也不能类比。在这一转化过程中,国家力量起了决定作用。

但在通俗文艺领域,姜太公获得了更大的活动空间。与孔子比较而言,因为其万世师表地位,孔子形象不得演出,不得亵渎歪曲,元明清法律屡次重申。唐前虽有《两小儿辩日》《项橐难孔子》以及"弄孔子戏"演出,但在唐后就很少有演出。关羽情形则稍微宽松,出现了大量的关公戏,但多以正面赞扬为主,《走麦城》等剧目虽有演出,但往往受到限制。相反姜子牙故事戏曲以及影视演出则是别一番景象,题材丰富多样,与文、武圣人有明显差异,上到宫廷,中到城市,下到农村,涵盖多个文化场域以及各类民众,绵延不绝。其生产机制在于民间娱乐消费,民间提供了需求,艺人提供了产品,二者形成良性互动,所以形成民间文艺编演的兴盛局面。可以说,正是官方正统化的中止,使得民间演出获得了不可多得的空间。否则,姜太公各种类型的演出就会成为另一种类型的关公戏。

现代衍生文化层的动力则来自于地方开发和文化建设的需要,"文化搭台,经贸唱戏"是改革开放以来较长时间的姜太公文化研究的普遍现象。一般由地方政府牵头,地方研究者组织。其中组织学术研讨,出版研究刊物,发表研究论文,提升了姜太公文化的研究水平和文化含量。而文化节则面向大众,或为娱乐,或为引资,在普及方面发挥着重要作用。孔子、关公都有类似运作,成为各自传承和推广的重要平台和有效途径。

四、未来之路:返本开新、文化创意开发以及包容发展

三个层次的姜太公文化既有联系,又有区别,由此决定了各自不同的发展路数。对于核心文化层,应该返本开新,立足于传统以及新出材料,既要进行扎实的纯粹学术研究,更要进行创造性转化,创新性发展。对于衍生文化层,要摆脱单纯的影视改编,进行多元的文化创意产业开发。

《六韬》的创新性转化在当今形势下更有现实意义。当今处于百年来未有之大变局,《六韬》作为帝王之术,产生于攻伐不断的商末周初,为治国安民提供了重要借鉴。研究者应该汲取其治国安邦的智慧,为国家富强、民族复兴提供参照和指导。

文化创意是以文化为元素,融合多元文化,整理相关学科,利用不同载体而构建的再造与创新的文化现象。文化创意产业是指依靠创意人的智慧、技能和天赋,借助于高科技对文化资源进行创造与提升,通过知识产权的开发和运用,产生出高附加值产品,具有创造财富和就业潜力的产业。文化创意产业在于创造者的无中生有,但不可能空穴来风。其所依据的资源一定有历史或是现实的依据。从前述衍生文化层文学艺术再加工部分可以看出,姜太公文化因其一系列虚构成分而具有很强的包容性和吸引力。除已经较为成熟的影视开发外,还有多种形式可以利用,围绕姜太公不凡经历设置综合体验园(要强调体验,而非静态展示)似亦大有可为。

姜太公作为整个中华民族的杰出代表人物,也是地方政府重要的文化名片,与姜太公相关的各地推扬和传承国学,宣扬地方文化特色,发展文化旅游,带来了巨大的文化和经济效益。因此各地政府和文化部门在研究或是宣传方面多有推进。同时问题也很突出,突出表现为零和思维。因此,现代衍

生层发展要突破地域、部门限制,进行包容性发展。我们知道,我们研究问题总是从个别到一般,再从一般到个别,循环往复,形成认识的螺旋式发展,楼梯式前进。地方文化研究是深入研究的开端,但是不是研究的终点,更不是否定其他地方研究的归宿。只有全国整体性的姜太公文化研究水平得到普遍公认,才能真正发挥姜太公文化的影响力。姜太公文化既是地方的,更是全国的。全国性姜太公文化与地方性姜太公文化是普遍与特殊的关系,二者关系紧密,不可分割。为此可以借鉴类似具有争议的文化资源的成功做法,各地方政府和研究机构之间要联合攻关研究,联合组织活动,形成全国性的规模和影响,最终才能使各方均从中受益。

(作者系江苏师范大学文学院教授)

姜太公形象演变探析

聂好春　郭冬霞

学术界对姜太公形象演变方面的研究成果丰富。相关著作有《姜太公本传》[①]、《姜太公评传》[②]等，展现了全面立体的姜太公形象。有学者分析了姜太公在先秦时期的形象。[③]有人分析了司马迁笔下的姜太公，认为其为河南卫辉人，足智多谋，功居第一，具有重德轻神的朴素唯物主义思想。[④]有学者对明代小说《封神演义》中姜太公形象进行了研究，分析了姜子牙从历史人物被神化为众神之首的历程。[⑤]有学者从宋明理学人伦道德方面分析了姜子牙的仁厚形象。[⑥]有学者从历史与政治文化角度分析小说中姜太公形象与历史中姜太公形象不同的原因。[⑦]有学者将姜太公置于军师这一群体之中进行研究。有

[①] 刘斌、徐树梓：《姜太公本传》，山东人民出版社1996年版。
[②] 姜国柱：《姜太公评传》，国防大学出版社1999年版。
[③] 杨博：《先秦经传所见齐太公形象演变考》，《华夏文化》2011年第1期。
[④] 张文祥：《司马迁笔下的姜太公》，《天水师专学报》1996年第1期。
[⑤] 李先超：《〈封神演义〉对武王伐纣史实的若干改造研究》，青岛大学2012年硕士论文。
[⑥] 李秀萍、李亦辉：《姜子牙形象浅说》，《成人教育》2009年第7期。
[⑦] 刘彦彦：《历史·政治·文学——姜子牙形象的演变与文化内涵》，《南开学报（哲学社会科学版）》2012年第1期。

学者认为姜太公集军事家、外交家、政治家于一体,呈现出复合式的人物形象。①有学者认为姜子牙是一个道士化的巫师形象,并被社会所接受。② 有学者从宗教方面分析姜太公形象,认为是朝廷的准宗教行为和民间的宗教情感赋予了姜太公神的光环。③

前人研究成果颇为丰富,总体来看,前人的研究集中在对早期历史以及《封神演义》中姜太公的形象研究,而对姜太公在整个历史进程中形象演变的研究似有不足,因此本文意在探讨不同历史时期的姜太公形象,以请方家指正。

一、秦汉之前历史中的姜太公形象

由于秦汉时期与姜太公所处时代相近,因此这一时期史料中姜太公的形象并未发生实质性的改变,若强为之细分的话,那么西汉末可算作一个节点。

(一)西汉末之前的姜子牙形象

记载姜太公较早的资料是《诗经》。《诗经·大雅·大明》中记载了牧野之战时姜太公的形象"时维鹰扬"。《毛诗注疏》记载了姜太公"勇略如鹰之飞扬。身为大将,时佐彼武王,车马鲜强,将帅勇武,以此而疾往伐彼大商"④。当时的姜太公意气风发,就像雄鹰翱翔一般耀眼。毛亨、郑玄也对姜太公作为军队统帅表现出的有勇有谋而大加赞赏。《逸周书·克殷解》:"周车三百五十乘陈于牧野,帝辛从。武王使尚父与伯夫致师。王既以虎贲戎车驰商师,商师大败。"毋庸置疑,在牧野大战中,姜太公已然是骁勇善战的将帅,并兼具军师的身份。

---

① 孙琳:《略论明清小说中的军师形象及其文化意蕴》,辽宁师范大学2007年硕士论文。
② 万晴川:《古代通俗小说中军师形象的巫师化倾向》,《广州大学学报(社会科学版)》2005年第3期。
③ 仝晰纲:《宗教行为与姜太公神话的文化积淀》,《辽宁大学学报(哲学社会科学版)》1999年第5期。
④ 〔汉〕郑玄笺,〔唐〕孔颖达等正义:《毛诗正义》,北京大学出版社1999年版,第976页。

《尚书·泰誓》上、中、下三篇以及《尚书·牧誓》《尚书·武成》两篇均是从武王角度写的，前四篇列数商纣的种种罪行，是为武王伐纣所作的战前动员。后一篇主要是武王伐纣的经过与灭商后的施政纲领。宋人史浩认为："泰"字当作"太"，"意必太公所为也"。史浩认为《泰誓》三篇即出自姜太公之手，并且认为武王伐纣姜太公功居首位。

　　《史记》则对姜太公有了较为系统全面的记述，《史记·齐太公世家》中对姜太公身世、坎坷经历以及在遇到周文王之后辅佐文王、武王与成王建功立业多有描述。《史记》记载西伯被幽禁于羑里，姜太公为营救西伯而求美女奇物献于纣王，以此赎回西伯。"周西伯昌之脱羑里归，与吕尚阴谋修德以倾商政。"①此时，姜太公扮演文王谋士的角色。此后，在武王灭商的过程中，无论是在孟津之誓中八百诸侯云集响应反商的情况下，姜太公所表现出的军事能力，还是在武王伐纣前夕占卜不吉，"群公尽惧"的局面之下，姜太公力劝武王伐纣，"纣师败绩。纣反走，登鹿台，遂追斩纣"②，我们都看到了姜太公的军事指挥才能与"宜将剩勇追穷寇"的果断与霸气。司马迁更是毫不吝惜赞扬姜太公："师尚父牵牲，史佚策祝，以告神讨纣之罪，散鹿台之钱，发钜桥之粟，以振贫民，封比干墓，释箕子囚，迁九鼎，修周政，与天下更始，师尚父谋居多。"③姜太公在周朝建立之后仍旧为周朝的稳定做了重大贡献。成王之时，"管蔡作乱，淮夷畔周，乃使召康公命太公曰：'东至海，西至河，南至穆陵，北至无棣，五侯九伯，实得征之。'"④姜太公在周朝发生祸乱之时，力挽狂澜，也为齐国的强国地位奠定了基础。由此可见，姜太公具有超凡的才谋。姜太公参加到西周的阵营之后，几乎参与了所有的政策制定，西周伐崇、伐密须、伐犬夷以迁都大丰，姬发称王，以及武王伐纣及其战后善后事宜很多都是出自姜子牙之谋。汉代赵岐认为姜子牙"有勇谋"，适宜为将，可与有"文德"、适宜为相

---

① 〔汉〕司马迁：《史记》卷三十二《齐太公世家》，中华书局2014年版，第1783页。
② 〔汉〕司马迁：《史记》卷三十二《齐太公世家》，中华书局2014年版，第1784页。
③ 〔汉〕司马迁：《史记》卷三十二《齐太公世家》，中华书局2014年版，第1784页。
④ 〔汉〕司马迁：《史记》卷三十二《齐太公世家》，中华书局2014年版，第1785页。

的散宜生相对而论。对姜子牙的谋略,《史记·齐太公世家》也有所记载:"天下三分,其二归周者,太公之谋计居多","师尚父谋居多"。姜子牙谋略过人,天下三分之二的人都归顺周朝,他居功甚伟。

《史记》中还记载了姜太公在封齐之后在齐国的建设。"太公至国,修政,因其俗,简其礼,通商工之业,便鱼盐之利,而人民多归齐,齐为大国。"①姜太公在齐国袭俗简礼,发展工商业,人民多来到齐国,齐国于是成为大国。

姜太公在兵法上也多有建树。《史记》中记载姜太公"阴谋修德以倾商政,其事多兵权与奇计,故后世之言兵及周之阴权皆宗太公为本谋"②。姜太公兵法出奇,后世提及兵法,皆奉姜太公为始祖,正因为如此,在相当长的时间里,姜子牙是官方祭祀的"武神",与孔子的"文神"相提并论。《汉书·艺文志》中道家类著作有《太公》237篇,其中《谋》81篇,《言》71篇,《兵》85篇。清沈钦韩《汉书疏证》认为"《谋》者即太公之《阴谋》,《言》者即太公之《金匮》,《兵》者即《太公兵法》"。《太公金匮》《太公阴谋》《太公兵法》合为《太公兵法》。《隋书·经籍志》记载有《太公六韬》五卷,《太公阴谋》一卷,《太公阴符钤录》一卷,《太公金匮》二卷,《太公兵法》二卷,《太公兵法》六卷,《太公伏符阴阳谋》一卷。《战国策·秦策一》记载"苏秦得《太公阴符》之谋",说明姜太公之兵法在先秦时期就已经流传,并得到说客的青睐与学习。

可以看出,在西周至汉末时期,姜子牙集将帅、军师、谋士于一体,是杰出的军事家、政治家、谋略家,果敢勇武有智谋。此时,姜太公没有一点神化的色彩。

(二)西汉末至东汉初姜太公的形象

西汉哀、平之世,政治危机和社会危机加深,在这样的社会大背景之下,谶纬盛行,神仙方术大行其道,一切普通之事都有可能被附会而改造成奇异事件。谶纬多与政治有关,各种政治势力为达到目的而主动刻意神化,其内容主要是预示祸福吉凶的隐语。此期姜子牙的形象开始神化。

---

① 〔汉〕司马迁:《史记》卷三十二《齐太公世家》,中华书局2014年版,第1785页。
② 〔汉〕司马迁:《史记》卷三十二《齐太公世家》,中华书局2014年版,第1783页。

《尚书中侯》记载姜太公钓到玉璜,玉璜上刻有"姬受命,吕佐旌,德合昌来提,撰尔雒钤报在齐"的话。此处,姜太公辅佐文王似乎是上天派给姜子牙的使命。《说苑逸文》也记载了姜太公钓到腹中书有"吕望封于齐"的鲤鱼。若说刻字的玉璜与腹中带书的鲤鱼仅仅是谶纬迷信的话,那么《论衡·恢国》中姜太公用计"食小儿以丹,令身纯赤,长大,教言殷亡。殷民见儿身赤,以为天神,及言殷亡,皆谓商灭"[①]的记载,则直接赋予了姜太公神话色彩。

先秦时期姜太公才智过人,随着汉末谶纬发展,姜太公的形象逐渐神化,但总体来说,姜太公仍多以人的身份出现,社会多突出姜太公的足智多谋而非神力过人。

二、魏晋至隋唐时期姜太公的形象

魏晋至隋唐时期,姜太公形象神化色彩更为浓厚,有关姜太公的故事更加富有传奇色彩,也更加突出姜太公武功的地位。

魏晋时期,战事频仍,拥有军事力量是在乱世生存下去的重要保障。姜太公作为先秦时期的军事家,自然受到人们的崇拜。魏晋时期北魏郦道元《水经注》记载,在姜太公生平活动过的地方都有庙宇祭祀。如汲县(今河南卫辉)"城东门北侧有太公庙",另有西晋汲令卢无忌《齐太公吕望表》碑,碑文云:"齐太公吕望者,此县人也……乃咨之硕儒,访诸朝吏,佥以为太公功施于民,以劳定国,□之典祀,所宜不替。"[②]

至唐朝时期,政府对姜子牙的认可度达到顶峰,最能体现该点的就是武庙的设置。唐朝武庙即武成王庙,又称太公庙,是祭祀以姜太公为代表的历代军事家的庙宇。武庙最初源自姜太公个人崇拜的太公庙。

[①] 王充著,黄晖校释:《论衡校释》卷十九《恢国》,《新编诸子集成》第一辑,中华书局1990年版,第826~827页。
[②] 〔清〕王昶:《金石萃编》卷二五《齐太公吕望表》,《姜太公研究资料汇编》下,山东文艺出版社2007年版,第742页。

公元731年，诏旨"两京及天下诸州各置太公庙一所，以张良配享。……诸州宾贡武举人，准明经进士，行乡饮酒礼。每出师命将，辞讫，发日，便就庙引辞"①。公元747年，"乡贡武举人上省，先令谒太公庙。每拜大将及行师克捷，亦宜告捷"。到公元760年，肃宗又"追封为武成王，有司依文宣王置庙"②，成为与孔子并驾齐驱、掌管武事的圣人。

唐朝无论是在政府层面还是民间层面都崇拜军功。隋唐开国，关陇集团为主要的门阀军事势力。府兵制中设有八柱国十二大将军，他们"入则为相，出则为将"，不只是军队的统帅，还是国家的领导核心。在当时的纷乱局面之下，他们处于社会的最顶端，隋唐皇帝便出自这个集团，所以，唐开国之后，对武功的崇拜也是自然的。从民间层面来说，唐朝开武举，民众自然对历史故事中的勇武之人心生崇拜。久之，心理层面上的崇拜逐渐演变为迷信，为姜太公修祠建庙，供奉姜太公，无论是武举省试还是被封为大将抑或是军队凯旋都要去祭拜姜太公。就国家层面来说，军功崇拜主要体现为使其配享太庙、陪葬皇陵等，而民间尚武信仰层面则体现为为军事人物立祠和神化军事人物。太公崇拜和武庙祭祀是唐朝上下崇武的最主要体现。

魏晋至宋，社会上除了突出姜太公的武功，还为姜太公蒙上了浓厚的神秘色彩。据文献记载："文王梦天帝服玄穰……帝曰：'昌，赐汝望。'文王再拜稽首，太公于后亦再拜稽首。文王梦之之夜，太公梦之亦然。"③此记载将文王与太公的相遇赋予了神话色彩，将其安排成天帝的旨意，一切似乎是注定一般。《搜神记》也记载了风神害怕毁坏太公功德而改道而行，其语言诡异怪诞，没有任何历史依据。

此外，姜太公辅佐武王伐纣的故事也衍化出许多神怪奇说。《北堂书钞》记载武王伐纣之时，诸神听从太公吩咐，前来帮助武王。"天伐殷立周，谨来

---

① 〔宋〕王溥：《唐会要》卷二十三《武成王庙》，中华书局1955年版，第435页。
② 〔宋〕王溥：《唐会要》卷二十三《武成王庙》，中华书局1955年版，第436页。
③ 〔清〕严可均：《全上古三代秦汉三国六朝文》卷十五《古逸》，河北教育出版社1997年版，第205页。

受命,愿敕风伯雨师,各使奉其职"①。按照《北堂书钞》的记载,姜太公不仅有通神的能力,还有役使神的能力。

唐朝道教发展,极力宣扬养生修仙。有关姜太公与文王初遇之时的年龄问题,有不同的文献记载。《荀子·君道》记载姜太公与文王相识时"行年七十有二,龂然而齿堕",而《孔丛子·记问》则记姜太公"八十而遇文王",《楚辞·九辩》则提"太公九十乃显荣兮,诚未遇其匹合"。无论是七十二、八十还是九十,都表明姜太公是高寿之人,而这正好符合道教的养生长生修仙说,因此姜太公便成为道家极力宣扬的一个人物。此阶段姜太公形象按照道家的神仙体系成长丰富起来。

魏晋隋唐时期,姜太公的形象已经完全神化,在这一时期,儒释道三足鼎立,互相借鉴,共同发展。但在唐朝,由于唐代统治者以老子为李姓同宗,因此道教发展较为迅速强劲。在这样一个大背景之下,姜太公的神化与道教的发展脱离不了关系。

三、宋元明清之际姜太公的形象

从先秦至隋唐,姜太公并未随着朝代的更替而削减热度,反而是愈发被人推崇。从勇谋过人、将帅之才到修庙供奉,与孔子相匹配,被奉为神灵,随着时间的推移其认可度达到顶峰。然宋元明清之时姜太公的形象却不似以往。

宋代对姜太公的关注仍旧在持续。《宋史》中涉及"武成王"之语达33次。"昭烈武成王。自唐立太公庙,春秋仲月上戊日行祭礼。上元初,封为武成王,始置亚圣、十哲等,后又加七十二弟子。梁废从祀之祭,后唐复之。太祖建隆三年,诏修武成王庙,与国学相对……景德四年,诏西京择地建庙,如

---

① 〔唐〕虞世南:《北堂书钞》卷144引《太公金匮》。

东京制。大中祥符元年,加谥昭烈。"①但值得注意的是,宋元时期,朝廷开始将关羽纳入到视野之中。

《说文》记载:"神农居姜水,因以为氏。"姜太公虽然在宋朝仍旧被封为武成王,但是由于其为炎帝之后,而宋统治者认为自己出于黄帝谱系。此外,北宋统治者继承周世宗"灭佛兴道"的政策,大力发展道教。关羽在道教体系之内地位极高。在这样的背景之下,出现了宋真宗梦蚩尤欲毁轩辕殿、关公奉张天师之命剿灭鬼怪的神话。宋代统治者的有意扶持加上关羽在道教体系中崇高的地位,关羽的地位逐渐超越姜太公。在关羽神话的光芒之下,姜太公逐渐失去了原有的色彩。至明时,关羽庙则基本取代了武成王庙。

文献记载,洪武二十年(1387),礼部按例奏请建昭烈武成王庙,继续祭祀太公,而此时太祖却以"太公,周之臣,封诸侯,若以王祀之,则与周天子并矣。加之非号,必不享也。至于建武学、用武举,是析文武为二途,自轻天下无全才矣"②为由,拒绝了礼部的奏请。《钦定续通典》也记载明太祖认为姜太公作为臣子,不应与周天子同样享受王的祭祀礼仪,三代之后文武分途,现今人们只重视武学而不钻研经书,并认为建立武成王庙是"近世之陋规",最终以太公从祀帝王庙作罢。

原因是否真的如此简单?实则不然。《明实录》记载,洪武二十七年(1394),官方设"汉前将军寿亭侯"庙。明太祖表明立场,认为建立武学又设立武成王庙是近世陋习,然七年之后,却建立了关羽庙。此种前后矛盾之行为明显说明了明太祖废除武成王庙的例制并非是简单的文武分途的原因,其背后的深层原因值得我们思考。

大乱之后需大治,明太祖作为一代开国君主,迫切需要思想上的整顿。而明太祖对孟子君臣关系以及民本学说的敌视与废除武成王庙有间接的关系。孟子认为君臣关系是相对的,君主对待臣下的态度决定了臣子对待君主

---

① 〔元〕脱脱:《宋史》卷一百五《武成王庙》,中华书局1977年版,第2556页。
② 《明太祖实录》卷一八三,《明实录》,"中央研究院"历史语言研究所校印本,1962年版,第1534页。

的态度,"君之视臣如手足,则臣视君如腹心;君之视臣如犬马,则臣视君如国人;君之视臣如土芥,则臣视君如寇仇"①。如果君主对待臣子就像对待手足一样,那么臣子就将君主视为自己的心腹;反之,如果君主对待臣下就像役使犬马一般,那么臣下就像对待路人一样对待君主;君主视臣下为草芥,臣子就将君主视为仇人。明太祖所需要的并非是一个双向平等的君臣关系,而需要一个单向的君主占有绝对主动权的关系。齐宣王询问孟子对商灭夏、周灭商一事的看法,孟子这样回答:"贼仁者谓之贼,贼义者谓之残,残贼之人,谓之一夫。闻诛一夫纣矣,未闻弑君也。"②孟子认为君主无德,作为臣子就可以诛暴止虐,此行为并非以臣弑君,而是具备政治上的合法性。孟子对武王伐纣事件的肯定切切实实犯了明太祖对君臣关系的忌讳。一个君主如何能忍受自己的臣子去推翻自己的政权呢?这种政治上的观点对君主来说无疑为民众推翻自己的统治政权找了一个正当理由,使自己的政权随时处于被倾覆的舆论危险当中。作为武王集团的一分子,姜太公势必会受到明太祖的排斥。

其实早在唐朝时期便有对姜太公武成王庙的兴废的争论。唐肃宗时,太常少卿于休烈提出"太公人臣,不合以张良配享"③。于休烈认为太公为人臣,以张良配享不合礼制。于休烈从儒家礼制思想出发反对姜太公的资格。此后,又有人进言:"武成王,殷臣也,见纣之暴,不能谏而佐武王以倾之。于周则社稷之臣矣,于殷谓之何哉?"④

孟子主张若君主言行不当,臣子可诛暴止虐,在政治上具有合法性,而另外有一种思想则认为臣子见君主言行有失应该劝谏,这是义务。孟子主张从民本着手,而另外一方则严格高举儒家礼制的大旗。对于统治者来说,选择后者显然是明智的。儒家思想发展至明朝,理学已占统治地位,思想控制与文化的统治也比前朝更为严格与精密。姜太公助武王伐纣建周,这样一个在

---

① 〔清〕焦循撰,沈文倬点校:《孟子正义》,中华书局1987年版,第546页。
② 〔清〕焦循撰,沈文倬点校:《孟子正义》,中华书局1987年版,第145页。
③ 〔宋〕王溥:《唐会要》卷二十三《武成王庙》,中华书局1955年版,第435页。
④ 〔宋〕王溥:《唐会要》卷二十三《武成王庙》,中华书局1955年版,第438页。

明太祖看来是以下犯上、以臣弑君的人则必然受到其政治上的抛弃。因此，明太祖就绝对不会允许一个在思想上与自己有偏差的人成为民众崇拜、供奉的对象。

在姜太公武成王庙被废除的七年之后，明太祖设立"汉前将军寿亭侯"庙，即关羽庙。明太祖在设立关羽庙之前，梦得关羽"跪谒曰：臣，汉寿亭侯关羽也……陛下鄱阳之战，臣举阴兵十万为助。"[①]太祖借梦关羽来神化自己是得天庇护之人。关羽一直被视为忠义之士，选择关羽作为道德模范，进入民众的视线之中，岂不比选择姜太公更有统治上的安全感？

姜太公武神地位的动摇不仅有官方的考虑，也有民间社会因素的推动。自《三国演义》广泛传播之后，关羽忠勇的形象深入人心，如此人设也正好符合儒家正统的价值观——忠于君王。在官方与民间认可的共同作用下，关羽彻底取代姜太公武神的地位。至明中后期，"盖至今日，虽男妇老少，有识无识，无不拜公之像，畏公之灵"[②]。

与现实中姜太公武神地位被取代相似，由许仲琳创作的约成书于明隆庆、万历年间的长篇小说《封神演义》中姜太公的战神地位也被"黄飞虎"代替。《封神演义》中关于黄飞虎的描述增加许多。巧合的是，仔细考究，黄飞虎与关羽竟十分相似。《三国演义》中对关羽的描述是"身长九尺，髯长二尺；面如重枣，唇若涂脂；丹凤眼，卧蚕眉，相貌堂堂，威风凛凛"，声如巨钟，手拿冷艳锯，胯下赤兔马。而《封神演义》中黄飞虎的形象是"五柳长髯，飘扬脑后，丹凤眼，卧蚕眉，提金錾提芦杵，坐五色神牛"。由此可见，黄飞虎与关羽的外在相貌是相像的。除此之外，《封神演义》中黄飞虎的经历也与关羽相似。关羽"过五关斩六将"的故事情节为人们所熟知，而黄飞虎也有"过五关斩三将"的故事情节。显然，《封神演义》中黄飞虎的角色是以关羽为原型，稍加改造形成的。从现实中姜太公武成王庙例制取消，建立关帝庙，到《封神演

---

① 〔清〕褚人获：《坚瓠秘集》卷一《关圣庙》，《笔记小说大观》第15册，江苏广陵古籍刻印社1984年版，第488页。
② 〔明〕李贽：《焚书》卷三《杂述》，中华书局1961年版，第332页。

义》中黄飞虎基本取代姜太公的倾向可以看出,明代从官方到民间武神崇拜的对象已发生了转移。

《封神演义》中的姜太公与先秦时期足智多谋的姜太公有所不同。《封神演义》削弱了其在辅佐文王武王伐商建周过程中的谋士身份,而强化了其修道成仙的过程。

在《封神演义》中姜太公的形象是世俗化、人性化的神——神界首领,道士化的巫师、军师——谋士身份的弱化,儒生化的忠臣——武神地位的弱化。[1]姜太公在《封神演义》中的形象已经褪去了以往的光环,虽然仍旧身肩辅佐文王武王伐纣建周的重任,但其形象已非一个"时维鹰扬"、无所不能的神人,而是一个优柔寡断、命运多舛、智谋平平,且经常需要他人保护的畏战之人。而毛宗岗评论《封神演义》中姜太公时也说道:"满纸仙道,满目鬼神,觉姜子牙竟一无所用。"[2]总体说来,《封神演义》中的姜子牙虽然掌握着封神大权,但常常面临窘境,其神话色彩也更多地偏向于世俗,少了些仙风道骨,多了些人间烟火,其神话色彩也向世俗化与人性化回归。

四、结语

从先秦时期到明清时期,姜太公的形象在逐渐发生改变。从先秦到秦汉时期,姜太公的形象是正面的,足智多谋,意气风发,为建立周朝立下了汗马功劳。而随着汉末谶纬的流行,一些政治家利用谶纬造势,将姜太公包装成了带有一点神话色彩的人。但总体来说,该时期的姜太公的形象是作为一个人出现的。唐朝时,由于政治需要,道教在唐朝发展起来,姜太公的形象被纳入到了道家体系,其形象以道家系统为基础开始发展起来。此时,姜太公神化色彩最为浓厚,同时其武神地位也得到了官方与民间社会的认可。到了明代,其武神地位被关羽取代,同时在文学小说中,其战神地位被黄飞虎取代,

---

[1] 冯敏:《姜太公研究》,山东师范大学2018年硕士论文。
[2] 〔明〕罗贯中著,〔清〕毛宗岗批:《毛宗岗批评本三国演义》,长春出版社2014年版,第633页。

形象也不似以前那样有勇有谋,反而更多的是带有人性共同的弱点,由无所不能的神逐渐演变成一个胆小畏战的神,此期姜太公的神化色彩带有几丝世俗化、人性化色彩。

姜太公的形象流变与当时社会的大背景有关。由汉代谶纬的流行到唐代道家的发展,再到明代思想控制的加强,姜太公的形象一直处于被改造的过程当中。简而言之,是社会造就了姜太公,姜太公的形象也一直被社会与政治需要所左右。

(作者分别系新乡学院历史与社会发展学院教授、中国社会科学院研究生院博士研究生)

论先秦秦汉时期姜太公形象的变迁

王元一　袁延胜

姜太公是周朝开国的重要人物,也是齐国的创建者,使齐国国富民强的贤明君主。由于先秦时期的史料匮乏,姜太公的形象十分模糊,于是给了后人无限的想象空间。后人根据对姜太公的崇敬以及当时现实需要,不断塑造姜太公的形象,使其形象逐渐完美、神化。有关姜太公形象的变迁,诸多学者给予了高度关注,取得了丰硕成果。[①] 但对于姜太公形象变迁的历史原因的研究还有所不足,故笔者在前人研究成果基础上,对先秦秦汉时期姜太公形象变迁的历史原因做一探讨。不当之处,敬请指正。

---

① 张文祥:《司马迁笔下的姜太公》,《天水师专学报(哲社版)》1996 年第 1 期。杨博:《先秦经传所见齐太公形象演变考》,《华夏文化》2011 年第 1 期。刘彦彦:《历史·政治·文学——姜子牙形象的演变与文化内涵》,《南开学报(哲学社会科学版)》2012 年第 1 期。陈金霞:《"阴谋修德以倾商政"——〈史记〉对太公形象的再塑造》,《渭南师范学院学报》2013 年第 1 期。陈晓:《神话传说与历史事实中的姜太公》,《黑龙江教育学院学报》2013 年第 7 期。冯敏:《姜太公研究》,山东师范大学 2018 年硕士学位论文。

一、西周史料中的姜太公

记述太公事迹的原始史料十分稀少,距离当时最近的史料应是《逸周书》中的《克殷解》及《世俘解》①:

> 周车三百五十乘陈于牧野,帝辛从。武王使尚父与伯夫致师。王既以虎贲戎车驰商师,商师大败。(《克殷解》)

> 武王乃手太白以麾诸侯,诸侯毕拜,遂揖之。……又陈常车。周公把大钺、召公把小钺以夹王。泰颠、闳夭,皆执轻吕以奏王。王入,即位于社太卒之左。群臣毕从。毛叔郑奉明水,卫叔傅礼。召公奭赞采,师尚父牵牲。(《克殷解》)②

> 太公望命御方来;丁卯,望至,告以馘、俘。(《世俘解》)③

第一条史料讲的是牧野之战前,武王令太公前往商军前挑战。第二条史料讲克殷后,武王入商都,周公、召公持钺侍立左右。武王即位于社,毛叔郑奉酒,卫康叔把草席铺在地上,召公献上供品,师尚父牵着祭祀用的牲畜。第三条讲太公望奉武王之命来报告并献俘。在以上三则史料中,与吕尚相关的表述主要是其武功方面,他是周初的重要武将,并且通过武王入商都的情况可以得知其地位在周公、召公之下,并不处于独尊地位,在西周时期的记载中,姜太公是一位形象模糊的将领。

---

① 郭沫若先生认为"《逸周书》中可信为周初文字的仅有三篇,《世俘解》即其一,最为可信。《克殷解》及《商誓解》次之"。见郭沫若:《中国古代社会研究》,《郭沫若全集·历史编》(卷一),人民出版社1982年版,第299页。李学勤先生指出目前另有《皇门》《尝麦》《祭公》《芮良夫》均可信为西周时期作品。见黄怀信、张懋镕、田旭东撰,黄怀信修订,李学勤审定:《逸周书汇校集注》(修订本)《序言》,上海古籍出版社2007年版,第3页。
② 以上两则史料,见黄怀信、张懋镕、田旭东撰,黄怀信修订,李学勤审定:《逸周书汇校集注》(修订本)卷四《克殷解》,上海古籍出版社2007年版,第345~353页。
③ 黄怀信、张懋镕、田旭东撰,黄怀信修订,李学勤审定:《逸周书汇校集注》(修订本)卷四《世俘解》,上海古籍出版社2007年版,第416页。

二、扬"先君大公"与齐桓霸业

相较于西周,春秋时姜太公形象变得有些生动具体。《诗经·大明》说道:"牧野洋洋,檀车煌煌,驷騵彭彭。维师尚父,时维鹰扬。凉彼武王,肆伐大商,会朝清明。"①这几句诗描述了牧野之战时战场的广阔,色彩鲜明而又坚固的马车和强健的战马,展现了周军的军容和士气。接下来一句,显然认为太公是当时周军的统帅,"时维鹰扬"则形容师尚父的威猛,像鹰一样飞扬。《诗经》的描述,使吕尚的形象带有了一丝文学的气息,不再像《逸周书》所记那般平淡。这种变化自然是后人对周的盛赞以及对太公武功的崇敬所致。

除了增加对姜太公勇武的表述,春秋时齐人也有了追颂其先祖的说法。我们先看《左传·僖公四年》的记载:

> 四年春,齐侯以诸侯之师侵蔡。蔡溃,遂伐楚。楚子使与师言曰:"君处北海,寡人处南海,唯是风马牛不相及也,不虞君之涉吾地也,何故?"管仲对曰:"昔召康公命我先君大公曰:'五侯九伯,女实征之,以夹辅周室!'赐我先君履,东至于海,西至于河,南至于穆陵,北至于无棣。尔贡包茅不入,王祭不共,无以缩酒,寡人是征。昭王南征而不复,寡人是问。"对曰:"贡之不入,寡君之罪也,敢不共给?昭王之不复,君其问诸水滨!"师进,次于陉。②

这段史料记载的是史上著名的"召陵之盟"。春秋初年,南方的楚国国势渐盛,进而欲向中原扩张。楚国先后灭掉申、息等国,征服蔡国,并向郑国进攻,郑无法与楚相抗而求救于齐。鲁僖公四年(前656),齐桓公为了救郑,联合了宋、陈、卫、郑、许、鲁、曹、邾八国军队进攻楚的盟国蔡,击溃蔡军后进而伐楚。楚王遣使至联军询问说:"君在北海,我在南海,我二国相距遥远,就像风中的马牛,一个迎风跑,一个逆风行,永远碰不到面一样。今君为何无故涉

---

① 程俊英、蒋见元:《诗经注析》,中华书局1991年版,第757页。
② 杨伯峻:《春秋左传注》,中华书局1990年版,第288~291页。

入我国边界?"管仲回道:"昔年召康公命令我国先君齐太公说:'天下五侯九伯,你都可以征讨,以辅佐周室。'并且赐给我先君领土。而今你们连续三年没有进贡菁茅①,致使王祭所用祭酒没有原料,寡人前来征讨。昔昭王南征不复,寡人要质问你原因。"楚使对曰:"没有进贡是我们不对,怎敢不进贡?至于昭王为何不归,请你去问长江诸水吧!"联军进,两军对峙于陉(今河南省漯河市郾城区)。后楚王遣屈完出使联军,桓公退师于召陵,他见不能强力屈楚,只好与楚达成"召陵之盟",双方退兵。

"召陵之盟"对齐楚两国都具有非凡的意义。它一方面使楚国看到中原各国并没有因为王室衰微而群龙无首,而是在尊王的大旗下团结起来。由此楚国改变了进军中原的策略,开始融合到中原华夏文明中,为后来的楚庄王称霸提供了条件。另一方面,齐国在以"尊王攘夷"为口号的霸主道路上更进一步,大大提高了齐国在各国中的地位。② 在这次事件之中,姜太公的形象再次丰满,管仲借召公奭的话,确定了姜太公在"夹辅周室"中的地位。"这也是因为自桓公以来齐国一直谋求'挟天子以令诸侯'的霸权,而对太公的宣传亦是出于这种实际政治需要"③,目的是使齐国师出有名,令桓公的尊王大业名正言顺。可以说该时期太公地位的提升,使齐国称霸在政治上取得了合法性。到了鲁襄公十四年(前559),周王室也认可了这种说法。是年周定王遣刘定公赐命齐灵公,说道:"昔伯舅大公右我先王,股肱周室,师保万民。世祚大师,以表东海。王室之不坏,繄伯舅是赖。"④前引"僖公四年"中载召康公命太公,意即太公地位在召康公之下。然而事过百年,周王却说太公"右我先

---

① 此语出于《韩非子·外储说左上》管仲所对:"必不得已,楚之菁茅不贡于天子三年矣,君不如举兵为天子伐楚。"见王先慎:《韩非子集解》卷第十一《外储说左上》,中华书局2003年版,第275页。按,楚与周素有旧怨,故楚之不贡,恐不止三年。
② 关于"召陵之盟"的历史意义,详参蔡靖泉:《召陵之盟及其历史意义》,《管子学刊》2008年第2期。蔡先生认为"召陵之盟"历史意义有四:一是确立了齐国霸主地位;二是实现了楚人"观中国之政"的宿愿,并对天下九州国域观形成和南北社会统一产生重要影响;三是避免了一场社会大战乱;四是树立了天下霸主的典范,影响了春秋历史的发展。
③ 杨博:《先秦经传所见齐太公形象演变考》,《华夏文化》2011年第1期。
④ 杨伯峻:《春秋左传注》,中华书局1990年版,第1018页。

王,股肱周室,师保万民。世胙大师"。古人以右为尊,周王的话已将太公作为当年克殷的首辅,地位甚至比周公旦都要高了,且"股肱""太师"均有赞扬太公功绩之意。这不仅意味着姜太公的地位正式得到了周王室的承认,并且把其提高到王室兴衰都要仰仗太公的地步了。这也可能出于周室羸弱,需要齐国来帮助自己重振王业的需要。

三、战国时太公形象的丰满

到了战国时代,关于太公形象的记述丰富起来。这一时期姜太公形象有颇多说法,冯敏的硕士论文《姜太公研究》总结了此间史家对太公形象的改造,有以下五种类型:强化了姜太公出身的低微和身世的穷困潦倒;美化了姜太公的身份;渲染了知遇文王的情节;强调了姜太公在灭商扶周方面的贡献,并含有超自然的成分(巫术);突出了姜太公的治国才能,并简要论述了上述形象产生的原因。[①]笔者在其研究基础上,补充一些当时的历史背景。

从前人的总结中我们可以看到姜太公的形象在战国时期被全方位地塑造,我们今天耳熟能详的太公传说,在当时已经初现端倪。这种现象的发生,总的来说与当时时代背景有极大关联。当时各国皆欲变法以革除积弊,从而实现富国强兵,使国力能够适应新的兼并战争的需要。各国纷纷招徕人才,以为国用。春秋时期,虽然有贤才出身寒微,但仕进基本是世卿世禄,但这种制度在春秋中后期导致了卿大夫的势力膨胀,一些卿大夫甚至取代了公室,成为国家新的君主(三家分晋、田氏代齐)。战国初期,新的官僚制度亟待建立,"经过春秋末、战国初的变革之后,家族只是社会的细胞与经济的集团,政治机体的地位已完全丧失"[②],人才便不可能从世家中寻觅了。但即使如此,长期以来在人们心中形成的贵贱论不是那么容易消除的,即使孟子也说"国

[①] 冯敏:《姜太公研究》,山东师范大学2018年硕士学位论文。
[②] 雷海宗:《中国的家族》,《中国文化与中国的兵》,商务印书馆2001年版,第58页。

君进贤,如不得已,将使卑逾尊,疏逾戚,可不慎与!"①在这种时代大背景下,很多出身卑微的人才纷纷借姜太公故事以表明自己的态度,以期得到国君的重用,施展自己的抱负,于是姜太公的早年被记载为颇为坎坷、穷困潦倒。除前述冯敏的研究之外,战国各家借太公以立意,主要想表达以下三个目的:

一是阐述治国之道,强调变法。韩非子说:"伊尹毋变殷,太公毋变周,则汤、武不王矣。管仲毋易齐,郭偃毋更晋,则桓、文不霸矣。"②韩非举伊尹、太公、管仲、郭偃四人之例,意在表达国非变不可王天下。《尉缭子·武议》提到:"太公望年七十,屠牛朝歌,卖食盟津,过七年余而主不听,人人谓之狂夫也。及遇文王,则提三万之众,一战而天下定,非武议安得此合也。"③《尉缭子》是兵家著作,这句话在于说明兵事与国家经济息息相关,因此为了不使用兵对国家经济造成大的破坏,谋略是十分重要的。

二是表达贤者的重要性以及如何尚贤。《墨子》中提到墨子见到有人在染丝,墨子观染丝而联想到"国亦有染",认为染不可不慎:"非独染丝然也,国亦有染。舜染于许由、伯阳,禹染于皋陶、伯益,汤染于伊尹、仲虺,武王染于太公、周公。此四王者所染当,故王天下,立为天子,功名蔽天地。"④墨子举四君故事,是为了表达任用贤才对于王天下的重要性,所染不当,"国家残亡,身为刑戮,宗庙破灭,绝无后类,君臣离散,民人流亡"⑤;所染得当,便可成为明君仁主。

三是认为君主要有杀伐果断的作风,赏罚分明,持此思想的一般是法家、兵家。《荀子》载孔子提到"是以汤诛尹谐,文王诛潘止,周公诛管叔,太公诛华仕,管仲诛付里乙,子产诛邓析、史付,此七子者,皆异世同心,不可不诛也"⑥。就是说对待恶人必须诛杀,否则一旦他们聚集起来,就会妖言惑众,一

---

① 〔清〕焦循撰:《孟子正义》卷五,中华书局1987年版,第143页。
② 〔清〕王先慎:《韩非子集解》卷第六《南面》,中华书局2003年版,第120页。
③ 〔战国〕尉缭撰:《尉缭子》卷二《武议》(明武经七书影印本),中华书局1985年版,第21~22页。
④ 吴毓江撰:《墨子校注》卷之一《所染》,中华书局1993年版,第16页。
⑤ 吴毓江撰:《墨子校注》卷之一《所染》,中华书局1993年版,第17页。
⑥ 〔清〕王先谦:《荀子集解》卷二十《宥坐》,中华书局1988年版,第521页。

旦得势便思独立。韩非也曾记载此事,姜太公杀狂矞、华士二人后,周公旦询问太公为何"飨国而杀贤者",太公回答道:

> ……彼不臣天子者,是望不得而臣也;不友诸侯者,是望不得而使也;耕作而食之,掘井而饮之,无求于人者,是望不得以赏罚劝禁也。且无上名,虽知不为望用;不仰君禄,虽贤不为望功。不仕则不治,不任则不忠。且先王之所以使其臣民者,非爵禄则刑罚也。今四者不足以使之,则望当谁为君乎?不服兵革而显,不亲耕耨而名,又所以教于国也。……已自谓以为世之贤士,而不为主用,行极贤而不用于君,此非明主之所以臣也,亦骥之不可左右矣,是以诛之。①

韩非所记太公杀狂矞之事,不仅在内容上比其师丰富得多,而且还借此阐述了"势"的思想。狂矞、华士虽贤士而太公诛之,是因为他觉得君主驾驭臣民,无非是操持德刑二柄,也就是通过赏罚分明来控制他们。但是按照狂矞、华士的观念,太公无法以德刑来用之,就好比得良马而不能使其左右,故而诛之。韩非假太公之事,十分明白地表达了自己的观点,即"势不足以化则除之"②,体现了韩非子思想中的"势"。《尉缭子》中,武王问姜太公什么是用人的要领,太公对曰:"赏如山,罚如溪。太上无过,其次补过,使人无得私语。诸罚而请不罚者死,诸赏而请不赏者死。伐国必因其变,示之财以观其穷,示之弊以观其病。上乖者下离,若此之类,是伐之因也。"在尉缭子的讲述中,太公认为赏罚分明才是用人之要,这是托其言而表述自己对军队奖惩制度的见解。

总之,在战国时期,各家为了自身的需要,对太公的形象进行了各种塑造。这种对历史人物的塑造当然不限于姜太公一人,其对后世产生了极大影响。

---

① 〔清〕王先慎:《韩非子集解》卷第十三《外储说右上》,中华书局2003年版,第315~316页。
② 〔清〕王先慎:《韩非子集解》卷第十三《外储说右上》,中华书局2003年版,第309页。

四、汉代学者笔下的太公

汉武帝时,太史公司马迁游历天下,收罗佚文,遍览群书,撰成《史记》。但他在《齐太公世家》中讲述武王伐纣的历史时,与战国荀子的记载却差别极大。

> 武王之诛纣也,行之日以兵忌,东面而迎太岁,至汜而泛,至怀而坏,至共头而山隧。霍叔惧曰:"出三日而五灾至,无乃不可乎?"周公曰:"刳比干而囚箕子,飞廉、恶来知政,夫又恶有不可焉!"遂选马而进,朝食于戚,暮宿于百泉,旦厌于牧之野,鼓之而纣卒易乡,遂乘殷人而诛纣。① (《荀子·儒效》)

> 居二年,纣杀王子比干,囚箕子。武王将伐纣,卜龟兆,不吉,风雨暴至。群公尽惧,唯太公强之劝武王,武王于是遂行。② (《史记·齐太公世家》)

在战国荀子的记述中,武王在兵家忌讳的日子起兵伐纣,结果东面迎太岁,至汜水时河水上涨,到了怀地河水泛滥,到了共头山又遇到山体崩塌。一系列的遭遇令霍叔十分恐惧,他以为出兵仅数日灾即至,这都说明不可出兵。但周公力主出兵,故而武王坚持,最终破商。而在司马迁那里,故事的主角却换成了姜太公,恐惧的人也从霍叔一人而变成了"群公尽惧"。周公制礼作乐,在儒家的心目中有不可磨灭的崇高地位,但司马迁却改周公为姜太公,可能有如下两个原因:

一是在汉代,人们认为姜太公在伐纣时的官职是太师,"武王即位,太公望为师,周公旦为辅,召公、毕公之徒左右王,师修文王绪业"③。太公望为师,是主管军事的武将,而周公旦为辅,是文臣。让作为伐纣之战的指挥者太公

---

① 〔清〕王先谦:《荀子集解》卷第四《儒效》,中华书局1988年版,第134~135页。
② 〔汉〕司马迁:《史记》卷三十二《齐太公世家》,中华书局2014年版,第1792页。
③ 〔汉〕司马迁:《史记》卷四《周本纪》,中华书局2014年版,第155页。

说服武王,或许更加合理。二是战国以来,姜太公的形象不断丰富,地位不断提高,所以在时人的心目中姜太公早已成为周代建立的头等功臣。战国时貌勃曰:"然则周文王得吕尚以为太公,齐桓公得管夷吾以为仲父"①。范雎与魏齐有仇,是相秦后,秦昭王欲为范复仇,于是召平原君至秦曰:"昔周文王得吕尚以为太公,齐桓公得管夷吾以为仲父,今范君亦寡人之叔父也。范君之仇在君之家,愿使人归取其头来;不然,吾不出君于关。"②司马迁自己也曾说:"昔者虞舜窘于井廪,伊尹负于鼎俎,傅说匿于傅险,吕尚困于棘津。"③从上述言论可以看出,从战国到秦汉,人们谈及太公,必和管仲、伊尹等人联系起来。当然,周公旦历史地位并没有降低,但他的功绩更加侧重于周建国以后的文治武功。所以司马迁将周公改为太公,似乎也不足为奇。

除此之外,如果抛开故事的主角不谈,荀子和司马迁如此记事体现了战国和汉初的天人观。在中国古代,人们对于天人关系一直进行探讨。商代的统治者十分迷信,每遇大事皆要卜问鬼神。周时这种思想大大减少,代之以以德配天、敬德保民的天人观。西周后期,人民生活困苦,不禁向天发出了"肃肃鸨羽,集于苞栩。王事靡盬,不能蓺稷黍。父母何怙?悠悠苍天,曷其有所"④的悲痛呼声。但是向天呼问,并不能改变百姓的惨状,残酷的现实依旧继续,人们不禁对天产生了怀疑与怨恨:"彼苍者天,歼我良人!如可赎兮,人百其身!"⑤春秋战国时期,人文主义思潮开始在九州大地发端,诸子或多或少都表达了不信鬼神的言论。战国时荀子以性恶论为前提来阐述其礼乐思想,所以他提到周公劝武王,可能也是为了突出周公在制礼作乐上的地位。其弟子韩非继承并发扬了他的理论,认为人性趋利避害,因此提出君主管理臣民要根据人的本性,仅用赏罚便足够达到控制的目的,而不需要什么仁义,带有十分浓厚的理性主义色彩。秦尚法,从而使国家对待社会的各个层面犹

---

① 〔汉〕刘向:《战国策》卷十三《齐策六》,上海古籍出版社1988年版,第465页。
② 〔汉〕司马迁:《史记》卷七十九《范雎蔡泽列传》,中华书局2003年版,第2930~2931页。
③ 〔汉〕司马迁:《史记》卷一百二十四《游侠列传》,中华书局2003年版,第3866页。
④ 程俊英、蒋见元:《诗经注析》,中华书局1991年版,第323页。
⑤ 程俊英、蒋见元:《诗经注析》,中华书局1991年版,第351~352页。

如对待运行机器的各个零件一样,虽然运转速度很快,但毕竟缺少了人文主义的关怀。秦法严峻,对人的尊严也是一种极大的摧残。不仅如此,秦始皇一方面重视天道,以五德终始说为皇朝建立了合法的统治;另一方面却藐视圣王,认为三皇五帝之功无法与自己相比,任用严刑峻法来建立自己的"超圣"形象,结果遭到了失败。[①]秦朝的天人观是极其理性的,却因此遭到了灭亡,这引起了继之而起的汉帝国统治层的深刻反思。董仲舒以经学哲学重新确立了天人关系,但其天人感应思想是政治性的,只是为汉家统治作政治合法解释,除此之外他还充分认识到人的主观能动性的重要作用,从而在汉代儒学中奠定了权威地位。荀子和司马迁等人,正是处在这一思潮的不同阶段,故有如此不同的记载。

结语

从周初至汉初,经过千余年的历史变迁,姜太公这位传奇人物的形象被不同阶段的学者塑造变化着。在西周,太公是猛将的象征;春秋时他作为齐国的开国之君被后世弘扬;战国秦汉时成为人们心中文武兼备的贤才。其形象的变化也见证了这一时期我国历史的时代变化。到了西汉中后期,由于谶纬思想的出现和发展,姜太公逐渐被神化,在民间享有极高的声望。

近代,顾颉刚先生提出了"层累地造成的古史说",认为我们今天在文献上看到的中国上古历史是中国各个时代的人根据其需要而创造出来的,"时代愈后,传说中的中心人物愈放愈大"[②]。姜太公形象的历史变化也印证了这一点。故而我们在研究姜太公其人其事时,要对史料的时代性做一区别,对

---

① 杨权先生认为:"秦始皇袭用了古代圣王的名号,却对圣王持极端轻慢的态度。他在《琅琊刻石》中自称'功盖五帝',根本不把圣王放在眼里;又断然指摘圣王的缺失……这难免要引起具有强烈崇圣观念的传统人士的反感","秦始皇以极端形式建立起来的'超圣'崇拜,其实质是反圣的,因此是不可能为广大士民所接受的"。详见杨权:《新五德理论与两汉政治——"尧后火德"说考论》,中华书局2006年版,第57~63页。
② 顾颉刚:《与钱玄同先生论古史书》,《古史辨》(第一册),上海古籍出版社1982年版,第60页。

不同时代的太公事迹和形象做一区别,以便把姜太公的研究建立在坚实的历史学基础上。

(作者分别系郑州大学历史学院研究生、郑州大学历史学院教授)

姜太公主题祝寿匾额试析

张润泽

"姜太公八十渭水遇文王"的典故在民间流传甚广,也是姜太公祝寿匾额最多的题材,但学界多主张姜太公遇文王于渭水之滨的年龄是七十二岁。笔者自己参与整理过四块关于姜太公主题祝寿匾额,加上其他人发表过的匾额资料,共有涉及姜太公典故的祝寿匾额13块。这些八十岁寿辰祝辞匾额一致支持了"姜太公八十渭水遇文王"的说法。清代到民国旌表祝寿的祝寿匾额中,姜太公主题是应用非常多的题材,一些地方史资料、文史资料也有关于姜太公"渭水高风"等祝辞的记载。这些匾额多数旌表那些造福乡梓、有专业技能的乡绅。一言以蔽之,姜太公是智谋的化身,姜太公是德劭的楷模,姜太公是长寿的象征。这三点突出在姜太公主题的"渭水高风"等祝寿词当中。笔者认为这些资料也许可以丰富姜太公文化的研究,是民间关于姜太公年寿的重要资料。不足之处,请与会同人指正。

一、姜太公典故祝寿匾额试析

1. 匾文：渭水高风

　　上款：谢府恭祝□河栋□表兄八旬寿庆赠题

　　下款：光绪二十年岁次甲午年十二月吉立①

匾额宽207厘米，高73厘米。2009年6月征集于苏州。

该匾为祝贺匾额主人八十寿辰而立，赞美其德高寿长。可能民间认为姜太公渭水垂钓遇见文王是八十岁，一般祝八十岁大寿匾额用辞为"渭水高风"。匾额的"光绪二十年"是甲午年1894年。匾文四个字是平雕阳刻，楷书；上下款也是阳刻楷书。匾通体黑色，素框。

2. 匾文：渭水高风

　　上款：恭祝大齿德瑢兄彭老先生大人八旬晋一荣寿

　　下款：恩进士候选儒学正堂侍教弟吴贤才拜同治九年岁次庚午黄钟月榖旦②

匾额宽208厘米，高78厘米。2008年征集于苏州。匾文阴刻楷书，上下款是阳刻楷书。匾额红底金字，边框上下中间和四角有夔纹纹饰（图1）。

图1　《洛阳匾额》第4卷"渭水高风"匾额

---

① 王支援、梁淑群、田国杰主编：《洛阳匾额》第5卷，三秦出版社2010年版，第57页。
② 王支援、朱世伟主编：《洛阳匾额》第4卷，三秦出版社2009年版，第251页。

3. 匾文:品偕渭叟①

上款:赐进士出身钦点翰林院编修原任江南道都察御史宗愚弟 骆秉章 为

下款:宗兄永发八旬寿诞道光二十六年十一月吉日立

这是一方祝寿匾额,无实物照片。匾文颂扬受匾者品德可以与渭水垂钓的姜太公相比。渭叟,即姜尚,姜太公。民间认为他曾在昆仑山学道,奉师命下山辅佐周室。八十岁时在渭水遇见周文王。后辅佐武王翦商有功,作为异姓功臣分封于齐。题匾者骆秉章是清朝著名官员,广东花县人,道光年间进士。曾任江南道监察御史、湖南巡抚。曾大力支持曾国藩的湘军镇压太平军。立匾时间是道光二十六年,即1846年。

4. 匾文:尚父遗徽②

上款:钦加同知衔赏戴蓝翎特授会昌知县加十级纪录十次 陆垣 为

下款:善耆刘捷登老翁台八十晋一荣寿大庆

男泽伉孙太学生文锦文锐曾孙章运□逵遂道遐等　立

光绪二十三年岁次丁酉冬月　吉旦

男祝寿匾,无实物照片。匾文的意思是颂扬受匾者的美好品德将会流传后世,可以和姜太公相媲美。尚父,指姜太公。此匾额没有提及"渭水",但仍包含姜太公八十岁遇文王的典故。题匾者陆垣,时任会昌知县。这是江西地区的匾额。光绪二十三年,即1897年。

5. 匾文:渭叟联辉③

上款:兵部侍郎兼都察院巡抚江西等处地方兼理军务事兼提督衔 周取中第六名举人弟魁光为

下款:覃恩琏老尊兄台暨嫂朱老安人八旬晋一双寿　道光十六年岁

---

① 赵金婕:《清代匾额文化研究——以江西及周边地区为例》,复旦大学2009年硕士学位论文。
② 赵金婕:《清代匾额文化研究——以江西及周边地区为例》,复旦大学2009年硕士学位论文。
③ 赵金婕:《清代匾额文化研究——以江西及周边地区为例》,复旦大学2009年硕士学位论文。

次丙申孟冬月吉旦立

夫妻祝寿匾额，故称联辉。应该是江西地区的匾额，无实物照片。渭叟指姜太公，这里是指男主人。联辉，指夫妻八十一双寿。关于"渭叟"，唐代理莹《送戴三征君还谷口旧居》有"周王尊渭叟，颍客傲唐尧"①的诗句。古代称姜太公为"渭叟"。立匾时间，道光十六年岁次丙申是1836年，孟冬月为农历十月。

6. 匾文：渭水风高②

上款：恭祝通舟尊姻台吴老先生大人八旬开一大庆

下款：礼部进士敕授文林郎拣选知县姻愚弟刘安倬拜题 同治十二年岁次癸酉仲冬月吉旦立

渭水风高，亦即渭水高风，"高风"也作"风高"。这是八十一岁男性的祝寿匾额。同治十二年岁次癸酉仲冬月是立匾日期，即1873年农历十一月。

7. 匾文：年高渭水③

上款：赐进士出身钦点探花及第诰授奉直大夫朝考即补全省提督学院加三级记录一次愚宗弟赓飏 题

下款：宗兄台和陆昆玉先生令尊覃思登仕郎黄老大人八一华诞志喜 光绪八年壬午冬月

年高渭水，也是祝八十一岁寿辰。题匾人如果是朱赓飏，那么题匾日期不对。光绪三年（1877），朱赓飏参加丁丑科会试，殿试赐朱赓飏一甲第三名进士及第，授翰林院编修。他中探花不到两年，就去世了，在光绪八年题匾是不可能的。因为此匾原物未见，题匾人信息存疑，或者另有其人。光绪八年壬午冬月，指1882年农历十月。

年高渭水，常见于古族谱中的赞语。如民国时青田县有宿儒徐达邦先生

---

① 〔清〕彭定求主编，陈书良、周柳燕选编：《御定全唐诗简编》下册，海南出版社2014年版，第1986页。
② 赵金婕：《清代匾额文化研究——以江西及周边地区为例》，复旦大学2009年硕士学位论文。
③ 赵金婕：《清代匾额文化研究——以江西及周边地区为例》，复旦大学2009年硕士学位论文。

热心公益,造福乡梓。徐老八十寿诞,南田刘耀东先生馈送寿幛:"学秉尼山陶成十哲,年高渭水熏冶一乡。"①

8. 匾文:渭水高风②

　　上款:恭祝覃恩登仕郎仁老尊兄台八旬晋一寿庆

　　下款:钦加五品衔明经进士候选儒学司训愚弟泉香谦撰　光绪二十二年丙申岁仲夏月穀旦吉立

这是男祝寿匾额。这里是祝八十一岁寿辰。祝当事人有姜尚的德高和寿长。立匾时间,光绪二十二年即公元1842年,仲夏月是农历五月。

9. 匾文:渭叟膺荣

　　上款:勅授特任直隶顺天府　奉旨　经厅佥名愈拜题为

　　下款:覃恩正九品王富山八十荣诞　嘉庆二年岁次丁巳仲秋月中浣穀旦立

此为邯郸一私人收藏匾额(图2)。黑框,红底金字,尺寸是宽496.1厘米,高210.6厘米。男祝寿匾。渭叟膺荣:像吕尚遇到文王那样,承受着殊荣。渭叟指太公望吕尚。如:《韩非子·喻老》:"文王举太公于渭滨者,贵之也。"膺:承受;接受。《书·毕命》:"予小子永膺多福。"孔传:"我小子亦长受其多福。"《文选·班固〈东都赋〉》:"天子受四海之图籍,膺万国之贡珍。"李善注:

图2　邯郸私人收藏"渭叟膺荣"匾额

---

① 文成县政协文史资料研究委员会:《文成文史资料 第6辑》,1990年,第21页。
② 赵金婕:《清代匾额文化研究——以江西及周边地区为例》,复旦大学2009年硕士学位论文。

"膺,犹受也。"荣:荣耀。覃恩:广施恩泽。旧时多用以称帝王对臣民的封赏、赦免等。嘉庆二年岁次丁巳为1797年;仲秋月为农历八月;中浣为中旬;穀旦,吉时良辰。题匾者待考。

10.匾文:渭滨逸叟

　　上款:礼部进士勅授文林郎拣选县正堂 愚弟文鸾 为

　　下款:俊禄宗兄大人八旬有四荣寿之庆 中华民国二年岁次癸丑春月吉旦

此为邯郸一私人收藏民国匾额(图3)。黑框黑底,行书金字。尺寸是宽475.2厘米,高223.8厘米。渭水逸叟,典出姜子牙钓渭滨,常用于男祝寿匾。姜尚,周初人,俗称姜太公。据《史记·齐太公世家》载,姜尚穷困年老,钓于渭滨。文王出猎,遇之,与语大悦,曰:"吾太公望子久矣。"故称太公望。后佐武王灭商,封于齐。《史记·范雎传》也记载:"臣闻昔者吕尚之遇文王也,身为渔父而钓于渭滨耳"。后因以"渭滨"指太公望吕尚。《宋书·周续之传》:"是以渭滨佐周,圣德广运;商洛匡汉,英业乃昌。"逸叟:遁世隐居的老人。清李调元《樵夫笑士赋》:"反不如山林有王佐,看渭滨逸叟之垂纶。"题匾人文鸾,生平不详。

图3　邯郸私人收藏"渭滨逸叟"匾额

11.匾文:渭滨逸叟

　　上款:赐进士出身钦点翰林院编修甘肃正主考国史馆协修撰文处行走赏戴花翎两江营务处奏办江西建昌官监总局江苏即补府正堂 宗晚士端 顿首祝

下款：宗伯饶文芹八旬荣诞 大清宣统元年岁次己酉仲冬月上浣穀旦立

男祝寿匾（图4）。渭滨：指太公望吕尚。太平天国洪仁玕《四十千秋自咏》："宠遇偏嗤莘野薄，奇逢半笑渭滨迟。"大清宣统元年岁次己酉是公元1909年；仲冬月为农历八月；上浣为上旬；穀旦，良辰吉时。题匾人饶士端，江西南城人，光绪十八年（1892）壬辰科二甲第二十七名进士，与蔡元培同科同甲。

图4 邯郸私人收藏"渭滨逸叟"匾额

12. 匾文：渭水高风

上款：赐进士出身教授文□□□□□□□ 候□□□州正堂□□□

下款：□□□老先生八十荣寿□ 皇朝咸丰丙辰年孟冬月下浣吉旦

这是邯郸私人收藏的一块祝寿匾额（图5），多是出自江西等地。匾文"渭水高风"，见前文释读。题款字迹漫漶不清，但可以看清是八十岁的祝寿匾额。咸丰丙辰年，即咸丰六年，公元1856年，孟冬月是农历十月，下浣

图5 邯郸私人收藏"渭水高风"匾额

即下旬。

13. 匾文：渭水高风

上款：恭祝用衡家老先生六人八旬开一寿辰志喜

下款：愚弟□□汤　华开　时捷　□伦　发□　耀□　□善　发文　□□　□□　□□　□□□□　仝年赠　□□□□□二月穀旦

邯郸私人收藏的祝贺八十一岁寿辰的祝寿匾额。题匾时间和祝寿人名字已辨认不清(图7)。匾文也是"渭水高风"，释文见上文，这里不再赘述。

图7　邯郸私人收藏"渭水高风"匾额

"渭水高风"这样的祝寿词语在清代的官府旌表匾额中是普遍的。这些匾额多出自南方，以江西省较多。这种祝寿词在祖国边远地区亦是经常可以看到。清代云南蒙化少数民族地区也有"渭水高风"旌表祝寿匾额。如蒙化山塔村吴汉英就被蒙化府同知赐匾"渭水高风"四个大字的嘉奖，这块大横匾上镌有龙纹嵌边，上边还刻有府台的大印。①

二、匾额所见"姜太公八十遇文王"的典故流传

一般认为姜太公渭滨遇文王是信史。先秦典籍《吕氏春秋·孝行览·首时》说，齐太公"欲定一世而无其主，闻文王贤，故钓于渭以观之"②。垂钓于

---

① 《巍山山塔村彝族风俗纪实》，见《中国少数民族社会历史调查资料丛刊》修订编辑委员会编：《云南巍山彝族社会历史调查》，民族出版社2009年版。
② 陈奇猷：《吕氏春秋校释》，学林出版社1984年版，第767页。

"渭水之右",如比较早的文献《水经注·渭水》就有如此记载,也应是可信的。《史记·齐太公世家》也支持渭水相遇。如:

> 吕尚盖尝穷困,年老矣,以渔钓奸周西伯。西伯将出猎,卜之,曰"所获非龙非彲,非虎非罴;所获霸王之辅"。于是周西伯猎,果遇太公于渭之阳,与语大说,曰:"自吾先君太公曰'当有圣人适周,周以兴'。子真是邪?吾太公望子久矣。"故号之曰"太公望",载与俱归,立为师。①

《史记》记载"遇太公于渭之阳",应是确有其事的。但史籍记载并不支持姜太公"八十岁"遇文王的说法,唐代前七十岁遇文王的说法应该较多。唐代诗人白居易诗曰:"昔日白头人,亦钓此渭阳。钓人不钓鱼,七十得文王。"可能从宋代开始,八十遇文王在民间成为主流说法。北宋以降,所谓"姜太公钓鱼,愿者上钩"的典故在民间流传甚广,传说故事更是层累形成,已经超越史实本身。从以上渭水系列姜太公文化祝寿匾额来看,笔者认为民间文本"姜太公八十遇文王"至少从宋代以后就已成为主流观点。

有学者认为姜尚年寿和遇文王时的岁数都已经搞不清楚了,②从清代《史记志疑》看,姜太公年寿在汉代就已经记载不清了。

《史记志疑》:

> 或问孔仲达《文王·诗序·疏》谓文王之得太公,无经典正文言其得之年月,群言不同,莫能齐一。司马迁驰骋古今,尚不能知其事周所由,今未能正之,则子以为被囚时未得太公,奚据?曰:以《孟子》知之。《孟子》称太公之言曰"西伯善养老",明是归周在文王为西伯后,故《刘敬传》言吕望来归在断狱后也。而仲达引雒师谋言太公遇文王于伐崇之年,《前编》言"纣十五祀西伯得吕尚"较《史记》《大传》《纪年》诸书所说为长。或又问世传太公八十遇文王,确否?曰:此本于《孔丛子·记问篇》及《列女传》齐管妾婧语,未敢为信。太公之遇文王,有云七十者,《说

---

① 司马迁:《史记》卷32《齐太公世家》,中华书局1959年版,第1476~1477页。
② 周书灿:《也论姜太公的身世、里籍与年寿问题——兼论古史研究的模糊性》,《齐鲁学刊》2016年第2期。

苑·尊贤篇》"年七十而相周",《后书·文苑·高彪传》"吕尚七十,气冠三军"。有云七十二者,《荀子·君道篇》"太公行年七十有二,文王举而用之",《韩诗外传》四"太公年七十二而用之者,文王",《汉书·东方朔传》"太公体行仁义,七十有二乃设用于文武",《桓谭新论》"太公年七十余乃升为师"。有云九十者,《楚辞·九辨》"太公九十乃显荣兮",《韩诗外传》七、《说苑·杂言》、高诱《淮南·说林注》并言九十为天子师。其将何从? 又问《竹书》谓太公薨于康王六年,《尚书疏》谓成王时齐太公薨,周公代为太师,未知孰是?曰:《书·顾命》称"齐侯吕伋",则太公非卒于康王时矣。①

古文献所记姜太公遇文王时,其年龄分别有七十、七十二、九十岁等不同说法。上文"或又问世传太公八十遇文王,确否?曰:此本于《孔丛子·记问篇》及《列女传》齐管妾婧语,未敢为信"。其实,通俗说法姜太公遇文王是八十岁,清代匾额支持了姜尚垂钓遇文王的年龄在八十岁或八十余岁。因为十三方"渭水高风"等祝寿词匾额皆为祝八十岁到八十余岁寿辰。姜太公题材祝寿匾额未见关于七十、七十二、九十岁的祝寿词。姜太公遇文王的年岁为八十岁的说法,在元明清以来是有民间文本依据的。这个依据可以上溯到宋代。宋代《猗觉寮杂记》:"世云:太公八十遇文王。"②可见,宋代流传有姜子牙遇文王时为八十岁的说法。相传成书明代的《封神演义》认为姜尚遇文王的年岁是"年近八十"。《封神演义》的原型最早可追溯至南宋的《武王伐纣平话》。这是民间文本流行说法的依据。"太公八十遇文王"成为民间俗语,③在清代祝寿匾额这一载体中的流传,不仅关系到"大器晚成"形象的姜太公年寿,还包含对其智谋和道德的褒扬。渭水垂钓不仅出现在祝寿匾额之中,在

---

① 〔清〕梁玉绳:《史记志疑》,中华书局1981年版,第849页。
② 文中还有"东方朔《客难》云:太公体仁行义,七十有二。设用于文武。注云九十封齐,则是遇文王时未八十也。《楚辞·九辨》云:太公九十乃显荣,言封齐也"。但宋代当时流行太公八十遇文王的说法。见《猗觉寮杂记》十二卷下,《笔记小说大观》第六册,江苏广陵刻印社1983年版,第55页。
③ 汤高才:《典故辞典》,甘肃人民出版社1986年版,第14页。

一些瓷器绘画、雕塑题材也经常出现这个典故,这可能与《封神演义》等历史神话小说的流传有关。我们发现的"渭水高风"匾额主要盛行于清代到民国时期,大多是祝贺八十多岁寿辰的,这可以成为姜太公祝寿文化在民间传播的一个见证,或许可以丰富姜太公文化的研究内容。

(作者系邯郸学院文史学院教授)

姜太公钓鱼形象的政治示范效应

付开镜

姜太公即姜尚,也称太公望,因辅助周文王、周武王灭商建周而闻名于世。周朝建立后,姜太公作为西周开国封建的重要非血亲贵族,受封建立齐国。姜太公因具有杰出的政治才能、军事谋略而受到后世的热爱,尤其是其通过钓鱼渭水方式而得到周文王重用、建功立业的故事,深受后代士人的追捧,并逐渐演化为具有中国古典政治文化意蕴的一个标志性故事。姜太公也因此成为中国传统政治文化的一个重要代表人物,并逐渐成为中国传统政治文化中最早的谋略家,并因《封神演义》一书的广泛传播而又成为中国古代神话中的封神之主。

一、姜太公钓鱼形象的基本内容

姜太公本人因为杰出的功绩和谋略,成为后世的榜样,其以钓鱼而起家建功立业的故事,也因此演绎为中国古典政治领域的一个重要现象。姜太公的政治经历因此不断为后人所演绎,其形象也得到不断的丰富,进而形成了代表中华民族传统政治文化主流价值观念的姜太公钓鱼形象。姜太公本人

也晋升为中华民族政治文化的一个重要符号。具体来说,姜太公钓鱼形象主要包括以下的内容:

1. 姜太公钓鱼渭水是早期士人追求实现自我人生价值的理性化手段

姜太公在渭水钓鱼,其用意十分清楚:钓鱼只是手段,而渴望得到贤能之君的赏识并得到重用以实现人生价值则是目的。姜太公采用钓鱼渭水的方式,在于他看清了当时的政治形势和实现自己建功立业人生价值的合作对象,进而等待机会的到来。姜太公钓鱼寻求建功立业和解救世难,是商周之际士人政治思想的一个重要体现,也是士人自我价值觉醒的重要体现。姜太公通过钓鱼渭水而寻求救国与实现自我人生价值的道路,具有高度的理性色彩:既保全了自我人格的尊严,又保证了自我价值目标的实现。

2. 姜太公钓鱼表现出士人追求实现自我价值而同时又追求相对独立的矛盾心理

在渭水垂钓的姜尚,渴望明君能够认知自己,与明君进行密切合作,帮助明君实现政治理想,并进而实现自己的政治理想和人生价值。可见,姜太公钓鱼所体现的士人精神,具有两面性:

一方面,他渴望建功立业,但是,却又具有严格的价值取向。他建功立业的前提,首先是要选择好合作的对象,或者说服务的对象,即他服务的君主一定是一代明君,是能够重视自己、信任自己、真诚地对待自己的明君,只有如此,他才会为其服务,受其驱使。否则,只会永远等待下去。

另一方面,在寻求明君之时,他不是积极地毛遂自荐,而是等待明君的主动拜访,通过明君的诚心表白,来打动自己,由隐士而朝士,并努力为知己者打造天下,进而也实现自己建功立业的人生理想。可见,姜太公为了实现自我的价值,不是不择手段,只管目的。这和春秋战国时期一些士人(如商鞅、吴起)为追求个人富贵而不择手段完全不同。

3. 姜太公钓鱼形象的生成特点

姜太公钓鱼形象的生成过程,具有如下的特点:

其一,姜太公是一位随遇而安、待时而动的智谋之士。这位智谋之士不是在年轻时建功立业,而是在年老时方才开始建功立业的。天下无道而隐,天下有道而仕,这是士人价值实现的前提。因此,姜太公成为中国中古时期一位老年智慧之士的标志性人物。姜太公宁愿终老于荒野,也不愿为损害自己的清白人生而服务于昏庸暴君。因此,在商统治之下,他厌恶纣王的倒行逆施,宁愿隐居也不为商朝政府出谋划策,在认清周文王的贤明时,才肯出山以实现自己的抱负。

其二,姜太公具有拯救社会广大民众于水火和建功立业的双重价值追求,因此,姜太公成为社会正义的标志性人物。在旧王朝腐败没落之时,出现姜太公这样一个伟人,是社会广大民众的福祉。因而姜太公钓鱼形象具有人民性,千百年来一直受到世人的追捧,尤其是儒家士人的歌颂。

其三,姜太公不是由自己作为社会的主宰而拯救生民于水火,进而建功立业,而是要寻找一个可靠的明君作为自己的主人,进而与明君进行密切合作,完成拯救生民并建功立业的重任,进而实现自我人生价值。可见,太公钓鱼形象,表现出士人一定程度上的依赖性,即需要依赖一位主人即明君来欣赏自己、信任自己、重用自己,来建功立业。这就说明,姜太公钓鱼的等待,尽管在很大程度上保护了自我人格的独立和自尊,但是,政治人格依然不是全然的独立。

其四,周文王和周武王都是历史上杰出的明君,他们信任姜太公,重用姜太公。姜太公因而倾其谋略,辅佐他们灭商建周。姜太公本人也得到周武王的厚封,成为东方齐国的建立者。因此,姜太公完美实现了拯救生民于水火和自我人生价值的统一。

其五,姜太公受到后代国家的祭祀,成为后代国家祭典中的重要历史人物。如唐肃宗上元元年(674),"追封太公望为武成王,依文宣王例置庙"[①]。北宋景德元年(1004),"加谥太公望昭烈武成王,建庙青州"[②]。明洪武二十一年(1388),朱元璋祭历代帝王时以太公望在内的多位名臣陪祀,同时废除以

---

① 〔后晋〕刘昫:《旧唐书》卷10《肃宗纪》,中华书局1975年版,第259页。
② 〔元〕脱脱等撰:《宋史》卷105《礼八》,中华书局1997年版,第2560页。

前单独祭祀太公武成王庙制度。① 清朝继承了明朝祭祀历代帝王并以各代名臣陪祀的制度,太公望依然位于名臣之列。

姜太公的人生经历成为后代士人仿效的榜样,并成为中国古代政治家、军事家和谋略家的标志性人物。而姜太公本人也在历史的长河中不断被叠加上新的故事和事迹,由人而神,成为民间的百神受封之主,受到社会民众的广泛喜爱。姜太公钓鱼的故事也因此广泛流传,使姜太公成为集人与神为一身的半人半神形象。

二、姜太公成为儒家政治思想的重要来源和儒家士人参与政治的仿效榜样

众所周知,儒家是孔子创立的学派,不过儒家思想却具有悠久的历史渊源。在先孔时代,儒家思想已经存在于社会政治的实践之中。这是儒家学说产生的历史背景。②

1. 儒家士人的政治思想与姜太公所体现的对精神价值的追求具有契合之处

孔子自己正是通过对历史的总结和对历史经验的吸收,才创立了儒家学说。一般认为,孔子创立的儒家政治学说主要来源于西周的历史,尤其是周公的思想,因为孔子本人对周公敬佩之至,数次梦到周公。事实上,孔子崇拜的先贤不只是周公,他喜爱的先贤有多人,姜太公显然也是他敬重的先贤之一。

《论语》所载孔子在与学生的交谈中,有四次提及或涉及姜太公。

《论语·泰伯》:

> 舜有臣五人而天下治。武王曰:"予有乱臣十人。"孔子曰:"才难,不

---

① 〔清〕张廷玉:《明史》卷50《礼四》,中华书局1974年版,第1293页。
② 陈来:《古代宗教与伦理——儒家思想的根源》(增订本),北京大学出版社2017年版。

其然乎？唐虞之际，于斯为盛。有妇人焉，九人而已。三分天下有其二，以服事殷。周之德，其可谓至德也已矣。"

朱熹《四书章句》释曰："乱，治也。十人，谓周公旦、召公奭、太公望、毕公、荣公、太颠、闳夭、散宜生、南宫适，其一人谓文母。刘侍读以为子无臣母之义，盖邑姜也。九人治外，邑姜治内。"

《论语·子罕》：

> 子贡曰："有美玉于斯，韫椟而藏诸？求善贾而沽诸？"子曰："沽之哉！沽之哉！我待贾者也。"

《四书章句》释曰："子贡以孔子有道不仕，故设此二端以问也。孔子言固当卖之，但当待贾，而不当求之耳。范氏曰：'君子未尝不欲仕也，又恶不由其道。士之待礼，犹玉之待贾也。若伊尹之耕于野，伯夷、太公之居于海滨，世无成汤、文王，则终焉而已，必不枉道以从人，炫玉而求售也。'"

《论语·宪问》：

> 子曰："贤者辟世，其次辟地，其次辟色，其次辟言。"

《四书章句》释"贤者辟世"曰："天下无道而隐，若伯夷、太公是也。"

《论语·季氏》：

> 孔子曰："见善如不及，见不善如探汤。吾见其人矣，吾闻其语矣。隐居以求其志，行义以达其道。吾闻其语矣，未见其人也。"

《四书章句》释曰："求其志，守其所达之道也。达其道，行其所求之志也。盖惟伊尹、太公之流，可以当之。"

此外《孔丛子》一书也提到孔子对太公望的赞扬。该书成书的时代，大约在西汉以后，或认为是王肃伪造。因此，此书的内容，当是根据传说而记。但是，根据孔子一贯的思想，他在此书中对太公望的评价应和其在《论语》中的评价是一致的。此书载：

> 楚王使使奉金帛聘夫子。宰予、冉有曰："夫子之道于是行矣。"遂请见。问夫子曰："太公勤身苦志，八十而遇文王，孰与许由之贤？"夫子曰：

"许由,独善其身者也;太公,兼利天下者也。"①

以上孔子提及太公望的言论,全是对其政治行为的赞扬,表现出孔子渴望人格独立与建立功业须严密结合的政治态度。可以说,孔子关于士人精神的表述背后,有着历史伟人丰富的政治行为的支撑,像周公旦、姜太公等人建立西周后实施的仁政,深受孔子的喜爱。故而,在孔子评价历史人物时,姜太公也就成为他时常赞扬的历史名人,并以太公望的起家故事来阐述士人面对不同政治形势时或隐或起的政治选择。从这个意义上讲,《论语》中孔子的政治思想,均以历史人物的事迹为支撑和示范。

孔子之后儒家思想的另一代表人物孟子,对姜太公也同样抱有景仰之心。在《孟子》一书中,也是多次提及姜太公其人。

《孟子·离娄上》:

> 孟子曰:"伯夷辟纣,居北海之滨,闻文王作,兴曰:'盍归乎来!吾闻西伯善养老者。'太公辟纣,居东海之滨,闻文王作,兴曰:'盍归乎来!吾闻西伯善养老者。'二老者,天下之大老也,而归之,是天下之父归之也。天下之父归之,其子焉往?诸侯有行文王之政者,七年之内,必为政于天下矣。"

在这里,孟子对姜太公评价甚高,认为他和伯夷是同等人,是天下最有声望的人,二人的言论代表着时代政治发展的方向。在《孟子·尽心上》,孟子又说出如上之类的话,引用太公望的话来赞扬周文王的仁政。

《孟子·公孙丑下》:

> 孟子去齐。充虞路问曰:"夫子若有不豫色然。前日虞闻诸夫子曰:'君子不怨天,不尤人。'"曰:"彼一时,此一时也。五百年必有王者兴,其间必有名世者。"

《四书章句》释曰:"自尧舜至汤,自汤至文武,皆五百余年而圣人出。名世,谓其人德业闻望,可名于一世者,为之辅佐。若皋陶、稷、契、伊尹、莱朱、

---

① 《孔丛子·记问第五》,四部丛刊本。

太公望、散宜生之属。"

从以上可以看出,孟子提及姜太公时,都是以歌颂的态度来评价姜太公其人的,这和孔子没有两样。当然,孟子本身也充满了自信,相信自己会成为和姜太公一样的历史名人,即如他自己所说:"如欲平治天下,当今之世,舍我其谁也?吾何为不豫哉?"(《孟子·公孙丑下》)

总之,儒家对姜太公都抱有崇敬和歌颂的态度,而儒家思想中也传承了姜太公的政治行为和政治思想,因此,姜太公也就成为儒家士人修炼政治人格的典范和标本。

2. 后代士人对姜太公的政治行为多有效仿

《论语·泰伯》曰:"天下有道则见,无道则隐。"这是儒家指导士人是否要参与政治的重要标准,是孔子对姜太公政治行为的继承和总结。

后代杰出之士,对姜太公的从政行为多有效仿。如东汉末年的诸葛亮,隐居隆中,待时而起,走的就是姜太公垂钓渭水而待周文王的道路。诸葛亮隐居隆中而受到刘备的三顾,在本质上与姜太公钓鱼的现象基本相似。在诸葛亮心中,刘备与周文王有类似之处,而自己与姜太公也有类似之处。姜太公从政之路之所以为后世杰出士人所看重,原因在于他们一方面具有渴望建功立业的心理诉求,另一方面却又渴望得到人格的尊重,进而保持一定的独立性。因此,明主与良士的紧密结合,方才会有"士为知己者死"现象的发生,方才会产生明君与良臣共赢的结果。所不同者,姜太公时年已老,而诸葛亮时年正轻。

从隐居到出山,从隐士到朝士,是姜太公开辟的一条建功立业的光明之路,这条光明之路为后来的儒家士人所继承,并成为儒家士人参与政治的重要心态体现。不过,姜太公垂钓渭水以待明君的政治背景,在历史的长河里并不能时时上演。乱世时,士人们拥有了或隐或显的选择;而治世时,士人们却缺少了隐居以待时而动的背景。因此,治世时的士人,多会积极入世,以实现儒家人生三不朽的崇高目标,即使没有遇到像周文王一样的明君。

三、姜太公钓鱼形象政治示范效应的局限

姜太公形象的政治示范效应,是中国传统政治文化的一个重要特点。它成为中国传统高级士人政治追求与价值追求的完美结合的一个重要个案。这就表现出以儒家思想为主导的中国古代传统士人的政治心理——他们渴求建功立业,但是,他们又要追求人格的完美。他们在乱世之时,如果怀才不遇,宁愿独善其身,也不会轻易从事政治活动。

但是,无论如何,中国古代的士人都未能把自己从政治中分离出去。毕竟不能参与政治就无法实现自己的人生价值,更不能实现儒家思想中的"士志于道"的价值追求。把跟随明君与建功立业紧密捆绑在一起,成为中国传统知识分子永远难以摆脱的樊篱,也使得中国传统知识分子摆脱不了与政治结合的归宿。

一方面渴望建功立业,一方面又渴望具有独立的自我人格,而同时不得不参与到政治中去,这就是中国古代士人价值追求和价值实现过程中不得不面对的矛盾。姜太公生不逢时,但是,却因为长寿而等到了明君的出现,这是姜太公的幸运。后世的才子士人,多没有姜太公这样的机遇,因此也难以实现姜太公这样君臣完美结合共建伟业的目标。因此,中国古代士人以儒家入世思想积极参与国家政治活动,以实现儒家思想的仁爱目的。传统的士人,只能与政治相结合,而离开了政治,他们就只能成为隐士,再也不能发挥人生的价值了。可见姜太公建功立业以实现自己人生理想的模式,具有巨大的局限性。

而为了能够参与政治,儒家士人群体便开始走向分裂,一部分士人放弃儒家的政治人格和政治追求,为了个人的利益而放弃政治操守,进而成为俗儒甚至恶儒,凭借其掌握的学识,不再造福一方,而是为害一方,中国古代知识阶层即士阶层的卑劣化,也就在所难免。因此,儒家士人群体的分裂,也就意味着姜太公形象的示范效应必然会出现弱化的趋势。

(作者系许昌学院魏晋文化研究所教授)

文化遗产视野下的姜太公

李慧萍　贺惠陆

姜尚(生卒年不详),又名吕尚,字子牙,俗称姜太公。西周初年政治家、军事家、谋略家,有谋圣之称。因辅佐周武王灭商有功,被尊为尚父,后被封于齐,为齐国始祖。兵书《六韬》传为他所著。姜太公的谋略和圣贤为历代统治者所尊崇,其智慧和传说在中国民间更是妇孺皆知,影响巨大,是华夏民族珍贵的文化遗产。本文通过对新乡牧野之地的古代文献、考古发现及姜尚史迹、非物质文化遗产的梳理,探讨姜子牙(牧野文化)产生的背景及非物质文化层面的姜太公等相关问题。

一、太公故里地望及史迹

有关姜太公故里地望有多种说法,如冀州说、徐州说、南阳说、日照说、淄博说、卫辉说等。我赞同姜太公故里在卫辉的说法。①

一是文献记载充分。西晋时期汲郡(今新乡卫辉)出土的著名的战国魏

---

① 张新斌:《姜太公故里在卫辉》,《寻根》2007年第3期。

史书《竹书纪年》中就记载姜太公为"魏之汲邑人",表明早在战国时期,就有姜太公故里在卫辉的说法。特别是北魏郦道元《水经注·清水》中对姜太公故里在卫辉的史迹记载最为详细:"又东过汲县北。县故汲郡治,晋太康中立。城西北有石夹水,飞湍浚急,世人亦谓之磻溪,言太公尝钓于此也。城东门北侧有太公庙,庙前有碑。碑云:太公望者,河内汲人也。县民故会稽太守杜宣白令崔瑗曰:太公本生于汲,旧居犹存,君与高、国同宗太公,载在经传,今临此国,宜正其位,以明尊祖之义。于是国老王喜、廷掾郑笃、功曹邠勤等,咸曰宜之,遂立坛祀,为之位主。城北三十里有太公泉,泉上又有太公庙,庙侧高林秀木,翘楚竞茂,相传云,太公之故居也。晋太康中,范阳卢无忌为汲令,立碑于其上。太公避纣之乱,屠隐市朝,遁钓鱼水,何必渭滨,然后磻溪,苟惬神心,曲渚则可,磻溪之名,斯无嫌矣。"

二是文物遗存丰富。姜太公故里,位于卫辉市西北 12.5 公里太公泉村。太公泉村原名姜塬。太公隐居故里垂钓,曾掘一泉,后人称之"太公泉",村名遂易为太公泉村。《水经注》载,汉时在此建有太公祠,崔瑗为之立碑。晋太康十年(289)又立"太公吕望表碑"于祠下(今仅存拓片,碑文录入县志及《金石萃编》等书)。东魏武定八年(550),汲县太守穆子容在汲县城内又为之建祠立碑(碑文录入乾隆《汲县志》)。

姜太公庙,位于卫辉市太公泉村,依山傍水,始见于东汉,后多次重修。晋太康十年卢无忌重修时立"齐太公吕望表"。东魏武定八年汲郡太守穆子容撰写碑记。明万历、清乾隆年间重修。现存太公庙为 1924 年重修。

太公台,位于卫辉市西南山彪村西,相传周武王所筑,拜姜尚为尚父于此。

牧野战场,位于卫辉市西北,为姜尚率领西周军队向商纣挑战歼敌立功处。《诗经·大明》曰:"牧野洋洋,檀车煌煌,驷騵彭彭。维师尚父,时维鹰扬。凉彼武王,肆伐大商,会朝清明。"

姜尚墓,位于卫辉市西北 12.5 公里太公镇吕村,相传姜尚葬此。这里崇冈巘岩,林木丛茂。墓前有清康熙时所立之"周姜太公茔葬处"碑。《河南通志》载,县东北 12.5 公里有太公墓,与《檀弓》"返葬于周"之说相合。

太公钓鱼台,位于卫辉市太公镇太公泉村西。《水经注》之"石夹水",又名磻溪,相传为"太公钓鱼处"。存有清乾隆时毕沅所立"太公钓鱼处"碑。

有关姜太公的碑刻文献,除上述常见的几种外,还有卫辉市太公镇吕村出土的东魏武定二年(544)吕贶墓志。墓主吕贶为北魏时期人,其与夫人合葬于东魏时期,墓志中有文曰吕贶"朝阳乡太公里"人,这反映了自汉朝至北朝,太公地名的历史传承性。唐乾封二年(667)"卫州汲县故张君之志"所载"同室于博望城东南三里也",与东魏《修太公吕望祠碑》载"遂率亲党更营碑祠,以博望之亭"相印证。这里,重点介绍1962年由新乡市畅岗太公庙所藏、后入藏博物馆的《重修太公庙记》碑。碑文如下:

重修太公庙记

大宋卫州新乡县穆村重修太公庙记

德厚者流泽远,功大者飨报丰。绵祀寝久,泽有时而竭,报有时而熄,非人心之薄,德与功微,历世既多,可以忘也。祀废而不讲,庙圮而不修,其以是夫!新乡县东北距邑二里余,冈之上有太公庙,载祀典飨血食盖几世几年,庙像摧剥,元祐口里人即旧而新之,殿宇廓然,塑像俨列,乃人心有无穷之报,以公之德泽有无疆之施也。州之西有公之泉,揭石以纪其谱牒,文古书隶,断缺不完,而尚可考,由是知公其卫人也欤(石记今在丞相茔寺)!迹其兆应非熊,功归不载,拯生民于涂炭,奉武王以丹书,赐履分封,韬经遗世,宜其位袭王爵,礼崇西学,编户皆吕姓,继世有显人。比年大丞相汲国公因祀曾祖茔域,亲诣祠下,称四十七代孙。庙去公之先茔,逾淇水东西正相对有院曰报先旌德。噫!春秋祈报,亿万斯年而无已者,以今之人心较之,即后之人必(心?)也,有继而莫之忘也。里人张庆实为之倡始,其子天保尝从余学,愿得文以纪之,且以附岁月云尔,绍圣元年(1094)五月十五日,濮阳邢泽民记并书篆额。

匠人王概刊

此碑记不仅印证了明正德《新乡县志》卷三古迹条所载"牧村,在县东北三里,武王伐纣之处也,今太公庙尚在"中"牧村"在宋元实为"穆村"的事实①,也考证了姜太公为卫辉人,为吕姓祖先,对研究牧野大战、姜太公及吕姓渊源有重要价值。

二、姜太公及牧野文化产生的背景

(一)优越的地理位置与环境

中原是个地域概念,有广义和狭义之分。广义的中原,指以河南为核心的黄河中下游地区,即包括山东、河北、山西乃至陕西的一部分;狭义的中原,就是指河南。卫辉市就地处中原腹地,其西北依巍巍太行山,东部和南部为广阔的平原,卫河由西向东穿过,京广铁路和京深高速公路纵贯南北,交通便利,是古代中原地区东西南北的交通枢纽、战略要地,地理位置十分优越和险要。《卫辉府志》称其"东接齐鲁,西控三晋,南襟汴洛,北拱神京,众水会流,环带城隅。群山列屏,两河之要地,中土之名区也"。此外,卫辉的自然条件非常优越,属暖温带大陆性季风气候,四季分明。无霜期达210天左右,年平均气温14℃。年均降雨量606.7毫米,集中在1—9月份,在作物生长的4—8月份,平均日照7小时,充足的光热资源和丰沛的雨量,满足了作物一年两熟的需要。其土壤主要是第四纪冲积次黄土(黄河冲积平原),土质疏松,易于使用木石工具进行开垦与浅种直播,利于开挖水井及水渠进行农田灌溉。黄土具有自然节理,有利毛细现象生成,可把下层的肥力及水分带到地表,有自然肥效,肥力高,对于古代的农业种植是十分有利的条件。

据有关学者研究,距今8000年时,新乡(卫辉、辉县、获嘉)一带和华北地区一样,"气候开始稳定地朝温暖湿润的方向发展"。距今7000—5000年这段时间里,"仍为全新世水热状况最好的时期;距今5000—3000年,虽然仍处

---

① 杜彤华:《重修太公庙记碑及新乡牧野考》,《平原大学学报》1990年第4期。

于全新世的最佳气候期,但植被明显变化,木本大减,耐旱草本增加,气候温和干旱"。湖泊水面缩小、沼泽化加快,使这一地区在龙山文化和夏商时期可供人类利用的土地面积迅速扩大,成为必争之地。因此,新乡地区优越的自然环境条件非常适宜于人类的生存与发展,适宜于农业生产,是中国古代文明的诞生地之一。因此,卫辉是历代王朝特别是夏商周三代的战略要地和核心地区。

(二)厚重的历史积淀

在姜太公及牧野文化产生之前,牧野之地已经是中国文化最为发达的地区之一。新乡是商朝京畿之地,被称为"牧野之地",与周灭商的"牧野大战"有关,但也表明了新乡与商都朝歌的密切关系。在太行山东南的山岗、平原上,新乡已发现了众多的史前文化遗迹。在新乡县大块镇北庄发现了旧石器时代的石质刮削器,表明在几十万年前就有人类在此活动。更为重要的是,进入新石器时代以来,这里更有裴李岗文化、仰韶文化、龙山文化一脉相承,在豫北新乡地区形成了中国史前文化的完整序列。在古代文献中,牧野地区在史前时期存在一个强大的氏族部落共工氏。《国语》韦昭注引贾侍中云:"共工,诸侯,炎帝之后,姜姓也。"《礼记·祭法》:"共工氏之霸九州也,其子曰后土,能平九州。"可知,在禹霸九州之前,共工氏就霸九州了。只是共工霸九州的过程太过艰难,与神农、女娲、祝融、颛顼、高辛、尧、舜、禹等中国史前著名的氏族部落几乎都进行过战争。共工氏所居地在哪里,文献虽无明确记载,但多数专家都认同徐旭生先生的辉县不仅是共和之故国,而且还是中国氏族社会末期共工氏族所居之地[1]的说法。共工的世系古文献说得比较清楚,《山海经·海内经》记载:"炎帝之妻,赤水之子听訞生炎居,炎居生节并,节并生戏器,戏器生祝融,祝融降处于江水,生共工,共工生术器,术器首方颠,是复土穰,以处江水。共工生后土,后土生噎鸣……"[2]这可以说是史前氏族部落中最为完整的世系。值得注意的是姜尚姜太公是共工的后裔,禹攻共

---

[1] 徐旭生:《中国古史的传说时代》,科学出版社1960年版,第139页。
[2] 袁珂:《山海经校注》,上海古籍出版社1982年版,第471页。

工之后,姜尚这一支姜姓部落留在太行山山南的牧野之地继续生活。《诗经·大雅·崧高》曰:"崧高维岳,骏极于天。维岳降神,生甫及申。维申及甫,维周之翰。"这里的岳,当指太行山。《国语·周语下》记载:"胙四岳国,命以侯伯,赐姓曰姜,氏曰有吕……申、吕虽衰,齐、许犹在。"表明"四岳"和齐、吕、申、许是共工氏的后裔,可见,共工氏及其后人在中国早期文明中占有重要的历史地位。

牧野之地又是先商文明的发生地,"辉卫型先商文化"[①]即由我国著名考古学家邹衡先生提出。武王灭商后,新乡又是周初三监之一鄘国所在地。因此,夏商周时期,牧野文化与夏文化、岳石文化等东西文化相互交融,东周时期与晋文化、齐鲁文化相互影响,完善并发展了牧野文化。

(三)非物质文化层面的姜太公

作为文化遗产的姜太公,在中国文化史上占有不可或缺的历史地位。作为非物质文化层面的姜太公则更是影响巨大,特别是明代小说家许仲琳(1560—1630)创作《封神演义》之后,姜太公不仅成为民间智慧的化身,还是驱鬼辟邪的神灵,可以说是中国的众神之神。

姜太公的影响,早在秦汉之前的东周时期就已经流传。在《吕氏春秋》中记载姜太公的达13条,《淮南子》中也达10条之多,足见太公的影响是有历史和民间基础的。卫辉市的梁东成、李志清等老先生仅在卫辉收集整理的关于姜太公的传说故事就有61条。这些条目包含民间传说的方方面面。比如:充满智慧的,如《放长线钓大鱼》《智辩公堂》;展现民风民俗的,如《蒙头红》《祭灶来历》;军事谋略的,如《计溃纣军》;伸张正义的,如《子牙审大麻》;求贤仁义的,如《文王拉辇聘子牙》《姜子牙坐骑四不像》;显灵感应的,如《太公显灵造大桥》《伏天降雨灭纣军》;封神故事,如《太公封鼠》;等等。从这些故事可以看出,姜太公本出自布衣屠户,关注平民百姓,惩恶扬善,他代表了平民百姓阶层,体现了平民百姓的智慧。因此,非物质文化层面的姜太公最能

[①] 邹衡:《夏商周考古学论文集》,文物出版社1980年版,第159页。

代表中国民间文化特点特征。最能体现中国百姓大众文化的姜太公,是卫辉的珍宝,是中原的珍宝,也是华夏的珍宝。

(作者分别系新乡文物考古研究所所长、研究员,新乡文广外旅局文物科长)

坚定文化自信　传承太公思想

王丽娟

文化兴国运兴，文化强民族强。一个国家、一个民族的强盛，总是以文化兴盛为支撑的。没有文明的继承和发展，没有文化的弘扬和繁荣，就没有中国梦的实现。在全国宣传思想工作会议上，习近平总书记对"兴文化"作出重要阐释。这些重要论述，为推动社会主义文化繁荣兴盛、建设社会主义文化强国提供了根本遵循。姜太公作为卫水文化的重要代表人物，其在政治、军事、治国理政等方面的建树值得我们深入研究，我们要挖掘太公文化的时代特征，打造中原文化特色。

一、姜太公思想文化内涵

姜太公（前1211年—前1072年），姓姜名尚，字子牙，又称吕尚、太公望，号飞熊，炎帝神农皇帝第51世孙，伯夷第36世孙，为周文、武、成、康四朝太师，封于齐。史传姜尚生而聪慧，能够预知未来，是很难得的"神童"。但是由于生不逢时，早年择主不遇，微贱坎坷，直到72岁于渭滨垂钓时，才被西伯姬昌发现并拜为太师，满腹谋略才智才得以施展。据《史记·齐太公世家》记载,当姬昌遇太公于渭滨时,曾高兴地说"吾太公望之久矣",故尊之曰"太公望",在民间一般称之为"姜太公"。文王给予了姜太公极高的地位,并得到其辅佐,灭商立周。

姜太公是商周时期著名的政治家、军事家和谋略家,周朝开国元勋之一,被后人称为"一代谋圣",在西周灭商的过程中发挥了重要作用。他的一生经历坎坷而又丰富,为推翻残暴的商纣王的统治、建立周朝做出了卓越的贡献,姜子牙文化推动了商末周初社会的发展进步,成为中国传统文化的一个组成部分。

（一）政治方面

姜子牙早年在商纣王朝廷里做过小官吏,但是看到商纣王的暴行、人民的疾苦,甚为愤慨,一怒之下辞官而去,开始长期游说诸侯。姜子牙的思想是开放的、先进的,也说明了其政治的敏感性、远见性。在选择贤君明主方面,姜子牙显然很高明,并具有政治的远见性。姜子牙闻周西伯贤,有意投靠他,与其他人将西伯从商营救了出来。《史记·齐太公世家》记载,西伯返回封国后,"与吕尚阴谋修德以倾商政,其事多兵权与奇计,故后世之言兵及周之阴权皆宗太公为本谋"。

（二）军事方面

史实证明,姜子牙在军事上能够制定正确的战略决策,并能抓住时机进行战略决战。在灭商的战略层面上,作为首脑的姜子牙实行了三大战略安排,体现了姜子牙在军事上具有先进性和远见卓识。第一,为了稳固后方,首先消灭位于西周西北部的密须、犬戎两国。第二,消灭位于殷商南北的邘、耆、崇等国,然后东迁国都至丰邑,形成对殷商的三面包围之势。第三,东渡黄河决战灭商。《史记·周本纪》记载,刚开战"武王使师尚父与百夫致师,以大卒驰帝纣师",说明姜子牙不仅足智多谋,还是一名英勇善战、驰骋疆场的战将,可谓文武双全。

（三）治国理政方面

周朝成立后论功行赏。《史记·周本纪》记载,武王"于是封功臣谋士,而师尚父为首封。封尚父于营丘,曰齐"。当时的齐地还属蛮荒之地,且受殷朝统治长久,当地人对新政权的抵触情绪肯定不小,这无形中加大了姜子牙建立稳固的新生政权的难度。但是姜子牙从依靠强力保卫政权、尊贤尚功、尊重当地习俗、因地制宜发展工商业四个方面着手,很快稳定了齐国的政局,齐国日益国富民强。

(四)爱民思想方面

自古以来,得民心者得天下。太公言:"敬其众,合其亲。敬其众则合,合其亲则喜,是谓仁义之纪。无使人夺汝威,因其明,顺其常。顺者,任之以德;逆者,绝之以力。敬之勿疑,天下和服。"姜太公治国安民用仁道、施仁政、重教化、因民俗、顺民情,充分表现了姜太公治国理政的出发点和落脚点都是爱民。《六韬·文韬·国务》记载,太公曰:"利而勿害,成而勿败,生而勿杀,与而勿夺,乐而勿苦,喜而勿怒。"姜太公的爱民思想之深,在先秦军事、政治和诸侯中是难能可贵的。

(五)举贤重贤方面

《六韬·文韬·上贤》《六韬·文韬·举贤》两章集中表现了姜太公的重贤、上贤、选贤、举贤的圣贤治国论。姜太公认为,作为君主治理国家,必须尊崇德才兼备的贤人,抑制无才无德的庸人;任用忠实诚信的人,除去奸诈虚伪的人;严禁暴乱的行为,禁止奢侈的风俗。明君用人应当警惕六种坏事、七种坏人。六种坏事的危害是:"伤王之德""伤王之化""伤王之权""伤王之威""伤功臣之劳""伤庶人之业"。对七种坏人,绝对不可信用,即"勿使为将""勿与谋""勿近""勿宠""勿使""禁之""止之"。这就堵死了坏人干坏事、危国家、害民众的路径。

(六)富国富民方面

姜太公的工商富民、理财富国的发展思想是全面而周到、精辟而深刻的。《六韬·文韬·六守》中记载,太公曰:"人君有六守三宝。"六守即仁、义、忠、信、勇、谋,三宝即大农、大工、大商。"农一其乡则国足,工一其乡则器足,商一其乡则货足。三宝各安其处,民乃不虑。无乱其乡,无乱其族。臣无富于君,都无大于国。六守长则群昌,三宝全则国安。"齐立国之后,"通商工之业,便鱼盐之利"被列入建国方针,即农工商同时发展,重点又是发展工商业,正确的治国方针使齐国发展成为一个民富国强的大国。姜太公的"三宝"思想,不仅是齐国经济发展的基本方针政策,而且为齐国的强大奠定了政治、物质基础。

二、太公文化的当代价值

姜太公思想文化内涵是广泛的,其思想文化作为文化软实力,对当今我国社会治理及当前的法治国家建设仍具有积极意义。在当代的中国仍然值得提倡,姜太公文化对推动当代社会的发展进步仍然具有积极的意义。

（一）实事求是,因地制宜

党的十一届三中全会重新确立了实事求是的思想路线,为全面改革奠定了思想理论基础。这些思想带有历史传承性,大多继承了中华优秀传统文化的精髓。姜太公思想文化中包含着诸多实事求是的思想。太公封齐立国后,当时齐国的基本状况是丘陵、盐碱地居多,姜太公从齐国实际出发,因地制宜,重视工商业,齐国渐渐走上了富国强民的道路。

（二）尊重习俗,民族融合

齐国因地处东陲,长期受东夷文化影响,其民俗与中原腹地也不同。太公就国后,并不是像周公那样去改变鲁国的诸多习俗,而是做了充分的调研,正如《史记·齐太公世家》记载,姜子牙在齐地"因其俗,简其礼",尊重民俗,简化礼仪。民俗和礼仪经过一代一代的积累具有很强的稳定性,改变民俗和礼仪总会遇到很大的阻力,甚至会危及新政权的巩固。姜子牙推行尊重当地人的风俗习惯和简化礼仪的政策,不仅减少了齐人对新政权的反抗意识,还减少了礼对人们思想行为的束缚。最终由于"因其俗,简其礼"的正确政治眼光和措施,达到了较好的治国效果。

（三）精兵强国,恪守战略

国防军事建设是姜太公思想的重心,在遗留下来的诸多太公论述中,军事思想论述最多,尤以兵书《六韬》为代表。《六韬》主要以文王、武王与太公对话的形式,论述了太公的一些军事思想。姜太公认为用兵也有一定的讲究,也有一定的规矩,用兵的最好境界就是"全胜不斗",要取得这样的结果需要运用"大智大谋"的军事谋略。

(四)知人善用,任人唯贤

能者知人善用。姜太公任人唯贤,自出任周朝太师起一直重视选贤举能,举贤尚功,即指选拔有才德的人,给其爵位,授其实权,让他们在国家建设中发挥应有的作用,对通过考核符合选贤标准的人,不分亲疏,均用其所长,最大限度地发挥他们的积极性和创造性。太公曰:"将相分职,而各以官名举人。按名督实,选才考能,令实当其名,名当其实,则得举贤之道也。"文王推行了太公"举贤任能"的用人路线,吸引了大批贤士良才赴周,从而形成了西周人才济济的盛况。

(五)爱民为民,亲民利民

姜太公的民本思想对齐国以及整个中国后世的治国方针、观念态度、人文精神等方面都有非常重要的影响。以人民为中心的思想,为后来管仲的人本思想奠定了基础,使得齐国后来能够称霸诸侯;也为晏婴的廉政建设提供了思想依据,晏婴的"倡省刑薄赋敛""尚俭倡廉"正是姜太公民本思想的继承和发展,更是孟子"民贵君轻"思想的源头。姜太公的治国方略,为历代政治家、思想家所重视、效法,在当今依然有其重要的思想价值和实践意义。

三、太公文化内涵的传承

太公文化内涵丰富,作为历史的挖掘者、研究者、保护者、传承者,如何打造特色,传承和发展太公文化是一个重要的课题。

(一)创作一批文化产品,打造一个文化产业基地

卫辉市位于黄河北部、太行东麓、卫水之滨,是牧野大战发生地、姜太公故里、中国财神文化之乡、全国科普示范市、中国最佳文化生态旅游城市之

一。殷商时期为畿内牧野地,西汉高祖二年设置汲县,先后为郡治(汲郡)、州治(卫州)、路治(卫辉路)、府治(卫辉府)和道治(豫北道、河北道),已有3000多年的历史,素有"南通十省,北拱神京"之称。

卫辉以苍峪山、跑马岭、灵泉峡等为代表的山水景观和以比干庙、望京楼、香泉寺等为代表的人文景观独具特色。比干庙、跑马岭休闲生态园、龙卧岩分别为国家4A级、3A级、3A级旅游景区。共有比干庙、望京楼、姜太公故里、孔子击磬处等国家、省、市级文物保护单位、文化古迹114处。卫辉的天然优势是我们传承历史文化的宝贵资源,是文化产业发展的基础素材。其中以姜太公故里为盛,如何开发这些文化资源,关键是要创作出反映太公文化特色的文化产品,打造现代人能够感受的承载太公文化的文化产业基地。需要建立长期稳定的太公文化研究机构,坚持不懈地开展太公文化的全方位研究,打造太公文化产业基地。

(二)开发一批旅游产品,打造一个旅游文化品牌

卫辉市有四条大中型河流和四座中小型水库。水面面积5900亩,其中市区古老的护城河、人工湖水面面积近1000亩,居豫北之首,素有"北方水城"之美誉。旅游是目前文化产业中发展最成熟、人们认可度最高的新兴战略产业,依托有利地势,太公文化在文化传承方面大有文章可做。我们要依托山水景观,开辟太公文化的旅游线路,推出新的旅游产品,打造太公文化旅游品牌。

(三)培养一批文化人才,建设一个文化发展高地

太公文化产业发展之所以与整个文化资源基础和区域经济发展还不太适应,关键还是文化人才匮乏。发展文化产业现在最主要的瓶颈就是文化人才问题。应该进一步完善文化人才培养和引进机制,造就一批文化产业策划人才、管理人才、创作演艺人才、文化产业经纪人才、文物保护专业人才等。健全和完善文化人才评价、选拔、流动和保障机制,为文化人才成长营造良好的外部环境。

没有高度的文化自信,没有文化的繁荣兴盛,就没有中华民族的伟大复

兴。我们要在文化自信上先行一步,太公文化的当代思想值得我们深入地挖掘和开发,通过太公文化的发展引领,全力打造卫辉文化高地,让生于斯长于斯的子孙后代知文化、懂历史,树立高度的文化自信,为实现中华民族伟大复兴不懈努力。

(作者系新乡市博物馆副研究馆员)

从神话到民俗：姜子牙形象的叙事转向及其文化意蕴

李进宁

具有"斩将封神""诛纣兴国"称誉的周室股肱之臣姜子牙，以其大半生艰难曲折经历和晚年完美的政治格局书写了别具一格的人生，尤其是渭滨垂钓遇文王时的踌躇满志，运筹帷幄而决胜于牧野的豪迈，以及封齐之后崇本重商的富民强国之策，等等，赢得了世人无限崇拜与景仰之情。于是，历史的真实在口耳相传的时代历程中，逐渐趋于神圣化、传说化、神话化，甚至于在迈向神坛的过程中达到了无以复加的最高神地位。随着社会发展、经济发达、时代思想导向的转变，姜子牙逐渐走向神坛。但是，在广大民众的心目中，姜子牙神灵形象早已深深烙印在灵魂深处，尽管统治阶层摒弃了他的神威和膜拜，可是其脚步却踏进了世俗民风的信仰之中，正如"乐本情性"一样，它"浃肌肤而臧骨髓，虽经乎千载，其遗风余烈尚犹不绝"①。鉴于此，笔者不揣浅陋，拟从姜子牙神话形象和民俗形象及其涵盖的文化意蕴等方面进行较为系统的梳理与探讨，这样无疑对于全面认知和分析姜子牙形象及太公文化现象等大有裨益。

---

① 〔汉〕班固：《汉书·礼乐志》，中华书局1962年版，第1039页。

一、姜子牙神话形象流变及其意义

历史书写中的姜子牙形象给世人展示了其立体的人生画卷,既具有历史真实性又夹杂世俗传说,文本记录与口传文献彼此交织,相互印证。这样,一位爱憎分明、叱咤风云的人物形象便活灵活现地从历史"叠影"中走来。作为周室股肱的贤能良相,姜子牙出谋划策、将将役卒,在周王的带领下会盟八百诸侯逐鹿牧野,终结了商纣王的统治,平息了动荡不安的政局,归整了乱象丛生的社会秩序,从而恢复了社会生产,安抚了流离失所的民众,得到了官宦黎氓的支持和拥戴。此时,其人生的传奇色彩在口耳相传中经过不断的渲染增饰而渐趋高大、神圣起来,直至走上高不可攀的神坛并被后世顶礼膜拜地加以供奉。根据神话发生学可知,一个人既然能够成为举世瞩目的一代帝王将相,必定有其异于常人的相貌、能力和智慧等因素,于是极具英雄主义色彩的神话传说便依附其身并相次生成了。从文化人类学的本质来看,任何一个富于想象力并具有高尚追求的部族或民族都有着符合自身的神话传说在其民族志中撒播并流传,但是,由于人们对于神话传说主体认知不同,其载体也呈现出各有千秋的态势,即神话历史化和历史神话化、仙话化或世俗化。"如果说,中国古代文化的一个非常显著的特征是神话形象的历史化,那么到了中世纪则正相反,历史人物经历了神话的过程。"姜子牙历史形象的神话化和世俗化过程就是明证。鉴于此,我们可以通过历史书写中的姜子牙形象到神话传说的"置换变形"过程,深入了解和认识其原型或意象在经历了时空变换之后而改造、再造或异化为神话的过程。

首先,牧野之战中"维师尚父,时维鹰扬"的伟岸形象一旦定格在历史的空间并被人们发扬光大、顶礼膜拜,在人们心目中就逐渐地被演绎为具有一定神格的武神形象,同时还具有了特定的政治情怀和现实意义。检索材料可知,姜子牙形象由人格到神格的历史转向经历了漫长的发展演变过程。

其一,由历史形象向半人半神形象的转变过程,此阶段是以秦汉谶纬之学的广泛传播为基础而形成的。史载,西伯姬昌脱羑里而归,"与吕尚阴谋修德以倾商政,其事多兵权与奇计,故后世之言兵及周之阴权皆宗太公为本谋。……天下三分,其二归周者,太公之谋计居多"①。牧野战前,太公认为:"鸷鸟将击,卑飞敛翼,猛兽将搏,弭耳俯伏,圣人将动,必有愚色。"②于是,隐其锋芒,韬晦待机,并"为玉门、筑灵台,相女童,击钟鼓,以待纣之失也"③。西伯姬昌佯装游手好闲、纸醉金迷的堕落生活使纣王信以为真,"周伯昌改道易行,吾无忧矣"④。牧野之战获胜后,太公下令:"散鹿台之钱,发钜桥之粟,以振贫民。封比干墓,释箕子囚。迁九鼎,修周政,与天下更始。"⑤姜太公以其出色的奇谋妙策与英勇善战,赢得了"谋略家的开山鼻祖"之称誉,"故后世之言兵及周之阴权皆宗太公为本谋"。此等超凡谋略和卓越的军事才能为其神化过程预设了较为充分的前提条件,也就是说,一旦具有了适合其成长壮大的良田沃壤,将其塑造为一定的职能神或行业神是历史的必然选择。

两汉之隙,谶纬泛滥,神学附会和解释祥瑞灾异的政治预言层出不穷。在此基础上,不少历史或传说都披上了神秘的谶纬外衣,展现着亦真亦幻的奇异光彩,姜子牙形象的神话化便应运而生了。《尚书大传·西伯戡耆》篇曾以先知先觉的预言形式描绘了太公佐周而发达的现实:"周文王至磻溪,见吕望,文王拜之。尚父曰:'望钓得玉璜,刻曰:周受命,吕佐检,德合于今,昌来提。'"⑥《说苑·逸文》也通过太公渭滨获鲤,刳腹得书"吕望封于齐"⑦的谶语而未卜先知。即使在王充《论衡》中也可以看到时人对于姜子牙形象痴狂渲染或神话化的痕迹:"武王伐纣,太公阴谋,食小儿以丹,令身纯赤,长大,教言殷亡。殷民见儿身赤,以为天神,及言殷亡,皆谓商灭。"⑧历史事实在谶纬学

---

① 〔汉〕司马迁:《史记·齐太公世家》,中华书局1959年版,第1478~1479页。
② 中国兵书集成编委会:《武经七书直解·六韬·武韬》,解放军出版社1990年版,第1160页。
③ 〔汉〕刘安著,何宁撰:《淮南子集释·道应训》,中华书局1998年版,第873页。
④ 〔汉〕刘安著,何宁撰:《淮南子集释·道应训》,中华书局1998年版,第873页。
⑤ 〔汉〕司马迁:《史记·齐太公世家》,中华书局1959年版,第1480页。
⑥ 〔清〕皮锡瑞:《尚书大传疏证》(卷三),光绪影印本,第20页。
⑦ 〔清〕卢文弨:《群书拾补》,清光绪影印本。
⑧ 〔汉〕王充著,黄晖校释:《论衡校释(附刘盼遂集解)》,中华书局1990年版,第826~827页。

的装饰下使太公形象愈益神秘化和神圣化,尽管"人"的质素依然存在,但是超自然的先验因素却成为了其主导内容,"神"的色彩进一步彰显。晋太康十年(289),汲县《齐太公庙碑》引《周志》言:"文王梦天帝,服玄穣,以立于令狐之津,帝曰:'昌,赐汝望。'文王再拜稽首,太公于后亦再拜稽首。文王梦之夜,太公梦之亦然。其后文王见太公而訊之曰:'而名为望乎?'答曰:'唯,为望。'文王曰:'吾如有所见于汝。'太公言其年月与其日,且尽道其言:'臣此以得见也。'文王曰:'有之有之。'遂与之归,以为卿士。"①碑文通过文王和太公在梦境中的彼此对话,刻画了太公在天帝的见证下"与之归"并成为文王卿士的过程,曾经的历史事实在先验主义的绘饰下俨然具有了预设的合目的性,"天帝"的参与更加强化了神话色彩。由此可知,民间传说及文人的藻饰加工使姜子牙形象具有了一定的神格,并且更加接近了法力无边的神灵形象。不言而喻,其中包含了姜太公伟大的政治情怀以及民众的美好愿望,具有强烈的功利目的和特定的现实意义。

其二,从齐地庙祀到国家祭祀规格的转变,不仅奠定了姜子牙武圣和武学始祖的高大形象,同时也真正确立了其武神形象的神格范畴。但是,鉴于各种复杂因素的存在,姜子牙武神形象转瞬即逝,其神格也在国家祭典层面渐趋边缘化,随后被忠义侠勇的关羽所取代,逐渐淡出武神谱系。然而从军事谋略的渊源考量,姜子牙堪称我国有史以来较为成功的谋略家、军事家,更是佐霸经国之栋梁。素有"太公兵法"之称的《六韬》被冠以"先秦军事思想和兵家权谋的集大成"著作,或许正是姜子牙军事谋略和兵法思想展现的主要阵地。因此,他的确可以称为我国远古兵家思想的继承者、实施者、开拓者和传播者。从神话谱牒世系观之,祠庙祭祀应是姜子牙神格形成之肇始。《左传·襄公二十八年》载:"齐庆封好田而耆酒,与庆舍政。……十一月乙亥,尝于大公之庙,庆舍莅事。"②由此可知,春秋时期的太公庙当为齐之宗庙,属方国祭祀"有功德于民者"的先祖庙。因此,《齐乘》记载太公庙址甚详:"太公庙

---

① 〔清〕严可均校辑:《全上古三代秦汉三国六朝文·古逸》,中华书局1958年版,第107页。
② 〔清〕洪亮吉:《春秋左传诂》,中华书局1987年版,第601~602页。

在临淄西营丘。"自此，作为佑福齐姜后世子孙永续相传的太公庙祀绵延不绝，直至唐代登堂入庙进行全国范围的大祭。史载，唐玄宗诏令："两京及天下诸州，各置太公庙一所。"唐肃宗上元元年（674）又"追封为武成王，有司依文宣王置庙，仍委中书门下，择古今名将，准文宣王置亚圣及十哲等，享祭之典，一同文宣王"①。由此可知，唐肃宗追封姜子牙武成王庙的享祭同于孔子文宣王庙，并昭告天下乡贡武举之人在遴选之前首拜太公庙，从此开启了国家崇祀武神的文化传统。此事表明，为了选拔国家栋梁之才，并积极灌输忠君爱国思想，唐朝统治者比较重视利用武举制度笼络人心，教化民众，尤其是通过武神信仰和崇拜的尚武精神服务于君王开疆拓边的国策。

但是，随着作为从祀武成王庙的关羽的神话兴起，武神形象的主神便悄然发生了变化。姜子牙武神形象在一些持不同意见者的口诛笔伐下逐渐走下神坛，并淡出了人们的视野，而忠义淳厚的关羽神话形象则反客为主，成为了新的武神形象。尽管北宋时期，真宗朝为重振武举而加封姜子牙为昭烈武成王，神宗朝为抵御北寇南扰而令武将必读《太公兵法》，但是均未能重新以国祭形式"崇祀太公"并树立姜子牙武神形象，达到"资其佑民之道，立乎为武之宗"②的愿望。尽管明初官民仍然有祭祀武成王庙的习俗，如《明史》所载："初太公望有武成王庙，尝遣官致祭如释奠仪。"③但洪武中期，在偃武修文的国策和从祀制度改革之下，"上曰：太公，周之臣，封诸侯，若以王祀之，则与周天子并矣。加之非号，必不享也。……太公之祀，止宜从祀帝王庙。遂命去王号，罢其旧庙"④。至此，几经波折的武成王庙在朱元璋维护皇权至尊的强大压力下轰然崩塌了，相应地，人们心目中的武神形象姜子牙也走下了神坛，而武神关羽之祀则成为"独隆"并延续至今。由于姜子牙显赫声名与绝世智慧，他并没有随着官府神话体系的变动而在民间销声匿迹，恰恰相反，在此基

---

① 〔宋〕王溥：《唐会要》，中华书局1955年版，第435页。
② 〔元〕脱脱：《宋史》，中华书局1977年版，第13001页。
③ 〔清〕张廷玉：《明史》，中华书局1974年版，第1293页。
④ "中央研究院"历史语言研究所：《明太祖实录》（卷183），上海书店1982年版，第2759页。

础上它又蘖生了新的神话传说并以文学作品的形式定格下来,如元代至治年间刊行的《武王伐纣平话》,虽以讲史为名,但"斩将封神"的民间传说却寄寓于字里行间,以全新的形式彰显着文韬武略的太公神话形象。而明朝隆庆、万历年间风靡坊间的神魔小说《封神演义》,通过演绎民间神话传说,再次把姜子牙推上了民众广为信仰的神坛,并将其尊为武祖、天齐至尊、光明之神、神上神、众神之神、神祖等神灵称谓。

概而言之,由于姜子牙在灭商兴周过程中身先士卒、功勋卓著,封齐之后又表现出了非同凡响的治国才能,因此人们立庙祭祀,在顶礼膜拜中倾其圣听,视若神明。孟子说:"大而化之之谓圣,圣而不可知之之谓神。"赵岐注曰:"大行其道,使天下化之,是为圣人。有圣知之明,其道不可得知,是为神人。"①太公遵天之大道,行正义之事,明圣知之理,化天下之民众,故有武圣、武神之谓。从小我到大我的升华,从人格到神格的转向,正是历史人物的神话化过程,它不仅表现了时人对于历史人物的某种精神寄托,更是通过一种神话的思维方式表达他们的某种向往和期待。其实,"神话是人类把握外部世界的一种思维方式、一种精神形态,是人类精神形态发展整体中的一个有机组成部分,一个不可缺少的阶段。神话同人类其它精神形态处于联系、渗透、转化的辩证关系之中"②。姜子牙形象的神话化过程正是这种辩证关系的反映和再现。整体而言,一位妇孺皆知的历史人物形象,从夸饰荒诞的民间传说到垂首肃穆的武神崇拜再到更为广阔的民间传说的发展历程,恰恰体现了姜子牙形象神话化过程中不同阶层的价值取向:统治阶级为了国祚永享,文韬武略连镳并轸而大张旗鼓地宣扬和神化之,人民群众则希望太公以役神降魔的法力铲除人间邪恶,佑护家族平安康宁。尽管出于不同的考量,但最终目的一致,因此二者相辅相成、互相推动,成就了风靡一时的武神形象及其神灵崇拜。

其次,姜子牙"众神之神"神格的生成与降格具有文化人类学意义。从姜

---

① 〔清〕焦循:《孟子正义》,中华书局1987年版,第994页。
② 叶舒宪:《中国神话哲学·导言》,中国社会科学出版社1992年版,第7页。

子牙武神形象的发展历程来看，统治阶层对其神格的排斥和剥夺，从一定程度上直接削弱了它在民众心目中的崇高地位和威望，但是具有强大生命力的民间信仰却倔强地延续着姜子牙犹如"橡树的槲寄生"一样的神灵形象："无论生或死都寄托在生长于橡树上的槲寄生之内，只要槲寄生完全无恙，他就像巴尔德尔一样不会死亡。"①在人们口耳相传的神话叙事中，经过神话形变的姜太公再次被重新塑造为"众神之神"形象，明朝许仲琳《封神演义》是其生成与传播的主要载体，也是累积前人智慧而成为"箭垛式"神话形象的集大成作品。文本通过一定的文学加工与鲜明的人物形象刻画，重构了一位能够统辖天地各色神灵的主神形象。从神话发生学的角度来看，此种现象的产生应该是人们希望在神话谱牒中树立一位能够限制和协调诸神神权的宗主神形象，进而维系神坛秩序和神灵间彼此关系。从文化人类学角度观察，却体现了人们对于我国不同区域、不同民族缺乏主神崇拜而产生的渴望与信仰，是神灵神权的集中和神格提升的体现。但是伴随着姜子牙封神之后，自己却无职而封，不得已选择于庙宇屋脊之上，成为了一位无家可归的游神的文学描述来看，姜子牙"众神之神"的神格非但没有得到真正提升，反而是一种降格和消解的彰显。尽管如此，姜子牙神灵形象仍然不失为我国一个特殊的民间信仰符号，甚至于就是一种独有的文化现象，从此角度而言，它还具有一定的文化人类学意义。

　　检索文献可知，《封神演义》对于姜子牙"众神之神"形象的形变重塑并非空穴来风或主观臆断，而是具有一脉相承性的有案可稽的神话原型存在。据《史记·封禅书》记载，秦始皇一统天下之后，"遂东游海上，行礼祠名山大川及八神，求仙人羡门之属。八神将自古而有之，或曰太公以来作之"②。为了安抚百姓，稳定人心，牢笼天下，秦始皇在齐地祭祀了天主、地主、兵主、阴主、阳主、月主、日主、四时主共八神，按照太史公所言，所祭齐地"八神"，其来源说法不一，或认为"自古而有之"，或认为姜太公为齐国长远计而创立的佑福

---

① [英]弗雷泽著，徐育新等译：《金枝》（下），大众文艺出版社1998年版，第624页。
② 〔汉〕司马迁：《史记·封禅书》，中华书局1959年版，第1367页。

齐民的。从现存资料考察,当时或更早时期已经流传着姜子牙在齐地封神的传说,这无疑把姜子牙的地位提高到"八神"之上。因此,《史记》所论应是姜子牙封神故事的开端。随着足智多谋、大器晚成的姜子牙形象在民间的广泛传播与增饰重塑,其形象愈益职能化和神话化。相传汉代人所作《太公金匮》便记载了姜子牙役使神灵的故事,文曰:

> 周武王伐纣,都洛邑。海内神相谓曰:"今周王圣人,得民心乎! 当防之,随四时而风雨。"阴寒雨雪十余日,深丈余。甲子平旦,有五丈夫乘车马,从两骑止门外,欲谒武王。武王将不出见,姜太公曰:"不可。雪深丈余,而车骑无迹,恐是圣人。"王使太师尚父谢五丈夫曰:"宾幸临之,失不先问,方修法服。"太师尚父乃使人持一器粥,开门而进五车两骑,曰:"王在内,未有出意。时天寒,故进热粥以御寒,未知长幼从何起?"两骑曰:"先进南海君,次东海君,次西海君,次北海君,次河伯、雨师、风伯。"粥毕,使者具以告尚父,尚父谓武王曰:"客可见矣。五车两骑,四海之神与河伯、雨师耳。"王曰:"不知有名乎?"曰:"南海之神曰祝融,东海之神曰勾芒,北海之神曰玄冥,西海之神曰蓐收。河伯名为冯夷,雨师名咏,风伯名姨。请使谒者各以其名召之。"武王乃于殿上,谒者于殿下,门外引祝融进,五神皆惊,相视而叹。祝融拜武王曰:"天阴乃远来。"武王曰:"何以告之?"皆曰:"天伐殷立周,谨来受命,愿敕风伯、雨师,各使奉其职。"①

根据上述简短叙事可知,姜太公在其中扮演了沟通人神相见的中间人身份。如果剔除武王伐纣的历史因素,只是从虚构的故事情节考虑,两汉时期的姜子牙形象中便增加了役使神灵为己所用的情节,具有明显的传奇色彩。因此,它作为民间传说故事,已经较为完整地表现了神话世界中姜子牙的艺术形象。到了晋代,干宝《搜神记·灌坛令》进一步记载并刻画了姜子牙避神的相关故事情节:

---

① 〔清〕洪颐煊辑:《太公金匮》,问经堂丛书影印本。

> 文王以太公望为灌坛令。期年，风不鸣条。文王梦一妇人，甚丽，当道而哭。问其故，曰："吾泰山之女，嫁为东海妇。欲归，今为灌坛令当道有德，废我行。我行必有大风疾雨。大风疾雨，是毁其德也。"文王觉，召太公问之。是日果有疾雨暴风，从太公邑外而过。①

姜子牙任灌坛令时，以德而治，教化齐鲁。当地风调雨顺，五谷丰登，人民群众安居乐业，以至于携风带雨的海神"泰山之女"回泰山省亲时也要"从太公邑外而过"，唯恐"废我行"而"毁其德也"。由此可知，这种先验式的神化太公的现象应该是人们对于德政和廉吏的渴望，也是把太公推向神坛的政治需要。经过数载演绎与发挥，至唐大街小巷的要冲墙壁之上便出现了"姜太公在此，诸神归位"的偈语。宋元以来的类书和话本小说等文学作品分别以不同的创作形式和表达方法记录了姜子牙"众神之神"神灵形象，如《太平御览》《封神记》和《武王伐纣平话》等。尤其是在前期文学创作的基础上形成的神魔小说《封神演义》，作者借助稽诸史典的武王伐纣事件重新刻画了上古诸神百态，树立了神权的威严和神圣不可侵犯，归整了民族化的神系谱牒，同时高度神化了姜子牙法力无边、无所不能的万神之主形象，这基本上奠定了姜子牙"众神之神"的崇高地位。从表面上看，姜子牙神话形象犹如罗马神话中的朱庇特或希腊神话中的宙斯一样，不仅是战争中的保护神而且还是和平时期的道德、正义、信誓之神。但是，根据《封神演义》中姜子牙封神之后，自己没有神位可封的窘况可以看出，所谓的"众神之神"已经缺少了主神的神格，在当时的社会环境下，尽管重新编制神谱的呼声此起彼伏，但是却很难形成层次分明的谱系格局。因此，姜子牙"众神之神"形象具有先天性的主神神格缺席特征，正如清人毛宗岗所言："每读《封神演义》，满纸仙道，满目鬼神，觉姜子牙竟一无所用，不若《三国志》中之偶一见之也。如伏波显圣，山神指迷，入山求草，祝井出泉，未尝不仰邀神助，恍遇仙翁，然不可无一，不容有二。使尽赖鬼谋，何以见人谋之善；使尽仗仙力，何以见人力之奇哉？"②其说诚是。

---

① 〔晋〕干宝撰，汪绍楹校注：《搜神记》，中华书局1979年版，第44页。
② 〔明〕罗贯中著，〔清〕毛宗岗批评：《三国演义》（下），岳麓书社1989年版，第1280页。

不仅如此,姜子牙还具有职能化的行业神形象。由于"太公望吕尚者,东海上人"和渭水垂钓的缘故,渔者奉其为"捕鱼业的祖师";由于武王伐纣时,太公占卜龟兆以示吉凶,人们奉其为"占卜业的祖师";等等。

根据姜子牙神话形象的生成、发展演变过程,我们可以得出这样的结论:后世广为流传的神话故事就是不同语境的人们根据时代需求和文化信仰而精心打扮的心灵寄托。在一定的社会环境中,这些早已脱离集体无意识和原逻辑状态下的人们依旧会通过各种方式表达内在心灵和外部世界的互动和碰撞,于是社会发展程度与社会环境便酿就了人的精神状况,后起神话就是在人的精神状况发生改变的过程中对于社会所需而形变的神话。

二、姜子牙神话形象的民俗化及其文化意蕴

随着姜子牙神话形象的广泛传播与深入民心,不同地域、不同时代以及不同族别的人们逐渐接受并根据需要重新预设了姜子牙形象。于是,在生生不息的口耳相传中,与姜子牙相关的各类传说和名物便被人们改编为奇特的民间故事,甚至于成为民间风俗和信仰。由此看来,姜子牙神话形象并没有随着武神形象的消失、"众神之神"神格的降格和消解而终结自己的历史使命,相反,它却以另一种生命方式表达着特有的民族情怀和价值取向,并成为民间风俗与民族信仰的一部分,继续导引着芸芸众生穿梭于天地间。众所周知,作为一种特殊的社会意识形态,民俗大多是经过漫长的文化积淀而形成的社会现象与文化符号。它不仅反映了时人的精神活动和民族信仰,同时也表达了一个时代对于这种文化现象和社会现象的总体认知。因此,姜子牙神话形象的民俗化转向,正是人们对太公文化的接受和认可的直接体现,也是人们渴望得到姜子牙神灵佑护的一种心理寄托和美好愿望,具有强烈的民族气息和深厚的文化底蕴。

首先,从渭滨垂钓的神话传说演绎而来的民间故事和民间俗语,裹挟着民族的梦和智慧的灵魂,在世代播迁中彰显着人们对于姜太公的歌颂和赞

美。具有一定历史依据的姜子牙渭水垂钓之事,文献记载颇丰富。但是,经过历代民间的广泛传播和艺术加工使之渐趋神话化,同时随着时代发展和时人需要,其垂钓画面逐渐被人们通过世俗化的表达方式定格下来,并演绎为生动形象的民间传说或歌谣,成为人们喜闻乐见的艺术形式和民间俗语等。一般认为,姜太公垂钓于渭水磻溪,《水经注》载:"渭水之右,磻溪水注之,水出南山兹谷,乘高激流,注于溪中,溪中有泉,谓之兹泉。泉水潭积,自成渊渚,即《吕氏春秋》所谓太公钓兹泉也。今人谓之丸谷,石壁深高,幽隍邃密,林障秀阻,人迹罕交。东南隅有一石室,盖太公所居也。水次平石钓处,即太公垂钓之所也。其投竿跽饵,两膝遗迹犹存,是有磻溪之称也。"[1]《读史方舆纪要》更详:"磻溪,在县东南八十里。有磻溪谷,岩谷深邃,磻溪石及石室在焉。太公垂钓处也。北流入岐山县南为璜河,入于渭水。"[2]再者,不少诗词歌赋也以诗化语言表达了对于渭滨磻溪的钟爱与赞叹,唐人张九龄《骊山下逍遥公旧居游集》云:"岂与磻溪老,崛起周太师!"李白《梁甫吟》感慨"钓渭之遇":"君不见,朝歌屠叟辞棘津,八十西来钓渭滨。"罗隐《题磻溪垂钓图》更是称誉:"吕望当年展庙谟,直钩钓国更谁如。"文及翁《贺新郎·西湖》也称:"余生自负澄清志,更有谁,磻溪未遇,傅岩未起。"显而易见,磻溪是人们普遍认可的"太公垂钓处",为了进一步显现姜子牙形象的伟岸与不同寻常之处,《武王伐纣平话》通过艺术加工的形式,以丰富的想象和夸饰的辞藻塑造了姜子牙渭水垂钓与灭商兴周相关的传说故事,如"文王拉纤""子牙出山""朕闻磻溪叟,一钓而与周公八百之基"[3]"太公一钓,享国千秋"[4]等。为了更加直观地表达渭水垂钓对于周王朝的重大作用和历史贡献,人们又以具象的形式模拟当时情景,以至于在磻溪近处斧凿所谓的"静室遗址""垂钓遗迹"等景观,同时以《太公钓鱼台碑记》《重修太公钓鱼台碑记》等碑刻的形式加以佐证。由

---

[1] 〔北魏〕郦道元著,陈桥驿校证:《水经注校证》,中华书局2007年版,第433页。
[2] 〔清〕顾祖禹:《读史方舆纪要》(五),中华书局2005年版,第2645页。
[3] 〔清〕褚人获:《隋唐演义》(上),云南人民出版社1981年版,第95页。
[4] 〔清〕孔尚任:《桃花扇》,人民文学出版社1982年版,第99页。

于渭水垂钓"大钓本无钩"等传说广泛传播于乡间里巷,于是与之相关的民间俗语便应运而生了,如"姜太公钓鱼——愿者上钩""姜子牙钓鱼,稳坐钓鱼台"等,钦慕和崇拜之情荡漾于字里行间。

其次,从姜子牙"众神之神"的神话故事延伸而来的民间传说和信仰,寄寓了人们渴望神坛上出现一位能够祛邪扶正、福佑天下的主神,而足智多谋、股肱周王的姜子牙则成为不二人选。伴随着世人对于姜太公封神、役神以及避神等神话叙事的铺陈和传播,"众神之神"的神格不胫而走,以至于家喻户晓、妇孺皆知。经过漫长的口耳相传以及《封神演义》的文化积淀和播迁,姜子牙"众神之神"的神话故事渐渐向民风、民俗以及民信等方向转化。如腊月二十三日为我国民俗中的小年,是祭灶之日,人们"预备糖饼,扎一小马供于送灶之暮,又树灯笼高杆于庭,红笺书曰'太公在此'四字粘之,谓之'灯笼杆'。言备除夕诸神下界,姜太公无位可居,当移驾于灯杆之下故也"①。显而易见,此俗与姜子牙封神之后自己却无职可封有关,然而人们通过这样一个重要节日表现出来,既体现了欲以姜子牙主导一切神灵的美好愿望,又反映了其主神神格无处安置的窘况。从人们乐此不疲的祈祷和祭祀过程来看,这种巧妙安排并没有影响世人对其敬重和膜拜的现实,反而愈呈蔓延扩张之势。相传在我国北方地区建房之初,房屋主人要择日奠基,并在门框上张贴"太公从此过,今日好安门"的红纸条幅,起脊上梁之时还要在房梁上张贴"姜太公在此,上梁大吉"的字符,以通过姜太公的神威躲避诸神的惠顾,此种禁忌犹如英国人类学家弗雷泽所谓"顺势巫术"或"模拟巫术"的原则,它表明姜子牙"众神之神"神话早已被民众接受并在实际生活中广泛模拟使用,历经时代更迭,逐渐积淀为表现形式相对独立和稳定的民风民俗。推而广之,在民间,建基于"箭道"要冲之上的房屋,为家庭安全计,多置木牌或砖石,书刻"太公在此"或"泰山石敢当"等字牌以厌殃镇邪、避凶趋吉。即使新婚之日,为避开神煞,"迎亲到门,陈设猪头、酒礼(醮),道士宣演一切,谓之回车马,以为逢

---

① 张晓波:《朝阳乡里民俗语汇研析》,沈阳师范大学2007年硕士学位论文。

凶化吉。门首大书'姜太公在此,诸神回避'"①。甚至于民间制酱等人们日常的生产活动也附会到姜太公,如清代钱泳记载:"其制酱时必书'姜太公在此'五字,为厌胜,处处皆然。"②由此可知,神话中的姜子牙形象在世俗化的需求下,俨然成为无所不能、有求必应的文化符号和"太公现象"了。因此,作为祈求平安、祓除不祥的一种心理寄托,"姜太公在此,百无禁忌"的神符就成为神通广大、佑护世人的"平安语"了,故《豹韬篇》中能够化险为夷、保障平安的"太公筹"或许与此密不可分。

最后,随着姜子牙神话故事的口耳相传,人们往往通过喜闻乐见的方式表达对他的热爱与颂扬,于是太公曾经生活或战斗过的地方便逐渐被演绎为相应的传说和民间故事,这种变化体现了从历史书写到神话叙事再到民间文学演义的文化转向。在北方民族尤其是黄河流域的民族聚集区,广泛流传着周文王天下求贤,邂逅渭滨垂钓的姜子牙,文王礼贤下士,为其驾辕拉车,遂有"文王拉车八百步,周朝天下八百年"的预言性传说,以及姜子牙火烧轩辕坟的传说和姜太公封张奎为玉皇大帝而自己只能作为游神寄寓于寺庙或民居屋脊之上的民间故事,等等。无论以何种艺术形式或文化载体任意发挥姜子牙的事迹,均可以看做是对其文化继承和民族意识的彰显。毋庸置疑,此种现象正是姜子牙智慧人生的体现,尚贤民本思想的外化,反映了人民对平安吉祥的美好期盼。从文化传播和民族认同的角度而言,这是以姜子牙形象为核心而形成的文化圈,厚重的文化积淀奠定了姜子牙文化现象的归整、重组和发达。因此,围绕这种文化现象在姜子牙曾经生活或战斗过的地方便产生了许多与之相关的神话传说或民间故事,以及与此相呼应的文化载体,如河南卫辉的太公泉、太公殿、太公祠、太公墓、太公钓鱼台,山东日照的棘津钓台、临淄太公冢和太公祠、潍县钓台、东吕太公庙、吕王太公堂,以及陕西渭水钓台、太公垂钓处、磻溪钓台和太公庙、咸阳太公墓,等等。姜子牙系列文化

---

① 胡仁修等纂:《绥阳县志》,民国十七年铅印本。
② 〔清〕钱泳:《履园丛话》,《笔记小说大观》(第25册),江苏广陵古籍刻印社1983年版,第157页。

链犹如千年积淀的蓝玉隋珠,在时代华韵的映照下愈益璀璨夺目、熠熠生辉,它不仅积淀着中华民族深厚的民风民俗民信等表现形式,蕴含着丰富的文化内涵,而且还成为我国传统文化不可或缺的重要组成部分。

三、结语

姜子牙形象经历了多次蝶变,最终以人们喜闻乐见的形象根植于中华民族的精神家园。首先,有唐以来,武神形象的确立赋予了姜子牙神灵一般的存在。但是,鉴于他所具有的旧朝掘墓人身份以及其他诸多方面的原因,姜子牙武神形象在统治阶层的相互争执中很快走下神坛,尽管如昙花一现,转瞬即逝,可是他的光辉形象却令世人永志不忘。为了重塑心目中的武神谋圣形象,在深厚的文化底蕴和广泛的民情民意基础上,姜子牙"众神之神"的神灵形象逐渐撒播于民间,扎根于广大人民群众的心间,直至凝固在文学作品中。从神话学角度而言,每一位广为传颂的神灵形象大都"是对人类共同特点的记录,它和纯意识形态相反,为我们提供了一个超越语言、精神、文化、传统以及宗教的联络媒介"[①]。毋庸置疑,姜子牙神话形象所具有的民众基础也反映了中华民族的"共同特点",从其产生、形成和广布于民间并为世人所接受、认可和喜爱的过程来看,他本身就是异于"纯意识形态"的推介人和邀请者形象,是其中的"联络媒介"和人间通往神界的"昆仑""建木"。其次,由于民众的推崇以及彼此间的口耳相传,姜子牙的历史形象与神话形象在错落有致的文化交织中完成了生命涅槃。不同时代、不同区域甚至不同族别的人们在接受并内化了姜子牙形象之后,均表现出文化认同的趋向和民风民俗的一致性认知。

要之,姜子牙形象从神话叙事转向于民间叙事的过程,其携带的优秀文化因子不仅代表了广大民众的历史抉择,同时也涵盖着整个民族继续发展的

---

① 〔美〕戴维·利明,〔美〕埃德温·贝尔德;李培茱等译:《神话学》,上海人民出版社1990年版,第105页。

原动力和推动力。尤其是在当前加强非物质文化遗产保护的背景下,作为一种文化现象,姜子牙形象更能够以自己的神圣性表达与民族传统文化的关系,进一步彰显民族文化的艺术魅力,增强民族文化的感染力和穿透力。

(作者系新乡学院文学院副教授)

唐宋之际姜太公在官方祀典中的地位

余全有

姜太公是民间传说故事中一个具有传奇色彩的历史人物,文献资料中有吕尚、姜尚、吕望、师尚父等许多不同的称谓,对其出身、经历等都有许多不同说法。总体来讲,他是作为一个军事谋略家而受到民众推崇的,司马迁在《史记》中就说"其事多兵权与奇计,故后世之言兵及周之阴权皆宗太公为本谋"①,许多军事谋略均托言或附会于他身上,他甚至被称为"兵家之鼻祖"。后世史学家对他的出身、经历、业绩、思想等都进行过较多研究,而且已经取得相当多的研究成果。笔者不准备再对以上问题进行探讨,而准备探讨一下姜太公的地位在唐宋之际突然提升及其原因。

一、唐中期之前对姜太公的推崇

唐代之前,姜太公虽然也拥有相当高的知名度,但其地位远远未达到唐代的水平。人们常常将他与周文王、周武王的关系看作是君明臣贤的典范。

---

① 〔汉〕司马迁撰:《史记》,中华书局1963年版,第1478~1479页。

臣子们常常以周文王擢拔姜子牙的事情作比,吹捧当政的皇帝贤明,如曹植就说过:"昔伊尹之为媵臣,至贱也;吕尚之处屠钓,至陋也,及其见举于汤武、周文,诚道合志同,玄谟神通,岂复假近习之荐,因左右之介哉?"①裴颜也说:"咎繇谟虞,伊尹相商,吕望翊周,萧、张佐汉,咸播功化,光格四极。"②有时,皇帝也会以姜太公自比,既抬高了自己,又哄手下大臣高兴。如:"程骏为著作郎……帝曰:'昔太公既老而遭文王,卿今遇朕,岂非早也?'骏曰:'臣虽才谢吕望,而陛下尊过西伯。觊天假余年,端六韬之效。'"③"简文咸安二年,诏曰:'……赖宰辅忠德,道济伊望,群后竭诚,协契断金。'"④"隋李穆,开皇初拜太师,乃上表乞骸骨。诏曰:'……至若吕尚以期颐佐周,张苍以华皓相汉,高才命世,不拘常礼,迟得此心,留情规训。'"⑤就是一些大臣也以周文王与姜太公的事迹来显示自己求贤若渴,慧眼识人,如"(晋)景帝为魏相时,山涛年四十余,隐身不交世务,与宣穆后有中表亲,是以见帝。帝曰:'吕望欲仕邪?'命司隶举秀才,除郎中,转骠骑将军"。⑥

无论君主还是臣子都对姜太公相当推崇。范雎曰:"臣闻昔者吕尚之遇文王也,身为渔父而钓于渭滨尔。若是者,交疏也。已说而立为太师,载与俱归者,其言深也,故文王遂收功于吕尚,而卒王天下。乡使文王疏吕尚而不与深言,是周无天子之德,而文、武无与成其王业也。"⑦认为周文王与姜太公是相得益彰,如果没有周文王的慧眼,姜太公的才能就无法得以施展,如果没有姜太公的辅佐,周文王父子就无以成就王业,既突显了姜太公的超人谋略,也突显了周文王的贤德昌明。高彪作箴道:"文武将坠,乃俾俊臣。整我皇纲,

---

① 〔宋〕王钦若等编纂,周勋初等校订:《册府元龟(校订本)》,凤凰出版社 2006 年版,第 3090~3091 页。
② 〔宋〕王钦若等编纂,周勋初等校订:《册府元龟(校订本)》,凤凰出版社 2006 年版,第 3446 页。
③ 〔宋〕王钦若等编纂,周勋初等校订:《册府元龟(校订本)》,凤凰出版社 2006 年版,第 826 页。
④ 〔宋〕王钦若等编纂,周勋初等校订:《册府元龟(校订本)》,凤凰出版社 2006 年版,第 1509 页。
⑤ 〔宋〕王钦若等编纂,周勋初等校订:《册府元龟(校订本)》,凤凰出版社 2006 年版,第 3728 页。
⑥ 〔宋〕王钦若等编纂,周勋初等校订:《册府元龟(校订本)》,凤凰出版社 2006 年版,第 1061 页。
⑦ 〔宋〕王钦若等编纂,周勋初等校订:《册府元龟(校订本)》,凤凰出版社 2006 年版,第 10325 页。

董此不虔。……吕尚七十,气冠三军。"①管宁也说:"吕尚启兆,以动周文,以通神之才悟于圣主,用能辅佐帝业,克成大勋。"②就连王莽也说:"昔齐太公以淑德累世,为周氏太师,盖予之所监也。"③作为西周的开国功臣,姜太公早在周代就受到了赞扬,《诗经·大明》里就有"维师尚父,时维鹰扬。凉彼武王,肆伐大商,会朝清明"的句子。④"昔殷周之雅颂……下及辅佐阿衡、周、召、太公、申伯、召虎、仲山甫之属,君臣男女有功德者,靡不褒扬。功德既信美矣,褒扬之声盈乎天地之间,是以光名著于当世,遗誉垂于无穷也。"⑤

长久以来,朝野上下对姜太公的推崇,为姜太公地位在唐代的大幅度提升奠定了社会文化基础。

二、唐宋之际姜太公地位的提升

唐代之前,虽然姜太公也受推崇,但一直没有达到唐宋之际的高度,而到了唐代中期,姜太公的地位突然提升到与孔子并列的地位,而这种极其尊崇的地位跨越宋朝,一直保持到元代。

唐初,上层统治者已经开始关注到姜太公,并下令在传说中的太公垂钓处为他立庙。贞观年间,唐太宗"以太公兵家者流,始令磻溪立庙"⑥。在此之前,似乎并没有专门用于祭祀太公的官方庙宇。显庆二年(657),长孙无忌奏道:"祭周文王于丰,以太公配;祭武王于鄗,以周公、召公配。"⑦可见当时虽然在磻溪设置了姜太公庙,但在其他场合他仍然只是周文王的陪衬,而不是主角。"开元十九年四月十八日,两京及天下诸州,各置太公庙一所,以张良配

---

① 〔宋〕王钦若等编纂,周勋初等校订:《册府元龟(校订本)》,凤凰出版社2006年版,第10110页。
② 〔宋〕王钦若等编纂,周勋初等校订:《册府元龟(校订本)》,凤凰出版社2006年版,第9013页。
③ 〔宋〕王钦若等编纂,周勋初等校订:《册府元龟(校订本)》,凤凰出版社2006年版,第10593页。
④ 王秀梅译注:《诗经》,中华书局2006年版,第323页。
⑤ 〔汉〕班固撰,〔唐〕颜师古注:《汉书》,中华书局1999年版,第911~912页。
⑥ 〔宋〕欧阳修、宋祁撰:《新唐书》,中华书局1975年版,第379页。
⑦ 〔宋〕王钦若等编纂;周勋初等校订:《册府元龟(校订本)》,凤凰出版社2006年版,第6722页。

享,春秋取仲月上戊日祭。诸州宾贡武举人,准明经进士,行乡饮酒礼。每出师命将,辞讫,发日,便就庙引辞。仍简取自古名将,功成业著,宏济生民,准十哲例配享。"①也就是说在玄宗开元年间,姜太公的祀典规格较前猛然提升,不仅在两京,而且在各州也都设置太公庙,但当时仍只称"太公尚父",配享的也只有张良。上元元年(760),唐肃宗下诏:"周武创业,克宁区夏,惟师尚父,实佐兴王,况德有可师,义当禁暴。稽诸古昔,爰崇典礼,其太公望可追封为武成王,有司依文宣王置庙,仍委中书门下,择古今名将,如文宣置亚圣及十哲等,享祭之典,一同文宣。"②姜太公从"公"一下变成了"王",被尊为"武成王",并比照孔子的"十哲",从历代名将中选十名,也称为"十哲",把姜太公一下子提到了与孔子同等的地位。

上元元年唐肃宗虽下达了诏书,将姜太公追封为武成王,并增加了配享的名将,但从文献资料来看,提升姜太公配享及祀典规格的事情似乎并不那么顺利,一度出现停滞。直到德宗建中二年(781)五月,有司才"奏定张良、穰苴、孙武、吴起、乐毅、白起、韩信、诸葛亮、李靖、李勣配武成王庙。(先是,开元十九年,始于两京置齐太公庙,以张良配。乾元中,追封齐太公为武成王,令选历代名将从祀,然未之行,祠宇日荒。至是,宰相卢杞、京兆尹卢谌以卢者齐之裔,乃鸠其裔孙若卢、崔、丁、吕之族,合钱以崇饰之,请择自古名将如孔门十哲,皆配享。诏下,史官乃定穰苴等,至是始奏定焉。)三年闰正月甲戌,令百寮谒武成王庙"③。次年,礼仪使颜真卿奏:"'治武成庙,请如《月令》春、秋释奠。其追封以王,宜用诸侯之数,乐奏轩县。'诏史馆考定可配享者,列古今名将凡六十四人图形焉。"④看来开元十九年(731)之后,姜太公地位不断提升,但上元元年肃宗下诏后,选择历代名将从祀的事情似乎并没有及时兑现,而且太公的祠宇还出现荒废迹象。建中年间,在宰相卢杞、京兆尹卢谌

---

① 〔宋〕王溥撰:《唐会要》,中华书局1955年版,第435页。
② 〔宋〕王钦若等编纂,周勋初等校订:《册府元龟(校订本)》,凤凰出版社2006年版,第350页。
③ 〔宋〕王钦若等编纂,周勋初等校订:《册府元龟(校订本)》,凤凰出版社2006年版,第351页。
④ 〔宋〕欧阳修、宋祁撰:《新唐书》,中华书局1975年版,第377页。

等人张罗下,组织卢、崔、丁、吕等朝中望族,共同促成,才最终完成了肃宗诏书中要求的事项。整个祀典的细节和音乐,也是在建中三年颜真卿上奏之后才最终敲定,这中间经历了二十年时间。从文献记载来看,祀典的设置相当完备,在国家祀典中的规格也非常高。"其中春、中秋释奠于文宣王、武成王,皆以上丁、上戊,国学以祭酒、司业、博士三献,乐以轩县。前享一日,奉礼郎设三献位于东门之内道北,执事位于道南,皆西向北上;学官、馆官位于县东,当执事西南,西向,学生位于馆官之后,皆重行北上;观者位于南门之内道之左右,重行北面,相对为首。设三献门外位于东门之外道南,执事位于其后,每等异位,北向西上;馆官、学官位于三献东南,北向西上。设先圣神座于庙室内西楹间,东向;先师于先圣东北,南向;其余弟子及二十一贤以次东陈,南向西上。其余皆如常祀。"①

唐亡后,太公祀典在割据政权中虽有间断,但基本上被沿袭下来,后来又被宋朝所承袭。后周太祖广顺元年(951)七月,太常卿边蔚上表:"祭孔宣父、齐太公庙,降神奏《师雅》,请同用《礼顺》之乐;三公升殿、会讫下阶履行同用《弼成》,请同用《忠顺》之乐。"②这时重新提起祭祀孔庙和太公庙使用什么音乐的事情,显然当时有祭祀活动。《宋史》中也记载:"自唐立太公庙,春秋仲月上戊日行祭礼。上元初,封为武成王,始置亚圣、十哲等,后又加七十二弟子。梁废从祀之祭,后唐复之。太祖建隆三年(962),诏修武成王庙,与国学相对,命左谏议大夫崔颂董其役,仍令颂检阅唐末以来谋臣、名将勋绩尤著者以闻。四年四月,帝幸庙,历观图壁,指白起曰:'此人杀已降,不武之甚,何受享于此?'命去之。景德四年(1007),诏西京择地建庙,如东京制。大中祥符元年(1008),加谥昭烈。"③宋代不仅仍称武成王太公,保留了国家层级的祀典,而且还对其加谥。

唐宋之际,虽然保留了太公的尊崇地位和祀典,但各个时期根据政治需

---

① 〔宋〕欧阳修、宋祁撰:《新唐书》,中华书局1975年版,第372页。
② 〔宋〕王钦若等编纂,周勋初等校订:《册府元龟(校订本)》,凤凰出版社2006年版,第6561页。
③ 〔元〕脱脱等撰:《宋史》,中华书局1977年版,第2555~2556页。

要对配享的人物有所增损和改换,对祀典的具体细节也进行了多次调整。如在宋代,"初,建隆议升历代功臣二十三人,旧配享者退二十二人。庆历仪,自张良、管仲而下依旧配享,不用建隆升降之次。元丰中,国子司业朱服言:'释奠文宣王,以国子祭酒、司业为初献,丞为亚献,博士为终献,太祝、奉礼并以监学官充。及上戊释奠武成王,以祭酒、司业为初献,其亚献、终献及读祝、捧币,令三班院差使臣充之。官制未行,武学隶枢密院,学官员数少,故差右选。今武学隶国子监,长、贰、丞、簿,官属已多,请并以本监官充摄行事,仍令太常寺修入《祀仪》'"。① 政和二年(1112),张滋又提出以南仲、吉甫、邵縠、尉缭、黄石公等配享太公庙,因争论不休而未果。宣和五年(1123),礼部又提出以七十二位名将配享武成王庙。绍兴七年(1137)五月,"太常博士黄积厚乞以仲春、仲秋上戊日行礼。十一年(1141)五月,国子监丞林保奏:'窃见昭烈武成王享以酒脯而不用牲牢,虽曰时方多事,礼用绵蕞,然非所以右武而励将士也。乞今后上戊释奠用牲牢,以管仲至郭子仪十八人祀于殿上。'从之"②。乾道六年(1170),"诏武成王庙升李晟于堂上,降李勣于李晟位次,仍以曹彬从祀。先是,绍兴间,右正言都民望言:'李勣邪说误国,唐祀几灭,李晟有再造王室之勋;宜升李晟于堂上,置李勣于河间王孝恭之下。'至是,著作郎傅伯寿言:'武成庙从祀,出于唐开元间,一时铨次,失于太杂。……窃闻迩日议臣请以本朝名将从祀,谓宜并诏有司,讨论历代诸将,为之去取,然后与本朝名将,绘于殿庑,亦乞取建隆、建炎以来骁俊忠概之臣,功烈暴于天下者,参陪庙祀。'故有是命"③。

元朝虽然是以蒙古民族入主中原,但仍将太公祀典置于国家层面予以高度重视。"武成王立庙于枢密院公堂之西,以孙武子、张良、管仲、乐毅、诸葛亮以下十人从祀。每岁春秋仲月上戊,以羊一、豕一、牺尊、象尊、笾、豆、俎、

---

① 〔元〕脱脱等撰:《宋史》,中华书局1977年版,第2556页。
② 〔元〕脱脱等撰:《宋史》,中华书局1977年版,第2557页。
③ 〔元〕脱脱等撰:《宋史》,中华书局1977年版,第2557~2558页。

爵,枢密院遣官,行三献礼。"①

可见从唐玄宗时期到元代,姜太公一直是国家祀典中给予高度重视的祭祀对象,它也反映出姜太公在这一时期一直颇受官方尊崇。

三、关于姜太公地位的争议

姜太公在唐代中期地位猛然提升的同时,关于他的争议也开始激化,在唐肃宗大力推崇姜太公时,就有大臣提出异议。乾元元年(758),太常少卿于休烈对以张良配享太公一事提出异议,他认为:"秋享汉祖庙,旁无侍臣,而太公乃以张良配。子房生汉初,佐高祖定天下,时不与太公接。古配食庙庭,皆其佐命;太公,人臣也,谊无配享。请以张良配汉祖庙。"②在于休烈看来,以张良配享太公于礼不通,太公与张良不是同一时代的人,可以说毫无关联,同时,太公是周朝开国大臣,而张良是西汉开国大臣,不应该以张良配享太公,而应该以张良配享汉高祖。尽管于休烈的意见当时未被完全采纳,但"后罢中祀,遂不祭"③,朝廷还是对太公祀典进行了裁减。贞元二年(786),刑部一位名叫关播的官员又提出:"上元中,诏择古今名将十人,于武成王庙配飨,如文宣王庙之仪。伏以太公,古称大贤,今其下置亚圣,贤之有圣,于义不安,且孔门十哲,皆是当时弟子,今所择名将,年代不同,于义既乖,于事又失。臣请删去名将配享之仪,及十哲之称。"④按照他的看法,太公的贡献不能与孔子相比,而且孔子庙配享的都是孔门弟子,太公则不然,历代名将并非太公弟子,年代又不同,所以,以他们配享太公庙于理讲不通。关播提出的问题比于休烈更深一层,认为太公追封为武成王,与文宣王孔子并峙,就其社会贡献来讲,存在不对称的问题。皇帝部分接受了关播的意见,采取折中办法,"唯享

---

① 〔明〕宋濂撰:《元史》,中华书局1976年版,第1903页。
② 〔宋〕欧阳修、宋祁撰:《新唐书》,中华书局1975年版,第377页。
③ 〔宋〕欧阳修、宋祁撰:《新唐书》,中华书局1975年版,第377页。
④ 〔宋〕王溥撰:《唐会要》,中华书局1955年版,第436页。

武成王及留侯,而诸将不复祭矣"①。(贞元)四年(788),兵部侍郎李纾再次对太公地位和祀典提出异议:"伏以太公,即周之太师,张良即汉之少傅,圣朝列于祀典,已极褒崇,载在祝词,必资折衷,理或过当,神何敢歆?今者屈礼于至尊,施敬于臣佐,每谓御署并称昭告,于上下之祭,窃谓非宜,一同文宣王,恐未为允。臣以为文宣王垂教,百世宗师,五常三纲,非其训不明,有国有家,非其制不立,故孟轲称自生民以来,一人而已。由是正素王之法,加先圣之名,乐用宫悬,献差太尉,尊师崇道,雅合正经。且太公述作,止于六韬,勋业形于一代,岂可拟其盛德,均其殊礼哉?"②他不仅认为太公的社会贡献和社会影响不及孔子,不应该与孔子享受同样的尊崇地位,而且许多礼仪也存在不当的问题。唐德宗把这件事交给大臣们去讨论,结果,"兼大理卿于顾等四十六人,议同李纾"③。尚书右司郎中严说等人认为,太公"兵权奇计之人耳,当殷辛失德,八百诸侯,皆归于周。时惟鹰扬,以为佐命,在周有大功矣。……如仲尼之祖述尧舜,宪章文武,删诗书,定礼乐,使君君臣臣、父父子子,后王及学者,皆宗师之,可谓法施于民矣。……上元之际,执事苟以兵戎之急,遂尊武成封王之号,拟议于文宣王,优劣万殊,不可以训"④。所以他们提议:"去武成及王字,依旧令为齐太公庙。"⑤刑部员外郎陆淳等人也赞同李纾的意见,提议"罢上元追封立庙之制,依贞观于磻溪置祠,令有司以时享奠"即可。⑥可见,随着讨论的深入,太公祀典的问题已经大大超越了原来的技术层面,进而上升到道德层面和文化导向问题,触及了道德评价尺度和社会伦理构建。

但上述意见遭到军队将领的明确反对,左领军大将军令狐建等二十四人公开反对李纾等人的意见,"当今兵革未偃,宜崇武教以尊古,重忠烈以劝今,欲有贬损,恐非激励之道也。追尊王位,以时祠之,为武教之主,若不尊其礼,

---

① 〔宋〕欧阳修、宋祁撰:《新唐书》,中华书局1975年版,第379页。
② 〔宋〕王溥撰:《唐会要》,中华书局1955年版,第437页。
③ 〔宋〕王溥撰:《唐会要》,中华书局1955年版,第437页。
④ 〔宋〕王溥撰:《唐会要》,中华书局1955年版,第437~438页。
⑤ 〔宋〕王溥撰:《唐会要》,中华书局1955年版,第438页。
⑥ 〔宋〕王溥撰:《唐会要》,中华书局1955年版,第438页。

则无以重其教也。文武二教固同,其立废亦不可异,况其典礼之制,已历三圣,今欲改之,恐非其宜也"①。他们认为,姜太公是军事家的象征,历来受军人推崇,对军人有无可替代的表率和引领作用,提高太公的地位,对军人是一种鼓励和鞭策,如果废止太公祀典,会使军人们寒心。况且太公祀典已确立几十年,不可轻易废止。因得到一群将领的力挺,唐德宗当然也不好直接废止太公祀典,他又采取折中办法,下令"以上将军以下充献官,余依李纾所奏"②。将太公祀典变成军方的一项活动,实际上降低了太公祀典的规格。

虽然唐代后期对太公名号及祀典仪式产生了许多争议,甚至部分官员对此有严重异议,但因一帮将领的坚持,直到唐末,仍然保留了太公祀典。天祐二年(905)八月十三日,中书门下上奏:"迁都以来,武成王庙犹未置立,今仍请改为武成王选地建造,其制度配享,皆准故事。"从之。③说明此时太公仍保留了武成王名号和国家层面的祀典。

四、姜太公地位沉浮的原因

姜太公的地位为什么在唐玄宗时期猛然提升,并且其在官方的尊崇地位从唐中期一直保持到元代?大致有如下几个原因:

首先是当时的内外形势使然。玄宗是唐朝一位极其关键的君主,唐朝在他统治时期达到鼎盛,也从他统治时期开始下滑。他在位期间,政治日益腐败,统治阶层内部的斗争不断激化,最终酿成安史之乱。这场内乱彻底改变了唐朝的政治结构和政治生态。因战乱而使得军队的地位和社会影响力不断提升,最终导致此后的藩镇割据。因官场内斗和藩镇势力不断膨胀,唐朝后期的君主为达到政治上的平衡,又不得不借助宦官的力量,这又造成宦官专权的严重局面。同时,随着唐朝实力的衰减,突厥、回纥、吐蕃等周边民族

---

① 〔宋〕王溥撰:《唐会要》,中华书局1955年版,第438页。
② 〔宋〕王溥撰:《唐会要》,中华书局1955年版,第438页。
③ 〔宋〕王溥撰:《唐会要》,中华书局1955年版,第439页。

的骚扰也日益严重。在内外交困的情况下,统治者当然希望出现一个姜太公那样的谋略家,辅助君主稳定统治。这种想法在上元元年的敕文中明显透露出来:"定祸乱者,必先于武德,拯生灵者,谅在于师贞。昔周武创业,克宁区夏,惟师尚父,实佐兴王,况德有可师,义当禁暴。"[①]可见当时极力拔高太公的确是为了现实的需要,那就是"定祸乱",所以有人说"上元之际,执事者苟意于兵,遂封王爵,号拟文宣"[②],倒也符合实情。整个宋代军事上一直积弱,与周边战争不断,且多以战败收局,所以,宋朝统治者希望有太公一样的人物改变现状,也是容易理解的。元朝由蒙古人建立,蒙古民族本身就有尚武精神,把军事谋略家作为崇拜对象也不难理解。

其次是军队将领的力挺。这一情况在前面关于太公祀典的争论中已经明白无误地显现出来,太公作为著名军事家,一直受到世人,尤其是军人的崇拜,被视为"武教之主"。那些战场上冲冲杀杀的军人不仅崇拜他,而且将死后得以在太公庙中配享视为极高的荣誉,甚至作为人生的最高追求。同时,从前面关于祀典的争议中也清楚地看出,军人们将太公视为精神支柱和军事文化的化身。而唐代中后期至元代的整个历史阶段,每个朝代的政治生态和军事格局也正好为保持姜太公的尊崇地位创造了一个特殊的社会文化背景。

再次是几个自称太公后裔的势家大族推动。前面已经提到,开元十九年(731)在两京及诸州设置太公庙,并以张良配。乾元年间,又追封太公为武成王,并选取历代名将从祀,表面来看力度非常大,结果却是"然未之行,祠宇日荒"。到建中年间,"宰相卢杞、京兆尹卢谌以卢者齐之裔,乃鸠其裔孙若卢、崔、丁、吕之族,合钱以崇饰之,请择自古名将如孔门十哲,皆配享",到建中三年(782),皇帝又下令百僚拜谒武成王庙。从上面这段话来看,太公祀典最终落到实处,得到认真执行,不能不说是当朝几个势家望族的功劳。吕姓自不必说,根据姓氏源流,卢、丁、崔姓都是太公的后裔,卢姓,"姜姓,齐太公之后,

---

[①] 〔宋〕王溥撰:《唐会要》,中华书局1955年版,第435页。
[②] 〔宋〕欧阳修、宋祁撰:《新唐书》,中华书局1975年版,第379页。

至文公子高,高孙傒,食采于卢,因姓卢氏"①。丁姓,"姜姓,齐太公生丁公伋,支孙以谥为姓"②。崔姓,"姜姓,齐太公生丁公伋,生叔乙,让国居崔邑,因氏焉"③。所以,当权的卢、丁、崔、吕族人出于对自己祖宗的推重,可能也有抬高自己身价的原因,合力推动,才将太公祀典落实下来。

明代之后,姜太公在国家祀典中消失,其在官方祀典中的地位也逐渐衰微,其原因当然不止一个:

首先是宋代出现理学,对儒家文化进行了改造。随着理学的社会影响不断扩大,整个社会,尤其是官方对道德伦理的衡量标准随之出现明显变化,以新的衡量标准再对太公的行为进行观察,似乎就有许多不符合新的伦理规范的地方。实际上这一问题在唐代就露出端倪。尚书右司郎中严浣等曾提出:"夫大名徽号,不容虚美,而太公兵权奇计之人耳,当殷之失德,诸侯归周,遂为佐命。……如仲尼祖述尧舜,宪章文武,删诗书,定礼乐,使君君、臣臣、父父、子子皆宗之,法施于人矣。……上元之际,执事者苟意于兵,遂封王爵,号拟文宣,彼于圣人非伦也。"④他甚至质问:"在周则社稷之臣矣,于殷谓之何哉?"⑤刑部员外郎陆淳等进一步提出:"武成王,殷臣也,纣暴不谏,而佐周倾之。夫尊道者师其人,使天下之人入是庙,登是堂,稽其人,思其道,则立节死义之士安所奋乎?……武成之名,与文宣偶,非不刊之典也。"⑥显然他们认为太公善于权谋,虽然对周有功,但他对殷商来讲,却是叛逆之臣,这些均不符合主流道德伦理的要求。随着宋明时期忠孝节义观念的极端化趋势,姜太公的这些所谓"道德瑕疵"也被不断放大,加之整个社会文化中对权谋的负面看法日益强烈,太公的地位日益衰微,到明代就彻底从国家祀典中消失。

其次是对军人干政的提防心理。由于唐代的藩镇割据不仅最终导致唐

---

① 〔唐〕林宝撰,岑仲勉校记:《元和姓纂》卷三,中华书局1994年版,第275页。
② 〔唐〕林宝撰,岑仲勉校记:《元和姓纂》卷五,中华书局1994年版,第628页。
③ 〔唐〕林宝撰,岑仲勉校记:《元和姓纂》卷三,中华书局1994年版,第331页。
④ 〔宋〕欧阳修、宋祁撰:《新唐书》,中华书局1975年版,第379页。
⑤ 〔宋〕王溥撰:《唐会要》,中华书局1955年版,第438页。
⑥ 〔宋〕欧阳修、宋祁撰:《新唐书》,中华书局1975年版,第379页。

王朝的灭亡，而且造成整个国家的四分五裂，宋代以后，统治者强化了对军队的控制。而太公作为军事家的典范和军人的精神象征，对统治者来讲当然是一个比较敏感的人物。尽管出于现实需要，在宋元时期并没有彻底抛弃他的偶像，那也可以说是无奈之举。一旦政权得以稳固，周边的环境稳定下来，战事不那么激烈的情况下，姜太公这块牌位似乎就显得有些碍眼了，所以，姜太公从官方的神坛上跌落下来也就是自然而然的事情了。

结语

姜太公作为一个杰出的军事谋略家，很早就受到世人推崇，以至于将后世的许多军事谋略均附会到他身上。尽管如此，在唐代中期之前，对他的推崇并未上升到国家祀典，他与文王的关系也仅仅被视为君臣关系的典范。而到了唐代中期，他在官方祀典中的地位猛然提升，不仅进入国家祀典，而且与孔子平起平坐，被追封为武成王。这种极其尊崇的地位一直保持到元代。这种情况的出现既与当时的社会状况有关，也与军人的社会地位及其对太公的极力推崇有关，同时也与一些权势家族的促成有关。而太公在官方祀典中的地位在明代以后出现衰微，同样是受到社会文化环境的影响，以理学价值观念为基础的道德评判标准，使太公的行为受到质疑，甚至批判，于是，他成为了一个有"道德瑕疵"的人物。同时，唐代的军阀割据导致的恶果，使此后的统治者对军人产生强烈的戒备心理，而作为军事家的姜太公，又是军人的精神归依和文化象征，自然受到冷落和排斥，这样，他被搬下神坛也就是自然而然的事情。

尽管姜太公在明代之后受到官方的冷落，但其在唐宋之际的尊崇地位已经使他在民间产生了极大的影响力，这也为此后关于太公的民间故事、文学作品及由此衍生出来的大量民间文化艺术提供了丰厚的文化滋养，也使姜太公由一个传奇人物演变成民间崇拜的一尊大神。

（作者系黄淮学院天中历史文化研究所副教授）

历史与文化的交锋：姜太公文化形象变迁探析

孔 伟

目前关于姜太公形象的研究专著主要有《姜太公本传》[1]《姜太公评传》[2]《姜太公》[3]《齐鲁诸子名家志：姜太公志》[4]《姜太公全书》[5]《姜太公兵法》[6]《姜太公直钩钓天下·姜太公兵法韬略》[7]《姜太公钓术72》[8]《由姜太公兵法看善谋机变的智慧》[9]《姜太公韬略全书》[10]等，这些著作从不同的侧面探析了姜太公的政治家与军事家的形象。研究姜子牙形象的论文主要有：万晴川探析了姜子牙被塑造成一个道士化的巫师形象的历史成因[11]；李秀萍、李亦辉从历史性的形象演变这一维度梳理了先秦典籍、《武王伐纣平话》、《列国志传》、

---

[1] 刘斌、徐树梓：《姜太公本传》，山东人民出版社1996年版。
[2] 姜国柱：《姜太公评传》，国防大学出版社1999年版。
[3] 韩玉德：《姜太公》，山东文艺出版社2004年版。
[4] 刘斌主编：《齐鲁诸子名家志：姜太公志》，山东人民出版社2009年版。
[5] 房立中主编：《姜太公全书》，学苑出版社1996年版。
[6] 普颖华等：《姜太公兵法》，辽沈书社1993年版。
[7] 宇光、群玉编译：《姜太公直钩钓天下——姜太公兵法韬略》，人民中国出版社1993年版。
[8] 吉文明等著：《姜太公钓术72》，济南出版社1994年版。
[9] 李天道编著：《由姜太公兵法看善谋机变的智慧》，华文网股份有限公司2001年版。
[10] 曹冈解译：《姜太公韬略全书》，内蒙古人民出版社2006年版。
[11] 万晴川：《古代通俗小说中军师形象的巫师化倾向》，《广州大学学报（社会科学版）》2005年第3期。

《封神演义》等作品中姜子牙的形象变化情况,从"睿智隐忍、英武权诈"一变为"仁孝智慧、恩怨分明、有仇必报",二变为"大德大智",三变为"忠厚仁义、睿智通达"。[①] 杨博认为,太公的形象西周时是英勇善战的武将,春秋时形象较模糊,功勋更卓著;战国时形象更富有传奇性,出身卑贱化,由武夫转变为谋略家。[②] 仝晰纲把姜太公神话发展分为三个阶段:西周到秦汉是由人到神的初始阶段;魏晋至隋唐是神话的顶峰时期;宋元明清是神话的文化积淀时期。在姜太公神化过程中,朝廷的政治统治需要是其推手。[③] 刘彦彦通过分析探讨了姜子牙形象演变的历史和政治上的原因。明太祖废止太公庙,推崇关公以替代姜子牙的"武神"地位,与社会潮流相适应,在《封神演义》中姜子牙"武神"的形象直接转移到黄飞虎身上。[④] 笔者拟在前人研究基础上,详人之所略,略人之所详,忽人之所谨,谨人之所忽,以姜太公的文化形象为切入点,以历史与文化的交锋为视角来深入探析姜太公的文化形象变迁及其历史成因。

一、"半生微贱,齐之逐夫"的落魄者形象

姜尚,字子牙,俗称姜太公,别称太公望、吕尚、吕牙、师尚父等。姜太公的后半生因辅周、灭商、建齐而名垂千古,流芳百世,犹如一颗巨星闪耀千古。但他的前半生却是怀才不遇,屡遭困厄,大部分时间都在贫穷微贱中度过。

(一)屠牛卖食,屡遭困厄

关于姜太公屠牛卖肉的记载很多。其一,"太公望年七十,屠牛朝歌,卖

[①] 李秀萍、李亦辉:《姜子牙形象浅说》,《成人教育》2009年第7期。
[②] 杨博:《先秦经传所见齐太公形象演变考》,《华夏文化》2011年第1期。
[③] 仝晰纲:《宗教行为与姜太公神话的文化积淀》,《辽宁大学学报(哲学社会科学版)》1999年第5期。
[④] 刘彦彦:《历史·政治·文学——姜子牙形象的演变与文化内涵》,《南开学报(哲学社会科学版)》2012年第1期。

食盟津。过七年余而主不听,人人谓之狂夫也。"①其二,"吕望鼓刀在列肆。"②其三,"吕望行年五十,卖食于孟津;行年七十,屠牛朝歌。"③其四,"卖肉于朝歌,肉上生臭,不售,故曰废屠。"④关于姜太公贫困窘迫的记载:其一,"太公之穷困,负贩于朝歌也,蓬头相聚而笑之。"⑤其二,"吕尚盖尝穷困,年老矣。"⑥其三,"太公田不足以偿种,渔不足以偿网。"⑦其四,"太公望为朝歌佐屠,老妇之出夫,而寄津道客之舍人,亦奇穷矣。"⑧其五,"太公屠牛于朝歌,利不及妻子。"⑨从以上文献都可以看出姜太公经历坎坷,屠牛朝歌,屡遭困厄,卖食盟津,不名一文,默默无闻,年老而一事无成。陈鼓应认为庄子寓言中的臧丈人是姜太公。⑩

(二)少为人婿,老而见去

关于姜太公"少为人婿"的记载:其一,"太公望齐之逐夫,朝歌之废屠,子良之逐臣,棘津之不雠庸。"⑪高诱注云:"为老妇之逐。"⑫其二,"太公望少为人婿,老而见去。"⑬其三,"太公望,故老妇之出夫也。"⑭其四,"吕尚为老妇之所逐。"⑮其五,清人褚人获在《坚瓠集》中说:"姜太公初娶马氏,读书不事生产,马求去。"⑯以上文献都说明姜太公曾为赘婿,为了生存历尽艰辛,又不会

---

① 华陆综注译:《尉缭子注译》,中华书局1979年版,第31页。
② 〔清〕马骕纂:《绎史》卷十九引《楚辞注》,齐鲁书社2001年版,第200页。
③ 〔春秋〕孔丘著,薛安勤注译:《孔子集语译注》,吉林文史出版社1996年版,第426页。
④ 〔汉〕刘向撰,何建章注释:《战国策注释》,中华书局1990年版,第292页。
⑤ 陈志坚主编:《诸子集成(第五册)》,北京燕山出版社2008年版,第383页。
⑥ 许嘉璐主编,安平秋分史主编:《二十四史全译·史记》,汉语大词典出版社2004年版,第523页。
⑦ 〔汉〕刘向撰,向宗鲁校证:《说苑校证》,中华书局1987年版,第178页。
⑧ 〔清〕朱舜水:《朱舜水集》卷十九《太公望像赞二首》,中华书局1981年版,第556页。
⑨ 王利器校注:《新编诸子集成:盐铁论校注(定本)》,中华书局1992年版,第221页。
⑩ 陈鼓应:《庄子今注今译》,中华书局1983年版,第548页。
⑪ 〔汉〕刘向撰,何建章注释:《战国策》,中华书局1990年版,第288页。
⑫ 〔汉〕刘向撰,何建章注释:《战国策》,中华书局1990年版,第291页.
⑬ 〔汉〕刘向撰,何建章注释:《战国策》,中华书局1990年版,第291页。
⑭ 〔汉〕刘向撰,向宗鲁校证:《说苑校证》,中华书局1987年版,第178页。
⑮ 〔汉〕刘向辑,〔汉〕王逸注,〔宋〕洪兴祖补注,孙雪霄校点:《楚辞》,上海古籍出版社2015年版,第45页。
⑯ 〔清〕褚人获:《坚瓠集》卷三,清人笔记小说大观(一),上海古籍出版社2012年版,第1772页。

理家理财,故被老妇逐出家门,境遇穷困。政治上空有一腔抱负,无处施展,经济上因不善经营而家徒四壁,情感上因妻子亲朋无人理解而孤独寂寞。许全胜认为,"盖因太公少至贫贱而为人婿,又久不得赎身,遂沦为臧矣。"①后来一些典籍补充了他被逐之后的情节,东晋王嘉《拾遗记》记载:"太公望初娶马氏,读书不事产,马求去。太公封齐,马求再合。太公取水一盆,倾于地,令妇收水,惟得其泥。太公曰:'若能离更合,覆水定难收!'"②南宋王楙《野客丛书》③和明代陈耀文《天中记》④都有覆水难收的记载。笔者以为,覆水定难收事件是后世文人借他人之酒杯,浇自己心中之块垒的结果,"马前泼水"是失意文人想象虚构的传说故事,将发生在其他人身上的事件嫁接附会到了姜太公身上,经过历史与文化的层层累加使其成为一个堆积的"箭垛式"人物形象。"'马前泼水'无论托名太公还是朱买臣,都有其社会历史背景及个人行藏性格方面令人信服的理由……由于封建礼教和士人心态的作用,'马前泼水'故事主人公在科举盛行、戏曲崛起的宋代,由传说中的姜太公转变为朱买臣。"⑤

二、"渭水垂钓,待遇明主"的隐逸者形象

姜太公也成为隐士见用的典型代表,"今人称隐士见用,多曰'渭水飞熊'"⑥。姜太公"磻溪垂竿"以待明主,成为中国文化史上的奇闻异事和成语典故。

---

① 许全胜:《太公望考》,北京大学考古文博院:《考古学研究(六)》,科学出版社2006年版,第216页。
② 李侃主编:《文史知识》,1986年第4期,中华书局1986年版,第105页。
③ 〔宋〕王楙撰,郑明、王义耀校点:《宋元笔记丛书:野客丛书》,上海古籍出版社1991年版,第415~416页。
④ 〔明〕陈耀文:《天中记》,上海古籍出版社2003年版,文渊阁《四库全书》第0965册,第0844c~0844d页。
⑤ 鄢化志:《"马前泼水"考——〈渔樵记〉本事索隐》,《戏曲艺术》2001年第1期。
⑥ 炎继明编著:《中国古典诗歌与中医药文化》,西安交通大学出版社2013年版,第316页。

(一)收集情报,计救文王

姜太公曾在朝歌生活过,"太公博闻,尝事纣。纣无道,去之。游说诸侯,无所遇,而卒西归周西伯。"①对商纣王及商朝的各种情况极为熟悉,了如指掌,对于为倾商而积极活动的周而言是个不可多得的人才。"用之兴也,吕牙在殷。故惟明君贤将,能以上智为间者,必成大功。"②因为纣王爱美女、奇物,姜太公以此献纣而使文王得救。"周西伯拘羑里,散宜生、闳夭素知而招吕尚。……三人者为西伯求美女奇物,献之于纣,以赎西伯。西伯得以出,反国。"③姜太公以计谋救周文王,为自己大展宏图奠定了基础。

(二)隐于渭水,待遇明主

纣王无道,荼毒生灵,残害黎民,"伯夷大公皆当世贤者,隐处而不为臣。守职之人皆奔走逃亡,入于河海。天下秏乱,万民不安,故天下去殷而从周"④。"天下有道则见,无道则隐"⑤,隐居避世是为了独善其身,静待其时。古代隐士"或隐居以求其志,或回避以全其道"⑥。姜太公离开朝歌后,"欲定一世而无其主,闻文王贤,故钓于渭以观之"⑦,故"隐才于屠钓之间"⑧,静观世事,低调处事,隐居于渭水之阳,"入岐州,复钓于磻溪之上,欲干西伯"⑨,以等待文王来访,共谋兴周灭商大计。"世有隐逸之民,而无独立之主者,士可以嘉遁而无忧,君不可以无臣而致治。是以傅说、吕尚不汲汲于闻达者,道德备则轻王公也。而殷高、周文乃梦想乎得贤者,建洪勋必须良佐也。"⑩对此古代

---

① 许嘉璐主编,安平秋分史主编:《二十四史全译·史记》,汉语大词典出版社2004年版,第523页。
② 〔春秋〕孙武著,陈书凯编译:《孙子兵法(插图版)》,中国纺织出版社2015年版,第291页。
③ 许嘉璐主编,安平秋分史主编:《二十四史全译·史记》,汉语大词典出版社2004年版,第523页。
④ 杨树达:《论语疏证》,北京联合出版公司2015年版,第377页。
⑤ 孔子著,张燕婴译注:《中华经典藏书·论语》,中华书局2007年版,第111页。
⑥ 〔南朝宋〕范晔撰:《后汉书》,中华书局1999年版,二十四史简体字本,第1861页。
⑦ 〔战国〕吕不韦著,陈奇猷校释:《吕氏春秋新校释》,上海古籍出版社2001年版,第772页。
⑧ 臧励和选注,司马朝军校订:《汉魏六朝文》,崇文书局2014年版,第149页。
⑨ 倪文杰、韩永主编:《古今图书集成精华(二)》,人民中国出版社1998年版,第1007页。
⑩ 〔晋〕葛洪著,庞月光译注:《抱朴子》,贵州人民出版社1997年版,第253页。

诗人多有咏叹:其一,"朝歌屠叟辞棘津①,八十西来钓渭滨。"②其二,"言归养老,垂钓西川。"③其三,"吕叟年八十,蟠然持钓钩。"④其四,"吕望当年展庙谟,直钩钓国更谁如?"⑤其五,"安知渭上叟,跪石留双骭。"⑥

在这些诗歌中姜太公均以隐逸者的形象出现。姜太公"直钩钓渭水之鱼,不用香饵之食,离水面三尺,尚自言曰:'负命者上钩来!'"⑦所以他三年不曾获鱼,有人疑惑不解,他却说"宁在直中取,不向曲中求,不为锦鳞设,只钓王与侯"⑧。他有着文人的志气和傲骨,虽知明君所在,却又不主动投奔,隐居在渔钓之中。钓鱼只是一种谋略,是吸引人注意,尤其是吸引西伯侯注意的手段,钓鱼只是表象,待遇明主才是目的。"众皆钓其名,我则钓其道。众皆钓其鱼,我则钓其宝。"⑨姜太公钓鱼,"用现代传播心理学解释是:为了做宣传来得到统治者的关注,实现自己的政治抱负。……从现代心理学来看,他是以钓为饵,所有被他这种怪异的钓鱼现象吸引的和主动把这件怪事到处传播的人都是他钩上的鱼,当然,他钓上来最大的鱼是周文王。"⑩据传姜太公钓得玉璞,上面刻有:"周受命,吕佐昌。德合于今,昌来提。"⑪姬昌在外出狩猎之前,占卜一卦,卦辞说:"所得到的是成就霸王之业的辅佐之臣。"⑫"周西伯猎,

---

① 据聂好春先生考证:棘津即为汲津铺,汲津铺在延津县城西北21公里处,大沙河北岸,属延津县东屯镇,古称"棘津",为古黄河渡口。司马迁《史记》云:"吕尚困于棘津。"李白诗《梁甫吟》中云:"君不见,朝歌屠叟辞棘津,八十西来钓渭滨。"诗中所言"棘津"即此地方。明朝初期杜氏人家从山西迁居于此,取名"棘津铺"。当地老百姓又叫"格针铺","格针"就是沙堤荒岗上生长的酸枣棵,枝条上长满了类似"大头针"模样的尖刺,俗名叫"格针"。后因该村地处汲县、延津县交界处,故改名为"汲津铺"。见聂好春《牧野名胜》第四章第二节,第140页。
② 宛华主编:《四库全书精华(珍藏本)》,汕头大学出版社2016年版,第334页。
③ [清]王先谦编:《骈文类纂》,任继愈主编:《中华传世文选》,吉林人民出版社1998年版,第813页。
④ 周振甫主编:《唐诗宋词元曲全集·全唐诗(第6册)》,黄山书社1999年版,第2401页。
⑤ 王为国:《新资治通鉴(第三卷)》,光明日报出版社1997年版,第48页。
⑥ 苏轼:《中国古代名家诗文集·苏轼集》,黑龙江人民出版社2005年版,第24页。
⑦ 佚名:《武王伐纣平话》卷中,豫章出版社1981年版,第46页。
⑧ [明]许仲琳著:《封神演义》,太白文艺出版社2000年版,第214页。
⑨ [宋]李昉等编:《文苑英华(第一册)》卷一二四,中华书局1966年版,第568页。
⑩ 冯敏:《姜太公研究》,山东师范大学2018年硕士论文。
⑪ 刘斌主编:《姜太公志》,山东人民出版社2009年版,第268页。
⑫ 许嘉璐主编,安平秋分史主编:《二十四史全译·史记》,汉语大词典出版社2004年版,第523页。

果遇太公于渭之阳。"①一个求贤若渴,一个择主心切,君臣二人志同道合,一见如故,相见恨晚。"昔吕尚年八十,钓于渭滨,文王载之以归,拜为尚父,卒定周鼎。"②姜太公以七十余岁高龄,得遇文王。"文王欲以卑弱制强暴,以为天下去残除贼而成王道,故太公之谋生焉。"③太公的雄韬大略有了施展的天地和绽放的舞台。古往今来,有识之士都渴望建功立业,得遇明主,但怀才不遇也是常有之事,姜太公起于寒微,被明主赏识,奉为上宾,得以施展抱负,是无数沉沦下僚、郁郁不得志者的偶像,给他们提供了源源不断的前进的动力。

三、"兴周灭商,雄才大略"的军事家形象

兴周灭商展示了姜太公作为军事家雄才大略的形象。灭商兴周过程中,从战前准备到牧野决战,再到战后的善后处理和周朝建立后政策的制定,都离不开太公的决策和指挥。"周之始兴,则太公实缮其法。"④姜太公作为军事家的主要功绩如下:

(一)为师尚父,解王之忧

姜太公辅助文王惠民爱民,轻徭薄赋,最终达到富国强兵的目的,使周一跃而成为西方大国。文王死,武王即位,太公被尊为"师尚父","师之,尚之,父之,故曰师尚父"⑤。"周之遇太公,可谓巨用之矣。"⑥姜太公不负重托,尽心尽力辅佐武王。在周灭商的整个过程中,"太公之谋计居多","师尚父谋居多"⑦,可以说,姜太公在兴周灭商过程中居功至伟,堪称第一功臣。

纣王无道,在宫中饮酒作乐,"以酒为池,县肉为林,使男女倮相逐其间,

---

① 许嘉璐主编,安平秋分史主编:《二十四史全译·史记》,汉语大词典出版社2004年版,第523页。
② 〔明〕冯梦龙原著,蔡元放改编,凌霄注:《东周列国志(注释本)》,崇文书局2015年版,第134页。
③ 〔汉〕刘安撰:《淮南子·要略》,中州古籍出版社2010年版,第338页。
④ 宛华主编:《四库全书精华(珍藏本)》,汕头大学出版社2016年版,第186页。
⑤ 卫绍生主编:《中华姜姓源流与太公文化研究》,大象出版社2015年版,第215页。
⑥ 〔汉〕韩婴著,曹大中译:《白话韩诗外传》,岳麓书社1994年版,第284页。
⑦ 张大可、丁德科主编:《史记论著集成(第二卷)》,商务印书馆2015年版,第109页。

为长夜之饮"①,淫乱不止。"三纲尽绝,五伦有乖,天怒民怨,自古及今,罪恶昭著未有若此之甚者。"②纣王的倒行逆施导致民怨沸腾,唯有诛杀独夫民贼才能救民众于水火。自从文王返国后,日夜与太公谋划兵略,修德待机,解民疾苦,"耕者皆让畔,民俗皆让长"③,境内大治。周的力量大大增强,周文王开始做推翻殷王朝的准备。太公为兴周提出了一系列的军事谋略、治国方略、化民政策,为倾商兴周做全面的准备。"太公阴谋,食小儿以丹,令身纯赤,长大,教言殷亡。殷民见儿身赤,以为天神,及言殷亡,皆谓商灭。"④同时解除了文王之忧,指出"天立王以为民也,故其德足以安乐民者,天予之;其恶足以贼害民者,天夺之"⑤。姜太公使文王、武王认识了这一道理之后,便积极地辅佐文王、武王兴周伐商。从此姜太公登上了政治历史舞台,并成为这一历史时期政治舞台上的主角和导演。⑥

(二)观兵孟津,会盟诸侯

周武王即位后,开始向东征伐,以试探天下诸侯的归向。姜太公云:"苍兕苍兕,总尔众庶,与尔舟楫,后至者斩!"⑦公元前1048年,他组织发动了一次著名的"观兵孟津"军事大演习,目的是试探各诸侯的态度和商纣王的实力,为讨伐商纣王做准备。在"观兵孟津"的大演习中,姬发利用周文王在诸侯中的声望,在车中供奉起文王的神主牌,自称太子发,声称是奉文王的命令去讨伐纣王的。临行前,武王姬发神色庄重,对部下官吏及各方诸侯训话:"今商王受力行无度,播弃犁老,昵比罪人,淫酗肆虐;臣下化之,朋家作仇,胁权相灭;无辜吁天,秽德彰闻。惟天惠民,惟辟奉天。……天视自我民视,天听自我民听。百姓有过,在予一人,今朕必往!"⑧随后,姬发任命姜太公为军

---

① 〔明〕张居正编纂,周殿富点校:《历代帝鉴图说》,北京时代华文书局2013年版,第200页。
② 〔明〕许仲琳著:《封神演义》,太白文艺出版社2000年版,第927页。
③ 〔明〕李贽:《史纲评要》,中华书局1974年版,第24页。
④ 〔汉〕王充撰,黄晖校释:《论衡校释·附刘盼遂集解》,中华书局1990年版,第826~827页。
⑤ 苏舆撰,钟哲点校:《新编诸子集成·春秋繁露义证》,中华书局1992年版,第220页。
⑥ 参见姜国柱:《姜太公大传》,武汉大学出版社2011年版,第27页。
⑦ 房立中主编:《兵书观止(第四卷)》,北京广播学院出版社1994年版,第610页。
⑧ 陈戍国点校:《四书五经》,岳麓书社2014年版,第243页。

事统帅,负责指挥部队,并立即下令出发进行"观兵孟津"的大演习。"观兵孟津"的著名军事演习,训练了部队,笼络了各诸侯,为两年后的伐商奠定了政治和军事基础。这次总演习在周朝立国中占有重要地位。而后的牧野之战,基本上是按照"观兵孟津"大演习的部署而加以实施的。天下诸侯不期而会孟津者八百,东进获得巨大的成功。这次东进虽然没有与纣王直接交锋,但对殷纣王构成极大的威胁。

(三)牧野大战,灭商兴周

孟津会盟诸侯以后,又经过两年,殷纣王的荒淫残暴和穷奢极欲引起了诸侯方伯强烈的不满,东夷地区也发生叛乱。殷纣王倒行逆施,贤臣或死或逃,殷王朝内部"如蜩如螗,如沸如羹。小大近丧"[①]。姜太公认为伐商的时机已经成熟,极力建议周武王趁机灭商,于是会合微、庐、彭、濮、庸、蜀、羌、髳,东征殷商王朝。"武王伐纣,到于邢丘,轭折为三,天雨三日不休。武王心惧,召太公而问曰:'意者纣未可伐乎?'太公对曰:'不然。轭折为三者,军当分为三也。天雨三日不休,欲洒吾兵也。'"[②]姜太公充分发挥了军事家的才华与激情,他敢于破除迷信,果断抓住战机,鼓舞士气,一举克商。在商郊牧野,两军交锋,战斗异常激烈。"牧野洋洋,檀车煌煌,驷騵彭彭。维师尚父,时维鹰扬。凉彼武王,肆伐大商,会朝清明。"[③]在推翻殷商王朝的牧野之战中,姜太公威风凛凛,威武勇猛,作为军事家的形象活灵活现,跃然纸上。"纣师虽众,皆无战之心,心欲武王亟入。纣师皆倒兵以战,以开武王。武王驰之,纣兵皆崩畔纣。"[④]牧野之战,殷人倒戈,使周武王迅速地进入殷都朝歌。纣王逃跑不及,退至鹿台之上,蒙衣怀玉自焚于火而死。"周武王遂斩纣头,县之白旗。杀妲己。"[⑤]"封比干墓,释箕子囚。迁九鼎,修周政,与天下更始。师尚父谋居

---

① 陈戊国点校:《四书五经》,岳麓书社2014年版,第400页。
② 魏达纯著:《韩诗外传译注》,东北师范大学出版社1993年版,第86页。
③ 王秀梅译注:《中华经典藏书·诗经》,中华书局2006年版,第323页。
④ 〔汉〕司马迁:《史记·周本纪》,中华书局1963年版,第124页。
⑤ 〔汉〕司马迁:《史记》,中华书局1963年版,第108页。

多。"①太公望在推翻殷王朝的斗争中起了巨大的作用。"天下三分,其二归周者,太公之谋居多。"②牧野之战"充分的战前准备、成功地联合诸侯、准确地把握战机、'伐谋'的巧妙运用、严明的军队纪律、高明的战略战术,这些体现出姜太公作为军事家的卓越指挥才能。"③太公望是西周王朝最可靠、最忠实、最有力的合作者和支持者。武王死后,姜太公仍是西周王朝依赖的栋梁和支柱,作为重要的军事将领和谋臣辅助周公东征,给殷商王朝的残余势力以毁灭性的打击。

四、"受封治齐,英明睿智"的政治家形象

受封治齐,所展示的是姜太公作为政治家的英明睿智的形象。"于是封功臣谋士,而师尚父为首封。封尚父于营丘,曰齐。"④姜太公被封到齐国,赴国路上,客寝甚安,忽听有人议论,此非就国者之行,"太公闻之,夜衣而行,黎明至国。莱侯来伐,与之争营丘。"⑤作为齐国立国者,姜太公在治理齐国的过程中,推行了一系列的合国情、顺民意、应天时、得民心的政治经济等改革措施。姜太公作为政治家形象而展现的文治武功如下:

(一)尊贤上功,因俗简礼

"初太公治齐,修道术,尊贤智,赏有功,故至今其土多好经术,矜功名,舒缓阔达而足智。"⑥姜太公在就封国以后,政治上采取修明的政策。

首先,去除六贼,严禁七害。姜太公认为尊贤上功必须要去除"六贼与七害"。所谓六贼,即游观倡乐、不从吏教、结朋蔽贤、不重其主、轻爵贱官、凌侮

---

① 〔汉〕司马迁:《史记》,中华书局1963年版,第1480页。
② 〔汉〕司马迁:《史记》,中华书局1963年版,第1475页。
③ 徐勇:《兵家始祖 谋略化身——试论姜太公的军事思想和指挥才能》,《社会科学辑刊》1997年第3期。
④ 〔汉〕司马迁:《史记》,中华书局1963年版,第127页。
⑤ 〔汉〕司马迁:《史记》,中华书局1963年版,第1480页。
⑥ 〔汉〕班固:《汉书》,中华书局2000年版,简体字本,第1324页。

贫弱等六种危害社会治安的人。① 所谓七害，是指强勇轻战、有名无实、虚伪狡诈、虚论高议、谗佞苟得、技巧华饰、巫蛊左道等七种不利于国家建设与长治久安的行为。② 去除六贼与七害之后，有品德的人才有施展的空间，优良的社会风气才得以建立，民风才能归于淳朴，基层民众才能安分守己，安于生产。君主"可怒而不怒，奸臣乃作；可杀而不杀，大贼乃发"③。所以君主应该杀伐果断，果断去除六贼与七害，使乱臣贼子无容身之地，社会各阶层遵纪守法，各安其位。

其次，严循六守，选贤任能。齐国与鲁国的治理方式大不相同，"吕太公望封于齐，周公旦封于鲁，二君者甚相善也，相谓曰：'何以治国？'太公望曰：'尊贤上功。'周公旦曰：'亲亲上恩'。"④尊贤尚功，任人唯贤，任人唯能，不重血统与名分。姜太公治理齐国执行"尊贤上功"的方针政策，原因有二："一方面，太公受封以后，人才奇缺，单靠宗族部属难以在民族矛盾尖锐的东夷地区站稳脚跟。……另一方面，太公以功臣受封，他本人文韬武略，才能优异，深知人才的重要性"⑤。为了选贤任能，姜太公制定了六条标准，即"六守"，"一曰仁，二曰义，三曰忠，四曰信，五曰勇，六曰谋：是谓六守"⑥。具备了"六守"即为贤，否则即为"不贤"。鉴别贤与不贤的原则是："富之而不犯者，仁也；贵之而不骄者，义也；付之而不转者，忠也；使之而不隐者，信也；危之而不恐者，勇也；事之而不穷者，谋也。"⑦虽然姜太公"以其超人的胆略大胆采用'尊贤尚功'的用人方针"⑧，但在齐国他究竟任用了哪些贤士，现已不可稽考，但在《韩非子》中却有姜太公诛杀不臣之士狂矞、华士的记载。姜太公指出诛杀他们的原因："且无上名，虽知，不为望用；不仰君禄，虽贤，不为望功。不仕则不

---

① 晓明译：《〈崇文国学经典普及文库〉六韬・三略》，崇文书局2015年版，第24页。
② 晓明译：《〈崇文国学经典普及文库〉六韬・三略》，崇文书局2015年版，第25页。
③ 晓明译：《〈崇文国学经典普及文库〉六韬・三略》，崇文书局2015年版，第142页。
④ 〔汉〕班固：《汉书》，中华书局2000年版，简体字本，第1324页。
⑤ 宫芳：《先秦齐国的国家管理思想与实践》，东北财经大学2010年博士学位论文，第24页。
⑥ 姜太公：《六韬・文韬・六守》，蓝天出版社1998年版，第11页。
⑦ 姜太公：《六韬・文韬・六守》，蓝天出版社1998年版，第11页。
⑧ 张良才、修建军：《论姜太公的政治文化观》，《姜太公新论》，北京燕山出版社1993年版，第144页。

治,不任则不忠。……已自谓以为世之贤士,而不为主用,行极贤而不用于君,此非明主之所臣也,亦骥之不可左右矣,是以诛之。"①《春秋繁露》也有姜太公因营荡"以仁义乱齐"而将其诛杀的记载。②《韩非子》与《春秋繁露》的记载或有后人附会之嫌,但姜太公"在就封国以后,采取一些灵活的政策,对东夷地区的贤才可用则用,不合作者则杀,当属史实"③。由此可见,姜太公杀伐果断,任人唯贤,并最终使齐国强盛。

再次,因俗简礼,平易近民。姜太公曾亲历纣王的暴政和国家的灾难,因而对基层民众的痛苦感同身受,所以他在受封以后,采取了平易近民、因俗简礼的开明政策。"太公至国,修政,因其俗,简其礼,通商工之业,便鱼盐之利,而人民多归齐,齐为大国。"④姜太公因俗简礼的政策较之"变俗革礼"的政策可以更快地安定民心。"太公亦封于齐,五月而报政周公。周公曰:'何疾也?'曰:'吾简其君臣礼,从其俗为也。'……夫政不简不易,民不有近;平易近民,民必归之。"⑤姜太公入乡随俗的政策可以使这些土著居民很快地归附,与姜太公融为一体。"陈其政数,颁其民俗,群曲化直,变于形容。"⑥姜太公对土著居民中的贤能之士破例重用,这对齐国政治的发展有重大意义。"民化而从政,是以天无为而成事,民无与而自富,此圣人之德也。"⑦姜太公"任贤尚能",选拔夷人中的贤士来辅助自己,奖励那些能干的人。他"简礼从俗",从夷人之俗,简君臣之礼,赢得了齐人的拥护,使自己政治家的政治谋略和才华发挥到极致。

(二)惠民爱民,以民为本

爱民惠民是姜太公政治思想的核心。姜太公深知"民可近,不可下;民

---

① 参见马银琴著:《韩非子正宗》,华夏出版社2008年版,第309页。
② 参见〔汉〕董仲舒撰,凌曙注:《春秋繁露》卷十三《五行相胜第五十八》,中华书局1975年版,第456~457页。
③ 李玉洁:《齐国史》,新华出版社2007年版,第85页。
④ 〔汉〕司马迁:《史记》,中华书局1999年版,简体字本,第1245页。
⑤ 〔汉〕司马迁:《史记全本·鲁周公世家》,万卷出版公司2016年版,第185页。
⑥ 太公望等著:《(崇贤书院释译)图解六韬·三略》,黄山书社2016年版,《武韬·文启》,第56页。
⑦ 太公望等著:《(崇贤书院释译)六韬·三略》,新世界出版社2014年版,《武韬·文启》,第57~58页。

惟邦本，本固邦宁"①"民之所欲，天必从之"的道理，因此其治国一贯力主以民为本，坚决反对欺民害民，坚持仁政爱民的思想主张，严禁暴政害民的无道之举。

首先，尊重民众，顺应民意。"爱民必须重民，重民必须顺民意、合民情，不可违民心、逆民情。顺民意、合民情的一个重要内容、表现是重民习、因民俗。是否尊重民众习俗，敦民化俗，是衡量当政者是否爱民、重民的一个主要标准。"②姜太公意识到顺民者昌，逆民者亡，只有代表民意、受民众支持的人才能享国长久。民心向背关系到国家兴亡："王其修德，以下贤惠民，以观天道。……利天下者，天下启之；害天下者，天下闭之。"③姜太公指出，明君贤臣既要赢民以观天道，又要惠民以观天道，更要泽民以应天道。唯有如此才能情为民所系，权为民所用，利为民所谋。明君贤臣应想百姓之所想，急百姓之所急，忧百姓之所忧，不能有私心杂念，而应想的是大局，思的是公共，念的是大众，忧的是社稷，修己以安百姓，未雨绸缪，防患于未然。为此，姜太公提出"大、信、仁、恩、权、事"六个要素，作为衡量当权者能否修齐治平的条件，"此六者备，然后可以为天下政"，只有六者皆备，才能"利、生、彻、安"天下，反之则会"害、乐、穷、危"天下。"利、生、彻、安"天下即是惠民，"害、乐、穷、危"天下便是害民。④

其次，以民为本，施惠于民。"惠施于民，必无忧财；民如牛马，数喂食之，从而爱之。"⑤姜太公主张"惠民"，"王国富民，霸国富士，仅存之国富大夫，亡国之国富仓府"⑥，即保护民众的物质利益，保障民众基本生活需求，仁爱施于

---

① 林旗主编：《四书五经名言名句·尚书·五子之歌》，中国纺织出版社2014年版，第348页。
② 焦安南、李建义：《姜太公》，国际文化出版公司2007年版，第13页。
③ 冯克诚、田晓娜主编：《四库全书精编·子部·武韬·发启》，青海人民出版社1998年版，第363页。
④ 参见冯克诚、田晓娜主编：《四库全书精编·子部·武韬·顺启》，青海人民出版社1998年版，第364页。
⑤ 参见晓明译：《（崇文国学经典普及文库）六韬·三略》，崇文书局2015年版，《武韬·三疑》，第48页。
⑥ 〔汉〕刘向撰，向宗鲁校证：《说苑校证》，中华书局1987年版，第150页。

民众,与民同甘,与民共苦,与民同忧,与民同乐,与民同好,与民同恶。"存养天下鳏寡孤独,赈赡祸亡之家。其自奉也甚薄,其赋役也甚寡,故万民富乐而无饥寒之色。"① 要保证百姓的正常生活,要做到不误农时,不夺其利,不使百姓失业,还要薄赋敛、少市税,要求各级官吏廉洁从政。"赏罚如加于身,赋敛如取己物。此爱民之道也。"②

最后,保护百姓生命。要做到"生而无杀",不惩罚无罪之人。"利而勿害,成而勿败,生而勿杀,与而勿夺,乐而勿苦,喜而勿怒。"③ 要爱民如子,如兄弟子侄,"驭民如父母之爱子,如兄之爱弟,见其饥寒则为之忧,见其劳苦则为之悲"④。

姜太公把重民、爱民、惠民、利民、养民看成国家成败兴衰、生死存亡的根本。"凡人恶死而乐生,好德而归利。能生利者,道也。道之所在,天下归之。"⑤ 只有一心爱民,执政为民,以政利民,与民同乐,才能收民心,保社稷。

(三)礼法并用,赏罚分明

姜太公认为明君贤臣治理国家,管理民众,必须礼法并重。"礼者禁于将然之前,而法者禁于已然之后。"⑥ 礼是社会控制的软手段,具有预警功能,法是社会控制的硬手段,具有强制功能。礼法并用,宽严适度,因时制宜,刚柔相济,二者不可偏废,是中国传统社会"一以贯之"的治国安民之道。姜太公当然深通此道,并在执政治国的实践中加以实施、运用。姜太公论政、治国,重礼治,亦重法治,主张赏罚分明,令行禁止,利国利民。"贵法令必行。法令必行则法道通,法道通则民大利,民大利则君德彰。"⑦ 国君只有做到"所憎者,

---

① 晓明译:《(崇文国学经典普及文库)六韬·三略》,崇文书局2015年版,第10页。
② 张亮译注:《六韬·三略(精装典藏本)》,江西教育出版社2016年版,第11页。
③ 〔西周〕姜尚,〔战国〕鬼谷子著,李霞光译注:《六韬·鬼谷子译注》,北京联合出版公司2015年版,第15页。
④ 〔西周〕姜尚,〔战国〕鬼谷子著:《六韬·鬼谷子谋略全本》,湖南文艺出版社2011年版,第17页。
⑤ 太公望著、夏华等编译:《六韬三略(图文版)》,万卷出版公司2013年版,《文韬·文师》,第1页。
⑥ 〔北宋〕司马光著:《资治通鉴》,周威烈王二三年起汉黄龙元年止,吉林人民出版社1997年版,简体字本,第331页。
⑦ 〔唐〕魏徵、虞世南、褚遂良著:《群书治要(第三册)》卷三十一《六韬治要》,团结出版社2011年版,第143页。

有功必赏;所爱者,有罪必罚"①,才能达到赏有功而罚有罪的目的。姜太公对赏罚的原则和目的做了具体的说明:"凡用赏者贵信,用罚者贵必。贵信罚必于耳目之所闻见,则所不闻见者,莫不阴化矣。"②奖赏的目的是劝勉人们向善、求功、进取,惩罚的目的是警示人们去恶、改过悔罪。要想做到赏一劝百,罚一儆百,就必须严格贯彻执行赏信罚必的原则,不论亲疏、贵贱、爱憎、好恶,都要一断于法,同等对待,这样才能使民众因对法律心存敬畏不愿犯法而得以自保自安。所以太公说:"赏在于成民之生,罚在于使人无罪,是以赏罚施民,而天下化矣。"③赏罚的目的在于治国利民。姜太公的礼法并用、赏罚分明的治国方略为后世统治者所推崇,刚柔相济、令行禁止的化民之策为后世广大民众所敬仰,对中国传统社会的政治思想产生了深远的影响。

(四)三宝并用,繁荣经济

因"齐地负海、潟卤,少五谷,而人民寡"④,姜太公因地制宜,大兴工商,植桑养蚕,得渔盐之利,改造土壤。"昔太公封于营丘,辟草莱而居焉。地薄人少。"⑤姜太公采取"三宝并用"的策略来繁荣经济,"大农、大工、大商谓之三宝。……三宝全则国安。"⑥三宝并举就是将自然经济与商品经济相结合的经济政策,在注重植桑养蚕的同时,充分利用境内矿藏和鱼盐资源,大力发展冶炼业、渔盐业等手工业。"太公劝其女功,极技巧,通鱼盐,则人物归之,襁至而辐凑。故齐冠带衣履天下,海岱之间敛袂而往朝焉。"⑦利用齐国交通便利并结合齐地重商传统的优势,大力发展商业,推行与列国通货的外贸政策。通过发展生产、繁荣经济,齐国逐步由经济落后的小国穷国发展为国富民强的东方大国。三宝并重"即自然经济与商品经济相结合的经济'体式'"⑧。姜

---

① 晓明译:《(崇文国学经典普及文库)六韬·三略》,崇文书局2015年版,《文韬·盈虚》,第30页。
② 晓明译:《(崇文国学经典普及文库)六韬·三略》,崇文书局2015年版,《文韬·赏罚》,第30页。
③ 〔唐〕魏徵等编撰:《群书治要》,天津人民出版社2015年版,第286页。
④ 〔汉〕班固:《汉书》,中华书局2000年版,简体字本,第1323页。
⑤ 陈志坚主编:《诸子集成(第五册)》,北京燕山出版社2008年版,第376页。
⑥ 张亮译注:《六韬·三略(精装典藏本)》,江西教育出版社2016年版,第18~19页。
⑦ 〔汉〕司马迁撰:《史记》,中华书局1999年版,简体字本,第2462页。
⑧ 刘斌、徐树梓:《姜太公本传》,山东人民出版社1996年版,第115页。

太公指出,只有民众丰衣足食才利于教化的推行。人民衣食无忧则思想稳定,反之就会铤而走险,聚众生乱。只有国富财丰,利施于民才能"化其民"。因为民众唯有衣食无忧才能安居乐业,安居乐业才知礼义廉耻,知礼义廉耻才便于施行道德教化。

五、"兵家鼻祖,百代宗师"的武圣人形象

姜太公文能治国,武能安邦,经天纬地,大智大勇。"太公为千古兵家之主,其所以用于武王,一戎衣而天下定。"①他的超人才智、辉煌业绩为后世所称颂,人们将他誉为"兵学鼻祖""百代宗师"。"太公尚父,霸王之辅。渔猎以归,修德用武。学擅阴阳,韬分龙虎。黄钺白旄,挥之如尘。伐取商残,开笃周祜。后世谈兵,宗之为祖。"②姜太公以奇计兴周灭商,"故后世之言兵及周之阴权皆宗太公为本谋"③。后世军事家等都把他视为千古圣贤,"武圣之祖",这就确立了他的"武圣人"的地位。

(一)文伐为上,不战而胜

"故圣王号兵为凶器,不得已而用之。"④姜太公深知,用兵作战的意义、目的在于除暴行义,为了达到这个目的,就要讲究韬略,不能单靠武力消灭敌人,清除暴行。真正的智者,其用兵之略在于运用智慧、谋略,以谋取胜,不战而胜。为了达到不战而胜的目的,姜太公十分重视"文伐",即"以文事"而非用军事手段、战争武力讨伐、征服、战胜敌人。姜太公归纳出十二种"文伐"的方法⑤。由此可见,姜太公所提出的运用非军事手段讨伐、攻取敌人的十二种方法,其主要思想意旨是采取各种方法,利用敌人的内部矛盾,收买、贿赂、分

---

① 〔清〕朱舜水著、朱谦之整理:《朱舜水集》卷十三《孙子兵法论》,中华书局1981年版,第434页。
② 倪文杰、韩永主编:《古今图书集成精华(二)》,人民中国出版社1998年版,第1008页。
③ 〔汉〕司马迁撰:《史记》,中华书局1999年版,简体字本,第1244页。
④ 孙武、司马穰苴等著:《(崇贤书院释译)图解武经七书》,黄山书社2016年版,第260页。
⑤ 参见晓明译:《(崇文国学经典普及文库)六韬·三略》,崇文书局2015年版,《武韬·文伐》,第41~44页。

化、瓦解、离间、麻痹、削弱敌人,转化敌我形势,造成有利于我、不利于敌的态势,然后不战而胜之,或以最小的代价战而胜之,最终取而代之。以"文伐"为"武攻"准备条件,奠定基础,开辟道路,力求不战而屈人之兵,取人之国。不得已而战之,则必须战而胜之。只有将"文伐"与"武攻"结合起来,方能达到战胜敌人的战略目的。

(二)知己知彼,克敌制胜

战争是敌我之间的生死较量,知己知彼方可百战不殆。知己容易知彼难,只有完全掌握敌人的兵力部署、将士优劣、武器装备,才能真正做到"知其心""知其急""知其情","将必上知天道,下知地利,中知人事。登高下望,以观敌之变动。望其垒,则知其虚实;望其士卒,则知其去来"①。想要做到首先要在充分了解对手的基础上周密谋划,合理应对,适时出击。其次,要从敌军士气、战阵治乱、军纪严弛、行动迟速等因素来正确判断敌我之间的差距,通过这些差距就可以预见战争的胜负。"胜负之征,精神先见。明将察之,其败在人。……可攻而攻,不可攻而止。"②要正确判断敌我差距,就必须全面侦察、审知敌人的各种情况、表征,从而判断、察知敌人的"强征""弱征""胜征""败征",认识敌人的各种征兆,判断敌人的兵力强弱,决定战与不战,如何战而胜之。"古之善战者……不知战攻之策,不可以语敌;不能分移,不可以语奇;不通治乱,不可以语变。"③认敌认己是关键,认己清楚才能"守则固""战则胜"。认敌清楚是取得战争胜利的前提。

(三)抓住战机,最忌狐疑

战争是敌我双方的实力对抗和智勇竞赛。只有见机而动、抓住战机的智勇双全者,才能克敌制胜,所向披靡。《吕氏春秋·贵因》篇中记载,武王让人

---

① 参见晓明译:《(崇文国学经典普及文库)六韬·三略》,崇文书局2015年版,《虎韬·垒虚》,第114~115页。
② 参见张亮译注:《六韬·三略(精装典藏本)》,江西教育出版社2016年版,《龙韬·兵征》,第87~88页。
③ 参见晓明译:《(崇文国学经典普及文库)六韬·三略》,崇文书局2015年版,《龙韬·奇兵》,第71页。

在殷商打探时局和社会状况,太公根据探子三次不同的汇报,分析殷商动乱的程度,做出正确的判断,然后选出兵车三百,虎贲三千,去讨伐殷商,结果大获全胜。① 姜太公力主隐蔽作战意图,不被敌人所制,不战而屈人之兵。等待时机,伺机而动。战机一到,毫不犹豫,绝不迟疑,迅速出击。他说:"善战者不待张军,善除患者理于未生,善胜敌者胜于无形,上战无与战。故争胜于白刃之前者,非良将也……用兵之害,犹豫最大;三军之灾,莫过狐疑。善战者见利不失,遇时不疑,失利后时,反受其殃。"② 因为战机难得,机不可失,时不再来,所以姜太公非常强调抓住战机,适时出击,迅速打击。战争的指挥者最忌讳战和不定,犹豫狐疑会贻误战机,首鼠两端会招致失败,犹豫不决会后悔莫及。姜太公强调掌握战争主动权,把握作战时机,战机难得而易失,所以必须深思熟虑以等待时机而后举兵,时机不到,轻举妄动只会自食其果;时机已到,犹豫狐疑则会误失良机,其害无穷。所以要见机而动,乘势而起,适时出击,无所畏惧,方能所向披靡,一举成功。

(四)兵不厌诈,诱敌制胜

在军事斗争中,只有刀光剑影,没有儿女私情,因为战争是敌我双方你死我活的实力较量。如何在战争中取得胜利成为决战双方首先考虑的问题,因此其诡诈性、多端性、多变性、无常性不可避免,直接导致了军事斗争的复杂性、曲折性、反常性。有时需要蓄意制造假象,欺骗敌人,诱敌上当,为我所败,这便是"兵不厌诈"。清代周之标认为姜子牙是"阴谋之祖","胸中出奇运变"。③ 姜太公的施行诡诈、诱敌取胜的策略、战法主要有:其一,制造假象,声东击西;其二,击其不意,攻其不备;其三,作好准备,疾战突战;其四,妄张诈诱,荧惑敌将;其五,施行诈术,瓦解敌军;其六,运用奇兵,出奇制胜。④ 姜太公依据"兵不厌诈"的原则、特点,对于施行诡诈、诱敌取胜的原则、方法,从各

---

① 参见张双棣等译注:《吕氏春秋译注》,吉林文史出版社1987年版,第479页。
② 张亮译注:《六韬·三略(精装典藏本)》,江西教育出版社2016年版,《龙韬·军势》,第76~77页。
③ 参见朱一玄编:《明清小说资料汇编》,南开大学出版社2006年版,第480页。
④ 参见姜国柱:《武圣姜太公的军事谋略思想》,《青岛大学师范学院学报》2002年第1期。

个方面进行了论述、规范。这些原则、方法为后代兵家所重视、发挥、运用。"兵者,诡道也。故能而示之不能……攻其无备,出其不意,此兵家之胜,不可先传也。"①这就充分而精辟地展示了军事斗争的本质特性和用兵胜敌的具体策略,历代兵家视为用兵之要谋,取胜之要道,因而受到重视、推崇。此外还有"奇正分合,出奇制胜""人神并用,胜敌无穷""注重选将,教兵习战""寓兵于农,富国强兵""各个兵种,相参使用""天时地利,人和者胜"②等诸多克敌制胜法,无不彰显了姜太公作为"兵家鼻祖,百代宗师"的武圣人形象。

六、"历代封赏,立庙配享"的武成王形象

如果说孔子是道德文化的代表人物,那么姜太公定是谋略文化的代表人物。姜太公的传奇经历和他的丰功伟业,历代王朝均封其功,唐代以后,明代以前,姜太公更是以"武成王"形象呈现于中国历史文化的舞台。

(一)周人铭于金石,歌功颂德

太公佐文、武灭商兴周,立了首功,故周人铭其丰功伟业于金石。"武王践阼,咨于太师,作席、几、楹、杖之铭十有八章,金人缄口书背,铭之以'慎言',亦所以劝戒人主,勖于令德者也。昔召公作诰,先王赐朕鼎,出于武当曾水,吕尚作周太师,封于齐,其功铭于昆吾之冶。"③"乃召昆吾,冶而铭之金版,藏府而朔之。"④"吕望铭功于昆吾,仲山镂绩于庸器,计功之义也。"⑤这些都是说,由于太公在兴周灭商的过程中居功至伟,封于齐国,故"言时计功"而铭于金版,永垂其功德。周代之后的历代王朝,凡是治国安邦、文武兼备而有作为的君主,都尊崇太公的治国安民之道、用兵御敌之略,都十分称颂、效法太公

---

① 张文治编:《国学治要·子部·孙子·计篇》,北京理工大学出版社2014年版,第896页。
② 参见姜国柱:《姜太公大传》,武汉大学出版社2011年版,第182~237页。
③ 严可均:《全上古三代秦汉三国六朝文(第二册)》蔡邕《铭论》,河北教育出版社1997年版,第698~699页。
④ 〔晋〕皇甫谧撰,〔清〕宋翔凤,〔清〕钱宝塘辑,刘晓东校点:《逸周书》卷四《大聚解》,辽宁教育出版社1997年版,第31~32页。
⑤ 宛华主编:《四库全书精华(珍藏本)》,汕头大学出版社2016年版,《文心雕龙·铭箴》,第280页。

的谋略，所以铭封太公的功德，以为世法。

(二)唐代立庙封王，十哲配享

唐太宗年间，"以太公兵家者流，始令磻溪立庙"①。从此开始追封太公德业功绩，并逐步升级。唐玄宗于开元十九年始置太公尚父庙，"以张良配享。春秋取仲日上戊日祭，……每出师命将，发日便就庙引辞。仍简取自古名将功成业著、宏济生民，准十哲例配享。"②天宝六载(747)，诏诸州武举人上省，先谒太公庙。唐肃宗于上元元年"尊太公为武成王，祭典与文宣王比，以历代良将为十哲象坐侍"③。由上可知，玄宗开元十九年(731)，始立太公庙，到肃宗上元元年(760)，"尊太公为武成王"④，"追封太公望为武成王"。"诏诸州武举人上省，先谒太公庙"，"祭典与文宣比"，并以白起、韩信、诸葛亮、李靖、李勣列于左，张良、田穰苴、孙武、吴起、乐毅列于右。以孔子为"文宣王"，为文圣人，享受祭典，以太公为"武成王"，为武圣人，享受与孔子同样规格的祭典，并以张良等十位历代名将为十哲配享。如此文武相配，崇奉太公，说明太公为武圣人，其他十哲为武贤人。太公算是实至名归，位列王侯。唐德宗建中三年(782)，颜真卿奏"冶武成庙，请如《月令》春、秋释奠。其追封以王，宜用诸侯之数，乐奏轩县"⑤。颜真卿奏定祭武成王太公之礼，配享者也由原来的十人增加为六十四人。唐代礼制规定，祭祀姜太公，选派上将军为奉献官，分春、秋两次祭祀，与祭孔子礼仪相同。其规格以吉礼中祀祭之。吉礼"中祀……文宣、武成王及古帝王、赠太子"⑥。至此，太公位列王侯，地位极高。"唐朝的武庙祭祀将民间个人对太公的崇拜上升到国家崇拜，是统治者对军功的宣扬和崇拜，是尚武信仰的强烈表现……对当朝军功起到一定的刺激作用，以彰显开疆拓土、镇反平叛的国家意志和抱负，引导了崇尚武功的社会

---

① 〔宋〕欧阳修等撰：《新唐书》，中华书局1975年版，第379页。
② 〔宋〕王溥：《唐会要》卷23《武成王庙》，中华书局1955年版，第435页。
③ 〔宋〕欧阳修等撰：《新唐书》，中华书局1975年版，第377页。
④ 〔宋〕欧阳修等撰：《新唐书》，中华书局1975年版，第377页。
⑤ 〔宋〕欧阳修等撰：《新唐书》，中华书局1975年版，第377页。
⑥ 周绍良主编：《全唐文新编》第2部第2册《颜真卿》，吉林文史出版社2000年版，第3857页。

潮流。"①

到了唐代后期，政事日非，叛军四起，割据已立，纲常大乱。于是统治者把乱臣贼子的犯上作乱、不循伦理的罪名归因于追封太公，于是便想取消太公的封号，使庙享降格，而贬损太公。又因"兵革未靖"，不敢对太公贬损太甚，怕有违"右武以起忠烈"和"文、武并宗"的传统。② 由唐初陪祀的地位上升到单独立庙祭祀，直至后来礼仪规格与文庙同等，姜太公武庙的地位在唐代达到顶峰。其间虽有反复，但人们的崇拜不减。

(三)宋代追谥立庙，设立武学

北宋真宗大中祥符元年(1008)十一月，宋真宗"幸曲阜县，谒文宣王庙"，祭祀孔子，"加谥孔子曰玄圣文宣王"，"追谥齐太公曰昭烈武成王，令青州立庙"，③以昭其功德。宋仁宗庆历三年(1043)五月，置武学于武成王太公庙。宋神宗熙宁五年(1072)五月，诏令在武成王庙侧设立武学，体制模式、礼仪制度、教学管理等与太学相同。宋代对姜太公的追谥是国家政治治理的需要，既是对唐代"文武并重"传统的继承，又是对"崇文抑武"传统的修正。

(四)元代保留封号，行三献礼

到了元朝，姜太公武成王的封号、祭礼依然保留。"武成王立庙于枢密院公堂之西，以孙武子、张良、管仲、乐毅、诸葛亮以下十人从祀。每岁春、秋仲月上戊，以羊一、豕一、牺尊、象尊、笾、豆、俎、爵，枢密院遣官，行三献礼。"④虽不及"大成至圣文宣王"⑤孔子规格高，但毕竟享受武成王封号和祭礼。元朝统治者是游牧民族，不重视中原传统文化，但其尚武，祭祀姜太公有利于推崇武学，提高民族的战斗力。

---

① 参见王凤翔：《唐朝武庙与太公崇拜》，《管子学刊》2014年第4期。
② 参见姜国柱：《姜太公大传》，武汉大学出版社2011年版，第437页。
③ 〔元〕脱脱等撰：《宋史·真宗本纪》，吉林人民出版社2005年版，第87页。
④ 〔明〕宋濂等撰，阎崇东等校点：《元史》卷七十六《祭祀五·武成王》，岳麓书社1998年版，第1076页。
⑤ 〔明〕宋濂等撰，阎崇东等校点：《元史》卷七十六《祭祀五·宣圣》，岳麓书社1998年版，第1075页。

（五）明代除号罢庙，以关代姜

到了明代，太公的武成王封号被朱元璋废掉。明洪武二十年，礼部呈请建立武学，用武举，仍祭祀武成王，朱元璋则以"文武一途"为由"去武成王号"。"太公，周之臣，封诸侯，若以王祀之，则与周天子并矣。加之非号，必不享也。至于建武学、用武举，是析文武为二途，自轻天下无全才矣。"①"太公但以祀帝王庙，去武成王号，罢其旧庙。"②自此以后，太公武成王封号被削去，其从唐至元以来庙号、祭典被罢，而从祀帝王庙。于是勋戚子孙袭爵者都到国子监学习。这种"文事武备，统归于一"，实际是消武归文，"因勋卫子弟，不得已而立武学，仍宜以孔子为先师。如前代国学祀周公，唐开元改为孔子。周公尚不祀于学，而况太公乎？"③由于明太祖废武学，不用武举，去太公"武成王号，罢其旧庙"，故到了成化五年（1469），掌武学国子监监丞阎禹锡"乞敕所司，改为文庙"④。武学成为只有房子而无学生的空架子，致使武学监不得不呈请朝廷将"武学"改为"文庙"。朱元璋废止太公庙，并以关公替代姜子牙的"武神"地位，"军队武神崇拜的必要性使得具有'忠义'性格的关羽填补了国家武神信仰的空白，进而达到了朱元璋教化天下臣民忠于君主的目的"⑤。从政治上来说，关羽的忠义仁勇更适合统治者对臣子的要求，从信仰上来说，关羽不仅被道家奉为神仙，还被奉为儒家的武圣人，所以到了万历四十二年（1614），武圣人正式易为关羽。"关羽神话的出现，使姜太公的神话逐渐失去了原有的光彩，变得黯然失色。"⑥从儒家正统思想来看，姜太公曾为殷臣而助

---

① 《明太祖实录》卷一八三《明实录》，"中央研究院"历史语言研究所校印本1962年版，第1534页。
② 〔清〕顾炎武著，黄汝成集释，栾保群、吕宗力校点：《日知录集释（全校本）》卷十七《武学》，上海古籍出版社2013年版，第1016~1017页。
③ 〔清〕顾炎武著，黄汝成集释，栾保群、吕宗力校点：《日知录集释（全校本）》卷十七《武学》，上海古籍出版社2013年版，第1018页。
④ 〔清〕顾炎武著，黄汝成集释，栾保群、吕宗力校点：《日知录集释（全校本）》卷十七《武学》，上海古籍出版社2013年版，第1018页。
⑤ 朱海滨：《国家武神关羽明初兴起考——从姜子牙到关羽》，《中国社会经济史研究》2011年第1期。
⑥ 仝晰纲：《宗教行为与姜太公神话的文化积淀》，《辽宁大学学报（哲学社会科学版）》1999年第5期。

周灭殷,有不忠不孝的嫌疑,与儒家的价值取向相违背,较之关羽的义薄云天则稍逊之。明代社会控制的力度、刚度和网络致密度空前加大,姜太公已不适合作为"纲常名教"的典型以满足禁锢民众思想意识的政治需求。

七、"斩将封神,众神回避"的神上神形象

虽然明代统治者取消了武成王的封号,但基层民众却赋予了姜太公以驱邪避鬼的能力,将其视为保护神。从宋元时期开始,民间文学便对姜太公进行层层累加,从"江湖术士",到甘守淡苦、以仁义之风化诸樵牧的处士①,再到"传闻于说词者之口"②斩将封神,姜太公的形象已经远离了历史真实,变成神话人物。民间传说"是架通历史与文学的桥梁"③,姜太公的伟大形象在广大民众中不断流传,家喻户晓,影响日益深广。尤其是伴随着《封神演义》的横空出世,姜太公被进一步巫师化、神仙化、道士化和儒士化,他灭商兴周的成功则是依靠法宝法术和各路神仙的下界帮忙。姜太公也由以前"武成王"形象一跃而成为"神上神"的形象,神采奕奕地走上明代中期及其以后的历史文化舞台。

(一)玉虚门人,代理封神

在《封神演义》中,鸿钧道人一道传三友,即老子、元始天尊和通天教主,而姜太公是昆仑山玉虚宫阐教教主元始天尊的弟子。他在阐教门下学道四十年,可是师父元始天尊说他生来命薄,命中注定修不成仙,只可以到人间享将相之福,"成汤数尽,周室将兴,你与我代劳,封神下山,扶助明主,身为将相"④,他只好奉师命下山,过了几年凡人世俗化的生活之后,隐于磻溪,在渭水边垂钓,"日诵《黄庭》,悟道修真",守时待命。作为阐教弟子,姜太公善观

---

① 余邵鱼:《列国志传评林》,刘世德等主编:《古本小说丛刊(第六辑)》,中华书局1990年版,第81页。
② 丁锡根:《中国历代小说序跋集》,人民文学出版社1996年版,第1401页。
③ [日]柳田国男著,连湘译:《传说论》,中国民间文艺出版社1985年版,第31页。
④ [明]许仲琳:《封神演义》,太白文艺出版社2000年版,第141页。

天象，精于占卜，擅长排兵布阵，能驱使神鬼。"只因五事相凑，故命子牙下山。一则成汤气数已尽；二则西岐真主降临；三则吾阐教犯了杀戒；四则姜子牙该享西地福禄，身膺将相之权；五则与玉虚宫代理封神。"①因为元始天尊门下十二弟子犯了红尘之厄，得去人间经历劫难，破杀戒，又因为昊天大帝让十二仙俯首称臣，"此时成汤合灭，周室当兴，又逢神仙犯戒，元始封神"，姜子牙是为师父元始天尊代劳，下山扶周灭纣，扶助明主，身为将相，受人间之福，并完成斩将封神的历史使命。② 因此姜太公是阐教委派的执行封神任务的特使。

(二)法宝护身，大败商军

元始天尊送姜太公四不像、"打神鞭"和杏黄旗三件法宝护体，并向他保证："事到危急之处，自有高人相辅。"③所以在伐纣的战争中，攻城破阵时阐教提供人手，斗法斗阵时阐教提供法器，无论伐纣途中遭遇任何困难皆有源源不断的阐教仙人前来相助。姜子牙在众多师友的帮助之下，打败晁田、张桂芳、鲁雄，诛杀魔家四将，破十绝阵，收降邓九公、土行孙、郑伦、洪锦等归西周，杀死一气仙马元、羽翼仙、殷洪、殷郊，攻占金鸡岭，收降孔宣，破氾水、佳梦、青龙、界牌、穿云、潼关、临潼等关，并大破截教通天教主所摆的"诛仙阵""万仙阵"，吕岳之"瘟痘阵"等。又战渑池，斩张奎夫妇，战孟津，杀梅山七怪。会合八百诸侯进军朝歌，纣王于摘星楼自焚，妲己等三妖被擒。武王即天子位，姜子牙领元始诰敕，在封神台封神，武王封七十二诸侯。姜太公封神的故事传说充分体现了基层民众对社会公正的渴望，对生活安定的向往。

(三)太公在此，众神回避

传说姜太公封神时，忘了封自己，神位已满，最后就做了天地人三界督察一类的官职，他手中还有打神鞭，因诸神畏惧而成了神上神。基层民众请其

---

① 〔明〕许仲琳：《封神演义》，太白文艺出版社2000年版，第353页。
② 参见〔明〕许仲琳：《封神演义》，太白文艺出版社2000年版，第141页。
③ 〔明〕许仲琳：《封神演义》，太白文艺出版社2000年版，第337页。

护宅,或在墙上贴上"姜太公在此,百无禁忌"的标语以令百鬼闻风丧胆;①或者在砖上刻上"文斗星在此"以镇凶压邪,文斗星即姜子牙。②"在中国旧社会里面,占着它确乎不拔的支配地位。'姜太公在此,诸神回避'的纸条儿,到处都可以碰见"③,传说这样做就会逢凶化吉,遇难成祥,平安无事,大吉大利。姜子牙由人变成了神,因有奇异能力为民间广为信奉,被基层民众尊为"光明之神",成为神上之神,这是其功绩所致,亦是基层民众真情实感的自然流露。"历史人物传说中渗透着民众的文化心理,包括对宗教信仰、伦理道德、审美情趣以及风俗习惯的认知"④。基层民众把个人愿景倾注到姜太公身上,因其韬略无疆、超然物外而被奉为天枢上相,因"姜太公在此,诸神退位"而把他尊为神上神,因他能制服任何鬼魅邪祟而把他敬为保护神,因"姜太公在此,百无禁忌"而把他当为平安神,避凶挡煞,由此人们获得了心理上的慰藉。"从封建帝王到广大民众,从正史记载到民间传说,从神道宗教到世俗生活,都崇敬太公、企求太公、呼唤太公,以求保佑自己,免遭祸患,降福降祥。"⑤

八、"动心忍性,自强不息"的励志者形象

姜太公老当益壮、大器晚成、百折不挠的一生在中国文化史上留下"动心忍性,自强不息"的励志者形象。"昔师尚父九十,秉旄仗钺,犹未告老也"⑥。姜太公早年的失意潦倒与晚年的风光无限形成了巨大反差,其经历也让后世怀才不遇、潦倒落魄的失意文人寻求到了心灵的慰藉,使他们对未来有了更多的期待。"吕望使老者奋,项托使婴儿矜,以类相慕。"⑦

---

① 参见干春松著:《神仙传》,社会科学文献出版社1998年版,第231页。
② 浩渺主编:《中国民间故事全书·河北·满城卷》,知识产权出版社2012年版,第179页。
③ 聂绀弩:《聂绀弩杂文集》,生活·读书·新知三联书店1981年版,第58页。
④ 高梓梅:《历史人物传说中的民众文化心理》,《甘肃社会科学》2004年第6期。
⑤ 姜国柱:《姜太公大传》,武汉大学出版社2011年版,第483页。
⑥ 〔晋〕陈寿撰,〔南朝宋〕裴松之注:《三国志》,中华书局2000年版,简体字本,第1053页。
⑦ 赵宗乙编:《淮南子译注》,黑龙江人民出版社2002年版,第892页。

（一）身处逆境，动心忍性

姜太公在年老仍一事无成，穷困潦倒，谋生艰难，妻子嫌弃离开的情况下，不愁眉苦脸、捶胸顿足、自怨自艾、怨天尤人，依旧云淡风轻，以巨大的毅力和胸怀来磨炼心性，以求达到豁达平和、淡泊宁静、天人合一的境界。基层民众和民间文学对此颇有论述："昔日太公曾垂钓，张良拾履在圯桥。为人受得苦中苦，脱去了褴衫换紫袍。"①"文章盖世，孔子厄于陈邦；武略超群，太公钓于渭水。"②"姜太公能忍把鱼钓，到了八十保周朝。"③姜太公的励志故事可以给身处逆境的人们心灵的慰藉。后世人们立身处世都以太公为法，身处逆境而不自暴自弃，屡遭困厄而不自贬自损，淡泊明志，宁静致远，老而弥坚，博学笃志，老当益壮，大器晚成，终成大业。

（二）惨遭驱逐，自我激励

姜太公出身寒微，又娶悍妇，被逐出家门，漂泊在外，屠牛朝歌，卖食盟津，生活坎坷，屡遭困厄，怀才不遇，但他怀有"屠国"之志、救民之心，决心吊民伐罪，除暴安民，救民于水火之中，所以他自强不息，孜孜以求，求索真知。他在困境中仍不忘自我提升，为自己日后奋发有为奠定基础。岁月的磨炼使他老而弥坚，年轮的更迭使他睿智通达，面对艰难困苦泰然处之，遭到残酷灾祸坦然面对，将他人的非议作为成功的佐料，受挫折而志更坚，处困境而愈发愤，以超人的意志来磨炼自己的心性，"贫贱忧戚，庸玉汝于成也"④。姜太公年过七十而弃殷，毅然决然西去渭滨垂钓，待遇明主，以求治国兴邦，为民除害。"坐稳磻溪石，悠悠物外身"⑤，太公八十，磻溪垂钓，文王车载，飞熊鹰扬，倾商伐纣，立周八百，建立伟业，实现宏图。太公的经历、精神、道德、功业，给人们以学习的榜样，做人的楷模，建功的典范。

---

① 张德林主编：《京剧艺术教程》，华东师范大学出版社2000年版，第249页。
② 许建峰主编：《汉语的魅力·趣文阅读》，西北大学出版社2016年版，第137页。
③ 连德林收集整理；李跃年主编，唐文舸、侯娅栋副主编：《中原民间歌谣》，郑州市管城回族区档案局，第249页。
④ 曾国藩著：《经史百家杂钞（上）》，岳麓书社2015年版，第78页。
⑤ 刘斌主编：《姜太公志》，山东人民出版社2009年版，第334页。

(三)自强不息,等待机遇

姜太公虽然"有其才不遇其时",不为暴君所用,又为老妇所逐,但是他怀有"治天下有余智"的雄才大略,一直为了自己的理想奋发进取,自强不息,遇坎坷而心不乱,等待机遇,处逆境而志不衰,不蝇营狗苟,以君子贤人自居,"虽穷不处亡国之势,虽贫不受污君之禄。是以太公年七十而不自达"①。姜太公早年出身低微,屡遭困厄,但时刻不忘自我提升,面对失意落魄选择自强不息,真正完成了"天将降大任于斯人也,必先苦其心志,劳其筋骨,饿其体肤,空乏其身,行拂乱其所为,所以动心忍性,曾益其所不能"②的飞跃。前半生的历练与积淀为后半生的绽放奠定了坚实的基础。几千年来,姜太公励志者的形象成为无数读书人争相效仿的楷模,但一直被模仿,从未被超越,姜太公的励志形象可以给现实生活中失意的人们提供心理慰藉,使他们重新燃起昂扬的斗志。"归根到底对姜太公的崇拜,尤其是对姜太公遇文王的种种赞叹,只是从侧面表达了古代中国读书人对贤明君主的期待。"③

九、"福寿绵长,五福得享"的长寿星形象

在中国的社会发展历程中,上至帝王将相、达官贵人,下至田夫野老、蚕妇村翁,人人都希望长寿、长命百岁,乃至长生不老。"人间乐事有多般,算此乐、人间第一。"④健康长寿是中国传统社会所崇尚的生命理想和幸福观,闻一多先生曾说:"在人类支配环境的技术尚未成熟时,一个人不死于非命,便是大幸","那时的人只求缓死,求正死,不做任何非分之想"。⑤《尚书·洪范》提出人有"五福,一曰寿,二曰富,三曰康宁,四曰攸好德,五曰考终命"⑥。姜

---

① 〔汉〕刘向:《说苑全译》卷十七《杂言》,贵州人民出版社1992年版,第706页。
② 金良年撰:《孟子译注》,上海古籍出版社2004年版,第268页。
③ 干春松著:《神仙传》,社会科学文献出版社1998年版,第235页。
④ 唐圭璋编纂,孔凡礼补辑:《全宋词(第5册)》,中华书局1999年版,第4052页。
⑤ 闻一多:《神话与诗》,天津古籍出版社2008年版,第153页。
⑥ 〔汉〕孔安国注,孔颖达正义:《四库家藏·尚书正义》,山东画报出版社2004年版,第403页。

太公福寿绵长,五福得享,是典型的长寿星形象。"太公望年七十屠牛于朝歌市,八十为天子师,九十而封于齐"①,关于姜太公的岁寿,有102岁②、113岁③、129岁④和139岁⑤四种说法。大部分人都是人生七十古来稀,姜太公却是"人生七十刚开始",他"八十才逢明圣主,方立周朝八百年"⑥,"渭水溪头一钓竿,鬓霜皎皎两云皤"⑦。他得享高寿,大器晚成,"使仅赋以中寿,不有东海西伯以发其光,则朝歌之屠夫,磻溪之钓叟已尔"⑧。所以他的长寿令古今中外无数文人墨客艳羡不已,"愿此生,长似钓璜公"⑨。

(一)老来吉祥,福寿绵长

"中国人不看重并亦不信有另外的一个天国,因此中国人要求永生,也只想永生在这个世界上。中国人要求不朽,也只想不朽在这个世界上。"⑩古人为他人贺寿之时,常常以姜太公为"老来吉祥,福寿绵长"的典范。如:其一,"彩衣更著,功名富贵,直过太公以上"⑪。其二,"似太公出将,卫公入相,为苍生起"⑫。其三,"磊落磻溪感遇,迢递彭笺岁月,远到漆园椿。用舍关时运,一片老臣心"⑬。其四,"师尚父年浑未艾,中书令考犹为少。看画盆、岁岁浴曾

---

① 〔汉〕刘向著,绿净译注:《古列女传译注》,北京联合出版公司2015年版,第243页。
② 陈书仪:《姜太公年寿新考》,《管子学刊》2014年第2期。
③ 卫绍生主编:《中华姜姓源流与太公文化研究》,大象出版社2015年版,第307页。
④ 刘斌、徐树梓:《姜太公本传》,山东人民出版社1996年版,第49页。
⑤ 刘艳霞绘著:《中华文化传承图谱·人物卷三·百寿图》,北京工艺美术出版社2011年版,第10页。
⑥ 〔明〕许仲琳:《封神演义》,太白文艺出版社2000年版,第173页。
⑦ 〔明〕许仲琳:《封神演义》,太白文艺出版社2000年版,第317页。
⑧ 〔清〕朱舜水:《朱舜水集》卷十九《太公望像赞二首》,中华书局1981年版,第556页。
⑨ 〔宋〕姜特立著,钱之江整理:《姜特立集》,浙江古籍出版社2016年版,第231页。
⑩ 钱穆:《中国文化史导论》,商务印书馆1994年版,第18页。
⑪ 周振甫主编:《唐诗宋词元曲全集(第4册)》,辛弃疾:《鹊桥仙·为岳母庆八十》,黄山书社1999年版,第1487页。
⑫ 周振甫主编:《唐诗宋词元曲全集(第5册)》,高观国:《水龙吟·为放翁寿》,黄山书社1999年版,第1778页。
⑬ 周振甫主编:《唐诗宋词元曲全集(第5册)》,魏了翁:《水调歌头·刘左史光祖生日庆八十》,黄山书社1999年版,第1805页。

玄,添怀抱"①。其五,"更十岁、太公方出将。又十岁、武公才入相。留盛事,看明年。直须腰下添金印,莫教头上欠貂蝉。向人间,长富贵,地行仙"②。以上五首词均为祝寿词,辛弃疾、高观国、刘克庄、魏了翁在词中都以姜太公类比过寿人,姜太公在中国诗词史上是作为长寿星的意象呈现的,以姜太公长寿星的形象来祝福亲友故旧福寿绵长,老来吉祥,万事如意。

(二)富贵康宁,好德善终

"寿,富,多男子,人之所欲也。"③很多诗词都以姜太公为"富贵康宁,好德善终"的形象来歌咏。其一,"昔有白头人,亦钓此渭阳。钓人不钓鱼,七十得文王"④。其二,"吕叟年八十,皤然持钓钩。意在静天下,岂唯食营丘"⑤。其三,"吕望岂嫌垂钓老,西施不恨浣纱贫。坐为羽猎车中相,飞作君王掌上身"⑥。其四,"吕望甘罗道已彰,只凭时数为门张。世途必竟皆应定,人事都来不在忙"⑦。其五,"伊吕两衰翁,历遍穷通。一为钓叟一耕佣。若使当时身不遇,老了英雄"⑧。其六,元代叶颙《磻溪钓图二首(其一)》:"白发苍苍钓渭滨,宅心非是为金麟。丝纶昔日长多少,牵制周家八百春"⑨。其七,"磻溪老子雪眉须,肘后有丹书。被西伯载归,营丘茅土,牧野檀车"⑩。其八,"可想大

---

① 〔宋〕刘克庄编:《后村长短句》,《满江红·庆抑斋元枢八十》,上海古籍出版社1989年版,第81页。
② 〔宋〕辛弃疾著,邓广铭笺注:《稼轩词编年笺注》,《最高楼·庆洪景卢内翰七十》,上海古籍出版社2016年版,第449页。
③ 国学整理社:《诸子集成》,上海书店1986年版,第72页。
④ 周振甫主编:《唐诗宋词元曲全集(第8册)》,白居易:《渭上偶钓》,黄山书社1999年版,第3085页。
⑤ 周振甫主编:《唐诗宋词元曲全集(第6册)》,权德舆:《渭水》,黄山书社1999年版,第2401页。
⑥ 〔清〕彭定求等编:《全唐诗》,徐夤《寄天台陈希畋》,中州古籍出版社1996年版,第4422页。
⑦ 周振甫主编:《唐诗宋词元曲全集(第13册)》,秦韬玉:《寄李处士》,黄山书社1999年版,第4956页。
⑧ 唐圭璋主编:《全宋词》,王安石:《浪淘沙令·伊吕两衰翁》,中州古籍出版社1996年版,第146页。
⑨ 中国人民政治协商会议陕西省咸阳市秦都区文史资料研究委员会:《咸阳市秦都区文史资料(第2辑)》,元代叶颙《磻溪钓图二首》,1987年版,第152页。
⑩ 唐圭璋:《全宋词(四)》,刘克庄《木兰花慢·渔父词》,中华书局1992年版,第724页。

器晚成,功名有志……寿觞五福,太公须遇文猎"①。其九,"王璜钓得鬓丝丝,又是飞熊应兆时,四海仰瞻天下老,两朝匡济圣人师"②。其十,"东海老叟辞荆榛,后车遂与文王亲"③。其十一,"避世寻常甘钓渭,向年八十独兴周"④。其十二,"水秀山青别有天,太公白发钓漫边。当年总不蒙周聘,犹作老来世外仙"⑤。其十三,"皓首苍颜一钓翁,磻溪石上老英雄"⑥。其十四,马季常《咏太公》诗:"八十垂垂直钓翁,鹰扬轻肯奋秋风。白头清渭无穷意,谁遣飞熊入梦中"⑦。其十五,胡曾《渭滨》云:"岸草青青渭水流,子牙曾此独垂钩。当时未入非熊兆,几向斜阳叹白头。"⑧这些诗词都是称赞姜太公的富贵康宁与好德善终,体现了传统文人对富贵、平安、美好生活的渴望与追求。

总之,姜太公"出将入相千秋业,伐罪吊民万古功"⑨,他雄才大略,"其德足以厉风俗,其法足以正天下,其术足以谋庙胜"⑩,他的传奇经历和丰功伟绩使他以落魄者、隐逸者、军事家、政治家、励志者、武成王、神上神、武圣人、长寿星等多种文化形象出现在中国历史文化的舞台上。众多文化形象犹如群星交相辉映,熠熠生辉,闪耀千古。姜太公的"民本仁政论""官吏廉明论""礼法并重论""文武兼备论""战争运筹论""将帅素质论"在当代社会仍具有极高的价值。

(作者系新乡学院历史与社会发展学院讲师)

---

① 唐圭璋编纂,孔凡礼补辑:《全宋词(第5册)》,张伥《百字谣·寿叶教·三月初九》,中华书局1999年版,第4529页。
② 霍彦儒主编:《宝鸡历史文化》,〔明〕邹弘道:《钓台》,三秦出版社2006年版,第199页。
③ 〔明〕罗贯中:《三国演义》第三十七回,浙江古籍出版社2016年版,第185页。
④ 刘斌:《姜太公志》,山东人民出版社2009年版,第325页。
⑤ 中国人民政治协商会议宝鸡县委员会文史资料委员会:《宝鸡县文史资料(第15辑)》,李景星:《游太公钓鱼台》,2002年版,第116页。
⑥ 刘斌主编:《姜太公志》,强振志:《钓台》,山东人民出版社2009年版,第320页。
⑦ 清康熙《临淄县志》。转引自刘斌主编:《姜太公志》,山东人民出版社2009年版,第320页。
⑧ 周振甫主编:《唐诗宋词元曲全集(第12册)》,胡曾:《渭滨》,黄山书社1999年版,第4807页。
⑨ 〔明〕许仲琳:《封神演义》,太白文艺出版社2000年版,第933页。
⑩ 〔三国〕刘劭著,刘国建注译:《人物志》,长春出版社2001年版,第32页。

浅析《武王伐纣平话》中的姜太公形象

乔东山

姜太公,又称姜尚、吕尚、吕望、太公望、齐太公,是商周之际的军事家、政治家、谋略家,因富于传奇的经历和兴周灭商的伟绩而为后人所记忆。除史书记载外,民间流传了很多关于姜太公的神话传说。后世文人也以他为主角创作了很多文学作品,其中最重要的两部作品是成书于金元时期的《武王伐纣平话》(以下简称《平话》)和成书于明晚期的《封神演义》。已经有人研究了《封神演义》中的姜太公形象。[1] 笔者在此探讨《平话》中的姜太公形象,希望能够丰富姜太公文化的内涵并加深人们对《平话》一书的认识。

《平话》全称《全相平话武王伐纣书》,别题《吕望兴周》,[2]讲述姜太公辅佐周文王、武王讨伐商纣王的故事。全书以武王伐纣的历史为基础,加以虚构、想象、演绎而成。从书的别题可以看出,此书可视为一部姜太公的传记。作为书中的主人公,姜太公呈现出怎样的形象?笔者细读文本,认为姜太公的形象不是单一的,而是复杂多维的。下面分而论之。

---

[1] 李秀萍、李亦辉:《姜子牙形象浅说》,《成人教育》2009 年第 7 期。
[2] 本文使用的版本是丁锡根点校的《宋元平话集》,上海古籍出版社1990 年版。本文引用的《武王伐纣平话》中的文字,均出该版本,不一一注明。

一、割股疗人、义释贤良的仁者形象

书中讲到黄飞虎受纣王迫害，不得不造反。纣王派出几名将领去捉拿黄飞虎，都被击败。纣王张榜悬赏可以捉到黄飞虎的人，姜太公揭榜。纣王大喜，应姜太公的要求，派给他五名武将和五千精兵。姜太公在点军时，发现将领羊刃来迟了。姜太公问羊刃因何来迟。羊刃说老母生病，因侍奉老母而迟到。姜太公了解了这个情况，毫不犹豫地割下自己腿上的一块肉给羊刃，让他将肉煮成羹给老母吃，老母就能痊愈。羊刃回家照做，母亲"果然痊安"。羊刃对姜太公感激不尽。姜太公这种舍己为人的精神可谓仁之大矣。

书中还讲到，姜太公用计捉住了黄飞虎。姜太公问他"为何反君"，黄飞虎答道："为王无道不仁之事也。我妻锉为肉酱，教吾食之；更弃子杀妻，信妲己之言，苦害万民之命，以此反来。"姜太公这才知道纣王是无道的暴君，逼得黄飞虎造反。他当即对黄飞虎说："吾不知此事。吾不合捉尔来。我至来日放尔去了。"一旁的大臣费孟劝姜太公不要放了黄飞虎，否则让纣王知道，大祸临头。但姜太公不听，执意放了黄飞虎。纣王得知此事后，大怒，杀了姜太公的母亲，并派兵追杀姜太公，姜太公被迫出逃。姜太公不顾自家安危，释放贤良，展现了仁者之风。

通过割股疗人和义释贤良的描写，一位忠厚仁义的长者被塑造出来。这两件事是姜太公在书中登场后不久发生的，所以姜太公给人的第一印象就是仁者的形象。

二、积极入世、兼济天下的儒者形象

书中是这样描写姜太公的登场的。一日，大臣向纣王禀报，一个算卦的老者在大街上为一女子算卦，算出这个"女子不是凡人，系是上界金星"。女子突然化作一道金光而去。纣王听后，觉得世上还有如此神人，就把老者找了过来。经询问,老者姓姜,名尚,字子牙,号飞熊。纣王为考验姜太公是否真有本领,就在屏风后面放了物品,让姜太公猜。姜太公一算,就猜中了。纣王又问他是否会"驱兵用将",姜太公不一会儿就写出了韬书。纣王惊叹不已,任命姜太公为司户参军,赐宅一区,赏金百两。后来纣王悬赏招募可以抓住黄飞虎的人,姜太公收榜。再到后来人们所熟知的他在渭水边钓鱼,等待西伯侯拜会和重用自己。凡此种种,无论是显示才能以获得官职,为奖赏而收榜,还是渭水河畔"钓贤君",都表明姜太公是希望得到君主赏识的,是希望获得官职和权力的,其积极入世的心态十分突出。

  姜太公渴望做官,有改善自身境遇的原因,但更主要是为了治国平天下。正如他在渭水钓鱼时心里所想的"我有心兴周破纣安天下"。其实,他一开始在纣王那里讨官职,何尝不是为了安天下,否则他就不会义释黄飞虎。只不过他当时不知道纣王的本来面目罢了。

  古代社会结构单一,一个人特别是读书人,要想成就一番事业,造福人民,实现自己的人生价值,几乎只有做官一条路可走,做官后,利用自己手中的权力去为百姓做事。孔子说"学而优则仕"(《论语·子张》),"沽之哉,沽之哉!我待贾者也"(《论语·子罕》),都主张士人应当出仕为官。儒家强调诚意正心修身,但"内圣"的目的是"外王",即治国平天下。姜太公积极入世、兼济天下的心态和行为与儒家的主张是一致的。

三、道高于君、得君行道的士人形象

  春秋战国时期,士阶层出现。士是读书人,有自己独立的人格。他们的精神世界中高悬着一个"道",他们的终极目标就是实现"道"。"士志于道"是古代士的特点。士虽有知识和思想,却没有权力。要想在天下实现"道",需要依靠权力,而权力掌握在世俗君主手中,所以士为了实现"道",必须得到君主的赏识,借助于君主的权力。这样在现实世界中,士是君的臣,需听命于君。但士认为自己掌握着"道",自己是实现"道"的主体。君主按照士的意志行事才能保证"道"的实现,若君的行为与"道"发生冲突,应该"从道不从君"。这就出现了士与君的矛盾。为解决这个矛盾,先秦的思想家设计出一个状况,即士是君的臣子,同时也是君的师、友,以帝王师、友的身份与帝王共事,这样既保持了君的尊严,又摆脱了士完全听命于君的困境,有利于"道"的实现。①

很显然,这种状况是很难实现的。在现实中难以实现,一些文人就写进书中。《平话》中姜太公钓鱼的一段文字,就是这种状况的描述。书中先是说姜太公因释放黄飞虎而遭到纣王的追杀。姜太公听说西伯侯"仁德有道,招贤纳士",就有意投奔他。但姜太公认为自己若直接投奔西伯侯,不会受到重用。所以他在渭水垂钓,相机而动。几年后,无人注意他。他很失望,不禁叹道:"吾今鬓发苍苍,未遇明主!"但即便如此,他也不主动求见西伯侯。恰巧一天樵夫武吉失手打死了门子,将要被处死。西伯侯可怜武吉有老母需要奉养,就给他黄金十两,让他回家七日,然后回来伏法。武吉向姜太公求助,姜太公告诉他如此做可保无事。武吉照办。七日后,西伯侯见武吉不来,就课了一卦,发现武吉畏罪投水而死,就将此事放下。一天晚上,西伯侯梦见一只飞熊从外飞至殿下。周公旦为西伯侯解梦,指出这是得到贤才的征兆。西伯侯就出去访贤。刚出门,看到围观的人群中有武吉。西伯侯招来武吉,问他怎么会出现在这里,武吉说是一个钓叟帮助的他。西伯侯大为吃惊,就让武吉引路,去找这个钓叟。果然在渭水磻溪边找到了姜太公,一段君臣际遇由此开始。

姜太公在溪边垂钓数年,始终不去找西伯侯,而等着西伯侯来找自己。最后通过救助武吉的方式让西伯侯找到了自己。

西伯侯找到姜太公后,书中写道:

> 却说文王望见磻溪河一里地,下车行至岸边,见渔公,大礼恭敬三次。姜尚不顾分毫。文王近前大礼,渔公举手指让,文王大喜而无愠色。

---

① 余英时:《道统与政统之间——中国知识分子的原始型态》,《士与中国文化》,上海人民出版社2003年版,第88~99页。

姜尚执钓竿,问曰:"公乃何人也?"文王曰:"某是西伯侯姬昌,专来出猎到此,知公大贤,许我伐无道之君如何?"姜尚无言。文王又问:"知公此岸钓引,于天意愿,愿公表察。昌令四方求探至此,愿呈肝胆之智,望贤垂意,顿首顿首,惶恐惶恐,贤意如何?"姜尚见文王大礼之言,心内思惟:此人虽是真主,我不便思文王之德,始三次顾我,我又不顾。文王无分毫愠色,亦无忿怒。此是大君子人也。

姜尚又试探文王有天子之德。尚答曰:"君非专意举贤,出猎游戏亦不是坚心求贤,而乘乐而至。吾乃钓叟,岂取金紫之名乎?臣恐停车驾,请大王且退去。"姜尚道罢,遂入苇叶而去。文王心内思惟:吾自错矣。令车驾却入虢县。文王清斋三日,沐浴圣体。第三日,文王宣文武排銮驾再去求贤。

文王随从前往磻溪至近,有姜尚先知,言文王再来。姜尚立钓竿于岸侧,去芦叶深处不出迎。文王至近下车,共文武步行一二里至岸,却不见渔公,只见钓竿。文王赠诗一首。诗曰:

"求贤远远到溪头,不见贤人见钓钩;若得一言明指教,良谋同共立西周。"

文王诗毕,文王问:"先生何往?只得一句,言着国事,安天下,定社稷,无非大贤指教。"言罢多时,不闻音耗。文王又吟诗一首。诗曰:

"先生表察再来求,不似先前出猎游;若得一言安社稷,却将性命报恩由。"

姜尚于芦花深处,听得文王志气,坚心来求贤,姜尚遂出来与文王相见。二人各叙寒温,礼毕,文王道:"先生还得一句,为立国安邦之法,拜为良臣,公意如何?"姜尚见文王谨意诚心,苦来求告。姜尚乃答诗一首。诗曰:

"谢君志意诣磻溪,一语安邦定国机;吾略乱言匡国法,须教陛下镇华夷。"

姜尚诗毕,文王大喜,深谢贤良。西伯侯用手扶姜尚,并众臣扶定姜尚上车北进。……

文王并众文武等,却回到岐州。

这段描写曲折生动。西伯侯屡次请求姜太公出山辅佐自己,姜太公就是不答应,直到最后才同意。姜太公这么做,一是考察西伯侯是否真的贤明,二是"欲擒故纵",他知道,西伯侯越是急切地请求自己,自己以后越受重用,越能使西伯侯对自己言听计从。

西伯侯与姜太公回去后,封姜太公为恒檀父,后封为太公。姜太公辅佐西伯侯处理朝政,西岐大治。三年后,西伯侯去世,临终时,他对太子武王说:"好看太公者,此人是大贤人也。"其实是将武王托付给了姜太公。武王即位后,三年不言伐纣之事,并且"终不用太公"。姜太公作为受托孤命的老臣,给武王写了一段文字。武王看到写的是:"自天生世兮,无可及。四海兴望兮,定可归。如今老迈兮,未肯伏。昔作钓叟兮,遇明主。武王不用兮,未显机。磻溪钓鱼兮,天命定时。"文中提到西伯侯当年请姜太公帮助他兴周灭商,现在武王不用姜太公,不言伐纣事,是与乃父西伯侯的志向相违背的。武王明白此意,就召集文武大臣商讨伐纣之事,并且拜姜太公为将。武王伐纣由此开始。姜太公以帝师的身份教育了武王,赢得了武王的信任和尊用,达到了得君的目的,然后他就行讨伐纣王的天道了。

我们看到,《平话》中渭水钓鱼前后的姜太公抱持着"道"的终极理想,保持着士的独立人格,不肯屈膝于君主之下,唯君命是从,而愿意获得君主的完全信任和尊重,来实现"道"。这是先秦诸子所倡导的士的典型形象。

四、深谙兵法、谋略高超的兵家形象

《史记·齐太公世家》中说:"周西伯昌之脱羑里归,与吕尚阴谋修德以倾商政,其事多兵权与奇计,故后世之言兵及周之阴权皆宗太公为本谋。"历史上的姜太公是一位伟大的军事家、谋略家,长于用兵,被后世誉为"兵家始祖""谋圣"。这在《平话》中也有反映。书中多次描写姜太公深谙兵法,会排兵布阵,拥有高超的军事谋略。

书中描写姜太公登场时,纣王问他是否会"驱兵用将",姜太公不一会儿就写出了韬书。纣王赞叹不已。虽然韬书的内容不得而知,但从纣王提出的问题来看,显然是兵法之类的东西。姜太公甫一登场,作者就告诉读者姜太公懂得兵法。

在姜太公躲避纣王军队追杀的过程中,他先后使用遗衣驻军计和推石落水计躲开了商军的追杀。这显示了他的足智多谋,但因不涉及用兵,故不多言。姜太公在兵法和谋略方面大展身手是在武王伐纣的过程中。如周军攻打洛阳时,守将徐盖领兵出战。姜太公布六甲阵。南宫适出战,引诱徐盖进阵,徐盖被困在阵中。后周军攻打故恩州西陵时,守将飞廉出战,周将祁宏战败,飞廉紧追,进入姜太公事先布置好的阵中。姜太公见了,指挥军队,将阵形变为八卦阵,将飞廉困在其中。这都表明姜太公懂得排兵布阵,而且运用娴熟。

在周军攻打氾水关时,守将乌文画武艺高强,几名周将先后败在他的手下。姜太公看到战场南面有广武山荆索谷,就在此布置好伏兵。来日,他派南宫适出战,南宫适诈败,逃往山谷中。乌文画紧追不舍,也进入山谷。姜太公让南宫适从别路走出,然后堵住别路出口,同时截断了乌文画的归路,这样就将乌文画困在山谷中。周军放火,最终将乌文画烧死在山谷中。

击败乌文画后,周军继续向前,在黄河边与纣王的赵公明等五位将领相遇。两军交战,周军击败五将。后者逃到水中的船上。姜太公令周军驻扎在离岸边一二里的地方,晚上大排筵宴,犒赏军士,"时至三更,饮酒食肉,歌舞无休"。商朝的五将得知后,其中三将率领军队前来劫营。姜太公令军队后撤一里,留下酒肉。商军来到后,看见许多酒肉,大喜,都吃喝起来。但酒中都有毒,三将和士兵不一会儿都毙命了。姜太公又令一小将去河边报告另外二将,告诉他们三将已经击败周军,要二将前去一同捉拿姜太公。二将信以为真,刚走上岸,就被周军抓住了。

姜太公以计谋打败了多位商朝将领,但用兵的最高境界是不战而屈人之兵。《平话》中的姜太公达到了这种境界。在周军攻打潼关时，守军出战被击败，然后就坚守不出了。姜太公想到自己当初逃奔西岐路过潼关时，对守将姜国舅痛言纣王无道，姜国舅"闻言泣下，叹息长吁"，并且放自己出了关。姜太公由此认识到姜国舅可以争取，就向他写了一封劝降信，信中写道：

  上启国舅：久不奉颜，喜得安乐。尚昔日事急身危之时，谢贤放过关来。今辰实报贤恩。闭关不出，岂不知纣王无道，恣从妲己之言，将尔姊就摘星楼攒下来，撷杀姜皇后。山陵不修，贬了太子殷交。姜里城囚文王七载，醢了百邑考，反了黄飞虎，斩了吾母，剖了皇伯比干，贬剥忠良。不能赏设三军，宠信妲己之言，不听忠臣之谏。不良无道，苦虐万民。耕夫罢种，织女停梭。天地人臣，咸皆怨旷。今者天教武王杀伐无道，如贤不肯放关，岂不是助纣作孽？若兴兵击破关门，缚贤见主，吾与贤失了昔日之义也。如贤献关，吾奏武王，教贤列土封侯，与尔姊报恨，天下太平，岂不美哉！今月日，西周元帅姜尚书。

信中首先感谢姜国舅当初的救命之恩。然后历数了纣王的暴虐无道，特别提到了纣王杀害姜国舅姐姐的事，以此激起其对纣王的仇恨。接着指出，既然纣王如此无道，姜国舅为纣王守关就是助纣作孽。最后从正反两方面分析利害，如果姜国舅坚持抵抗，一旦周军破关，缚国舅见武王，自己和国舅将失去昔日之义。如果国舅投降，不仅可以列土封侯，还能报姐姐之仇，平定天下。国舅看到书信，当即表示投降。姜太公以一封书信，拿下了军事重镇潼关，展示了高超的军事谋略。

五、能掐会算、法术高强的术士形象

  历史上的姜太公本是一位雄才大略的军事家、政治家，形象本已伟大，但后世并不满足，还将其描绘成一个神机妙算，能点铁成金、撒豆成兵的神人。道教甚至将其奉为神仙，纳入神仙体系当中。这种民间神话传说影响了《平话》的写作。作者将姜太公塑造成一个能掐会算、法术高强的术士。

《平话》描绘的姜太公的术士形象最突出的体现是他算卦之灵，这在书中有多处叙述。姜太公一登场时，书中借大臣之口，说姜太公在大街上给一位女子算卦，算出女子不是凡人，而是上界金星。女子见自己的身份暴露，化作一道金光而去。纣王知道后，让姜太公猜屏风后面的物品。姜太公课了一卦，一猜即中，令纣王赞叹不已。他在渭水垂钓时，给樵夫武吉算了一卦，说武吉今天会出人命，果然武吉当天失手打死了门子。在伐纣过程中，姜太公算了一卦，说："今日有一将来投我。"果然，纣王的太子殷交前来投奔。与算卦灵验反复出现相比，姜太公以法术捉妖在书中没有过多的展示，主要在书的结尾斩杀妲己时表现出来。妲己被周军擒获后，姜太公命刽子手斩杀其于法场。但接连两位刽子手被妲己的美貌所迷惑，都"坠刀落地"。后殷交请求亲自执刑，姜太公允许。殷交拿起大斧，砍向妲己，"听得一声响亮，不见了妲己，但见火光迸散"。原来妲己飞腾至空中。这时姜太公拿起法宝擒拿妲己，书中是这样描写的：

> 太公一手擎着降妖章，一手擎着降妖镜，向空中照见妲己真性，化为九尾狐狸，腾空而去。被太公用降妖章叱下，复坠于地。太公令殷交拿住，用七尺生绢为袋裹之，用木碓捣之，以此妖容灭形，怪魄不见。

余论

由以上的分析可以看出，《平话》中姜太公形象呈现出仁者、儒者、士人、兵家、术士等不同的形象。这些形象有的是可以"兼容"的，即不同的形象可以表现在同一个人物之上，如仁者、儒者、士人。有的是不"兼容"的，如儒家素来"不语怪力乱神"，《平话》将姜太公描绘成一个儒者，同时把他描绘成术士，显得不伦不类。这是《平话》这部文学作品在塑造人物形象上不成熟的表现。

为何会出现这样的状况呢？我想这与《平话》的作者和成书方式有关。《平话》本是唐宋时期说话人的底本，金元时期书坊主倩下层文人整理，成为今天我们看到的样子。由于是书不是成于一时一人之手，各个作者按照自己的想法写作，再加上整理者文化水平不高，话本痕迹明显，[1]因而造成姜太公形象的复杂、冲突。并且说话人和整理者都是下层文人，受正统儒家思想影响不深，受民间各种思想如因果报应观念、侠义精神、血亲复仇观念影响较大。[2] 在各种民间思想的交织影响下，姜太公的形象就呈现出多样性。如果我们不从文学角度观察，而从民俗学的角度看，可以说，《平话》中的姜太公形象折射出了民间对姜太公的认识。这是《平话》的民俗学价值之所在。

(作者系新乡学院历史与社会发展学院讲师)

---

[1] 李亦辉、李秀萍：《论〈武王伐纣平话〉成书的方式、时间及地域》，《学术交流》2011年第1期。
[2] 李亦辉、李秀萍：《民间思想的多维呈现：论〈武王伐纣平话〉的文化意蕴》，《学术交流》2012年第12期。

《唐太宗李卫公问对》中的黄帝、太公八阵

赵洪春

中国古代兵法源远流长,文献可征的至少可上溯到黄帝蚩尤时代。相传黄帝得玄女传授兵法,战胜蚩尤。商周之际太公继承和发展了黄帝兵法,推动了中国历史的发展。黄帝、太公兵法内容丰富,其中之一是阵法,世称八阵,后经诸葛亮阐发运用,在汉魏之际大放异彩,名垂后世。遗憾的是,黄帝、太公兵法著作散佚,大多没有传世,八阵如何,不得而知。今人从传世文献中爬梳剔抉,为恢复古兵法做了不少工作。本文即试图从《唐太宗李卫公问对》(下简称《问对》)提供的信息中略论黄帝、太公八阵。

一、黄帝、太公八阵的基本型

《问对》是宋人编辑的唐太宗与李靖之间就军事问题的谈话记录,主要是唐太宗问,李靖回答解释。其中有一段谈到古阵法[①]:

太宗曰:"天、地、风、云、龙、虎、鸟、蛇,斯八阵何义也?"

---

① 引自《续古逸丛书》本《武经七书》。

靖曰:"传之者误也。古人秘藏此法,故诡设八名尔。八阵本一也,分为八焉。若天地者,本乎旗号;风云者,本乎幡名;龙虎鸟蛇者,本乎队伍之别。后世误传,诡设物象,何止八而已乎?"

唐太宗问李靖八阵意义是什么,并且按照隋唐之际的普遍看法将八阵与天、地、风、云、龙、虎、鸟、蛇等名号联系起来。李靖对此颇不以为然,认为是后人误传,而误传的原因是古人为保守秘密,用天地风云等名号误导后人。显然,这个回答未能令唐太宗满意,故唐太宗紧接着又发问。

太宗曰:"数起于五,而终于八,则非设象,实古制也。卿试陈之。"

靖曰:"臣案黄帝始立丘井之法,因以制兵,故井分四道,八家处之。其形井字,开方九焉,五为阵法,四为间地。此所谓数起于五也。虚其中,大将居之,环其四面,诸部连绕,此所谓终于八也。及乎变化制敌,则纷纷纭纭,斗乱而法不乱,浑浑沌沌,形圆而势不散,此所谓散而成八,复而为一者也。"

唐太宗引用当时流传的八阵解说"数起于五,而终于八",并称此是古制,并非古人巧设的迷魂阵,并请李靖解释古八阵的意义。在唐太宗的追问下,李靖揭开了黄帝八阵的一角。大概黄帝八阵的基础是"丘井之法"。据李靖的解释,丘井之法似乎是"井田制",而其实质是将民政、征兵、兵制三者统一起来,根据农业生产的建制建军,是一种民兵制。黄帝军队的基本编制是五五制,即前后左右与中央五部分,相间的四角为间地。如果中央部分的士兵分散到间地,只留大将居中指挥,那么就有四方四角八个部分。这是阵法"数起于五,而终于八"的含义。唐太宗对这个解释颇为满意,给予高度评价,并询问黄帝兵法是否有人继承。

太宗曰:"深乎黄帝之制兵也。后世虽有天智神略,莫能出其斗阔。降此孰有继之者乎?"

李靖认为太公是黄帝之后继承发展黄帝兵法中的佼佼者,曾帮助武王取得了伐纣的胜利。

靖曰:"周之始兴,则太公实缮其法。始于岐都,以建井亩,戎车三百两,虎贲三百人,以立军制。六步七步,六伐七伐,以教战法。陈师牧野,太公以百夫致师,以成武功,以四万五千人胜纣七十万众。周《司马法》本太公者也。太公既没,齐人得其遗法,至桓公霸天下,任管仲复修太公法,谓之节制之师。诸侯毕服。"

在李靖的叙述中,太公仿效黄帝,先建井亩,再立军制,以车兵为主力,有戎车三百辆,戎车分队指挥官(虎贲)三百人。又训练建制步兵,基本战术是并排前进,挥戈砍杀。这是牧野之战中周军的基本部队。牧野之战中,太公亲自指挥一支百人队,率领周军冲锋,以少胜多,取得胜利。因为太公的封国是齐国,所以太公之后齐人得到了他的兵法。到东周时,管仲又继承太公兵法,帮助齐桓公称霸。唐太宗对管仲特别感兴趣,对此发表了一番见解。

太宗曰:"儒者多言管仲霸臣而已。殊不知兵法乃本于王制也。诸葛亮王佐之才,自比管、乐,以此知管仲亦王佐也。……"

李靖顺着话头,进一步解释了管仲制齐之法,由此可以进一步印证黄帝、太公、管仲的建军原则及具体办法实一脉相承。

靖曰:"……臣请言管仲制齐之法。三分齐国,以为三军。五家为轨,故五人为伍;十轨为里,故五十人为小戎;四里为连,故二百人为卒;十连为乡,故二千人为旅;五乡一帅,故万人为军。亦由《司马法》一帅五旅,一旅五卒之义焉。其实皆得太公之遗法。"

显然,管仲将编户单位与军队单位——严格对应起来,这正是黄帝、太公兵法的精神实质。

	前	
左	中	右
	后	

风	前	地
左		右
云	后	天

图 1　黄帝、太公八阵变化简图

综上所述,黄帝、太公八阵的基本型可以用一幅简图表示。当军队集合时,首先结成中央方阵,再结成四方四个方阵,共五阵,四角为间地。此阵型紧凑,利于防御。若中军分散到四角结阵,则五阵变为八阵,大将居中指挥。

此阵能展开兵力,利于冲击。黄帝、太公阵法能在五阵、八阵之间变换,可攻可守,十分灵活。《问对》中唐太宗引用了一段八阵口诀,将八阵运用之妙发挥得淋漓尽致。

  太宗曰:"阵数有九。中心零者,大将握之,四面八向,皆取准焉。阵间容阵,队间容队,以前为后,以后为前,进无速奔,退无遽走,四头八尾,触处为首,敌冲其中,两头皆救。数起于五,而终于八。此何谓也?"

黄帝、太公八阵的灵活性主要依靠中军能够迅速解散,分别到四角结为方阵。这固然可以通过严格训练做到,但考虑到黄帝、太公的建军原则是民兵制,民兵与职业军人的一个主要区别是前者在生产之余训练,后者则全职训练。通常情况下,民兵的训练程度是有限的。民兵如何在战斗时从容变阵,不因少数人的慌乱而自乱阵脚是古阵法发挥威力的一个要点。

前述口诀中提到了八阵的一个特点是"阵间容阵,队间容队"。阵间容阵大概是结成五阵时四角为间地,阵与阵之间有结阵的空间。那么如何理解队间容队呢?如果队是比阵次一级的单位,那么显然方阵不会是实心的,中间有不少空间。口诀中将阵与队并列,是否队形排列与阵有相通之处?如果是这样,不妨设想每个作战单位都是五五编成,即每个大单位下属五个小单位,其中一个小单位居中指挥,其余四个则分列四方。这样层层递进,就成为中军居中、四方四阵的基本型。按照现代数学术语,这八阵是一个分形结构,其中每个部分与整体的结构是相同的。所以中军解散分置于四角也十分简单,无须重新编队,只要中军下属四方在各自指挥官的指挥下直接开进到四角即可。

上述猜测也有间接的文献根据,比如,《周礼》中有:"五人为伍,五伍为两,四两为卒,五卒为旅,五旅为师,五师为军。以起军旅,以作田役,以比追胥,以令贡赋。"[①]这段话讲的是周的军制。如果前引《问对》中所称的周代军法《司马法》本于太公可信的话,那么《周礼》中描述的军制当为太公所使用或

---

① 见《周礼·地官·司徒》。

制定的。我们看到这段话描述的周军制是典型的五五进制，只有一处例外，即"四两为卒"。这是因为太公以车兵为主，一卒有一戎车，戎车居中当一两，与四两合为五个单位。如果周军是五五进制，那么其依次布五阵也是合理的。

				前前				
			前左	前中	前右			
				前后				
	左前			中前			右前	
左左	左中	左右	中左	中中	中右	右左	右中	右右
	左后			中后			右后	
				后前				
			后左	后中	后右			
				后后				

图 2　黄帝、太公八阵分形结构示意图

二、牧野之战中的太公八阵

黄帝大约生活在公元前三千年，太公大约生活在公元前二千年初，两人相距至少一千年。到了商周之际，黄帝八阵应该已经为当时的商王朝和各方国所熟知。太公如果仅靠黄帝八阵势必难以完成帮助武王灭商的功业，太公固然继承了黄帝八阵，但其也必在此基础上有所发明。史传"周西伯昌之脱羑里，与吕尚阴谋修德以倾商政，其事多兵权与奇计，故后世之言兵及周之阴权皆宗太公为本谋"[①]，正与此合。太公八阵的新意如何？《问对》中还有一些相关内容，或许可以有所提示。

　　太宗曰："《太公书》云：地方六百步，或六十步，表十二辰。其术如何？"

　　靖曰："画地方一千二百步，开方之形也。每部占地二十步之方，横

---

① 见《史记·齐太公世家》。

以五步立一人，纵以四步立一人。凡二千五百人，分五方。空地四处，所谓阵间容阵者也。武王伐纣，虎贲各掌三千人，每阵六千人，共三万之众。此太公画地之法也。"

这段文字唐太宗先引用了《太公书》中的一段话，询问李靖太公八阵的细节。李靖详细解释了太公的画地之法。由于古代数学术语难以确解，这里只是对太公画地之法提出一种解释。"画地方一千二百步，开方之形也"大概是说画周长一千二百步的正方形。这个正方形边长为三百步，如果按照黄帝丘井之法分为九小方，那么每小方是边长一百步的正方形。"每部占地二十步之方"大概是说每个士兵占二十平方步的空间，"步之方"用现代数学术语是平方步，即长宽各一步的正方形面积。队形密度是"横以五步立一人，纵以四步立一人"，平均下来每人占地恰为二十平方步。"凡二千五百人，分五方。空地四处"大概是前述八阵基本型中的四方及中央五阵，四角为间地，空地即间地的形式。

这样每个小方立五百人，按每人二十平方步计算，需要一万平方步的空间。而每小方边长一百步，恰为一万平方步。如此看来，在太公画地之法下，二千五百人的师级方阵仍是五阵，但五百人的旅级及旅以下单位则不是五阵，而是实心方阵。所以李靖在描述太公八阵时只提到"阵间容阵"，而不提"队间容队"。这个与传统八阵形似而神不似的特殊的阵型也是牧野之战中周军所采用的阵型。

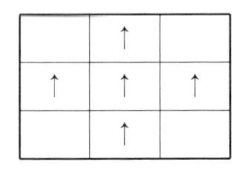

图 3　牧野之战中太公阵图

比较太公阵法和黄帝阵法可见，太公编成的军队是纯车兵，步兵只是配属戎车的辅助部队，故排成密集方队便于冲击。黄帝之军可能还没有战车，由纯步兵组成，八阵是一种巧妙使用纯步兵的阵法。

牧野之战是应用太公八阵取胜的重要战例，综合《问对》中的相关记载，可以加深对太公八阵的理解。牧野之战中周军的总兵力是四万五千人,商军的总兵力是七十万人。无疑,商军兵力远超周军。但周军的主力是三万车兵及三百戎车。按前述《周礼》中描述的周军制,一辆戎车配属四两,即一百人,戎车三百即对应三万人。虎贲是率领百人的卒长,即一支戎车分队的指挥官,戎车三百即对应虎贲三百。牧野之战中,太公没有按一师兵力排一个五阵的做法将全部兵力分为十阵或更多,而是集中全部三万人为一个大五阵,每小阵六千人。按照这种排法,原来五百人和五辆戎车的小旅阵变为六千人和六十辆戎车的大旅阵,每个大旅阵大概应以四乘三,排列十二个小旅阵。太公阵法本为攻击而设计,此时又集中兵力,戎车并排持续冲击的力度就更大。但整个进攻兵团仍采用传统的攻守兼备的黄帝五阵格局,目的显然不是增加什么灵活性,而是隐藏攻击意图,欺骗敌人。结果太公集中兵力冲击,取得了"驰商师"的战果。①

不过,牧野之战中使用的太公八阵应该只是太公八阵之一种,太公八阵的要义在于实心车兵方阵的多种阵型。由于《问对》中谈及太公八阵的内容有限,太公八阵的各种阵型如何,有没有战例证明阵型用法都需要挖掘材料,做进一步研究。

三、小结

根据《唐太宗李卫公问对》的记载,中国古阵法有两个来源,黄帝八阵和太公八阵。黄帝八阵是分形五阵,太公八阵的不同之处在于它是实心方阵,且能变化。这二者都基于古代田制,故基本型相通。其不同之处盖源于战车出现后,新军事技术对战术的影响。太公顺应新军事技术变化,在黄帝八阵的基础上发展出新阵法,并在商周之际应用于战场,是古代兵学推动历史发展的一个实例。

---

① 出自《逸周书·克殷》。

虽然由于文献不足,黄帝、太公八阵的全貌已经难以完全恢复,但细细查究传世文献,仍能够推断出其中一些关键细节。本文即以《问对》为例,抛砖引玉。传世古兵书中与黄帝、太公八阵有关的内容当还有未充分发掘之处,有待贤君子阐发。

(作者系传统文化民间爱好者)

研究姜尚姓氏文化，促进卫辉旅游发展

尚学德

中华姓氏发源于黄河南北，新乡是中华姓氏发源地之一。据史料记载，毛姓发源于原阳，林姓发源于卫辉，生长在今卫辉的太公姜子牙的后人姓氏达一百多个，卫辉也可称为姓氏文化之乡。

新乡文化研究学会是我市一家文化研究组织，其下属的尚氏分会更是一家研究姜尚文化、探讨尚氏历史的机构。

2018年春季，尚氏分会在河南省尚氏文化研究会的支持帮助下，成功举办了尚氏寻根祭拜姜太公活动，来自省内外的尚氏宗亲代表近二百人参加了活动，卫辉市委宣传部、卫辉市文联领导应邀参加了研讨会并作了发言。2019年我们又举办第二届祭拜姜太公活动，更多尚氏宗亲参加了此次活动，卫辉市政协及太公镇政府积极参与了这项活动。

尚氏有着悠久的历史，是姜太公后人之一，据乾隆《汲县志》记载，北魏时期汲郡太守穆子容所著《北魏太公碑记》一文中曾记载尚氏先人12位之多。另据南昌遥湖尚氏族谱记载，宋朝时期尚氏一支由今新乡市延津县胙城乡迁往江西，因功绩显著被宋王封为遥湖尚氏，拨款征地修建家祠。洪洞迁民前，新乡尚氏系新乡七户遗民之一。明清时期，新乡尚氏更是兴盛时期，现在卫辉、新乡、辉县等地均发现尚氏活动足迹的石碑。明朝初期尚氏先祖尚志、尚谦、尚能、尚贤、尚宾曾考中举人,形成了新乡四门。长门居新乡台头,二门居新乡城内,三门居西牧村,四门居小冀苗庄附近。据传明清时期新乡尚氏曾在新乡城内建有祠堂,但因年久失修现无踪迹。当时尚氏在卫辉、新乡、辉县、延津等地都有后人。清康熙时期,新乡尚氏十世祖尚重聪明勤学,深受其外祖父新乡名家郭士标喜爱,在郭的推荐下拜豫北名儒孙其逢为师,在尚重的支持下,新乡尚氏在西牧村建祠堂一座,至今已达四百年之久,现为新乡市重点文物保护单位之一。

此外与姜太公有关的姓氏高氏、姜氏、许氏、吕氏、齐氏等也留下很多后人,至今很多创业成功。

卫辉古称卫州,明朝时期与辉州合并为卫辉府,管辖十几个县,昔日这里是卫河航运的重要码头,也是道清铁路必经之地。明清以来这里名人辈出,如民国大总统徐世昌,著名教育家李敏修,著名作家刘知侠等。解放以后这里曾是卫辉市政府所在地,又培养了李洪程、傅世光、李青春等文化名人,又涌现出吴金印等优秀共产党员。卫辉旅游资源丰富,大有潜力可挖,为促进姜太公文化发展,建议由老 107 国道向北延伸至太公镇香泉寺风景区旅游专线,形成潞王坟、太公墓、香泉寺、唐庄桃园为一体的历史文化旅游区。建议由卫辉市政府牵头,开设由新乡至卫辉太公镇的旅游班车,吸引更多人到太公镇祭拜姜太公,参观旅游。

(作者系新乡文化研究学会尚氏分会会长)

姜太公"隐"与"仕"的文化意象

——《庄子·田子方》"臧丈人"条的历代诠释及其影响

田 冰

学界关于姜太公的研究可大致分为两个方面：一是集中于姜太公故里、思想、历史地位等方面进行考察，尤为关注历史事件、姜太公兵法著作以及把姜太公作为考察背景的唐宋史研究；[1]再者，有学者关注历史上流传下来的姜太公的神话传说，侧重于从历史人类学角度考察庙宇建筑仪式、姜太公人物形象或相关历史背景，也有从姜太公信仰和民间口头传说的角度进行研究。[2]其中，任雅萱的研究较有代表性。她强调从地方传统脉络中探寻姜太公神话传说与王朝国家"大一统"文化之间的整合问题，考虑的是姜太公信仰在地方

---

[1] 参见蒋波：《三十年来的姜太公研究》，《管子学刊》2012年第4期；于赓哲：《由武成王庙制变迁看唐代文武分途》，《魏晋南北朝隋唐史资料》第19辑；黄进兴：《武庙的崛起与衰微（7—14世纪）：一个政治文化的考察》，张寿安：《圣贤与圣徒》，北京大学出版社2005年版，第205~236页；卜祥伟：《论姜太公思想文化软实力及当代价值》，《管子学刊》2018年第4期。

[2] 参见李世武：《从鲁班和姜太公神格的形成看传说和仪式的关系——以民间工匠建房巫术为中心》，《民族文学研究》2011年第2期；陈晓：《神话传说与历史事实中的姜太公》，《黑龙江教育学院学报》2013年第7期；任雅萱：《民间的"正统"：明清时期姜太公风物传说的时空结构》，《民俗研究》2020年第1期。

社会的礼俗转变及其风物传统。她有意识地避开讨论姜太公在士人文化传统中的影响力，而是选择从"更接近'民间'和普通民众的视角思考文化的整合"①。

实际上，从先秦文化在后世传播的角度来看，姜太公更多地是作为一种"隐士"文化的象征而存在于传统士人的精神世界之中。在长达两千余年的历史发展过程中，传统士人将儒家所形塑的"修齐治平"的政治理想寄托在类似姜太公这种由隐而仕的人物身上，逐渐形成一种文化传统而影响至今。同时，姜太公这种人物形象，也为我们提供了理解传统士人精神世界的一把钥匙。由此，笔者不揣浅陋，意图从《庄子·田子方》篇中姜太公形象的历代诠释的角度，分析姜太公"隐"与"仕"行为的文化意义，疏谬之处，祈请方家指正。

一、《庄子·田子方》"臧丈人"条的历代诠评

《庄子》一书向来被认为是反映道家思想的典范著作，书中假托姜太公的寓言出自外篇《田子方》"文王观于臧，见一丈人钓"条。为了便于讨论，我们将此条简称为"臧丈人"条。

> 文王观于臧，见一丈人钓，而其钓莫钓；非持其钓有钓者也，常钓也。文王欲举而授之政，而恐大臣父兄之弗安也；欲终而释之，而不忍百姓之无天也。于是旦而属之大夫曰："昔者寡人梦见良人，黑色而髯，乘驳马而偏朱蹄，号曰：'寓而政于臧丈人，庶几乎民有瘳乎！'"诸大夫蹴然曰："先君王也。"文王曰："然则卜之。"诸大夫曰："先君之命，王其无它，又何卜焉！"遂迎臧丈人而授之政。典法无更，偏令无出。三年，文王观于国，则列士坏植散群，长官者不成德，斔斛不敢入于四竟。列士坏植散群，则尚同也；长官者不成德，则同务也，斔斛不敢入于四竟，则诸侯无二心也。

---

① 任雅萱：《民间的"正统"：明清时期姜太公风物传说的时空结构》，《民俗研究》2020年第1期。

文王于是焉以为大师，北面而问曰："政可以及天下乎？"臧丈人昧然而不应，泛然而辞，朝令而夜遁，终身无闻。颜渊问于仲尼曰："文王其犹未邪？又何以梦为乎？"仲尼曰："默，汝无言！夫文王尽之也，而又何论刺焉！彼直以循斯须也。"①

"臧"，是一处作者为方便寓言写作而虚构出来的地名。据成玄英所说，这是一处靠近渭水的地方。《吕氏春秋·谨听》篇："太公钓于兹泉。"《水经注·渭水》："渭水之右，磻溪水注之，水出南山兹谷，乘高激流，注于溪中，谓之兹泉……即《吕氏春秋》所谓太公钓兹泉也。"②臧地的原型即《吕氏春秋》所谓的"兹泉"。

"丈人"一词，今本作"丈夫"，据司马彪的说法，应作"丈人"。陈鼓应提到，今本作"丈夫"，疑为笔误。原文四次出现"丈人"一词，如"见一丈人钓""寓而政于臧丈人""遂迎臧丈人而授之政"及"臧丈人昧然而不应"，为求一例，应改作"丈人"。王叔岷也说："《道藏》褚伯秀《义海纂微》本正作'丈人'。""丈人"一词是对老人的尊称，此处指的是姜尚，即姜太公。

今人陈鼓应介绍此篇时提到，"《田子方》篇由十一章文字汇集而成。各章意义不相关联，属于杂记体裁。'田子方'，人名，魏国贤者。取篇首三字为篇名"。既然各章意义不相关联，那么就可以相对独立地对"臧丈人"条进行讨论。陈鼓应对"臧丈人"条的概括是："第八章，文王见姜太公钓鱼，'其钓莫钓'，援引为政，则守自然无为。"③方勇对此章的诠评延续了陈鼓应的意见，"臧丈人在野时，有不钓之钓。后来又以这种态度为政，结果很快就使天下太平无事。由此说明，蹈续无为，就能与真道契会，所以虽不求有功而功自成"④。今人关于此章的意见大致如此，古人所言，涵盖方面更多，可分说之。

---

① 陈鼓应注译：《庄子今注今译》修订版，商务印书馆2007年版，第631~632页。
② 参见方勇：《方山子文集》第19册《庄子纂要》，学苑出版社2020年版，第1124页。
③ 陈鼓应注译：《庄子今注今译》修订版，商务印书馆2007年版，第612页。
④ 方勇：《方山子文集》第15册《庄子诠评》，学苑出版社2020年版，第515页。

1. 释"钓"

今人意见源于古人。晋人郭象概括这段寓言的主旨时说:"(臧丈人)以卒岁,竟无所求,不以得失经意,其于假钓而已。"即文中所谓"非持其钓有钓者也"。不是执持钓竿而有心于钓,比喻无心之钓。无心之钓,是为上乘之钓。[1] 吕惠卿说"知臧丈人之足与为政,得之于其钓莫钓之间",从臧丈人的不钓之钓之中体会治大国若烹小鲜的政治智慧。陈景元说:"其钓莫钓,谓直钓也。托钓待时,隐于钓以待常耳。"[2]刘凤苞直接认为,不是钓鱼以为钓,别有钓意。宣颖说:"一丈夫者,分明是太公也。其钓也有不钓之钓,故其为政也,亦有不为之为,是真太师也。"[3]

臧丈人虽然在钓鱼,却无心钓鱼,他是别有所钓。郭象说这是"聊以卒岁",而成玄英则认为其中有逍遥义,"无心施饵,聊自寄此逍遥"。林云铭认同成玄英的说法:"言此丈人钓矣,而其钓不钓,盖非持其钓而以钓为事者也。常常如此,持竿自适而已。"[4]

臧丈人的不钓之钓,分出两种意涵:一是如吕惠卿、陈景元等人所认为的,臧丈人无心于钓,是意在文王,借直钓吸引文王来拜访他这位有道之士。另外则是如郭象、成玄英所言,取的是"无所求"的"寄此逍遥"。但是,纵观历代评论家的说法,持积极的"有钓者也"观点的居多数。林希逸说:"常钓者,钓常在手而无意于钓,故曰:'非持其钓,有钓者也。'"[5]

2. 施政

臧丈人出山施政,其方法和效果如下:"典法无更,偏令无出。三年,文王观于国,则列士坏植散群,长官者不成德,斔斛不敢入于四竟。列士坏植散群,则尚同也;长官者不成德,则同务也,斔斛不敢入于四竟,则诸侯无二心

---

[1] 方勇:《方山子文集》第15册《庄子诠评》,学苑出版社2020年版,第1127页。
[2] 褚伯秀:《南华真经义海纂微》卷六十五《田子方》第五,景印文渊阁《四库全书》本。
[3] 宣颖:《南华经解》,同治六年刻本。
[4] 林云铭:《增注庄子因》,奥地利图书馆藏清康熙二十七年挹奎楼刊本。
[5] 褚伯秀:《南华真经义海纂微》卷六十五《田子方》第五,景印文渊阁《四库全书》本。

也。"①臧丈人施政,典章法规不更改,偏颇政令不发布。三年之后,文王考察国境,见到士人不树立朋党,长官不标榜自己的功德,别的地方的度量衡不再流行于本国四境。这些现象反映了"尚同""同务""诸侯无二心"等施政成效。

郭象评价道:"尚同则和其光尘,洁然自成则与众务异。天下相信,故能同律度量衡也。"②"和光同尘"臻至"天下相信",是道家无为之治政治思想的呈现,迥异于墨家尚同之说。方勇指出,范耕研《庄子诂义》根据这两句话而怀疑这段"绝非《庄子》本文",并非如此。③ 吕惠卿说:"用之三年,观于国,其效至于如所言,则言而能梦,不为不信;欲卜不卜,不为不敬,直以循斯须而已。典法无更,六典八法受于天子者,此其为一国之道也。偏令无出,则可以公之诸侯而后出,此所以可及于天下也。"陈景元进一步分析了臧丈人施政的实际效果,"列士坏植散群,谓国治则忠臣隐,谏垣废也。长官不成德,谓民淳政简。螴斛不入境,时和岁丰也。尚同则君臣一心,同务则四民著乐业。"林自同样认可臧丈人不为而为的施政策略:"及受之政,大常之法不改,不正令不出,三年之后,天下尚同,故列士坏植散群。……方其尚同之时,列士之操无用,故坏,列士之群无施,故散。尚同则天下无异务,故长官者不成德,螴斛不入于四境。功成如此,故文王北面事之。"林希逸也从施政效果的角度进行分析,"坏植散群,言不立群党。不成德,不有其功。同务,与众同事,不自异也。外国螴斛,小大不同,皆不敢入其境内,诸侯无二心,莫不知归也。"④

臧丈人的施政效果赢得文王认可,"文王于是焉以为大师,北面而问曰:'政可以及天下乎?'"为政者希望将臧丈人的施政策略普及于天下。这种想法与道家小国寡民的施政思路有冲突,所以臧丈人"昧然而不应,泛然而辞,朝令而夜遁,终身无闻"。臧地老者默默然不回应,漫漫然不作答,早上还在

---

① 陈鼓应注译:《庄子今注今译》修订版,商务印书馆2007年版,第632页。
② 褚伯秀:《南华真经义海纂微》卷六十五《田子方》第五,景印文渊阁《四库全书》本。
③ 方勇:《方山子文集》第15册《庄子诠评》,学苑出版社2020年版,第1126页。
④ 褚伯秀:《南华真经义海纂微》卷六十五《田子方》第五,景印文渊阁《四库全书》本。

行使政令,到了晚间就遁匿了,终身没有讯息。这段寓言与历史传记中姜太公的行为有差异。历史记载中,姜太公辅佐文王、武王成就大业后,被分封至齐地,成为齐国的首位诸侯。而《庄子》中的臧丈人却选择顺应人情,功成身退。郭象评道:"为功者非己,故功成而身不得不退,事遂而名不得不去。名去身退,乃可以及天下也。"臧丈人顺应人情之处,郭象这样说:"文王任诸大夫而不自任,斯尽之矣。斯须者,百性(姓)之情,当悟未悟之顷,循而发之,以合其大情也。"林自所言更能反映臧丈人的道家政治思想,"功成如此,故文王北面事之,而太公昧然不答,泛然而辞,朝令而夜遁,终身无闻"①。

3. 经权之道:属"梦"问"卜"

既然臧丈人有如此高超的政治智慧,文王请他出山施政,便是起贤人于山野,是一件君臣相得的美谈。但其中有一点疑问,为什么文王在起用臧丈人之前要进行一番铺垫,甚至不惜借用先王季历的威望收拢人心?

> 文王欲举而授之政,而恐大臣父兄之弗安也;欲终而释之,而不忍百姓之无天也。于是旦而属之大夫曰:"昔者寡人梦见良人,黑色而髯,乘驳马而偏朱蹄,号曰:'寓而政于臧丈人,庶几乎民有瘳乎!'"
>
> 诸大夫蹴然曰:"先君王也。"
>
> 文王曰:"然则卜之。"
>
> 诸大夫曰:"先君之命,王其无它,又何卜焉!"
>
> 遂迎臧丈人而授之政。②

刘概对寓言中季历托梦一说提出质疑,"三代直道而行,知臧丈人之有道,则授之政可也,奚必托梦以信诸大夫哉!"身为儒生的刘概认为,三代时期是上古黄金时期,既然说臧丈人为有道之士,那么直接将政治托付给他就可以了,那为什么还要把虚幻的梦寐之说拿来让士大夫们信服臧丈人呢?我们固然可以从夏商周三代的宗教伦理的角度解释季历托梦一说,但在刘概看来,这是文王的权宜之计。"盖知道者必达于理,明于权。道,天也,自信可

---

① 褚伯秀:《南华真经义海纂微》卷六十五《田子方》第五,景印文渊阁《四库全书》本。
② 陈鼓应注译:《庄子今注今译》修订版,商务印书馆2007年版,第632页。

也。权,人也,岂可废哉!"这就回答了寓言末尾颜渊的疑问:"文王其犹未邪? 又何以梦为乎?"文王难道还不能取信于人吗? 还需要假托是梦呢? 刘概说: "仲尼与文王尽之,而颜子有所未及也。"刘概认为这是"直道而行"的表现, "精神四达,与天地同流,至诚之验,天人之际,犹影响也。……庄子之寓言以 为文王欲明权,必考古以验今,故假梦以信于人,学者或因臧丈人之论以推傅 说,则失之。"①

刘概的意见应该是历代评论家的共识。文王深知权衡之术,如果贸然将 一山野老翁请进庙堂,代诸侯施政,不免会使列士大臣心有不安,但又不忍心 百姓得不到庇护,只好假托先王季历在梦中指点,在列士大夫中间制造舆论。 "于是旦而属之大夫曰:昔者寡人梦见良人,黑色而髯,乘驳马而偏朱蹄,号 曰:'寓而政于臧丈人,庶几乎民有瘳乎!'"文王在清晨告诉列士大夫说:"我 昨夜梦见一位贤人,面黑色,有胡须,乘坐一匹杂色的马,那马蹄子的半边是 红色的。那位贤人号令我说:'将你的政事寄托给臧地老者,这样百姓的苦难 或许可以挽救。'"诸位大夫为文王释梦,"梦中显灵的应是君主的父亲"。文 王又强调说:"那我们占卜一番看看。"诸位大夫就说:"既然是先王的命令,那 就不必犹疑,又何必占卜呢?"于是迎接臧地老者,并把政事委托给他。②

颜回对此有疑问,他认为文王是贤君,不应该假托梦寐这种虚幻的理由。 孔子则说文王已经做得很完善了,他顺应一时的人情而使众人各得其所,就 不应该被人讥刺。

颜渊问于仲尼曰:"文王其犹未邪? 又何以梦为乎?"

仲尼曰:"默,汝无言! 夫文王尽之也,而又何论刺焉! 彼直以循斯 须也。"

孔子师徒的对话引发了后世评论家的讨论。吕惠卿在北宋担任过高官, 对于政治有较深理解,他说:"属之以梦,期之以卜而不卜者,上恐大臣父兄之 不安,下恐百姓之无天也。"从实际的施政效果来看,"其效至于如所言,则能

---

① 褚伯秀:《南华真经义海纂微》卷六十五《田子方》第五,景印文渊阁《四库全书》本。
② 陈鼓应注译:《庄子今注今译》修订版,商务印书馆2007年版,第634页。

言而梦,不为不信;欲卜不卜,不为不敬,直以循斯须而已。"梦与不梦,卜与不卜,都是文王为了顺应人情而进行的政治表演。陈景元说:"文王假梦,质诸大夫,大夫谓先君之命何疑何卜,遂迎而授之政。"林自说得更直接:"文王未得太公之时,其心不忍百姓之无天,托梦以求之,亦圣人顺人情之道。"①

陶崇道也是从经权的角度理解季历托梦一说:"庄叟谓文王能用权,惟孔子能知权,险些走到诈上去了,故立此论。"又说,"文王知民之天必不可失,向大臣父兄而明语之,必不能信,故托之于梦。然亦可一而不可再者也。故曰:'彼直以循斯须也。'有所为而然。""斯须"一词,与须臾同义,陶崇道理解为偶尔、权宜的意思,所以他说:"通篇又不露出一个'权'字,妙,妙!"②林云铭则不同意文王、孔子权宜的做法:"文王用机械,仲尼循斯须,虽鄙夫犹羞称之矣。"他还进一步认为:"此等议论,此等笔法,乃敢拟《庄》,吾不知其是诚何心也?"③刘凤苞甚至认为"此段究系寓言,不必拘泥。惟通幅笔意平庸,恐属赝鼎耳"④。

二、传统士人之于"臧丈人"意象的书写

臧丈人作为姜太公的人物象征因为《庄子》这本名著而广为流传,成为传统士人笔下对隐士的典型想象。臧丈人由隐而仕,继而急流勇退,复归于无闻的高士之态,令后世文人钦仰。臧丈人这一人物也成为传统士人会通儒道的内在认同与书写所借用的对象。

姜太公直钩钓鱼的经典形象在古典诗歌中多有体现,如以唐人卢仝《直钩吟》为例,可窥一二。卢仝为初唐诗人卢照邻之孙,号玉川子,为人有清高耿直的节操,"性高古介僻,所见不凡近",他的见解与世俗不同,后死于甘露

---

① 褚伯秀:《南华真经义海纂微》卷六十五《田子方》第五,景印文渊阁《四库全书》本。
② 陶崇道:《拜环堂庄子印》,顺治间陶湅陶澋刊本。
③ 林云铭:《增注庄子因》,奥地利图书馆藏清康熙二十七年挹奎楼刊本。
④ 刘凤苞:《南华雪心编》外篇卷五《田子方》,中华书局2013年版,第491页。

之变。他的诗较为"特异",走的是险怪的路子,自成一家,"语尚奇谲,读者难解,识者易知"①。他有一篇《直钩吟》的诗,借"臧丈人"的典故,以直钩而钓比喻自己在仕途上怀才不遇,却又不愿同流合污的高洁品性:"初岁学钓鱼,自谓鱼易得。三十持钓竿,一鱼钓不得。人钓曲,我钓直,哀哉我钩又无食。文王已没不复生,直钩之道何时行。"

卢仝早年有志于仕途。他在《自咏三首》中流露出"万卷堆胸朽,三光撮眼明"的自信,与《直钩吟》诗中"初岁学钓鱼,自谓鱼易得"相呼应。但是,从他的生平来看,自比"千里马"的卢仝,并没有遇到理想的"伯乐"。"三十持钓竿,一鱼钓不得",年至而立却未得到朝廷重用,别人沽名钓誉,而自己却空有满腹才华。他自负地认为有姜太公一般的才华,却无明君拔擢之运,因为"文王已没不复生,直钩之道何时行",那个明君贤臣的时代毕竟已经一去不复返了。

唐朝中期,藩镇割据,贪腐当道,正直之士遭到驱赶,奸佞之人获得重用,上下颠倒,黑白不分,卢仝身处这样的时代,面对"人钓曲,我钩直",不免有孤高之态,与当政的黑暗势力无法共融。即便是卢仝进入政坛,也会遭遇排挤和迫害,所以他对社会失望,对前途悲观,无能为力,无可奈何,"哀哉我钩又无食"。卢仝选择姜太公的典故是有深意的,"文王已没不复生,直钩之道何时行"。卢仝以姜太公自许,但是在他的时代,周文王这样的明君不复存在,自己也就难免英雄无用武之地。卢仝丰富了中国文化史上的精神人格,他"性高古介癖,志怀霜雪",本想如《庄子》"就薮泽,处闲旷,钓鱼闲处,无为而已矣。此江海之士,避世之人闲暇者之所好也",但现实中,卢仝主动介入官场,却也深知时局的残酷和官场的险恶,所以才发出"直钩之道何时行"的感叹。

卢仝深知,姜太公直钩垂钓,坐等明君的时代不再有了,不仅直钩钓鱼已成谬谈,甚至想要践行直钩之道也成为奢望,如此隐逸肥遁的情感便油然而

---

① 辛文房:《唐才子传全译》,贵州人民出版社1995年版,第291页。

生。"朝官莫相识,归去老岩松",卢仝从现实的无奈中省悟,肥遁山林,走向超脱世俗的隐士道路或许成了他的选择,而臧丈人隐而仕、仕而隐,以至于"终身无闻"的选择,便是诗人向往的"超脱物象,回归自我"境界,诗人狷介的形象就这样成为勾连古今、接续庄子的文化镜像之一了。

宋代以后,臧丈人的形象逐渐定型化。在许多诗歌中,"臧丈人"意指姜太公成了不言自明的内容。诗中"臧丈人"一词被用于描述类似姜太公这样隐而仕、仕而隐类型的人物或表达类似的人生理想。宋人将臧丈人这一意象作为或描写士人有才不遇,或表达闲适达观的隐士精神。这一道家意味浓厚的人物意象成为传统士人精神世界的重要补充。

宋人李复有诗:"经岁相期尽赏心,虚堂有客阻趋尘。登楼君似庾老子,挟策我为臧丈人。清据胡床兴不浅,来寻奇字夜相亲。莫言糟粕无佳味,未许桓公愧斫轮。"①

李复以臧丈人自比,表达的是其清虚淡远的隐逸情怀,并非实际的生活场景,有些许自矜之意。

刘敞的这首《独钓南湖》则有起人于山林之间,为君荐才之意,符合臧丈人这一意象的原初意涵:"澄澄春波深,中有鲂与鲤。无人收潜隐,好生得吾子。投竿坐孤石,尽日倦未起。既失常若惊,有逢忽然喜。子心岂残物,子道岂娱己。人谁辨子意,我请尽其理。垂钓须得鲜,治国须得贤。所以不惮勤,岂无虾鱼间。君子爱其君,讽谕以为先。詹何臧丈人,古事皆已然。谁将子之术,更诵吾君前。"②诗中臧丈人的意象,不过是作者意图自荐的委婉表达,他的求仕之心相当迫切,与《庄子》文中的"臧丈人"意趣迥异。刘敞的想法较为一贯,他在另一首《空钓得鱼》中也有类似表达:"持钩非有钓,吾犹臧丈人。何知引纤茧,忽复得潜鳞。独乐意逾适,倪来情亦真。君看渭旁叟,八十老垂纶。"③刘敞求仕之心在这篇诗歌中表现得更为明显,持钩并不着意于钓,自比

---

① 李复:《潏水集》卷十五《中秋客至不赴郡会次范君武韵》,景印文渊阁《四库全书》本。
② 刘敞:《公是集》卷十四《独钓南湖》,景印文渊阁《四库全书》本。
③ 刘敞:《公是集》卷二十《空钓得鱼》,景印文渊阁《四库全书》本。

臧丈人却无臧丈人的内在无为之心。诗中还表达了年华逝去而不得世用的慨叹，"君看渭旁叟，八十老垂纶"正是这种希冀"隐而仕"意图的写照。

王安石则有不同的见解，他在《寄张谔招张安国金陵法曹》一诗中描绘了自己的心境："我老愿为臧丈人，君今年少未长贫。好须自致青云上，可且相从寂寞滨。深谷黄鹂骄引子，曲崎翠碧巧藏身。寻幽触静还成兴，何必区区九陌尘。"[1]诗中虽然多有对人的勉励之语，但首联即引臧丈人意象表达仕而隐的志趣，"我老愿为臧丈人"，可知王安石此时对臧丈人选择功成身退的认同和向往。"臧丈人"成为宋代士人表达隐而仕、仕而隐不同心境与志趣的重要意象选择。

"臧丈人"意象不但为文人士大夫所喜爱，身处山林的方外之士的吟咏也喜欢援引这一意向。"臧叟隐中壑，垂纶心浩然。文王感昔梦，授政道斯全。一遵无为术，三载淳化宣。功成遂不处，遁迹符冲玄。"[2]这首诗可视为传统士人对《庄子》"臧丈人"这一人物形象的忠实总结和诠释。

三、"臧丈人"隐与仕形象的文化意义

"臧丈人"的人物原型是姜太公。《庄子》选择性地对姜太公的故事做了寓言化的演绎，形成了有别于姜太公本来历史的文学意象。明人方弘静有言："臧丈人非太公望也，因太公望之事而设为寓言。政欲及天下，则有翦商之心，故不应而遁。其陈义甚高，然诬文王亦甚矣。"[3]方弘静的理解符合《庄子》关于臧丈人的人物设定。以姜太公之事为原型而设置的寓言，会有一定的艺术夸张和创作，故而与姜太公原本的历史形象产生出入。方弘静说臧丈人一则中"诬文王亦甚"之语并不确切，《庄子》书中早已借孔子与颜回的对话

---

[1] 王安石著，秦克、巩军标点：《王安石全集》卷六十《寄张谔招张安国金陵法曹》，上海古籍出版社1999年版，第479页。
[2] 曹学佺：《石仓历代诗选》卷一百四《方外一》，景印文渊阁《四库全书》本。
[3] 方弘静：《千一录》卷五，续修《四库全书》本。

做了辩解,至于说方弘静说这则寓言"陈义甚高"则尤见卓识。"臧丈人"隐而仕、仕而隐正是形塑或者说安慰传统士人内在心理的重要意象,继而这一意象成为我们打开传统士人精神世界的一把钥匙。

臧丈人的人物意象是传统隐逸文化的象征。春秋战国时期,周王室权威下移,诸侯彼此杀伐,天下分崩离析,人民流离失所,诸子百家面对这样残酷的社会现实,有意识地从古代历史中寻求重建现实政治秩序的良策,于是纷纷提出不同的政治整合意见。先秦诸子"此务为治者也,直所从言之异路,有省不省耳"[①]。《庄子》结合姜太公的历史事迹,予以加工提升,糅合进道家无为而治的政治理想,创作出"臧丈人"这个艺术形象。臧丈人隐而仕、仕而隐的做法又为后世士人所向往。秦汉以后的士人已经不同于春秋战国时期的士人,先秦士人还有很大程度的自主性和身份上的独立性,而秦汉以后,随着帝制时代的来临,士人普遍对专制政权产生了身份依附,他们是儒生与文法吏的结合。他们既有儒生治国平天下的政治理想和入仕意愿,也有身为文法吏而不得不在体制环境中适应制度性安排的属性。实现人生理想的唯一途径,在传统士人看来,舍入仕而无他途。

但是,仕途并非人人适合,也并非人人可遂其愿。仕途失意是很多传统士人无法回避的现实问题和人生悲剧。那种文王与姜太公之间的君臣际遇,往往存在于缥缈的幻想之中,从现实的土壤来看,长出来的不过是畸形、枯萎的苗木,只有引人遐想的价值,很少具有实践性的价值。所以,历史上不乏类似臧丈人这样的隐逸故事,却很少有臧丈人那样的人生际遇。臧丈人这类文化意象成为传统士人缓解理想与现实之间张力的有效缓冲,对于那些进不了仕途的,或者自诩有治国之道而有意"货卖帝王家"的士人而言,臧丈人的文化意象具有双重的安慰效果。他们或失意,或得意,都能在面对臧丈人时,获得心灵慰藉。

臧丈人是传统士人选择退却或逃遁生活而进行审美化处理的精神理想。

---

① 〔汉〕司马迁:《史记》,中华书局1959年版,第3289页。

臧丈人身怀治国安邦之术，却能在施展之后，卷而怀之，终身无闻，符合传统士人抱道自处的心理自得与审美意趣。臧丈人钓于渭水及急流勇退后的生活场景，与后世隐逸生活、隐逸环境的诗意衔接，恰恰可作为传统士人在心灵之门闭锁后，选择不与世俗同流合污。臧丈人选择的是救民于有瘼之后的遁世无闻，传统士人或许没有济民治世的机会，但不妨碍他们选择排斥或拒绝现实的污浊，从而保持自我的高洁与逸趣。

臧丈人的超然，一定程度上导致后世士人的木然。士人在追求可望而不可即的事物过程中，面对失败与沮丧，他们并没有深层次地思考造成这种现状的原因，而是为了谋求心灵的安宁而主动地忘却与逃避现实社会中的苦痛与折磨。在这一点上，他们甚至不如《庄子》为臧丈人所塑造的人物设定，很多后世所谓的隐逸之士，有不少人是主动选择逃避和忘却，以此为人生策略，掩盖他们身上无所不在的消极与乏味。

后世的诗文有意将臧丈人塑造成完全的隐士，让他在逃遁的路上越走越远，未尝不是错会了臧丈人的本意。王安石的理解是对的，他身处高位而时刻有山林之心，意在说明自己出仕为国的情怀。但更多的诗文却是将臧丈人作为隐士来处理，再或者就是庸俗化地理解为待时而飞的鹏鸟，以此自比，却往往掩盖不了内在的自傲与踌躇满志。臧丈人的双重性格在他们笔下呈现出表面复杂却实际简单的书写特征，因此，传统士人对臧丈人的理解或许应该从更高维度予以批判性地认知。

四、结语

《庄子》一书运用姜太公这一历史人物作为创作原型，借"臧丈人"这一寓言人物形象，表达道家无为而治的政治理想。"臧丈人"隐而仕、仕而隐的行事轨迹为后世庄学评论家们所关注，他们将之视为一种"隐士"文化的象征，"臧丈人"这一隐士形象随之长久地存在于传统士人的精神世界。"臧丈人"这一人物也成为传统士人平衡内在理想与现实环境之间矛盾所借用的文化意象。传统士人有意识地将"臧丈人"作为表达自身怀才不遇或闲适达观的文化符号,由此,"臧丈人"成为传统士人选择退却或逃遁生活而进行审美化处理的精神理想。从这个意义上说,"臧丈人"这一文化意象,或许可以成为研究者透视传统士人群体精神世界的重要凭借。

(作者系河南省社会科学院历史与考古研究所研究员)

姜子牙与延津

张法祥

姜子牙大器晚成，八十岁才遇到周文王出任丞相成就扶周灭纣大业。可他在成功之前却怀才不遇，屡遭磨难。司马迁在《史记》中记载："吕尚困于棘津。"李白作诗《梁甫吟》云："长啸梁甫吟，何时见阳春？君不见，朝歌屠叟辞棘津，八十西来钓渭滨。宁羞白发照清水，逢时壮气思经纶。"这些都是对姜子牙受困棘津的真实记载，而在民间，流传着许多有趣传说。

历史上的"棘津"是古黄河的一个渡口，滔滔黄河就从该村村南流过，横贯县境八十余里东流入海。商朝时，盘庚定都朝歌（在今淇县），分封八百诸侯，"棘津"是南国各诸侯朝拜天子、进贡珍品的必经之路。相传，当年棘津地质松软，气候温和，达官显贵，才子佳人，庶民百姓，慕黄河景色，摩肩接踵，纷沓而至。渡口小镇商贾云集，别有一番热闹景象。

传说姜子牙本是昆仑山玉虚宫元始天尊的弟子，三十二岁上山修道，苦苦修行四十年。一天，元始天尊把姜子牙叫来说："商朝即亡，周朝即兴，你快下山扶周灭商吧！"于是，姜子牙下山了。

他先找到他以前的一个结义兄弟叫宋异人，商量一下在何处定居。宋异人见了姜子牙十分高兴，说："棘津是天下最好的地方，你就到那里定居吧！"

听说姜子牙还没成亲,第二天就把已经六十八岁了还没结婚的马氏介绍给姜子牙。就这样,七十二岁的姜子牙娶了六十八岁的马氏,在棘津定居下来。

结婚后两个月,吃的喝的一切生活来源都靠结义兄弟宋异人供给,两口子商量,一直吃人家的喝人家的终不是办法,得自己想办法维持生计才是。想来想去,后来想到黄河滩上柳条多,于是两口子就到黄河滩割柳条编笊篱,然后再到渡口小镇上卖。可是,姜子牙不会卖,坐在笊篱边,一句话也不说,结果从早晨到中午,又从中午到晚上,一个笊篱也没卖出去。姜子牙只好把笊篱原封不动地背回家。

马氏见姜子牙一个笊篱也没卖掉,就嫌他没用,两口子吵起来。宋异人见姜子牙两口子吵架,忙来问怎么回事,姜子牙就把卖笊篱的事说了。宋异人说:"笊篱不好卖,附近酸枣山上盛产酸枣,那东西酸甜可口,枣仁又是良药,你不妨上山摘酸枣到朝歌去卖,再买回米面来棘津卖,肯定能赚钱。"于是姜子牙天天到酸枣山上摘酸枣然后去卖,去时一担酸枣,来时一担面。可在卖面时运气又不好,老半天没有一个买面的,好不容易来了一个人,却要买一文钱的面。不卖吧,老半天就这么一个买者,再说你卖面也没规定人家得买多少。于是,姜子牙只好低头撮面。这时忽然有人大喊:"卖面的小心,马来了!"姜子牙抬头一看,一匹惊马照着他的卖面摊飞驰而来,扁担上的绳子套住了马腿,马把面拖出去老远,洒了一地。姜子牙正想找笤帚扫一扫,用簸箕撮起来,正巧又来了一阵狂风,把面吹得一干二净。姜子牙哭丧着脸,不禁仰天长叹命运太坏。正巧空中的乌鸦打此飞过,屙的屎不偏不倚正好落在姜子牙嘴里。姜子牙一面低头"呸呸"吐,一面破口大骂。

姜子牙回到家里,马氏一见空着扁担回来了,心想今天的生意这么好,把一担面卖光了,很高兴。可一听事情的经过,又气得骂起了姜子牙。姜子牙埋着头躲在屋里,耳听老婆絮絮叨叨的骂声,心想自己的命运如此不佳,又遇上这么个不体谅人、不心疼人的老婆,这日子是"一斗面倒进夜壶里——没法活了",于是他悄悄地溜出家门,离家出走,一个人跑到渭水河畔,坐在河边钓起了鱼。别人钓鱼用的是买来的鱼竿,即便是自制的鱼竿,上面也都有鱼钩,可姜子牙用的鱼竿是根直直的棍子,没有钩,别人一看都笑他痴,他却说:"你们不懂,我不是真的在钓鱼,我是在等待时机作王侯。"

后来周文王带着文武大臣来到渭水河边找到了姜子牙,封其为丞相。姜子牙辅助周文王、周武王,把商纣王打得落花流水,直至商朝灭亡,周朝建立。

姜子牙在棘津的厄运给人以启示:人在背运处,喝口凉水也塞牙;人才不是全才;大才大用,小才小用,因材施用,量体裁衣。

(作者系延津县广播电视局原新闻部副主任)

姜太公"致师"述略

乔凤岐

在牧野之战中,姜太公以"致师"见诸史籍,而史籍对于此事的记载或简或繁,详略不一。由于时代的变迁,"致师"一词不仅在后世文献用之甚少,对其词义、内涵的理解也不尽相同。

一、姜太公与牧野之战

先秦文献中,有关牧野之战的最早记载和描述,可能是西周时期一件铜器上的铭文:"珷征商,隹(唯)甲兊(子)朝,岁(越)鼎,克闻(昏),夙(夙)又(有)商。辛未,王才(在)𣊫(阑)𠂤(师),易(锡)又(有)事利金。用乍(作)旜(檀)公宝障(尊)彝。"唐兰先生意译为:"周武王征伐商纣,甲子那天的早上(太阳出来后到早饭前),夺得了鼎,打胜了昏(指商纣),推开了商王朝。第八天辛未,武王在阑师,把铜赏给有司利,利用其来做檀公的宝器。"①西周初期的这件铭文虽然记述了武王伐纣一事,只能从中看出伐纣的日期在甲子日,数

---

① 唐兰:《西周时代最早的一件铜器利簋铭文解释》,《文物》1977年第8期。

日后赐铜于有司官员,然后铸造了这件簋。因为文字太少,武王伐纣的许多问题并没有描述。就参与这场战役的人员而言,即使是成书较早的《尚书》也记载得非常模糊,《尚书·牧誓》记载:"王曰:'嗟!我友邦冢君,御事司徒、司马、司空、亚旅、师氏、千夫长、百夫长,及庸、蜀、羌、髳、微、卢、彭、濮人。称尔戈,比尔干,立尔矛,予其誓。'"孔安国注云:"治事三卿,司徒主民,司马主兵,司空主土,指誓战者。""亚,次。旅,众也。众大夫,其位次卿。师氏,大夫,官以兵守门者。""八国皆蛮夷戎狄属文王者国名。羌在西蜀叟,髳、微在巴蜀,卢、彭在西北,庸、濮在江汉之南。"①西周早期文献中,有关牧野之战的描述大都简略,主要参与者及其事迹很少记载,姜太公的事迹多为后世文献依据世代口传所作的追述。

姜太公在牧野之战中的事迹出现于《逸周书》:"周车三百五十乘陈于牧野,帝辛从。武王使尚父与伯夫致师。王既以虎贲戎车驰商师,商师大败。"②西汉时期,司马迁撰写的《史记》也有类似记载:"帝纣闻武王来,亦发兵七十万人距武王。武王使师尚父与百夫致师,以大卒驰帝纣师。纣师虽众,皆无战之心,心欲武王亟入。纣师皆倒兵以战,以开武王。武王驰之,纣兵皆崩畔纣。"③这些记载说明,姜太公在牧野之战中的角色是"致师"。

在《诗经》中,牧野之战的场景和姜太公的"致师"形象都比较生动。《诗经·大明》云:"殷商之旅,其会如林。矢于牧野,维予侯兴。"郑玄笺云:"殷盛合其兵众,陈于商郊之牧野,而天乃予诸侯有德者,当起为天子。言天去纣,周师胜也。"又云:"牧野洋洋,檀车煌煌,驷𫘧彭彭。维师尚父,时维鹰扬,凉彼武王。肆伐大商,会朝清明!"郑玄笺云:"尚父,吕望也,尊称焉。鹰,鸷鸟也。佐武王者,为之上将。"④一般认为,古代的"诗"源于民间歌谣,所谓"官箴

---

① 《十三经注疏》整理委员会整理:《十三经注疏·尚书正义》卷十一《牧誓》,北京大学出版社1999年版,第283~284页。
② 黄怀信、张懋镕、田旭东撰,李学勤审定:《逸周书汇校集注》卷四《克殷解》,上海古籍出版社1995年版,第358~360页。
③ 〔汉〕司马迁:《史记》卷四《周本纪》,中华书局1963年版,第124页。
④ 《十三经注疏》整理委员会整理:《十三经注疏·毛诗正义》卷十六《大雅·大明》,北京大学出版社2000年版,第1142、1144页。

占繇皆为诗""诗外无官箴""有韵者皆为诗"①。春秋时期,孔子将社会上流传的诗词歌谣编定成《诗经》一书,但其中的某些诗歌可能经历了长时段的流传,成书可能也并非一时。晁福林先生认为:"若以时段而言,大体可以分为西周时期—春秋时期—战国秦汉时期这样三个阶段。"②在牧野之战中,殷纣王和周武王都集结了数量庞大的军队,《诗经·大明》所描述的战争场面气势恢宏。这首诗收录于《诗经》之中,应该是流传时间较长的民间歌谣,可能为曾经参加武王伐纣的士大夫所编撰,经过孔子的删定润色,成为赞赏周军将士英勇善战的不朽篇章,展现出姜太公善战、善谋的勇将风范。

二、"致师"与姜太公"致师"

先秦时期,"致师"一词主要用于两军对垒的场景中,但见诸史籍的情况并不多,秦汉以后很少使用这一词语,后世多将其归于军礼。如元朝汪克宽《经礼补逸》卷七、清朝秦蕙田《五礼通考》卷二百三十九等将其归入"军礼"条目之下,但多为传抄《周礼》及郑玄注释的文字,而没有对"致师"的内涵做相应的分析。

周代的阵前"致师"似乎十分重要,有专职官员负责此事。《周礼》云:"环人掌致师,察军慝,环四方之故,巡邦国,搏谍贼,讼敌国,扬军旅,降围邑。"郑玄注:"致师者,致其必战之志。古者将战,先使勇力之士犯敌焉。"③环人属于大司马的下属官员,《周礼》云:"环人,下士六人,史二人,徒十有二人。"郑玄注:"环犹却也,以勇力却敌。"④对于郑玄的注解,现代学者有着不同看法。李少一先生认为:"周代军队中的'环人'小分队是一支精干的军事纠察队。它

---

① 章太炎:《国故论衡》中卷《辨诗》,上海古籍出版社2003年版,第86页。
② 晁福林:《从新出战国竹简资料看〈诗经〉成书的若干问题》,《中国史研究》2012年第3期。
③ 〔汉〕郑玄注,〔唐〕贾公彦疏:《周礼注疏》卷三十《夏官·环人》,上海古籍出版社1990年版,第459页。
④ 〔汉〕郑玄注,〔唐〕贾公彦疏:《周礼注疏》卷二十八《夏官司马》,上海古籍出版社1990年版,第430页。

的职能是对内巩固部队,消除内奸,纠察不法行为,保守机密,发扬部队战斗力;对外防范敌人的潜伏、渗透、搜捕敌谍,负责对敌斗争。它的职责和今天一些国家的宪兵队差不多。也就是说,是一支担任保卫工作的小分队。"①笔者认为,环人及其属下仅有二十人,似乎无法具体操作保卫、纠察等诸多任务,应该是阵前"致师"的管理机构和组织者,环人应该是这一机构的负责人,其下属的士、史、徒等是这一机构的工作人员,而不一定是"致师"的实施者。

汉晋时期的学者大都将"致师"注解为"挑战",如《逸周书汇校集注》中"武王使尚父与伯夫致师"条所引的孔晁注。②又,《春秋左传正义》中"以致晋师"条引杜预的注解为"单车挑战",孔颖达的《正义》则采用了《周礼》中的郑玄关于"致师"的注解。③在《周礼》中,郑玄只是对"致师"做了粗略的界定而未详解,吕思勉先生对此进行了补充说明:"案'致'之义,一为达之使往,一为引之使来。致师之事,见于《左氏》者,皆意在引敌出战,宣公十二年楚乐伯、晋赵旃,成公二年齐高固,襄公二十四年晋张骼、辅跞。即兵法致人而不致于人之'致'也。初不以此决胜负,然古自有以数人之格斗决胜负者。"④吕思勉先生的补充说明,对于理解"致师"这一词语有着重要作用。

郑玄对"致师"的注解大意为两军阵前的"挑战",后人在阐述姜太公"致师"时多有认同此说者。如王太阁先生认为"致师"是"挑战"的一种方式,并作了进一步的阐释:"致师的目的是向敌军表达我军的必战意志,表达的方式是派遣勇士冲击敌军营垒。"但同时又提出"挑战"和"致师"并非同一概念:"'挑战'的自身是一种非暴力的外交行为,'致师'的自身则是一种使用武力的军事行动。"⑤这是王先生依据先秦战例对"致师"和"挑战"的

---

① 李少一:《〈周礼·夏官·环人〉新解》,《中国古代史论丛》第八辑,福建人民出版社1983年版,第244页。
② 黄怀信、张懋镕、田旭东撰,李学勤审定:《逸周书汇校集注》卷四《克殷解》,上海古籍出版社1995年版,第360页。
③ 《十三经注疏》整理委员会整理:《十三经注疏·春秋左传正义》卷二十三,宣公十二年,北京大学出版社1999年版,第646页。
④ 吕思勉:《吕思勉读史札记》,上海古籍出版社2005年版,第336页。
⑤ 王太阁:《致师,独特的上古挑战方式》,《殷都学刊》1991年第1期。

内涵给出的界定,有助于区分"致师"和"挑战"的异同,更好地理解"致师"的词义。

由于《诗经·大明》将姜太公"致师"的场景描写得宏大、生动,所以有学者认为:"据《史记·齐太公世家》,当武王伐纣时,太公已是耄耋老者了,但他老当益壮,仍能执干戈以犯敌师,恢宏周军士气,尚父致师,是周军大胜的一个重要因素。"①武王伐纣之时,姜太公早已被尊为"师尚父",如果将姜太公"致师"理解为冲锋陷阵,似乎与其身份地位不太相符。

在"致师"一词中,"师"指军队大都认可。但"致"的词义比较多,因而造成了对"致师"理解的差异。《说文解字》:"致,送诣也。"段玉裁注:"《言部》曰:诣,候至也。送诣者,送而必至其处也。引伸为召致之致,又为精致之致,《月令》必工致为上是也。精致,汉人只作致。系部緻字,徐铉所增。凡郑注俗本乃有緻。从夊,从至。"②古汉语中,"致"的本义为"送而必至其处",但引申义中则有"招致""精致"等不同词义,而且因为与不同汉字组合又会有更多的引申义。姜太公之"致师"当如黄怀信先生所理解:"集合军队,以待誓。"③如果这样理解"致师"的内涵,既符合汉语"致"的词义,也与姜太公周军统帅、师尚父的身份相符。

(作者系许昌学院魏晋文化研究中心教授)

---

① 韩维志:《古代"致师"小考》,《古籍整理研究学刊》2001年第1期。
② 〔汉〕许慎撰,〔清〕段玉裁注:《说文解字注》卷五下,上海古籍出版社1981年版,第232~233页。
③ 黄怀信:《逸周书校补注译》,西北大学出版社1996年版,第178页。

歇后语中的姜太公

王 东

中华文明源远流长。五千年历史沧桑的沉淀、淬炼,凝聚成绝妙的语言艺术。其中,歇后语反映了华夏民族特有的风俗传统和民族文化,寓意深刻,表达精准,短短一句话包含很多智慧和内容。它以独特的表现力,品味生活,明晓哲理,给人以深思和启迪,千古流传。歇后语是俗语的一种。歇后语由前后两部分组成,前一部分起"引子"作用,像谜面,后一部分起"后衬"作用,像谜底,十分自然贴切。前一部分中出现的字句,后一部分中一般不会再出现。在一定的语言环境中,通常说出前半截,"歇"去后半截,便可领会和猜想出它的本意。与中国历史上一位著名人物姜太公(姜子牙)有关的歇后语,《俗语10000条》[①]中收录有"姜子牙钓鱼——愿者上钩""姜太公使机变——不钓鱼儿只钓贤""姜太公在此——诸神退位""姜子牙的坐骑——四不像"4条;《中国歇后语大全》[②]中收录有70条;在豫北地区流传的与姜太公有关的歇后语约有60条。如:姜子牙的钓钩——直的;姜子牙钓鱼——直钩、怪刁(钓);姜子牙钓鱼——愿者上钩;稳坐钓鱼台;姜子牙封神——一言为定;姜

---

① 温端政:《俗语10000条》,上海辞书出版社2012年版。
② 温端政等:《中国歇后语大全》,上海辞书出版社2004年版。

子牙做买卖——光赔不赚、样样赔本;姜子牙开算命铺——生意兴隆;姜子牙担笊篱进朝歌——没人买你的货;姜子牙娶媳妇——老来喜;姜子牙的媳妇儿——丧门星、扫帚星;姜子牙唱渔鼓——老调子、尽是老调;姜子牙搬家——房闲(访贤);姜太公坐窗台——没位儿;姜太公在此——百无禁忌;姜太公八十遇文王——时来运转、老来得志、大器晚成;周文王拜请姜子牙——净找明白人;姜太公坐主席台——资格老。

有关姜太公的歇后语大致可以分四类:姜太公经营生意,姜太公钓鱼,姜太公辅佐西伯侯姬昌、周武王姬发,姜太公封神。这几方面内容也形象地反映了姜太公四个重要的人生阶段。

一、姜太公经营生意

姜子牙卖面粉——越卖越穷。

姜子牙卖灰面——倒霉透顶、倒霉透了。

姜子牙卖面——折了本、连本散、越卖越穷。

姜子牙卖面粉——不遇时、运败时衰。

姜子牙卖干面——渗出汤来了、卖馊了。

姜子牙卖面遇大风——倒霉、倒担(捣蛋)回家。

姜子牙做买卖——光赔不赚、样样赔本。

姜子牙开饭馆——卖不出去自己吃、鬼都不上门。

姜子牙卖笊篱——没捞着啥。

姜子牙担着笊篱进朝歌——没人买你的货。

姜子牙算卦——真准。

姜子牙开算命馆——生意兴隆。

属姜子牙的——能掐会算。

姜子牙穿马褂——老一套。

姜子牙唱渔鼓——老调子、尽是老调。

姜太公的眼镜没镜片——老框框。

姜子牙搬家——房闲(访贤)。

姜太公娶媳妇——老来喜。

姜太公讲故事——神聊。

姜子牙离婚——泼水难收、覆水难收。

姜太公(约前1156—约前1017),姜姓,名尚,吕氏,一名望,也称吕尚、吕望,字子牙或单呼牙,别号飞熊。吴海林、李延沛编《中国历史人物辞典》记载:"(吕尚)西周时齐国始祖。姜姓,吕氏,名望,一说字子牙。西周初为'师'(武官名),也称师尚父。……有太公之称。通称姜太公。"①《卫辉府志》②(卷十三·人物志·贤哲)记载:"周,(太公望)吕尚,汲人,少穷困,敏而智,老而屠牛朝歌,赁于棘津。避纣居东海之滨。闻文王善养老,迁于渭滨,隐渔钓……"史料记载,姜太公自幼聪慧,但家境贫寒,为了糊口谋生,他编过竹篓,卖过面,开过饭铺,卖过鞋,为人算过命;年纪很大了,还需起早贪黑到京城朝歌(在今鹤壁淇县)杀牛,到棘津售卖。《怀庆府志》③(卷八·流寓)记载:"周,吕望,《史记·索隐》谯周曰:'吕望常屠牛于朝歌,卖饮于孟津。'"《怀庆府志》④(卷二十三·人物·流寓)记载:"周,吕望尝屠牛于朝歌,卖饭于孟津。唐代司马贞《史记索隐》引谯周语:按昔之孟津,今之孟县。"唐朝经学家孔颖达曰:"孟者,河北地名,于孟地置津,谓之孟津。"武王曾与诸侯会盟于此地,故又谓之盟津。

姜太公做生意总是挣不到钱,因此经常受到妻子的奚落与嘲讽,最后被赶了出来。劳碌奔波、穷困的生活使他身心疲惫、容颜憔悴,却没能磨掉他生活的意志,反而逐渐丰富了他的知识、阅历,增长了他的才干。从上述歇后语亦可以看出,姜太公在未辅佐西伯侯姬昌之前,经历坎坷,怀才不遇,大半生

---

① 吴海林、李延沛:《中国历史人物辞典》,黑龙江人民出版社1983年版,第3页。
② 程启朱:《卫辉府志》,清顺治十六年(1659)。
③ 刘维世等:《怀庆府志》,康熙三十四年(1695)。
④ 唐侍陛等:《怀庆府志》,乾隆五十四年(1789)。

在穷困、平凡中度过。

穆子容,? ~551年,字山行,北朝代州(今山西大同北)人,书法家、藏书家。东魏武定八年(550),时任汲郡太守的穆子容撰文正书《修太公吕望祠碑》(俗称《吕望碑》)。关于此碑碑文,2013年,"明月在船"即卫辉市霍德柱先生在《古人笔下的卫辉》一文中做过记述。碑文有"齐太公吕望者,此县人也。遭秦燔书,史失其籍。至大晋受命,吴会既平,四海一统。太康二年,县之西偏有盗发冢,得竹策之书……其《纪年》曰:康王六年,齐太公望卒。参考年数,盖寿百一十余岁。先秦灭学而藏于丘墓,天下平泰而发其潜书,书之所出正在斯邑,岂皇天所以章明先哲,著其名号,光于百代,垂示无穷者乎!于是太公之裔孙范阳卢无忌自太子洗马来为汲令。殷溪之下,旧有坛场,而今堕废,荒而不治……太公姓吕名望,号曰尚父。尚氏之兴,元出姜氏……尚氏合宗还见礼擢,九等旧制不失彝序。方知圣贤之门,道风必复;功爵之后,学识还昌。……通直散骑常侍、聘梁使、平东将军、中书侍郎、恒州大中正、修左史、汲郡太守穆子容山行之文""大魏武定八年四月庚辰朔十二日辛卯建造"等内容。

碑阴内容有五列,行字多少不等,正书。列出"尚"姓"长乐太守尚钦"等50余个人名。由"尚氏之兴,元出姜氏"可知,尚姓人等为祭祀姜太公而捐资刻碑。

可惜此碑难觅,好在拓片犹存。

《卫辉府志》[①](卷七·祠祀志·坛庙)记载,卫辉府"姜太公庙,一在府城西北三十里太公泉上,因墓而建。有汉崔瑗碑、晋卢无忌碑。一在西门月城内。嘉靖中,知府郭乾督、民许懋等建。万历十五年(1587),知府周思宸移魏汲郡太守穆子客碑之在南关者,树之庙中并修之。""卫辉府,新乡县,姜太公庙,在县北二里茹家冈,近卫河。宋绍圣元年(1094)建,元元贞二年(1296)重修。宋邢泽民记略:新乡县东北距邑二里卫河之傍、茹冈之上有太公庙,载在

---

① 程启朱:《卫辉府志》,清顺治十六年(1659)。

祀典几世矣。庙像摧剥。元祐间,里人有即而新之,殿宇廓然,塑像俨列。乃人心有无穷之报,以太公之泽无穷也。州之西有公之泉,碣石以记其谱牒,文古书隶,断缺不完而尚可考。由是知公其卫人欤,石记今在丞相茔寺,迹其兆应飞熊,功归扬鹰(应为'鹰扬'。《诗·大雅·大明》:'维师尚父,时维鹰扬。'《毛传》:鹰扬,如鹰之飞扬也),赐履分封,韬钤(古代兵书《六韬》《玉钤篇》的并称。后因以泛指兵书)遗世,宜其位,袭王爵,礼崇西学,编户皆吕姓,继世有显迹。比年,大丞相汲国公因祀宗祖茔域,亲诣祠下,称四十七代孙,庙玄公之先茔,逾水相向有院,曰:报先旌德。噫!春秋祈报,亿万斯年而无已者,以今日之人心较之,即后日之人心也。里人张庆实为之倡始,其子天保尝从儒学,愿得文以记之且以附岁月云。"碑文中记"茹冈之上有太公庙"。新乡市牧野区的茹冈(或称茹家冈)、畅冈现为两个村庄名称,相距1公里。畅冈(岗)村现在称天太社区,姜太公庙即在畅冈村。庙中有北宋时期所建立太公庙碑记(新乡市文物保护单位),有"宋绍圣元年五月十五日,汉阳邢泽民记并书篆额"等内容。

《卫辉府志》[①](卷七·祠祀志·丘墓):"周,姜太公墓,在府城西北太公泉上,其地即太公旧居。近墓有庙,有晋、魏二碑。详古迹。"说明在北魏等时期古人对"姜太公故里"已有探讨和记载。

由以上资料可知,汲县(1988年改名卫辉)人姜太公遇见西伯侯姬昌之前曾在朝歌做过屠夫,在棘津卖吃食,还不止是一个地方、一种生意。西汉刘向《说苑·杂言》中有"太公田不足以偿种,渔不足以偿网"。姜太公做生意经常赔本,做买卖,缺斤少两他不是行家。他会算卦、相面这些技艺。豫北地区流传不少姜太公算卦救人的故事。姜太公前大半生做生意、养家糊口,是还没有找到自己的位置或者说没有发挥出自己的特长。《孟子·告子章句下》中,孟子曰:"……故天将降大任于是人也,必先苦其心志,劳其筋骨,饿其体肤,空乏其身,行拂乱其所为,所以动心忍性,曾益其所不能。人恒过,然后能改;

---

① 程启朱:《卫辉府志》,清顺治十六年(1659)。

困于心,衡于虑,而后作;征于色,发于声,而后喻。入则无法家拂士,出则无敌国外患者,国恒亡。然后知生于忧患而死于安乐也。"俗话说"苦难是一笔宝贵的财富",正是姜太公年轻时的坎坷经历,锻炼、磨砺了他的精神和意志,增加了他的阅历、见识和才能,为以后辅佐西伯侯姬昌建立大业积累了智慧和力量。

二、姜太公钓鱼

姜子牙钓钩——直的,直钩,怪刁(钓)。

姜子牙钓鱼——愿者上钩,周文王上钩。

姜子牙坐钓鱼台——愿者上钩。

姜太公使机变——不钓鱼儿只钓贤。

商朝末,西伯侯姬昌贤明善良,思贤若渴,遵从前辈遗法"笃仁敬老,慈幼礼贤","日中不暇食以待士,士以此多归之",受到各地名士、贤人的敬仰。

世传"文王善养老"。《史记·周本纪》记载:"伯夷、叔齐在孤竹,闻西伯善养老,盍往归之。太颠、闳夭、散宜生、鬻子、辛甲大夫之徒皆往归之。"被吸引到西岐之地的士人中,太颠、闳夭、散宜生、南宫适被后人称为"文王四友"。《孟子》中记载:"孟子曰:'伯夷辟纣,居北海之滨,闻文王作,兴曰:"盍归乎来!吾闻西伯善养老者。"太公辟纣,居东海之滨,闻文王作,兴曰:"盍归乎来!吾闻西伯善养老者。"二老者,天下之大老也,而归之,是天下之父归之也。天下之父归之,其子焉往?诸侯有行文王之政者,七年之内,必为政于天下矣。'"另有记载,"伯夷辟纣,居北海之滨,闻文王作,兴曰:'盍归乎来,吾闻西伯善养老者。'太公辟纣,居东海之滨,闻文王作,兴曰:'盍归乎来,吾闻西伯善养老者。'天下有善养老,则仁人以为己归矣。五亩之宅,树墙下以桑,匹妇蚕之,则老者足以衣帛矣。五母鸡,二母彘,无失其时,老者足以无失肉矣。百亩之田,匹夫耕之,八口之家足以无饥矣。所谓西伯善养老者,制其田里,教之树畜,导其妻子使养其老。五十非帛不暖,七十非肉不饱。不暖不饱,谓之冻馁。文王之民无冻馁之老者,此之谓也"。《礼记·文王世子》记载:"凡祭与养老乞言、合语之礼,皆小乐正诏之于东序。大乐正学舞干戚,语说、命乞言,皆大乐正授数,大司成论说在东序。"《五经图汇》①(下·礼)记载有《养老图》(文王世子),其中有"天子亲迎""群老、五更、三老就位""天子酌献"等仪礼,配以管吹"象"(文王曲)、"武"之曲,庭中舞大武(武王舞),舞皆有歌。仪式规整,规模隆重。

岁月蹉跎,已经两鬓斑白的姜太公听说西伯侯姬昌的圣名后,从汲郡来到渭水河畔,借垂钓之名观望时局,希望能得到西伯侯的注意和赏识,使自己的才华得以施展。

姜太公在磻溪旁垂钓。《武王伐纣平话》(又名《全相武王伐纣平话》《新刊全相平话武王伐纣书》)(卷下)记载:"姜尚因命守时,立钩钓渭水之鱼,不用香饵之食,离水面三尺,尚自言曰:'负命者上钩来!'"一般人钓鱼,是用弯钩,钩上有鱼儿爱吃的饵食,然后把它沉在水里,诱骗鱼儿上钩。但是,姜太公的钓钩是直的,上面不挂鱼饵,也不沉到水里。他自言自语:"鱼儿呀,愿意的话,就自己上钩吧!"人们见他一直垂钓,却毫无收获,便劝他放弃,他却说:"你们不懂其中奥妙!"打柴的经过溪边,说:"老先生,像您这样钓鱼,再钓100年也钓不到一条鱼!"太公举起钓竿,说:"我不是为钓到小鱼,而是为了钓到大鱼——'王与侯'。"太公奇特的钓鱼方法传到了西伯侯姬昌那里。

西伯侯姬昌在磻溪见到姜太公。他发现这个以"钓鱼"为乐的老人,知道天下大事以及国家的文治武功、五行术数、用兵之法且观点新颖、见解独到。姬昌高兴地说:"吾太公望子久矣!"故姜太公又号"太公望",俗称姜太公。

司马迁《史记》中记载:"西伯将出猎,卜之,曰'所获非龙非彲,非虎非罴;所获霸王之辅'。于是周西伯猎,果遇太公于渭之阳,与语大说,曰:'自吾先君太公曰"当有圣人适周,周以兴"。子真是邪?吾太公望子久矣。'故号之曰'太公望',载与俱归,立为师。"

---

① 松本愚山:《五经图汇》,(日本)宽政三年(1791)。

明代文学家、史学家王世贞《凤洲纲鉴会纂》①（卷二·周纪·文王）记载：西伯将出猎。卜之曰："非龙非彲，非熊非罴，非虎非貔。所获霸王之辅。"果遇吕尚于渭水之阳。与语大悦，曰："自吾先君太公曰当有圣人适周，周因以兴。子真是耶。吾太公望子久矣。"故号之曰"太公望"。载与俱归，立为师，谓之"师尚父"（尚父：亦作"尚甫"，指姜太公。意为可尊敬的父辈。郑玄笺："尚父，吕望也。尊称焉。"一说为吕望之字。清代马瑞辰《毛诗传笺通释》："父与甫同，甫为男子美称。尚父，其字也，犹山甫、孔父之属。"

东魏武定八年（550），汲郡太守穆子容所书《修太公吕望祠碑》中记载，其《周志》曰："文王梦天帝服玄禳，以立于令狐之津。帝曰：'昌，赐汝望。'文王再拜稽首，太公于后亦再拜稽首。文王梦之之夜，太公梦之亦然。其后文王见太公而訽之曰：'而名为望乎？'答曰：'唯，为望。'文王曰：'吾如有所于见汝。'太公言其年月与其日，且尽道其言，臣此以□□也。文王曰：'有之，有之。'□与之归，以为卿士。"

今人相传，西伯侯姬昌与姜太公有一次相见、两次相见、三次相见、四次相见等说法。由上述记载内容，两人一次是在梦里相见，带有神奇色彩；一次是现实中相逢，即姜太公渭水垂钓之前并没有结识过西伯侯姬昌。

《中国古今地名大词典》②中记载棘津："又称石济津、南津。在今河南省延津县东北古黄河上。为黄河古渡口。……唐李白《梁甫吟》有：'朝歌屠叟辞棘津，八十西来钓渭滨。'"磻溪，"古水名。又称璜河。在今陕西省宝鸡市东南。源出南山兹谷，北流入渭水。相传吕尚（姜子牙）垂钓于此而遇周文王"。

渭滨，即渭水之滨。今陕西省宝鸡市有渭滨区。

歇后语"姜太公钓鱼——愿者上钩、周文王上钩"本意是姜太公"宁在直中取，不向曲中求"，盼望施展才智和政治抱负；西伯侯姬昌求贤若渴，选优任

---

① 王世贞：《凤洲纲鉴会纂》，上海著易堂精校本，光绪己亥年（1899）。
② 戴均良等：《中国古今地名大词典》，上海辞书出版社2005年版，第2823、3284页。

能,志在国家昌盛。由"姜太公钓鱼——愿者上钩"衍生出许多同源典故,如渭上叟、渭叟、渭滨、溪叟、溪老、吕钓、钓周、溪姜叟、渭滨叟、磻溪钓、钓清渭、垂钓溪、子牙垂钓、渭滨垂钓、直钩钓国等,后人以渭上叟、渭叟等称呼姜太公,或泛指隐者及具有贤德之才而未被征用的人,也由此成就了一段段佳话,正是"渭水垂钓谁透信,访贤遇主两欢欣。古圣名扬海天外,今人乐做尚父吟"。

《周公解梦》有诗:"夜有纷纷梦,神魂预吉凶。庄周虚化蝶,吕望兆飞熊。丁固生松贵,江淹得笔聪。黄粱巫峡事,非此莫能穷。"姜太公将要出世助周灭商,便有姬昌梦见一头长着翅膀的、像熊一般的动物扑向他,于是叫人占卜。占卦的人说:"非常吉利,您会得到英雄辅佐,从而得到天下。"飞熊扑入姬昌怀中的预兆,也使姜太公有了"飞熊"的称号。看来梦境可以预知许多事情。《唐语林》(卷二·文学)开头记载:"文中子见王勃少弄笔砚,问曰:'为文乎?'曰:'然。'因与题'太公遇文王赞'。曰:'姬昌好德,吕望潜华。城阙虽近,风云尚赊。渔舟倚石,钓浦横沙。路幽山僻,溪深岸斜。豹韬攘恶,龙钤辟邪。虽逢相识,犹待安车。君王握手,何期晚耶?'"少年王勃才华横溢,写出《太公遇文王赞》,表达了自己对姜太公遇周文王的认识。唐代诗人常建有《太公哀晚遇》诗:"日出渭流白,文王畋猎时。钓翁在芦苇,川泽无熊罴。诏书起遗贤,匹马令致辞。因称江海人,臣老筋力衰。迟迟诣天车,快快悟灵龟。兵马更不猎,君臣皆共怡。同车至咸阳,心影无磷缁。四牡玉墀下,一言为帝师。王侯拥朱门,轩盖曜长逵。古来荣华人,遭遇谁知之。落日悬桑榆,光景有顿亏。倏忽天地人,虽贵将何为。"(《卫辉府志》[①]将《太公哀晚遇》记作《太公》,"倏忽天地人"记作"倏悲天地人")感叹姜太公的故事。北宋初年宰相吕蒙正有《寒窑赋》:"天有不测风云,人有旦夕祸福。蜈蚣百足,行不及蛇;雄鸡两翼,飞不过鸦。马有千里之程,无骑不能自往;人有冲天之志,非运不能自通。……文章盖世,孔子厄于陈邦;武略超群,太公钓于渭水……"其

---

① 程启朱:《卫辉府志》,清顺治十六年(1659)。

中提到姜太公武略超群,曾垂钓于渭水,把这些归于"时也,运也,命也"。姜太公早年奔波,坎坷也好,大器晚成也好,都是命运、机缘使然。明末清初,戏曲和小说作家李渔《笠翁对韵》韵文中有"清暑殿,广寒宫。拾翠对题红。庄周梦化蝶,吕望兆飞熊。北牖当风停夏扇,南檐曝日省冬烘"亦记载了姜太公的神奇事迹。

三、姜太公辅佐西伯侯姬昌、周武王姬发

姜子牙八十遇文王——交老好运;时来运转,老来得志;大器晚成。

周文王拜请姜子牙——净找明白人。

姜子牙娶媳妇——老来喜。

姜子牙说相声——神聊。

姜子牙下山——九死一生。

姜子牙一生——七死三灾。

琵琶精进姜子牙的算命馆——一眼就被看穿。

姜子牙火烧琵琶精——现出原形了。

姜子牙的坐骑——四不像。

纣王兵百万,不敌子牙兵三千——不得民心。

申公豹计害姜子牙——达不到目的。

申公豹状告姜子牙——搬弄是非。

姜子牙是"大器晚成"的典型,七八十岁才遇到"人生伯乐"西伯侯姬昌。这是姜太公人生的巨大转折点。西伯侯姬昌得到姜太公等贤士辅佐,对内发展生产,使人民安居乐业;对外征服个别部族,开拓疆土,削弱商朝的力量;吞并了从属于商朝的崇国,在崇国的地盘上营建丰邑(在今陕西西安长安区西南沣河以西),把都城从岐山南边的周原迁到丰邑,立灵台而察诸星象、凿灵沼而"泽及枯骨"。到西伯侯姬昌晚年的时候,周的疆土大大扩充。东北方,势力范围进展到现在山西的黎城附近;东部,势力到达现在河南沁阳一带,逼

近了殷纣王的都城朝歌;南部,势力扩充到了长江、汉水、汝水流域。这为灭商奠定了可靠基础。

天下三分之二的诸侯归心向周,多半是太公谋划的结果。后代谈论用兵之道和周朝的隐秘权术的,都推崇姜子牙。《阴符经》旧题黄帝撰,所以也叫做《黄帝阴符经》。有题称伊尹、太公、范蠡、鬼谷子、张良、诸葛亮等人注解。姜太公的军事思想在《六韬》《太公兵法》《太公金匮》等著作中有论述。"天下非一人之天下,乃天下之天下也。"(《六韬》)主张国君要行仁修德,不可为己而害民,如此人民才能与国君同舟共济,国家才会越来越强盛。司马迁《史记》中记载:"周西伯昌之脱羑里归,与吕尚阴谋修德以倾商政,其事多兵权与奇计,故后世之言兵及周之阴权皆宗太公为本谋。"确立了姜太公中华民族韬略理论"开山之祖"地位。唐代李商隐说:"武故时非无臣也,然其卒佐武,有牧野之誓,白旗之悬,果何人哉?非太公望不可也。""词林英杰"之一、元代查德卿有《蟾宫曲·怀古》:"问从来谁是英雄?一个农夫,一个渔翁。晦迹南阳,栖身东海,一举成功。八阵图名成卧龙,六韬书功在飞熊。霸业成空,遗恨无穷。蜀道寒云,渭水秋风。"称赞姜太公与诸葛亮文韬武略,盖世之功。明代黄道周说:"太公尚父,霸王之辅。渔猎以归,修德用武。学擅阴阳,韬分龙虎。黄钺白旄,挥之如麈。伐取商残,开笃周祜。后世谈兵,宗之为祖。"对姜太公赞赏有加。

西伯侯姬昌以服事殷。他临终告诉世子:"见善勿怠,时至勿疑,去非勿处。此三者,道之所以止也。"告诫儿子积善修好,以待时机。

《凤洲纲鉴会纂》①(卷二·周纪·武王)记载:"丁卯二十有一祀,发即西伯位,以太公望为师,周公旦为辅。旦,武王之弟也。召公奭、毕公高之徒皆左右武王,率修文王绪业。""师尚父佐武王东伐,乃左仗黄钺(《牧誓》注:斧也,以黄金为饰)、右秉白旄(《牧誓》注:军中指麾。用旄牛尾注于旗杆顶部装饰而成的指挥用具)以誓曰:'苍兕苍兕,总尔众庶,与尔舟楫,后至者斩。'遂

---

① 王世贞:《凤洲纲鉴会纂》,上海著易堂精校本,光绪己亥年(1899)。

至盟津。八百诸侯与武王会于盟津。诸侯说,纣可伐矣。"姬发想继续完成父亲的大业,顺应天下人之心,伐商兴周,东征商纣察看诸侯是否云集响应。军队出师之际,被尊称为"师尚父"的姜太公左手持黄钺、右手秉白旄誓师。《孟县志》①(卷四·大事记)记载:"《周书·泰誓》惟十有三年春,大会于孟津。又曰,惟戊午,王次于河朔,群后以师毕会。王乃徇师而誓。"史料记载,公元前1046年,周军到达商都朝歌郊外的牧野,诸侯率兵车4000乘会合。商纣王纠集几十万兵马赶至牧野(牧野,相对于殷都朝歌而言。从朝歌城由内向外,分别称作城、郭、郊、牧、野。历史上的牧野,卫国在其南,邶国在其西,鄘国在其西南)。战幕揭开,姜太公亲率少部精锐为先锋,随后姬发率领大队人马攻击商军。商军人多势众,但士卒与商纣王离心离德,纷纷倒戈投降。纣王兵败而死。这便是"纣王兵百万,不敌子牙兵三千——不得民心"歇后语的由来。

周朝兴起,商朝灭亡,预示着一个王朝兴衰的过程,与西伯侯姬昌励精图治、任能用贤以及姬发继承前辈遗志、砥砺奋进,使国家逐渐强盛有关,与商纣王暴虐无道,整天吃喝玩乐、不问政事致使国家日益衰败有关。

姬发即位,被尊为天子。他着力反对商朝统治,散财发粮,封墓轼闾,更加礼贤下士。《凤洲纲鉴会纂》②(卷二·周纪·武王)记载:"践祚三日,召士大夫而问焉。曰:'恶有藏之约,而行之万世,可以为子孙恒者乎?'师尚父对曰:'黄帝、颛顼之道,在丹书有之,曰:敬胜怠者吉,怠胜敬者灭;义胜欲者从,欲胜义者凶。凡事不强则枉,弗敬则不正。枉者废灭,敬者万世,藏之约,行之博,可以为子孙恒者,此言之谓也。'王闻书之言,惕若恐惧,退而为戒,书于席之四端及几、鉴、盥、盘、楹、杖、带、履、觞、豆、户、牖、剑、弓、矛,各为铭焉。"可见周武王励精图治的决心。

歇后语"姜子牙的坐骑——四不像",带有神话色彩,比喻不伦不类的人或事。其实,"四不像"是指麋鹿,性喜水,善游泳。由于主蹄宽大,侧蹄亦能

---

① 阮藩侪等:《孟县志》,民国二十二年(1933)。
② 王世贞:《凤洲纲鉴会纂》,上海著易堂精校本,光绪己亥年(1899)。

着地,适于在雪地和泥泞地上活动。麋鹿是一种非常特殊的大型鹿类。头似马,角似鹿,蹄似牛,尾似驴,俗称四不像。

四、姜太公封神

姜子牙封神——一言为定。

姜子牙背封神榜——替别人搞了一场。

姜子牙封板壁神——百无禁忌。

姜子牙封神——没有自己的位置、顾人不顾己、没有自己的份儿。

姜太公在此——百无禁忌。

姜子牙在此——诸神退位、诸神回避、诸神退散、百无禁忌。

姜子牙在此——没有你的座位。

姜子牙封小舅子——神上的神。

姜子牙的老婆——丧门星、扫帚星。

姜太公坐主席台——资格老。

姜太公封神的传说由来已久,《史记》中就有关于姜太公封齐地八神的记载。《史记·封禅书》:"于是始皇遂东游海上,行礼祠名山大川及八神,求仙人羡门之属。八神将自古而有之,或曰太公以来作之。齐所以为齐,以天齐也。其祀绝,莫知起时。"宋代王懋《野客丛书·心坚石穿覆水难收》:"太公取一壶水倾于地,令妻收入。乃语之曰:'若言离更合,覆水定难收。'"姜太公辅佐姬发建立了周朝,封赏了功臣。传说,他的老婆也来讨要封号。姜太公封她为"扫帚星",并说:"你不要乱走。"老婆说:"我该去哪里?"姜子牙说:"门口凡是贴着福的地方都不能去。""扫帚星"晦气,当然不能乱去。所以,各家门后多是安放扫帚的地方,这个说法和风俗便流传了下来。

姜太公经过几十年生活的艰苦磨炼,最后成就了丰功伟业。周朝建立后,周武王封姜太公于"齐"。山东高青县花沟镇陈庄村发现了西周前期的夯土城址,自 2008 年 10 月进行了大规模的考古发掘,城址上发现了贵族墓葬、青铜器、古代"祭台"、"直立跪伏"陪葬马匹等。其中,青铜器鼎铭文"丰作厥祖齐公尊彝",簋底铭文"丰启作厥祖甲宝尊彝"、盖铭文"丰般作厥祖宝尊彝",提梁卣底铭文"丰启作文祖齐公尊彝"、盖铭文"齐公文祖尊彝",甗颈内铭文"丰启作祖甲尊彝",与齐国始封君主姜太公直接相关。这些器物姜太公的子孙可以传承使用。这些都证实了雄踞东方的齐国,是周王朝开国功臣姜太公的封国。《卫辉府志》[①]记载:"……封于齐,都营丘(在今山东省淄博市临淄区北)。太公虽封,留为太师。卒,葬于卫。所著有《阴符钤录》一卷、《阴谋》三十六卷、《金匮》二卷、《六韬》六卷,凡二百三十七篇(谋八十一篇、言七十一篇、兵八十五篇)。子孙世侯于齐(凡三十君、七百四十四年)。"所以,齐人称姜太公为"天齐至尊"。道家则传说他已经修炼圆满升天成仙了。在唐宋以前,姜子牙被历代皇帝封为武圣,唐肃宗封姜子牙为武成王,与孔子之文宣王相对。宋真宗时,又封姜子牙为昭烈武成王。元朝,民间对姜太公增加了一些神话传说。到明代万历年间,许仲琳创作了《封神演义》小说,从此,姜太公为民间广为信奉。历朝历代也都有人为姜太公建立寺庙,天齐庙当是祭祀姜太公的庙宇之一。古代武庙供奉历代最能征善战的将领,能够被供奉到武庙,是古代将领最高的荣誉。武庙中央敬祀姜太公姜尚,下列有张良、韩信、司马穰苴、白起、孙武、吴起、乐毅、诸葛亮、李靖、徐世勣"武庙十哲"和七十二将。犹如文庙敬祀孔子、十哲和七十二贤一般。

明代,许仲琳《封神演义》中,姜太公封诸神却不封自己,并不是像民间传说中的他忘了封自己,主要原因还是在我们中国传统文化中,封号封神,都是别人封,自己封自己不合规矩,甚至不礼貌。人们总是喜欢让别人说自己好、夸自己优秀。自称天下第一高手和别人说自己是天下第一高手,完全是两个概念;别人问"您贵姓?"你自己便不能说"我贵姓某某",反而要说"免贵""鄙人某某"等。这是我们传统文化自谦、不浮躁的特点。百姓为了补偿姜太公在《封神演义》中未能封神的遗憾,有"姜太公在此——百无禁忌(诸神退

---

① 程启朱:《卫辉府志》,清顺治十六年(1659)。

位)"的说法,姜太公在的地方,众神都要退避,鬼怪更是逃之夭夭。所以,农村百姓在盖房时,会写上"姜太公在此——百无禁忌"以示吉利平安。道教中,早有姜太公的一席之地,他被称作"天枢上相",是辅佐玉帝治理三界的神仙,相当于人间的丞相。除了姜太公,天枢上相还有张良、诸葛亮、许逊、魏徵、文天祥和刘基。

至今,全国尤其是北方有许多纪念姜太公的地方。陕西咸阳城西、宝鸡市陈仓区磻溪河上和河南新安城东都有"钓鱼台";河北南皮有钓鱼台村;山东日照有姜太公文化园并设立"姜太公钓鱼节";山东淄博市临淄区有姜太公祠;河南南阳有"太公湖";福建省石狮市有"姜太公纪念馆";河南卫辉市有姜太公故里,境内保留着姜太公墓、姜太公祠、姜太公庙、太公井、太公镇、吕村、尚村、姜太公钓鱼台、《姜太公吕望表》等历史遗迹。元朝大学士王恽《汲城怀古》诗"尚父祠荒草满扉,五城犹在阵图围。飞梁水落横霜濑,石马门空半夕晖。竹简有光陵寝破,山川良是昔人非。临风笑煞安釐事,甘属虚名博祸机"描述了姜太公遗迹。每到农历八月初三姜太公诞辰之日,许多海内外姜氏、吕氏后裔组成的宗亲会都会前往姜太公故里寻根祭祖、旅游观光。

结语

有关姜太公的俗语、歇后语可以反映出他的主要人生轨迹,着眼点虽小,但真实可信,加上史实佐证,我们可以了解一个更加丰满、全面的姜太公形象。写这篇文章时,笔者上网浏览了一些相关资讯。看到卫辉市有"财智文化——卫辉"专题资源库,包括卫辉概览、名人大家、文化遗产、运河文化、宗藩文化、民俗风情、财智文化、地方文献等栏目,涉及太公墓、太公庙、族谱等文物遗存以及考古发现、民间传说、民俗风情、地名由来等内容。其中不少信息来源于卫辉图书馆,可见,卫辉图书馆在这方面做了大量工作,付出了许多辛劳。

卫辉依太行,濒黄河,临卫水,这里积淀了厚重、博大精深的姜太公文化,为姜太公大展雄才提供了土壤和背景,姜太公在这里留下了不尽的物质和精神财富,名人文化值得挖掘和弘扬,以传承优秀传统文化,打造特色城市文化品牌。

(作者系焦作市图书馆馆员)

在"中国·卫辉太公文化高层论坛"上的致辞

李瑞霞

尊敬的各位领导、各位来宾,女士们、先生们,朋友们:

金秋九月,硕果累累。值此美好季节,我们相聚在秀美的牧野大地,隆重举行太公文化高层论坛,共同感受丰富厚重、博大精深的太公文化。在此,我谨代表新乡、卫辉两级政府,向出席此次论坛的各位领导、专家学者表示热烈的欢迎!向一直以来关心、支持太公文化发展的各界朋友表示衷心的感谢!

文化兴国运兴,文化强民族强。文化是一个国家、一个民族的灵魂。五千年文明发展中孕育的中华优秀传统文化,是我们最深厚的文化软实力,也是中国特色社会主义植根的文化沃土。习近平总书记指出,实现"两个一百年"奋斗目标、实现中华民族伟大复兴的中国梦,需要充分运用中华民族数千年来积累的伟大智慧。

太公文化是中华民族优秀传统文化的重要组成部分。姜太公渭水垂钓,心系黎民,治国理政,固藩兴邦,在长期的历史实践中形成了独具特色、兼具时代性与开创性的思想体系:治国理政方面,坚持"因其俗,简其礼",形成了"敬其众,合其亲"的爱民思想;社会治理方面,提出了"赏所以存劝,罚所以示惩"的贵法思想;军队建设方面,著有《六韬》,对后世军事思想的发展与完善具有重要意义。这些思想,对新时代中国特色社会主义建设具有重要的历史借鉴意义与当代价值。

太公文化的传承需要中华儿女的集体智慧,需要全社会的共同努力。作为太公故里,我们有责任、有义务把太公文化传承好、发扬好。今天的高层论坛,会聚了太公文化研究方面的众多知名学者、一流专家,你们丰富的实践经验、独到的研究成果和活跃的前沿思维,必将为传承太公文化、推动太公文化发展增辉添彩。我们将充分汲取各位专家的智慧和建议,推动太公文化在牧野大地根深叶茂、发扬光大。

记忆中原,老家河南,豫北明珠,好客新乡。新乡历史文化悠久,英模层出不穷,仰韶文化、龙山文化留存遗址,牧野大战、官渡之战、陈桥兵变等重大历史事件发生于此,曾为平原省省会,新中国成立以来涌现出"大地赤子"史来贺、"中国十大女杰"刘志华、"县委书记三杰"郑永和、创造"听党话跟党走,同创业共致富"裴寨精神的裴春亮,以及扎根卫辉基层30多年、为人民服务永不退休,荣获改革先锋称号、被评为全国优秀乡镇党委书记的吴金印等一批批感动中国、誉满神州的先进模范人物,形成了独特的"新乡先进群体"。近年来,在全市人民的共同努力下,新乡已经发展成为豫北地区中心城市,荣获全国文明城市、国家卫生城市、国家园林城市、国家森林城市等称号。

卫辉,素有"南通十省、北拱神京"之称,是中国财神文化之乡、中国包装名城、省历史文化名城、省级文明城市。作为千古忠臣比干的茔葬地,林姓始祖林坚的诞生地,卫辉成为天下林氏寻根圣地。孔子周游列国,曾在此击磬讲学。明朝潞简王朱翊镠思母心切,留下一座望京楼。中华民国第二任总统徐世昌、《铁道游击队》作者刘知侠、红旗渠总设计师杨贵都出生于此。历史学家范文澜曾在此传道授业,郑州大学首任校长嵇文甫、地质学家李春昱等多位院士孜孜以求,激励后辈奋发拼搏、勇攀高峰。进入新时代,卫辉更加注重文化建设,新建的大禹湖、杜诗植物园、顺城关,处处都镶刻着文化的印记;修复的护城河、卫河、孟姜女河,默默流淌着千年古城的史韵文脉。卫辉,正以坚定的文化自信,争创国家历史文化名城。

悠悠千年,文载风仪,古今交会,时代华章。新乡以"新"为名,因"新"而兴。乘着改革开放的浩荡东风,新乡与时代同步、与祖国同行,牧野大地处处焕发着勃勃生机与活力。真诚希望各位领导、各位朋友,更多地关心新乡、关注新乡、关爱新乡,多提宝贵意见,携手共创更加美好的未来。

最后,祝太公文化高层论坛活动圆满成功!祝大家身体健康,工作顺利,万事如意!谢谢大家。

(讲话者为新乡市人民政府副市长)

在"中国·卫辉太公文化高层论坛"上的讲话

朱海风

尊敬的各位嘉宾、各位专家学者:

大家下午好!

秋风送爽,丹桂飘香。在喜迎中华人民共和国成立70周年华诞的大喜日子里,在这美好的金秋时节,由中国先秦史学会、黄河文化研究会、河南省华夏历史文明传承创新基金会、卫辉市人民政府主办的"中国·卫辉太公文化高层论坛"在太公故里卫辉市召开了。我谨代表主办方黄河文化研究会对此次研讨会的召开表示热烈祝贺!对与会的各位专家学者表示热诚的欢迎和衷心的感谢!

黄河是中华文明的发祥地,是五千年华夏文明的根源所在,被誉为中华民族的母亲河。保护好黄河两岸生态环境,事关沿黄各省区发展的大局,事关人民群众福祉。党和国家领导人对黄河流域的生态保护与发展高度重视,就在前两天,习近平总书记在郑州主持召开黄河流域生态保护和高质量发展座谈会并发表重要讲话。他强调,黄河流域是我国重要的生态屏障和重要的经济地带,是打赢脱贫攻坚战的重要区域,在我国经济社会发展和生态安全方面具有十分重要的地位。保护黄河是事关中华民族伟大复兴和永续发展的千秋大计。黄河流域生态保护和高质量发展,同京津冀协同发展、长江经济带发展、粤港澳大湾区建设、长三角一体化发展一样,是重大国家战略。与前述国家战略不同,习近平总书记高度重视黄河文化在黄河流域生态保护和高质量发展中的作用,黄河文化是中华文明的重要组成部分,是中华民族的根和魂。要推进黄河文化遗产的系统保护,深入挖掘黄河文化蕴含的时代价值,讲好黄河故事,延续历史文脉,坚定文化自信,为实现中华民族伟大复兴的中国梦凝聚精神力量。习近平总书记的讲话高屋建瓴,强调了黄河文化的重要作用,为我们黄河文化研究鼓了劲,同时也为我们黄河文化研究指明了方向。

黄河文化研究会作为黄河文化研究的专门学术团体,自1991年成立以来,一直致力于黄河文化研究,取得了较为丰硕的研究成果。据不完全统计,研究会成员公开发表学术论文400余篇,出版学术著作数十种,组织发起或派出专家学者主动参与的各种学术会议百余次。十八大以来,黄河文化研究会认真学习贯彻习近平新时代中国特色社会主义思想,围绕中心,服务大局,主动服务河南发展振兴战略需求和战略规划,积极与地方政府配合,先后举办了黄河文化高层论坛、中国卢氏历史文化研讨会、中国登封与大禹文化学术研讨会、共工氏与中华龚姓文化研讨会、中国长垣君子文化论坛、中国宰相之乡文化论坛等高层次的学术会议,这不仅大大提升了研究会的社会影响力,同时也为当地经济社会文化发展助了一臂之力,受到社会好评。

卫辉市历史悠久,历史文化资源丰富。卫辉市人杰地灵,历史上名人辈出。尤其是商末周初的姜太公,凭其智慧和谋略为周朝的建立和巩固做出了卓越贡献,其思想对后世产生了极其深远的影响,姜太公也因此被尊为兵家鼻祖、武圣、百家宗师,受到后人的敬仰。卫辉境内的太公墓、太公祠、太公垂钓处等遗迹也成为人们凭吊姜太公的重要场所。近年来,卫辉市委、市政府围绕弘扬太公文化,举办了姜太公文化节,举行了姜太公祭祀大典等活动,取得了一定社会效果。姜太公文化作为黄河文化的重要组成部分,其文化内涵十分丰富,还需要进一步挖掘。这次与中国先秦史学会、黄河文化研究会合作,邀请全国历史、文物、文化、文学等领域的专家,来共同研讨太公文化,是市委、市政府做出的英明决定。在此,我诚恳地希望各位专家能够各抒己见,畅所欲言。同时,我也希望卫辉市委、市政府能以此次研讨会为契机,利用好这次研讨会的学术成果,把太公文化研究进一步推向深入,助推卫辉市的高质量发展。

最后,祝愿此次研讨会取得圆满成功!祝愿各位专家、各位来宾身体健康,万事如意!

谢谢大家!

(讲话者为华北水利水电大学原党委书记、教授,黄河文化研究会会长)

"中国·卫辉太公文化高层论坛"学术总结

彭邦本

各位领导,各位同人:

  由中国先秦史学会、黄河文化研究会、河南省华夏历史文明传承创新基金会、卫辉市人民政府主办,河南省社会科学院历史与考古研究所、中共卫辉市委宣传部、卫辉市文旅局、卫辉市太公镇人民政府、卫辉市谋圣姜太公文化旅游有限公司承办的"中国·卫辉太公文化高层论坛"经过一天半的热烈深入探讨及紧锣密鼓的实地考察就要圆满结束了,我受会务组的委托,做以下几点简要总结。

一、规格很高

  这是一个时间短而效率高,成果丰硕的高规格、高水平的论坛,是名副其实的高层论坛。以宋镇豪、朱海风等为代表的一大批专家以及来自北京、天津、辽宁、广东、陕西、四川、浙江、江苏、山东、河北、山西、湖北、安徽等地共80余名学者,加上研学的朋友共150余人,齐聚一堂,提交了50余篇论文,成果颇为丰硕。多学科参与,反映了太公文化、黄河文化的博大精深,反映了会议主题的重要学术价值。

二、主题鲜明

这是一次主题鲜明集中,视野背景非常开阔,探讨广泛深入、新见迭出的会议。紧紧围绕太公文化与黄河文化,以太公文化、黄河文化作为主体,它的探讨的集中度和引申的广度都达到了相当的水平,这个题目的本身就体现了我们这个会议立意高、学术水平高的特点。这些学者来自历史学、文字学、考古学、文献学、地理学、文学、哲学、文化理论学、神话学、民俗学、旅游学等领域,学者们围绕主题认真汲取学术界既有成果,尤其是在发掘梳理现有理论的基础上提出了若干新的观点。比如,有学者提出在甲骨文当中,古今时期的姜族当中,特别是在其配偶当中发现了带"女"偏旁的羌字。这实际上就反映了文献记载的太公文化早期的一些历史古迹。尤其是我们这一带恰好就属于殷商文化的核心地带,在整个中华文化中都处于一个核心地带,所以这个发现对于我们当地太公文化传说的研究来说非常有益。也有学者对史料、文献、出土史料做了进一步的梳理,比如对"齐太公吕望表"的传承、源流做梳理。这个表的史料价值非常高,从表的题目就可以看出非常符合上古的姓氏名号。

三、太公故里分析

专家学者对于太公故里,对我国太公故里的出处都进行了细致的分析,进而提出观点,特别是从史料的角度来讲,东海应该是指淮河下游的某个岛,或者说是传统的大湖泊,很有新意。再有,就是有的学者又根据现有史料对太公的历史形象进行梳理,进而提出太公望是东海人,东海很可能就是广义的齐国,或者是汉高祖初年就已经建立的东海郡。我觉得这些都是有新意的,对于史籍的考订有一些很精彩的观点,比如说,对太公望这个"太师"该怎么解释呢？有学者就认为不能简单地解释为老师的意思，实际上应该指的是作为军事首领的"太师"。

四、姜太公文化与黄河文化

有的学者又从考古方向的角度，进而从黄河文明、黄河文化的角度，提出来一些新观点，特别是提供了一些新资料，比如说根据殷墟妇好墓发现的飞钩具体地探讨了姜太公那个时代的黄河文明，实际上就是华夏文明。这个非常有意义，从史料学的方面为我们的学者提供了新的启发。

特别是我们的学者对黄河下游做了系统的考古，对过去黄河河道的认知提出了新观点。我认为对于黄河文明的认知也是一个进展。讨论出的新成果非常多，我们来不及一一列举，总之，这是一次探讨广泛深入、成果杰出的会议，这个会议把关于姜太公文化和黄河文化的研讨大步推进了。

这次会议既重在技术研究，同时又非常务实，从刚才两个小组的总结可以很清楚地看出来基础研究和应用研究其实是非常紧密地联系在一起的。只有基础的研究做好了，我们应用性的研究才有扎实的根基，因为应用性的研究要合乎实际、符合逻辑，不是凭空随便想的，所以这里就需要对我们本地的文化资源进行系统的梳理。在这个方面，我们这一次会议有几篇文章做了很好的探索。我认为这样一种非常务实的研讨，也符合我们学术探讨的规律，同时更符合我们地方的实际，非常有意义。这也是这个时期以来，先秦史学会开展学术研究的一个特点。

五、自我观点

我认为经济社会的发展是需要资源支撑的，但是很多资源都是一次性的，而且用完了就没有了，而且用完以后还会产生各种后遗问题。但是文化资源不是这样，文化资源只要我们会用，越用越丰富，因为它生生不息，越用越精彩。随着我们研究的深入,特别是我们认真使用创意以后,它所产生的效益非常高,这个效益就包括社会效益和经济效益。所以,太公故里、卫辉和黄河流域很多的特色资源,都可以成为以后经济发展、文化发展,特别是文化事业的产业化发展的宝贵资源。我们很高兴地看到黄河流域和太公故里很多年来对此都非常重视,已经走在了全国的前列,我相信如果继续沿着这条路前进的话,我们新乡也好,太公故里卫辉也好,未来会更美好。

太公文化和黄河文化博大精深,是太公故里和黄河流域最具特色的珍贵资源,建议在这次论坛成功举办之后,把太公论坛继续办下去,把它打造成我们太公故里的一个文化品牌,今后继续开展第二届、第三届太公论坛。用特色文化来引领推动太公故里经济社会文化的发展,卫辉的未来会非常美好。

学术没有止境,我期待着和大家再会,谢谢大家。

(讲话者为四川大学历史文化学院教授、中国先秦史学会副会长)

"中国·卫辉太公文化高层论坛"闭幕致辞

宋镇豪

这种学术盛宴,总有闭幕的时候,我们的学术讨论马上就要结束了,这两天通过大会的发言、小组的讨论以及参观,我对卫辉的文化积淀有了比较深刻的了解。

在这里我要谈一谈自己的感受。

这次会议提供的文章有50多篇,在这50多篇文章中,我觉得个别的文章对于史料的理解,还是存在不足的地方。我举个例子,有些学者把"羌"和"姜"混在一起。其实,在甲骨文中"羌"和"姜"是两个不同的部族,在甲骨文中"羌人"的"羌"从来没有作为一个明确的对象,而是作为统称的对象出现的。而女姓的"姜"字是作为一个重要的部族出现的。再举个例子,在甲骨文里出现的"傅说卜辞"22099那一片大灵龟壳甲上就清楚地讲到了商王和"姜"的非常密切的关系。有一位重要的皇室女子生病了,结果商王就让其他的侍卫以及与她关系十分好的族人一起为这位女子祈祷。这中间就涉及四支部族,其中一个就是"姜",甲骨材料很多人都不是太了解,但是它提供了许多的信息。

这四支部族都是分布在安阳殷墟的附近,意味着商王住的王都区分布了这样四支非常重要的部族。那么,商的王都区到底有多大呢?我们可以提供一组数据,商王朝在通往东西南北四个方向建立了很好的道路交通,在这些道路上面,每隔一天的路程都要设置驿站。我们发现在甲骨文中所出现的驿站是以数字编排的,叫一羁,二羁,三羁,四羁,最远的到四羁。根据古书记载,《韩非子》所讲"夫良马固车,五十里而一置",《礼记》中也曾讲到,意思是说一个人一天最长的里程是50里左右,那么50里乘4就是200里了,那他的半径可能就扩大到200里以外。昨天我问张新斌,从卫辉到安阳殷墟的距离是多少?实际上就是还不到150里,具体是多少可能还没仔细查过,那么这个地方实际上可能是殷商王朝的一个重要的统治区。在这一统治区里分布这样一个"姜姓"的话,我觉得是不足为奇的。这一条史料可以澄清武王很多说法,姜太公和西边的"羌人"有关系这一点就可以排除。因为这个时候的"羌"实际上和姜太公的祖先有关,甲骨文材料比姜太公早上200年。所以,再往上追溯姜太公本身的话,他有自己的部族,而这支部族由来已久。我们在这里只追溯与他相关的,提供这么个信息给大家,就是说我们讨论卫辉太公文化的话,有些史料要严谨,尽量地利用地下考古的材料,比如说甲骨文,纠正我们历史记载中的某些误差,这样更加地科学。

总而言之,这次高层论坛,我觉得非常成功。我从大家的文章中间也受到了启发,特别是怀着朝拜的心情参观了"汲冢书出土地",感触就更深了,因为这个地方历史文化积淀很深。我个人主张,文化和历史有区别,但又是密切联系的,文史不分家是过去学人始终坚持的,所以文化要建立在历史的依据上,就更加厚实。

这次会议以后有很多观点我们还要继续吃透,提出一些共识,大家共同发力。但是这里我想起来临淄的那些文化,和卫辉这边不沟通交流,要往来,要加强联系,共同把这个太公文化做强做大,一个在上一个在下,时间和历史的延续性是始终联系在一起的,文化更是联系在一起的,我们要不分彼此,共同加强对太公文化的认识。

好,谢谢大家。

(讲话者为中国社会科学院学部委员、研究员,中国先秦史学会名誉会长)

"中国·卫辉太公文化高层论坛"卫辉宣言

文化是一个国家、一个民族的灵魂。文化兴则国运兴,文化强则民族强。没有高度的文化自信,没有文化的繁荣兴盛,就没有中华民族的伟大复兴。为深入挖掘优秀历史文化资源,实现中华优秀传统文化创造性转化、创新性发展,助推卫辉经济社会高质量发展,2019年9月21—22日,由中国先秦史学会、黄河文化研究会、河南省华夏历史文明传承创新基金会、卫辉市人民政府主办的"中国·卫辉太公文化高层论坛——太公文化与黄河文化研讨会"在河南卫辉举行。来自中国社会科学院、南开大学、四川大学、华南师范大学、苏州大学、首都师范大学、浙江工商大学、河北师范大学、西华师范大学、大连大学、聊城大学、长江大学,以及河南省社会科学院、郑州大学、河南大学、河南师范大学、华北水利水电大学、河南科技大学、新乡学院等40余所高校、科研单位、文化文物研究单位的专家学者及山东淄博临淄区齐文化发展研究中心等友好单位代表,河南日报社、河南电视台、新乡日报社、新乡电视台等新闻媒体代表,共150余人出席会议。

中国社会科学院学部委员宋镇豪研究员以及新乡市四大班子、卫辉市四大班子领导出席会议。河南省人民政府原副省长,河南省政协第十一届委员会党组副书记、副主席张广智专门为论坛发来贺电,对大会的召开表示祝贺,希望与会代表认真学习习近平总书记在黄河流域生态保护和高质量发展座谈会上的重要讲话精神,保护传承弘扬黄河文化,让黄河成为造福人民的幸福河。

本次论坛采取大会发言、小组讨论、专家点评、实地考察等形式,与会专家学者围绕太公史迹、太公思想及谋略、太公文化资源开发利用、黄河文化及太公文化等主题,进行了广泛深入的研究探讨,就以下问题达成共识。

一、姜太公故里在河南卫辉

姜太公故里历来众说纷纭,但以汲县(今河南卫辉)说传世资料较为丰富,最接近历史的真实。卫辉市境内现有的太公庙、太公碑、太公泉、太公旧居、太公垂钓处等遗迹,不仅为太公故里在汲县提供了佐证,而且为卫辉市的文化产业融合发展奠定了丰厚的基础。

二、姜太公功绩彪炳史册

姜太公是商周时期著名的政治家、军事家和谋略家,周朝的开国功臣,因辅周、灭商、建齐而名垂千古,流芳百世。他文武兼备,智勇双全,在辅佐周文王和周武王推翻殷商王朝、建立周王朝的过程中功勋卓著。受封于齐后,他致力于治理社会,尊重民俗,简化礼仪,发展生产,为国家的强大奠定了坚实基础。

三、姜太公文化影响深远

太公文化内涵丰富,影响深远。他的崇尚法治、德法结合的政治思想,关切民生、体恤民众的民本思想,亲民爱民、富民为民的仁爱思想,知人善用、任人唯贤的选人用人思想,以及娴于韬略、精兵强国的军事思想等,成为中国优秀传统文化的重要组成部分,是后世思想家、政治家、军事家、谋略家的重要思想源泉。

四、姜太公后裔根在卫辉

姜太公作为姜姓齐国的开创者,其后裔或以姓为氏,或以国为氏,或以邑为氏,或以字为氏,或以名为氏,或以号为氏,或以谥为氏等,分衍出姜、吕、崔、卢、高、齐、丘、邱、尚等100多个姓氏,姜太公也因此成为上述姓氏族人的始祖,受到后人敬仰。卫辉与姜太公有关的名胜遗迹众多,并已成为太公后裔寻根谒祖的圣地,更成为全球华人的精神家园。

五、继续加大太公文化资源的研究开发力度

卫辉市历史文化资源丰富,太公历史文化资源在全国有着比较明显的优势。建议卫辉市不断加大太公文化的研究宣传力度,通过政府主导、多方协调、科学规划、项目带动、创新为要、特色培育、文创先行、资本运作等具体措施,将姜太公的文化资源优势转化为文化产品优势和产业优势,使卫辉成为构建华夏历史文明传承创新区的重要载体之一,在推动中原更加出彩的进程中谱写绚丽的篇章。

"中国·卫辉太公文化高层论坛"答谢词

田 贞

尊敬的各位专家、学者,各位嘉宾、朋友们:

在各位专家和工作人员的共同努力下,"中国·卫辉太公文化高层论坛"就要圆满闭幕了。虽然只有短短的两天时间,但论坛主题突出、内容充实、议程紧凑、成果显著,举办得很圆满、很成功,达到了预期目的。这次受邀的各位专家、学者都是全国太公文化研究领域的精英,两天来大家围绕姜太公的历史与文化、太公文化的历史价值与时代意义、太公文化与华夏历史文明传承、太公文化资源的开发与利用等主题,结合自己的研究成果和体会,从不同角度和视野对姜太公文化的起源、内涵、历史地位和影响,弘扬太公文化和卫辉文化建设,太公文化资源保护、开发和利用,以及以太公文化为主题的文化产业发展战略等重大课题进行了高层研讨,为我们奉献了一场内涵丰富、论述精辟的文化盛宴。在此,请允许我代表中共卫辉市委、市人大、市政府、市政协以及50万卫辉人民,对各位专家的精彩论述和辛勤付出表示衷心的感谢!对几天来为论坛召开认真筹备、辛勤工作的筹备组全体工作人员,公安、医疗、信访、宾馆等后勤服务人员以及新闻媒体的记者朋友们道一声:辛苦了!谢谢你们!

文化是一个国家、一个民族的灵魂。文化自信是更基础、更广泛、更深厚的自信,是一个国家、一个民族发展中更基本、更深沉、更持久的力量。坚定中国特色社会主义道路自信、理论自信、制度自信,说到底是要坚定文化自信。太公文化是中华民族优秀传统文化的重要内容,是中华民族特有的文化概念。卫辉作为姜太公故里,挖掘太公文化内涵、弘扬太公文化精神,让太公文化成为卫辉亮丽的城市名片,是卫辉人义不容辞的责任。

　　本次论坛为我们传承太公文化、交流太公文化,弘扬太公文化精神,提供了一次难得的机遇,同时对我们进一步明确卫辉市的文化发展定位,科学保护和开发太公文化资源,加快建设"开放、财智、生态、幸福"卫辉具有重要的促进作用,我们将积极吸收这次论坛取得的丰硕成果,充分运用各位专家、学者的真知灼见,进一步解放思想、理清思路,以太公文化为品牌,以挖掘太公文化内涵为关键,着力打造好"谋圣太公"这张文化名片。

　　论坛是短暂的,但我们和各位专家、学者的友情和友谊是长久的,我们真诚希望各位专家、学者能一如既往地关注卫辉,常来卫辉走走看看,对卫辉的发展给予更多的支持和帮助。最后再次对各位专家、记者朋友表示最诚挚的谢意!祝愿大家工作顺利,身体健康,阖家幸福!

　　谢谢大家!

(讲话者为卫辉市政协党组书记、主席)

"中国·卫辉太公文化高层论坛"会议综述

师永伟

  由中国先秦史学会、黄河文化研究会、河南省华夏历史文明传承创新基金会、卫辉市人民政府主办,河南省社会科学院历史与考古研究所、中共卫辉市委宣传部、卫辉市文旅局、卫辉市太公镇人民政府、卫辉市谋圣姜太公文化旅游有限公司承办的"中国·卫辉太公文化高层论坛",于2019年9月21日至22日在卫辉市举行。中国社会科学院、南开大学、四川大学、华南师范大学、苏州大学、首都师范大学、浙江工商大学、河北师范大学、西华师范大学、大连大学,以及河南省社会科学院、郑州大学、河南大学、河南师范大学、华北水利水电大学、河南科技大学、新乡学院等40余所高校、科研单位、文化文物研究单位的专家学者及山东淄博临淄区齐文化发展研究中心等友好单位代表,河南日报社、河南电视台、新乡日报社、新乡电视台等新闻媒体代表,共150余人出席会议。

  开幕式上,中国社会科学院学部委员宋镇豪研究员以及新乡市四大班子、卫辉市四大班子领导出席会议。河南省社会科学院历史与考古研究所所长张新斌研究员宣读了河南省人民政府原副省长,河南省政协第十一届委员会党组副书记、副主席张广智专门为论坛发来的贺电,贺电指出:希望与会代表认真学习习近平总书记在黄河流域生态保护和高质量发展座谈会上的重要讲话精神,保护传承弘扬黄河文化,让黄河成为造福人民的幸福河。

本次论坛采取大会发言、小组讨论、专家点评、实地考察等形式,与会专家围绕太公史迹、太公思想及谋略、黄河文化及太公文化等主题进行了认真深入的研究探讨,对卫辉市进一步挖掘太公文化的现实依据、价值、意义以及传承和弘扬太公文化的必要性和重要性进行了深刻阐述,并对如何扩大卫辉市的太公文化影响力提出了一些有针对性的建议。

经过一天半的热烈研讨,与会专家对以下问题达成了共识:一、姜太公故里在河南卫辉;二、姜太公功绩彪炳史册;三、姜太公文化影响深远;四、姜太公后裔根在卫辉;五、继续加大太公文化资源的研究开发力度。

此次论坛不仅对卫辉以太公文化为代表的特色历史文化资源进行了深入发掘和研讨,更对卫辉的文化发展、文化建设、特色文化品牌打造等提出了具体的建议和规划,对推进卫辉文化产业发展具有重要现实意义,同时也加强了我所与地方的联系,提升了科研人员在地方文化研究、开发与保护中的能力。

(作者系河南省社会科学院历史与考古研究所助理研究员)

后　记

我和卫辉的太公文化结缘已经很长时间。早在20世纪八九十年代，我在新乡从事文物工作，有幸读到相关的文献记载以及耿玉儒先生的文章，并对太公泉村的文化遗存进行过考察。后来我到河南省社会科学院工作，记得2002年的某一天，来了几位老同志，他们自报家门，说是卫辉市太公文化研究会的领导。领头的就是姚金泉先生，他在卫辉市当过局长，退休后专门研究太公文化，随行的还有王习敬、张清玉等人。姚先生为人豪爽，大家在一块儿谈起太公文化，甚为兴奋。在之后的一段时间里，我应邀专门到卫辉做过考察，看到了更多的太公遗存，还有相关的碑刻文献。2002年9月9日，黄河文化研究会、河南省社会科学院考古所以及新乡、卫辉的相关单位联合举办了"中国卫辉首届太公文化节暨姜太公诞辰3166周年纪念大会"。大会是在镇里举办的，周边的群众都来到了镇里观看，时任省社会科学院院长王彦武、新乡市旅游局局长常冀凯、卫辉市委书记王平双等领导都参加了大会。下午在卫辉宾馆，专家们对卫辉太公文化进行了研讨。许顺湛、郝本性、杨宝顺、谢钧祥、李友谋、马世之、张维华、程有为、王永宽、许永璋等专家都进行了发言，大家一致认为，在河南的圣人品牌中太公应为"谋圣"。在此之后，我还陆续发表了太公文化的相关文章，当然也利用各种机会宣传谋圣太公。2010年前后，姜君平先生在卫辉开发太公文化，我曾受邀多次前往考察，以后还陪"世丘"总会的会长邱家儒先生一行到太公墓寻根祭祖。2015年8月，文学所卫绍生、李立新也与姜姓委员会举办了太公与姜姓研讨会，我因种种原因没有参会，但对太公文化之敬仰始终没有改变。

2019年，卫辉市政协的侯振云副主席找我多次，商量举办太公文化高层论坛事宜。侯主席是对卫辉文化体会最深的卫辉现任领导之一，他对太公文化有着强烈的弘扬意识。这年夏天正好中国先秦史学会在青海开年会，我便向宫长为秘书长做了汇报，商定中国先秦史学会、黄河文化研究会和卫辉市政府联合主办，由赵保佑先生主持工作的华夏文明基金会也成为我们的主办单位。9月21日至22日，中国社会科学院学部委员、中国先秦史学会名誉会长宋镇豪先生专程到会并发表了热情洋溢的讲话。这些年来河南的很多活动，宋先生都是主要的参与者和支持者，对此我们永怀感激之情。政协河南省第十一届委员会党组副书记、副主席张广智先生，因工作冲突没有到会，但他却发来了贺信。中国先秦史学会的领导彭邦本教授、杜勇教授、葛志毅教授，黄河文化研究会会长朱海风，副会长苏全有、薛瑞泽等均到会，并参与会议的相关工作，来自省内外高校和科研单位的专家学者云集卫辉，大家共议太公文化，而且这个主题是个长久不衰的话题。

会务工作由卫辉市政协等单位的同志负责，我所的唐金培、师永伟做了大量的会务工作，尤其是师永伟，在前期论文组织以及会后的文集编辑上付出了较多的劳动。同时也感谢大象出版社副总编张前进先生，以及负责这项工作的李建平先生，多年来他们对我们的工作给予了较多的支持。还有本书的责编，也为本书的出版做出了较多的贡献。

本书是一个集体成果，尽量保持了原文的风格，这样会有不太一致的地方，错误也在所难免，敬请各位读者批评指正。

张新斌
2021年10月25日

N